U0901387

中国经济普查年鉴

China Economic Census Yearbook

第二产业卷|上

国务院第五次全国经济普查领导小组办公室　编著

图书在版编目（CIP）数据
中国经济普查年鉴. 2023. 第二产业卷. 上册 / 国务院第五次全国经济普查领导小组办公室编著. -- 北京 : 中国统计出版社, 2025. 3. -- ISBN 978-7-5230-0716-7
I. F123-54；F719-54
中国国家版本馆 CIP 数据核字第 2025QA6803 号

中国经济普查年鉴 2023/第二产业卷（上）

作　　者/国务院第五次全国经济普查领导小组办公室
责任编辑/冯诗萌
装帧设计/黄俊杰　李雪燕
出版发行/中国统计出版社有限公司
通信地址/北京市丰台区西三环南路甲 6 号　邮政编码/100073
电　　话/邮购（010）63376909　书店（010）68783171
网　　址/http://www.zgtjcbs.com/
印　　刷/河北鑫兆源印刷有限公司
经　　销/新华书店
开　　本/880mm×1230mm　1/16
字　　数/1392 千字
印　　张/43.5
版　　别/2025 年 3 月第 1 版
版　　次/2025 年 3 月第 1 次印刷
定　　价/890.00 元（全四册附光盘）

编辑委员会

编者说明

为便于社会各界共享第五次全国经济普查成果，更方便地开发利用普查资料，我们将经济普查资料编辑整理，汇编成《中国经济普查年鉴 2023》一书。全书共三卷四册，即综合卷、第二产业卷（上、下）和第三产业卷，并随书配送同版本光盘一张。《综合卷》分四篇：第一篇为“综合篇”，第二篇为“企业篇”，第三篇为“文化及相关产业篇”，第四篇为“企业法人数字化情况篇”。《第二产业卷》按内容分为上、下两册。上册两篇：第一篇为“工业企业生产经营及财务状况篇”，第二篇为“主要工业产品产量篇”。下册两篇：第一篇为“规模以上工业企业科技情况篇”，第二篇为“建筑业企业生产经营及财务状况篇”。《第三产业卷》分五篇：第一篇为“批发和零售业企业基本情况及财务状况篇”，第二篇为“住宿和餐饮业企业基本情况及财务状况篇”，第三篇为“房地产开发经营业企业生产经营及财务状况篇”，第四篇为“服务业企业财务状况篇”，第五篇为“服务业行政事业及非企业法人单位篇”，现对有关问题做如下说明：

一、第五次全国经济普查的标准时点为 2023 年 12 月 31 日，时期资料为 2023 年度；

二、综合卷中综合篇和企业篇汇总表，均不包含少量无分组标识的单位数据。其中，单位数包含兼营第二、三产业活动的农、林、牧、渔业法人单位；从业人员数不包含兼营第二、三产业活动的农、林、牧、渔业法人单位，不包含中国人民银行、金融监管总局、中国证监会、铁路运输部门负责普查的单位；

三、综合卷第一、二篇中企业法人单位为机构类型为企业的法人单位；综合卷第三、四篇，第二产业卷和第三产业卷中企业法人单位，包括机构类型为企业的法人单位，以及执行企业会计制度的事业法人单位、民办非企业法人单位和基金会，农民专业合作社，农村集体经济组织和除宗教活动场所以外的机构类型为其他组织机构的法人单位；

四、本资料建筑业按法人单位注册地，其他行业按法人单位经营地进行汇总；

五、本资料对部分数据由于计量单位取舍不同或四舍五入而产生的误差数均未作机械调整；

六、表中空格表示该项统计指标数值为零、不足最小单位，“#”表示其中的主要项，NA 表示数值小于或等于 3；

七、为了更准确地使用本年鉴，每卷后附有该卷详细的指标解释。

我们希望此书的出版，能使社会各界对我国第五次全国经济普查有一个全面的了解，更愿本书的内容，能为社会经济研究工作者提供有价值的参考。

第五次全国经济普查资料是全国普查工作者共同辛勤工作的成果，也是广大普查对象积极支持配合的结果。在此，我们向全国所有普查工作者、普查对象和所有参与、支持普查工作的人员致以崇高的敬意和衷心的感谢！

国务院第五次全国经济普查领导小组办公室

2025 年 3 月

第二产业卷（上）　目录

第一篇　工业企业生产经营及财务状况篇

A.行业部分

B.地区部分

第二篇 主要工业产品产量篇

附录

第1篇

工业企业生产经营及财务状况篇

A.行业部分

1－A－1　全部工业企业主要经济指标

分　组	企业单位数(个)	资产总计(亿元)	负债合计(亿元)	营业收入(亿元)	从业人员(万人)
总　计	**4235568**	**2010151.5**	**1142848.3**	**1523817.3**	**11428.9**
煤炭开采和洗选业	9551	84506.7	52220.1	37010.9	277.2
石油和天然气开采业	418	26360.2	13732.2	11874.2	51.2
黑色金属矿采选业	6887	14562.1	8313.8	5165.9	31.3
有色金属矿采选业	4684	9373.2	5643.6	3742.1	29.4
非金属矿采选业	24758	15603.0	8405.0	4883.3	49.3
开采专业及辅助性活动	4020	4788.2	2729.5	3282.0	29.9
其他采矿业	1279	249.1	165.9	75.8	1.4
农副食品加工业	166961	44823.6	26160.6	61140.6	406.2
食品制造业	83456	25823.5	13256.4	24092.5	253.8
酒、饮料和精制茶制造业	77958	27328.8	12335.1	17450.9	159.4
烟草制品业	324	11071.4	2269.0	13529.8	18.1
纺织业	149496	30474.7	17527.9	29371.9	384.5
纺织服装、服饰业	195289	17036.6	8668.6	19173.8	449.2
皮革、毛皮、羽毛及其制品和制鞋业	88326	9040.8	4740.1	11707.0	250.6
木材加工和木、竹、藤、棕、草制品业	133433	11580.9	6044.2	15028.5	220.5
家具制造业	109036	11046.4	6224.3	10377.8	198.6
造纸和纸制品业	90533	20815.4	12129.9	17209.8	168.2
印刷和记录媒介复制业	91476	10643.7	5164.2	9303.7	154.6
文教、工美、体育和娱乐用品制造业	150587	14072.7	7591.1	17281.4	287.1
石油、煤炭及其他燃料加工业	14825	45340.5	30105.2	63456.6	87.0
化学原料和化学制品制造业	118821	120126.7	65067.2	92034.5	440.7
医药制造业	35051	54235.0	22123.2	26112.4	236.6
化学纤维制造业	8142	12946.1	8036.2	11438.3	49.6
橡胶和塑料制品业	239938	42289.7	21511.0	37564.9	493.1
非金属矿物制品业	306564	102865.6	57814.6	69712.1	712.1
黑色金属冶炼和压延加工业	24408	76557.7	48615.7	86839.6	201.2
有色金属冶炼和压延加工业	33079	55537.2	32653.3	78220.3	179.5
金属制品业	455158	61776.0	35548.5	62365.1	765.1
通用设备制造业	428883	84096.8	45782.8	64456.8	796.2
专用设备制造业	304499	78483.3	42162.9	48530.1	615.4
汽车制造业	94191	115454.9	72311.7	105583.2	557.6
铁路、船舶、航空航天和其他运输设备制造业	36049	40131.0	24399.0	22976.3	189.8
电气机械和器材制造业	256368	139979.8	83735.0	120720.9	813.6
计算机、通信和其他电子设备制造业	173735	205083.5	111917.4	158580.9	1047.9
仪器仪表制造业	60918	19349.6	9108.2	12739.7	153.9
其他制造业	30105	5771.7	3586.1	4044.1	61.7
废弃资源综合利用业	22567	8365.1	5134.0	13439.7	42.3
金属制品、机械和设备修理业	68136	7429.9	3723.7	4208.3	87.3
电力、热力生产和供应业	95151	275505.9	165836.5	101493.9	337.3
燃气生产和供应业	10441	22219.8	13246.4	21311.6	45.5
水的生产和供应业	30067	47404.8	27108.2	6285.9	94.9

注：1.工业统计调查单位为工业企业单位数，包括机构类型为企业的法人单位，以及执行企业会计制度的事业法人单位、民办非企业法人单位和基金会，农民专业合作社，农村集体经济组织和除宗教活动场所以外的机构类型为其他组织机构的法人单位。

2.“全部工业企业”指规模以上工业企业和规模以下工业企业的总和。“规模以上工业企业”指年主营业务收入在2000万元及以上的工业企业。“规模以下工业企业”指年主营业务收入在2000万元以下的工业企业。

3.表中的合计数和部分计算数据因小数取舍而产生的误差，均未作机械调整。以下相关表均同。

1-A-2　全部大型工业企业主要经济指标

分　组	企业单位数（个）	资产总计（亿元）	负债合计（亿元）	营业收入（亿元）	从业人员（万人）
总　计	**8251**	**790670.8**	**443203.8**	**593206.1**	**2377.2**
煤炭开采和洗选业	456	52071.0	30917.9	19013.9	173.9
石油和天然气开采业	33	22361.9	12046.0	10597.9	48.7
黑色金属矿采选业	39	7826.4	4214.1	1498.7	8.7
有色金属矿采选业	27	1965.4	1127.0	653.5	4.9
非金属矿采选业	9	690.1	194.5	207.8	1.6
开采专业及辅助性活动	27	3339.5	1881.4	2494.8	19.8
其他采矿业					
农副食品加工业	231	5110.8	2602.4	5975.4	41.8
食品制造业	187	7274.0	3860.6	7176.9	40.7
酒、饮料和精制茶制造业	127	12826.6	4815.7	7475.0	40.0
烟草制品业	33	9915.9	1902.4	12496.8	12.7
纺织业	212	4482.3	2281.0	3501.1	39.5
纺织服装、服饰业	112	2559.6	1076.3	1938.8	25.9
皮革、毛皮、羽毛及其制品和制鞋业	116	1700.9	771.8	1628.5	28.6
木材加工和木、竹、藤、棕、草制品业	6	172.3	116.6	93.3	1.1
家具制造业	84	2253.9	1303.3	1649.0	18.9
造纸和纸制品业	82	7088.1	3843.3	4032.4	15.3
印刷和记录媒介复制业	33	741.9	295.3	507.0	6.6
文教、工美、体育和娱乐用品制造业	83	1965.5	1140.4	2053.9	17.7
石油、煤炭及其他燃料加工业	182	29367.6	18322.2	45784.4	47.9
化学原料和化学制品制造业	402	38616.4	21441.0	26825.0	74.8
医药制造业	288	18172.7	6387.5	8525.5	63.4
化学纤维制造业	81	7114.1	4446.4	6283.2	20.3
橡胶和塑料制品业	209	7778.1	3544.6	5253.9	42.7
非金属矿物制品业	229	13897.1	5950.8	7109.0	43.3
黑色金属冶炼和压延加工业	316	58097.7	35620.0	58122.6	125.7
有色金属冶炼和压延加工业	260	27553.6	14549.1	28365.6	59.7
金属制品业	242	7498.8	4288.2	6194.1	49.6
通用设备制造业	353	19800.3	11328.2	12418.4	77.1
专用设备制造业	289	16249.7	8678.8	8706.9	61.6
汽车制造业	653	65939.7	42219.0	64574.5	193.1
铁路、船舶、航空航天和其他运输设备制造业	246	22665.5	15034.9	12148.8	68.3
电气机械和器材制造业	800	61701.5	38575.8	52870.2	209.2
计算机、通信和其他电子设备制造业	1362	121145.2	68684.7	99129.8	480.4
仪器仪表制造业	85	3735.9	1834.1	2143.4	17.0
其他制造业	39	2738.1	1946.7	1053.3	9.3
废弃资源综合利用业	10	725.3	418.8	916.6	2.0
金属制品、机械和设备修理业	47	2815.4	1495.1	1058.2	12.3
电力、热力生产和供应业	175	110508.6	57989.2	59380.8	155.6
燃气生产和供应业	35	3492.2	2105.2	2433.2	6.3
水的生产和供应业	51	6710.8	3953.6	913.9	11.0

1-A-3 全部中型工业企业主要经济指标

分　组	企业单位数（个）	资产总计（亿元）	负债合计（亿元）	营业收入（亿元）	从业人员（万人）
总　计	**36401**	**375223.8**	**208879.1**	**291901.8**	**1916.7**
煤炭开采和洗选业	1120	16028.9	10043.5	7129.2	70.7
石油和天然气开采业	22	1279.2	467.4	455.3	1.1
黑色金属矿采选业	143	2108.6	1098.7	1280.9	6.9
有色金属矿采选业	183	2913.5	1562.8	1333.3	10.1
非金属矿采选业	86	1534.9	736.4	460.6	4.0
开采专业及辅助性活动	49	288.8	150.1	185.9	2.7
其他采矿业					
农副食品加工业	1371	9693.6	6231.6	13702.7	69.0
食品制造业	1013	6248.1	3036.1	6213.6	51.7
酒、饮料和精制茶制造业	398	3600.2	1943.7	3078.0	20.8
烟草制品业	58	760.2	249.0	827.6	3.7
纺织业	1466	6426.1	3522.0	6433.5	74.9
纺织服装、服饰业	1269	3086.3	1542.2	3405.5	69.5
皮革、毛皮、羽毛及其制品和制鞋业	743	1443.2	772.2	2034.2	42.3
木材加工和木、竹、藤、棕、草制品业	192	1001.1	510.3	840.6	9.2
家具制造业	452	1675.0	940.7	1483.7	23.1
造纸和纸制品业	457	4772.1	2762.5	3688.4	23.3
印刷和记录媒介复制业	408	2124.7	864.5	1765.8	19.8
文教、工美、体育和娱乐用品制造业	765	2368.5	1222.7	3343.6	42.4
石油、煤炭及其他燃料加工业	281	8895.8	7185.6	11552.1	17.0
化学原料和化学制品制造业	1867	34448.0	18690.9	25436.7	95.9
医药制造业	1255	17474.6	6340.9	8376.1	65.1
化学纤维制造业	178	2240.4	1391.7	2051.5	9.4
橡胶和塑料制品业	1300	7446.2	3406.1	6345.0	66.6
非金属矿物制品业	2031	19969.2	10357.3	12145.6	100.6
黑色金属冶炼和压延加工业	478	9228.1	6641.1	15414.4	25.9
有色金属冶炼和压延加工业	706	11300.8	7144.5	16516.2	37.5
金属制品业	1763	11417.4	6076.8	11329.6	88.3
通用设备制造业	2086	17573.2	8823.1	12782.5	106.3
专用设备制造业	1802	17807.0	8988.9	10129.3	90.9
汽车制造业	2392	21185.2	12673.3	18747.2	125.6
铁路、船舶、航空航天和其他运输设备制造业	688	7210.1	3913.1	4594.4	36.5
电气机械和器材制造业	3030	29991.0	17241.6	25083.5	160.9
计算机、通信和其他电子设备制造业	3798	36700.6	18089.6	26383.6	212.3
仪器仪表制造业	621	5342.5	2184.8	3246.7	32.0
其他制造业	154	721.6	359.2	562.8	8.6
废弃资源综合利用业	92	982.5	542.5	1392.7	4.0
金属制品、机械和设备修理业	195	1677.5	603.4	792.3	12.7
电力、热力生产和供应业	977	34909.0	23730.4	17589.8	49.8
燃气生产和供应业	173	3667.1	2102.7	2443.1	8.6
水的生产和供应业	339	7683.4	4735.7	1323.9	17.0

1-A-4　全部小微型工业企业主要经济指标

分　组	企业单位数（个）	资产总计（亿元）	负债合计（亿元）	营业收入（亿元）	从业人员（万人）
总　计	**4190916**	**844256.9**	**490765.4**	**638709.5**	**7135.0**
煤炭开采和洗选业	7975	16406.8	11258.7	10867.9	32.6
石油和天然气开采业	363	2719.1	1218.9	821.0	1.4
黑色金属矿采选业	6705	4627.1	3001.1	2386.3	15.7
有色金属矿采选业	4474	4494.3	2953.8	1755.2	14.4
非金属矿采选业	24663	13378.1	7474.1	4214.8	43.7
开采专业及辅助性活动	3944	1159.9	698.0	601.2	7.4
其他采矿业	1279	249.1	165.9	75.8	1.4
农副食品加工业	165359	30019.1	17326.6	41462.4	295.4
食品制造业	82256	12301.4	6359.7	10702.0	161.4
酒、饮料和精制茶制造业	77433	10902.0	5575.6	6897.9	98.6
烟草制品业	233	395.4	117.6	205.4	1.7
纺织业	147818	19566.3	11724.9	19437.3	270.1
纺织服装、服饰业	193908	11390.7	6050.2	13829.4	353.8
皮革、毛皮、羽毛及其制品和制鞋业	87467	5896.8	3196.0	8044.3	179.7
木材加工和木、竹、藤、棕、草制品业	133235	10407.5	5417.3	14094.5	210.2
家具制造业	108500	7117.6	3980.3	7245.2	156.6
造纸和纸制品业	89994	8955.1	5524.2	9489.1	129.7
印刷和记录媒介复制业	91035	7777.0	4004.4	7030.9	128.2
文教、工美、体育和娱乐用品制造业	149739	9738.7	5228.0	11883.9	226.9
石油、煤炭及其他燃料加工业	14362	7077.1	4597.4	6120.1	22.1
化学原料和化学制品制造业	116552	47062.2	24935.3	39772.8	270.1
医药制造业	33508	18587.7	9394.8	9210.8	108.1
化学纤维制造业	7883	3591.6	2198.2	3103.6	20.0
橡胶和塑料制品业	238429	27065.4	14560.3	25966.0	383.8
非金属矿物制品业	304304	68999.3	41506.5	50457.6	568.2
黑色金属冶炼和压延加工业	23614	9231.9	6354.7	13302.6	49.6
有色金属冶炼和压延加工业	32113	16682.8	10959.6	33338.4	82.3
金属制品业	453153	42859.9	25183.4	44841.4	627.2
通用设备制造业	426444	46723.3	25631.5	39255.9	612.8
专用设备制造业	302408	44426.6	24495.2	29693.9	462.9
汽车制造业	91146	28330.0	17419.5	22261.5	238.9
铁路、船舶、航空航天和其他运输设备制造业	35115	10255.5	5451.0	6233.1	85.0
电气机械和器材制造业	252538	48287.3	27917.6	42767.1	443.5
计算机、通信和其他电子设备制造业	168575	47237.8	25143.2	33067.5	355.3
仪器仪表制造业	60212	10271.1	5089.3	7349.6	104.8
其他制造业	29912	2312.0	1280.1	2428.1	43.8
废弃资源综合利用业	22465	6657.3	4172.8	11130.4	36.2
金属制品、机械和设备修理业	67894	2937.0	1625.2	2357.8	62.2
电力、热力生产和供应业	93999	130088.4	84117.0	24523.2	131.8
燃气生产和供应业	10233	15060.5	9038.5	16435.2	30.6
水的生产和供应业	29677	33010.6	18418.9	4048.1	66.9

1-A-5 分登记注册统计类别规模

分　组	企业单位数（个）	资产总计	固定资产净额	固定资产原价
总　计	**493161**	**1720755.79**	**443852.21**	**872004.54**
一、按登记注册统计类别分组:				
内资企业	451399	1421312.35	378888.53	722143.33
有限责任公司	416684	1115230.69	324867.29	602427.60
股份有限公司	22944	290624.65	50578.43	112479.33
非公司企业法人	2120	11322.64	2414.32	5162.43
个人独资企业	8365	3288.40	852.62	1710.08
合伙企业	1270	802.17	166.65	343.56
其他内资企业	16	43.80	9.22	20.34
港澳台投资企业	19715	137381.98	29459.29	61977.07
港澳台投资有限责任公司	18612	102377.15	23983.16	49893.07
港澳台投资股份有限公司	816	32399.96	4412.30	9393.89
港澳台投资合伙企业	176	598.19	110.52	265.60
其他港澳台投资企业	111	2006.68	953.30	2424.51
外商投资企业	21773	161754.03	35471.82	87819.24
外商投资有限责任公司	20706	125830.81	29153.47	71961.70
外商投资股份有限公司	721	27847.92	2924.58	6454.65
外商投资合伙企业	209	1210.37	219.77	543.16
其他外商投资企业	137	6864.92	3174.00	8859.73
其他统计类别	274	307.43	32.58	64.90
二、在总计中:亏损企业	98838	328898.29	99588.17	187536.53
在总计中:国有控股企业	28688	650249.25	219733.48	447679.06
在总计中:大型企业	8216	789559.74	205645.66	434608.39
中型企业	35816	367897.91	90316.63	176915.19
小型企业	449129	563298.14	147889.93	260480.96

注：1.本表统计范围为规模以上工业企业(以下各表均同)。
2.本表登记注册统计类别按《关于市场主体统计分类的划分规定》(国统字〔2023〕14号)执行。
3.“其他统计类别”分组包括农民专业合作社(联合社)、个体工商户和其他市场主体。
4.“管理费用”包含“研发费用”(以下各表均同)。

以上工业企业主要经济指标

单位：亿元

固定资产累计折旧	流动资产合计	应收账款	存货	产成品	负债合计	流动负债合计
410110.10	**884380.21**	**244492.57**	**166199.96**	**62372.91**	**986918.05**	**750858.65**
327781.84	707349.71	190737.47	134810.84	50856.01	829023.76	621592.76
265009.57	551851.65	156915.53	107624.02	40917.86	687204.34	513374.25
59194.66	146922.15	31408.65	25415.16	9281.24	132595.66	100894.21
2598.12	6137.35	1542.96	1253.47	393.65	6713.77	5229.90
807.31	1937.90	738.62	422.18	216.69	2036.49	1713.85
161.06	482.57	126.00	90.67	43.12	453.39	365.81
11.12	18.09	5.70	5.34	3.46	20.11	14.74
31173.67	78823.13	23759.51	13264.29	5079.76	72238.15	57356.69
25269.91	62367.37	19912.18	10950.10	4232.79	55363.57	45232.47
4290.36	15325.26	3416.27	2139.63	782.93	14846.94	10553.24
151.64	424.48	163.13	69.83	26.66	260.80	236.57
1461.77	706.02	267.93	104.73	37.38	1766.84	1334.41
51122.51	97950.35	29972.41	18084.33	6428.40	85444.96	71709.81
41768.43	79238.10	24350.27	15607.46	5590.47	66009.39	55903.55
3436.25	14790.35	3732.96	2010.14	667.50	13251.85	10639.70
318.78	870.98	308.65	111.15	41.27	681.16	598.39
5599.05	3050.92	1580.54	355.58	129.16	5502.56	4568.18
32.08	257.02	23.18	40.50	8.74	211.19	199.38
82566.18	153583.16	39176.22	33500.63	13078.43	240361.28	184005.57
217710.58	242945.58	54332.32	41561.27	10822.57	374844.73	245004.38
221594.14	370042.47	86654.27	64053.48	20338.51	442649.16	329232.10
82028.17	199256.87	52022.87	40186.04	15982.87	204159.32	161426.21
106487.78	315080.87	105815.43	61960.44	26051.53	340109.57	260200.34

1-A-5 续表 1

分 组	应付账款	所有者权益合计	实收资本	国家资本
总 计	**239308.12**	**733874.23**	**345124.28**	**69892.00**
一、按登记注册统计类别分组：				
内资企业	190192.39	592333.93	281620.07	66308.59
有限责任公司	159591.00	428061.68	241441.73	58946.18
股份有限公司	28561.87	158029.45	37918.13	6597.00
非公司企业法人	1418.14	4618.32	1711.02	753.44
个人独资企业	515.56	1252.01	419.41	2.34
合伙企业	101.97	348.78	127.13	9.05
其他内资企业	3.85	23.69	2.65	0.58
港澳台投资企业	21227.83	65135.15	26863.27	1648.22
港澳台投资有限责任公司	17815.54	47004.90	23206.65	1476.10
港澳台投资股份有限公司	3003.30	17553.02	3355.26	157.34
港澳台投资合伙企业	101.99	337.38	133.86	9.11
其他港澳台投资企业	306.99	239.84	167.50	5.67
外商投资企业	27849.77	76308.91	36583.18	1883.17
外商投资有限责任公司	22540.27	59821.26	32812.91	1656.65
外商投资股份有限公司	3497.72	14596.07	3016.84	207.35
外商投资合伙企业	202.91	529.21	272.67	9.97
其他外商投资企业	1608.87	1362.36	480.76	9.20
其他统计类别	38.13	96.24	57.76	52.01
二、在总计中：亏损企业	52160.16	88541.28	86283.35	13056.51
在总计中：国有控股企业	71972.33	275427.63	147538.96	66230.76
在总计中：大型企业	109543.09	347015.96	141230.17	43251.39
中型企业	49944.64	163720.50	71472.40	11379.82
小型企业	79820.40	223137.77	132421.71	15260.79

单位：亿元

集体资本	法人资本	个人资本	港澳台资本	外商资本	营业收入
4308.94	**171184.35**	**57403.54**	**16839.61**	**24909.02**	**1360317.11**
3827.21	153940.32	55325.81	730.65	738.27	1091651.01
2773.99	135165.78	42709.47	597.11	598.70	910637.87
981.27	17939.59	12069.98	132.71	121.20	168957.76
69.20	680.68	166.67	0.59	18.11	6040.56
0.94	124.41	291.53	0.17	0.02	4926.52
1.80	28.93	87.03	0.06	0.25	1063.90
	0.92	1.15			24.41
144.52	6902.79	1297.38	14790.95	2056.36	112904.31
88.58	5255.98	609.64	13961.51	1794.06	93874.46
55.80	1532.39	684.34	696.11	227.02	16499.49
	21.40	2.43	78.26	22.66	556.90
0.15	93.01	0.97	55.07	12.63	1973.45
337.00	10339.80	776.26	1318.02	22114.38	155605.71
209.20	8316.94	360.55	1064.12	21191.86	133280.06
120.19	1551.34	404.09	218.34	714.57	14230.05
5.60	81.23	6.65	16.14	153.08	1159.62
2.00	390.29	4.98	19.42	54.87	6935.98
0.22	1.45	4.08			156.08
1118.75	49054.98	12610.85	4352.90	6214.64	200822.90
1059.36	73905.95	2957.19	666.12	2262.28	384563.90
1159.29	73072.80	8016.68	6380.07	8951.14	592007.75
1211.15	36857.24	10363.61	4492.43	7101.87	290579.15
1938.50	61254.31	39023.25	5967.11	8856.01	477730.21

1-A-5 续表 2

分　组	营业成本	销售费用	管理费用	财务费用
总　计	**1145830.73**	**31601.30**	**76299.95**	**9530.34**
一、按登记注册统计类别分组：				
内资企业	919667.46	23596.91	61305.09	8978.42
有限责任公司	775983.06	17445.65	48919.11	8127.53
股份有限公司	133641.30	5930.91	11630.15	772.82
非公司企业法人	4954.19	94.37	460.78	47.17
个人独资企业	4249.89	98.81	220.90	23.67
合伙企业	818.42	26.96	72.77	7.03
其他内资企业	20.61	0.21	1.39	0.20
港澳台投资企业	96113.43	3032.70	6186.34	284.77
港澳台投资有限责任公司	80991.73	2414.50	4931.64	207.17
港澳台投资股份有限公司	13187.83	594.86	1174.45	62.85
港澳台投资合伙企业	480.80	13.83	32.51	1.40
其他港澳台投资企业	1453.07	9.51	47.74	13.34
外商投资企业	129909.94	4969.97	8796.59	271.36
外商投资有限责任公司	111748.36	4303.44	7555.06	239.10
外商投资股份有限公司	11823.73	613.60	1019.48	12.70
外商投资合伙企业	983.88	27.26	67.30	-0.50
其他外商投资企业	5353.97	25.66	154.76	20.06
其他统计类别	139.91	1.72	11.93	-4.20
二、在总计中：亏损企业	190158.60	4280.35	13819.72	3136.38
在总计中：国有控股企业	320636.11	4490.84	17517.42	4458.04
在总计中：大型企业	494734.01	12685.39	29393.10	2874.78
中型企业	243488.43	7598.90	17191.51	2003.89
小型企业	407608.29	11317.02	29715.34	4651.67

单位：亿元

利息费用	投资收益(损失以“－”号记)	营业利润	利润总额	亏损企业亏损额	平均用工人数(万人)
12336.92	**10834.09**	**81978.51**	**82897.03**	**15629.86**	**7734.13**
10584.86	8801.76	63803.77	64453.04	12787.75	6297.79
8763.81	4301.47	46994.79	47632.91	10900.58	5324.38
1734.22	4450.55	16050.84	16052.44	1743.60	869.61
69.54	65.90	387.79	399.81	111.45	43.01
14.06	-10.03	262.93	262.92	21.04	49.99
3.03	-5.95	105.88	103.37	10.59	10.59
0.21	-0.18	1.54	1.59	0.47	0.21
938.92	953.33	7210.90	7356.95	1066.68	714.58
721.89	429.93	5099.98	5223.34	776.12	620.91
204.11	509.17	1687.32	1703.71	235.95	83.74
3.30	0.03	26.61	27.61	5.05	4.78
9.61	14.20	397.00	402.28	49.57	5.15
813.06	1078.51	10956.81	11080.08	1774.99	720.45
644.23	554.83	8428.32	8558.71	1414.56	643.87
148.79	516.30	1346.52	1337.64	283.12	58.77
3.08	8.56	83.50	83.99	9.96	6.68
16.95	-1.17	1098.47	1099.75	67.35	11.13
0.08	0.49	7.03	6.96	0.45	1.31
3135.31	-72.73	-15507.16	-15629.86	15629.86	1433.34
5654.28	4946.83	24013.95	23855.94	5806.24	1371.26
5634.47	8109.86	40856.12	40568.71	5207.22	2418.32
2581.08	1964.99	18986.88	19127.50	4054.75	1899.98
4121.37	759.24	22135.51	23200.82	6367.89	3415.83

1－A－6 规模以上工业企业主要

行　业	企业单位数（个）	资产总计	固定资产净　额	固定资产原　价
总　计	**493161**	**1720755.79**	**443852.21**	**872004.54**
采矿业	**12499**	**138876.28**	**39484.32**	**92873.63**
煤炭开采和洗选业	5021	77496.39	17696.53	33845.01
烟煤和无烟煤开采洗选	4885	74815.58	17132.08	32743.49
褐煤开采洗选	88	2615.21	532.76	1060.20
其他煤炭采选	48	65.60	31.68	41.32
石油和天然气开采业	164	25966.94	14637.92	45122.49
石油开采	70	18690.21	10924.56	36001.60
陆地石油开采	65	15547.18	8471.16	29394.34
海洋石油开采	5	3143.03	2453.40	6607.26
天然气开采	94	7276.73	3713.37	9120.89
陆地天然气开采	89	6097.45	3611.25	8762.90
海洋天然气及可燃冰开采	5	1179.27	102.12	357.99
黑色金属矿采选业	1537	12806.64	2486.53	4493.55
铁矿采选	1460	12609.62	2446.92	4423.33
锰矿、铬矿采选	58	157.54	19.52	35.26
其他黑色金属矿采选	19	39.47	20.10	34.95
有色金属矿采选业	1306	7643.86	2061.26	3871.10
常用有色金属矿采选	847	4497.88	1095.73	2124.47
铜矿采选	151	1494.02	462.96	996.16
铅锌矿采选	326	1748.68	434.59	774.73
镍钴矿采选	16	116.21	49.26	67.38
锡矿采选	45	429.91	27.83	54.09
锑矿采选	10	20.67	8.21	13.71
铝矿采选	80	158.62	34.40	62.88
镁矿采选	101	183.65	18.88	48.58
其他常用有色金属矿采选	118	346.12	59.62	106.94
贵金属矿采选	234	2049.03	681.44	1229.01
金矿采选	209	1938.51	655.74	1142.12
银矿采选	22	105.21	24.48	84.97
稀有稀土金属矿采选	225	1096.95	284.08	517.62
钨钼矿采选	159	663.98	204.57	384.29
稀土金属矿采选	15	115.68	19.43	30.32
非金属矿采选业	4078	10895.14	1676.22	2778.67

经济指标(大、中、小类行业)

单位：亿元

固定资产累计折旧	流动资产合计	应收账款	存货	产成品	负债合计	流动负债合计
410110.10	**884380.21**	**244492.57**	**166199.96**	**62372.91**	**986918.05**	**750858.65**
50999.86	**52101.57**	**7941.98**	**3001.62**	**1473.93**	**80692.74**	**56101.07**
15340.75	34740.92	4996.06	1452.16	747.07	47118.56	34820.80
14825.15	34086.78	4896.64	1425.21	735.43	45536.58	33929.06
505.99	632.16	94.92	24.70	9.90	1547.42	860.16
9.60	21.99	4.50	2.26	1.74	34.57	31.58
29506.54	4215.34	748.51	182.48	98.68	13528.51	7331.26
24139.01	2652.49	368.77	155.85	89.03	10668.04	5691.59
19986.16	2325.99	134.69	122.81	80.00	7592.54	3505.88
4152.86	326.50	234.07	33.04	9.03	3075.50	2185.71
5367.53	1562.85	379.74	26.63	9.65	2860.47	1639.67
5112.48	1131.26	352.10	18.99	8.85	2188.85	1152.52
255.05	431.59	27.63	7.64	0.79	671.62	487.15
1917.00	4191.46	743.59	359.77	204.24	7317.60	5039.02
1888.40	4130.84	729.58	346.52	196.41	7232.67	4962.23
14.89	46.56	13.11	8.32	5.91	53.40	45.92
13.71	14.06	0.90	4.94	1.91	31.53	30.88
1575.23	2476.18	330.36	347.13	141.68	4499.71	3190.14
848.72	1529.96	234.32	202.74	86.63	2515.27	1691.80
370.09	360.79	37.14	49.77	16.37	813.46	411.61
332.96	529.07	84.59	67.45	30.55	884.23	627.72
17.99	13.03	1.40	3.50	2.18	75.29	25.66
25.22	240.43	6.17	12.40	4.00	269.48	184.24
5.50	7.18	0.66	1.12	0.82	7.64	6.64
22.81	76.00	19.93	6.64	5.02	121.84	111.24
27.21	127.49	35.36	20.10	13.65	147.21	138.67
46.94	175.97	49.07	41.76	14.05	196.14	186.02
512.56	566.63	47.50	77.08	20.50	1376.78	1069.00
451.59	547.48	47.64	73.31	18.30	1315.81	1022.35
60.28	16.44	-0.14	3.51	1.98	55.63	45.61
213.95	379.58	48.54	67.31	34.55	607.66	429.33
165.48	232.98	30.09	38.43	17.73	364.28	270.88
10.77	47.46	7.63	7.29	4.13	35.15	23.05
1050.01	4331.38	680.05	552.51	260.25	5913.42	3622.51

1-A-6 续表 1

行业	企业单位数（个）	资产总计	固定资产净额	固定资产原价
土砂石开采	3388	8292.12	1149.43	1806.12
石灰石、石膏开采	919	1304.88	276.48	466.68
建筑装饰用石开采	748	1484.13	316.00	451.33
耐火土石开采	222	239.85	69.77	137.94
粘土及其他土砂石开采	1499	5263.26	487.19	750.17
化学矿开采	261	1114.37	279.35	511.74
采盐	91	950.06	149.17	286.06
石棉及其他非金属矿采选	338	538.58	98.28	174.75
石棉、云母矿采选	12	68.00	9.50	12.13
石墨、滑石采选	66	165.54	34.56	56.45
其他未列明非金属矿采选	258	295.11	53.59	104.26
开采专业及辅助性活动	382	4043.42	920.96	2746.11
煤炭开采和洗选专业及辅助性活动	10	56.95	10.85	20.31
石油和天然气开采专业及辅助性活动	354	3972.14	908.86	2723.27
其他开采专业及辅助性活动	18	14.33	1.25	2.53
其他采矿业	11	23.90	4.88	16.70
制造业	**460054**	**1294372.53**	**265543.15**	**517600.33**
农副食品加工业	25581	36630.67	7943.28	14539.58
谷物磨制	5756	4960.55	1302.10	2231.14
稻谷加工	4205	2899.36	776.82	1343.09
小麦加工	1213	1846.01	484.10	821.14
玉米加工	67	35.61	7.98	12.47
杂粮加工	175	118.81	21.63	35.54
其他谷物磨制	96	60.77	11.56	18.90
饲料加工	5232	8800.21	1549.76	3033.59
宠物饲料加工	262	365.01	91.70	139.63
其他饲料加工	4970	8435.19	1458.05	2893.96
植物油加工	1653	5598.25	882.20	1754.04
食用植物油加工	1485	5388.82	852.41	1700.94
非食用植物油加工	168	209.43	29.79	53.10
制糖业	272	1391.91	269.64	663.76
屠宰及肉类加工	4806	7370.35	1824.23	3064.99
牲畜屠宰	1696	2811.50	658.46	1090.71
禽类屠宰	792	1628.58	496.73	831.91
肉制品及副产品加工	2318	2930.27	669.03	1142.37

单位：亿元

固定资产累计折旧	流动资产合计	应收账款	存货	产成品	负债合计	流动负债合计
618.10	3278.57	497.13	432.38	195.34	4770.24	2821.31
176.70	499.95	129.05	43.44	28.08	852.52	617.44
131.64	522.33	90.23	60.72	39.19	914.95	523.38
66.52	101.93	28.07	21.15	12.21	137.71	109.79
243.24	2154.35	249.79	307.07	115.86	2865.07	1570.71
222.20	436.02	81.53	49.97	24.30	543.61	343.47
136.71	374.08	42.56	31.01	20.66	297.61	234.50
72.99	242.70	58.83	39.16	19.94	301.96	223.23
2.19	23.03	8.80	0.91	0.58	37.26	18.69
21.80	71.29	18.34	17.69	8.94	72.18	56.15
47.72	144.41	31.35	18.89	8.74	186.64	143.02
1601.27	2137.67	442.33	107.14	21.68	2297.33	2086.59
9.19	36.60	17.18	0.55	0.03	79.87	74.12
1590.81	2090.11	419.64	105.41	20.73	2207.64	2004.22
1.27	10.96	5.51	1.18	0.91	9.81	8.25
9.06	8.62	1.07	0.44	0.34	17.61	10.74
240773.41	**767185.63**	**217522.96**	**160178.33**	**60616.64**	**733011.60**	**608142.50**
6152.27	22712.37	4057.80	6665.91	2804.68	22461.49	19185.99
871.60	2944.16	510.63	1168.16	333.21	2699.79	2203.82
524.28	1724.63	264.35	700.91	222.90	1556.44	1263.21
325.53	1079.15	214.47	421.91	93.23	1009.78	826.64
4.00	20.75	4.20	8.67	3.16	18.80	16.96
10.57	81.23	21.24	24.40	9.53	75.92	61.95
7.21	38.39	6.37	12.27	4.38	38.85	35.05
1295.82	5539.98	995.50	1054.70	311.02	5107.85	4429.22
45.88	196.21	51.31	46.17	22.05	180.51	148.00
1249.94	5343.77	944.19	1008.53	288.96	4927.35	4281.22
839.04	4256.37	518.28	1306.47	521.91	4016.00	3662.97
816.94	4088.96	486.55	1279.99	510.98	3848.81	3506.61
22.10	167.41	31.74	26.49	10.92	167.19	156.36
378.01	935.45	80.37	167.85	119.61	1044.01	919.17
1190.54	4005.19	767.53	1096.91	629.13	4508.87	3731.59
411.37	1568.13	273.19	414.49	307.78	1691.14	1359.14
317.29	810.35	139.82	204.72	136.91	1118.97	932.95
461.88	1626.71	354.52	477.70	184.44	1698.75	1439.50

1-A-6 续表 2

行业	企业单位数（个）	资产总计	固定资产净额	固定资产原价
水产品加工	1897	2205.04	400.90	806.95
水产品冷冻加工	1429	1770.61	308.76	630.99
鱼糜制品及水产品干腌制加工	297	272.18	55.93	111.99
鱼油提取及制品制造	28	38.27	7.72	15.77
其他水产品加工	143	123.98	28.49	48.21
蔬菜、菌类、水果和坚果加工	3420	2960.86	680.50	1160.38
蔬菜加工	1672	1291.64	311.52	554.56
食用菌加工	507	420.58	155.57	252.28
水果和坚果加工	1241	1248.64	213.40	353.54
其他农副食品加工	2545	3343.50	1033.96	1824.72
淀粉及淀粉制品制造	645	1702.04	588.49	1025.60
豆制品制造	666	483.91	172.35	312.04
蛋品加工	215	179.36	55.37	101.38
其他未列明农副食品加工	1019	978.19	217.75	385.69
食品制造业	10075	21639.03	4889.39	9275.50
焙烤食品制造	1814	2185.51	593.11	1134.11
糕点、面包制造	1156	954.67	295.43	506.10
饼干及其他焙烤食品制造	658	1230.84	297.67	628.01
糖果、巧克力及蜜饯制造	670	1021.55	217.60	506.13
糖果、巧克力制造	426	830.14	176.96	437.78
蜜饯制作	244	191.41	40.64	68.34
方便食品制造	1810	2550.11	658.51	1160.02
米、面制品制造	531	494.24	131.15	226.80
速冻食品制造	714	944.25	238.64	389.73
方便面制造	123	606.65	157.07	335.42
其他方便食品制造	442	504.98	131.65	208.06
乳制品制造	662	5670.36	922.39	1733.24
液体乳制造	395	4374.33	699.91	1301.20
乳粉制造	184	1069.24	164.15	347.59
其他乳制品制造	83	226.78	58.33	84.44
罐头食品制造	693	826.22	170.43	349.07
肉、禽类罐头制造	80	152.73	28.77	55.34
水产品罐头制造	52	51.20	9.39	20.24
蔬菜、水果罐头制造	473	464.33	104.37	209.54
其他罐头食品制造	88	157.97	27.91	63.95

单位：亿元

固定资产累计折旧	流动资产合计	应收账款	存货		负债合计	流动负债合计
				产成品		
392.96	1524.32	376.64	672.12	371.11	1370.25	1174.99
315.27	1246.37	318.95	556.82	320.05	1128.71	963.91
52.42	173.97	39.25	70.74	32.24	160.18	142.59
7.97	27.65	5.22	11.67	4.80	19.41	18.40
17.29	76.32	13.21	32.89	14.02	61.95	50.10
442.03	1814.50	432.50	610.08	251.09	1695.39	1419.04
229.60	773.95	183.92	255.66	113.21	672.07	562.78
85.38	182.70	60.68	54.42	25.69	222.95	151.98
127.05	857.85	187.90	300.01	112.19	800.37	704.28
742.28	1692.41	376.35	589.60	267.61	2019.34	1645.19
418.76	781.74	138.27	277.41	140.40	1121.18	882.91
131.67	214.39	42.70	61.86	23.06	230.04	191.63
38.37	87.91	22.66	23.95	15.22	96.58	80.02
153.48	608.37	172.73	226.38	88.92	571.54	490.64
4237.20	11827.71	2076.83	2445.67	1018.19	11316.37	9357.55
528.47	1242.67	284.45	230.41	74.27	1201.48	978.55
205.37	491.54	126.27	101.08	25.70	555.78	474.83
323.09	751.14	158.17	129.33	48.56	645.70	503.72
279.86	630.02	114.02	134.88	53.28	525.68	435.39
253.63	516.36	86.95	97.56	39.97	429.74	356.69
26.24	113.66	27.07	37.33	13.32	95.95	78.70
487.78	1318.03	359.76	292.57	119.33	1434.71	1198.98
90.84	235.95	56.28	66.14	29.56	276.35	225.54
145.60	510.90	132.57	132.37	53.30	484.19	410.85
177.26	303.84	87.16	40.47	18.17	349.36	306.82
74.07	267.34	83.75	53.59	18.30	324.81	255.77
783.98	2828.61	422.22	301.20	126.46	3078.72	2494.71
595.66	1961.08	329.93	170.36	72.42	2339.01	1861.96
162.93	748.61	68.08	106.74	43.02	614.59	530.83
25.38	118.92	24.21	24.10	11.02	125.12	101.92
168.95	529.28	96.26	225.02	135.31	459.63	410.88
25.31	85.58	16.29	33.33	11.31	76.66	65.09
10.14	36.42	9.12	15.90	7.05	29.49	25.83
101.01	302.88	52.62	155.52	107.37	279.72	250.06
32.49	104.39	18.24	20.28	9.58	73.75	69.90

1-A-6 续表 3

行业	企业单位数（个）	资产总计	固定资产净额	固定资产原价
调味品、发酵制品制造	1415	3194.53	871.52	1697.83
味精制造	57	536.78	149.55	314.79
酱油、食醋及类似制品制造	273	737.73	227.83	495.44
其他调味品、发酵制品制造	1085	1920.02	494.15	887.60
其他食品制造	3011	6190.75	1455.83	2695.11
营养食品制造	305	440.71	90.04	177.55
保健食品制造	549	1210.55	235.90	382.77
冷冻饮品及食用冰制造	134	244.55	68.17	142.76
盐加工	78	348.36	92.21	224.34
食品及饲料添加剂制造	1378	3059.07	800.95	1453.11
其他未列明食品制造	567	887.51	168.56	314.58
酒、饮料和精制茶制造业	5860	23268.98	4346.47	8400.25
酒的制造	1713	16720.00	2597.59	4731.31
酒精制造	84	441.04	134.37	257.09
白酒制造	979	12780.88	1665.16	2753.67
啤酒制造	330	2371.82	579.52	1340.93
黄酒制造	79	235.81	51.76	99.84
葡萄酒制造	99	297.63	90.31	159.88
其他酒制造	142	592.83	76.47	119.91
饮料制造	1900	4976.99	1393.28	3044.22
碳酸饮料制造	131	617.17	225.01	469.33
瓶(罐)装饮用水制造	528	1022.19	353.85	715.34
果菜汁及果菜汁饮料制造	466	922.01	216.66	455.19
含乳饮料和植物蛋白饮料制造	284	928.49	229.44	549.30
固体饮料制造	179	346.77	93.48	152.11
茶饮料及其他饮料制造	312	1140.37	274.84	702.95
精制茶加工	2247	1571.99	355.61	624.73
烟草制品业	194	10991.65	1310.84	3627.30
烟叶复烤	22	470.69	84.41	217.52
卷烟制造	126	10288.07	1172.71	3293.33
其他烟草制品制造	46	232.90	53.72	116.44
纺织业	20858	22906.50	5894.41	12239.97
棉纺织及印染精加工	8801	11648.33	3136.13	6656.34
棉纺纱加工	4423	5897.22	1583.33	3327.80
棉织造加工	2909	3098.23	730.10	1632.91
棉印染精加工	1469	2652.88	822.71	1695.63

单位：亿元

固定资产累计折旧	流动资产合计	应收账款	存货	产成品	负债合计	流动负债合计
796.03	1755.75	369.91	460.59	155.02	1406.92	1161.18
164.84	263.14	71.54	88.39	29.17	224.76	180.24
259.10	367.88	66.82	99.98	28.46	280.85	242.48
372.09	1124.73	231.55	272.23	97.38	901.31	738.47
1192.14	3523.35	430.21	800.99	354.52	3209.22	2677.86
83.80	286.37	72.73	66.20	25.06	233.25	194.53
144.06	710.36	-92.01	135.60	64.97	516.37	448.81
70.75	139.92	14.46	25.21	10.24	142.08	134.99
127.21	164.01	26.95	16.21	8.30	173.13	136.06
631.37	1624.21	329.94	422.63	206.95	1599.50	1313.38
134.95	598.48	78.13	135.14	39.00	544.90	450.09
3925.51	13903.31	1530.14	4644.34	1276.99	10500.81	9057.79
2072.48	10290.14	749.15	3766.35	844.81	7114.20	6186.46
116.81	251.74	46.67	87.97	34.88	315.82	251.15
1056.56	8167.72	441.96	3154.55	672.73	5312.66	4627.43
742.21	1226.17	184.14	261.59	67.77	991.72	880.17
46.04	132.65	12.18	65.66	38.37	80.60	76.09
68.23	162.70	25.27	82.93	17.74	150.75	113.46
42.65	349.15	38.93	113.65	13.32	262.65	238.16
1608.15	2683.06	570.50	497.29	237.71	2596.11	2276.84
243.30	312.54	71.03	68.91	40.58	370.18	332.20
353.60	429.92	72.47	49.59	15.84	606.63	547.96
234.99	520.28	93.76	151.29	88.56	437.27	356.61
297.79	511.05	112.81	75.43	21.46	359.14	314.11
57.46	200.76	41.22	58.81	25.35	244.71	184.01
421.02	708.50	179.21	93.26	45.92	578.17	541.94
244.87	930.11	210.49	380.70	194.47	790.50	594.50
2312.25	7668.55	447.69	4301.56	256.92	2258.54	2222.67
133.07	344.61	28.02	79.98	69.90	106.08	103.47
2116.55	7174.24	366.89	4187.04	168.07	2078.70	2047.02
62.63	149.70	52.78	34.54	18.96	73.76	72.18
6133.71	13170.40	3285.28	3826.38	1997.83	13490.04	11445.09
3413.68	6380.56	1374.48	1810.59	956.51	7006.60	5832.19
1676.06	3051.27	567.34	901.39	488.66	3642.57	2962.97
880.70	1906.63	473.45	547.49	300.25	1668.67	1377.97
856.92	1422.67	333.70	361.70	167.61	1695.36	1491.24

1-A-6 续表 4

行　　业	企业单位数（个）	资产总计	固定资产净　额	固定资产原　价
毛纺织及染整精加工	912	1470.46	254.73	577.62
毛条和毛纱线加工	529	783.31	119.75	262.83
毛织造加工	273	555.36	97.11	228.98
毛染整精加工	110	131.78	37.88	85.80
麻纺织及染整精加工	283	274.25	60.82	128.80
麻纤维纺前加工和纺纱	120	136.67	29.36	65.79
麻织造加工	155	134.01	30.43	60.88
麻染整精加工	8	3.58	1.04	2.13
丝绢纺织及印染精加工	500	543.77	96.20	200.72
缫丝加工	231	226.97	27.18	58.50
绢纺和丝织加工	229	229.89	42.62	86.91
丝印染精加工	40	86.91	26.39	55.32
化纤织造及印染精加工	2614	2767.65	784.23	1546.07
化纤织造加工	2237	2112.74	587.83	1143.48
化纤织物染整精加工	377	654.91	196.39	402.59
针织或钩针编织物及其制品制造	2447	1626.83	433.05	892.90
针织或钩针编织物织造	1950	1229.59	320.22	664.68
针织或钩针编织物印染精加工	129	119.32	40.40	84.38
针织或钩针编织品制造	368	277.92	72.43	143.84
家用纺织制成品制造	2165	1692.93	369.20	712.81
床上用品制造	1117	905.17	146.08	281.87
毛巾类制品制造	256	266.35	65.65	167.66
窗帘、布艺类产品制造	378	226.22	58.97	100.76
其他家用纺织制成品制造	414	295.19	98.50	162.52
产业用纺织制成品制造	3136	2882.29	760.06	1524.70
非织造布制造	1442	1442.71	434.03	838.94
绳、索、缆制造	266	163.12	39.96	76.10
纺织带和帘子布制造	315	327.25	85.25	206.32
篷、帆布制造	360	265.83	47.79	92.37
其他产业用纺织制成品制造	753	683.37	153.04	310.97
纺织服装、服饰业	13346	10815.32	1715.50	3499.02
机织服装制造	6502	6579.63	980.55	2011.21
运动机织服装制造	1156	1302.36	160.98	361.26
其他机织服装制造	5346	5277.27	819.57	1649.94

单位：亿元

固定资产累计折旧	流动资产合计	应收账款	存货	产成品	负债合计	流动负债合计
320.42	1022.95	286.46	361.46	211.00	847.49	696.41
142.36	597.33	180.75	213.90	126.92	464.97	390.41
130.28	351.67	82.16	123.86	72.38	298.23	224.82
47.77	73.96	23.55	23.70	11.70	84.29	81.17
67.14	176.60	34.44	83.06	41.48	164.73	149.60
35.76	84.27	14.00	42.77	19.43	78.52	68.91
30.29	89.57	19.10	39.25	21.60	83.94	78.47
1.09	2.76	1.34	1.04	0.45	2.27	2.21
98.98	327.42	74.99	137.92	66.57	354.31	303.53
28.72	139.35	26.38	65.62	30.58	135.69	119.78
41.61	146.67	39.87	60.09	30.78	162.03	130.45
28.65	41.41	8.74	12.21	5.21	56.59	53.31
718.30	1564.42	396.62	471.76	265.28	1747.83	1542.57
517.85	1202.99	323.05	389.68	235.23	1344.12	1170.98
200.45	361.43	73.57	82.08	30.05	403.72	371.59
447.21	977.51	277.16	315.04	155.09	1008.01	878.29
336.57	755.54	218.66	251.85	127.90	770.17	678.72
42.06	58.15	14.42	16.45	7.48	82.60	72.26
68.57	163.82	44.08	46.75	19.71	155.25	127.31
327.89	1061.03	335.23	269.35	126.16	965.68	855.64
123.21	611.60	207.34	146.59	66.39	539.75	492.65
101.84	154.35	32.60	45.33	25.46	128.66	107.20
41.33	137.72	43.07	33.59	14.19	125.64	114.34
61.51	157.37	52.22	43.84	20.13	171.62	141.45
740.10	1659.91	505.90	377.21	175.73	1395.38	1186.86
392.44	739.28	230.31	155.40	74.56	691.90	574.71
35.76	103.59	46.94	23.43	10.91	77.90	70.43
118.49	196.73	49.95	55.37	24.07	180.10	142.52
43.29	186.66	48.97	49.58	24.95	136.48	129.37
150.13	433.66	129.73	93.42	41.24	309.00	269.83
1703.85	6996.26	1915.76	1804.58	935.74	5709.66	4880.02
974.22	4185.10	1095.97	1044.48	607.58	3373.46	2794.88
188.75	724.94	157.15	178.64	101.53	690.21	507.93
785.47	3460.15	938.82	865.84	506.05	2683.25	2286.95

1-A-6 续表 5

行业	企业单位数(个)	资产总计	固定资产净额	固定资产原价
针织或钩针编织服装制造	4726	3233.29	505.63	1049.12
运动休闲针织服装制造	1944	1355.70	220.48	423.68
其他针织或钩针编织服装制造	2782	1877.59	285.15	625.45
服饰制造	2118	1002.41	229.32	438.69
皮革、毛皮、羽毛及其制品和制鞋业	8566	6219.72	1101.48	2149.98
皮革鞣制加工	676	631.08	129.69	241.43
皮革制品制造	2259	1383.37	224.54	400.88
皮革服装制造	133	63.76	10.86	20.17
皮箱、包(袋)制造	1678	740.39	142.86	252.29
皮手套及皮装饰制品制造	172	55.21	10.73	20.17
其他皮革制品制造	276	524.01	60.08	108.25
毛皮鞣制及制品加工	273	252.73	63.45	120.13
毛皮鞣制加工	60	122.82	27.05	52.69
毛皮服装加工	162	106.41	31.75	57.08
其他毛皮制品加工	51	23.49	4.65	10.35
羽毛(绒)加工及制品制造	511	449.14	59.89	103.55
羽毛(绒)加工	289	249.73	31.64	50.85
羽毛(绒)制品加工	222	199.41	28.25	52.70
制鞋业	4847	3503.41	623.91	1283.99
纺织面料鞋制造	929	791.75	164.11	308.10
皮鞋制造	2172	1804.83	262.93	514.10
塑料鞋制造	568	211.19	46.31	157.79
橡胶鞋制造	470	378.20	75.52	164.23
其他制鞋业	708	317.43	75.04	139.77
木材加工和木、竹、藤、棕、草制品业	12887	6583.23	1799.76	3126.41
木材加工	2729	831.79	199.41	336.36
锯材加工	1030	287.21	37.50	77.09
木片加工	558	190.17	53.88	87.28
单板加工	588	175.08	52.13	81.21
其他木材加工	553	179.33	55.91	90.78
人造板制造	7040	3898.70	1157.98	2007.42
胶合板制造	5630	2098.35	593.16	1010.15
纤维板制造	384	676.08	194.23	433.97
刨花板制造	301	676.86	256.02	371.41
其他人造板制造	725	447.42	114.57	191.88

单位：亿元

固定资产累计折旧	流动资产合计	应收账款	存货		负债合计	流动负债合计
				产成品		
530.93	2164.04	628.38	577.40	245.96	1742.77	1557.22
199.58	994.67	262.56	235.60	103.52	778.51	678.83
331.34	1169.37	365.82	341.80	142.44	964.26	878.39
198.70	647.12	191.41	182.70	82.20	593.43	527.92
1007.89	4283.71	1245.28	1057.74	465.70	3444.75	3017.94
106.50	392.22	122.06	142.88	52.71	340.06	292.91
166.84	1005.68	269.95	238.20	91.71	722.49	648.15
9.21	47.46	7.79	15.87	5.97	47.73	45.41
103.22	486.08	162.67	132.64	50.74	441.87	391.02
8.91	37.20	9.41	11.22	3.45	35.28	29.76
45.49	434.94	90.08	78.48	31.55	197.61	181.96
55.30	145.99	24.85	67.56	21.05	140.76	101.30
25.37	79.17	12.13	44.90	11.93	82.79	51.64
24.64	51.29	9.54	16.00	6.35	43.90	36.17
5.29	15.54	3.18	6.66	2.77	14.07	13.49
41.82	341.69	112.70	115.38	52.16	290.69	263.76
18.35	192.76	66.32	71.10	37.31	165.94	150.54
23.48	148.93	46.37	44.28	14.86	124.75	113.22
637.43	2398.13	715.72	493.71	248.06	1950.75	1711.82
138.21	527.14	132.81	130.67	77.74	458.23	397.67
241.18	1270.02	364.31	227.57	111.52	981.86	894.64
110.51	141.49	32.39	45.43	18.36	122.78	94.15
85.08	239.47	85.90	51.16	24.97	218.64	192.89
62.44	220.02	100.32	38.89	15.47	169.25	132.47
1248.62	3828.83	1325.31	984.62	502.96	3860.50	3199.66
128.34	510.53	187.39	142.63	71.79	476.32	391.30
36.48	201.57	65.14	59.37	28.74	168.79	145.19
32.23	96.47	40.33	24.95	12.37	109.07	79.35
26.79	107.10	39.90	30.44	18.69	96.22	82.54
32.84	105.38	42.02	27.87	11.98	102.24	84.22
796.62	2164.57	735.35	549.26	297.00	2313.96	1873.49
381.50	1292.98	543.95	301.17	169.42	1259.80	1065.50
227.15	349.34	69.21	103.79	53.95	393.63	288.56
114.93	271.13	43.83	71.43	38.84	399.09	302.99
73.04	251.11	78.35	72.88	34.78	261.45	216.43

1-A-6 续表 6

行 业	企业单位数(个)	资产总计		
			固定资产净额	固定资产原价
木质制品制造	2347	1580.72	360.46	634.18
建筑用木料及木材组件加工	476	201.21	56.13	90.60
木门窗制造	489	464.84	126.36	223.75
木楼梯制造	22	8.48	2.30	5.09
木地板制造	407	504.10	87.15	159.40
木制容器制造	422	177.08	24.06	41.65
软木制品及其他木制品制造	531	225.00	64.46	113.70
竹、藤、棕、草等制品制造	771	272.02	81.92	148.45
竹制品制造	641	231.10	72.97	132.90
藤制品制造	21	7.04	1.08	1.80
棕制品制造	12	5.08	1.08	2.58
草及其他制品制造	97	28.81	6.79	11.17
家具制造业	7349	7358.59	1399.82	2399.90
木质家具制造	4406	4346.03	876.64	1465.19
竹、藤家具制造	117	58.05	15.80	34.70
金属家具制造	1455	1583.10	248.94	471.98
塑料家具制造	137	104.31	31.43	56.98
其他家具制造	1234	1267.10	227.00	371.05
造纸和纸制品业	7859	16868.21	5147.97	10047.88
纸浆制造	79	640.45	191.20	362.69
木竹浆制造	48	406.15	147.09	268.81
非木竹浆制造	31	234.29	44.10	93.89
造纸	2498	10926.63	3582.12	7017.70
机制纸及纸板制造	2057	10512.84	3478.50	6833.78
手工纸制造	44	51.35	13.69	25.86
加工纸制造	397	362.43	89.93	158.05
纸制品制造	5282	5301.13	1374.66	2667.48
纸和纸板容器制造	3142	2391.55	621.77	1232.39
其他纸制品制造	2140	2909.58	752.89	1435.09
印刷和记录媒介复制业	6696	7379.46	1718.55	3845.05
印刷	6539	7064.53	1667.65	3726.01
书、报刊印刷	643	903.96	229.18	579.90
本册印制	194	207.98	42.85	94.11
包装装潢及其他印刷	5702	5952.59	1395.63	3052.00
装订及印刷相关服务	142	298.90	48.12	105.31
记录媒介复制	15	16.03	2.78	13.72

单位：亿元

固定资产累计折旧	流动资产合计	应收账款	存货	产成品	负债合计	流动负债合计
260.71	1010.10	354.07	250.23	111.42	930.66	818.97
30.83	124.14	48.12	33.91	14.25	124.91	104.48
94.01	288.95	98.98	50.91	22.24	263.77	224.49
2.74	4.74	1.71	1.93	0.66	5.78	4.83
69.89	339.50	108.22	101.78	47.20	307.78	280.06
16.33	125.72	59.15	20.48	8.50	116.31	107.61
46.92	127.06	37.89	41.21	18.57	112.11	97.50
62.95	143.64	48.51	42.51	22.75	139.56	115.89
57.11	118.14	37.97	35.45	19.28	116.05	95.33
0.70	5.40	1.15	1.67	0.62	3.45	2.93
1.50	2.69	1.25	0.87	0.42	2.64	2.46
3.64	17.41	8.13	4.52	2.44	17.43	15.17
969.55	4582.78	1265.58	958.29	405.65	4386.80	3819.79
572.54	2632.33	688.65	607.82	263.26	2679.81	2310.78
18.54	32.59	7.89	12.21	5.31	34.91	28.49
217.43	1073.33	329.85	182.87	71.33	924.31	840.92
24.38	61.28	21.99	16.79	6.87	49.50	41.19
136.66	783.25	217.20	138.60	58.87	698.27	598.40
4763.38	8512.00	2151.95	1772.93	705.68	9783.76	7676.97
167.68	336.36	91.11	45.16	10.52	407.83	349.82
118.81	189.84	46.74	30.09	5.76	238.88	188.93
48.87	146.53	44.37	15.07	4.75	168.95	160.89
3339.29	5036.45	1041.76	1037.92	438.83	6315.16	4814.77
3260.07	4798.25	971.52	976.37	411.51	6082.86	4614.61
11.92	31.68	8.99	11.24	7.64	30.53	26.55
67.30	206.53	61.25	50.30	19.68	201.76	173.60
1256.41	3139.19	1019.07	689.86	256.34	3060.78	2512.38
593.97	1404.61	516.00	322.65	106.08	1396.28	1211.19
662.44	1734.58	503.08	367.21	150.26	1664.50	1301.19
2075.27	4294.72	1273.85	764.42	284.73	3424.07	2930.97
2007.89	4106.16	1221.29	745.66	278.21	3273.95	2797.35
346.92	475.15	116.96	83.82	29.40	419.72	340.23
47.91	121.36	46.09	22.38	8.36	104.59	93.78
1613.05	3509.64	1058.24	639.45	240.46	2749.64	2363.34
57.02	178.14	50.35	17.51	6.02	145.16	129.00
10.37	10.42	2.21	1.25	0.50	4.96	4.62

1-A-6 续表 7

行业	企业单位数(个)	资产总计	固定资产净额	固定资产原价
文教、工美、体育和娱乐用品制造业	10505	9166.87	1680.99	3187.25
文教办公用品制造	889	879.53	176.35	326.46
文具制造	451	584.87	99.24	189.14
笔的制造	248	154.84	47.70	84.88
教学用模型及教具制造	94	78.56	16.40	28.42
墨水、墨汁制造	30	20.97	4.49	6.93
其他文教办公用品制造	66	40.29	8.52	17.08
乐器制造	217	231.87	53.15	111.31
中乐器制造	20	16.81	2.39	3.94
西乐器制造	120	151.14	33.47	71.91
电子乐器制造	32	44.15	13.84	28.27
其他乐器及零件制造	45	19.78	3.45	7.19
工艺美术及礼仪用品制造	5340	5016.25	791.92	1468.51
雕塑工艺品制造	716	461.42	116.15	193.51
金属工艺品制造	589	454.77	89.60	162.25
漆器工艺品制造	88	47.18	8.29	16.32
花画工艺品制造	125	50.54	16.88	33.80
天然植物纤维编织工艺品制造	428	195.64	62.69	96.46
抽纱刺绣工艺品制造	495	397.69	100.22	204.45
地毯、挂毯制造	380	353.44	76.33	165.24
珠宝首饰及有关物品制造	548	2047.34	113.68	224.87
其他工艺美术及礼仪用品制造	1971	1008.24	208.10	371.62
体育用品制造	1426	1157.36	257.05	474.84
球类制造	150	79.04	17.86	35.63
专项运动器材及配件制造	391	465.45	112.48	186.92
健身器材制造	352	297.15	60.94	121.20
运动防护用具制造	174	99.40	25.32	50.22
其他体育用品制造	359	216.33	40.44	80.87
玩具制造	2143	1431.97	312.30	629.78
电玩具制造	106	96.54	20.94	44.44
塑胶玩具制造	862	680.81	166.87	319.66
金属玩具制造	24	25.17	4.11	10.15
弹射玩具制造	4	0.42	0.04	0.15
娃娃玩具制造	116	44.55	10.27	16.58

单位：亿元

固定资产累计折旧	流动资产合计	应收账款	存货	产成品	负债合计	流动负债合计
1458.61	6290.12	1507.47	2349.60	1247.20	5244.34	4757.06
147.60	563.03	149.22	126.83	68.01	467.19	428.68
88.19	389.82	99.60	76.35	44.97	311.65	289.54
36.59	89.70	24.47	29.12	12.81	84.72	80.11
11.86	47.44	13.16	11.26	5.63	40.24	31.10
2.44	10.17	2.98	3.10	1.27	7.12	6.87
8.52	25.89	9.02	7.00	3.33	23.45	21.06
57.04	146.05	23.15	61.02	22.48	91.97	77.00
1.35	10.84	1.23	4.87	1.53	6.04	3.76
37.58	93.98	12.90	42.13	16.60	62.70	51.30
14.40	26.27	6.06	10.05	2.83	14.05	13.11
3.71	14.96	2.96	3.96	1.52	9.18	8.83
648.95	3633.09	751.15	1643.68	958.62	3069.95	2814.82
74.40	256.93	88.25	83.29	46.68	215.87	160.41
70.55	298.88	68.43	98.58	36.67	261.30	224.49
7.76	32.62	7.16	10.12	3.36	24.89	23.27
16.79	28.07	9.02	5.80	2.73	22.06	20.50
32.12	113.62	47.74	32.46	17.38	99.17	89.26
103.53	244.06	64.15	69.01	35.77	247.38	225.05
87.79	234.13	60.33	70.95	35.19	211.64	192.94
107.16	1758.92	187.55	1065.70	703.90	1429.96	1396.29
148.84	665.85	218.52	207.76	76.94	557.70	482.61
211.42	755.12	221.67	183.87	72.84	559.44	505.58
15.93	52.54	17.64	16.95	7.35	35.70	32.13
73.34	297.94	70.07	68.90	22.03	214.87	193.46
58.81	193.67	68.02	41.95	20.34	157.90	141.02
23.40	66.28	18.11	17.76	6.40	45.60	40.62
39.94	144.68	47.82	38.30	16.71	105.37	98.34
309.54	909.66	277.53	253.00	97.51	809.25	707.62
21.98	63.88	28.94	20.23	7.22	56.14	44.88
149.75	424.02	144.42	130.08	45.92	386.20	337.14
6.03	15.52	2.65	5.22	1.20	9.42	7.63
0.11	0.36	0.05	0.07	0.02	0.34	0.34
6.18	32.16	9.09	8.61	4.55	28.41	24.02

1-A-6 续表 8

行业	企业单位数(个)	资产总计	固定资产净额	固定资产原价
儿童乘骑玩耍的童车类产品制造	235	215.82	40.43	117.39
其他玩具制造	796	368.67	69.65	121.41
游艺器材及娱乐用品制造	490	449.88	90.23	176.35
露天游乐场所游乐设备制造	213	214.06	44.48	98.11
游艺用品及室内游艺器材制造	164	111.48	19.42	34.58
其他娱乐用品制造	113	124.35	26.32	43.66
石油、煤炭及其他燃料加工业	2324	42121.67	13714.70	29131.75
精炼石油产品制造	1111	28256.23	8977.17	21044.64
原油加工及石油制品制造	1074	28027.81	8889.80	20901.33
其他原油制造	37	228.42	87.37	143.31
煤炭加工	767	12545.05	4477.87	7537.92
炼焦	468	10356.13	3241.69	5712.04
煤制合成气生产	9	141.23	69.97	87.68
煤制液体燃料生产	42	1785.82	1106.79	1635.82
煤制品制造	122	156.16	34.68	57.83
其他煤炭加工	126	105.72	24.74	44.55
生物质燃料加工	438	397.80	108.56	161.66
生物质液体燃料生产	81	298.35	82.54	122.69
生物质致密成型燃料加工	357	99.45	26.02	38.97
化学原料和化学制品制造业	25489	107977.74	34169.02	61570.14
基础化学原料制造	5416	41261.02	14993.45	26264.78
无机酸制造	281	766.54	275.04	495.83
无机碱制造	184	3986.78	1134.21	2368.97
无机盐制造	922	4788.72	1360.75	2173.76
有机化学原料制造	2585	26734.57	10548.92	17867.25
其他基础化学原料制造	1444	4984.42	1674.54	3358.97
肥料制造	2044	10088.92	3527.46	6923.76
氮肥制造	187	3391.09	1597.41	3338.10
磷肥制造	120	1457.44	395.40	835.80
钾肥制造	79	964.03	202.16	452.93
复混肥料制造	875	3630.41	1163.01	2035.56
有机肥料及微生物肥料制造	712	562.15	152.73	235.23
其他肥料制造	71	83.80	16.76	26.14
农药制造	854	4608.40	1061.90	1828.99
化学农药制造	698	4170.86	940.85	1614.78
生物化学农药及微生物农药制造	156	437.54	121.05	214.21

单位：亿元

固定资产累计折旧	流动资产合计	应收账款	存货	产成品	负债合计	流动负债合计
76.23	147.48	28.22	28.71	13.44	121.06	106.83
49.25	226.24	64.16	60.07	25.17	207.68	186.78
84.06	283.16	84.75	81.21	27.75	246.56	223.36
52.12	134.28	33.02	43.55	10.99	119.76	110.43
15.08	78.03	20.66	20.28	7.17	64.85	62.68
16.86	70.85	31.07	17.37	9.60	61.95	50.25
14296.93	19115.57	2465.87	6270.94	1849.82	28188.82	21403.07
11138.13	13246.06	1569.56	5161.01	1447.12	18354.25	13898.33
11089.86	13171.05	1564.30	5140.97	1440.86	18155.51	13741.91
48.27	75.01	5.26	20.04	6.26	198.74	156.42
2872.89	5103.83	813.67	875.41	365.23	8999.05	7025.28
2336.51	4603.69	734.58	775.63	320.78	7349.99	6044.73
17.72	50.60	1.68	6.99	3.46	119.35	43.57
478.88	284.07	21.07	48.79	16.65	1329.92	752.59
23.08	105.08	43.22	21.44	12.82	108.93	98.65
16.70	60.39	13.12	22.55	11.52	90.87	85.74
49.71	208.42	53.19	58.53	32.37	240.03	179.23
38.12	148.22	28.91	46.09	24.14	185.26	134.81
11.59	60.20	24.28	12.45	8.23	54.77	44.42
25900.23	48101.40	9797.29	9546.73	4152.18	58101.45	43807.19
10655.89	16181.07	2126.78	3387.81	1285.77	23076.91	16267.69
214.57	339.71	62.33	61.34	28.88	436.95	355.48
1029.72	1705.76	166.53	239.66	82.67	2028.80	1576.27
758.96	2173.21	367.13	460.37	169.30	2616.65	1853.19
7004.03	9771.62	1117.42	2366.15	885.66	15608.32	10571.18
1648.61	2190.77	413.36	260.30	119.26	2386.19	1911.58
3159.49	4435.76	504.16	966.22	365.77	6169.78	4865.07
1605.44	1170.40	178.51	140.37	40.36	2365.68	1922.08
398.72	611.99	67.20	112.68	40.53	866.65	524.34
249.19	551.09	25.34	56.17	16.97	403.57	339.66
820.31	1743.68	157.09	553.31	221.35	2147.71	1760.95
76.50	302.58	69.91	86.29	37.97	331.38	273.23
9.33	56.02	6.11	17.39	5.60	54.79	44.82
720.75	2408.27	560.04	575.46	313.48	2242.23	1901.94
629.84	2148.05	498.47	508.50	276.24	2043.84	1733.51
90.91	260.22	61.57	66.96	37.24	198.39	168.43

1-A-6 续表 9

行业	企业单位数(个)	资产总计	固定资产净额	固定资产原价
涂料、油墨、颜料及类似产品制造	3888	7322.38	1418.24	2634.10
涂料制造	2420	3441.51	614.94	1127.71
油墨及类似产品制造	394	477.98	80.80	176.13
工业颜料制造	346	1483.25	375.51	701.04
工艺美术颜料制造	70	153.30	43.51	91.45
染料制造	267	1328.57	216.95	390.46
密封用填料及类似品制造	391	437.78	86.53	147.32
合成材料制造	3389	24143.89	8767.85	15504.15
初级形态塑料及合成树脂制造	2121	17407.99	6267.59	11235.60
合成橡胶制造	466	1045.60	319.60	677.97
合成纤维单(聚合)体制造	147	4511.03	1885.20	3031.37
其他合成材料制造	655	1179.27	295.46	559.21
专用化学产品制造	6721	14179.32	3201.52	6030.03
化学试剂和助剂制造	2815	6072.22	1285.71	2355.12
专项化学用品制造	1816	4717.22	1096.45	2115.52
林产化学产品制造	461	374.43	92.51	179.57
文化用信息化学品制造	115	596.18	183.34	345.11
医学生产用信息化学品制造	35	63.20	5.78	13.53
环境污染处理专用药剂材料制造	470	513.06	115.89	214.03
动物胶制造	56	79.37	23.14	40.81
其他专用化学产品制造	953	1763.64	398.70	766.34
炸药、火工及焰火产品制造	1010	1936.57	430.32	854.03
炸药及火工产品制造	256	1510.48	322.17	643.72
焰火、鞭炮产品制造	754	426.08	108.15	210.31
日用化学产品制造	2167	4437.23	768.28	1530.30
肥皂及洗涤剂制造	464	1190.80	165.27	352.10
化妆品制造	921	1689.41	317.21	589.21
口腔清洁用品制造	74	276.77	27.11	73.58
香料、香精制造	386	968.77	193.98	374.56
其他日用化学产品制造	322	311.48	64.71	140.85
医药制造业	9563	49502.76	8279.70	15074.64
化学药品原料药制造	1478	8676.92	2128.89	3927.72
化学药品制剂制造	1297	13643.75	1865.93	3662.70
中药饮片加工	1650	2800.93	430.77	738.97

单位：亿元

固定资产累计折旧	流动资产合计	应收账款	存货	产成品	负债合计	流动负债合计
1151.67	4247.08	1341.97	742.03	356.15	3892.18	3305.21
499.00	2210.07	844.80	312.39	139.39	1822.32	1569.99
93.00	310.80	124.28	57.85	24.89	189.97	171.19
283.36	682.57	149.90	145.29	71.01	835.34	678.40
46.36	74.17	19.68	19.80	11.19	69.25	62.58
171.30	683.99	114.20	154.50	90.51	762.11	634.32
58.64	285.49	89.11	52.20	19.15	213.21	188.73
6365.91	9187.09	1906.26	1778.22	809.02	13564.72	9769.87
4667.20	6138.66	1242.51	1154.38	543.98	9612.03	6880.45
347.72	533.92	141.02	123.21	64.08	549.29	449.50
1124.57	1788.52	301.25	368.06	139.53	2863.50	1984.74
226.42	726.00	221.48	132.58	61.43	539.89	455.18
2713.33	7988.00	2320.10	1507.96	742.37	6450.62	5443.07
1041.57	3521.28	1018.93	659.67	327.74	2672.28	2234.72
989.81	2629.22	788.57	477.75	236.88	2263.52	1935.66
79.51	212.07	52.03	64.17	37.91	177.52	142.93
148.24	243.80	55.31	52.91	29.48	258.27	207.18
7.72	29.81	5.31	9.90	2.64	17.46	16.55
92.80	310.49	118.14	48.04	23.53	218.45	185.09
16.65	42.71	7.68	14.70	6.84	35.05	26.28
337.02	998.62	274.13	180.82	77.34	808.06	694.66
386.88	823.44	198.94	115.89	52.56	796.63	603.72
298.79	691.89	150.86	81.36	29.05	679.78	521.36
88.09	131.55	48.08	34.53	23.51	116.84	82.35
746.31	2830.68	839.03	473.16	227.05	1908.39	1650.61
182.42	795.07	343.93	95.23	43.17	492.42	452.06
268.14	1045.45	289.96	188.16	95.07	807.40	712.30
45.51	226.64	21.41	26.59	15.64	98.79	90.94
175.78	570.99	131.98	122.11	51.73	368.45	275.24
74.45	192.53	51.76	41.08	21.44	141.33	120.08
6566.63	28343.99	5976.56	5416.98	2507.33	19692.70	16231.01
1756.58	4388.18	931.23	1034.70	563.69	3620.78	2933.88
1760.79	8156.17	1457.56	1430.67	720.47	5455.86	4649.25
269.27	2016.03	871.97	582.22	308.41	1578.45	1383.86

1-A-6 续表 10

行业	企业单位数(个)	资产总计	固定资产净额	固定资产原价
中成药生产	1624	9621.98	1415.00	2632.56
兽用药品制造	510	1344.30	348.03	597.20
生物药品制品制造	1091	10080.23	1349.74	2295.22
生物药品制造	1039	7664.27	1053.93	1804.65
基因工程药物和疫苗制造	52	2415.97	295.81	490.57
卫生材料及医药用品制造	1593	2537.24	567.33	914.95
药用辅料及包装材料	320	797.41	174.01	305.32
化学纤维制造业	2362	11988.18	3329.30	6438.63
纤维素纤维原料及纤维制造	203	1525.47	475.23	946.57
化纤浆粕制造	21	57.68	21.05	36.32
人造纤维(纤维素纤维)制造	182	1467.80	454.18	910.25
合成纤维制造	1946	9704.18	2564.57	5086.52
锦纶纤维制造	227	986.29	209.77	546.14
涤纶纤维制造	1148	6856.10	1803.85	3422.42
腈纶纤维制造	32	374.37	133.87	242.39
维纶纤维制造	19	167.15	36.59	70.92
丙纶纤维制造	69	88.46	16.70	49.43
氨纶纤维制造	67	747.14	198.17	470.57
其他合成纤维制造	384	484.66	165.61	284.63
生物基材料制造	213	758.53	289.50	405.55
生物基化学纤维制造	73	424.50	187.91	263.91
生物基、淀粉基新材料制造	140	334.03	101.59	141.64
橡胶和塑料制品业	26495	31744.41	7221.02	14562.36
橡胶制品业	3861	9006.54	2315.41	4946.39
轮胎制造	379	4820.94	1468.15	3320.38
橡胶板、管、带制造	797	1142.78	213.83	445.94
橡胶零件制造	955	1066.96	200.40	429.70
再生橡胶制造	143	70.39	20.33	33.80
日用及医用橡胶制品制造	347	727.84	188.39	302.10
运动场地用塑胶制造	82	44.83	8.12	12.34
其他橡胶制品制造	1158	1132.81	216.19	402.14
塑料制品业	22634	22737.87	4905.61	9615.96
塑料薄膜制造	3196	5632.99	1378.68	2373.18
塑料板、管、型材制造	3801	3979.01	780.17	1521.57
塑料丝、绳及编织品制造	1832	1109.68	269.37	541.97

单位：亿元

固定资产累计折旧	流动资产合　　计	应收账款	存货	产成品	负债合计	流动负债合　　计
1176.64	5644.54	1024.66	1093.25	383.94	3958.89	3335.46
244.15	624.84	163.33	122.97	60.28	570.65	427.58
911.36	5560.06	1080.60	847.27	320.01	3215.81	2436.28
719.80	4134.40	797.13	724.92	267.13	2647.91	1983.46
191.56	1425.67	283.46	122.35	52.88	567.91	452.82
326.64	1500.87	352.47	230.36	110.18	995.47	820.33
121.21	453.30	94.73	75.53	40.36	296.78	244.37
2956.57	5062.57	706.17	1269.36	714.55	7499.00	5849.27
459.80	665.29	84.26	208.62	74.80	978.21	736.70
15.27	29.09	10.01	6.90	2.50	46.18	45.42
444.53	636.20	74.25	201.72	72.30	932.03	691.29
2392.11	4101.41	583.25	983.83	603.59	6035.39	4774.40
328.87	525.00	81.62	123.68	84.49	647.09	490.53
1554.16	2758.21	353.92	684.61	412.58	4433.93	3551.43
105.91	168.11	37.12	38.00	21.57	234.37	181.58
33.22	77.32	4.14	6.84	3.56	72.92	60.98
28.94	42.40	12.14	7.69	3.88	46.97	36.47
246.68	308.84	38.66	60.60	44.04	312.30	224.97
94.34	221.54	55.65	62.40	33.47	287.80	228.43
104.66	295.87	38.66	76.91	36.17	485.40	338.17
70.70	168.44	15.36	42.45	17.45	274.45	184.91
33.96	127.43	23.30	34.46	18.72	210.95	153.26
7151.59	18706.70	6190.06	3801.15	1794.06	16065.83	13765.45
2603.13	5169.17	1648.50	1039.41	570.96	4442.55	3880.22
1842.67	2529.02	627.56	579.79	350.01	2524.24	2175.15
225.18	697.84	288.23	128.73	65.65	494.26	432.63
226.79	686.32	278.43	118.22	61.16	488.89	447.47
13.03	39.47	14.55	8.59	4.13	40.06	34.42
111.28	422.91	112.86	62.36	30.41	298.36	266.09
4.10	31.46	12.63	8.24	3.49	28.13	26.35
180.08	762.14	314.24	133.48	56.11	568.61	498.10
4548.46	13537.54	4541.57	2761.74	1223.09	11623.28	9885.24
968.81	2903.97	806.14	568.91	245.68	2936.88	2289.45
709.18	2461.58	807.58	472.78	250.47	1896.05	1637.91
250.51	666.76	231.97	178.17	89.68	615.90	555.43

1-A-6 续表 11

行业	企业单位数（个）	资产总计	固定资产净额	固定资产原价
泡沫塑料制造	1188	736.26	149.84	295.27
塑料人造革、合成革制造	459	654.58	162.51	358.20
塑料包装箱及容器制造	2187	1651.25	408.65	871.85
日用塑料制品制造	2352	1702.75	422.97	854.88
人造草坪制造	49	50.76	8.69	15.80
塑料零件及其他塑料制品制造	7570	7220.58	1324.74	2783.24
非金属矿物制品业	49121	84383.45	20338.66	37795.19
水泥、石灰和石膏制造	3948	17350.59	5307.85	11595.26
水泥制造	2856	16332.36	4994.41	11046.20
石灰和石膏制造	1092	1018.23	313.44	549.05
石膏、水泥制品及类似制品制造	19332	24352.24	3529.20	6947.72
水泥制品制造	16306	19713.41	2452.77	5242.99
砼结构构件制造	1505	2852.35	583.04	916.15
石棉水泥制品制造	30	19.13	6.86	11.40
轻质建筑材料制造	1057	1405.82	405.08	625.52
其他水泥类似制品制造	434	361.53	81.45	151.67
砖瓦、石材等建筑材料制造	9547	8429.54	1945.22	3204.73
粘土砖瓦及建筑砌块制造	2791	1453.53	461.22	824.04
建筑用石加工	2785	2847.83	592.31	916.48
防水建筑材料制造	952	1298.39	252.63	403.39
隔热和隔音材料制造	1186	1032.40	268.94	441.73
其他建筑材料制造	1833	1797.39	370.12	619.09
玻璃制造	1700	5016.46	1508.14	2638.23
平板玻璃制造	255	1793.73	559.54	1111.64
特种玻璃制造	1024	2836.18	863.70	1359.47
其他玻璃制造	421	386.55	84.90	167.12
玻璃制品制造	2424	3976.12	1182.82	2055.48
技术玻璃制品制造	651	1890.68	519.23	831.64
光学玻璃制造	342	487.14	150.98	288.83
玻璃仪器制造	41	36.85	12.08	17.72
日用玻璃制品制造	574	413.32	112.08	235.21
玻璃包装容器制造	396	785.37	294.96	512.98
玻璃保温容器制造	39	45.47	10.19	18.34
制镜及类似品加工	82	57.96	10.02	18.94
其他玻璃制品制造	299	259.32	73.29	131.82

单位：亿元

固定资产累计折旧	流动资产合计	应收账款	存货	产成品	负债合计	流动负债合计
134.80	484.91	191.05	88.12	38.29	398.12	354.20
193.41	396.97	89.20	129.93	43.43	355.17	322.42
451.95	951.74	323.51	185.71	82.20	850.09	743.30
419.17	1023.28	329.61	239.95	101.47	893.05	777.15
7.05	34.95	13.10	5.18	2.56	29.34	25.14
1413.57	4613.38	1749.41	892.98	369.30	3648.68	3180.22
16660.08	48473.91	18607.00	7377.87	3320.13	48452.35	40695.35
6005.59	7697.71	1142.43	856.53	330.77	8692.78	7287.20
5782.68	7173.09	946.80	788.70	302.45	8027.04	6735.37
222.91	524.62	195.63	67.83	28.31	665.74	551.82
3287.81	18335.29	11111.57	1500.86	585.10	17120.45	15268.48
2688.84	15601.32	9889.45	1105.05	364.96	14155.51	12799.17
312.35	1815.01	919.93	262.02	155.71	1981.14	1646.98
4.40	10.27	3.62	3.14	1.44	15.38	12.65
213.74	672.68	191.69	101.92	52.88	748.02	619.12
68.49	236.01	106.88	28.72	10.11	220.40	190.56
1165.44	4713.30	1750.75	1035.42	393.54	4859.88	3826.27
325.77	715.29	312.16	133.76	83.93	842.42	682.13
294.73	1447.04	292.07	512.91	135.44	1630.15	1140.08
144.45	850.85	412.92	113.17	45.48	681.96	610.46
166.94	608.11	257.29	116.57	58.96	560.01	477.93
233.56	1092.01	476.31	159.01	69.74	1145.33	915.67
1072.98	2509.06	526.54	399.03	177.67	2706.02	2081.52
511.99	850.83	96.42	147.12	65.65	908.86	726.25
481.62	1436.71	359.71	210.82	95.89	1588.55	1182.78
79.36	221.51	70.41	41.09	16.13	208.62	172.49
842.03	2243.26	635.33	517.68	279.51	2254.86	1840.92
305.26	1156.42	313.54	198.21	88.13	1057.52	893.42
129.33	273.64	98.70	60.22	24.67	262.77	220.47
5.41	17.94	3.54	4.50	2.37	14.58	9.54
112.46	230.52	54.91	73.66	47.74	250.14	207.04
216.97	356.91	89.60	126.34	86.93	452.10	331.51
8.14	25.62	7.39	9.71	5.78	30.01	21.29
8.82	43.81	15.73	10.05	5.04	34.53	33.95
55.64	138.41	51.92	34.99	18.84	153.21	123.69

1-A-6 续表 12

行　业	企业单位数（个）	资产总计	固定资产净　额	固定资产原　价
玻璃纤维和玻璃纤维增强塑料制品制造	1261	2772.34	988.89	1533.45
玻璃纤维及制品制造	652	2150.15	869.65	1326.79
玻璃纤维增强塑料制品制造	609	622.19	119.24	206.66
陶瓷制品制造	3299	5390.62	1469.86	2993.47
建筑陶瓷制品制造	976	2690.84	829.89	1785.68
卫生陶瓷制品制造	359	808.78	201.25	382.77
特种陶瓷制品制造	746	964.02	200.11	395.45
日用陶瓷制品制造	671	583.85	128.14	235.42
陈设艺术陶瓷制造	446	277.01	89.05	156.06
园艺陶瓷制造	50	37.66	13.29	25.54
其他陶瓷制品制造	51	28.46	8.12	12.55
耐火材料制品制造	2263	2862.55	483.77	969.89
石棉制品制造	56	38.39	8.21	16.39
云母制品制造	53	54.93	12.75	24.00
耐火陶瓷制品及其他耐火材料制造	2154	2769.23	462.82	929.50
石墨及其他非金属矿物制品制造	5347	14233.00	3922.91	5856.95
石墨及碳素制品制造	1628	5647.65	1410.63	2229.33
其他非金属矿物制品制造	3719	8585.35	2512.28	3627.61
黑色金属冶炼和压延加工业	6203	73981.92	23132.00	48308.59
炼铁	138	1276.34	419.36	771.80
炼钢	108	7867.55	2282.76	4560.73
钢压延加工	5140	60633.81	19766.37	41680.21
铁合金冶炼	817	4204.22	663.51	1295.84
有色金属冶炼和压延加工业	10005	52313.27	11577.08	23241.02
常用有色金属冶炼	1289	22410.05	5792.12	11939.16
铜冶炼	154	5177.05	879.10	2090.60
铅锌冶炼	272	2835.82	627.21	1381.63
镍钴冶炼	44	2107.69	202.91	329.75
锡冶炼	49	557.60	184.62	300.52
锑冶炼	41	108.71	25.12	47.19
铝冶炼	293	10052.82	3458.76	7077.06
镁冶炼	60	185.82	52.56	100.98
硅冶炼	197	581.39	138.04	249.90
其他常用有色金属冶炼	179	803.16	223.79	361.52
贵金属冶炼	217	3096.14	438.10	942.78

单位：亿元

固定资产累计折旧	流动资产合计	应收账款	存货	产成品	负债合计	流动负债合计
527.19	1327.15	444.78	254.86	147.15	1423.32	1060.09
443.36	919.39	263.69	176.94	110.17	1106.41	772.98
83.83	407.76	181.09	77.92	36.98	316.92	287.11
1452.34	2508.81	602.37	874.54	610.90	2719.35	2204.06
935.75	1241.09	242.14	528.93	404.04	1501.69	1306.94
179.22	364.46	85.06	95.88	52.94	412.94	306.94
168.93	511.41	194.39	110.57	64.75	401.56	302.79
91.13	243.86	43.59	86.12	51.70	243.93	174.11
61.09	115.56	28.37	41.73	29.66	123.81	84.07
12.15	17.91	3.98	7.01	4.95	18.68	15.98
4.07	14.52	4.83	4.30	2.85	16.74	13.23
472.32	1908.84	717.44	393.62	222.63	1452.95	1321.07
6.12	21.33	7.62	4.33	2.42	20.90	17.30
10.45	31.23	9.12	7.71	3.51	23.27	19.87
455.75	1856.28	700.69	381.58	216.69	1408.78	1283.90
1834.39	7230.48	1675.79	1545.33	572.86	7222.74	5805.74
767.22	2982.13	748.88	836.76	293.44	2960.58	2328.93
1067.17	4248.35	926.92	708.56	279.42	4262.16	3476.81
24249.90	32399.16	4158.01	7854.94	2916.03	46945.20	37713.53
338.68	720.36	240.62	138.63	42.40	1012.59	900.77
2056.79	3444.62	359.59	813.60	255.98	5061.93	3935.89
21271.82	26318.20	3313.54	6360.00	2266.80	37678.74	30458.08
582.61	1915.98	244.26	542.71	350.84	3191.94	2418.79
10372.60	28945.35	5685.73	7928.15	2129.38	31023.08	24276.48
5494.28	11124.48	1856.08	3813.34	597.24	12582.76	10075.13
843.34	3104.75	463.71	1370.70	131.41	3148.10	2426.44
698.88	1468.74	124.95	688.14	112.25	1808.88	1450.25
119.09	1033.99	152.54	293.17	104.05	970.36	646.39
112.90	212.58	14.31	108.27	34.42	370.18	264.69
20.91	72.82	12.17	25.84	7.21	64.17	55.02
3415.25	4466.96	984.93	1100.76	116.17	5195.69	4343.04
48.05	104.85	14.80	24.46	12.61	165.86	153.07
103.23	260.54	35.69	77.29	41.46	403.53	346.09
132.62	399.25	52.99	124.71	37.66	455.99	390.15
497.66	1359.99	62.31	473.07	119.24	1863.78	1066.72

1-A-6 续表 13

行业	企业单位数（个）	资产总计	固定资产净额	固定资产原价
金冶炼	136	2734.89	339.24	773.59
银冶炼	37	123.01	20.86	40.26
其他贵金属冶炼	44	238.24	78.00	128.93
稀有稀土金属冶炼	325	2935.17	207.52	820.95
钨钼冶炼	101	1794.33	48.08	562.80
稀土金属冶炼	145	902.69	112.77	171.19
其他稀有金属冶炼	79	238.15	46.68	86.96
有色金属合金制造	1510	3435.15	692.70	1227.61
有色金属压延加工	6664	20436.76	4446.64	8310.52
铜压延加工	1678	5688.45	719.57	1462.59
铝压延加工	3986	12051.84	3161.31	5736.31
贵金属压延加工	109	479.11	81.02	192.42
稀有稀土金属压延加工	177	719.06	122.88	283.69
其他有色金属压延加工	714	1498.30	361.85	635.51
金属制品业	36000	43617.40	8212.04	16346.35
结构性金属制品制造	12305	13959.60	2251.08	4064.95
金属结构制造	9179	11229.49	1825.70	3290.53
金属门窗制造	3126	2730.11	425.38	774.42
金属工具制造	2000	2307.45	518.12	1089.76
切削工具制造	830	1284.10	293.38	642.41
手工具制造	402	294.72	72.25	141.13
农用及园林用金属工具制造	176	141.92	30.71	59.85
刀剪及类似日用金属工具制造	170	119.99	26.19	51.97
其他金属工具制造	422	466.72	95.58	194.41
集装箱及金属包装容器制造	1874	3948.36	721.75	1479.11
集装箱制造	211	814.66	151.71	257.57
金属压力容器制造	728	1295.74	209.12	405.69
金属包装容器及材料制造	935	1837.96	360.93	815.86
金属丝绳及其制品制造	1664	2478.09	462.07	1029.22
建筑、安全用金属制品制造	3832	3313.91	598.96	1160.04
建筑、家具用金属配件制造	1543	1131.26	228.74	451.48
建筑装饰及水暖管道零件制造	1368	1390.59	228.02	461.68
安全、消防用金属制品制造	504	355.17	66.97	117.37
其他建筑、安全用金属制品制造	417	436.89	75.22	129.51
金属表面处理及热处理加工	2795	3144.67	652.08	1323.61

单位：亿元

固定资产累计折旧	流动资产合　计	应收账款	存货	产成品	负债合计	流动负债合　计
427.41	1141.50	44.32	385.05	72.39	1587.15	847.89
19.39	75.22	3.99	39.69	15.04	82.19	70.76
50.85	143.27	13.99	48.33	31.81	194.44	148.08
308.01	1519.83	156.26	576.07	177.92	1500.27	685.99
212.70	724.30	52.77	200.26	54.90	992.60	277.76
56.22	654.63	82.94	333.04	105.80	405.38	319.18
39.09	140.90	20.55	42.77	17.22	102.30	89.05
492.53	2029.55	606.23	514.15	193.72	2027.84	1572.32
3580.13	12911.51	3004.84	2551.52	1041.26	13048.43	10876.31
640.26	3998.71	817.61	771.41	349.54	4120.23	3418.32
2429.64	7223.27	1819.17	1316.54	509.10	7440.06	6222.99
102.08	326.64	32.00	110.80	28.05	287.61	250.14
156.41	453.10	87.38	118.41	59.23	343.82	299.85
251.74	909.78	248.68	234.37	95.35	856.72	685.02
7760.92	28979.80	9844.88	6301.37	2639.81	25730.70	22072.82
1720.54	9773.40	3765.81	2084.89	857.51	9057.58	7877.19
1393.58	7854.97	2953.10	1698.62	713.21	7269.92	6320.65
326.96	1918.43	812.71	386.27	144.30	1787.66	1556.54
558.53	1395.90	423.63	324.51	144.80	1055.92	935.43
340.32	743.41	210.74	180.61	82.67	482.68	416.03
68.32	190.96	72.43	47.38	23.26	157.92	141.10
28.59	97.60	25.19	22.15	9.13	74.94	67.62
25.68	74.28	22.11	16.57	6.83	60.91	53.13
95.62	289.64	93.17	57.81	22.91	279.47	257.56
707.59	2718.40	835.92	614.62	233.27	2281.10	1699.41
104.26	591.49	136.23	136.50	65.86	402.43	369.12
191.26	957.08	279.27	304.19	103.90	767.85	681.83
412.07	1169.83	420.42	173.93	63.51	1110.82	648.47
543.93	1730.43	529.51	303.58	144.73	1438.90	1292.29
541.30	2276.43	824.62	493.48	219.57	1836.86	1609.39
218.31	760.26	261.52	168.59	70.04	661.81	581.28
225.33	963.53	341.90	212.24	95.40	705.43	624.76
45.52	231.86	84.67	46.60	19.96	190.86	170.96
52.14	320.79	136.53	66.05	34.16	278.75	232.39
657.80	2087.73	612.36	423.00	166.52	2028.74	1816.17

1-A-6 续表 14

行 业	企业单位数(个)	资产总计	固定资产净额	固定资产原价
搪瓷制品制造	119	115.32	27.79	58.28
生产专用搪瓷制品制造	21	14.03	1.76	5.05
建筑装饰搪瓷制品制造	8	34.09	12.48	22.19
搪瓷卫生洁具制造	43	30.95	7.24	12.05
搪瓷日用品及其他搪瓷制品制造	47	36.26	6.31	18.99
金属制日用品制造	2402	1984.33	406.63	784.75
金属制厨房用器具制造	438	327.24	64.42	132.78
金属制餐具和器皿制造	882	783.32	169.97	308.65
金属制卫生器具制造	205	142.90	32.26	56.59
其他金属制日用品制造	877	730.88	139.97	286.73
铸造及其他金属制品制造	9009	12365.66	2573.57	5356.63
黑色金属铸造	3107	3549.38	848.69	1707.73
有色金属铸造	544	1102.68	239.49	461.83
锻件及粉末冶金制品制造	2087	3078.13	661.95	1386.40
交通及公共管理用金属标牌制造	266	214.76	39.53	71.52
其他未列明金属制品制造	3005	4420.71	783.92	1729.15
通用设备制造业	34915	64289.61	9683.93	19477.94
锅炉及原动设备制造	1579	8503.60	1026.77	2315.35
锅炉及辅助设备制造	674	2412.22	233.65	515.90
内燃机及配件制造	511	3576.88	476.69	1124.69
汽轮机及辅机制造	126	1375.46	121.03	373.41
水轮机及辅机制造	32	95.12	14.76	35.18
风能原动设备制造	215	1025.42	177.29	260.35
其他原动设备制造	21	18.50	3.36	5.82
金属加工机械制造	4705	6688.70	1102.58	2108.58
金属切削机床制造	1327	2438.73	388.53	734.88
金属成形机床制造	691	1049.00	189.78	375.67
铸造机械制造	504	428.51	85.52	172.43
金属切割及焊接设备制造	776	1286.69	144.53	242.18
机床功能部件及附件制造	544	594.63	153.90	265.35
其他金属加工机械制造	863	891.15	140.31	318.08
物料搬运设备制造	2956	10761.86	1043.75	1995.27
轻小型起重设备制造	230	194.56	33.09	71.87
生产专用起重机制造	616	4231.73	356.12	675.92
生产专用车辆制造	234	726.25	109.84	210.60

单位：亿元

固定资产累计折旧	流动资产合计	应收账款	存货	产成品	负债合计	流动负债合计
29.94	68.46	23.15	15.97	6.74	51.50	46.34
3.12	10.25	2.78	1.78	0.71	6.40	6.17
9.54	11.80	6.60	2.31	0.26	11.24	10.98
4.76	20.75	6.09	4.98	2.12	15.51	13.75
12.52	25.66	7.68	6.90	3.64	18.36	15.45
367.88	1254.62	387.91	292.37	125.44	1109.89	977.40
64.42	219.92	68.55	59.87	29.12	191.54	171.02
135.54	478.87	140.60	110.98	46.38	443.82	387.77
24.14	94.56	33.36	23.28	8.25	78.61	70.21
143.78	461.26	145.40	98.24	41.69	395.92	348.40
2633.42	7674.44	2441.96	1748.96	741.24	6870.21	5819.19
825.92	2026.18	629.67	501.24	264.45	1988.53	1713.30
212.57	678.35	202.03	123.45	60.04	545.58	451.58
675.50	1876.01	670.53	462.56	182.21	1640.81	1351.85
31.18	144.81	63.21	24.71	11.62	99.15	89.12
888.25	2949.09	876.51	636.99	222.90	2596.15	2213.35
9445.90	44053.41	14234.75	9925.36	3546.22	35368.21	31284.18
1228.25	5900.44	1399.93	1180.92	294.39	4997.20	4441.20
273.99	1770.81	460.55	381.37	61.57	1575.03	1379.87
609.83	2292.09	388.71	420.01	148.35	1692.28	1473.10
240.19	1033.90	194.46	236.85	11.76	999.70	916.93
20.32	70.00	19.15	16.27	4.59	55.17	47.13
81.70	720.42	332.91	123.46	66.89	664.81	615.12
2.22	13.21	4.15	2.97	1.23	10.21	9.04
957.73	4520.49	1219.80	1259.42	442.81	3617.77	3203.61
329.21	1588.45	365.36	498.32	176.95	1283.84	1100.13
181.58	726.05	190.88	241.91	65.28	605.69	547.68
81.30	284.43	97.66	77.20	35.28	252.82	223.03
90.92	968.95	281.53	229.18	89.45	709.02	654.97
109.04	349.20	104.29	87.58	29.73	286.59	248.23
165.68	603.41	180.06	125.24	46.12	479.81	429.57
928.24	7726.53	2763.21	1608.57	598.28	6665.57	5924.86
38.26	132.67	43.11	29.40	12.46	99.36	90.84
315.17	2928.46	1197.16	569.33	160.92	2720.48	2273.92
99.71	469.60	148.72	104.98	45.98	400.18	334.72

1-A-6 续表 15

行业	企业单位数(个)	资产总计	固定资产净额	固定资产原价
连续搬运设备制造	624	1333.97	140.42	264.82
电梯、自动扶梯及升降机制造	929	3529.41	343.52	670.76
机械式停车设备制造	94	147.77	17.06	31.05
其他物料搬运设备制造	227	590.31	41.83	67.63
泵、阀门、压缩机及类似机械制造	6699	10397.63	1646.27	3400.24
泵及真空设备制造	1633	2506.75	360.90	711.18
气体压缩机械制造	634	2728.70	343.08	863.80
阀门和旋塞制造	2727	2637.90	427.87	837.49
液压动力机械及元件制造	1490	1995.15	402.80	792.64
液力动力机械元件制造	27	25.29	3.81	10.89
气压动力机械及元件制造	188	503.84	107.81	184.23
轴承、齿轮和传动部件制造	3133	5882.49	1385.66	3017.76
滚动轴承制造	1484	2667.07	641.01	1435.43
滑动轴承制造	119	157.00	35.33	71.52
齿轮及齿轮减、变速箱制造	1106	2558.94	598.85	1288.54
其他传动部件制造	424	499.48	110.47	222.27
烘炉、风机、包装等设备制造	4980	9122.43	1204.41	2277.25
烘炉、熔炉及电炉制造	389	660.71	49.66	91.52
风机、风扇制造	768	795.13	123.81	224.09
气体、液体分离及纯净设备制造	933	1912.86	247.72	456.96
制冷、空调设备制造	1700	3920.49	498.99	949.24
风动和电动工具制造	463	857.28	145.67	307.36
喷枪及类似器具制造	126	130.33	29.34	58.08
包装专用设备制造	601	845.63	109.21	190.00
文化、办公用机械制造	665	1614.43	199.26	526.92
电影机械制造	15	19.76	2.75	4.96
幻灯及投影设备制造	113	263.14	25.02	49.38
照相机及器材制造	185	378.24	74.69	177.83
复印和胶印设备制造	151	282.43	43.72	178.63
计算器及货币专用设备制造	133	569.79	41.97	90.22
其他文化、办公用机械制造	68	101.07	11.10	25.89
通用零部件制造	7664	7046.81	1647.64	3130.04
金属密封件制造	319	362.55	55.74	124.64
紧固件制造	1867	1634.88	343.35	707.65
弹簧制造	337	357.77	75.42	163.86

单位：亿元

固定资产累计折旧	流动资产合　计	应收账款	存货	产成品	负债合计	流动负债合　计
119.37	957.47	318.47	216.22	50.55	805.49	730.42
317.48	2666.71	885.25	530.92	265.97	2212.62	2099.07
11.83	104.05	41.21	23.41	8.73	84.11	78.20
25.67	462.08	127.76	133.55	53.51	340.21	314.75
1715.30	7440.72	2629.04	1707.45	687.78	5197.35	4694.24
330.49	1793.42	604.32	436.94	154.83	1304.14	1171.34
514.61	2044.56	696.99	447.07	202.85	1526.87	1405.28
406.70	1903.45	766.92	417.65	157.32	1248.98	1153.00
383.32	1327.94	462.82	289.09	119.03	942.42	804.30
4.28	13.74	5.08	3.97	1.01	11.37	8.92
75.90	357.59	92.91	112.73	52.74	163.55	151.39
1550.72	3528.64	1185.82	797.83	348.66	2893.49	2435.54
737.47	1567.91	548.69	342.02	172.33	1292.00	1092.98
35.81	104.28	32.40	22.80	12.39	57.12	52.10
669.34	1546.94	495.87	364.18	137.33	1300.98	1077.46
108.10	309.51	108.86	68.83	26.62	243.39	213.00
1051.49	6321.29	1991.92	1383.17	502.04	4928.97	4430.37
40.74	483.57	112.16	153.11	27.36	389.67	368.05
98.89	564.29	237.72	105.27	36.90	421.39	360.81
203.68	1342.81	381.51	285.64	105.36	1106.06	999.10
437.75	2631.03	844.33	481.29	215.19	2032.05	1832.61
160.85	637.81	247.38	148.38	50.53	476.09	428.47
29.71	84.65	26.49	23.07	9.61	69.46	60.26
79.86	577.13	142.32	186.41	57.10	434.26	381.08
319.68	1148.88	383.33	275.25	98.03	761.77	657.12
2.06	15.49	1.50	10.20	3.45	9.53	7.81
23.93	204.15	76.52	56.40	13.45	140.34	120.55
102.38	271.34	102.55	65.70	17.24	174.30	148.76
133.47	210.89	81.60	52.54	19.65	118.34	98.18
43.10	367.07	98.75	79.00	40.06	267.45	232.96
14.73	79.94	22.41	11.40	4.18	51.81	48.86
1430.53	4310.40	1624.53	871.37	377.74	3915.08	3330.83
67.57	264.23	98.11	44.96	21.01	158.69	144.16
358.34	1100.49	398.14	253.22	123.29	825.06	756.86
86.43	237.76	92.44	43.01	22.71	164.73	132.72

1-A-6 续表 16

行　业	企业单位数（个）	资产总计	固定资产净额	固定资产原价
机械零部件加工	4147	3638.53	964.90	1703.81
其他通用零部件制造	994	1053.07	208.23	430.09
其他通用设备制造业	2534	4271.66	427.59	706.54
工业机器人制造	850	1909.45	161.18	231.87
特殊作业机器人制造	62	114.00	5.86	9.69
增材制造装备制造	159	356.80	49.51	65.61
其他未列明通用设备制造业	1463	1891.41	211.04	399.38
专用设备制造业	27065	61497.31	7420.95	14148.52
采矿、冶金、建筑专用设备制造	4899	15623.21	1968.18	4060.42
矿山机械制造	1887	4751.89	635.29	1189.91
石油钻采专用设备制造	848	2510.74	302.46	801.78
深海石油钻探设备制造	24	72.16	20.05	34.34
建筑工程用机械制造	884	4298.46	544.12	1096.44
建筑材料生产专用机械制造	508	1178.09	101.17	198.93
冶金专用设备制造	669	2287.16	267.78	583.70
隧道施工专用机械制造	79	524.70	97.31	155.33
化工、木材、非金属加工专用设备制造	4953	7516.96	1225.92	2586.82
炼油、化工生产专用设备制造	628	1811.86	282.75	530.51
橡胶加工专用设备制造	181	389.10	40.61	78.30
塑料加工专用设备制造	684	1197.98	179.60	345.42
木竹材加工机械制造	170	218.34	33.22	61.85
模具制造	3193	3743.87	671.84	1531.69
其他非金属加工专用设备制造	97	155.81	17.89	39.05
食品、饮料、烟草及饲料生产专用设备制造	921	1058.05	149.51	320.57
食品、酒、饮料及茶生产专用设备制造	410	458.61	55.98	111.18
农副食品加工专用设备制造	365	318.21	58.65	123.03
烟草生产专用设备制造	73	233.55	25.27	69.42
饲料生产专用设备制造	73	47.68	9.62	16.94
印刷、制药、日化及日用品生产专用设备制造	1226	2084.00	268.03	534.48
制浆和造纸专用设备制造	218	368.79	53.59	123.45
印刷专用设备制造	476	588.65	100.32	199.85
日用化工专用设备制造	43	25.44	4.10	7.50
制药专用设备制造	239	608.31	64.40	117.75
照明器具生产专用设备制造	29	43.37	6.57	9.43
玻璃、陶瓷和搪瓷制品生产专用设备制造	167	390.23	31.40	60.99
其他日用品生产专用设备制造	54	59.22	7.64	15.50

单位：亿元

固定资产累计折旧	流动资产合计	应收账款	存货	产成品	负债合计	流动负债合计
708.11	2010.82	756.96	397.71	153.77	2202.90	1795.96
210.08	697.11	278.88	132.47	56.95	563.71	501.13
263.97	3156.03	1037.17	841.37	196.48	2391.01	2166.41
67.53	1444.67	478.07	411.49	86.12	1118.06	1021.14
3.54	76.58	28.21	16.55	4.58	56.98	53.65
15.90	245.84	79.71	46.63	17.45	162.77	138.21
177.00	1388.94	451.19	366.70	88.34	1053.19	953.41
6497.89	42741.74	12696.74	10165.82	3720.74	33149.44	28936.14
2011.50	10980.12	3898.38	2515.21	981.66	9253.83	7838.41
541.34	3374.70	1267.32	746.79	323.42	2860.73	2425.43
487.33	1795.56	643.83	447.05	162.89	1385.45	1254.31
12.32	39.89	13.73	11.15	5.19	26.22	20.79
528.83	3108.34	1176.81	656.78	267.06	2427.64	2064.66
94.78	706.31	218.78	115.08	45.39	688.53	557.89
289.40	1604.84	462.72	438.82	131.06	1501.38	1201.38
57.51	350.49	115.19	99.53	46.65	363.87	313.95
1330.19	5093.75	1573.44	1266.11	420.39	4069.56	3605.05
240.81	1200.69	361.09	288.38	73.10	1078.99	930.35
36.88	288.24	78.52	92.13	47.85	246.55	233.14
165.32	849.17	234.49	227.09	74.70	633.79	574.69
27.14	119.89	17.13	36.75	17.62	95.29	74.73
838.98	2521.60	849.33	582.79	196.20	1929.24	1713.78
21.06	114.16	32.88	38.96	10.94	85.70	78.37
168.10	767.86	193.13	257.32	69.62	562.26	526.91
54.14	345.91	92.34	116.85	36.14	287.62	269.27
62.65	200.88	56.75	47.54	17.95	135.46	122.41
44.14	189.37	33.31	84.93	13.33	105.62	104.37
7.17	31.69	10.73	7.99	2.20	33.56	30.86
256.77	1364.10	370.29	369.71	106.35	1182.63	1036.09
68.48	265.86	70.92	56.23	14.13	265.32	246.76
94.37	382.23	106.28	107.17	34.36	317.91	277.15
3.34	19.19	7.78	4.62	1.66	15.45	14.32
52.58	393.43	100.40	133.81	38.63	319.20	296.26
2.86	29.35	12.93	7.30	2.80	22.06	20.21
27.28	235.73	62.50	51.67	12.06	209.98	150.65
7.86	38.30	9.49	8.91	2.71	32.71	30.74

1-A-6 续表 17

行　　业	企业单位数(个)	资产总计		
			固定资产净　额	固定资产原　价
纺织、服装和皮革加工专用设备制造	1187	2154.79	303.69	593.27
纺织专用设备制造	832	1600.62	215.96	398.36
皮革、毛皮及其制品加工专用设备制造	43	105.24	2.60	28.70
缝制机械制造	271	387.74	75.03	149.06
洗涤机械制造	41	61.19	10.10	17.16
电子和电工机械专用设备制造	2807	9731.77	786.01	1180.25
电工机械专用设备制造	482	1042.21	84.81	133.77
半导体器件专用设备制造	657	3605.52	310.51	429.57
电子元器件与机电组件设备制造	949	1983.41	236.08	371.95
其他电子专用设备制造	719	3100.63	154.62	244.95
农、林、牧、渔专用机械制造	1380	2270.66	347.75	700.51
拖拉机制造	124	404.49	69.26	175.03
机械化农业及园艺机具制造	660	1294.39	177.87	333.87
营林及木竹采伐机械制造	4	3.55	0.85	1.80
畜牧机械制造	228	272.84	32.63	54.50
渔业机械制造	19	11.58	2.02	3.63
农林牧渔机械配件制造	227	172.84	39.10	85.86
棉花加工机械制造	12	30.45	3.08	5.60
其他农、林、牧、渔业机械制造	106	80.52	22.92	40.21
医疗仪器设备及器械制造	3707	9701.30	1280.12	2242.82
医疗诊断、监护及治疗设备制造	1010	4014.66	431.66	712.60
口腔科用设备及器具制造	114	141.56	23.26	41.40
医疗实验室及医用消毒设备和器具制造	122	229.99	33.07	57.80
医疗、外科及兽医用器械制造	775	2124.73	330.14	604.60
机械治疗及病房护理设备制造	202	487.54	55.10	90.53
康复辅具制造	215	484.12	64.45	116.73
眼镜制造	488	533.08	131.52	268.30
其他医疗设备及器械制造	781	1685.64	210.92	350.87
环保、邮政、社会公共服务及其他专用设备制造	5985	11356.57	1091.73	1929.38
环境保护专用设备制造	3133	6116.13	592.23	1006.50
地质勘查专用设备制造	21	86.93	15.14	35.04
邮政专用机械及器材制造	22	17.99	3.92	5.35
商业、饮食、服务专用设备制造	66	97.47	9.05	18.78
社会公共安全设备及器材制造	566	778.04	80.51	145.64

单位：亿元

固定资产累计折旧	流动资产合计	应收账款	存货	产成品	负债合计	流动负债合计
277.14	1494.69	362.34	305.12	120.54	1247.11	938.14
179.92	1120.30	241.02	201.59	76.64	974.15	700.29
16.77	81.89	25.67	16.46	7.99	57.50	43.78
73.43	245.84	67.23	78.17	32.78	194.29	177.19
7.02	46.66	28.42	8.90	3.14	21.17	16.88
373.84	7300.92	1714.81	2209.00	808.92	5928.80	5421.49
48.23	828.20	235.60	283.06	91.70	680.26	614.92
109.51	2845.22	577.14	940.22	390.72	1929.95	1783.89
128.22	1464.09	450.42	509.39	203.94	1241.04	1086.07
87.87	2163.41	451.64	476.32	122.55	2077.55	1936.61
339.42	1549.72	452.12	419.35	203.85	1339.04	1185.67
100.22	251.45	53.60	72.02	31.03	256.63	219.38
151.09	908.55	275.51	236.97	112.60	748.73	656.34
0.46	1.81	0.27	0.47	0.15	1.50	1.50
21.12	212.02	62.56	59.72	33.77	168.17	157.37
1.61	7.44	1.28	2.06	0.68	6.48	6.36
46.07	103.39	44.00	23.68	11.13	99.47	93.92
2.24	23.49	3.00	12.50	10.38	18.06	16.60
16.60	41.57	11.90	11.92	4.10	40.00	34.21
934.73	6022.03	1332.39	1076.20	392.39	3335.41	2820.98
268.84	2601.91	526.20	447.74	130.80	1300.41	1083.24
17.94	101.96	23.13	23.05	6.56	56.81	49.74
24.19	138.52	29.07	31.38	11.57	91.71	87.81
267.94	1203.58	280.65	200.78	87.14	723.56	613.19
34.80	312.25	70.82	49.31	20.90	191.71	178.50
48.92	305.47	77.73	69.16	32.91	150.36	124.00
136.18	352.08	135.29	83.61	37.46	247.14	218.75
135.90	1006.28	189.50	171.15	65.06	573.71	465.72
806.21	8168.55	2799.84	1747.80	617.01	6230.80	5563.39
398.92	4267.74	1552.11	766.29	246.87	3370.92	3024.16
19.90	63.52	17.11	7.83	3.03	40.35	32.69
1.43	12.97	4.72	5.57	3.20	11.37	11.07
9.70	69.40	25.86	15.05	5.69	44.88	41.28
64.77	580.55	222.96	134.49	38.99	396.69	353.20

1-A-6 续表 18

行　　业	企业单位数（个）	资产总计	固定资产净　　额	固定资产原　　价
交通安全、管制及类似专用设备制造	166	170.31	16.27	29.51
水资源专用机械制造	226	302.44	36.89	62.52
其他专用设备制造	1785	3787.26	337.72	626.05
汽车制造业	18899	107760.80	17045.03	38119.16
汽车整车制造	384	51001.31	5850.96	14845.87
汽柴油车整车制造	212	35034.64	4328.90	12256.41
新能源车整车制造	172	15966.67	1522.06	2589.46
汽车用发动机制造	139	2408.09	556.86	1442.30
改装汽车制造	618	2189.63	330.59	635.54
低速汽车制造	14	214.35	29.30	71.78
电车制造	36	32.09	5.49	10.81
汽车车身、挂车制造	513	845.04	208.03	391.60
汽车零部件及配件制造	17195	51070.28	10063.79	20721.25
铁路、船舶、航空航天和其他运输设备制造业	6164	36368.60	5216.80	10208.43
铁路运输设备制造	1117	7104.07	836.99	1719.55
高铁车组制造	9	1616.94	120.50	323.96
铁路机车车辆制造	27	1245.19	197.08	385.36
窄轨机车车辆制造	18	23.27	3.08	7.65
高铁设备、配件制造	245	1202.17	130.48	240.21
铁路机车车辆配件制造	359	884.27	109.32	226.73
铁路专用设备及器材、配件制造	429	1929.36	248.00	483.97
其他铁路运输设备制造	30	202.87	28.53	51.67
城市轨道交通设备制造	167	1184.44	156.25	259.54
船舶及相关装置制造	1127	10523.61	1534.39	3150.68
金属船舶制造	437	7923.10	1103.77	2261.07
非金属船舶制造	39	135.08	12.36	23.70
娱乐船和运动船制造	58	88.56	11.33	24.25
船用配套设备制造	466	1036.49	173.55	360.87
船舶改装	7	58.47	14.37	31.63
船舶拆除	7	65.39	18.18	27.88
海洋工程装备制造	106	1213.09	200.31	419.98
航标器材及其他相关装置制造	7	3.44	0.49	1.29
航空、航天器及设备制造	799	13371.71	1963.29	3692.18
飞机制造	321	8507.90	1246.73	2337.99
航天器及运载火箭制造	68	1241.17	246.56	414.84

单位：亿元

固定资产累计折旧	流动资产合计	应收账款	存货	产成品	负债合计	流动负债合计
12.28	139.83	48.14	27.23	7.85	104.09	97.72
25.15	231.09	84.37	36.15	8.75	170.55	152.23
274.08	2803.45	844.57	755.20	302.63	2091.94	1851.04
20098.57	67921.09	23293.32	8998.76	4106.34	67914.34	60169.09
8384.12	31733.91	9525.82	2823.55	1337.10	34903.33	30880.41
7424.15	21772.07	5797.47	2253.06	1140.90	23382.16	20722.46
959.97	9961.84	3728.35	570.49	196.20	11521.18	10157.96
863.45	1424.22	472.51	222.62	100.11	1264.75	1144.36
289.49	1466.56	477.50	305.29	117.60	1447.04	1249.56
42.48	145.59	11.81	32.29	1.41	98.63	88.89
5.32	19.71	3.70	6.63	1.41	27.08	24.43
179.09	519.50	148.37	114.91	47.38	534.81	467.88
10334.63	32611.61	12653.61	5493.47	2501.33	29638.70	26313.55
4805.26	25213.24	6218.26	6225.98	1111.19	22812.15	20035.78
839.34	4933.46	1987.21	924.55	267.39	3762.86	3415.01
202.76	1229.19	477.59	154.44	26.12	1026.58	987.56
184.08	762.15	282.82	159.76	11.64	795.33	708.79
4.53	18.60	6.48	4.68	2.01	12.77	11.73
109.15	853.44	305.98	172.35	82.00	550.80	463.43
114.16	622.25	230.66	116.73	54.01	448.97	399.87
204.86	1324.05	634.14	294.69	89.46	835.22	760.52
19.80	123.78	49.55	21.90	2.15	93.17	83.12
102.91	839.20	315.09	152.72	41.75	811.72	749.71
1527.22	7487.76	804.80	1583.78	160.77	7564.46	6433.99
1122.58	5711.15	448.94	1153.03	91.02	5950.28	5031.93
10.90	62.78	8.95	12.77	3.12	60.32	58.26
12.86	69.59	16.02	23.58	3.93	62.20	57.89
186.55	748.24	187.39	212.71	40.15	620.03	531.59
17.00	40.23	2.64	1.83	0.03	23.74	23.38
9.70	25.86	1.84	10.15	8.21	70.56	67.92
166.82	827.24	138.04	168.88	14.00	775.70	661.56
0.80	2.67	1.00	0.83	0.32	1.63	1.47
1683.20	9120.01	2270.80	3054.63	415.66	8296.61	7279.54
1084.15	5452.57	1386.30	1851.02	256.18	5502.26	4667.99
166.63	942.10	109.14	366.48	26.87	850.84	904.65

1-A-6 续表 19

行业	企业单位数（个）	资产总计	固定资产净额	固定资产原价
航天相关设备制造	94	1300.63	153.08	301.32
航空相关设备制造	209	1360.57	179.24	368.18
其他航空航天器制造	107	961.43	137.68	269.86
摩托车制造	1337	2144.25	393.26	814.27
摩托车整车制造	225	968.34	124.90	262.68
摩托车零部件及配件制造	1112	1175.90	268.36	551.59
自行车和残疾人座车制造	458	479.26	84.23	174.11
自行车制造	432	461.87	81.17	168.59
残疾人座车制造	26	17.39	3.06	5.52
助动车制造	791	1043.11	181.74	273.85
非公路休闲车及零配件制造	233	379.71	45.20	85.63
潜水救捞及其他未列明运输设备制造	135	138.45	21.46	38.62
潜水装备制造	12	7.98	0.55	1.41
水下救捞装备制造	23	13.21	3.71	5.56
其他未列明运输设备制造	100	117.26	17.20	31.64
电气机械和器材制造业	34242	123839.61	17630.63	30830.73
电机制造	3509	14573.56	1614.62	3052.60
发电机及发电机组制造	990	9212.79	674.80	1235.13
电动机制造	1463	2863.46	480.84	920.89
微特电机及组件制造	669	1650.33	324.54	611.40
其他电机制造	387	846.98	134.44	285.19
输配电及控制设备制造	12517	40301.18	5643.29	9086.29
变压器、整流器和电感器制造	2318	5764.14	624.42	1251.18
电容器及其配套设备制造	254	301.63	43.43	92.46
配电开关控制设备制造	4904	8398.59	868.00	1679.68
电力电子元器件制造	2219	3868.71	627.62	1140.89
光伏设备及元器件制造	1507	18322.28	3184.24	4364.44
其他输配电及控制设备制造	1315	3645.81	295.57	557.64
电线、电缆、光缆及电工器材制造	6545	14541.47	2057.61	4033.53
电线、电缆制造	5477	11188.10	1537.46	3008.38
光纤制造	187	835.93	204.81	435.55
光缆制造	184	1557.76	125.57	221.75
绝缘制品制造	452	690.10	150.36	282.80
其他电工器材制造	245	269.59	39.41	85.05
电池制造	2633	31523.98	5467.22	8223.44

单位：亿元

固定资产累计折旧	流动资产合　计	应收账款	存货	产成品	负债合计	流动负债合　计
146.62	1001.61	243.27	408.50	28.89	671.65	611.65
166.36	1011.67	366.31	262.43	81.00	711.10	631.48
119.44	712.06	165.78	166.20	22.73	560.75	463.77
416.78	1399.55	370.82	243.59	113.54	1139.98	1010.12
136.33	692.43	148.18	104.53	46.55	532.97	479.80
280.45	707.12	222.63	139.06	66.99	607.01	530.31
88.87	337.34	100.02	91.07	37.38	251.92	234.66
86.44	325.30	95.39	88.64	36.70	243.32	226.52
2.44	12.04	4.63	2.43	0.68	8.59	8.15
90.18	705.96	232.03	108.48	47.18	719.35	674.25
39.78	287.81	96.51	46.28	18.37	189.35	168.42
16.99	102.14	40.98	20.89	9.15	75.90	70.08
0.85	7.22	1.22	3.31	1.18	4.09	4.05
1.86	8.58	3.46	2.23	0.51	6.39	6.14
14.28	86.34	36.30	15.35	7.45	65.41	59.89
12664.90	81907.43	29130.73	12860.22	5893.59	74699.15	63726.33
1393.33	10283.68	3667.27	1695.84	525.62	9339.71	8271.27
534.13	6792.06	2383.32	987.26	249.92	6580.42	5839.89
425.35	1948.10	695.85	406.51	156.55	1527.95	1357.65
283.85	998.34	373.22	194.78	79.87	834.26	718.97
150.00	545.18	214.88	107.29	39.27	397.08	354.76
3250.83	26808.90	10702.82	4227.51	1889.74	23791.74	20464.67
614.58	3923.35	1655.62	691.94	273.58	3130.47	2763.94
46.12	210.81	81.06	40.24	18.40	160.13	137.09
789.32	6016.10	2594.36	935.39	393.68	4204.06	3820.23
505.77	2656.15	1037.40	487.85	200.98	1901.12	1701.93
1048.49	11330.29	4243.99	1644.74	856.06	12099.66	9967.66
246.56	2672.20	1090.37	427.35	147.05	2296.31	2073.82
1891.38	10044.93	4418.17	1849.49	1022.70	7842.01	6809.45
1393.05	8275.79	3747.53	1572.20	871.23	6337.72	5607.79
226.42	447.50	172.05	67.27	37.63	368.23	280.74
95.81	739.67	276.11	118.75	72.99	703.08	556.43
131.71	413.34	152.97	57.64	27.06	324.77	267.30
44.39	168.63	69.51	33.63	13.79	108.21	97.20
2608.43	18728.12	6113.77	2587.86	1092.19	20107.78	16163.30

1-A-6 续表 20

行业	企业单位数（个）	资产总计	固定资产净额	固定资产原价
锂离子电池制造	1793	26419.92	4824.24	7061.55
镍氢电池制造	69	267.75	49.97	93.55
铅蓄电池制造	212	1239.45	214.17	440.01
锌锰电池制造	46	134.81	28.22	53.81
其他电池制造	513	3462.04	350.61	574.52
家用电力器具制造	4063	16852.73	1947.30	4693.76
家用制冷电器具制造	231	1689.40	296.79	631.17
家用空气调节器制造	257	8780.95	725.28	2277.15
家用通风电器具制造	320	698.49	120.13	230.84
家用厨房电器具制造	1095	1846.19	282.82	537.84
家用清洁卫生电器具制造	340	2118.42	217.19	434.13
家用美容、保健护理电器具制造	465	506.15	83.50	162.04
家用电力器具专用配件制造	868	707.05	125.32	248.51
其他家用电力器具制造	487	506.08	96.27	172.09
非电力家用器具制造	569	982.16	138.33	259.75
燃气及类似能源家用器具制造	269	588.26	79.79	153.30
太阳能器具制造	150	266.82	32.67	62.46
其他非电力家用器具制造	150	127.07	25.88	43.99
照明器具制造	3622	3875.32	630.63	1210.77
电光源制造	365	621.11	92.88	196.91
照明灯具制造	2382	2394.99	369.95	735.44
舞台及场地用灯制造	246	214.34	45.82	79.75
智能照明器具制造	202	345.62	54.47	86.86
灯用电器附件及其他照明器具制造	427	299.26	67.51	111.81
其他电气机械及器材制造	784	1189.22	131.63	270.58
电气信号设备装置制造	259	423.58	50.36	97.63
其他未列明电气机械及器材制造	525	765.64	81.27	172.96
计算机、通信和其他电子设备制造业	27776	190719.96	34643.50	66958.49
计算机制造	2989	16621.35	1383.68	3269.78
计算机整机制造	422	8364.39	434.64	1051.01
计算机零部件制造	1068	2930.77	479.58	1093.50
计算机外围设备制造	900	3170.62	265.38	679.05
工业控制计算机及系统制造	166	401.94	37.65	62.84
信息安全设备制造	99	346.72	23.91	38.02
其他计算机制造	334	1406.92	142.53	345.36

单位：亿元

固定资产累计折旧	流动资产合计	应收账款	存货	产成品	负债合计	流动负债合计
2112.84	15786.30	5146.85	2079.22	918.50	17177.37	13623.49
35.92	155.86	40.45	33.77	10.97	145.66	116.59
220.68	774.77	204.62	188.27	69.43	719.42	621.23
19.91	84.46	18.58	17.37	7.70	61.20	57.44
219.08	1926.72	703.28	269.23	85.60	2004.14	1744.55
2703.12	11954.98	2736.63	1682.57	1018.80	10520.91	9227.31
332.61	1194.49	408.79	156.32	109.50	999.42	928.53
1533.57	6185.25	896.97	724.08	519.02	5853.16	4942.15
108.96	490.89	107.25	81.60	43.95	345.37	321.65
246.58	1236.77	370.66	247.38	114.83	1052.78	949.58
210.99	1667.20	535.07	210.54	123.95	1260.94	1185.46
75.99	338.16	98.18	85.13	29.39	285.67	256.67
121.06	487.69	195.12	95.56	42.11	411.96	370.19
73.37	354.54	124.60	81.95	36.05	311.60	273.09
118.61	659.29	217.16	110.78	53.05	499.15	452.86
72.20	404.28	128.54	68.91	36.05	289.61	264.75
28.50	169.77	60.17	24.66	9.35	137.68	127.62
17.91	85.24	28.45	17.21	7.65	71.86	60.50
560.73	2553.36	913.63	516.00	222.35	1976.15	1763.16
100.85	398.27	134.17	64.48	29.41	285.11	253.07
353.33	1604.34	600.04	336.04	145.41	1257.95	1129.16
32.44	136.66	44.12	36.59	14.65	119.30	100.60
30.53	229.05	66.06	40.03	17.41	149.17	137.59
43.58	185.04	69.22	38.88	15.47	164.62	142.74
138.47	874.17	361.29	190.16	69.14	621.69	574.31
46.82	301.50	124.07	57.52	18.74	191.95	176.77
91.66	572.67	237.22	132.65	50.40	429.74	397.53
31446.13	118855.06	40569.95	20252.29	6843.58	104362.60	83026.49
1858.56	13123.93	5791.05	2412.71	742.24	10196.21	9472.44
615.22	7154.54	3432.98	1173.07	302.66	6097.32	5719.75
597.55	2106.22	1027.55	394.65	145.91	1512.40	1401.87
404.72	2205.36	830.52	492.53	163.38	1626.06	1457.31
25.15	308.95	102.30	83.97	40.10	236.74	210.62
13.96	280.09	66.97	43.06	13.05	141.57	133.69
201.95	1068.78	330.72	225.43	77.14	582.11	549.20

1-A-6 续表 21

行　　业	企业单位数(个)	资产总计		
			固定资产净　额	固定资产原　价
通信设备制造	2404	47117.92	3136.77	6603.48
通信系统设备制造	1286	10564.79	824.66	1600.70
通信终端设备制造	1118	36553.13	2312.11	5002.78
广播电视设备制造	620	2052.02	426.82	794.01
广播电视节目制作及发射设备制造	31	73.47	5.26	13.02
广播电视接收设备制造	181	640.71	118.63	275.29
广播电视专用配件制造	60	91.62	10.39	22.84
专业音响设备制造	124	127.66	22.08	44.49
应用电视设备及其他广播电视设备制造	224	1118.56	270.47	438.37
雷达及配套设备制造	165	1289.51	140.10	265.61
非专业视听设备制造	1143	5652.61	541.31	1067.09
电视机制造	181	3928.43	310.08	556.50
音响设备制造	747	1117.14	146.47	316.83
影视录放设备制造	215	607.03	84.76	193.76
智能消费设备制造	1828	7470.91	1055.24	1962.41
可穿戴智能设备制造	194	1130.39	225.29	349.45
智能车载设备制造	370	1755.10	204.34	389.98
智能无人飞行器制造	118	453.74	21.06	36.87
服务消费机器人制造	122	427.84	31.49	43.06
其他智能消费设备制造	1024	3703.84	573.06	1143.05
电子器件制造	6426	61588.52	17544.28	34822.15
电子真空器件制造	468	817.34	139.98	262.16
半导体分立器件制造	533	3091.97	820.30	1600.91
集成电路制造	1426	27845.90	7966.88	15948.21
显示器件制造	1506	19334.09	6264.15	12662.37
半导体照明器件制造	465	1767.08	473.80	895.81
光电子器件制造	1075	5407.71	1206.98	2108.20
其他电子器件制造	953	3324.42	672.20	1344.49
电子元件及电子专用材料制造	10581	44850.72	9993.84	17403.50
电阻电容电感元件制造	1341	3435.08	782.91	1629.14
电子电路制造	2029	7792.77	2024.29	4019.96
敏感元件及传感器制造	593	1759.65	216.47	406.90
电声器件及零件制造	530	1146.15	198.20	369.02
电子专用材料制造	2797	21807.65	5337.30	7586.44
其他电子元件制造	3291	8909.44	1434.66	3392.04

单位：亿元

固定资产累计折旧	流动资产合计	应收账款	存货	产成品	负债合计	流动负债合计
3409.10	36415.89	12072.67	5397.50	1680.65	30384.00	25087.13
759.11	8107.71	3120.23	1523.32	449.32	5855.32	4887.99
2650.00	28308.18	8952.44	3874.18	1231.33	24528.68	20199.14
363.75	1250.69	411.71	247.10	73.74	957.85	776.66
7.76	54.20	16.04	13.79	3.69	33.16	30.76
155.49	368.37	170.15	75.64	23.82	222.08	165.71
11.91	58.76	19.62	11.99	4.58	48.40	45.54
22.37	94.89	23.78	31.77	13.01	67.81	59.30
166.23	674.47	182.12	113.91	28.64	586.41	475.35
124.14	964.98	265.14	281.24	34.81	776.79	665.26
512.24	4168.60	1521.16	797.36	294.38	3660.12	3256.38
242.29	2880.77	1036.59	502.12	193.98	2731.54	2415.94
166.08	829.34	352.64	179.47	65.70	618.24	562.58
103.87	458.49	131.93	115.78	34.70	310.35	277.86
886.32	5238.35	2220.52	938.07	390.59	4502.71	4038.27
123.68	814.98	430.14	120.52	46.53	799.10	748.99
184.47	1149.30	502.84	229.91	78.62	1047.67	918.80
14.97	388.81	172.41	104.53	42.02	313.35	293.80
11.55	308.06	106.64	39.40	14.16	233.75	206.70
551.65	2577.21	1008.48	443.72	209.26	2108.84	1869.98
16750.62	29353.73	8473.67	5105.10	1677.41	29709.17	20150.22
119.79	558.10	237.96	105.63	40.34	417.38	359.90
773.52	1526.56	450.81	325.63	103.24	1238.90	953.41
7792.73	13298.67	2675.20	2389.04	634.13	12965.14	8177.83
6133.61	8027.83	2977.63	1154.63	466.96	10133.21	6686.54
414.43	923.82	355.86	162.47	83.58	949.56	734.41
861.34	3178.27	1061.36	598.09	213.45	2492.45	2044.60
655.21	1840.48	714.86	369.62	135.71	1512.54	1193.53
7200.99	25429.07	8703.10	4483.60	1749.02	22035.96	17705.68
832.98	2160.39	720.19	416.15	175.49	1462.60	1269.12
1950.95	4415.67	1994.20	712.43	263.57	4054.81	3340.74
185.35	1035.85	326.63	199.80	79.02	765.25	660.88
169.97	719.15	319.18	108.86	44.32	653.54	554.70
2158.75	10985.99	2942.86	1973.68	726.37	10878.09	8068.30
1902.99	6112.02	2400.03	1072.68	460.24	4221.66	3811.95

1-A-6 续表 22

行　业	企业单位数(个)	资产总计	固定资产净　额	固定资产原　价
其他电子设备制造	1620	4076.39	421.46	770.46
仪器仪表制造业	7069	16122.52	1797.50	3306.24
通用仪器仪表制造	4506	11021.52	1136.55	2014.86
工业自动控制系统装置制造	2714	6749.66	757.08	1334.86
电工仪器仪表制造	527	1874.43	147.80	252.49
绘图、计算及测量仪器制造	180	176.28	25.85	55.31
实验分析仪器制造	337	502.63	52.73	91.91
试验机制造	211	318.96	33.93	56.19
供应用仪器仪表制造	356	923.18	76.97	132.09
其他通用仪器制造	181	476.39	42.20	92.00
专用仪器仪表制造	1224	2881.01	294.17	561.52
环境监测专用仪器仪表制造	302	535.99	47.06	79.90
运输设备及生产用计数仪表制造	108	377.00	69.69	159.96
导航、测绘、气象及海洋专用仪器制造	117	391.55	42.01	81.06
农林牧渔专用仪器仪表制造	21	34.28	4.35	7.27
地质勘探和地震专用仪器制造	32	74.64	8.73	22.63
教学专用仪器制造	77	69.35	8.54	15.11
核子及核辐射测量仪器制造	25	58.33	2.43	4.32
电子测量仪器制造	328	842.61	65.77	111.99
其他专用仪器制造	214	497.27	45.58	79.27
钟表与计时仪器制造	302	283.85	47.33	98.98
光学仪器制造	599	1335.33	256.65	510.18
衡器制造	167	197.84	27.82	48.32
其他仪器仪表制造业	271	402.97	34.98	72.38
其他制造业	2173	4503.61	769.32	1524.46
日用杂品制造	1479	1252.39	228.02	477.79
鬃毛加工、制刷及清扫工具制造	391	186.25	52.07	104.80
其他日用杂品制造	1088	1066.14	175.95	372.99
废弃资源综合利用业	3578	6917.15	1790.54	2912.14
金属废料和碎屑加工处理	1994	4891.78	1123.56	1861.53
非金属废料和碎屑加工处理	1584	2025.37	666.98	1050.61
金属制品、机械和设备修理业	835	4894.31	622.97	1307.47
金属制品修理	26	15.44	1.86	4.69
通用设备修理	106	120.10	11.72	25.98

单位：亿元

固定资产累计折旧	流动资产合计				负债合计	流动负债合计
		应收账款	存货	产成品		
340.41	2909.80	1110.95	589.59	200.73	2139.79	1874.45
1476.06	11389.72	3575.30	2402.85	832.29	7420.70	6560.76
851.82	7811.96	2478.65	1631.69	550.75	5224.38	4697.77
561.54	4942.67	1587.41	1125.24	374.62	3413.68	3079.18
99.28	1185.31	332.10	166.62	51.85	845.83	775.23
26.94	129.40	37.27	34.19	14.04	76.82	68.67
38.52	351.78	88.37	82.89	27.24	178.33	164.69
21.98	215.34	74.11	61.15	17.55	141.13	122.81
54.75	653.69	242.62	100.28	40.87	363.47	321.06
48.82	333.76	116.79	61.32	24.59	205.13	166.12
265.13	2090.95	660.44	448.30	167.09	1261.58	1047.41
32.56	378.13	129.24	75.32	26.59	223.50	189.48
90.09	254.67	100.89	74.39	29.00	200.80	154.97
39.02	268.69	84.98	56.36	18.02	186.10	142.72
2.89	24.55	7.03	4.62	0.68	18.02	17.02
13.79	55.00	21.25	14.36	5.95	33.97	29.30
6.52	51.26	13.19	10.69	3.82	27.46	26.49
1.89	42.07	14.58	12.93	2.83	23.49	21.99
45.67	648.08	179.21	122.57	52.60	316.93	275.77
32.68	368.50	110.07	77.06	27.60	231.01	189.66
50.78	201.52	56.12	72.27	23.92	142.19	121.65
251.58	856.33	235.43	168.52	66.50	525.60	464.60
19.67	122.30	40.97	23.09	6.42	84.40	71.19
37.09	306.67	103.69	58.99	17.61	182.55	158.14
737.43	2496.97	565.52	526.75	149.06	2909.57	1776.14
243.86	848.32	212.42	162.32	64.75	615.37	548.28
51.12	106.06	35.29	22.39	8.99	85.77	79.97
192.74	742.26	177.12	139.92	55.77	529.59	468.32
1040.78	4065.75	1092.10	972.18	429.33	4368.10	3532.60
674.24	3049.28	791.41	765.33	330.99	3226.47	2667.32
366.54	1016.47	300.70	206.85	98.34	1141.63	865.27
656.92	2342.01	631.80	504.57	58.74	2427.09	1729.35
2.68	11.85	4.10	1.87	0.51	9.00	8.37
14.19	85.14	38.72	8.22	2.34	71.07	66.20

1-A-6 续表 23

行　业	企业单位数(个)	资产总计		
			固定资产净　额	固定资产原　价
专用设备修理	219	878.32	76.80	161.36
铁路、船舶、航空航天等运输设备修理	318	3344.21	471.60	975.04
铁路运输设备修理	65	1500.39	67.47	133.23
船舶修理	159	738.14	217.10	419.94
航空航天器修理	89	950.84	171.42	391.70
其他运输设备修理	5	154.84	15.61	30.17
电气设备修理	61	301.92	18.67	31.00
仪器仪表修理	10	11.06	0.37	2.46
其他机械和设备修理业	95	223.25	41.94	106.95
电力、热力、燃气及水生产和供应业	**20608**	**287506.98**	**138824.74**	**261530.58**
电力、热力生产和供应业	12947	236717.02	122295.77	234748.72
电力生产	10006	128967.56	74698.40	130074.05
火力发电	777	23486.73	13157.04	30396.08
热电联产	958	16919.56	8929.23	20250.45
水力发电	1474	26839.31	16970.82	29214.57
核力发电	22	8101.15	6004.72	8764.66
风力发电	2885	29889.35	18901.97	26907.38
太阳能发电	2768	16308.56	8748.97	11813.72
生物质能发电	989	6650.16	1834.19	2464.78
其他电力生产	133	772.75	151.46	262.42
电力供应	540	94622.08	42760.39	96015.58
热力生产和供应	2401	13127.38	4836.99	8659.08
燃气生产和供应业	3840	19076.56	6758.52	10539.50
燃气生产和供应业	3814	18948.15	6725.91	10497.35
天然气生产和供应业	3667	17547.81	6216.70	9676.51
液化石油气生产和供应业	111	474.05	84.97	176.90
煤气生产和供应业	36	926.29	424.24	643.94
生物质燃气生产和供应业	26	128.42	32.61	42.16
水的生产和供应业	3821	31713.39	9770.45	16242.36
自来水生产和供应	2103	21758.84	7261.07	12196.65
污水处理及其再生利用	1677	9684.49	2418.09	3897.00
海水淡化处理	9	45.18	21.11	36.92
其他水的处理、利用与分配	32	224.88	70.19	111.80

单位：亿元

固定资产累计折旧	流动资产合计				负债合计	流动负债合计
		应收账款	存货	产成品		
81.14	397.94	128.66	34.91	8.76	349.71	307.62
480.02	1557.26	382.45	416.74	33.44	1815.35	1198.33
65.26	389.78	109.09	39.79	3.97	683.78	265.13
188.59	421.50	59.59	127.62	7.08	532.12	478.41
211.62	617.85	194.70	222.34	21.89	540.10	417.90
14.56	128.13	19.07	26.99	0.50	59.36	36.89
12.19	123.69	29.98	5.94	0.54	69.74	62.61
1.77	9.72	4.68	1.03	0.12	5.78	5.50
64.92	156.42	43.19	35.86	13.03	106.43	80.73
118336.83	**65093.01**	**19027.63**	**3020.01**	**282.34**	**173213.71**	**86615.07**
108492.45	48365.30	16032.40	2255.73	79.93	143098.40	69837.93
51542.64	28337.07	11183.27	1776.02	46.06	84767.70	35501.26
16599.26	5985.00	1659.56	618.97	8.56	15945.36	8193.54
10737.91	4824.42	1268.43	439.74	22.15	12263.91	7456.18
10638.17	2949.96	465.20	44.68	6.01	16352.47	5486.32
2751.78	1058.53	136.38	521.11		5654.33	1528.71
7376.67	6694.79	4021.82	23.04	2.72	18874.32	6561.57
2748.60	4761.76	2622.50	73.33	2.04	10716.54	4077.87
586.55	1718.83	925.70	48.96	4.05	4435.98	1822.93
103.71	343.79	83.67	6.20	0.54	524.79	374.13
53196.42	14571.09	4105.99	239.42	18.74	48449.02	28317.15
3753.40	5457.15	743.14	240.30	15.14	9881.68	6019.52
3552.86	7100.66	1199.16	436.82	152.93	11292.52	8094.94
3543.31	7033.84	1187.27	432.56	151.20	11226.48	8051.22
3243.81	6576.76	1138.89	397.41	140.62	10266.67	7354.12
91.08	206.82	23.65	18.18	8.65	253.98	213.61
208.43	250.25	24.72	16.97	1.92	705.84	483.49
9.55	66.82	11.89	4.26	1.74	66.04	43.73
6291.52	9627.05	1796.07	327.46	49.47	18822.79	8682.20
4796.21	6402.84	671.41	263.16	39.28	12999.25	5954.67
1437.97	3089.95	1110.63	61.51	9.74	5625.02	2602.15
15.81	9.38	3.50	0.25	0.05	35.87	20.37
41.54	124.87	10.53	2.54	0.39	162.65	105.02

1-A-6 续表 24

行业	应付账款	所有者权益合计	实收资本	国家资本
总计	**239308.12**	**733874.23**	**345124.28**	**69892.00**
采矿业	**11302.89**	**58183.64**	**20003.65**	**6839.76**
煤炭开采和洗选业	6578.01	30377.86	8943.43	2559.41
烟煤和无烟煤开采洗选	6428.73	29279.03	8373.26	2446.52
褐煤开采洗选	138.75	1067.79	559.58	112.27
其他煤炭采选	10.53	31.03	10.59	0.62
石油和天然气开采业	1741.40	12438.43	4157.37	2524.08
石油开采	1325.97	8022.17	2370.79	1227.87
陆地石油开采	973.23	7954.64	2370.79	1227.87
海洋石油开采	352.75	67.53		
天然气开采	415.43	4416.26	1786.58	1296.21
陆地天然气开采	334.49	3908.60	1433.68	1166.12
海洋天然气及可燃冰开采	80.94	507.66	352.90	130.10
黑色金属矿采选业	876.61	5489.03	2056.24	480.61
铁矿采选	860.14	5376.94	2035.21	477.61
锰矿、铬矿采选	9.32	104.14	13.56	1.11
其他黑色金属矿采选	7.14	7.94	7.46	1.90
有色金属矿采选业	487.46	3144.15	1199.55	275.45
常用有色金属矿采选	307.95	1982.61	768.65	150.12
铜矿采选	96.77	680.56	274.99	30.42
铅锌矿采选	94.87	864.45	290.41	62.36
镍钴矿采选	7.66	40.92	25.22	16.20
锡矿采选	7.66	160.43	74.02	36.02
锑矿采选	1.00	13.04	5.71	3.00
铝矿采选	21.27	36.78	31.31	1.73
镁矿采选	21.47	36.45	19.12	
其他常用有色金属矿采选	57.25	149.98	47.88	0.39
贵金属矿采选	107.78	672.25	211.27	54.63
金矿采选	102.44	622.71	194.55	52.55
银矿采选	5.21	49.58	16.84	2.08
稀有稀土金属矿采选	71.73	489.29	219.63	70.70
钨钼矿采选	37.82	299.70	125.79	41.80
稀土金属矿采选	3.68	80.53	31.12	15.03
非金属矿采选业	622.56	4981.79	1375.29	394.04

单位：亿元

集体资本	法人资本	个人资本	港澳台资本	外商资本	营业收入
4308.94	**171184.35**	**57403.54**	**16839.61**	**24909.02**	**1360317.11**
255.41	**10901.08**	**1792.52**	**89.74**	**124.98**	**62544.07**
126.55	5201.28	943.39	28.56	84.24	35780.01
125.94	4804.77	902.29	11.26	82.48	34815.04
0.50	389.44	38.31	17.30	1.75	916.28
0.11	7.08	2.79			48.69
0.80	1626.43	12.71	2.05	-8.70	11761.78
0.30	1134.42	6.05		2.14	8974.71
0.30	1134.42	6.05		2.14	6741.98
					2232.72
0.50	492.00	6.66	2.05	-10.84	2787.07
0.50	269.20	6.66	2.05	-10.84	2473.72
	222.80				313.35
31.92	1318.12	213.54	3.87	8.14	4829.51
26.31	1311.19	208.37	3.87	7.84	4700.57
5.04	4.77	2.65			51.40
0.58	2.16	2.52		0.30	77.54
64.30	572.61	238.14	22.26	26.78	3497.14
50.05	375.56	166.03	13.41	13.49	2170.74
40.47	124.51	66.62	3.93	9.05	726.79
5.82	158.80	56.69	6.65	0.09	790.47
1.20	7.41	0.41			30.41
0.50	20.14	17.21	0.14		178.84
	0.74	1.98			11.68
	23.10	6.48			98.87
1.57	8.86	8.13	0.52	0.04	71.49
0.50	32.00	8.51	2.16	4.32	262.19
2.87	85.42	46.20	8.86	13.29	661.60
2.46	82.29	39.65	4.31	13.29	623.13
0.41	2.63	7.17	4.55		37.38
11.38	111.63	25.92			664.80
9.46	52.53	22.00			473.19
	16.08				74.32
26.48	592.13	339.10	14.42	9.08	3768.69

1-A-6 续表 25

行　业	应付账款	所有者权益合计	实收资本	国家资本
土砂石开采	454.74	3521.96	923.99	246.63
石灰石、石膏开采	161.67	452.44	207.17	31.76
建筑装饰用石开采	72.68	569.19	196.72	47.74
耐火土石开采	27.54	102.14	52.82	13.90
粘土及其他土砂石开采	192.86	2398.19	467.27	153.23
化学矿开采	75.99	570.77	188.03	49.96
采盐	35.25	652.45	167.74	84.50
石棉及其他非金属矿采选	56.58	236.61	95.53	12.94
石棉、云母矿采选	10.95	30.74	13.14	3.91
石墨、滑石采选	10.27	93.35	32.60	1.96
其他未列明非金属矿采选	35.03	108.47	47.69	7.08
开采专业及辅助性活动	994.38	1746.09	2264.84	601.84
煤炭开采和洗选专业及辅助性活动	13.62	-22.92	11.82	9.99
石油和天然气开采专业及辅助性活动	976.34	1764.49	2250.23	591.46
其他开采专业及辅助性活动	4.42	4.52	2.78	0.40
其他采矿业	2.47	6.29	6.94	4.33
制造业	**207730.55**	**561456.67**	**243299.88**	**24359.49**
农副食品加工业	4200.73	14170.00	6820.19	378.44
谷物磨制	307.59	2261.08	955.67	62.37
稻谷加工	176.83	1342.93	525.54	41.42
小麦加工	110.24	836.52	377.18	19.03
玉米加工	2.93	16.81	9.58	0.02
杂粮加工	12.42	42.89	26.14	1.90
其他谷物磨制	5.16	21.92	17.23	
饲料加工	1042.42	3692.17	1405.52	18.08
宠物饲料加工	41.34	184.51	69.24	
其他饲料加工	1001.08	3507.66	1336.28	18.08
植物油加工	720.94	1582.02	809.98	113.85
食用植物油加工	702.11	1539.78	786.42	113.83
非食用植物油加工	18.83	42.24	23.56	0.02
制糖业	163.78	347.90	231.56	40.45
屠宰及肉类加工	868.16	2862.44	1553.19	65.21
牲畜屠宰	247.21	1121.01	625.63	60.93
禽类屠宰	275.15	509.60	313.99	1.31
肉制品及副产品加工	345.80	1231.82	613.58	2.96

单位：亿元

					营业收入
集体资本	法人资本	个人资本	港澳台资本	外商资本	
21.57	366.17	273.28	11.38	4.91	2621.67
1.95	109.30	61.93	2.23		636.77
3.50	61.59	76.60	4.54	2.76	551.41
1.93	18.85	18.14			216.35
14.19	176.43	116.61	4.61	2.16	1217.15
2.51	112.65	22.83	0.09		609.61
0.61	69.40	7.73	2.43	3.06	221.43
1.80	43.91	35.26	0.52	1.10	315.98
	2.38	6.86			28.54
0.80	23.73	5.31		0.80	64.17
1.00	15.81	22.99	0.52	0.30	220.57
5.36	1588.27	45.26	18.58	5.43	2888.29
0.27	1.34	0.22			42.21
4.89	1585.22	44.56	18.58	5.43	2813.74
0.20	1.70	0.48			32.34
	2.23	0.38			18.65
3545.05	**122155.80**	**54095.09**	**15168.25**	**23862.75**	**1176215.78**
165.07	3236.17	2032.12	398.33	605.28	54735.61
23.32	334.79	396.56	63.20	74.94	7503.08
11.43	164.74	261.39	22.07	24.22	4176.45
10.54	151.75	114.06	33.86	47.74	3074.20
	4.62	4.94			57.02
1.23	9.26	11.77	1.02	0.95	116.36
0.13	4.42	4.39	6.26	2.03	79.04
40.19	797.89	416.24	38.34	94.63	14337.07
1.17	28.66	21.74	0.89	16.77	394.98
39.02	769.23	394.50	37.45	77.85	13942.09
18.47	324.86	177.17	61.16	114.47	9618.01
18.40	315.66	165.24	61.04	112.24	9354.85
0.07	9.20	11.93	0.13	2.23	263.16
3.60	131.29	40.77	1.77	13.67	1102.25
32.41	784.85	409.41	161.72	95.50	12368.68
20.77	335.36	153.93	36.53	14.02	4897.17
3.90	154.03	89.92	23.11	41.72	3692.75
7.75	295.46	165.57	102.08	39.77	3778.76

1-A-6 续表 26

行业	应付账款	所有者权益合计	实收资本	国家资本
水产品加工	323.87	834.79	387.08	16.00
水产品冷冻加工	275.10	641.90	303.01	13.99
鱼糜制品及水产品干腌制加工	31.23	112.00	53.06	0.08
鱼油提取及制品制造	4.98	18.86	5.61	0.21
其他水产品加工	12.55	62.02	25.40	1.72
蔬菜、菌类、水果和坚果加工	363.05	1265.48	559.97	22.92
蔬菜加工	154.46	619.58	274.00	9.93
食用菌加工	46.20	197.63	95.06	5.75
水果和坚果加工	162.40	448.27	190.92	7.24
其他农副食品加工	410.93	1324.13	917.21	39.55
淀粉及淀粉制品制造	207.53	580.86	441.81	26.42
豆制品制造	40.20	253.83	101.56	2.10
蛋品加工	17.11	82.79	36.32	0.13
其他未列明农副食品加工	146.09	406.65	337.51	10.90
食品制造业	2357.56	10322.65	4355.80	204.19
焙烤食品制造	271.27	984.03	488.41	5.96
糕点、面包制造	115.99	398.89	255.37	4.73
饼干及其他焙烤食品制造	155.27	585.13	233.04	1.23
糖果、巧克力及蜜饯制造	103.36	495.87	191.26	0.10
糖果、巧克力制造	80.64	400.41	151.13	0.10
蜜饯制作	22.73	95.46	40.13	
方便食品制造	316.22	1115.39	578.70	21.79
米、面制品制造	39.49	217.89	107.00	2.56
速冻食品制造	109.80	460.05	215.34	2.29
方便面制造	95.63	257.29	133.04	1.40
其他方便食品制造	71.29	180.17	123.32	15.54
乳制品制造	663.02	2591.64	957.84	48.78
液体乳制造	512.00	2035.32	648.67	37.51
乳粉制造	123.48	454.65	262.23	11.08
其他乳制品制造	27.54	101.66	46.95	0.20
罐头食品制造	97.23	366.59	188.88	14.88
肉、禽类罐头制造	13.55	76.07	39.29	1.47
水产品罐头制造	4.85	21.71	9.48	0.24
蔬菜、水果罐头制造	62.66	184.60	108.26	13.17
其他罐头食品制造	16.17	84.22	31.85	

单位：亿元

集体资本	法人资本	个人资本	港澳台资本	外商资本	营业收入
27.11	144.99	165.20	11.91	21.83	2580.81
26.56	110.42	130.59	6.75	14.63	2022.94
0.28	23.22	21.90	1.94	5.64	379.76
0.20	1.68	2.09	1.33	0.10	55.87
0.07	9.66	10.61	1.89	1.46	122.24
13.01	230.21	240.02	18.11	35.70	3166.95
5.52	101.99	118.29	13.68	24.59	1443.74
0.85	41.29	46.18	0.30	0.68	391.75
6.64	86.93	75.55	4.14	10.43	1331.46
6.96	487.28	186.75	42.12	154.54	4058.76
3.21	178.28	69.63	26.95	137.32	2112.96
0.75	49.02	42.29	1.73	5.67	652.08
0.36	19.21	15.19	0.07	1.35	195.10
2.63	240.77	59.64	13.36	10.20	1098.62
66.99	1843.69	1139.84	416.36	684.22	21142.49
4.68	194.45	121.10	86.50	75.72	2366.16
4.01	121.23	70.83	31.39	23.17	1176.04
0.68	73.22	50.27	55.10	52.55	1190.12
2.32	55.97	51.81	29.56	51.50	1259.03
2.16	40.55	30.17	29.46	48.69	1041.89
0.16	15.42	21.64	0.10	2.81	217.13
11.39	254.63	106.57	108.51	75.81	2764.19
0.47	51.43	24.70	22.38	5.47	484.17
1.50	106.43	51.77	35.13	18.21	943.05
0.62	47.36	3.36	39.68	40.62	812.07
8.80	49.40	26.74	11.32	11.51	524.90
27.72	530.85	146.01	55.65	148.33	5423.11
23.36	376.86	111.37	2.11	97.45	4625.99
2.78	127.13	21.03	53.17	47.05	624.31
1.58	26.86	13.60	0.37	3.84	172.81
2.02	79.56	55.40	14.29	22.72	921.70
0.10	16.84	7.24	3.13	10.51	199.48
0.65	3.12	2.95	1.99	0.54	61.17
1.10	48.91	36.15	3.58	5.34	503.97
0.17	10.69	9.06	5.60	6.33	157.09

1-A-6 续表 27

行业	应付账款	所有者权益合计	实收资本	国家资本
调味品、发酵制品制造	305.78	1787.61	673.62	37.41
味精制造	39.21	312.02	109.19	10.20
酱油、食醋及类似制品制造	62.78	456.88	164.14	6.67
其他调味品、发酵制品制造	203.79	1018.71	400.30	20.53
其他食品制造	600.68	2981.52	1277.08	75.27
营养食品制造	64.43	207.47	84.80	0.55
保健食品制造	92.30	694.18	246.10	5.32
冷冻饮品及食用冰制造	23.02	102.48	86.15	3.67
盐加工	31.84	175.22	70.68	37.86
食品及饲料添加剂制造	289.64	1459.57	594.66	24.36
其他未列明食品制造	99.44	342.61	194.69	3.50
酒、饮料和精制茶制造业	1888.01	12769.09	3179.35	291.08
酒的制造	1094.72	9606.70	1600.14	211.98
酒精制造	79.07	125.21	61.47	5.86
白酒制造	687.64	7468.22	731.80	108.72
啤酒制造	251.55	1380.99	649.38	70.63
黄酒制造	15.23	155.21	35.13	6.78
葡萄酒制造	16.50	146.88	84.61	16.17
其他酒制造	44.72	330.17	37.75	3.82
饮料制造	622.62	2380.91	1300.60	55.61
碳酸饮料制造	95.49	246.99	128.63	9.65
瓶(罐)装饮用水制造	118.45	415.55	271.55	21.44
果菜汁及果菜汁饮料制造	83.07	484.74	303.30	8.87
含乳饮料和植物蛋白饮料制造	99.77	569.35	239.64	4.26
固体饮料制造	54.05	102.05	62.68	0.30
茶饮料及其他饮料制造	171.79	562.23	294.77	11.09
精制茶加工	170.67	781.49	278.62	23.49
烟草制品业	906.92	8733.11	1050.59	588.87
烟叶复烤	63.00	364.61	235.98	114.90
卷烟制造	808.91	8209.37	768.58	467.92
其他烟草制品制造	35.01	159.13	46.02	6.05
纺织业	2458.92	9415.30	4447.05	150.01
棉纺织及印染精加工	1183.79	4640.68	2267.70	123.52
棉纺纱加工	583.44	2254.27	1224.17	96.77
棉织造加工	290.52	1428.89	532.87	13.84
棉印染精加工	309.83	957.52	510.66	12.91

单位：亿元

					营业收入
集体资本	法人资本	个人资本	港澳台资本	外商资本	
7.90	256.50	206.20	50.63	114.98	3125.45
0.64	38.52	40.81	8.34	10.66	493.40
1.81	74.45	42.49	12.44	26.27	767.24
5.45	143.53	122.90	29.84	78.05	1864.81
10.94	471.74	452.76	71.23	195.14	5282.84
0.43	26.19	29.35	4.62	23.67	563.72
2.60	93.67	92.44	33.25	18.80	739.64
0.10	34.13	19.18	2.38	26.69	236.96
1.89	26.78	4.12		0.04	189.18
4.73	239.95	199.01	26.47	100.14	2511.82
1.20	51.03	108.65	4.51	25.80	1041.52
95.42	1465.97	612.64	240.32	468.78	15365.36
34.70	784.01	287.13	46.97	233.21	8802.12
1.30	29.61	23.39	0.55	0.77	581.17
15.88	406.35	182.20	12.52	3.99	6161.67
13.17	265.83	50.93	29.38	219.44	1786.44
0.65	19.96	6.53		1.20	85.73
0.48	43.16	14.43	2.97	7.40	59.50
3.23	19.10	9.65	1.54	0.41	127.62
51.39	576.46	191.38	188.62	234.13	5136.35
2.30	42.48	14.02	18.64	41.54	970.38
11.24	160.46	39.02	15.34	23.79	940.33
31.66	141.58	32.99	52.71	35.50	691.02
1.67	107.67	52.19	20.23	50.87	895.45
0.27	24.58	16.01	3.19	18.34	328.37
4.26	99.69	37.14	78.51	64.08	1310.80
9.32	105.49	134.13	4.74	1.44	1426.89
0.32	451.50	8.41	0.20	1.29	13519.29
	121.08				213.69
	295.19	4.79		0.69	13176.46
0.32	35.23	3.63	0.20	0.60	129.14
61.99	1678.64	1705.89	510.03	340.48	23059.52
37.06	906.14	800.22	286.04	114.73	11394.10
19.35	569.31	414.88	75.85	48.00	5726.46
8.84	160.27	216.53	101.99	31.40	3032.83
8.86	176.56	168.81	108.21	35.32	2634.80

1-A-6 续表 28

行业	应付账款	所有者权益合计	实收资本	国家资本
毛纺织及染整精加工	184.11	622.97	237.78	2.57
毛条和毛纱线加工	99.95	318.35	118.93	0.67
毛织造加工	67.20	257.13	91.59	1.90
毛染整精加工	16.97	47.49	27.26	
麻纺织及染整精加工	28.07	109.52	66.52	4.16
麻纤维纺前加工和纺纱	14.20	58.15	37.59	4.07
麻织造加工	12.75	50.06	28.03	0.09
麻染整精加工	1.12	1.31	0.90	
丝绢纺织及印染精加工	61.24	189.46	93.27	1.82
缫丝加工	24.58	91.28	31.08	0.84
绢纺和丝织加工	27.26	67.86	48.08	0.98
丝印染精加工	9.40	30.32	14.11	
化纤织造及印染精加工	241.65	1019.82	526.28	0.67
化纤织造加工	179.18	768.63	404.25	0.66
化纤织物染整精加工	62.47	251.19	122.03	0.01
针织或钩针编织物及其制品制造	147.28	618.75	296.00	0.35
针织或钩针编织物织造	111.01	459.42	217.92	0.35
针织或钩针编织物印染精加工	14.61	36.72	23.98	
针织或钩针编织品制造	21.66	122.61	54.10	
家用纺织制成品制造	293.82	727.25	328.82	0.35
床上用品制造	182.89	365.42	166.18	0.25
毛巾类制品制造	27.45	137.68	38.36	
窗帘、布艺类产品制造	35.71	100.58	54.66	
其他家用纺织制成品制造	47.77	123.57	69.62	0.11
产业用纺织制成品制造	318.96	1486.85	630.67	16.57
非织造布制造	130.12	750.82	350.37	13.63
绳、索、缆制造	20.13	85.22	40.82	0.22
纺织带和帘子布制造	40.29	147.04	70.05	0.36
篷、帆布制造	44.08	129.36	42.62	1.27
其他产业用纺织制成品制造	84.34	374.42	126.81	1.09
纺织服装、服饰业	1501.56	5105.43	2028.79	55.34
机织服装制造	868.23	3206.08	1271.56	35.24
运动机织服装制造	146.94	612.16	237.87	2.60
其他机织服装制造	721.29	2593.92	1033.69	32.64

单位：亿元

集体资本	法人资本	个人资本	港澳台资本	外商资本	营业收入
11.60	98.63	89.03	22.19	13.77	1603.10
3.25	37.97	54.58	11.22	11.24	1114.01
8.33	53.52	22.63	3.86	1.35	385.86
0.02	7.14	11.82	7.10	1.19	103.23
2.94	27.86	17.43	13.10	1.03	290.93
2.77	12.99	8.68	8.49	0.59	149.03
0.17	14.84	8.53	3.95	0.44	134.00
	0.04	0.21	0.65		7.89
1.06	35.97	41.87	5.40	7.14	562.80
0.43	9.96	19.00	0.85		231.52
0.64	21.32	13.70	4.29	7.14	248.18
	4.68	9.17	0.26		83.10
1.29	209.72	224.61	55.28	34.70	2763.35
1.12	168.54	186.13	36.40	11.41	2134.72
0.18	41.18	38.48	18.88	23.30	628.64
1.24	74.01	168.65	37.28	14.47	2013.16
0.31	52.47	128.27	27.62	8.90	1529.40
0.75	11.53	9.77	1.77	0.15	110.55
0.17	10.01	30.62	7.89	5.42	373.21
1.43	114.89	136.91	32.99	42.24	1785.14
1.21	61.83	75.37	14.32	13.21	957.98
0.03	13.79	19.04	2.03	3.47	269.63
0.10	18.23	20.82	3.92	11.61	230.76
0.09	21.05	21.69	12.73	13.95	326.77
5.37	211.43	227.16	57.76	112.39	2646.94
4.18	128.20	118.70	21.31	64.36	1238.77
0.52	11.55	19.69	4.00	4.84	160.62
0.28	23.50	17.13	13.81	14.97	319.26
0.16	11.36	25.44	2.83	1.56	281.54
0.23	36.83	46.20	15.81	26.66	646.74
22.19	725.70	767.19	301.23	152.85	11977.17
16.89	470.49	509.27	162.58	77.07	6608.55
2.91	96.78	105.25	18.66	11.68	1382.62
13.98	373.71	404.02	143.92	65.39	5225.93

1-A-6 续表 29

行业	应付账款	所有者权益合计	实收资本	国家资本
针织或钩针编织服装制造	484.31	1490.38	548.98	15.50
运动休闲针织服装制造	230.69	577.00	218.84	6.13
其他针织或钩针编织服装制造	253.62	913.38	330.15	9.37
服饰制造	149.02	408.98	208.25	4.60
皮革、毛皮、羽毛及其制品和制鞋业	860.82	2774.86	1077.70	16.83
皮革鞣制加工	83.74	291.01	146.39	0.36
皮革制品制造	200.34	660.88	194.95	0.91
皮革服装制造	6.56	16.03	11.96	
皮箱、包(袋)制造	125.84	298.52	124.78	0.79
皮手套及皮装饰制品制造	8.62	19.93	12.04	0.02
其他皮革制品制造	59.33	326.40	46.16	0.11
毛皮鞣制及制品加工	15.43	111.97	41.46	1.50
毛皮鞣制加工	7.51	40.03	20.39	
毛皮服装加工	5.60	62.52	13.82	1.50
其他毛皮制品加工	2.32	9.42	7.25	
羽毛(绒)加工及制品制造	67.23	158.45	75.10	0.10
羽毛(绒)加工	34.83	83.80	40.82	0.10
羽毛(绒)制品加工	32.40	74.66	34.29	
制鞋业	494.08	1552.55	619.80	13.96
纺织面料鞋制造	131.79	333.52	139.18	1.65
皮鞋制造	235.58	822.86	294.75	3.46
塑料鞋制造	23.61	88.42	47.20	
橡胶鞋制造	54.67	159.57	64.36	7.98
其他制鞋业	48.43	148.19	74.31	0.87
木材加工和木、竹、藤、棕、草制品业	942.40	2729.40	1244.12	47.14
木材加工	121.44	355.46	160.95	11.19
锯材加工	37.39	118.42	61.88	10.06
木片加工	27.81	81.10	32.07	
单板加工	26.84	78.86	29.05	1.12
其他木材加工	29.40	77.09	37.95	
人造板制造	535.72	1584.64	734.36	31.54
胶合板制造	352.80	838.44	315.98	4.21
纤维板制造	53.10	282.46	146.14	9.17
刨花板制造	65.02	277.77	179.49	15.37
其他人造板制造	64.80	185.97	92.74	2.80

单位：亿元

					营业收入
集体资本	法人资本	个人资本	港澳台资本	外商资本	
4.43	173.92	179.29	115.76	55.82	4174.70
2.07	66.84	69.67	51.58	19.66	2029.43
2.36	107.08	109.62	64.18	36.16	2145.27
0.87	81.29	78.63	22.90	19.97	1193.93
4.71	394.61	405.96	139.79	115.75	8173.02
1.56	52.83	70.60	10.63	10.41	603.73
0.63	70.77	78.79	23.78	20.02	1613.73
	4.86	6.49	0.61		48.95
0.34	50.11	43.30	20.03	10.17	1146.53
0.03	1.42	6.89	2.08	1.60	68.25
0.26	14.38	22.11	1.05	8.25	349.99
	21.08	15.13	2.39	1.35	147.95
	17.16	2.68	0.54		54.47
	1.47	9.39	1.46		69.90
	2.45	3.05	0.39	1.35	23.57
0.70	32.26	38.28	1.55	2.21	506.09
0.20	17.42	21.24	0.40	1.45	286.29
0.50	14.83	17.04	1.15	0.76	219.80
1.82	217.68	203.15	101.43	81.76	5301.52
0.17	67.63	30.46	16.60	22.66	1252.55
0.51	80.62	104.03	55.80	50.34	2529.81
0.58	26.29	15.05	3.71	1.56	455.62
0.42	20.11	21.96	8.53	5.36	467.29
0.14	23.02	31.65	16.79	1.84	596.26
36.82	528.53	560.65	29.03	41.96	9040.36
2.28	56.59	80.72	0.14	10.04	1196.20
1.96	17.11	31.89	0.05	0.80	393.26
0.22	20.70	11.15			262.12
0.04	9.19	16.55	0.04	2.10	293.08
0.06	9.58	21.13	0.04	7.14	247.74
31.53	320.48	324.31	15.81	10.68	5632.59
3.07	112.30	190.52	3.21	2.67	4024.71
10.65	65.90	53.24	0.96	6.23	575.80
17.59	103.79	36.77	5.95	0.03	469.58
0.23	38.50	43.79	5.68	1.75	562.50

1-A-6 续表 30

行业	应付账款	所有者权益合计	实收资本	国家资本
木质制品制造	245.72	656.84	291.28	4.20
建筑用木料及木材组件加工	33.43	76.30	36.74	1.77
木门窗制造	61.82	207.85	75.47	
木楼梯制造	1.72	2.70	1.46	
木地板制造	82.18	196.33	99.36	2.39
木制容器制造	37.27	60.77	27.40	0.03
软木制品及其他木制品制造	29.31	112.89	50.85	
竹、藤、棕、草等制品制造	39.52	132.46	57.53	0.21
竹制品制造	31.95	115.05	50.62	0.06
藤制品制造	0.54	3.59	0.93	0.15
棕制品制造	0.49	2.44	0.83	
草及其他制品制造	6.54	11.37	5.16	
家具制造业	1008.44	2972.51	1323.77	6.29
木质家具制造	509.42	1666.22	819.43	4.56
竹、藤家具制造	8.25	23.14	10.52	0.13
金属家具制造	291.93	659.50	263.32	0.88
塑料家具制造	13.06	54.82	22.80	
其他家具制造	185.79	568.83	207.70	0.72
造纸和纸制品业	1813.47	7086.38	4146.24	172.23
纸浆制造	97.14	232.62	177.08	15.23
木竹浆制造	53.66	167.28	109.21	15.22
非木竹浆制造	43.48	65.35	67.86	
造纸	976.73	4611.47	2834.93	147.72
机制纸及纸板制造	923.37	4429.98	2743.72	144.80
手工纸制造	3.26	20.82	10.48	1.24
加工纸制造	50.10	160.67	80.74	1.68
纸制品制造	739.60	2242.28	1134.23	9.29
纸和纸板容器制造	330.72	995.53	500.18	7.41
其他纸制品制造	408.88	1246.76	634.04	1.88
印刷和记录媒介复制业	887.71	3955.41	1673.00	141.55
印刷	855.42	3790.61	1619.06	139.17
书、报刊印刷	96.82	484.27	236.10	59.39
本册印制	28.99	103.39	54.09	0.87
包装装潢及其他印刷	729.60	3202.95	1328.88	78.91
装订及印刷相关服务	29.15	153.73	43.12	1.69
记录媒介复制	3.15	11.07	10.82	0.69

单位：亿元

集体资本	法人资本	个人资本	港澳台资本	外商资本	营业收入
2.55	126.27	125.24	12.19	20.84	1700.66
0.04	21.12	13.48	0.03	0.31	269.09
1.68	36.26	30.30	3.59	3.64	430.71
	0.14	0.37	0.29	0.66	12.99
0.41	37.17	41.68	6.18	11.52	398.80
0.41	13.04	12.87	0.09	0.95	203.53
0.01	18.53	26.54	2.00	3.77	385.54
0.46	25.19	30.38	0.89	0.40	510.90
0.40	22.63	26.38	0.75	0.40	454.05
	0.23	0.41	0.14		7.78
	0.36	0.47			16.47
0.05	1.97	3.12	0.01		32.60
6.12	558.01	537.12	120.27	95.95	6755.02
3.32	362.68	347.79	62.47	38.62	3733.33
	2.78	5.19	0.60	1.83	81.22
0.53	81.60	115.72	36.98	27.60	1560.13
0.10	7.74	9.16	2.21	3.59	108.05
2.17	103.21	59.26	18.03	24.31	1272.28
38.87	1942.03	712.72	652.70	626.73	14086.18
4.59	113.36	9.63	27.14	7.13	326.31
3.47	72.64	3.67	14.21		209.50
1.12	40.71	5.96	12.93	7.13	116.80
19.32	1412.47	372.75	394.31	487.62	7891.13
18.01	1369.58	346.83	383.08	481.41	7455.21
	4.24	4.22	0.76	0.03	51.96
1.30	38.65	21.70	10.47	6.18	383.96
14.96	416.21	330.34	231.25	131.98	5868.74
5.02	194.33	197.85	51.26	44.25	2852.29
9.94	221.88	132.49	179.98	87.72	3016.45
38.77	669.03	519.91	162.18	141.46	6370.90
38.16	647.67	501.89	152.44	139.64	6132.57
8.62	78.20	44.48	25.54	19.87	582.70
0.52	20.59	28.58	0.33	3.19	180.35
29.01	548.88	428.82	126.57	116.59	5369.52
0.61	13.97	17.78	7.40	1.67	231.36
	7.39	0.24	2.34	0.15	6.96

1-A-6 续表 31

行业	应付账款	所有者权益合计	实收资本	国家资本
文教、工美、体育和娱乐用品制造业	1200.45	3921.93	1582.90	20.55
文教办公用品制造	136.17	412.34	141.94	1.97
文具制造	100.11	273.22	80.90	
笔的制造	20.57	70.11	28.31	0.92
教学用模型及教具制造	7.83	38.32	16.26	
墨水、墨汁制造	2.43	13.85	6.39	1.05
其他文教办公用品制造	5.23	16.84	10.08	
乐器制造	25.92	139.90	78.48	3.95
中乐器制造	1.08	10.77	2.46	0.01
西乐器制造	13.53	88.43	54.45	3.71
电子乐器制造	8.24	30.09	17.45	0.23
其他乐器及零件制造	3.06	10.60	4.12	
工艺美术及礼仪用品制造	572.25	1946.03	724.36	12.43
雕塑工艺品制造	63.90	245.55	81.42	1.60
金属工艺品制造	73.13	193.48	82.60	2.79
漆器工艺品制造	6.74	22.29	7.23	
花画工艺品制造	5.15	28.48	9.78	0.25
天然植物纤维编织工艺品制造	31.23	96.47	29.79	0.03
抽纱刺绣工艺品制造	50.56	150.00	65.67	0.01
地毯、挂毯制造	50.86	141.74	69.16	1.36
珠宝首饰及有关物品制造	123.16	617.38	196.90	6.39
其他工艺美术及礼仪用品制造	167.51	450.64	181.80	0.02
体育用品制造	165.57	597.92	220.37	2.20
球类制造	10.48	43.33	19.51	
专项运动器材及配件制造	46.84	250.58	66.39	2.20
健身器材制造	52.43	139.25	61.04	
运动防护用具制造	14.82	53.80	31.38	
其他体育用品制造	41.00	110.96	42.05	
玩具制造	231.49	622.73	308.84	
电玩具制造	13.27	40.40	25.61	
塑胶玩具制造	105.87	294.61	173.85	
金属玩具制造	2.99	15.75	6.31	
弹射玩具制造	0.10	0.08	0.04	
娃娃玩具制造	8.57	16.14	6.20	

单位：亿元

集体资本	法人资本	个人资本	港澳台资本	外商资本	营业收入
12.29	479.67	551.22	340.37	178.67	12235.51
0.90	50.77	56.47	12.10	19.70	951.24
0.26	29.95	24.79	8.99	16.88	663.53
0.04	10.89	13.86	1.55	1.06	163.13
0.60	5.98	9.49	0.19	0.01	64.26
	1.07	4.13		0.13	18.38
	2.88	4.20	1.38	1.62	41.94
0.44	31.06	18.73	6.43	17.87	186.98
0.44	0.02	1.99			11.19
	24.07	8.17	4.22	14.27	98.10
	5.44	6.43	1.97	3.39	53.53
	1.54	2.13	0.24	0.21	24.16
9.04	238.43	301.92	129.94	32.60	7811.85
0.23	27.99	45.56	5.35	0.70	634.91
0.21	36.71	31.54	8.31	3.04	804.26
0.12	1.99	3.51	1.60		73.23
0.12	1.98	4.25	2.74	0.44	67.27
	10.38	17.95	0.57	0.85	283.78
1.37	21.53	33.48	5.76	3.53	364.49
0.20	25.66	19.97	8.45	13.52	323.16
3.84	63.20	56.52	64.62	2.33	3843.40
2.94	49.00	89.13	32.53	8.18	1417.35
0.51	56.20	60.67	55.69	45.11	1164.14
0.07	3.39	3.78	5.93	6.33	122.66
0.32	15.42	16.73	18.09	13.63	404.04
0.12	19.52	21.55	11.13	8.72	276.13
	7.06	4.99	14.90	4.44	122.09
	10.80	13.62	5.64	11.98	239.22
0.82	67.40	79.29	123.74	37.59	1713.66
	5.75	2.98	15.42	1.45	134.94
0.01	29.79	40.87	78.17	25.00	731.56
	1.73	1.04	2.24	1.31	20.05
	0.02	0.03			1.52
	1.79	2.65	1.42	0.33	70.10

1-A-6 续表 32

行业	应付账款	所有者权益合计	实收资本	国家资本
儿童乘骑玩耍的童车类产品制造	37.06	94.76	31.23	
其他玩具制造	63.62	160.99	65.61	
游艺器材及娱乐用品制造	69.05	203.01	108.90	
露天游乐场所游乐设备制造	28.11	93.98	53.39	
游艺用品及室内游艺器材制造	16.54	46.64	17.48	
其他娱乐用品制造	24.40	62.40	38.04	
石油、煤炭及其他燃料加工业	6275.61	13932.86	7645.86	2096.57
精炼石油产品制造	4031.08	9901.98	4870.62	1560.78
原油加工及石油制品制造	4006.84	9872.30	4798.33	1524.84
其他原油制造	24.24	29.68	72.29	35.94
煤炭加工	2133.73	3546.01	2524.04	506.35
炼焦	1918.37	3006.15	1711.06	210.37
煤制合成气生产	9.52	21.89	15.89	
煤制液体燃料生产	159.69	455.90	738.09	292.76
煤制品制造	22.12	47.23	32.11	0.72
其他煤炭加工	24.03	14.85	26.89	2.50
生物质燃料加工	42.45	157.77	76.67	0.44
生物质液体燃料生产	23.84	113.09	57.39	0.44
生物质致密成型燃料加工	18.61	44.68	19.29	
化学原料和化学制品制造业	11100.59	49873.79	23814.91	3003.69
基础化学原料制造	4193.98	18182.82	9352.03	1235.88
无机酸制造	116.24	329.59	149.64	18.27
无机碱制造	362.95	1957.97	869.40	85.84
无机盐制造	541.73	2172.07	895.72	139.11
有机化学原料制造	2734.66	11126.25	6111.90	881.04
其他基础化学原料制造	438.40	2596.94	1325.37	111.61
肥料制造	943.73	3918.52	2033.67	457.88
氮肥制造	346.65	1025.41	858.97	242.91
磷肥制造	124.41	590.78	217.37	70.57
钾肥制造	52.43	560.46	140.40	18.50
复混肥料制造	344.18	1482.12	674.40	117.28
有机肥料及微生物肥料制造	67.12	230.73	128.07	8.53
其他肥料制造	8.93	29.01	14.47	0.09
农药制造	500.52	2366.17	677.93	81.60
化学农药制造	450.62	2127.01	611.87	79.36
生物化学农药及微生物农药制造	49.90	239.15	66.06	2.23

单位：亿元

集体资本	法人资本	个人资本	港澳台资本	外商资本	营业收入
0.54	7.81	9.05	11.85	1.97	307.72
0.26	20.51	22.67	14.65	7.53	447.79
0.59	35.80	34.15	12.46	25.80	407.63
0.07	19.86	19.42	7.81	6.13	155.23
0.52	7.69	5.79	3.28	0.19	123.08
	8.26	8.94	1.36	19.48	129.33
42.05	4435.19	783.39	130.63	153.48	62741.93
16.67	2731.17	327.29	86.37	148.33	50841.24
10.33	2708.67	319.79	86.37	148.33	50666.85
6.35	22.50	7.50			174.39
25.26	1503.78	435.12	43.81	5.15	11202.80
18.76	1086.67	383.82	3.87	3.01	10141.76
	12.00		2.70	1.19	73.58
6.30	370.80	30.72	36.75	0.75	701.92
0.20	21.73	9.47			149.07
	12.59	11.11	0.49	0.21	136.48
0.12	54.69	20.98	0.45		429.21
	45.67	10.96	0.32		287.46
0.12	9.02	10.02	0.13		141.75
356.74	12324.07	3784.91	1415.88	2921.61	87344.92
134.97	5169.30	1261.03	511.45	1033.90	32058.84
9.60	88.02	29.44	2.67	1.64	559.26
3.68	502.99	196.67	50.83	29.40	2533.35
22.49	587.62	124.15	6.12	16.23	3830.11
76.05	3418.53	661.47	366.86	702.45	21540.23
23.15	572.14	249.30	84.97	284.19	3595.89
44.93	1207.14	258.04	15.09	50.30	7707.64
6.32	545.50	40.87	7.03	16.34	2341.21
0.72	99.49	33.77		12.81	1005.30
19.76	61.53	32.36	5.78	2.47	490.29
15.98	428.42	97.80	0.61	14.03	3329.19
2.12	63.63	48.57	0.73	4.49	457.25
0.03	8.58	4.67	0.95	0.16	84.41
27.13	368.50	149.74	6.15	44.82	2886.45
26.76	329.84	126.49	6.03	43.39	2591.35
0.38	38.66	23.24	0.12	1.43	295.10

1-A-6 续表 33

行业	应付账款	所有者权益合计	实收资本	国家资本
涂料、油墨、颜料及类似产品制造	1012.21	3430.17	1384.49	56.05
涂料制造	542.59	1619.17	669.18	26.32
油墨及类似产品制造	65.94	288.01	124.40	4.67
工业颜料制造	173.89	647.91	281.54	17.28
工艺美术颜料制造	13.76	84.05	27.08	0.42
染料制造	155.59	566.47	198.52	6.79
密封用填料及类似品制造	60.44	224.57	83.76	0.56
合成材料制造	2168.18	10579.17	5938.75	940.73
初级形态塑料及合成树脂制造	1431.10	7795.95	4166.92	669.43
合成橡胶制造	144.24	496.31	303.53	26.49
合成纤维单(聚合)体制造	441.40	1647.53	1179.27	227.98
其他合成材料制造	151.44	639.37	289.04	16.82
专用化学产品制造	1591.61	7727.85	3202.41	142.78
化学试剂和助剂制造	674.92	3399.41	1265.63	73.68
专项化学用品制造	558.06	2453.70	1116.15	39.80
林产化学产品制造	38.70	196.91	101.45	3.46
文化用信息化学品制造	47.50	337.91	133.49	0.06
医学生产用信息化学品制造	5.90	45.74	20.89	
环境污染处理专用药剂材料制造	68.32	294.23	186.55	11.13
动物胶制造	5.82	44.31	25.13	0.64
其他专用化学产品制造	192.40	955.63	353.12	14.03
炸药、火工及焰火产品制造	150.42	1139.94	409.92	68.21
炸药及火工产品制造	116.82	830.70	255.80	67.87
焰火、鞭炮产品制造	33.60	309.24	154.12	0.34
日用化学产品制造	539.94	2529.15	815.71	20.57
肥皂及洗涤剂制造	153.92	698.38	205.18	6.14
化妆品制造	222.42	882.32	323.83	5.59
口腔清洁用品制造	35.34	177.99	42.57	7.02
香料、香精制造	95.83	600.32	170.22	1.56
其他日用化学产品制造	32.42	170.14	73.91	0.25
医药制造业	4050.78	29810.08	9317.26	643.39
化学药品原料药制造	764.04	5056.14	2596.60	51.67
化学药品制剂制造	1026.14	8187.88	2083.88	106.80
中药饮片加工	610.54	1222.47	539.54	166.93

单位：亿元

					营业收入
集体资本	法人资本	个人资本	港澳台资本	外商资本	
46.38	573.68	406.06	149.82	152.37	5750.74
33.68	224.14	201.55	90.94	92.41	3166.71
2.12	45.62	29.39	15.93	26.67	431.77
3.45	148.26	79.94	23.43	9.18	1005.71
4.72	15.68	4.79	0.01	1.45	102.55
2.04	110.35	54.14	12.41	12.80	552.89
0.36	29.63	36.25	7.10	9.86	491.11
57.79	3178.96	481.73	348.02	931.52	20319.41
51.22	2277.56	335.78	164.92	668.02	12645.45
4.75	118.97	44.61	20.42	88.29	1198.75
0.68	648.91	49.01	152.65	100.03	5435.94
1.14	133.52	52.33	10.03	75.19	1039.27
39.15	1378.32	909.74	242.45	490.08	13279.60
22.13	562.66	379.64	68.87	158.65	5356.11
9.17	474.37	246.52	124.59	221.80	4835.52
2.09	45.38	41.11	0.93	8.47	435.27
0.76	96.59	22.03	4.53	9.51	425.70
	3.16	1.43	11.26	5.04	72.99
2.76	44.47	105.32	2.40	20.48	421.24
0.01	10.46	7.11		6.91	70.26
2.23	141.23	106.57	29.87	59.20	1662.51
3.61	189.55	147.83	0.01		1534.04
2.78	149.97	34.48			712.63
0.83	39.58	113.35	0.01		821.41
2.79	258.63	170.75	142.90	218.61	3808.19
1.03	55.68	29.95	83.09	29.29	1079.48
0.57	101.47	70.26	38.26	107.68	1481.28
	14.85	7.04	5.19	7.02	268.83
0.22	67.16	43.96	10.12	47.20	633.50
0.97	19.47	19.54	6.24	27.43	345.09
159.84	4258.40	2903.54	776.73	574.70	25009.12
39.56	896.37	1408.51	106.05	94.34	4322.60
23.20	1182.86	372.83	158.20	240.03	7633.39
10.41	189.90	160.21	2.05	9.84	2135.64

1-A-6 续表 34

行 业	应付账款	所有者权益合计	实收资本	国家资本
中成药生产	735.60	5663.11	1419.63	128.27
兽用药品制造	110.87	773.65	299.48	11.50
生物药品制品制造	510.09	6864.42	1813.10	170.42
生物药品制造	435.75	5016.36	1509.86	65.94
基因工程药物和疫苗制造	74.34	1848.06	303.25	104.48
卫生材料及医药用品制造	220.50	1541.78	432.96	3.39
药用辅料及包装材料	72.98	500.63	132.06	4.40
化学纤维制造业	1030.02	4489.17	2603.26	305.68
纤维素纤维原料及纤维制造	190.99	547.26	391.85	142.75
化纤浆粕制造	10.39	11.50	18.99	
人造纤维(纤维素纤维)制造	180.61	535.76	372.86	142.75
合成纤维制造	762.09	3668.79	2024.26	150.66
锦纶纤维制造	70.91	339.20	158.60	12.36
涤纶纤维制造	532.39	2422.18	1433.72	62.36
腈纶纤维制造	43.18	140.00	46.75	22.81
维纶纤维制造	3.96	94.23	34.04	10.29
丙纶纤维制造	8.58	41.49	14.20	
氨纶纤维制造	53.42	434.84	180.31	14.76
其他合成纤维制造	49.66	196.86	156.65	28.08
生物基材料制造	76.94	273.12	187.15	12.27
生物基化学纤维制造	43.59	150.05	124.64	11.16
生物基、淀粉基新材料制造	33.35	123.08	62.52	1.11
橡胶和塑料制品业	4026.27	15678.33	7137.16	295.78
橡胶制品业	1186.35	4564.00	2051.64	160.14
轮胎制造	607.06	2296.71	1132.96	94.92
橡胶板、管、带制造	146.01	648.52	304.24	38.23
橡胶零件制造	170.84	578.06	220.96	14.81
再生橡胶制造	9.43	30.33	16.93	
日用及医用橡胶制品制造	56.57	429.48	147.92	2.80
运动场地用塑胶制造	7.91	16.71	8.82	
其他橡胶制品制造	188.52	564.20	219.82	9.37
塑料制品业	2839.92	11114.33	5085.52	135.65
塑料薄膜制造	555.99	2696.10	1439.01	79.74
塑料板、管、型材制造	412.52	2082.72	971.41	34.06
塑料丝、绳及编织品制造	124.05	493.78	369.56	2.57

单位：亿元

集体资本	法人资本	个人资本	港澳台资本	外商资本	营业收入
43.41	740.95	382.21	93.65	30.74	4810.33
6.85	192.26	66.05	9.11	13.70	680.87
30.15	810.32	313.01	359.43	129.77	3424.34
30.15	668.73	288.59	333.92	122.52	2979.50
	141.58	24.42	25.51	7.25	444.84
4.45	191.95	150.12	43.56	39.50	1565.13
1.81	53.78	50.60	4.67	16.79	436.83
27.04	1353.48	539.10	175.74	202.23	11042.78
2.54	116.65	32.82	19.79	77.29	1400.55
	15.48	2.70	0.81		48.32
2.54	101.17	30.12	18.99	77.29	1352.23
20.79	1112.63	483.29	136.75	120.13	9228.40
0.53	61.38	62.04	10.81	11.48	1168.24
18.20	850.71	317.36	106.28	78.81	6951.15
	11.06	2.72	10.16		182.05
	22.20	1.07	0.49		68.46
0.07	6.60	4.57	2.95		66.72
	84.18	60.83	1.49	19.05	385.08
2.00	76.51	34.70	4.58	10.79	406.71
3.70	124.20	22.98	19.19	4.81	413.83
3.26	75.83	10.70	19.00	4.70	247.71
0.44	48.37	12.28	0.20	0.12	166.12
74.61	2711.11	2334.35	739.43	981.26	28773.82
22.93	619.55	611.02	195.02	442.98	7218.49
16.03	309.81	261.40	123.11	327.68	3878.61
2.07	79.56	146.06	7.37	30.95	865.50
0.84	83.40	63.22	12.85	45.84	901.79
	5.63	11.14	0.15		86.28
1.42	68.65	31.51	33.78	9.75	376.09
	3.72	5.10		0.01	43.41
2.58	68.78	92.59	17.75	28.75	1066.81
51.68	2091.56	1723.33	544.41	538.28	21555.33
18.25	691.46	422.91	106.38	120.26	4061.78
11.81	386.56	417.48	74.70	46.19	3471.32
4.28	224.48	124.31	4.87	9.05	1362.95

1-A-6 续表 35

行业	应付账款	所有者权益合计	实收资本	国家资本
泡沫塑料制造	111.29	338.14	145.43	0.43
塑料人造革、合成革制造	85.34	299.41	169.30	0.40
塑料包装箱及容器制造	206.87	801.17	375.31	1.88
日用塑料制品制造	226.87	809.70	326.24	3.25
人造草坪制造	6.36	21.42	7.88	
塑料零件及其他塑料制品制造	1110.62	3571.90	1281.40	13.31
非金属矿物制品业	14585.43	35932.91	16482.04	2011.53
水泥、石灰和石膏制造	1765.22	8658.99	3534.92	1003.19
水泥制造	1577.61	8306.80	3337.11	994.45
石灰和石膏制造	187.60	352.19	197.82	8.74
石膏、水泥制品及类似制品制造	7581.89	7231.47	4198.17	419.85
水泥制品制造	6641.92	5557.58	3203.60	269.97
砼结构构件制造	687.39	871.22	613.25	102.57
石棉水泥制品制造	2.13	3.75	4.27	
轻质建筑材料制造	156.46	657.79	310.91	45.64
其他水泥类似制品制造	94.00	141.13	66.14	1.67
砖瓦、石材等建筑材料制造	1094.21	3568.80	1690.65	119.03
粘土砖瓦及建筑砌块制造	211.79	611.10	325.67	9.22
建筑用石加工	211.40	1216.78	480.83	36.24
防水建筑材料制造	195.26	616.43	286.84	6.75
隔热和隔音材料制造	160.12	472.42	250.11	14.31
其他建筑材料制造	315.64	652.06	347.21	52.50
玻璃制造	507.69	2310.43	1176.69	90.05
平板玻璃制造	175.83	884.87	414.90	32.43
特种玻璃制造	279.54	1247.64	705.25	57.02
其他玻璃制造	52.32	177.92	56.54	0.59
玻璃制品制造	573.65	1721.25	809.99	53.91
技术玻璃制品制造	272.06	833.16	338.15	26.44
光学玻璃制造	87.42	224.37	153.31	15.15
玻璃仪器制造	4.08	22.27	17.04	5.10
日用玻璃制品制造	51.07	163.18	83.32	0.54
玻璃包装容器制造	100.00	333.27	148.41	6.60
玻璃保温容器制造	5.87	15.46	4.99	
制镜及类似品加工	13.13	23.44	8.57	
其他玻璃制品制造	40.03	106.11	56.19	0.07

单位：亿元

集体资本	法人资本	个人资本	港澳台资本	外商资本	营业收入
0.42	50.19	62.22	13.43	18.74	825.93
0.28	54.99	81.27	27.28	5.07	804.18
3.93	149.32	104.44	50.62	65.12	1601.80
3.67	85.70	120.69	73.88	39.04	1920.30
0.02	4.07	3.22	0.15	0.42	45.60
9.02	444.80	386.78	193.11	234.38	7461.46
293.54	7606.29	4959.42	713.21	862.47	56947.87
87.33	1530.42	512.03	284.07	116.72	8331.53
82.78	1423.61	433.48	283.07	115.18	7450.13
4.55	106.80	78.54	1.00	1.54	881.40
66.53	1774.88	1798.51	58.11	49.15	16948.64
44.63	1266.96	1532.25	43.96	14.68	14283.20
19.79	346.40	132.17	8.53	3.79	1490.02
	2.69	1.46	0.12		13.80
2.10	132.97	97.20	4.76	28.25	880.99
	25.87	35.42	0.74	2.44	280.62
13.43	670.01	803.61	32.65	52.42	6691.40
4.87	122.23	186.07	1.59	1.69	1257.44
2.23	178.83	230.93	13.37	19.20	2220.39
1.68	139.28	136.02	3.11	0.50	1044.43
1.66	96.83	113.46	6.08	17.77	881.01
2.99	132.84	137.13	8.50	13.25	1288.12
10.53	530.19	212.78	141.18	189.80	3165.00
5.02	185.15	95.80	39.71	56.78	1063.39
5.02	323.31	93.85	99.39	126.65	1753.99
0.49	21.73	23.13	2.08	6.37	347.61
14.21	339.65	226.05	67.53	108.64	3238.64
3.12	127.02	84.17	37.27	60.13	1457.45
0.87	87.69	23.94	14.17	11.49	350.20
4.90	4.23	1.50		1.32	23.09
0.01	32.64	39.24	4.69	6.20	409.43
4.43	64.53	50.42	6.63	15.81	636.55
	0.30	4.39	0.06	0.24	42.18
0.65	2.82	2.43	1.22	1.46	69.04
0.24	20.43	19.97	3.50	11.99	250.70

1-A-6 续表 36

行业	应付账款	所有者权益合计	实收资本	国家资本
玻璃纤维和玻璃纤维增强塑料制品制造	317.08	1349.01	629.38	50.26
玻璃纤维及制品制造	212.77	1043.74	482.09	42.49
玻璃纤维增强塑料制品制造	104.31	305.27	147.28	7.76
陶瓷制品制造	499.58	2673.81	998.20	35.76
建筑陶瓷制品制造	261.30	1191.69	336.10	2.14
卫生陶瓷制品制造	80.16	395.84	150.03	0.05
特种陶瓷制品制造	96.26	562.46	241.10	14.07
日用陶瓷制品制造	35.79	339.91	203.53	19.32
陈设艺术陶瓷制造	19.99	153.20	56.66	0.17
园艺陶瓷制造	2.81	18.98	7.69	
其他陶瓷制品制造	3.28	11.72	3.10	
耐火材料制品制造	500.94	1409.71	556.26	31.43
石棉制品制造	4.76	17.49	8.45	0.74
云母制品制造	8.04	31.66	11.57	0.47
耐火陶瓷制品及其他耐火材料制造	488.15	1360.57	536.24	30.23
石墨及其他非金属矿物制品制造	1745.17	7009.45	2887.76	208.05
石墨及碳素制品制造	778.21	2686.71	1173.25	107.08
其他非金属矿物制品制造	966.96	4322.74	1714.52	100.97
黑色金属冶炼和压延加工业	11031.93	27051.01	13058.65	2045.92
炼铁	337.74	263.75	218.01	1.54
炼钢	1225.74	2805.62	1128.95	64.95
钢压延加工	8700.32	22969.37	10302.64	1915.75
铁合金冶炼	768.13	1012.27	1409.05	63.67
有色金属冶炼和压延加工业	6154.82	21285.80	9708.64	1730.05
常用有色金属冶炼	2939.00	9828.31	4678.94	1060.94
铜冶炼	940.03	2028.95	788.49	170.10
铅锌冶炼	288.28	1026.94	594.67	152.69
镍钴冶炼	172.11	1137.32	343.94	239.40
锡冶炼	78.55	187.42	36.88	3.00
锑冶炼	11.72	44.54	32.51	22.29
铝冶炼	1169.45	4858.09	2501.31	443.68
镁冶炼	25.91	19.96	46.66	
硅冶炼	151.96	177.92	145.72	5.12
其他常用有色金属冶炼	100.99	347.17	188.76	24.65
贵金属冶炼	190.97	1232.36	290.55	66.61

单位：亿元

					营业收入
集体资本	法人资本	个人资本	港澳台资本	外商资本	
2.06	377.43	119.41	53.11	27.11	1618.55
1.33	303.06	67.35	49.16	18.69	1081.44
0.73	74.37	52.06	3.94	8.42	537.11
16.29	387.08	444.27	34.23	80.58	5535.55
5.75	135.97	159.08	18.19	14.97	2978.35
1.62	71.31	32.23	4.78	40.04	719.00
8.62	84.75	112.66	0.77	20.23	801.01
0.24	74.75	99.47	6.51	3.23	525.82
0.05	17.47	34.95	2.00	2.02	445.23
0.01	1.59	4.37	1.65	0.09	34.28
	1.25	1.52	0.33		31.86
15.40	194.28	269.68	9.19	36.11	2213.17
0.05	3.49	4.17			29.33
	7.97	2.97	0.17		60.09
15.35	182.82	262.54	9.02	36.11	2123.76
67.76	1802.35	573.08	33.16	201.94	9205.40
50.91	743.93	216.22	19.85	33.85	3601.69
16.85	1058.42	356.87	13.31	168.09	5603.70
78.58	7872.05	2715.06	137.34	391.55	85471.79
1.24	165.93	49.13	0.17		1638.41
5.51	763.93	256.53	0.67	37.36	10088.55
39.83	5927.18	2126.00	136.08	340.32	70522.53
32.00	1015.01	283.39	0.41	13.86	3222.29
273.19	5712.61	1330.16	319.61	247.28	76410.95
196.92	2900.56	353.65	53.57	46.89	28406.10
68.27	383.38	58.20	16.48	27.54	10068.19
19.28	288.34	128.34	3.20	2.82	3502.00
3.27	90.67	8.41		2.19	2402.77
	16.46	17.31		0.11	745.29
0.11	5.20	4.91			137.37
38.12	1923.21	74.72	18.45	1.33	9859.56
	24.58	20.36	1.72		179.86
67.88	55.70	11.44	0.13	5.44	598.24
	113.01	29.97	13.60	7.46	912.81
9.89	158.11	46.40	9.54		4895.18

1-A-6 续表 37

行　　业	应付账款	所有者权益合计	实收资本	国家资本
金冶炼	149.45	1147.74	228.78	65.38
银冶炼	23.71	40.82	41.89	1.23
其他贵金属冶炼	17.81	43.80	19.88	
稀有稀土金属冶炼	163.89	1434.90	289.64	92.36
钨钼冶炼	47.60	801.74	117.76	11.05
稀土金属冶炼	89.52	497.31	116.81	64.22
其他稀有金属冶炼	26.76	135.85	55.07	17.09
有色金属合金制造	419.97	1406.50	687.31	121.52
有色金属压延加工	2441.00	7383.73	3762.20	388.63
铜压延加工	592.50	1568.22	895.37	114.65
铝压延加工	1548.80	4607.19	2329.76	209.12
贵金属压延加工	41.69	191.50	51.21	4.06
稀有稀土金属压延加工	81.90	375.24	135.66	10.55
其他有色金属压延加工	176.10	641.58	350.19	50.24
金属制品业	6538.30	17885.72	13061.32	599.03
结构性金属制品制造	2510.55	4901.97	6683.12	254.09
金属结构制造	2023.32	3959.52	2212.71	244.20
金属门窗制造	487.23	942.45	4470.41	9.89
金属工具制造	288.83	1250.91	468.87	38.33
切削工具制造	129.57	801.42	286.06	32.78
手工具制造	50.05	136.79	55.19	
农用及园林用金属工具制造	23.08	66.98	29.89	
刀剪及类似日用金属工具制造	14.85	59.07	21.93	
其他金属工具制造	71.29	186.64	75.79	5.56
集装箱及金属包装容器制造	468.64	1667.26	1238.32	19.27
集装箱制造	122.87	412.22	150.57	0.27
金属压力容器制造	164.11	527.90	280.53	5.13
金属包装容器及材料制造	181.66	727.14	807.21	13.86
金属丝绳及其制品制造	247.58	1038.83	627.88	27.53
建筑、安全用金属制品制造	471.57	1477.05	637.97	3.03
建筑、家具用金属配件制造	176.93	469.44	189.42	0.13
建筑装饰及水暖管道零件制造	179.08	685.16	283.69	0.30
安全、消防用金属制品制造	50.01	164.30	79.94	
其他建筑、安全用金属制品制造	65.56	158.14	84.92	2.60
金属表面处理及热处理加工	405.49	1115.94	619.55	11.21

单位：亿元

集体资本	法人资本	个人资本	港澳台资本	外商资本	营业收入
9.89	114.46	29.51	9.54		4025.31
	33.91	6.75			392.70
	9.74	10.14			477.17
6.33	137.65	44.35	3.31	5.65	2568.01
1.22	85.77	17.64		2.08	1077.63
0.24	28.50	20.35	0.29	3.21	1265.90
4.87	23.38	6.36	3.01	0.35	224.49
1.21	340.47	158.20	21.01	41.54	4897.38
58.83	2175.82	727.55	232.19	153.21	35644.28
37.79	498.17	197.44	30.16	17.16	16225.08
18.21	1383.91	424.19	193.68	100.68	15474.90
0.63	32.81	10.28	0.06	3.37	1497.57
	67.17	29.58		2.35	891.83
2.19	193.75	66.07	8.29	29.65	1554.90
173.85	4122.37	6915.23	568.21	679.02	46083.69
42.35	1150.75	5073.51	82.69	79.38	14370.55
36.50	971.40	830.86	68.74	60.67	11888.51
5.85	179.35	4242.65	13.95	18.71	2482.04
4.01	189.04	143.42	32.97	61.09	2227.58
2.01	119.26	77.97	11.85	42.19	915.39
0.83	18.29	21.75	7.24	7.09	351.92
	10.51	10.80	6.55	2.03	133.66
0.19	8.72	5.55	1.91	5.55	127.40
0.98	32.26	27.35	5.42	4.23	699.21
23.03	818.05	200.51	111.57	65.86	3180.08
3.23	93.04	12.58	28.80	12.64	785.61
5.62	149.33	103.14	7.51	9.79	979.72
14.18	575.68	84.79	75.26	43.43	1414.75
15.23	285.92	167.60	76.05	55.52	3755.45
6.44	230.62	262.28	42.41	93.19	3962.01
1.91	55.59	68.80	22.41	40.58	1660.52
3.23	98.82	128.71	11.65	40.97	1432.16
0.51	36.78	33.33	1.19	8.12	370.81
0.78	39.42	31.44	7.16	3.52	498.51
13.38	316.35	175.74	26.02	76.94	4152.39

1-A-6 续表 38

行业	应付账款	所有者权益合计	实收资本	国家资本
搪瓷制品制造	16.64	63.82	24.70	
生产专用搪瓷制品制造	2.65	7.63	4.58	
建筑装饰搪瓷制品制造	2.27	22.85	7.76	
搪瓷卫生洁具制造	5.97	15.43	6.52	
搪瓷日用品及其他搪瓷制品制造	5.74	17.90	5.84	
金属制日用品制造	271.61	874.82	349.86	1.68
金属制厨房用器具制造	41.20	135.74	79.49	
金属制餐具和器皿制造	99.73	339.50	132.37	0.30
金属制卫生器具制造	23.56	64.29	26.94	0.11
其他金属制日用品制造	107.11	335.28	111.06	1.27
铸造及其他金属制品制造	1857.39	5495.12	2411.05	243.89
黑色金属铸造	529.35	1560.65	812.36	79.39
有色金属铸造	149.36	557.10	186.36	12.47
锻件及粉末冶金制品制造	448.92	1437.22	590.04	62.82
交通及公共管理用金属标牌制造	30.96	115.61	43.95	3.61
其他未列明金属制品制造	698.80	1824.53	778.33	85.60
通用设备制造业	11195.98	28910.95	11001.76	858.58
锅炉及原动设备制造	1508.38	3487.27	1374.40	315.52
锅炉及辅助设备制造	404.34	837.18	345.28	85.95
内燃机及配件制造	561.80	1884.60	646.41	139.79
汽轮机及辅机制造	241.29	356.64	204.39	79.84
水轮机及辅机制造	13.42	39.96	18.62	0.61
风能原动设备制造	283.52	360.61	155.53	9.33
其他原动设备制造	4.01	8.29	4.17	
金属加工机械制造	1074.96	3070.89	1148.74	71.89
金属切削机床制造	369.85	1154.88	486.48	48.63
金属成形机床制造	195.02	443.31	149.20	7.87
铸造机械制造	67.39	175.69	84.25	5.82
金属切割及焊接设备制造	243.69	577.67	181.09	1.47
机床功能部件及附件制造	82.39	308.04	101.43	0.86
其他金属加工机械制造	116.62	411.30	146.30	7.23
物料搬运设备制造	1935.37	4096.29	1521.31	143.13
轻小型起重设备制造	32.81	95.20	41.00	1.12
生产专用起重机制造	724.26	1511.25	536.00	85.89
生产专用车辆制造	133.92	326.08	113.22	10.12

单位：亿元

集体资本	法人资本	个人资本	港澳台资本	外商资本	营业收入
	8.44	9.72	2.88	3.67	149.34
	1.14	2.93		0.51	36.10
	5.36	2.40			21.76
	0.89	2.52	1.44	1.67	40.53
	1.05	1.86	1.44	1.50	50.96
6.73	115.04	119.48	52.20	54.72	2273.81
0.16	23.76	30.43	10.50	14.64	407.35
5.68	42.92	43.71	19.84	19.92	796.22
	9.09	10.42	3.81	3.51	159.87
0.89	39.28	34.91	18.05	16.66	910.37
62.67	1008.16	762.97	141.41	188.64	12012.46
26.52	353.64	282.15	21.34	49.31	3324.50
6.82	102.66	42.21	8.89	12.81	1147.93
12.02	223.04	235.20	18.07	38.87	2764.53
0.28	19.73	19.42	0.57	0.35	173.42
17.03	309.09	183.98	92.53	87.31	4602.07
153.03	4613.47	3215.19	491.42	1660.18	48433.44
34.10	598.92	243.35	45.77	123.75	4648.89
5.09	129.85	103.48	2.96	17.58	1228.52
25.56	288.79	92.91	30.98	68.38	2074.78
0.77	76.24	11.93	7.31	15.70	567.07
	12.01	2.45	0.01	3.54	43.05
1.82	91.75	31.00	3.08	18.55	713.76
0.87	0.28	1.59	1.43		21.71
13.86	511.18	365.50	45.22	141.10	4929.92
6.36	234.64	100.03	18.20	78.62	1517.68
1.96	55.96	57.79	7.49	18.13	848.75
1.07	39.25	28.25	4.64	5.22	413.82
1.83	78.70	81.22	2.94	14.92	892.27
0.58	36.65	37.37	7.66	18.31	467.95
2.06	65.98	60.84	4.29	5.90	789.46
41.55	567.26	504.65	68.13	196.43	7404.98
0.20	13.47	17.06	1.03	8.12	189.91
17.58	160.34	201.55	22.54	48.09	2039.45
0.65	39.04	27.52	1.30	34.58	840.88

1-A-6 续表 39

行　业	应付账款	所有者权益合计	实收资本	国家资本
连续搬运设备制造	243.03	528.48	203.12	23.62
电梯、自动扶梯及升降机制造	669.23	1316.79	509.35	16.39
机械式停车设备制造	22.98	63.66	41.23	2.30
其他物料搬运设备制造	107.90	250.09	73.47	3.10
泵、阀门、压缩机及类似机械制造	1919.53	5199.65	1965.22	82.48
泵及真空设备制造	458.11	1202.61	461.24	18.18
气体压缩机械制造	628.07	1201.83	444.99	36.31
阀门和旋塞制造	443.88	1388.91	587.29	9.05
液压动力机械及元件制造	318.79	1052.09	355.28	16.51
液力动力机械元件制造	3.29	13.92	6.99	0.01
气压动力机械及元件制造	67.39	340.29	109.43	2.42
轴承、齿轮和传动部件制造	939.77	2998.45	1193.29	70.23
滚动轴承制造	423.00	1375.08	588.39	39.82
滑动轴承制造	18.11	99.87	26.97	2.35
齿轮及齿轮减、变速箱制造	420.96	1267.41	474.85	19.11
其他传动部件制造	77.69	256.09	103.08	8.94
烘炉、风机、包装等设备制造	1551.81	4193.45	1454.08	65.41
烘炉、熔炉及电炉制造	96.11	271.05	90.65	1.09
风机、风扇制造	139.15	373.74	153.41	14.81
气体、液体分离及纯净设备制造	292.98	806.80	264.76	11.21
制冷、空调设备制造	687.34	1888.45	675.49	26.88
风动和电动工具制造	201.32	381.18	118.46	0.31
喷枪及类似器具制造	21.12	60.86	22.03	
包装专用设备制造	113.78	411.37	129.28	11.12
文化、办公用机械制造	293.47	852.66	317.21	5.31
电影机械制造	3.17	10.23	2.40	
幻灯及投影设备制造	72.02	122.79	40.75	2.74
照相机及器材制造	71.14	203.93	64.15	-0.35
复印和胶印设备制造	50.04	164.09	76.18	0.02
计算器及货币专用设备制造	79.10	302.34	105.13	2.91
其他文化、办公用机械制造	18.01	49.27	28.59	
通用零部件制造	1173.58	3131.72	1182.44	79.38
金属密封件制造	52.12	203.87	65.11	
紧固件制造	260.74	809.82	335.05	14.17
弹簧制造	51.83	193.04	62.67	0.03

单位：亿元

集体资本	法人资本	个人资本	港澳台资本	外商资本	营业收入
20.71	67.79	68.56	6.48	15.78	830.74
2.02	217.09	160.93	29.90	83.03	3050.51
	24.35	14.35	0.12	0.09	80.80
0.38	42.67	14.66	5.92	6.74	369.27
16.80	730.38	677.21	82.56	375.04	8829.55
3.15	198.59	173.64	9.28	58.40	2052.89
4.04	207.91	60.18	25.27	111.28	2373.48
7.97	166.75	320.37	21.05	61.35	2474.80
1.50	139.62	108.72	17.28	71.66	1522.08
	2.67	2.99		1.32	15.43
0.14	14.82	11.31	9.69	71.05	390.87
11.98	461.86	290.15	27.09	331.99	4278.81
7.54	205.81	139.73	11.86	183.63	1883.84
0.27	5.87	12.80	1.55	4.13	105.99
1.76	215.94	112.37	9.60	116.06	1843.44
2.41	34.24	25.25	4.08	28.17	445.54
14.99	626.93	456.01	97.44	193.30	7529.92
0.16	50.74	25.22	4.00	9.44	368.56
2.01	66.33	61.71	1.65	6.91	687.58
1.03	100.24	87.15	15.96	49.18	1378.22
10.50	329.12	197.88	36.13	74.97	3414.47
0.64	19.39	26.59	34.08	37.45	980.01
	9.46	7.00	0.52	5.05	128.89
0.65	51.64	50.46	5.12	10.30	572.20
0.26	105.26	67.76	29.57	109.04	1549.62
	0.96	0.98	0.46		22.64
0.04	13.45	4.86	7.67	12.00	285.42
	10.00	9.43	6.11	38.97	421.07
0.06	15.14	10.82	8.53	41.61	424.46
0.07	55.19	38.29	5.01	3.67	321.97
0.10	10.52	3.38	1.79	12.80	74.05
8.43	423.57	437.17	69.05	163.84	6264.50
0.23	26.62	24.44	4.12	9.70	299.42
1.51	95.36	116.51	32.85	74.65	1527.81
0.27	18.34	18.11	3.92	21.98	291.92

1-A-6 续表 40

行业	应付账款	所有者权益合计	实收资本	国家资本
机械零部件加工	635.37	1435.63	547.09	47.89
其他通用零部件制造	173.53	489.36	172.51	17.28
其他通用设备制造业	799.11	1880.58	845.05	25.24
工业机器人制造	395.09	791.38	272.62	4.66
特殊作业机器人制造	20.20	57.02	19.81	2.48
增材制造装备制造	53.65	194.03	52.69	4.29
其他未列明通用设备制造业	330.16	838.14	499.94	13.81
专用设备制造业	9536.58	28344.47	10540.27	953.03
采矿、冶金、建筑专用设备制造	2641.92	6368.14	3041.56	506.91
矿山机械制造	892.68	1891.16	977.10	211.91
石油钻采专用设备制造	451.30	1125.29	651.07	64.76
深海石油钻探设备制造	7.59	45.94	13.63	
建筑工程用机械制造	644.75	1870.82	684.40	104.87
建筑材料生产专用机械制造	169.74	489.56	228.74	14.97
冶金专用设备制造	372.02	784.54	415.43	73.59
隧道施工专用机械制造	103.84	160.83	71.20	36.81
化工、木材、非金属加工专用设备制造	1185.49	3447.26	1363.20	119.27
炼油、化工生产专用设备制造	261.06	732.74	387.69	88.16
橡胶加工专用设备制造	73.63	142.56	72.27	14.97
塑料加工专用设备制造	207.35	564.19	188.82	1.43
木竹材加工机械制造	21.99	123.04	45.94	0.30
模具制造	599.35	1814.62	648.75	13.91
其他非金属加工专用设备制造	22.10	70.12	19.72	0.50
食品、饮料、烟草及饲料生产专用设备制造	164.00	495.79	188.95	11.24
食品、酒、饮料及茶生产专用设备制造	63.54	170.99	73.81	0.57
农副食品加工专用设备制造	34.62	182.74	63.29	5.67
烟草生产专用设备制造	56.91	127.93	43.04	4.71
饲料生产专用设备制造	8.93	14.12	8.81	0.28
印刷、制药、日化及日用品生产专用设备制造	283.82	901.36	329.47	8.76
制浆和造纸专用设备制造	58.66	103.46	49.17	1.12
印刷专用设备制造	91.05	270.74	123.67	1.56
日用化工专用设备制造	3.59	9.99	4.24	
制药专用设备制造	76.11	289.11	77.97	1.49
照明器具生产专用设备制造	8.05	21.30	5.80	
玻璃、陶瓷和搪瓷制品生产专用设备制造	39.72	180.25	54.72	4.59
其他日用品生产专用设备制造	6.65	26.51	13.90	

单位：亿元

集体资本	法人资本	个人资本	港澳台资本	外商资本	营业收入
5.25	220.34	219.49	21.47	31.65	3197.34
1.17	62.91	58.61	6.69	25.85	948.01
11.07	588.11	173.41	26.58	25.68	2997.26
7.33	191.25	51.06	6.18	12.13	1307.08
	14.49	2.84			51.74
	32.17	14.58	0.10	1.55	186.21
3.73	350.20	104.93	20.30	11.99	1452.23
184.89	4890.28	2812.10	642.96	1053.29	37387.85
55.04	1383.95	743.33	70.72	281.50	9329.26
24.08	397.35	274.27	32.19	37.30	2882.49
9.62	366.93	150.87	8.75	50.14	1511.65
0.49	7.81	5.33			40.22
16.98	240.07	136.06	25.07	161.24	2970.02
1.87	158.33	42.54	2.71	8.33	556.13
1.95	190.78	123.20	1.95	23.96	1152.25
0.05	22.68	11.05	0.05	0.54	216.50
31.75	526.48	351.86	188.69	145.04	5358.77
2.31	179.35	88.66	10.23	18.98	1118.73
0.50	36.90	14.58	2.80	2.52	211.93
2.37	80.54	35.52	35.76	33.21	904.97
0.22	17.67	16.92	5.01	5.79	192.52
25.97	204.28	188.54	134.12	81.85	2825.96
0.38	7.75	7.65	0.76	2.69	104.66
1.67	74.81	72.39	5.34	23.50	898.80
0.89	17.81	30.82	4.09	19.63	404.66
0.46	22.80	30.67	0.32	3.37	295.37
0.19	29.90	7.31	0.93		155.64
0.14	4.31	3.59		0.50	43.12
4.49	163.22	78.85	22.97	51.19	1534.24
0.98	14.03	13.09	1.11	18.84	319.85
2.76	61.91	25.20	7.28	24.96	446.94
	2.34	1.65		0.26	26.95
0.37	45.37	24.99	3.33	2.42	385.05
0.03	1.82	3.69	0.23	0.03	34.63
	35.45	6.77	6.49	1.41	279.26
0.35	2.30	3.46	4.52	3.27	41.56

1-A-6 续表 41

行业	应付账款	所有者权益合计	实收资本	国家资本
纺织、服装和皮革加工专用设备制造	311.94	907.67	344.21	26.73
纺织专用设备制造	215.12	626.47	218.06	24.77
皮革、毛皮及其制品加工专用设备制造	27.80	47.74	28.67	
缝制机械制造	64.11	193.45	84.38	1.48
洗涤机械制造	4.91	40.02	13.10	0.49
电子和电工机械专用设备制造	1731.19	3800.93	1354.88	73.45
电工机械专用设备制造	255.66	361.95	110.19	13.81
半导体器件专用设备制造	643.89	1675.57	398.09	45.78
电子元器件与机电组件设备制造	385.53	740.33	263.73	6.99
其他电子专用设备制造	446.11	1023.08	582.86	6.88
农、林、牧、渔专用机械制造	413.16	931.90	488.94	35.43
拖拉机制造	79.40	147.86	118.24	1.12
机械化农业及园艺机具制造	239.38	545.94	261.08	33.87
营林及木竹采伐机械制造	0.65	2.05	0.36	
畜牧机械制造	49.20	104.67	53.76	0.02
渔业机械制造	1.26	5.11	2.33	
农林牧渔机械配件制造	28.86	73.37	22.46	0.10
棉花加工机械制造	4.10	12.39	3.53	
其他农、林、牧、渔业机械制造	10.31	40.53	27.18	0.32
医疗仪器设备及器械制造	891.63	6365.89	1585.74	14.80
医疗诊断、监护及治疗设备制造	361.62	2714.24	571.77	7.56
口腔科用设备及器具制造	19.27	84.75	23.04	0.01
医疗实验室及医用消毒设备和器具制造	29.68	138.28	25.94	0.06
医疗、外科及兽医用器械制造	189.89	1401.17	334.84	3.88
机械治疗及病房护理设备制造	42.31	295.83	67.34	0.68
康复辅具制造	41.27	333.75	83.96	0.67
眼镜制造	83.00	285.94	129.32	0.06
其他医疗设备及器械制造	124.60	1111.92	349.53	1.89
环保、邮政、社会公共服务及其他专用设备制造	1913.42	5125.53	1843.32	156.45
环境保护专用设备制造	1015.47	2745.06	1020.51	94.96
地质勘查专用设备制造	20.50	46.57	10.86	6.36
邮政专用机械及器材制造	4.39	6.61	3.87	
商业、饮食、服务专用设备制造	15.84	52.59	18.39	0.35
社会公共安全设备及器材制造	151.08	381.34	122.53	3.57

单位：亿元

					营业收入
集体资本	法人资本	个人资本	港澳台资本	外商资本	
1.71	148.99	87.00	33.74	46.04	1443.27
1.04	84.10	58.18	27.45	22.53	1057.65
	25.17	2.74	0.38	0.37	47.73
0.61	34.68	21.32	5.08	21.22	283.68
0.06	5.04	4.77	0.83	1.91	54.20
14.55	909.66	225.12	77.59	54.43	4759.57
6.27	39.80	34.11	2.33	13.87	641.72
3.96	211.60	73.79	40.94	22.03	1455.47
2.01	161.06	59.10	24.16	10.34	1324.41
2.31	497.19	58.13	10.15	8.20	1337.98
6.46	223.36	104.51	28.39	90.80	1883.24
0.15	59.00	16.58		41.38	335.76
4.78	106.90	48.01	27.06	40.46	1036.01
	0.18	0.17		0.01	11.68
0.25	25.27	21.64	0.13	6.45	193.44
	0.53	1.80			8.56
0.07	7.80	11.07	1.21	2.22	156.49
1.21	2.13	0.18			13.45
	21.55	5.04		0.27	127.86
50.74	647.94	414.86	183.63	272.77	5400.78
32.08	272.68	153.22	42.54	63.69	2180.78
	7.02	2.97	0.47	12.56	107.95
0.49	8.20	11.91	0.60	4.69	130.74
11.54	144.68	99.26	41.39	33.11	1149.66
0.55	34.45	15.86	3.85	11.96	245.73
1.10	22.68	19.98	13.98	25.55	265.73
0.30	40.85	19.21	31.76	37.14	485.56
4.69	117.37	92.48	49.03	84.06	834.64
18.47	811.88	734.19	31.89	88.01	6779.91
5.20	451.12	413.01	17.65	38.32	3324.93
	2.60	1.86	0.02	0.02	55.78
	1.72	2.15			16.30
	5.96	5.98	1.68	4.42	73.18
1.81	52.89	55.35	0.82	8.08	558.66

1-A-6 续表 42

行业	应付账款	所有者权益合计	实收资本	国家资本
交通安全、管制及类似专用设备制造	38.24	66.22	38.76	2.70
水资源专用机械制造	50.97	131.88	66.48	4.07
其他专用设备制造	616.95	1695.24	561.93	44.44
汽车制造业	27030.33	39845.20	16560.64	2027.05
汽车整车制造	13999.39	16097.98	6522.06	1355.59
汽柴油车整车制造	9806.58	11652.48	4945.94	1103.02
新能源车整车制造	4192.81	4445.49	1576.12	252.57
汽车用发动机制造	522.87	1143.35	707.70	124.48
改装汽车制造	422.72	742.59	463.61	49.44
低速汽车制造	24.47	115.73	12.41	1.14
电车制造	9.48	5.01	7.63	
汽车车身、挂车制造	162.86	310.10	156.04	8.46
汽车零部件及配件制造	11888.55	21430.46	8691.18	487.93
铁路、船舶、航空航天和其他运输设备制造业	7861.19	13650.11	6417.61	1743.51
铁路运输设备制造	2066.39	3353.75	1284.62	367.87
高铁车组制造	734.26	590.36	183.32	59.89
铁路机车车辆制造	432.96	462.39	300.02	94.62
窄轨机车车辆制造	7.82	10.49	5.40	1.00
高铁设备、配件制造	248.92	651.37	215.96	65.46
铁路机车车辆配件制造	194.49	435.30	180.76	42.21
铁路专用设备及器材、配件制造	400.56	1094.13	356.98	99.58
其他铁路运输设备制造	47.38	109.70	42.18	5.10
城市轨道交通设备制造	459.57	372.72	234.26	98.55
船舶及相关装置制造	1620.33	2959.14	2238.12	656.82
金属船舶制造	1188.43	1972.82	1558.15	539.71
非金属船舶制造	9.96	74.76	24.11	2.40
娱乐船和运动船制造	14.86	26.36	16.83	3.73
船用配套设备制造	178.58	416.46	223.72	61.99
船舶改装	9.15	34.73	9.07	0.51
船舶拆除	8.90	-5.18	7.98	
海洋工程装备制造	209.91	437.38	397.67	48.47
航标器材及其他相关装置制造	0.53	1.81	0.60	
航空、航天器及设备制造	2923.43	5156.23	1985.85	607.62
飞机制造	1983.45	3005.82	1274.82	371.45
航天器及运载火箭制造	289.60	476.99	200.05	63.10

单位：亿元

集体资本	法人资本	个人资本	港澳台资本	外商资本	营业收入
0.13	15.06	20.52		0.35	176.06
0.45	29.73	28.79	1.39	2.05	211.61
10.88	252.81	206.53	10.33	34.77	2363.37
215.37	8815.87	1598.73	635.05	3259.39	101678.15
77.97	3979.90	127.17	110.75	870.68	49251.65
66.87	2823.48	81.98	51.88	818.70	35280.02
11.09	1156.42	45.19	58.87	51.98	13971.63
21.59	291.16	16.41	0.26	253.79	2283.10
4.19	293.73	95.25	1.33	20.19	1588.85
1.20	9.51	0.56			126.80
	5.20	2.43			23.15
3.43	63.57	46.37	1.50	32.72	768.99
107.00	4172.79	1310.55	521.21	2082.01	47635.60
67.51	3323.06	687.35	173.21	327.47	21364.00
13.09	698.57	190.82	17.41	27.23	3688.22
5.00	114.67	0.13		3.64	708.39
	220.54	0.54	8.36	6.33	783.39
0.02	2.04	1.69		0.66	14.05
4.04	94.86	42.92	3.07	5.60	544.84
1.85	87.55	41.14	3.78	4.23	555.38
0.98	147.12	101.47	2.11	5.71	974.53
1.20	31.80	2.92	0.10	1.05	107.64
1.09	116.48	10.07	0.81	6.76	645.62
7.08	1258.40	127.66	26.34	161.82	5416.69
3.04	867.05	67.78	0.97	79.60	3666.59
3.82	14.33	2.30		1.26	51.02
	5.91	1.96	1.58	3.63	62.42
0.22	92.52	43.03	1.18	24.78	787.40
		0.73	7.83		29.50
		4.45	3.53		57.91
	278.41	7.04	11.24	52.50	758.13
	0.18	0.37		0.05	3.72
37.25	982.38	141.65	49.13	42.48	6768.53
5.17	707.02	51.41	46.36	32.89	4519.53
2.95	71.81	14.53			627.21

1-A-6 续表 43

行业	应付账款	所有者权益合计	实收资本	国家资本
航天相关设备制造	242.43	628.26	145.76	50.71
航空相关设备制造	274.22	644.48	235.51	75.94
其他航空航天器制造	133.72	400.68	129.71	46.42
摩托车制造	372.31	1004.26	335.77	10.17
摩托车整车制造	196.58	435.37	140.83	8.50
摩托车零部件及配件制造	175.73	568.89	194.94	1.68
自行车和残疾人座车制造	93.09	227.34	106.89	0.74
自行车制造	89.75	218.55	104.16	0.74
残疾人座车制造	3.33	8.80	2.73	
助动车制造	249.63	323.76	142.18	0.75
非公路休闲车及零配件制造	46.46	190.35	63.79	
潜水救捞及其他未列明运输设备制造	29.98	62.55	26.13	1.00
潜水装备制造	1.69	3.89	1.87	0.65
水下救捞装备制造	1.59	6.82	4.30	
其他未列明运输设备制造	26.70	51.84	19.96	0.35
电气机械和器材制造业	25765.18	49141.05	18691.60	802.79
电机制造	3611.78	5233.84	1911.68	224.15
发电机及发电机组制造	2554.12	2632.37	984.34	178.69
电动机制造	605.49	1335.51	537.65	37.96
微特电机及组件制造	289.63	816.06	255.55	7.32
其他电机制造	162.53	449.89	134.14	0.18
输配电及控制设备制造	8777.60	16509.76	7184.30	299.55
变压器、整流器和电感器制造	1083.79	2634.02	1136.16	43.28
电容器及其配套设备制造	61.92	141.50	67.11	0.51
配电开关控制设备制造	1683.28	4194.53	1665.92	75.01
电力电子元器件制造	795.52	1967.59	640.03	36.49
光伏设备及元器件制造	4287.53	6222.63	3082.91	62.50
其他输配电及控制设备制造	865.55	1349.50	592.18	81.76
电线、电缆、光缆及电工器材制造	2055.83	6699.46	3086.00	97.36
电线、电缆制造	1654.53	4850.37	2412.85	70.04
光纤制造	93.98	467.70	239.10	8.45
光缆制造	176.41	854.68	241.76	9.30
绝缘制品制造	88.56	365.33	132.82	9.06
其他电工器材制造	42.35	161.38	59.47	0.51
电池制造	6703.06	11415.97	4105.55	129.79

单位：亿元

					营业收入
集体资本	法人资本	个人资本	港澳台资本	外商资本	
0.64	61.58	31.66		0.72	571.66
27.40	99.54	22.62	2.00	6.21	589.80
1.09	42.44	21.43	0.77	2.65	460.33
6.60	147.89	100.46	27.55	43.10	2482.75
2.59	67.89	26.05	23.96	11.84	1207.43
4.01	80.00	74.40	3.59	31.27	1275.32
0.01	28.60	24.57	23.21	29.76	517.37
0.01	28.10	23.70	22.59	29.02	495.45
	0.51	0.87	0.62	0.74	21.92
2.38	62.35	67.25	5.25	4.20	1425.80
0.01	22.38	12.12	20.07	9.20	273.75
	5.99	12.77	3.44	2.93	145.27
		0.47	0.56	0.19	6.12
	2.21	0.56	0.04	1.49	11.16
	3.78	11.74	2.84	1.25	127.99
344.47	10759.16	4437.90	802.54	1524.44	110663.84
27.85	891.29	395.64	110.66	247.69	10188.52
3.32	527.13	176.93	28.95	69.31	5629.31
3.91	266.16	122.97	20.81	85.85	2439.35
5.95	56.78	58.73	48.16	64.22	1334.38
14.68	41.21	37.01	12.75	28.31	785.47
167.67	4372.54	1784.21	216.20	344.12	36754.84
10.91	660.21	293.66	50.83	77.26	4544.01
1.21	35.22	19.03	3.05	8.09	251.47
47.20	687.54	752.36	37.82	65.98	6210.76
11.99	255.65	200.65	46.85	88.40	3296.87
85.28	2475.56	305.12	61.75	92.70	19791.83
11.08	258.36	213.39	15.90	11.70	2659.90
41.46	1518.81	1181.07	98.13	147.89	18548.23
34.42	1071.06	1038.66	85.06	112.33	16311.03
	187.90	17.12	2.97	22.66	536.59
5.33	163.83	56.30	4.00	3.01	882.92
1.66	68.11	44.09	4.81	5.10	565.26
0.05	27.91	24.90	1.30	4.80	252.43
59.53	2855.22	382.53	175.73	498.25	21736.97

1-A-6 续表 44

行业	应付账款	所有者权益合计	实收资本	国家资本
锂离子电池制造	5889.10	9242.32	3393.26	92.73
镍氢电池制造	39.46	122.09	53.90	0.78
铅蓄电池制造	186.68	520.03	238.25	18.43
锌锰电池制造	22.09	73.61	18.78	0.44
其他电池制造	565.73	1457.91	401.36	17.41
家用电力器具制造	3437.63	6332.32	1334.96	27.70
家用制冷电器具制造	423.07	689.98	202.16	12.98
家用空气调节器制造	1649.51	2927.79	357.83	3.67
家用通风电器具制造	131.52	353.11	67.44	0.10
家用厨房电器具制造	370.20	793.88	256.49	0.54
家用清洁卫生电器具制造	486.33	857.48	190.98	8.65
家用美容、保健护理电器具制造	115.90	220.52	92.37	0.01
家用电力器具专用配件制造	150.19	295.09	99.57	0.61
其他家用电力器具制造	110.93	194.49	68.11	1.13
非电力家用器具制造	154.92	483.01	162.27	0.46
燃气及类似能源家用器具制造	98.00	298.65	85.23	0.34
太阳能器具制造	36.30	129.15	59.48	0.11
其他非电力家用器具制造	20.63	55.21	17.56	0.01
照明器具制造	751.07	1899.16	670.64	13.63
电光源制造	110.67	336.00	118.23	2.30
照明灯具制造	488.50	1137.04	406.13	9.32
舞台及场地用灯制造	36.55	95.04	42.90	1.77
智能照明器具制造	58.38	196.45	61.82	
灯用电器附件及其他照明器具制造	56.97	134.64	41.55	0.24
其他电气机械及器材制造	273.30	567.53	236.20	10.14
电气信号设备装置制造	78.05	231.63	86.54	2.03
其他未列明电气机械及器材制造	195.25	335.90	149.66	8.10
计算机、通信和其他电子设备制造业	36587.06	86347.63	38818.22	2661.22
计算机制造	5547.63	6425.14	2074.04	93.20
计算机整机制造	3648.37	2267.07	605.45	50.42
计算机零部件制造	830.66	1418.37	621.26	2.59
计算机外围设备制造	681.26	1544.56	471.18	15.60
工业控制计算机及系统制造	99.14	165.20	46.04	1.61
信息安全设备制造	36.89	205.14	49.44	1.70
其他计算机制造	251.30	824.81	280.68	21.28

单位：亿元

集体资本	法人资本	个人资本	港澳台资本	外商资本	营业收入
47.87	2460.55	252.56	125.53	409.52	18008.62
	39.82	4.49	0.34	8.47	260.26
8.48	89.39	41.86	26.40	53.68	1473.63
0.20	10.00	5.37	2.69	0.08	127.85
2.98	255.46	78.25	20.77	26.50	1866.62
31.65	674.07	303.90	134.14	163.36	17903.64
6.82	105.11	43.01	1.43	32.81	2166.33
14.10	213.87	63.63	12.22	50.34	8798.55
0.06	28.00	15.28	19.49	4.51	646.09
4.75	129.67	60.78	50.25	10.50	2082.12
4.39	96.01	25.79	15.62	40.52	2149.26
0.56	37.80	28.41	15.40	10.19	609.00
0.36	41.37	41.74	7.79	7.57	873.15
0.61	22.23	25.26	11.94	6.93	579.14
4.52	77.13	57.86	8.35	13.96	777.06
0.08	42.52	23.57	5.85	12.87	494.86
4.34	27.32	25.42	1.96	0.34	161.29
0.10	7.29	8.86	0.54	0.74	120.91
10.10	245.58	248.28	54.46	98.57	3786.35
1.79	41.58	38.36	15.70	18.51	486.44
7.38	138.74	156.09	32.02	62.56	2466.42
	12.91	20.30	2.83	5.09	224.79
0.79	35.90	18.39	1.58	5.17	256.05
0.15	16.45	15.15	2.32	7.24	352.64
1.69	124.53	84.39	4.86	10.60	968.23
0.27	34.97	40.64	1.79	6.84	327.09
1.41	89.56	43.75	3.08	3.75	641.14
451.78	22517.01	4100.33	3906.73	5193.32	152540.26
17.56	774.71	272.82	463.54	452.17	22846.78
11.08	230.06	61.48	154.58	97.77	14199.17
0.87	204.45	48.46	146.12	218.77	3604.48
2.56	206.67	80.25	72.85	93.24	3337.04
0.34	24.66	11.92	6.43	1.08	348.42
1.43	19.94	20.56	5.27	0.53	166.68
1.28	88.92	50.14	78.29	40.77	1191.00

1-A-6 续表 45

行业	应付账款	所有者权益合计	实收资本	国家资本
通信设备制造	11051.21	16725.18	3821.22	158.66
通信系统设备制造	2168.04	4700.92	1212.24	94.49
通信终端设备制造	8883.17	12024.26	2608.98	64.17
广播电视设备制造	316.95	1094.17	522.84	153.23
广播电视节目制作及发射设备制造	10.23	40.31	13.85	1.70
广播电视接收设备制造	87.72	418.63	184.02	2.97
广播电视专用配件制造	20.18	43.22	20.79	
专业音响设备制造	24.20	59.85	21.94	
应用电视设备及其他广播电视设备制造	174.62	532.15	282.24	148.56
雷达及配套设备制造	279.35	512.73	168.70	82.15
非专业视听设备制造	1481.97	1992.49	717.77	33.56
电视机制造	1049.83	1196.90	406.41	20.75
音响设备制造	299.94	498.91	182.83	1.19
影视录放设备制造	132.20	296.69	128.52	11.62
智能消费设备制造	2075.95	2968.20	1397.03	19.96
可穿戴智能设备制造	484.89	331.29	142.76	0.95
智能车载设备制造	453.45	707.43	259.39	2.49
智能无人飞行器制造	164.22	140.39	69.57	0.73
服务消费机器人制造	91.91	194.10	81.25	1.86
其他智能消费设备制造	881.48	1594.99	844.05	13.93
电子器件制造	7523.06	31877.34	20146.21	1670.39
电子真空器件制造	175.54	399.97	155.14	10.81
半导体分立器件制造	453.25	1853.07	716.36	75.10
集成电路制造	2458.38	14880.76	9035.08	749.82
显示器件制造	2699.25	9200.88	7573.67	728.27
半导体照明器件制造	287.12	817.52	617.53	35.92
光电子器件制造	905.97	2913.27	1332.85	35.86
其他电子器件制造	543.55	1811.88	715.57	34.62
电子元件及电子专用材料制造	7315.78	22815.77	8883.64	407.46
电阻电容电感元件制造	494.58	1973.15	730.90	14.64
电子电路制造	1676.93	3737.95	1697.24	28.79
敏感元件及传感器制造	253.37	994.40	358.64	8.46
电声器件及零件制造	297.47	492.61	140.19	0.25
电子专用材料制造	2725.91	10930.06	4392.13	323.15
其他电子元件制造	1867.51	4687.60	1564.55	32.17

单位：亿元

集体资本	法人资本	个人资本	港澳台资本	外商资本	营业收入
32.35	2456.69	396.01	471.10	305.09	44407.59
8.95	758.33	224.43	51.18	74.34	7878.26
23.40	1698.36	171.57	419.92	230.75	36529.33
2.16	113.19	159.70	42.91	51.65	1576.59
	3.57	8.14	0.03	0.41	39.99
	26.52	95.17	32.43	26.93	438.19
0.20	4.00	5.96	7.47	3.16	84.35
0.90	3.15	11.69	0.53	5.67	132.53
1.05	75.96	38.73	2.45	15.49	881.54
1.94	70.57	12.70	0.47	0.41	461.29
6.09	351.92	81.52	152.83	91.84	6585.51
0.17	237.28	22.09	93.89	32.23	4320.93
2.65	80.78	20.74	44.63	32.84	1479.52
3.27	33.86	38.69	14.31	26.76	785.06
5.53	675.18	231.93	251.54	212.89	8243.22
0.05	103.76	33.38	4.30	0.31	1895.73
1.15	132.96	37.86	71.33	13.60	1544.24
0.21	45.34	15.64	7.61	0.04	482.26
2.34	56.34	7.12	8.67	4.93	192.77
1.78	336.77	137.94	159.62	194.00	4128.22
202.08	12866.00	1141.88	1392.76	2873.00	29879.90
0.40	78.93	34.02	15.02	15.96	743.10
25.74	263.96	105.44	122.37	123.75	1614.09
101.34	5430.71	248.89	715.12	1789.20	10208.73
28.82	5452.49	384.38	317.62	662.10	10364.35
4.12	412.83	106.12	51.51	7.03	935.63
29.16	862.61	178.42	56.30	170.39	3479.71
12.50	364.46	84.60	114.82	104.57	2534.29
177.07	4948.09	1132.85	1090.80	1141.49	35352.04
9.69	265.94	114.38	174.09	152.04	2710.17
9.03	698.09	189.46	397.54	374.33	6297.94
2.52	220.01	56.45	34.03	37.17	1154.91
3.70	44.23	52.89	31.51	7.60	929.56
123.31	3057.36	474.12	168.11	245.80	16034.30
28.83	662.47	245.54	285.52	324.55	8225.15

1-A-6 续表 46

行　业	应付账款	所有者权益合计	实收资本	国家资本
其他电子设备制造	995.17	1936.60	1086.77	42.62
仪器仪表制造业	2648.18	8701.80	2479.70	133.54
通用仪器仪表制造	1895.24	5797.12	1690.32	66.70
工业自动控制系统装置制造	1279.07	3335.98	984.30	48.62
电工仪器仪表制造	264.27	1028.58	299.88	6.42
绘图、计算及测量仪器制造	25.01	99.47	38.83	0.02
实验分析仪器制造	56.26	324.30	83.29	4.99
试验机制造	42.33	177.83	43.75	1.32
供应用仪器仪表制造	148.50	559.71	167.15	3.77
其他通用仪器制造	79.80	271.26	73.12	1.55
专用仪器仪表制造	424.53	1619.43	425.06	35.63
环境监测专用仪器仪表制造	68.57	312.49	81.36	3.71
运输设备及生产用计数仪表制造	71.34	176.20	45.64	0.67
导航、测绘、气象及海洋专用仪器制造	59.43	205.15	78.33	17.30
农林牧渔专用仪器仪表制造	5.20	16.26	7.15	
地质勘探和地震专用仪器制造	11.11	40.67	15.15	1.04
教学专用仪器制造	7.69	41.89	13.88	
核子及核辐射测量仪器制造	12.51	34.83	8.80	0.62
电子测量仪器制造	119.15	525.68	102.28	5.82
其他专用仪器制造	69.53	266.26	72.47	6.47
钟表与计时仪器制造	47.17	141.66	62.93	0.78
光学仪器制造	192.03	809.73	213.53	24.59
衡器制造	23.71	113.44	34.31	2.11
其他仪器仪表制造业	65.50	220.42	53.55	3.72
其他制造业	655.99	1603.24	666.33	123.41
日用杂品制造	150.67	637.02	232.03	0.62
鬃毛加工、制刷及清扫工具制造	26.12	100.48	40.37	0.20
其他日用杂品制造	124.55	536.54	191.67	0.42
废弃资源综合利用业	934.59	2549.24	1274.93	120.53
金属废料和碎屑加工处理	675.35	1665.47	828.12	63.14
非金属废料和碎屑加工处理	259.23	883.77	446.81	57.39
金属制品、机械和设备修理业	694.74	2467.22	1090.26	131.69
金属制品修理	3.45	6.44	3.74	0.61
通用设备修理	30.00	49.03	22.79	6.52

单位：亿元

					营业收入
集体资本	法人资本	个人资本	港澳台资本	外商资本	
6.99	260.66	670.94	40.78	64.79	3187.35
40.68	1198.70	765.11	113.66	223.79	10472.84
32.79	893.52	518.11	51.44	125.02	7181.84
24.09	498.19	287.89	29.92	93.88	4753.65
4.57	182.53	101.53	1.90	2.24	926.44
0.52	25.91	5.63	0.95	5.80	134.36
0.21	24.58	40.70	3.24	9.57	358.96
0.08	19.30	19.44	0.95	2.65	188.91
1.32	119.30	39.32	1.69	1.42	513.90
2.00	23.69	23.60	12.81	9.46	305.62
4.22	178.34	153.25	8.59	43.56	1698.71
0.47	38.30	35.83	0.45	1.82	299.02
1.20	6.30	11.42	1.34	24.72	307.98
0.13	41.03	18.47	2.96	1.25	190.48
	2.47	1.41		3.27	16.33
0.44	9.32	2.86		1.50	47.93
	1.66	12.23			49.98
0.21	2.53	1.64	0.03	0.17	31.30
1.29	50.25	33.93	3.55	7.54	473.30
0.49	26.49	35.46	0.27	3.29	282.39
0.18	13.69	10.62	30.44	7.23	281.07
0.95	74.44	54.59	18.66	40.29	854.66
2.29	16.47	7.32	0.64	5.47	146.55
0.26	22.24	21.24	3.88	2.22	310.02
3.58	238.95	202.91	44.92	52.61	2885.31
0.78	78.08	74.19	32.18	46.18	1347.86
0.73	12.30	12.55	1.88	12.71	196.00
0.05	65.78	61.64	30.30	33.46	1151.86
40.86	649.27	411.90	28.35	24.02	12112.63
29.86	422.36	286.23	14.64	11.89	10039.42
11.00	226.92	125.67	13.70	12.13	2073.21
13.90	780.90	44.72	41.83	77.22	2390.16
	1.86	0.76	0.12	0.39	24.20
0.69	10.87	4.39	0.06	0.25	117.54

1-A-6 续表 47

行业	应付账款	所有者权益合计	实收资本	国家资本
专用设备修理	130.40	528.61	216.29	23.68
铁路、船舶、航空航天等运输设备修理	464.53	1528.86	763.99	91.73
铁路运输设备修理	136.65	816.61	350.85	15.98
船舶修理	164.06	206.02	179.33	52.46
航空航天器修理	149.42	410.75	228.17	18.18
其他运输设备修理	14.40	95.48	5.64	5.11
电气设备修理	27.04	232.18	52.38	3.07
仪器仪表修理	1.56	5.28	2.25	0.15
其他机械和设备修理业	37.75	116.83	28.83	5.93
电力、热力、燃气及水生产和供应业	**20274.69**	**114233.92**	**81820.75**	**38692.74**
电力、热力生产和供应业	16765.53	93560.19	70574.59	34477.00
电力生产	7091.94	44153.61	32605.94	10619.97
火力发电	1990.07	7541.37	7272.04	2526.65
热电联产	1739.72	4646.70	5020.02	1304.24
水力发电	314.84	10481.59	5787.58	2277.40
核力发电	258.66	2446.82	1812.76	332.73
风力发电	1535.95	11009.99	7352.33	2506.61
太阳能发电	690.16	5565.00	3625.36	1264.22
生物质能发电	510.33	2214.19	1615.59	379.27
其他电力生产	52.21	247.95	120.26	28.86
电力供应	8260.90	46163.52	35939.12	23110.90
热力生产和供应	1412.68	3243.07	2029.53	746.13
燃气生产和供应业	1824.07	7784.03	5378.59	965.07
燃气生产和供应业	1818.02	7721.66	5334.27	963.81
天然气生产和供应业	1723.63	7281.14	4958.77	889.24
液化石油气生产和供应业	18.71	220.07	110.01	3.75
煤气生产和供应业	75.68	220.45	265.49	70.82
生物质燃气生产和供应业	6.04	62.37	44.32	1.26
水的生产和供应业	1685.09	12889.69	5867.57	3250.67
自来水生产和供应	1012.58	8759.59	3666.18	2310.03
污水处理及其再生利用	652.92	4058.55	2139.66	921.59
海水淡化处理	11.57	9.31	21.67	4.79
其他水的处理、利用与分配	8.02	62.23	40.06	14.26

单位：亿元

集体资本	法人资本	个人资本	港澳台资本	外商资本	营业收入
2.36	165.11	14.53	5.32	5.27	438.93
3.05	548.37	16.62	35.83	68.39	1509.16
	328.59	1.64	0.40	4.25	226.09
1.19	90.65	11.16	5.40	18.47	431.88
1.86	128.60	3.83	30.03	45.67	816.72
	0.53				34.47
5.16	40.64	3.38		0.12	120.39
	0.86	0.96	0.28		16.04
2.63	13.17	4.08	0.21	2.80	163.91
508.48	**38127.47**	**1515.94**	**1581.62**	**921.29**	**121557.26**
371.78	32515.82	1093.76	1122.48	524.50	97986.07
326.38	19201.96	828.68	1104.46	498.30	36562.73
99.96	4126.71	162.29	224.74	122.28	15009.89
48.24	3166.15	235.62	153.13	108.65	9930.42
47.69	3196.87	180.74	62.42	20.53	3245.21
1.47	1358.09		34.68	85.80	1487.93
55.43	4309.69	101.95	265.37	108.76	3679.03
36.69	2117.33	87.98	93.00	21.10	1870.01
34.38	858.65	53.07	257.93	31.00	1142.03
2.52	68.48	7.03	13.20	0.18	198.21
15.76	12299.96	56.99	3.49	10.99	57448.05
29.64	1013.90	208.09	14.53	15.20	3975.29
66.22	3458.25	285.43	320.93	278.74	18789.88
66.22	3439.97	279.94	301.64	278.74	18748.37
66.14	3222.06	246.60	286.24	244.54	17752.15
0.08	48.42	12.30	12.83	32.62	711.82
	169.49	21.04	2.57	1.58	284.39
	18.28	5.49	19.29		41.51
70.49	2153.41	136.75	138.21	118.05	4781.31
38.79	1144.85	55.03	61.38	56.10	3082.23
31.70	975.40	80.64	69.88	60.45	1646.70
	16.88				7.74
	16.27	1.08	6.95	1.50	44.64

1-A-6 续表48

行　　业	营业成本	销售费用	管理费用	财务费用
总　计	**1145830.73**	**31601.30**	**76299.95**	**9530.34**
采矿业	**40500.83**	**705.95**	**4321.34**	**1003.56**
煤炭开采和洗选业	22957.01	434.06	2349.86	599.33
烟煤和无烟煤开采洗选	22401.69	421.56	2259.76	579.02
褐煤开采洗选	514.29	11.82	87.21	19.99
其他煤炭采选	41.03	0.68	2.89	0.32
石油和天然气开采业	6314.51	36.77	893.41	131.35
石油开采	4784.36	29.56	660.85	117.19
陆地石油开采	3970.94	26.41	631.97	96.53
海洋石油开采	813.42	3.15	28.88	20.67
天然气开采	1530.14	7.21	232.57	14.16
陆地天然气开采	1400.44	5.55	209.92	16.31
海洋天然气及可燃冰开采	129.71	1.66	22.65	-2.15
黑色金属矿采选业	3690.68	50.55	316.09	132.70
铁矿采选	3573.82	49.49	310.04	131.49
锰矿、铬矿采选	39.16	0.86	4.96	0.74
其他黑色金属矿采选	77.71	0.20	1.10	0.46
有色金属矿采选业	2207.87	19.83	301.48	60.02
常用有色金属矿采选	1454.03	15.93	161.69	33.55
铜矿采选	409.98	3.09	53.64	12.29
铅锌矿采选	531.43	6.41	73.01	13.61
镍钴矿采选	18.67	0.17	2.10	0.87
锡矿采选	155.66	0.14	6.08	2.13
锑矿采选	6.53	0.16	1.78	
铝矿采选	80.23	1.11	7.57	0.81
镁矿采选	56.28	2.41	5.97	2.95
其他常用有色金属矿采选	195.24	2.44	11.54	0.90
贵金属矿采选	391.79	1.83	81.60	16.37
金矿采选	362.02	1.75	76.45	15.18
银矿采选	28.77	0.06	4.93	1.15
稀有稀土金属矿采选	362.06	2.08	58.19	10.09
钨钼矿采选	256.82	1.18	41.35	8.73
稀土金属矿采选	38.68	0.10	5.81	0.32
非金属矿采选业	2639.35	157.71	317.49	73.75

单位：亿元

利息费用	投资收益（损失以"–"号记）	营业利润	利润总额	亏损企业亏损额	平均用工人数（万人）
12336.92	**10834.09**	**81978.51**	**82897.03**	**15629.86**	**7734.13**
1195.44	**1231.65**	**13167.56**	**12770.19**	**987.61**	**426.60**
784.95	965.79	8224.24	7990.61	581.27	267.19
765.93	935.89	8009.14	7794.76	529.38	260.00
18.72	29.90	212.51	193.32	50.28	6.72
0.30		2.58	2.53	1.61	0.46
153.98	49.44	3024.78	2898.26	203.93	51.72
128.68	31.00	2208.43	2109.16	182.67	46.40
125.85	31.00	991.16	889.00	182.67	45.10
2.83		1217.27	1220.15		1.30
25.29	18.44	816.35	789.11	21.25	5.32
24.29	12.41	666.22	638.63	21.25	5.01
1.00	6.03	150.13	150.48		0.31
122.21	136.43	621.70	583.88	62.96	26.22
121.34	133.12	616.34	577.59	59.13	25.43
0.82	3.31	7.50	7.27	1.72	0.57
0.05		-2.14	-0.99	2.10	0.22
59.75	46.87	815.84	804.31	55.97	25.10
32.68	43.35	472.51	462.75	38.62	13.82
12.33	10.12	229.76	223.58	12.44	4.62
13.32	29.74	168.56	166.08	10.78	5.95
0.50	0.40	8.51	8.30	0.80	0.22
2.04	0.71	13.40	12.95	0.64	0.57
0.02	0.02	2.77	2.86		0.22
0.81	0.26	-0.49	-1.17	8.59	0.54
2.27	0.32	1.75	1.63	3.07	0.72
1.39	1.77	48.25	48.53	2.29	0.98
18.02	2.54	151.24	151.91	12.42	7.45
17.25	2.54	149.78	150.63	10.43	7.01
0.77		1.53	1.34	1.91	0.39
9.05	0.98	192.09	189.66	4.93	3.83
7.24	0.62	135.45	133.43	3.84	2.93
0.56	1.33	22.87	22.81		0.18
60.06	10.70	457.19	449.43	64.85	27.35

1-A-6 续表 49

行　　业	营业成本	销售费用	管理费用	财务费用
土砂石开采	1886.10	124.03	227.24	61.84
石灰石、石膏开采	445.92	37.77	59.98	10.31
建筑装饰用石开采	382.63	22.74	51.22	13.64
耐火土石开采	161.60	8.77	16.55	2.18
粘土及其他土砂石开采	895.93	54.75	99.49	35.71
化学矿开采	360.06	10.13	43.73	7.40
采盐	161.15	8.38	23.51	1.77
石棉及其他非金属矿采选	232.05	15.17	23.01	2.75
石棉、云母矿采选	16.49	0.21	0.99	0.20
石墨、滑石采选	44.86	3.10	6.97	0.25
其他未列明非金属矿采选	169.27	11.82	14.65	2.29
开采专业及辅助性活动	2678.46	5.85	139.61	6.35
煤炭开采和洗选专业及辅助性活动	35.88	0.06	4.92	2.33
石油和天然气开采专业及辅助性活动	2613.14	5.63	133.88	3.92
其他开采专业及辅助性活动	29.44	0.16	0.81	0.09
其他采矿业	12.94	1.18	3.40	0.06
制造业	**996286.35**	**30326.02**	**69012.84**	**5143.08**
农副食品加工业	50225.91	989.16	1597.36	300.43
谷物磨制	6856.11	130.76	204.96	43.97
稻谷加工	3730.89	86.16	133.31	28.52
小麦加工	2904.03	33.75	60.24	13.28
玉米加工	52.64	1.29	1.72	0.45
杂粮加工	99.20	7.22	6.04	1.19
其他谷物磨制	69.36	2.34	3.63	0.54
饲料加工	13167.73	262.48	413.52	59.18
宠物饲料加工	313.10	26.17	27.32	1.93
其他饲料加工	12854.64	236.31	386.19	57.25
植物油加工	9186.74	91.32	141.43	30.22
食用植物油加工	8937.20	89.31	135.78	29.40
非食用植物油加工	249.54	2.01	5.65	0.82
制糖业	954.32	12.90	41.70	19.43
屠宰及肉类加工	11460.66	220.82	348.94	61.94
牲畜屠宰	4605.02	71.33	122.22	27.71
禽类屠宰	3551.30	25.42	68.70	14.96
肉制品及副产品加工	3304.34	124.07	158.02	19.28

单位：亿元

利息费用	投资收益（损失以"–"号记）	营业利润	利润总额	亏损企业亏损额	平均用工人数（万人）
48.59	4.55	245.17	235.59	58.27	18.72
8.51	2.62	59.87	56.99	14.54	5.36
10.70	0.27	63.68	61.13	13.39	4.26
1.65	0.30	22.59	22.20	2.52	1.51
27.73	1.37	99.04	95.27	27.81	7.59
6.67	1.88	150.02	148.78	1.57	3.39
2.43	1.62	22.78	25.98	1.21	2.82
2.37	2.65	39.22	39.09	3.80	2.41
0.19	2.27	12.37	12.32	0.02	0.14
0.33	0.30	7.36	7.43	1.15	0.80
1.85	0.07	18.83	18.68	2.63	1.44
14.44	22.39	24.46	44.81	16.38	28.91
2.35	0.02	-1.81	-1.89	2.85	0.78
12.05	22.37	24.51	44.93	13.43	27.97
0.04		1.76	1.77	0.10	0.15
0.05	0.04	-0.65	-1.10	2.25	0.11
7818.53	**8130.78**	**62037.13**	**63170.84**	**12879.58**	**6945.53**
292.65	117.35	1762.70	1790.84	385.46	263.43
34.27	2.14	253.66	243.75	35.11	25.03
17.54	3.43	188.51	174.69	13.40	15.58
14.94	-1.59	58.11	60.36	19.38	7.75
0.36	-0.22	0.38	0.51	0.55	0.17
1.08	0.51	3.04	3.93	1.20	1.01
0.34		3.63	4.27	0.59	0.52
65.04	21.23	603.70	603.19	58.03	46.15
2.54	2.23	26.92	26.85	3.81	3.33
62.50	19.00	576.78	576.34	54.22	42.82
45.84	6.32	147.36	152.84	58.77	14.31
44.39	6.31	142.44	147.35	57.06	13.71
1.45	0.01	4.92	5.50	1.71	0.60
22.23	0.94	62.60	64.34	11.05	7.39
59.34	63.08	303.84	314.64	139.68	87.46
25.22	2.09	61.08	64.33	68.13	20.85
14.01	7.12	30.07	29.46	42.13	32.49
20.10	53.86	212.69	220.84	29.43	34.11

1-A-6 续表50

行　　业	营业成本	销售费用	管理费用	财务费用
水产品加工	2291.73	54.69	105.28	23.35
水产品冷冻加工	1824.18	37.68	75.05	19.30
鱼糜制品及水产品干腌制加工	319.46	12.13	20.13	3.01
鱼油提取及制品制造	45.69	1.06	2.51	0.10
其他水产品加工	102.40	3.82	7.59	0.94
蔬菜、菌类、水果和坚果加工	2737.19	99.35	153.39	23.11
蔬菜加工	1211.74	49.59	83.62	11.41
食用菌加工	339.55	9.44	17.39	3.35
水果和坚果加工	1185.90	40.32	52.38	8.35
其他农副食品加工	3571.42	116.85	188.15	39.24
淀粉及淀粉制品制造	1946.13	40.11	72.89	21.49
豆制品制造	536.51	31.95	44.75	6.12
蛋品加工	165.91	6.38	11.86	2.00
其他未列明农副食品加工	922.87	38.41	58.66	9.62
食品制造业	16520.57	1766.06	1229.36	65.45
焙烤食品制造	1841.31	200.83	160.55	7.89
糕点、面包制造	923.10	91.77	91.67	5.48
饼干及其他焙烤食品制造	918.20	109.07	68.88	2.41
糖果、巧克力及蜜饯制造	920.54	142.42	83.17	1.60
糖果、巧克力制造	742.71	132.61	71.27	-0.07
蜜饯制作	177.83	9.81	11.90	1.67
方便食品制造	2291.13	170.58	154.27	15.95
米、面制品制造	423.50	15.21	26.70	4.73
速冻食品制造	791.76	33.10	56.20	5.38
方便面制造	649.31	86.32	32.46	1.10
其他方便食品制造	426.57	35.95	38.91	4.74
乳制品制造	4305.97	598.95	192.64	-6.24
液体乳制造	3694.66	519.85	142.44	-8.07
乳粉制造	470.02	67.84	38.12	0.78
其他乳制品制造	141.29	11.26	12.07	1.05
罐头食品制造	752.35	42.02	48.09	4.80
肉、禽类罐头制造	169.14	6.29	10.43	1.17
水产品罐头制造	53.09	2.19	2.86	0.66
蔬菜、水果罐头制造	407.55	21.13	26.93	3.73
其他罐头食品制造	122.57	12.41	7.88	-0.75

单位：亿元

利息费用	投资收益（损失以"–"号记）	营业利润	利润总额	亏损企业亏损额	平均用工人数（万人）
18.11	10.01	110.89	113.98	25.95	27.96
14.75	9.11	75.50	77.16	23.06	22.79
2.47	0.81	22.08	23.13	1.67	3.64
0.11	0.01	6.25	6.35	0.26	0.24
0.78	0.09	7.06	7.34	0.97	1.28
19.20	12.04	154.26	164.54	17.63	28.08
8.50	2.39	83.13	87.40	5.76	15.13
2.59	0.52	20.95	23.40	2.44	4.07
8.11	9.13	50.18	53.75	9.43	8.88
28.62	1.59	126.39	133.55	39.25	27.06
19.00	1.04	23.82	26.54	28.81	8.72
2.71	0.68	29.78	31.23	3.26	8.05
1.50	0.02	8.24	7.94	0.59	1.87
5.41	-0.16	64.55	67.84	6.59	8.42
134.93	213.30	1694.67	1737.34	151.23	169.34
9.39	28.83	172.86	177.62	16.80	32.99
4.80	2.61	60.87	63.11	13.77	19.28
4.59	26.22	111.98	114.51	3.03	13.71
3.57	3.46	104.97	107.03	3.61	10.73
2.76	3.45	90.13	91.92	2.51	7.96
0.81	0.01	14.84	15.11	1.10	2.77
16.40	11.40	138.39	146.90	21.85	31.19
3.96	1.29	12.96	14.79	5.35	4.85
5.05	4.69	58.57	61.13	6.64	11.82
3.38	4.87	48.67	51.02	0.93	6.55
4.00	0.55	18.18	19.95	8.92	7.97
40.03	115.31	422.68	430.36	38.57	22.64
33.56	102.57	367.12	368.74	11.94	18.27
5.31	11.99	49.86	54.61	20.15	3.31
1.16	0.74	5.69	7.01	6.49	1.06
5.29	0.01	68.52	69.88	5.06	10.24
1.22	-0.68	10.72	11.30	0.34	1.61
0.59	0.07	2.33	2.66	0.28	0.73
3.13	0.34	40.94	43.15	1.85	6.16
0.36	0.28	14.53	12.78	2.59	1.74

1-A-6 续表 51

行 业	营业成本	销售费用	管理费用	财务费用
调味品、发酵制品制造	2461.75	147.04	180.76	8.41
味精制造	409.02	8.26	21.94	-0.22
酱油、食醋及类似制品制造	576.06	44.78	49.22	0.98
其他调味品、发酵制品制造	1476.66	93.99	109.59	7.64
其他食品制造	3947.53	464.22	409.88	33.03
营养食品制造	331.14	134.54	42.18	3.22
保健食品制造	461.61	114.11	70.63	3.51
冷冻饮品及食用冰制造	174.01	31.65	16.27	0.01
盐加工	135.01	10.08	17.82	1.31
食品及饲料添加剂制造	2054.19	87.96	178.66	18.71
其他未列明食品制造	791.56	85.89	84.33	6.26
酒、饮料和精制茶制造业	9664.04	1182.91	859.50	13.08
酒的制造	4670.74	576.29	541.71	-6.98
酒精制造	534.65	8.47	12.54	5.93
白酒制造	2653.88	435.95	409.13	-12.26
啤酒制造	1293.46	119.18	92.32	-3.81
黄酒制造	55.79	6.90	8.22	0.18
葡萄酒制造	42.14	2.37	8.06	1.29
其他酒制造	90.83	3.42	11.44	1.67
饮料制造	3870.68	545.77	215.35	6.07
碳酸饮料制造	713.45	175.37	28.70	-0.60
瓶(罐)装饮用水制造	684.73	92.90	40.27	3.88
果菜汁及果菜汁饮料制造	537.70	46.26	36.79	3.03
含乳饮料和植物蛋白饮料制造	687.67	66.58	40.91	-1.05
固体饮料制造	245.17	24.60	19.95	1.81
茶饮料及其他饮料制造	1001.96	140.07	48.72	-1.01
精制茶加工	1122.62	60.85	102.44	14.00
烟草制品业	4059.32	164.36	695.01	-89.63
烟叶复烤	170.49	4.68	22.91	-6.86
卷烟制造	3802.83	157.00	652.62	-81.99
其他烟草制品制造	86.00	2.69	19.48	-0.77
纺织业	20258.37	402.77	1277.39	211.24
棉纺织及印染精加工	10086.25	170.28	612.10	121.03
棉纺纱加工	5189.49	72.42	251.80	71.06
棉织造加工	2661.53	60.20	170.64	24.97
棉印染精加工	2235.23	37.65	189.66	25.00

单位：亿元

利息费用	投资收益（损失以“–”号记）	营业利润	利润总额	亏损企业亏损额	平均用工人数（万人）
17.22	13.41	342.08	344.89	14.15	21.67
2.06	0.93	53.16	52.63	0.25	2.69
2.41	1.91	96.34	96.20	5.59	5.24
12.75	10.57	192.58	196.06	8.31	13.74
43.04	40.88	445.17	460.66	51.20	39.87
3.24	1.15	51.21	51.21	3.63	3.40
7.05	8.97	95.94	98.71	9.74	7.01
0.93	0.34	14.21	14.41	2.12	2.52
2.00	0.44	22.27	21.75	1.96	1.56
24.29	23.39	186.80	194.33	28.50	15.81
5.52	6.59	74.74	80.25	5.25	9.57
70.99	597.00	3140.22	3158.96	104.58	100.83
47.04	551.76	2496.17	2505.01	75.06	52.23
4.91	1.44	17.87	18.11	8.65	1.77
33.79	476.87	2204.19	2203.11	56.12	37.59
5.03	65.77	246.35	252.89	6.05	9.96
0.70	1.37	13.17	15.83	0.61	1.03
0.98	0.83	0.91	1.12	2.60	0.62
1.63	5.48	13.67	13.95	1.03	1.26
14.64	43.56	523.52	529.56	22.61	34.68
1.43	2.71	54.55	56.84	0.68	7.32
4.71	8.27	123.16	123.94	6.81	6.72
3.04	3.66	66.82	68.27	5.29	5.28
0.21	22.39	119.52	120.49	2.22	6.02
1.57	0.74	35.39	36.28	2.54	2.27
3.68	5.79	124.09	123.73	5.07	7.08
9.32	1.67	120.53	124.39	6.91	13.92
2.11	98.95	1569.95	1556.39	4.88	18.22
0.01	0.32	19.79	19.04	2.32	1.43
1.85	96.26	1528.57	1515.80	2.42	15.79
0.25	2.36	21.59	21.55	0.15	0.99
188.20	53.57	870.78	935.85	196.64	257.51
107.16	39.66	396.56	432.25	111.80	132.73
59.88	24.54	148.67	166.55	69.63	65.57
24.32	11.75	114.79	124.43	17.38	31.65
22.96	3.36	133.10	141.27	24.79	35.52

1-A-6 续表 52

行　业	营业成本	销售费用	管理费用	财务费用
毛纺织及染整精加工	1450.99	14.71	55.54	12.90
毛条和毛纱线加工	1033.24	7.37	27.54	7.07
毛织造加工	326.74	6.04	19.97	4.70
毛染整精加工	91.01	1.30	8.02	1.14
麻纺织及染整精加工	257.44	3.38	15.52	3.14
麻纤维纺前加工和纺纱	131.42	1.68	7.62	1.78
麻织造加工	119.12	1.49	7.25	1.33
麻染整精加工	6.90	0.21	0.65	0.03
丝绢纺织及印染精加工	509.70	4.03	24.52	6.44
缫丝加工	216.15	0.99	6.85	3.03
绢纺和丝织加工	220.54	2.10	12.34	2.59
丝印染精加工	73.01	0.94	5.33	0.82
化纤织造及印染精加工	2454.54	34.11	144.70	27.20
化纤织造加工	1920.31	22.40	103.69	20.63
化纤织物染整精加工	534.22	11.71	41.01	6.57
针织或钩针编织物及其制品制造	1760.18	29.28	110.43	16.64
针织或钩针编织物织造	1348.10	21.54	81.07	12.27
针织或钩针编织物印染精加工	96.08	1.25	8.98	1.59
针织或钩针编织品制造	315.99	6.48	20.38	2.78
家用纺织制成品制造	1502.38	71.61	115.43	9.77
床上用品制造	805.34	41.33	57.87	4.68
毛巾类制品制造	228.19	7.40	15.37	2.21
窗帘、布艺类产品制造	189.98	7.15	19.73	1.37
其他家用纺织制成品制造	278.87	15.74	22.46	1.51
产业用纺织制成品制造	2236.90	75.37	199.15	14.13
非织造布制造	1061.93	36.31	91.12	7.74
绳、索、缆制造	133.59	4.87	11.99	1.11
纺织带和帘子布制造	276.51	7.71	22.32	1.72
篷、帆布制造	231.26	6.77	24.38	0.39
其他产业用纺织制成品制造	533.60	19.70	49.33	3.17
纺织服装、服饰业	10018.29	470.31	855.64	45.64
机织服装制造	5388.52	321.36	483.94	28.14
运动机织服装制造	1154.85	47.85	89.71	3.28
其他机织服装制造	4233.68	273.51	394.23	24.86

单位：亿元

利息费用	投资收益（损失以"–"号记）	营业利润	利润总额	亏损企业亏损额	平均用工人数（万人）
12.86	0.11	64.85	72.24	9.06	11.78
7.56	0.92	37.82	43.71	4.05	5.37
4.35	-1.57	25.06	26.19	2.77	4.65
0.95	0.76	1.98	2.34	2.24	1.75
2.54	0.59	11.37	12.88	2.25	3.99
1.46	0.56	6.57	7.18	1.30	1.94
1.07	0.03	4.73	5.63	0.85	1.96
0.02		0.08	0.08	0.11	0.09
5.53	0.83	17.58	18.63	4.06	6.78
2.65	0.26	4.39	4.92	1.86	3.34
2.04	0.51	10.57	11.28	1.17	2.40
0.84	0.06	2.62	2.42	1.02	1.04
22.52	1.10	92.36	97.56	15.36	28.66
15.83	1.32	61.77	65.59	7.54	20.26
6.69	-0.23	30.59	31.97	7.82	8.40
13.60	0.71	91.33	96.76	10.13	19.01
10.13	0.75	62.24	66.60	6.49	13.61
1.04	0.03	2.12	2.89	1.77	2.05
2.42	-0.07	26.97	27.27	1.87	3.35
8.74	4.79	81.08	84.02	15.19	23.55
4.23	2.40	47.40	48.75	4.87	11.86
1.63	1.50	15.49	16.35	0.31	4.09
1.34	0.05	11.73	12.18	1.11	3.51
1.55	0.84	6.46	6.73	8.90	4.09
15.24	5.80	115.64	121.51	28.79	31.01
7.72	6.06	42.50	45.22	21.99	11.90
0.89	-0.17	7.88	8.12	0.56	2.29
2.36	-0.01	10.75	11.28	1.54	4.28
1.33	-0.80	16.24	17.08	1.69	3.89
2.94	0.71	38.26	39.82	3.01	8.65
50.94	92.22	611.40	641.74	84.32	214.59
29.99	45.79	390.71	404.86	50.46	115.83
3.16	1.53	77.52	82.57	6.15	19.77
26.83	44.26	313.18	322.29	44.31	96.05

1-A-6 续表 53

行　业	营业成本	销售费用	管理费用	财务费用
针织或钩针编织服装制造	3630.42	109.56	272.33	10.41
运动休闲针织服装制造	1794.95	46.75	123.05	0.41
其他针织或钩针编织服装制造	1835.48	62.81	149.27	10.00
服饰制造	999.34	39.39	99.37	7.09
皮革、毛皮、羽毛及其制品和制鞋业	6951.84	186.57	547.80	31.75
皮革鞣制加工	532.74	8.24	28.79	4.85
皮革制品制造	1372.63	41.04	121.19	5.75
皮革服装制造	42.63	1.18	3.99	0.58
皮箱、包(袋)制造	970.11	30.68	87.20	5.31
皮手套及皮装饰制品制造	58.45	1.58	5.50	0.29
其他皮革制品制造	301.44	7.59	24.51	-0.44
毛皮鞣制及制品加工	127.72	2.69	9.67	2.00
毛皮鞣制加工	46.52	0.84	3.78	1.27
毛皮服装加工	60.92	1.33	4.31	0.43
其他毛皮制品加工	20.28	0.52	1.58	0.30
羽毛(绒)加工及制品制造	454.82	6.62	19.16	4.13
羽毛(绒)加工	261.85	2.11	7.63	2.26
羽毛(绒)制品加工	192.97	4.51	11.54	1.87
制鞋业	4463.93	127.98	368.99	15.02
纺织面料鞋制造	1033.15	29.62	90.36	2.02
皮鞋制造	2121.69	67.90	181.28	5.56
塑料鞋制造	398.01	9.11	23.12	2.50
橡胶鞋制造	395.09	10.32	35.66	2.76
其他制鞋业	516.00	11.04	38.58	2.18
木材加工和木、竹、藤、棕、草制品业	7971.18	146.48	364.92	54.09
木材加工	1065.36	18.29	40.78	5.08
锯材加工	356.98	5.51	11.28	1.41
木片加工	229.59	4.83	11.29	1.23
单板加工	262.63	3.09	7.89	1.22
其他木材加工	216.16	4.86	10.32	1.22
人造板制造	5045.64	62.23	193.43	32.14
胶合板制造	3647.49	30.58	109.02	14.05
纤维板制造	513.29	8.48	30.92	7.36
刨花板制造	405.58	8.12	23.82	6.98
其他人造板制造	479.27	15.05	29.68	3.75

单位：亿元

利息费用	投资收益（损失以“–”号记）	营业利润	利润总额	亏损企业亏损额	平均用工人数（万人）
15.63	47.16	178.71	191.80	23.45	73.29
6.57	6.75	63.10	66.25	10.29	32.78
9.06	40.41	115.61	125.55	13.16	40.51
5.32	-0.73	41.99	45.09	10.41	25.47
32.81	58.70	476.20	491.29	32.06	144.13
4.46	1.03	26.62	28.78	5.47	5.23
6.96	0.32	65.43	70.50	7.71	27.38
0.46	0.03	0.24	0.27	0.91	0.90
4.40	0.04	47.13	49.88	4.61	21.03
0.27	0.02	2.08	2.14	0.57	1.69
1.84	0.24	15.99	18.20	1.62	3.77
2.01	0.10	4.71	5.07	0.95	1.92
1.46	0.11	1.45	1.74	0.19	0.84
0.34	-0.01	2.42	2.41	0.59	0.73
0.21		0.84	0.92	0.16	0.35
3.04	0.11	19.03	20.27	1.26	3.45
1.69		11.30	11.50	0.43	1.18
1.35	0.12	7.73	8.78	0.82	2.27
16.34	57.13	360.41	366.67	16.67	106.15
2.42	6.01	96.73	100.59	3.53	26.64
8.38	50.81	197.01	197.57	7.68	51.71
1.18	0.02	21.34	21.45	1.15	6.52
2.95	0.34	20.71	21.77	2.20	10.18
1.42	-0.05	24.63	25.29	2.11	11.11
40.40	-3.66	450.95	461.94	43.92	95.55
3.18	-0.95	58.53	59.82	6.41	13.08
0.97	-1.11	13.12	13.38	2.60	5.10
0.72	0.48	14.70	15.15	0.86	2.32
0.60	-0.23	16.89	17.24	1.62	3.52
0.88	-0.09	13.82	14.05	1.34	2.14
25.00	-0.77	275.51	285.92	27.19	57.15
9.03	-1.19	202.53	203.93	8.86	43.70
6.57	0.32	16.41	20.63	9.57	4.87
6.21	0.39	24.85	28.73	5.91	3.17
3.19	-0.29	31.72	32.63	2.84	5.41

1-A-6 续表 54

行　业	营业成本	销售费用	管理费用	财务费用
木质制品制造	1424.37	52.65	99.32	13.91
建筑用木料及木材组件加工	234.98	4.13	9.52	1.41
木门窗制造	348.21	17.63	30.08	3.55
木楼梯制造	10.46	0.60	1.03	0.07
木地板制造	334.81	14.39	24.93	3.61
木制容器制造	174.94	5.52	12.97	1.24
软木制品及其他木制品制造	320.97	10.38	20.79	4.02
竹、藤、棕、草等制品制造	435.81	13.30	31.39	2.96
竹制品制造	385.69	12.33	27.94	2.73
藤制品制造	6.58	0.21	0.54	0.06
棕制品制造	15.12	0.13	0.75	0.05
草及其他制品制造	28.43	0.63	2.15	0.12
家具制造业	5522.08	283.97	550.72	38.78
木质家具制造	3039.55	171.70	293.01	25.59
竹、藤家具制造	69.56	1.96	4.91	0.64
金属家具制造	1291.69	44.64	139.54	5.93
塑料家具制造	88.22	4.05	8.60	0.63
其他家具制造	1033.06	61.62	104.66	5.99
造纸和纸制品业	12292.38	374.46	801.22	157.83
纸浆制造	285.19	4.36	15.19	4.78
木竹浆制造	178.76	2.36	9.81	3.11
非木竹浆制造	106.43	2.00	5.38	1.67
造纸	7027.89	144.25	423.66	114.85
机制纸及纸板制造	6647.58	134.39	395.68	111.61
手工纸制造	44.15	1.24	3.63	0.85
加工纸制造	336.16	8.62	24.35	2.39
纸制品制造	4979.29	225.85	362.36	38.20
纸和纸板容器制造	2447.91	82.22	181.36	21.22
其他纸制品制造	2531.38	143.63	181.01	16.99
印刷和记录媒介复制业	5258.14	175.46	554.27	32.09
印刷	5062.60	168.61	533.25	30.99
书、报刊印刷	476.95	13.99	68.44	3.50
本册印制	152.33	5.01	14.67	0.94
包装装潢及其他印刷	4433.32	149.61	450.14	26.55
装订及印刷相关服务	190.06	6.58	19.98	1.14
记录媒介复制	5.48	0.27	1.05	-0.04

单位：亿元

利息费用	投资收益（损失以"−"号记）	营业利润	利润总额	亏损企业亏损额	平均用工人数（万人）
10.47	-2.60	91.63	93.35	9.01	19.06
0.76	-0.77	16.42	16.20	0.77	2.41
3.11	-2.78	23.33	23.83	1.97	5.85
0.07		0.72	0.38	0.41	0.16
3.90	0.65	15.93	16.62	4.29	3.68
0.74	0.28	8.49	9.10	0.53	2.39
1.91	0.01	26.73	27.22	1.04	4.56
1.76	0.67	25.28	22.85	1.30	6.26
1.48	0.16	22.91	20.35	0.96	4.91
0.09		0.35	0.36	0.09	0.52
0.03		0.38	0.38	0.03	0.10
0.16	0.51	1.64	1.76	0.23	0.73
39.43	70.15	390.91	404.44	56.49	95.97
23.74	25.29	201.04	206.50	39.11	54.06
0.43		3.80	4.20	0.23	1.41
7.47	20.16	93.63	96.96	7.11	20.49
0.84	0.07	6.09	6.41	0.69	1.73
6.95	24.63	86.34	90.36	9.35	18.28
162.50	56.74	502.19	550.66	146.63	94.54
7.02	-0.09	19.14	19.38	6.13	1.77
4.63	-0.05	17.80	17.61	4.28	1.08
2.40	-0.04	1.34	1.77	1.85	0.69
121.33	47.72	235.57	270.45	88.85	40.75
118.21	47.29	221.78	255.37	86.50	37.32
0.80		1.73	2.40	0.22	0.44
2.32	0.43	12.07	12.68	2.13	2.99
34.14	9.11	247.48	260.83	51.65	52.02
17.03	3.05	111.21	122.21	21.25	28.67
17.12	6.06	136.27	138.62	30.40	23.35
39.99	46.40	371.97	393.92	49.14	77.48
38.16	25.36	337.15	358.97	47.35	75.09
3.92	2.59	20.22	24.47	6.99	9.68
1.22	3.23	9.61	10.02	1.25	2.46
33.02	19.54	307.32	324.49	39.11	62.95
1.81	21.06	34.69	34.85	1.39	2.28
0.02	-0.02	0.12	0.10	0.40	0.11

1-A-6 续表 55

行　业	营业成本	销售费用	管理费用	财务费用
文教、工美、体育和娱乐用品制造业	10502.32	314.17	749.80	56.43
文教办公用品制造	776.77	43.24	74.00	3.34
文具制造	551.15	28.40	42.66	1.36
笔的制造	132.63	7.21	15.80	1.22
教学用模型及教具制造	44.84	5.24	8.69	0.43
墨水、墨汁制造	14.23	0.64	2.32	0.03
其他文教办公用品制造	33.92	1.74	4.54	0.30
乐器制造	154.11	4.82	17.33	0.47
中乐器制造	7.90	0.55	1.00	0.14
西乐器制造	81.34	2.52	10.00	0.22
电子乐器制造	46.25	0.89	3.49	0.07
其他乐器及零件制造	18.62	0.87	2.83	0.04
工艺美术及礼仪用品制造	6916.73	161.49	338.60	34.79
雕塑工艺品制造	524.08	18.76	33.58	3.57
金属工艺品制造	705.74	22.57	37.63	3.46
漆器工艺品制造	59.52	2.52	5.98	0.48
花画工艺品制造	53.61	3.02	6.05	0.15
天然植物纤维编织工艺品制造	237.23	7.54	15.27	2.68
抽纱刺绣工艺品制造	305.37	9.22	27.82	2.63
地毯、挂毯制造	272.53	10.21	25.55	1.88
珠宝首饰及有关物品制造	3559.90	49.39	103.24	12.67
其他工艺美术及礼仪用品制造	1198.75	38.24	83.48	7.26
体育用品制造	911.73	38.54	120.05	3.86
球类制造	97.84	4.03	10.11	0.70
专项运动器材及配件制造	307.82	14.24	42.70	1.12
健身器材制造	222.12	9.45	25.22	1.05
运动防护用具制造	98.00	2.94	14.66	-0.06
其他体育用品制造	185.95	7.88	27.35	1.04
玩具制造	1414.58	52.72	159.82	9.84
电玩具制造	113.09	3.78	12.77	1.18
塑胶玩具制造	612.29	16.99	75.33	4.02
金属玩具制造	16.63	0.41	2.11	0.10
弹射玩具制造	1.30	0.02	0.16	
娃娃玩具制造	59.40	2.19	5.06	0.57

单位：亿元

利息费用	投资收益(损失以“−”号记)	营业利润	利润总额	亏损企业亏损额	平均用工人数(万人)
50.77	33.18	595.94	620.95	53.05	147.92
5.01	10.52	60.85	63.14	3.99	11.89
3.00	6.58	44.42	45.77	1.58	6.89
1.30	3.62	9.09	9.77	0.81	3.27
0.40	0.01	4.67	4.73	0.80	0.89
0.03	0.29	1.37	1.46	0.17	0.15
0.28	0.02	1.31	1.41	0.63	0.70
0.89	0.04	8.99	10.12	2.13	3.97
0.16	0.33	1.77	1.85		0.19
0.60	-0.32	2.94	3.19	1.78	2.44
0.06	0.01	2.56	3.29	0.06	0.87
0.08	0.02	1.72	1.79	0.29	0.47
30.14	18.77	356.77	369.35	19.89	59.72
1.61	0.85	51.76	54.04	2.41	8.09
2.50	0.93	33.37	34.30	2.95	7.26
0.38	0.07	4.46	4.59	0.17	1.13
0.16	-0.04	4.07	4.12	0.44	1.61
1.11	0.02	18.85	19.64	0.77	3.44
2.19	0.59	18.50	19.43	1.97	5.16
1.88	2.60	14.23	14.79	2.59	4.29
14.75	13.21	127.21	129.58	4.99	9.91
5.57	0.54	84.33	88.85	3.59	18.83
5.06	1.38	84.61	89.58	7.83	21.66
0.76	-0.01	9.28	9.66	0.13	2.27
1.43	1.05	37.02	37.87	2.34	6.96
1.48	0.14	17.15	20.20	2.60	4.17
0.35	-0.07	5.89	6.10	0.86	3.17
1.03	0.28	15.27	15.76	1.90	5.08
7.11	1.90	67.49	70.65	13.94	44.99
0.50	0.02	3.22	3.36	0.95	4.05
3.57	1.86	19.39	20.30	9.28	23.96
0.08	-0.24	0.49	0.50	0.42	0.91
		0.03	0.02		0.03
0.28	0.01	2.66	3.06	0.30	1.76

1-A-6 续表 56

行　　业	营业成本	销售费用	管理费用	财务费用
儿童乘骑玩耍的童车类产品制造	246.96	13.24	27.63	2.36
其他玩具制造	364.90	16.09	36.77	1.60
游艺器材及娱乐用品制造	328.41	13.37	40.01	4.13
露天游乐场所游乐设备制造	121.75	5.46	18.76	1.44
游艺用品及室内游艺器材制造	99.91	4.66	10.47	0.75
其他娱乐用品制造	106.75	3.25	10.78	1.94
石油、煤炭及其他燃料加工业	53398.29	275.91	1235.61	371.42
精炼石油产品制造	42175.75	153.90	830.58	232.24
原油加工及石油制品制造	42026.42	152.97	824.17	226.53
其他原油制造	149.33	0.93	6.41	5.71
煤炭加工	10644.93	114.11	369.90	134.06
炼焦	9695.03	105.30	312.88	98.12
煤制合成气生产	67.74	0.24	3.91	1.28
煤制液体燃料生产	634.27	1.35	42.62	32.55
煤制品制造	130.27	3.45	5.04	1.04
其他煤炭加工	117.63	3.77	5.45	1.08
生物质燃料加工	384.36	7.82	19.46	5.51
生物质液体燃料生产	265.27	3.96	10.78	4.29
生物质致密成型燃料加工	119.08	3.86	8.69	1.22
化学原料和化学制品制造业	74672.33	1926.98	4814.77	759.97
基础化学原料制造	27940.11	368.91	1504.57	325.68
无机酸制造	492.35	10.68	35.73	3.45
无机碱制造	2036.54	38.71	137.84	13.24
无机盐制造	3248.52	50.40	181.21	31.84
有机化学原料制造	19196.23	195.56	942.40	249.02
其他基础化学原料制造	2966.46	73.56	207.38	28.13
肥料制造	6513.51	121.82	395.00	91.09
氮肥制造	1961.75	24.85	141.58	49.83
磷肥制造	848.18	12.09	44.15	11.23
钾肥制造	310.47	5.05	22.13	0.39
复混肥料制造	2948.66	57.65	142.34	23.87
有机肥料及微生物肥料制造	374.92	18.36	39.03	4.91
其他肥料制造	69.53	3.81	5.77	0.86
农药制造	2399.45	62.43	236.17	15.24
化学农药制造	2158.29	55.14	206.88	13.09
生物化学农药及微生物农药制造	241.16	7.29	29.29	2.15

单位：亿元

利息费用	投资收益（损失以"−"号记）	营业利润	利润总额	亏损企业亏损额	平均用工人数（万人）
1.23	0.22	15.21	15.59	1.29	3.81
1.45	0.03	26.49	27.84	1.70	10.47
2.56	0.57	17.22	18.11	5.28	5.69
1.13	0.26	6.21	6.45	2.00	2.42
0.68	-0.07	6.54	6.87	0.77	1.65
0.75	0.38	4.47	4.79	2.51	1.62
408.42	183.01	682.61	591.40	801.00	78.27
262.91	81.20	689.42	622.41	365.12	43.78
260.30	81.06	698.33	631.57	349.33	43.21
2.61	0.14	-8.90	-9.16	15.79	0.57
137.99	97.96	-89.38	-116.29	430.65	31.49
102.74	62.94	-92.25	-117.92	346.93	27.85
1.18	-0.17	0.16	-0.08	1.48	0.20
32.34	35.26	-14.77	-14.90	74.07	2.38
0.92	-0.05	9.11	7.77	4.66	0.50
0.81		8.38	8.85	3.51	0.57
4.59	2.34	15.61	18.39	5.22	1.90
4.10	2.24	7.33	8.31	4.77	0.77
0.49	0.10	8.28	10.08	0.45	1.13
912.16	796.35	4889.10	4893.02	1480.71	344.21
387.58	134.22	1509.46	1487.13	679.37	95.86
5.31	1.00	13.88	14.86	14.45	3.63
20.79	50.44	339.96	334.86	35.55	9.52
35.36	24.85	298.59	298.29	91.58	17.26
290.34	47.61	553.69	536.26	484.33	51.39
35.78	10.32	303.35	302.87	53.47	14.07
115.13	85.84	576.55	573.30	99.78	33.06
53.54	23.73	140.69	136.81	68.31	10.27
23.76	13.64	96.69	96.14	3.52	4.04
4.12	26.89	158.97	156.56	7.19	1.60
29.39	21.52	156.46	157.36	15.28	13.04
3.86	0.40	19.86	22.48	5.05	3.62
0.45	-0.33	3.89	3.96	0.43	0.48
25.01	18.82	187.27	189.63	43.91	16.97
22.43	17.69	172.01	174.26	38.81	14.62
2.58	1.14	15.26	15.37	5.10	2.35

1-A-6 续表 57

行　业	营业成本	销售费用	管理费用	财务费用
涂料、油墨、颜料及类似产品制造	4651.67	251.81	467.30	28.03
涂料制造	2481.53	182.43	272.20	19.58
油墨及类似产品制造	337.16	18.86	41.19	1.83
工业颜料制造	863.71	19.88	64.63	5.26
工艺美术颜料制造	83.97	2.93	8.71	1.08
染料制造	488.70	8.74	44.59	-1.42
密封用填料及类似品制造	396.59	18.97	35.99	1.70
合成材料制造	18380.56	255.38	817.22	205.15
初级形态塑料及合成树脂制造	11288.37	165.18	597.15	137.42
合成橡胶制造	1040.20	28.07	60.91	7.79
合成纤维单(聚合)体制造	5213.39	30.25	81.64	55.33
其他合成材料制造	838.61	31.88	77.52	4.61
专用化学产品制造	11124.22	362.27	855.77	69.85
化学试剂和助剂制造	4447.84	150.30	378.08	28.42
专项化学用品制造	4124.03	116.36	258.96	18.88
林产化学产品制造	375.48	10.29	24.14	3.17
文化用信息化学品制造	361.75	7.83	29.29	3.04
医学生产用信息化学品制造	63.22	1.39	3.61	0.18
环境污染处理专用药剂材料制造	322.10	23.64	37.82	2.10
动物胶制造	56.07	1.25	4.95	0.44
其他专用化学产品制造	1373.74	51.22	118.90	13.62
炸药、火工及焰火产品制造	1106.89	52.53	150.39	15.02
炸药及火工产品制造	491.13	21.26	100.26	7.19
焰火、鞭炮产品制造	615.76	31.27	50.13	7.83
日用化学产品制造	2555.93	451.82	388.36	9.92
肥皂及洗涤剂制造	759.62	113.51	101.53	3.99
化妆品制造	926.07	231.92	182.57	2.38
口腔清洁用品制造	140.52	63.43	15.96	-0.85
香料、香精制造	459.60	23.07	60.06	2.58
其他日用化学产品制造	270.12	19.88	28.23	1.82
医药制造业	14142.35	4281.42	3250.16	51.24
化学药品原料药制造	3104.23	161.65	475.45	25.21
化学药品制剂制造	3504.03	1958.26	1026.24	-3.78
中药饮片加工	1721.09	104.07	141.93	16.32

单位：亿元

利息费用	投资收益（损失以“–”号记）	营业利润	利润总额	亏损企业亏损额	平均用工人数（万人）
42.22	48.18	358.67	361.18	66.53	35.35
17.66	6.27	192.58	192.51	32.25	18.79
1.74	1.82	33.19	34.34	1.48	3.02
10.17	33.53	77.46	78.04	14.33	5.85
1.01	0.14	5.62	5.73	1.61	0.91
9.48	5.71	12.81	12.97	14.68	3.98
2.16	0.71	37.00	37.58	2.18	2.80
234.77	398.21	804.62	809.43	431.24	52.70
160.66	390.50	647.95	647.77	313.84	36.22
8.54	1.35	61.59	62.98	7.99	4.95
60.69	5.58	13.08	14.28	99.40	5.69
4.89	0.78	82.01	84.40	10.01	5.84
80.87	49.33	832.73	844.46	126.40	57.51
35.33	19.20	333.22	338.84	55.72	24.50
24.34	18.08	301.43	300.72	33.08	16.51
3.15	-0.07	20.69	21.55	4.09	2.82
3.50	3.00	24.83	26.09	5.28	2.22
0.11	0.58	5.01	5.07	0.11	0.29
2.05	2.35	35.01	36.58	6.08	2.92
0.45	-0.03	7.15	7.26	0.59	0.46
11.94	6.20	105.39	108.34	21.44	7.78
10.13	34.63	206.14	210.00	5.06	22.59
8.97	34.62	126.84	130.52	4.97	8.56
1.16	0.02	79.30	79.49	0.08	14.03
16.45	27.11	413.66	417.88	28.43	30.17
3.99	14.44	113.81	114.34	4.88	6.68
5.96	3.69	133.05	134.40	18.72	14.63
0.43	0.62	49.08	49.23	0.07	1.58
4.18	8.08	94.17	95.96	3.09	3.74
1.90	0.28	23.55	23.96	1.67	3.53
215.05	390.34	3499.93	3496.37	559.11	207.82
52.30	48.86	564.11	557.42	87.31	36.42
55.24	150.47	1274.24	1260.08	105.56	52.84
13.52	3.06	143.50	145.77	14.38	14.55

1-A-6 续表 58

行　业	营业成本	销售费用	管理费用	财务费用
中成药生产	2453.22	1100.57	490.03	21.43
兽用药品制造	468.23	66.13	80.97	5.95
生物药品制品制造	1470.13	744.33	789.98	-17.77
生物药品制造	1324.32	593.96	656.56	-4.07
基因工程药物和疫苗制造	145.81	150.37	133.42	-13.70
卫生材料及医药用品制造	1094.33	126.26	198.08	2.30
药用辅料及包装材料	327.09	20.14	47.48	1.58
化学纤维制造业	10163.01	77.00	398.92	119.40
纤维素纤维原料及纤维制造	1253.32	14.13	59.37	21.36
化纤浆粕制造	44.27	1.02	2.79	0.98
人造纤维(纤维素纤维)制造	1209.05	13.11	56.58	20.38
合成纤维制造	8552.79	53.50	309.37	89.84
锦纶纤维制造	1050.13	8.15	39.90	14.96
涤纶纤维制造	6540.87	27.64	201.68	61.00
腈纶纤维制造	158.85	2.90	8.56	6.83
维纶纤维制造	63.25	0.57	4.90	-0.35
丙纶纤维制造	58.82	1.20	3.82	0.47
氨纶纤维制造	331.60	7.42	20.92	2.54
其他合成纤维制造	349.28	5.62	29.59	4.40
生物基材料制造	356.89	9.37	30.18	8.19
生物基化学纤维制造	217.24	5.34	15.95	5.68
生物基、淀粉基新材料制造	139.65	4.02	14.23	2.51
橡胶和塑料制品业	23951.37	800.51	2137.30	164.47
橡胶制品业	5867.09	250.20	531.28	29.96
轮胎制造	3176.79	132.19	229.45	13.97
橡胶板、管、带制造	692.91	30.21	72.28	3.94
橡胶零件制造	702.42	29.13	91.19	3.37
再生橡胶制造	77.63	2.00	4.80	0.93
日用及医用橡胶制品制造	307.42	21.44	36.23	0.93
运动场地用塑胶制造	36.32	1.59	3.81	0.29
其他橡胶制品制造	873.61	33.64	93.53	6.54
塑料制品业	18084.28	550.31	1606.02	134.51
塑料薄膜制造	3473.74	81.43	285.31	27.22
塑料板、管、型材制造	2847.62	110.77	250.81	23.99
塑料丝、绳及编织品制造	1181.84	28.18	81.79	9.86

单位：亿元

利息费用	投资收益(损失以"–"号记)	营业利润	利润总额	亏损企业亏损额	平均用工人数(万人)
41.44	76.64	788.55	804.94	47.71	44.26
6.70	5.37	60.86	61.28	16.71	7.33
31.34	83.43	464.58	456.68	248.72	26.40
27.04	52.95	432.21	422.53	184.03	23.05
4.30	30.48	32.37	34.15	64.69	3.35
10.65	15.42	157.79	162.36	33.84	21.03
3.85	7.10	46.32	47.84	4.86	4.99
126.45	28.29	278.76	297.39	119.88	44.90
21.32	1.82	48.28	49.65	27.71	5.78
0.96		-0.82	-0.73	1.90	0.43
20.36	1.82	49.10	50.38	25.81	5.35
97.92	26.53	226.13	241.06	75.60	36.20
14.00	10.55	61.96	63.62	4.94	3.90
68.33	6.20	123.44	132.87	50.81	24.22
5.86	0.39	3.62	4.28	0.61	1.57
0.76	3.07	3.58	4.43	0.60	0.43
0.41		2.18	2.27	0.60	0.45
4.76	5.74	13.23	13.83	10.89	2.58
3.79	0.57	18.12	19.76	7.16	3.06
7.22	-0.06	4.36	6.68	16.56	2.92
4.89	-0.14	0.89	3.00	6.95	1.62
2.32	0.08	3.47	3.68	9.61	1.29
184.31	144.44	1734.11	1804.50	210.79	288.14
51.69	55.65	554.01	563.95	41.78	71.18
30.58	46.64	348.04	348.42	11.16	27.59
5.34	0.78	61.33	64.05	4.72	9.69
5.72	4.64	76.07	78.66	5.26	13.59
0.57		0.68	2.08	1.18	2.04
2.69	1.13	9.83	10.55	12.27	5.49
0.20	0.19	1.34	1.49	0.16	0.45
6.59	2.27	56.72	58.69	7.04	12.34
132.61	88.79	1180.10	1240.55	169.01	216.96
32.64	16.68	198.74	208.00	52.96	27.47
21.66	14.25	229.98	239.59	20.90	28.22
6.76	0.98	56.96	64.35	5.76	16.52

1-A-6 续表 59

行　　业	营业成本	销售费用	管理费用	财务费用
泡沫塑料制造	700.66	25.68	58.56	6.45
塑料人造革、合成革制造	716.63	12.38	45.68	4.08
塑料包装箱及容器制造	1314.97	49.18	132.88	12.96
日用塑料制品制造	1575.16	66.29	158.96	10.02
人造草坪制造	37.50	1.90	3.52	0.27
塑料零件及其他塑料制品制造	6236.16	174.50	588.52	39.65
非金属矿物制品业	47284.57	1768.41	3590.03	517.37
水泥、石灰和石膏制造	7133.51	203.70	551.82	69.27
水泥制造	6396.64	150.72	504.31	58.79
石灰和石膏制造	736.87	52.98	47.51	10.48
石膏、水泥制品及类似制品制造	14279.50	686.87	1002.26	187.87
水泥制品制造	12105.68	580.52	801.32	149.94
砼结构构件制造	1233.39	55.88	113.36	25.47
石棉水泥制品制造	11.95	0.50	1.37	0.34
轻质建筑材料制造	697.38	35.04	67.95	9.66
其他水泥类似制品制造	231.10	14.94	18.27	2.45
砖瓦、石材等建筑材料制造	5481.25	246.91	427.69	70.77
粘土砖瓦及建筑砌块制造	1019.01	66.76	93.84	14.39
建筑用石加工	1815.98	59.76	115.13	28.79
防水建筑材料制造	871.53	32.14	61.18	7.17
隔热和隔音材料制造	712.99	34.26	68.80	7.40
其他建筑材料制造	1061.73	53.99	88.74	13.03
玻璃制造	2648.27	55.86	198.75	24.60
平板玻璃制造	909.33	10.75	58.02	10.97
特种玻璃制造	1449.62	35.88	114.37	11.74
其他玻璃制造	289.32	9.23	26.37	1.89
玻璃制品制造	2608.29	75.07	224.13	25.85
技术玻璃制品制造	1118.95	24.05	85.18	10.09
光学玻璃制造	298.86	5.44	34.39	2.33
玻璃仪器制造	18.22	0.93	2.25	0.14
日用玻璃制品制造	342.60	12.40	33.11	4.65
玻璃包装容器制造	527.19	22.41	43.98	5.66
玻璃保温容器制造	35.42	1.17	3.20	0.29
制镜及类似品加工	56.86	2.31	4.87	0.25
其他玻璃制品制造	210.19	6.38	17.15	2.45

单位：亿元

利息费用	投资收益（损失以“-”号记）	营业利润	利润总额	亏损企业亏损额	平均用工人数（万人）
5.08	1.78	33.33	35.19	6.13	8.51
4.25	-0.10	21.74	23.91	3.66	7.96
10.35	5.53	91.16	95.79	10.45	19.46
10.14	5.89	107.01	111.90	12.13	27.04
0.31		2.33	2.49	0.31	0.54
41.43	43.78	438.85	459.34	56.70	81.24
501.73	179.31	3562.10	3633.99	779.20	442.10
114.36	38.31	342.91	365.96	244.94	49.45
105.79	37.53	315.38	338.52	231.34	43.76
8.58	0.78	27.53	27.44	13.60	5.69
144.14	45.61	726.31	729.35	168.43	112.46
114.72	16.08	565.28	565.07	121.88	90.85
18.87	0.15	51.47	51.74	31.96	12.22
0.26		-0.43	-0.31	0.61	0.24
8.49	29.42	98.80	101.38	11.18	7.12
1.80	-0.05	11.18	11.48	2.79	2.02
46.17	6.61	413.65	430.03	64.57	57.97
9.50	-0.45	53.08	65.08	16.43	15.99
15.29	-0.04	176.85	172.97	20.39	19.59
5.90	7.56	74.61	75.39	6.44	5.37
5.95	-0.53	47.62	51.38	9.15	7.50
9.53	0.08	61.50	65.21	12.16	9.53
28.19	23.10	259.38	265.57	37.76	24.15
11.31	1.70	78.14	80.49	17.35	6.43
14.79	20.46	160.33	163.16	18.16	14.21
2.08	0.94	20.91	21.93	2.24	3.51
24.04	4.97	286.74	290.45	44.17	37.31
9.67	3.82	210.47	208.96	19.66	9.81
2.28	-0.27	5.97	8.08	8.71	5.58
0.17	0.01	1.04	1.09	1.04	0.53
4.07	0.69	13.97	14.99	5.47	7.41
5.21	0.65	34.87	36.43	6.28	8.78
0.24	0.01	1.92	2.13	0.29	1.13
0.20	-0.51	4.05	4.11	0.25	0.76
2.18	0.58	14.44	14.65	2.47	3.31

1-A-6 续表 60

行　　业	营业成本	销售费用	管理费用	财务费用
玻璃纤维和玻璃纤维增强塑料制品制造	1313.34	41.24	133.22	15.05
玻璃纤维及制品制造	877.07	22.73	86.06	11.87
玻璃纤维增强塑料制品制造	436.27	18.51	47.16	3.18
陶瓷制品制造	4540.93	173.23	349.09	41.46
建筑陶瓷制品制造	2535.50	74.06	145.58	20.72
卫生陶瓷制品制造	575.51	29.06	55.47	3.14
特种陶瓷制品制造	611.80	29.28	71.25	6.65
日用陶瓷制品制造	406.66	25.05	42.09	5.73
陈设艺术陶瓷制造	356.68	13.85	29.19	4.58
园艺陶瓷制造	28.47	1.02	2.92	0.36
其他陶瓷制品制造	26.30	0.91	2.59	0.29
耐火材料制品制造	1806.29	103.01	166.31	15.89
石棉制品制造	24.26	0.72	2.73	0.29
云母制品制造	49.98	2.12	4.34	0.44
耐火陶瓷制品及其他耐火材料制造	1732.05	100.18	159.24	15.16
石墨及其他非金属矿物制品制造	7473.18	182.52	536.76	66.59
石墨及碳素制品制造	3109.41	62.09	231.44	36.40
其他非金属矿物制品制造	4363.78	120.42	305.32	30.19
黑色金属冶炼和压延加工业	80587.14	484.66	2578.72	471.73
炼铁	1597.98	5.60	41.24	9.57
炼钢	9538.51	44.87	328.40	61.13
钢压延加工	66429.46	388.28	2084.61	362.59
铁合金冶炼	3021.18	45.91	124.46	38.43
有色金属冶炼和压延加工业	70365.47	315.27	1818.59	381.49
常用有色金属冶炼	25918.68	79.88	600.63	177.90
铜冶炼	9453.13	11.00	128.08	37.40
铅锌冶炼	3247.74	11.78	114.47	29.57
镍钴冶炼	2007.19	7.45	41.14	14.07
锡冶炼	690.43	2.66	20.09	5.73
锑冶炼	117.54	0.74	7.88	1.17
铝冶炼	8814.17	35.72	223.91	80.24
镁冶炼	173.05	1.26	8.49	1.82
硅冶炼	568.79	4.02	17.07	3.02
其他常用有色金属冶炼	846.64	5.24	39.50	4.89
贵金属冶炼	4540.84	5.52	114.42	20.89

单位：亿元

利息费用	投资收益（损失以“–”号记）	营业利润	利润总额	亏损企业亏损额	平均用工人数（万人）
19.32	6.30	126.58	130.96	19.09	16.72
16.55	3.71	97.70	101.05	12.86	11.47
2.78	2.59	28.88	29.91	6.23	5.25
31.42	-0.65	384.56	389.93	34.89	73.37
18.83	-6.86	171.94	173.83	19.02	29.85
3.84	4.29	51.29	51.84	5.62	10.32
4.50	1.93	80.58	82.87	4.58	10.51
2.43	0.30	41.52	41.16	4.54	13.78
1.32	-0.30	36.22	36.80	0.82	7.44
0.27	-0.02	1.42	1.70	0.15	0.89
0.23	0.01	1.60	1.73	0.16	0.58
13.37	2.41	108.61	116.60	15.70	20.04
0.22		1.32	1.54	0.15	0.35
0.21	0.03	3.04	2.99	0.80	0.60
12.94	2.38	104.25	112.07	14.76	19.09
80.71	52.65	913.37	915.13	149.66	50.64
39.62	13.45	151.91	154.81	95.99	21.18
41.09	39.19	761.46	760.32	53.67	29.46
615.86	253.55	1066.88	935.22	920.45	193.82
8.04	0.06	-21.91	-27.47	45.53	4.90
67.65	-1.72	64.63	52.52	126.88	18.78
499.91	249.91	1046.65	911.64	646.92	156.61
40.27	5.30	-22.49	-1.47	101.13	13.54
463.32	501.10	3406.96	3464.27	377.65	162.47
208.00	189.61	1608.90	1619.83	176.95	56.69
49.24	-16.98	291.51	295.24	37.51	9.43
32.36	17.85	96.11	96.26	26.29	11.26
19.91	0.83	315.50	313.88	22.36	4.32
5.96	8.16	27.90	27.11	1.29	2.34
1.16	-0.36	8.16	7.94	0.07	0.79
89.73	143.02	820.68	827.45	46.87	20.89
1.81	7.36	1.95	2.71	7.50	1.55
2.90	26.80	28.38	29.85	14.61	3.00
4.94	2.92	18.69	19.39	20.45	3.11
33.69	268.16	442.21	442.07	13.92	6.83

1-A-6 续表 61

行业	营业成本	销售费用	管理费用	财务费用
金冶炼	3774.69	4.22	94.43	18.60
银冶炼	348.20	0.43	10.36	1.54
其他贵金属冶炼	417.94	0.87	9.63	0.75
稀有稀土金属冶炼	2208.82	8.25	90.25	24.74
钨钼冶炼	851.09	4.42	41.08	18.71
稀土金属冶炼	1164.34	2.88	38.14	4.77
其他稀有金属冶炼	193.38	0.96	11.04	1.25
有色金属合金制造	4507.22	39.39	177.66	26.80
有色金属压延加工	33189.93	182.24	835.62	131.16
铜压延加工	15531.26	39.02	221.70	36.01
铝压延加工	14125.98	121.42	495.62	75.69
贵金属压延加工	1401.85	4.63	19.71	3.34
稀有稀土金属压延加工	743.11	4.49	29.32	3.34
其他有色金属压延加工	1387.73	12.68	69.27	12.77
金属制品业	39959.04	831.80	2839.01	274.73
结构性金属制品制造	12535.17	256.94	850.31	110.61
金属结构制造	10452.69	191.77	664.74	85.48
金属门窗制造	2082.49	65.17	185.57	25.13
金属工具制造	1778.96	61.82	179.56	11.17
切削工具制造	695.00	30.67	80.33	5.10
手工具制造	291.10	8.26	28.87	1.12
农用及园林用金属工具制造	108.08	3.45	13.34	0.51
刀剪及类似日用金属工具制造	93.48	7.73	14.42	0.71
其他金属工具制造	591.30	11.70	42.60	3.72
集装箱及金属包装容器制造	2697.60	67.48	201.96	11.34
集装箱制造	667.65	15.33	45.47	-5.18
金属压力容器制造	791.30	26.00	84.91	8.74
金属包装容器及材料制造	1238.65	26.15	71.58	7.78
金属丝绳及其制品制造	3396.22	45.78	130.15	17.53
建筑、安全用金属制品制造	3370.90	94.23	271.29	24.96
建筑、家具用金属配件制造	1422.18	35.22	107.75	8.23
建筑装饰及水暖管道零件制造	1215.38	36.80	102.27	9.40
安全、消防用金属制品制造	297.38	12.77	32.51	2.81
其他建筑、安全用金属制品制造	435.97	9.44	28.76	4.53
金属表面处理及热处理加工	3705.84	49.13	211.50	18.48

单位：亿元

利息费用	投资收益（损失以“–”号记）	营业利润	利润总额	亏损企业亏损额	平均用工人数（万人）
31.97	271.88	378.80	378.42	10.04	5.02
1.32	-3.31	17.45	17.26	1.42	0.96
0.40	-0.41	45.96	46.39	2.45	0.85
40.05	33.61	232.88	232.31	14.14	4.91
32.78	31.66	167.71	167.60	5.14	1.56
5.88	1.02	47.32	46.56	7.59	2.24
1.39	0.93	17.85	18.14	1.41	1.11
24.91	7.67	145.49	150.14	28.12	15.23
156.67	2.05	977.48	1019.94	144.51	78.81
50.53	-8.56	293.11	306.12	34.57	15.60
85.32	7.79	463.72	489.48	91.93	52.76
2.89	-3.29	51.38	52.12	1.53	1.21
5.72	2.30	108.16	108.60	1.73	2.93
12.20	3.80	61.11	63.62	14.75	6.31
271.03	46.88	2061.84	2141.40	287.89	381.63
93.24	-9.68	530.51	544.77	87.39	105.05
75.16	-9.95	422.04	432.69	73.56	79.27
18.08	0.27	108.47	112.08	13.82	25.78
12.12	6.21	192.40	200.01	9.79	26.66
5.93	4.70	105.45	108.98	4.82	11.06
1.64	0.42	20.73	22.77	0.87	5.09
0.73	0.21	8.98	9.73	0.52	2.06
0.55	0.68	11.11	11.50	0.44	2.87
3.28	0.19	46.13	47.03	3.15	5.58
18.97	11.32	194.28	200.30	16.36	25.36
3.07	-1.57	54.77	54.70	1.22	5.85
7.83	2.69	66.67	71.87	8.13	9.25
8.07	10.19	72.84	73.74	7.01	10.25
16.02	-19.15	137.49	143.22	17.83	14.75
21.20	5.68	191.56	198.64	20.40	41.02
7.50	1.11	82.50	84.20	8.13	18.22
7.90	3.26	65.58	69.14	6.31	15.01
1.94	1.25	23.82	24.67	3.18	4.32
3.86	0.06	19.66	20.64	2.77	3.47
19.87	3.37	163.97	169.84	19.86	29.06

1-A-6 续表 62

行业	营业成本	销售费用	管理费用	财务费用
搪瓷制品制造	122.72	4.27	10.68	0.49
生产专用搪瓷制品制造	27.97	1.00	2.16	0.27
建筑装饰搪瓷制品制造	17.91	0.66	1.61	
搪瓷卫生洁具制造	33.57	1.25	3.14	0.17
搪瓷日用品及其他搪瓷制品制造	43.27	1.35	3.78	0.05
金属制日用品制造	1882.36	68.84	178.28	11.67
金属制厨房用器具制造	340.83	16.70	30.62	2.41
金属制餐具和器皿制造	652.32	27.93	66.98	5.09
金属制卫生器具制造	133.01	4.84	12.65	0.92
其他金属制日用品制造	756.21	19.37	68.03	3.25
铸造及其他金属制品制造	10469.26	183.32	805.28	68.48
黑色金属铸造	2927.34	54.89	212.74	26.37
有色金属铸造	1026.83	10.85	64.64	5.11
锻件及粉末冶金制品制造	2356.63	45.46	194.51	20.36
交通及公共管理用金属标牌制造	142.04	3.96	15.27	1.14
其他未列明金属制品制造	4016.42	68.16	318.12	15.51
通用设备制造业	38930.56	1632.49	4348.44	183.37
锅炉及原动设备制造	3827.79	119.19	412.46	3.95
锅炉及辅助设备制造	999.38	36.22	120.30	6.92
内燃机及配件制造	1695.01	57.26	181.81	-5.10
汽轮机及辅机制造	460.57	13.06	65.15	-1.73
水轮机及辅机制造	33.47	1.40	6.96	0.06
风能原动设备制造	620.67	10.92	36.87	3.69
其他原动设备制造	18.70	0.32	1.37	0.10
金属加工机械制造	3901.58	197.27	493.02	25.52
金属切削机床制造	1197.94	71.84	162.13	6.97
金属成形机床制造	685.14	27.62	80.43	3.95
铸造机械制造	329.01	14.89	38.92	3.45
金属切割及焊接设备制造	684.11	51.28	99.58	2.49
机床功能部件及附件制造	373.38	12.72	45.21	4.56
其他金属加工机械制造	631.99	18.93	66.76	4.11
物料搬运设备制造	6026.05	275.49	590.21	17.81
轻小型起重设备制造	153.73	5.14	17.84	0.87
生产专用起重机制造	1707.97	79.50	148.07	7.73
生产专用车辆制造	711.61	19.96	54.15	1.97

单位：亿元

利息费用	投资收益（损失以"–"号记）	营业利润	利润总额	亏损企业亏损额	平均用工人数（万人）
0.51	0.10	10.56	10.93	0.29	1.75
0.10		4.63	4.66	0.03	0.21
0.04	0.01	1.59	1.62	0.09	0.12
0.15	0.03	2.24	2.47	0.06	0.55
0.23	0.06	2.10	2.18	0.10	0.86
12.54	20.36	142.07	148.17	11.70	32.05
2.01	0.26	14.92	16.27	2.91	4.87
6.08	18.81	58.72	61.41	4.75	13.56
0.93	0.67	9.51	10.13	0.63	2.17
3.53	0.62	58.92	60.37	3.42	11.45
76.55	28.67	499.00	525.51	104.27	105.93
25.88	11.63	102.52	112.13	38.37	33.01
6.82	-0.60	36.29	38.15	13.26	7.44
21.20	2.95	136.47	141.56	16.78	22.90
1.02	0.48	10.25	10.64	1.27	1.62
21.63	14.20	213.48	223.03	34.58	40.97
282.74	250.32	3364.06	3522.62	354.53	430.31
26.24	26.91	296.48	303.68	33.62	29.85
11.29	3.19	64.57	66.47	8.82	9.08
8.02	19.13	160.53	165.04	10.03	13.30
2.32	4.57	32.14	32.81	2.40	3.38
0.52	0.13	0.64	0.89	1.45	0.45
3.92	-0.10	37.45	37.02	10.57	3.49
0.17		1.15	1.44	0.34	0.16
31.59	37.90	333.14	360.14	44.59	49.63
10.21	16.31	91.19	105.91	17.56	14.57
4.47	0.57	49.94	54.25	6.28	7.62
2.52	1.82	25.45	26.80	4.57	4.46
5.38	17.44	72.17	74.91	7.21	9.65
4.25	0.14	31.60	33.33	4.25	5.59
4.75	1.61	62.79	64.93	4.72	7.74
48.53	36.55	473.17	492.55	37.18	50.36
1.07	0.57	12.06	13.21	1.51	2.13
22.89	2.74	91.73	94.54	6.86	11.91
4.10	8.00	57.41	58.61	3.34	4.25

1-A-6 续表 63

行　业	营业成本	销售费用	管理费用	财务费用
连续搬运设备制造	658.89	29.02	81.00	6.24
电梯、自动扶梯及升降机制造	2433.34	122.80	242.28	-1.55
机械式停车设备制造	62.78	5.15	9.35	1.08
其他物料搬运设备制造	295.23	13.74	36.71	1.56
泵、阀门、压缩机及类似机械制造	6944.31	306.64	783.89	26.55
泵及真空设备制造	1561.83	104.29	202.71	7.14
气体压缩机械制造	1957.87	51.89	168.70	-1.07
阀门和旋塞制造	1955.49	88.46	225.25	11.00
液压动力机械及元件制造	1162.19	48.89	152.42	9.73
液力动力机械元件制造	11.86	0.53	2.44	0.17
气压动力机械及元件制造	295.07	12.59	32.37	-0.42
轴承、齿轮和传动部件制造	3460.88	95.27	374.63	30.43
滚动轴承制造	1551.77	35.41	155.96	13.63
滑动轴承制造	80.25	3.07	11.98	0.56
齿轮及齿轮减、变速箱制造	1471.20	45.54	165.94	13.90
其他传动部件制造	357.67	11.25	40.75	2.33
烘炉、风机、包装等设备制造	5973.26	307.59	669.37	23.24
烘炉、熔炉及电炉制造	289.71	12.15	39.88	2.30
风机、风扇制造	536.69	32.13	68.82	3.26
气体、液体分离及纯净设备制造	1045.38	61.89	147.09	6.29
制冷、空调设备制造	2733.72	144.14	264.73	8.06
风动和电动工具制造	835.41	17.22	72.31	0.33
喷枪及类似器具制造	100.60	6.10	13.55	0.75
包装专用设备制造	431.76	33.96	62.99	2.25
文化、办公用机械制造	1308.90	43.64	120.90	0.84
电影机械制造	18.02	0.82	1.84	0.17
幻灯及投影设备制造	250.80	11.26	20.47	-0.14
照相机及器材制造	349.91	6.80	32.81	1.40
复印和胶印设备制造	372.21	7.82	22.77	-0.44
计算器及货币专用设备制造	255.56	15.35	36.39	0.18
其他文化、办公用机械制造	62.41	1.60	6.62	-0.32
通用零部件制造	5193.21	137.28	537.48	43.46
金属密封件制造	222.28	13.61	31.62	1.84
紧固件制造	1252.83	41.30	126.96	8.94
弹簧制造	230.28	9.00	31.52	1.23

单位：亿元

利息费用	投资收益(损失以"-"号记)	营业利润	利润总额	亏损企业亏损额	平均用工人数(万人)
6.70	3.45	52.86	56.10	6.78	6.39
10.93	21.08	236.84	246.94	12.31	22.22
0.86	0.19	1.42	1.83	1.95	0.84
1.97	0.53	20.84	21.29	4.43	2.59
39.90	30.64	769.69	803.10	33.62	79.79
9.64	8.58	183.86	191.43	10.51	20.29
8.31	15.27	204.47	210.21	7.33	14.56
11.34	4.52	186.51	196.57	6.15	25.75
9.79	2.13	146.18	153.65	8.27	15.64
0.18		0.37	0.37	0.34	0.27
0.64	0.14	48.31	50.87	1.02	3.29
36.76	12.83	316.02	330.77	34.25	45.10
15.27	7.08	129.38	137.00	15.83	22.32
0.70	0.34	10.08	10.51	0.60	1.36
17.93	2.59	142.58	148.22	16.00	16.51
2.86	2.82	33.98	35.05	1.82	4.92
40.19	76.96	593.50	615.74	46.32	63.21
2.66	26.30	49.18	51.48	1.41	2.98
3.10	0.85	43.31	47.50	3.12	7.61
8.70	14.42	125.48	130.89	10.31	10.21
15.39	28.75	274.93	280.53	23.65	25.61
6.12	0.51	50.09	51.91	3.80	9.00
0.84	0.05	7.17	7.71	1.33	1.66
3.37	6.09	43.34	45.73	2.70	6.15
5.78	7.14	72.25	75.04	22.43	16.26
0.08	0.01	1.50	1.75	0.13	0.17
0.86	0.95	1.36	2.07	8.15	1.88
1.38	0.22	29.60	30.58	2.70	5.21
0.91	0.43	20.32	21.06	1.59	4.52
2.14	5.26	15.72	15.63	9.09	3.47
0.41	0.26	3.75	3.96	0.78	1.00
37.41	8.14	328.89	348.62	45.46	69.84
1.77	0.48	29.33	30.53	0.79	3.53
8.98	0.89	91.15	95.31	6.62	15.50
1.55	0.42	17.62	18.45	3.23	3.74

1-A-6 续表 64

行　　业	营业成本	销售费用	管理费用	财务费用
机械零部件加工	2710.55	52.35	260.79	25.20
其他通用零部件制造	777.28	21.03	86.60	6.26
其他通用设备制造业	2294.58	150.13	366.47	11.57
工业机器人制造	1014.99	71.07	166.11	4.86
特殊作业机器人制造	34.49	4.76	12.46	0.32
增材制造装备制造	131.21	13.13	30.16	0.93
其他未列明通用设备制造业	1113.88	61.17	157.74	5.47
专用设备制造业	28744.62	1703.81	3949.92	158.00
采矿、冶金、建筑专用设备制造	7599.80	329.06	765.77	56.70
矿山机械制造	2292.60	109.23	250.60	23.69
石油钻采专用设备制造	1204.31	48.46	129.36	9.74
深海石油钻探设备制造	30.64	1.07	3.80	0.34
建筑工程用机械制造	2473.55	120.82	204.71	3.07
建筑材料生产专用机械制造	462.26	17.89	57.59	1.25
冶金专用设备制造	958.69	26.38	99.42	15.07
隧道施工专用机械制造	177.75	5.21	20.29	3.55
化工、木材、非金属加工专用设备制造	4257.50	156.61	539.58	36.34
炼油、化工生产专用设备制造	916.58	26.16	101.97	11.29
橡胶加工专用设备制造	171.20	5.54	22.59	1.87
塑料加工专用设备制造	697.07	46.71	83.66	2.97
木竹材加工机械制造	154.44	4.36	15.49	0.23
模具制造	2239.89	69.11	303.59	19.35
其他非金属加工专用设备制造	78.33	4.73	12.27	0.64
食品、饮料、烟草及饲料生产专用设备制造	674.87	38.45	98.42	3.96
食品、酒、饮料及茶生产专用设备制造	310.30	16.32	42.03	2.53
农副食品加工专用设备制造	220.34	16.05	28.85	1.04
烟草生产专用设备制造	110.08	4.19	22.33	0.03
饲料生产专用设备制造	34.14	1.89	5.22	0.35
印刷、制药、日化及日用品生产专用设备制造	1193.45	70.35	149.00	6.51
制浆和造纸专用设备制造	253.42	13.94	26.20	0.41
印刷专用设备制造	345.31	23.72	47.72	3.53
日用化工专用设备制造	20.51	0.77	2.98	0.29
制药专用设备制造	276.96	21.22	45.17	1.06
照明器具生产专用设备制造	28.53	1.25	2.99	0.35
玻璃、陶瓷和搪瓷制品生产专用设备制造	234.86	7.93	19.45	0.67
其他日用品生产专用设备制造	33.85	1.51	4.49	0.20

单位：亿元

利息费用	投资收益(损失以"–"号记)	营业利润	利润总额	亏损企业亏损额	平均用工人数(万人)
19.12	1.69	132.55	142.93	28.89	35.31
5.99	4.66	58.24	61.39	5.93	11.75
16.34	13.24	180.91	192.99	57.04	26.26
8.12	6.16	56.25	61.51	36.89	10.26
0.43	-0.94	-1.73	-1.33	5.02	0.66
1.40	0.63	13.27	14.01	4.60	1.83
6.39	7.40	113.13	118.79	10.54	13.52
278.33	309.11	2938.14	3060.81	566.20	348.51
92.71	53.62	536.96	561.60	116.65	65.55
30.13	22.20	208.05	216.27	21.66	23.05
13.12	5.33	100.57	107.85	19.47	10.80
0.40	0.05	4.11	4.14		0.28
22.85	25.66	158.32	160.69	37.03	16.29
6.14	6.66	19.66	21.33	10.92	4.59
17.04	-7.78	34.78	39.58	26.92	9.54
3.02	1.50	11.46	11.74	0.66	1.02
41.95	45.76	395.44	412.30	58.30	61.02
11.65	5.11	61.51	62.82	17.69	8.71
2.69	0.50	9.52	10.03	3.36	1.82
5.63	14.24	85.40	90.15	3.98	7.73
0.90	1.27	19.15	19.77	0.60	1.78
20.60	24.35	210.89	220.27	31.87	40.02
0.49	0.30	8.97	9.25	0.81	0.96
4.36	2.08	80.14	83.08	4.70	9.44
2.48	0.76	30.73	32.70	2.44	4.10
1.17	0.41	28.87	29.59	1.54	3.49
0.40	0.92	19.19	19.10	0.16	1.23
0.31	-0.01	1.35	1.69	0.56	0.61
7.74	46.22	151.59	157.98	8.86	13.55
1.19	0.90	25.13	26.01	0.80	2.34
2.90	0.77	25.76	28.01	3.74	4.68
0.21		2.21	2.22	0.03	0.31
1.37	1.25	38.45	39.42	1.73	3.50
0.38	0.01	1.23	1.26	0.09	0.37
1.33	42.05	56.83	59.00	1.27	1.82
0.36	1.25	1.96	2.05	1.20	0.53

1-A-6 续表 65

行　　业	营业成本	销售费用	管理费用	财务费用
纺织、服装和皮革加工专用设备制造	1164.46	52.33	129.55	7.81
纺织专用设备制造	848.59	36.15	91.15	6.84
皮革、毛皮及其制品加工专用设备制造	40.92	2.16	4.87	0.02
缝制机械制造	233.32	11.13	28.69	0.73
洗涤机械制造	41.63	2.90	4.84	0.22
电子和电工机械专用设备制造	3652.54	158.52	560.32	17.41
电工机械专用设备制造	506.49	23.59	65.51	1.22
半导体器件专用设备制造	1062.89	48.62	215.10	-0.27
电子元器件与机电组件设备制造	1066.65	33.89	135.58	5.35
其他电子专用设备制造	1016.51	52.43	144.13	11.11
农、林、牧、渔专用机械制造	1562.04	65.72	151.02	5.37
拖拉机制造	291.37	7.22	23.26	1.09
机械化农业及园艺机具制造	847.65	41.79	86.62	2.13
营林及木竹采伐机械制造	10.08	0.19	0.48	
畜牧机械制造	155.43	9.75	18.47	0.98
渔业机械制造	6.86	0.30	1.17	0.05
农林牧渔机械配件制造	130.83	2.77	11.38	1.02
棉花加工机械制造	10.09	0.57	1.40	0.05
其他农、林、牧、渔业机械制造	109.72	3.14	8.24	0.04
医疗仪器设备及器械制造	3391.29	552.32	835.75	-23.67
医疗诊断、监护及治疗设备制造	1340.52	248.71	365.37	-23.18
口腔科用设备及器具制造	73.13	8.71	14.88	-0.28
医疗实验室及医用消毒设备和器具制造	87.73	12.69	18.61	-0.03
医疗、外科及兽医用器械制造	723.27	105.62	161.62	-0.43
机械治疗及病房护理设备制造	157.59	25.48	33.78	-0.55
康复辅具制造	171.99	30.21	35.05	-1.30
眼镜制造	379.66	16.29	46.99	2.04
其他医疗设备及器械制造	457.39	104.62	159.45	0.05
环保、邮政、社会公共服务及其他专用设备制造	5248.67	280.44	720.50	47.58
环境保护专用设备制造	2572.22	120.52	348.64	29.27
地质勘查专用设备制造	44.15	1.65	5.15	0.10
邮政专用机械及器材制造	12.81	0.95	1.76	0.06
商业、饮食、服务专用设备制造	53.38	4.45	9.22	0.40
社会公共安全设备及器材制造	421.63	35.32	63.13	2.38

单位：亿元

利息费用	投资收益（损失以“–”号记）	营业利润	利润总额	亏损企业亏损额	平均用工人数（万人）
10.81	-1.17	86.76	96.95	21.59	13.63
8.30	-5.33	71.36	79.85	16.13	8.65
0.44	0.11	0.16	0.39	0.25	0.49
1.89	3.97	10.51	11.89	4.64	4.02
0.18	0.08	4.72	4.82	0.56	0.47
28.65	28.25	385.51	402.34	104.32	42.50
2.99	3.24	42.41	44.24	5.71	6.28
6.95	16.78	152.69	158.80	54.04	9.54
6.95	3.02	71.30	73.79	26.60	15.09
11.76	5.21	119.11	125.52	17.97	11.59
10.62	2.91	95.13	100.43	22.32	17.04
2.29	3.44	14.69	15.85	1.47	2.44
5.97	-0.72	54.75	57.19	16.25	9.64
0.02		0.90	0.90		0.04
1.16	0.33	8.04	8.56	3.36	1.99
0.09		0.14	0.27	0.17	0.14
0.83	-0.22	9.23	9.90	0.83	1.85
0.07		1.30	1.41		0.11
0.19	0.07	6.09	6.34	0.23	0.83
27.39	95.28	736.61	756.09	150.49	69.71
9.49	60.86	318.36	326.40	69.10	20.17
0.44	0.15	11.37	11.94	2.36	1.58
0.55	1.34	11.65	12.36	1.89	1.71
6.90	20.01	174.80	178.27	28.45	16.73
0.90	1.79	30.53	31.04	4.35	3.07
0.68	0.76	29.47	30.34	2.82	4.30
2.84	0.29	38.56	41.13	4.87	11.26
5.60	10.09	121.86	124.62	36.65	10.88
54.08	36.15	470.00	490.04	78.97	56.08
31.65	17.79	246.26	256.36	32.63	25.28
0.05	0.11	5.10	5.11	0.20	0.37
0.06	0.02	0.71	0.82	0.02	0.18
0.35	0.21	5.53	5.81	1.64	0.76
3.71	3.83	37.46	39.75	4.28	5.55

1-A-6 续表 66

行　业	营业成本	销售费用	管理费用	财务费用
交通安全、管制及类似专用设备制造	150.15	4.73	13.23	0.95
水资源专用机械制造	154.67	15.22	22.86	1.94
其他专用设备制造	1839.65	97.60	256.51	12.48
汽车制造业	87752.75	1920.13	5912.45	129.56
汽车整车制造	43432.53	926.70	2060.77	-56.63
汽柴油车整车制造	30248.30	744.70	1465.43	-67.84
新能源车整车制造	13184.23	181.99	595.35	11.21
汽车用发动机制造	1932.12	26.10	144.29	0.96
改装汽车制造	1357.90	49.56	113.88	11.03
低速汽车制造	110.90	1.81	9.31	-0.55
电车制造	19.65	0.78	2.30	0.17
汽车车身、挂车制造	665.67	15.75	58.22	6.24
汽车零部件及配件制造	40233.99	899.43	3523.67	168.34
铁路、船舶、航空航天和其他运输设备制造业	18090.38	367.39	1803.73	-0.65
铁路运输设备制造	2902.95	116.09	380.07	7.34
高铁车组制造	552.91	29.51	67.96	-6.02
铁路机车车辆制造	661.65	15.40	74.77	-0.50
窄轨机车车辆制造	10.87	0.45	1.72	0.01
高铁设备、配件制造	420.95	14.55	58.16	5.95
铁路机车车辆配件制造	430.76	18.34	59.16	2.92
铁路专用设备及器材、配件制造	737.14	36.11	108.02	4.79
其他铁路运输设备制造	88.67	1.73	10.28	0.19
城市轨道交通设备制造	548.70	16.59	49.36	-0.10
船舶及相关装置制造	4791.09	38.99	390.86	-11.33
金属船舶制造	3273.92	18.84	258.81	-20.44
非金属船舶制造	43.07	1.29	5.49	0.50
娱乐船和运动船制造	46.59	1.68	10.26	0.13
船用配套设备制造	676.00	11.94	65.54	3.27
船舶改装	23.11	0.31	1.78	-0.11
船舶拆除	53.93	0.11	0.95	0.67
海洋工程装备制造	671.71	4.66	47.56	4.65
航标器材及其他相关装置制造	2.76	0.16	0.45	0.02
航空、航天器及设备制造	5744.70	86.04	633.03	2.76
飞机制造	3905.84	60.87	336.46	0.34
航天器及运载火箭制造	582.34	2.71	71.26	1.93

单位：亿元

利息费用	投资收益(损失以“–”号记)	营业利润	利润总额	亏损企业亏损额	平均用工人数(万人)
0.84	0.27	6.98	7.30	0.99	1.07
2.15	0.64	16.50	17.68	0.81	1.80
15.28	13.27	151.46	157.22	38.41	21.06
375.07	970.07	5298.74	5413.88	1437.06	466.91
134.51	605.06	2068.39	2100.74	893.08	95.10
78.65	449.69	2093.41	2123.50	495.40	63.13
55.85	155.37	-25.03	-22.76	397.68	31.97
8.84	5.69	166.98	168.74	37.61	7.19
12.88	3.66	49.26	54.87	34.87	10.25
1.38	0.57	5.34	5.49	0.91	1.23
0.16	0.01	0.16	0.21	1.16	0.29
5.52	0.69	21.53	23.80	10.67	7.07
211.80	354.40	2987.09	3060.02	458.77	345.78
123.55	101.87	1144.10	1176.40	205.76	155.88
21.39	29.06	303.91	310.18	18.32	28.15
0.34	4.19	64.77	65.67		3.64
3.70	3.34	34.55	34.95	0.04	5.97
0.03		0.96	1.01	0.05	0.19
7.28	7.34	51.76	53.50	5.18	4.13
3.48	6.31	46.32	47.34	6.69	5.74
5.95	7.97	98.06	99.95	5.37	7.57
0.62	-0.09	7.48	7.76	0.99	0.92
1.60	2.27	30.15	30.99	7.33	4.12
45.49	6.90	211.26	221.46	58.03	34.53
35.70	7.99	132.42	139.41	44.34	21.27
0.63		0.66	0.73	1.04	0.55
0.19		3.48	3.83	0.46	0.71
4.12	0.62	26.96	28.34	7.96	7.49
0.11		4.00	4.02	0.03	0.26
0.80	-0.10	1.91	2.03	0.70	0.08
3.92	-1.61	41.52	42.79	3.49	4.12
0.02		0.31	0.32		0.05
37.17	31.18	308.91	313.61	97.82	43.76
21.52	22.89	203.35	205.37	37.88	26.30
3.67	1.04	-24.23	-23.38	47.19	3.80

1-A-6 续表 67

行 业	营业成本	销售费用	管理费用	财务费用
航天相关设备制造	476.89	7.21	70.29	3.10
航空相关设备制造	422.63	9.70	101.10	2.05
其他航空航天器制造	357.00	5.55	53.91	-4.66
摩托车制造	2098.60	47.50	180.05	0.81
摩托车整车制造	1010.47	25.02	88.14	-3.34
摩托车零部件及配件制造	1088.13	22.48	91.91	4.15
自行车和残疾人座车制造	431.22	14.81	40.86	0.35
自行车制造	414.51	14.35	38.47	0.43
残疾人座车制造	16.71	0.46	2.39	-0.08
助动车制造	1248.98	33.57	93.31	0.53
非公路休闲车及零配件制造	207.21	8.20	26.56	-1.10
潜水救捞及其他未列明运输设备制造	116.93	5.60	9.64	0.08
潜水装备制造	4.58	0.14	1.07	
水下救捞装备制造	8.71	0.34	1.33	0.03
其他未列明运输设备制造	103.64	5.12	7.24	0.05
电气机械和器材制造业	93766.81	3495.77	6624.64	221.98
电机制造	8785.84	259.74	667.68	20.44
发电机及发电机组制造	4991.94	152.82	298.95	6.25
电动机制造	2022.47	64.20	192.81	8.51
微特电机及组件制造	1107.11	27.01	115.59	4.26
其他电机制造	664.32	15.71	60.34	1.41
输配电及控制设备制造	31371.67	905.55	2237.16	85.67
变压器、整流器和电感器制造	3700.56	172.52	354.16	21.75
电容器及其配套设备制造	200.74	9.67	26.59	1.81
配电开关控制设备制造	4848.07	267.10	567.78	29.88
电力电子元器件制造	2672.55	88.92	293.67	9.77
光伏设备及元器件制造	17799.77	262.78	778.22	10.99
其他输配电及控制设备制造	2149.98	104.55	216.73	11.47
电线、电缆、光缆及电工器材制造	16397.95	346.59	843.36	108.94
电线、电缆制造	14551.17	290.67	680.80	88.96
光纤制造	421.05	11.67	51.55	3.96
光缆制造	766.30	17.99	45.38	11.64
绝缘制品制造	454.88	17.48	45.97	3.32
其他电工器材制造	204.55	8.78	19.66	1.05
电池制造	18707.29	634.82	1211.42	14.44

单位：亿元

利息费用	投资收益（损失以"–"号记）	营业利润	利润总额	亏损企业亏损额	平均用工人数（万人）
3.91	4.29	33.03	33.34	3.84	5.09
5.27	1.46	49.67	50.86	3.65	5.82
2.79	1.50	47.10	47.43	5.26	2.74
10.19	12.77	150.68	157.07	8.26	23.66
3.73	7.15	81.69	83.50	4.50	6.99
6.45	5.62	68.98	73.57	3.76	16.67
2.18	0.93	28.07	29.07	3.48	7.39
2.12	0.97	25.80	26.70	3.47	7.04
0.06	-0.04	2.27	2.38	0.01	0.35
3.49	18.84	68.08	70.08	8.89	10.21
1.67	-0.09	30.79	31.23	3.29	2.75
0.37	0.01	12.25	12.70	0.35	1.31
0.01	0.01	0.36	0.37	0.04	0.18
0.04	0.01	0.74	0.80	0.02	0.20
0.32	-0.01	11.16	11.54	0.29	0.93
533.22	551.85	6513.72	6621.43	936.95	609.75
54.44	91.14	509.24	524.54	120.96	66.19
29.33	47.50	200.74	203.78	85.23	17.90
12.74	36.17	179.96	186.05	23.66	22.71
9.27	2.51	81.25	84.84	9.77	17.17
3.11	4.96	47.30	49.87	2.30	8.40
157.43	251.58	2149.39	2180.81	318.16	186.42
24.38	74.89	352.71	361.95	21.71	33.99
1.74	0.51	13.32	13.76	2.38	2.63
32.64	70.96	519.22	537.20	45.77	48.55
14.01	29.42	252.77	261.05	22.64	33.97
70.65	72.58	849.49	838.16	204.02	51.90
14.01	3.22	161.88	168.69	21.63	15.37
108.71	47.17	810.17	839.47	44.78	70.75
83.76	9.12	628.45	653.92	35.01	57.47
6.22	0.34	44.75	45.64	4.60	3.08
14.15	34.70	73.61	73.80	2.36	2.67
3.44	2.27	45.12	46.84	2.41	5.22
1.14	0.75	18.23	19.26	0.40	2.30
128.52	55.55	1109.93	1103.56	360.53	104.71

1-A-6 续表 68

行　业	营业成本	销售费用	管理费用	财务费用
锂离子电池制造	15469.99	577.65	979.65	1.70
镍氢电池制造	215.46	3.85	15.06	1.62
铅蓄电池制造	1299.77	16.40	70.69	5.06
锌锰电池制造	100.10	2.45	9.85	-0.04
其他电池制造	1621.97	34.47	136.17	6.10
家用电力器具制造	14060.77	1118.58	1152.99	-27.12
家用制冷电器具制造	1807.21	128.58	110.93	-1.08
家用空气调节器制造	6700.28	588.82	498.19	-27.44
家用通风电器具制造	486.24	43.17	63.04	0.83
家用厨房电器具制造	1674.27	103.44	167.79	1.61
家用清洁卫生电器具制造	1664.78	196.40	140.56	-9.79
家用美容、保健护理电器具制造	503.95	24.62	55.91	1.36
家用电力器具专用配件制造	753.46	14.27	65.45	5.45
其他家用电力器具制造	470.58	19.28	51.11	1.94
非电力家用器具制造	598.77	53.15	67.13	3.24
燃气及类似能源家用器具制造	368.11	43.34	38.75	1.11
太阳能器具制造	131.69	6.33	15.52	1.12
其他非电力家用器具制造	98.97	3.48	12.86	1.01
照明器具制造	3061.97	143.46	355.96	12.71
电光源制造	398.83	16.20	43.82	-0.26
照明灯具制造	1996.25	97.62	231.72	9.51
舞台及场地用灯制造	176.74	7.28	20.41	1.37
智能照明器具制造	196.59	13.74	29.26	0.15
灯用电器附件及其他照明器具制造	293.56	8.62	30.75	1.94
其他电气机械及器材制造	782.55	33.88	88.95	3.67
电气信号设备装置制造	259.28	14.55	32.45	1.54
其他未列明电气机械及器材制造	523.27	19.33	56.50	2.13
计算机、通信和其他电子设备制造业	131787.35	3246.93	11612.46	306.49
计算机制造	21025.09	340.88	964.55	-40.55
计算机整机制造	13605.62	137.71	332.90	-30.95
计算机零部件制造	3178.80	48.52	209.15	-0.29
计算机外围设备制造	2902.14	74.96	200.88	-1.31
工业控制计算机及系统制造	294.28	13.31	32.30	0.61
信息安全设备制造	112.01	15.11	33.07	-1.30
其他计算机制造	932.23	51.28	156.26	-7.31

单位：亿元

利息费用	投资收益（损失以"–"号记）	营业利润	利润总额	亏损企业亏损额	平均用工人数（万人）
107.62	27.08	952.71	950.67	303.70	80.85
1.38	2.33	24.88	25.66	0.54	1.62
7.67	18.88	59.09	54.60	8.65	8.84
0.69	1.44	16.41	16.62	0.04	1.02
11.15	5.81	56.84	56.02	47.60	12.38
59.03	88.69	1622.92	1645.50	46.86	117.38
5.56	7.11	127.01	127.45	4.86	12.87
30.92	42.54	1037.85	1048.51	4.06	28.15
2.40	2.84	54.03	54.21	1.76	7.89
7.32	10.08	138.49	142.46	14.22	25.83
3.76	20.54	172.92	174.51	7.79	12.26
1.74	1.28	22.94	24.23	5.12	9.72
5.00	3.86	35.82	40.22	3.97	11.44
2.32	0.45	33.86	33.91	5.07	9.22
4.26	4.81	56.89	58.51	6.79	8.17
1.88	1.53	43.49	44.12	2.34	4.93
1.29	3.20	9.36	10.12	1.65	1.49
1.08	0.08	4.04	4.27	2.81	1.75
16.48	11.91	202.69	213.66	31.37	47.25
2.62	1.05	26.07	28.29	3.89	6.99
9.61	8.02	126.53	132.07	19.98	29.24
1.39	-0.91	15.49	16.23	2.04	2.86
1.31	3.65	19.45	20.83	2.08	3.50
1.54	0.10	15.15	16.24	3.39	4.66
4.35	1.00	52.50	55.39	7.49	8.90
2.17	0.59	16.70	17.82	4.06	3.62
2.19	0.41	35.80	37.58	3.44	5.29
1266.81	1804.67	7482.92	7599.38	2316.65	921.32
84.37	47.80	603.61	613.67	86.39	105.30
50.60	24.03	195.58	198.82	13.82	30.63
10.92	7.89	166.35	171.20	25.30	37.66
16.95	11.52	162.10	156.42	23.61	23.64
1.49	0.64	8.90	10.14	2.84	1.90
1.10	0.57	9.92	10.51	5.86	1.63
3.32	3.15	60.76	66.57	14.96	9.83

1-A-6 续表 69

行　　业	营业成本	销售费用	管理费用	财务费用
通信设备制造	37159.26	1498.27	4125.76	10.08
通信系统设备制造	6089.08	352.27	945.43	-4.71
通信终端设备制造	31070.18	1145.99	3180.33	14.79
广播电视设备制造	1271.85	63.32	141.64	0.75
广播电视节目制作及发射设备制造	29.64	2.46	5.96	0.19
广播电视接收设备制造	349.09	11.93	42.48	-0.37
广播电视专用配件制造	72.38	2.04	6.61	0.30
专业音响设备制造	104.76	5.07	15.14	0.27
应用电视设备及其他广播电视设备制造	715.98	41.83	71.45	0.35
雷达及配套设备制造	359.27	11.40	77.94	3.06
非专业视听设备制造	5894.97	159.60	334.86	8.67
电视机制造	3943.01	120.86	170.80	10.38
音响设备制造	1258.83	25.87	120.12	0.51
影视录放设备制造	693.13	12.88	43.94	-2.23
智能消费设备制造	7115.06	223.92	640.70	9.85
可穿戴智能设备制造	1748.60	13.56	88.85	1.61
智能车载设备制造	1215.66	47.40	204.99	7.65
智能无人飞行器制造	400.16	20.21	47.09	0.44
服务消费机器人制造	147.57	23.23	45.51	0.71
其他智能消费设备制造	3603.07	119.52	254.27	-0.56
电子器件制造	26036.22	385.76	2664.31	174.03
电子真空器件制造	615.54	14.27	59.74	2.75
半导体分立器件制造	1357.34	21.89	145.37	6.91
集成电路制造	8689.50	102.71	1241.23	82.64
显示器件制造	9471.23	115.99	586.54	58.93
半导体照明器件制造	820.65	17.69	77.89	6.65
光电子器件制造	2935.30	61.33	324.27	6.43
其他电子器件制造	2146.66	51.87	229.26	9.71
电子元件及电子专用材料制造	30393.15	455.31	2327.48	134.76
电阻电容电感元件制造	2231.65	53.97	213.17	7.60
电子电路制造	5430.83	85.17	441.51	24.95
敏感元件及传感器制造	901.27	30.15	125.10	5.71
电声器件及零件制造	790.35	13.96	94.97	3.23
电子专用材料制造	14163.76	132.61	814.43	85.01
其他电子元件制造	6875.29	139.45	638.30	8.27

单位：亿元

利息费用	投资收益(损失以"–"号记)	营业利润	利润总额	亏损企业亏损额	平均用工人数(万人)
441.45	1245.27	3416.62	3398.21	152.43	184.10
64.83	90.60	574.88	569.82	75.03	46.83
376.62	1154.67	2841.74	2828.38	77.40	137.27
10.42	10.27	105.72	108.88	12.14	13.62
0.41	0.01	1.55	1.63	1.14	0.42
2.42	6.05	39.25	40.32	3.84	4.84
0.42	0.88	3.85	4.54	0.30	0.82
0.34	-0.13	6.48	6.77	0.45	1.98
6.84	3.47	54.60	55.62	6.40	5.55
7.00	1.80	6.91	8.03	24.02	4.71
39.76	37.41	193.19	189.41	40.29	36.16
26.72	31.00	86.88	82.40	24.16	12.68
3.28	3.23	67.26	69.41	10.33	17.23
9.77	3.18	39.04	37.60	5.80	6.25
40.46	19.49	257.75	272.38	138.13	51.48
4.85	1.68	44.82	46.19	8.83	10.22
6.85	3.03	66.47	69.56	47.45	8.69
1.19	-1.70	10.18	10.85	12.87	2.46
1.30	2.87	-20.41	-20.01	32.63	2.17
26.27	13.60	156.68	165.79	36.35	27.94
394.44	92.39	474.31	530.04	1314.31	204.13
2.76	0.41	46.04	47.75	5.61	8.21
12.75	6.78	87.59	91.49	53.06	14.98
208.85	41.36	-34.01	-24.06	792.99	46.90
123.14	23.85	133.48	150.43	303.71	60.41
8.65	1.77	12.12	15.83	34.24	10.42
22.46	9.92	134.00	143.50	91.06	31.61
15.84	8.31	95.10	105.09	33.63	31.59
235.11	333.05	2211.52	2256.63	516.77	288.79
15.11	7.55	205.72	211.67	22.79	34.89
42.28	18.74	311.37	319.44	87.34	68.78
8.31	13.10	97.04	100.80	19.50	12.82
5.65	23.78	51.73	52.15	4.21	13.90
128.88	208.02	943.05	958.86	332.38	63.03
34.88	61.86	602.61	613.71	50.54	95.37

1-A-6 续表 70

行　业	营业成本	销售费用	管理费用	财务费用
其他电子设备制造	2532.49	108.46	335.22	5.84
仪器仪表制造业	7709.37	572.38	1247.87	25.69
通用仪器仪表制造	5306.38	397.62	803.44	20.61
工业自动控制系统装置制造	3592.91	235.23	506.89	14.41
电工仪器仪表制造	658.22	58.30	104.86	1.42
绘图、计算及测量仪器制造	95.64	9.70	17.00	0.24
实验分析仪器制造	231.38	32.04	56.02	0.87
试验机制造	127.44	11.85	29.73	0.66
供应用仪器仪表制造	374.00	32.95	55.75	1.78
其他通用仪器制造	226.79	17.56	33.18	1.24
专用仪器仪表制造	1174.27	118.06	252.62	2.94
环境监测专用仪器仪表制造	196.05	33.02	48.26	1.14
运输设备及生产用计数仪表制造	236.73	10.59	32.58	1.25
导航、测绘、气象及海洋专用仪器制造	133.81	13.00	36.31	1.07
农林牧渔专用仪器仪表制造	11.60	1.18	2.28	-0.09
地质勘探和地震专用仪器制造	35.95	2.48	5.62	0.54
教学专用仪器制造	32.90	4.27	7.56	0.16
核子及核辐射测量仪器制造	21.68	1.72	4.69	0.10
电子测量仪器制造	312.15	31.68	74.12	-1.97
其他专用仪器制造	193.40	20.11	41.19	0.74
钟表与计时仪器制造	221.20	13.39	30.62	1.14
光学仪器制造	666.30	21.39	110.08	-0.27
衡器制造	108.93	7.30	16.97	0.53
其他仪器仪表制造业	232.29	14.62	34.15	0.75
其他制造业	2398.88	64.87	268.23	4.74
日用杂品制造	1106.91	43.33	118.25	2.63
鬃毛加工、制刷及清扫工具制造	158.99	7.23	15.57	1.06
其他日用杂品制造	947.91	36.10	102.69	1.58
废弃资源综合利用业	11328.90	76.91	282.97	65.39
金属废料和碎屑加工处理	9508.83	44.46	178.10	46.60
非金属废料和碎屑加工处理	1820.06	32.45	104.87	18.78
金属制品、机械和设备修理业	2008.71	26.69	216.03	19.52
金属制品修理	20.84	0.37	1.98	0.01
通用设备修理	101.22	1.43	9.34	0.28

单位：亿元

利息费用	投资收益(损失以"–"号记)	营业利润	利润总额	亏损企业亏损额	平均用工人　数(万人)
13.79	17.19	213.28	222.13	32.17	33.05
57.75	134.55	1035.12	1079.28	101.25	102.23
40.61	107.49	747.24	775.80	66.46	60.21
24.74	52.38	444.84	467.93	36.49	37.57
6.98	44.87	147.72	147.13	13.07	7.07
0.54	1.08	13.20	14.21	0.68	2.10
2.02	2.20	40.93	43.15	4.72	3.79
0.89	2.14	19.97	21.06	0.99	2.03
3.27	2.52	51.02	53.02	8.32	4.92
2.18	2.30	29.55	29.31	2.21	2.73
10.24	14.92	166.18	174.44	18.11	17.80
1.33	1.31	22.63	24.84	2.97	3.64
2.01	0.39	27.10	27.77	2.82	2.90
1.63	0.84	8.73	9.66	6.12	2.18
0.09	0.27	1.64	1.76	0.14	0.18
0.52	0.07	4.22	4.37	0.22	0.49
0.23	0.14	4.81	5.31	0.15	0.71
0.12	0.82	4.10	4.40	0.08	0.29
1.92	7.15	63.35	65.27	3.37	4.79
2.39	3.93	29.61	31.06	2.24	2.63
1.42	-0.39	13.17	15.44	2.83	7.39
3.40	8.92	64.49	67.65	11.78	12.17
1.00	1.31	13.55	14.22	0.44	1.96
1.07	2.29	30.49	31.74	1.62	2.70
13.87	8.21	162.07	169.85	18.05	34.73
6.11	2.18	73.60	76.53	5.65	21.36
0.78	0.07	12.80	13.31	0.40	3.59
5.33	2.12	60.79	63.22	5.25	17.77
53.53	-10.13	304.15	347.97	88.92	25.66
37.17	-14.38	208.67	236.93	60.28	15.64
16.35	4.25	95.48	111.03	28.64	10.02
29.63	53.11	173.94	177.32	9.13	27.37
0.10	0.06	0.96	1.02	0.13	0.25
0.34	0.31	5.02	5.09	0.41	3.07

1-A-6 续表 71

行　　业	营业成本	销售费用	管理费用	财务费用
专用设备修理	382.06	5.37	33.00	2.87
铁路、船舶、航空航天等运输设备修理	1260.48	13.15	141.85	15.92
铁路运输设备修理	197.68	3.19	17.21	11.13
船舶修理	365.64	6.17	36.49	0.91
航空航天器修理	668.78	3.55	82.48	5.19
其他运输设备修理	28.39	0.24	5.68	-1.30
电气设备修理	104.25	1.22	9.06	0.07
仪器仪表修理	13.38	0.20	1.88	0.01
其他机械和设备修理业	126.46	4.95	18.91	0.34
电力、热力、燃气及水生产和供应业	**109043.56**	**569.33**	**2965.77**	**3383.69**
电力、热力生产和供应业	88326.78	79.04	2067.60	3021.32
电力生产	28994.81	31.14	914.55	2164.57
火力发电	13364.56	9.00	268.89	373.64
热电联产	9196.64	6.83	218.46	287.41
水力发电	1788.14	4.63	142.15	455.03
核力发电	874.27	1.00	65.31	150.51
风力发电	1793.24	1.90	79.79	499.27
太阳能发电	1061.27	6.94	50.97	264.88
生物质能发电	779.68	0.23	76.12	121.07
其他电力生产	137.02	0.62	12.85	12.77
电力供应	55507.94	19.53	929.12	725.93
热力生产和供应	3824.03	28.36	223.93	130.82
燃气生产和供应业	17171.59	289.48	447.86	115.11
燃气生产和供应业	17137.06	287.92	445.57	114.62
天然气生产和供应业	16264.54	275.42	424.16	96.27
液化石油气生产和供应业	657.36	9.05	7.79	2.06
煤气生产和供应业	215.15	3.44	13.62	16.30
生物质燃气生产和供应业	34.53	1.57	2.28	0.49
水的生产和供应业	3545.19	200.81	450.31	247.26
自来水生产和供应	2345.37	195.01	331.52	130.85
污水处理及其再生利用	1160.33	5.48	113.30	115.43
海水淡化处理	5.92	0.11	0.71	0.67
其他水的处理、利用与分配	33.57	0.21	4.78	0.31

单位：亿元

利息费用	投资收益(损失以"–"号记)	营业利润	利润总额	亏损企业亏损额	平均用工人数(万人)
3.69	19.34	32.85	33.63	2.36	4.84
24.19	31.28	116.80	118.96	5.29	14.12
14.68	30.10	34.78	35.43	2.18	2.40
3.85	0.19	20.89	21.63	0.95	4.68
5.60	0.98	59.86	60.28	2.17	6.71
0.07	0.01	1.28	1.62		0.32
0.47	1.99	6.52	6.67	0.37	2.60
0.02	0.01	0.44	0.52		0.33
0.81	0.13	11.35	11.44	0.57	2.15
3322.95	**1471.66**	**6773.82**	**6956.00**	**1762.68**	**362.00**
2926.88	1281.64	5479.85	5601.88	1444.17	266.89
2044.66	571.64	4596.99	4611.39	1005.07	94.65
376.54	81.20	882.02	878.71	302.50	29.67
290.51	90.20	190.04	207.74	415.64	28.91
441.38	284.00	1055.58	1049.96	104.61	14.50
144.11	4.07	422.36	424.17	19.55	1.65
430.80	53.57	1357.29	1362.59	40.72	6.86
234.70	35.39	473.39	467.32	50.72	3.59
114.77	21.05	178.02	182.00	67.36	8.40
11.86	2.15	38.29	38.89	3.97	1.06
762.59	667.37	920.38	926.29	225.78	143.15
119.63	42.63	-37.51	64.20	213.33	29.09
139.48	119.61	891.51	903.37	159.37	37.69
138.82	119.59	888.29	899.90	158.71	37.45
120.05	125.87	827.81	839.68	143.80	35.33
2.23	1.11	35.79	36.26	1.51	0.79
16.54	-7.39	24.69	23.96	13.40	1.33
0.66	0.02	3.21	3.47	0.65	0.23
256.60	70.42	402.46	450.75	159.14	57.43
140.24	56.09	139.74	181.02	124.33	45.48
112.98	14.30	257.06	263.78	33.55	11.58
0.63		0.30	0.55	0.30	0.04
2.75	0.02	5.37	5.40	0.96	0.33

1－A－7 国有控股工业企业主要

行业	企业单位数（个）	资产总计	固定资产净额	固定资产原价
总计	**28688**	**650249.25**	**219733.48**	**447679.06**
采矿业	**2143**	**100528.08**	**30304.78**	**73228.95**
煤炭开采和洗选业	1014	56730.27	14181.73	27342.29
烟煤和无烟煤开采洗选	974	54377.21	13666.23	26340.01
褐煤开采洗选	36	2336.00	509.76	995.93
其他煤炭采选	4	17.06	5.74	6.36
石油和天然气开采业	118	21889.33	11969.01	37863.06
石油开采	48	15437.16	8449.44	29271.14
天然气开采	70	6452.18	3519.57	8591.92
黑色金属矿采选业	131	8615.40	1458.60	2433.48
铁矿采选	116	8510.64	1441.90	2404.19
锰矿、铬矿采选	14	93.68	11.90	20.00
有色金属矿采选业	257	4135.35	1225.94	2152.57
常用有色金属矿采选	112	2099.73	552.14	979.23
贵金属矿采选	86	1460.85	529.23	880.91
稀有稀土金属矿采选	59	574.77	144.57	292.44
非金属矿采选业	575	5721.94	652.26	945.36
土砂石开采	482	4472.79	443.98	560.42
化学矿开采	32	392.23	96.84	186.29
采盐	42	761.10	106.67	190.49
石棉及其他非金属矿采选	19	95.82	4.77	8.16
开采专业及辅助性活动	45	3423.52	815.77	2482.63
煤炭开采和洗选专业及辅助性活动	5	49.56	9.88	18.38
石油和天然气开采专业及辅助性活动	37	3368.51	805.56	2463.79
制造业	**15544**	**310989.48**	**70038.36**	**145190.47**
农副食品加工业	850	2802.92	623.20	1206.77
谷物磨制	214	524.73	115.56	173.45
饲料加工	87	234.22	52.82	96.00
植物油加工	89	571.91	85.48	263.32
制糖业	68	367.33	110.19	259.88
屠宰及肉类加工	247	473.79	93.28	155.87
水产品加工	29	111.44	24.78	38.54
蔬菜、菌类、水果和坚果加工	54	205.47	38.74	62.09
其他农副食品加工	62	314.04	102.35	157.62

经济指标(大、中类行业)

单位：亿元

固定资产累计折旧	流动资产合计	应收账款	存货	产成品	负债合计	流动负债合计
217710.58	**242945.58**	**54332.32**	**41561.27**	**10822.57**	**374844.73**	**245004.38**
40902.68	**33780.42**	**4514.68**	**1277.31**	**526.75**	**57580.87**	**37798.95**
12434.92	23048.85	3105.93	586.25	249.61	35768.10	25422.24
11969.03	22506.95	3025.33	567.88	243.89	34410.34	24677.67
465.27	535.96	79.71	18.06	5.45	1347.36	736.40
0.61	5.94	0.89	0.31	0.28	10.40	8.16
24928.81	3484.33	477.94	142.19	88.08	10051.87	4874.05
19895.51	2287.98	123.93	120.38	79.45	7519.38	3469.68
5033.30	1196.35	354.01	21.81	8.62	2532.50	1404.37
931.59	2131.74	341.88	61.35	30.04	4605.75	2731.24
919.11	2106.50	337.38	57.36	27.25	4565.69	2698.15
8.00	22.14	4.48	2.72	2.22	24.34	17.41
873.66	1133.19	125.64	128.35	46.77	2381.65	1650.51
402.70	591.82	70.02	45.30	17.31	1085.71	661.92
336.19	371.68	36.86	46.93	10.43	995.17	799.58
134.76	169.70	18.77	36.12	19.03	300.77	189.00
279.74	2226.67	214.13	287.05	95.27	2834.40	1327.45
104.93	1734.20	144.21	247.60	77.05	2410.08	1054.92
87.71	147.86	36.29	18.79	6.63	186.82	111.88
83.70	298.39	27.97	17.86	9.55	193.20	142.80
3.39	46.22	5.65	2.79	2.04	44.31	17.84
1448.63	1750.71	249.03	71.81	16.72	1930.53	1789.62
8.29	30.72	16.18	0.54	0.02	76.61	70.87
1440.22	1716.31	231.08	71.28	16.70	1849.37	1715.23
70585.16	**161710.68**	**35691.24**	**38076.00**	**10133.27**	**174945.67**	**138070.55**
565.85	1690.39	186.14	574.45	261.87	1899.28	1526.37
53.34	328.56	23.85	128.82	43.72	380.95	307.27
41.36	129.19	28.81	24.14	5.49	114.06	91.15
174.71	431.44	29.40	184.16	64.23	436.98	395.00
147.79	212.93	21.51	59.66	44.03	253.25	206.78
59.76	250.86	26.62	67.02	57.16	313.96	205.57
12.72	42.66	5.80	19.22	10.77	80.81	59.58
23.34	139.90	24.85	25.62	7.86	90.31	75.26
52.83	154.84	25.31	65.81	28.61	228.96	185.76

1-A-7 续表 1

行业	企业单位数（个）	资产总计	固定资产净额	固定资产原价
食品制造业	395	2180.23	517.13	1020.55
焙烤食品制造	48	80.63	21.52	36.35
糖果、巧克力及蜜饯制造	6	29.09	2.01	3.68
方便食品制造	51	145.79	33.87	58.61
乳制品制造	91	722.03	158.46	308.45
罐头食品制造	33	88.40	21.04	51.90
调味品、发酵制品制造	35	366.25	75.22	119.44
其他食品制造	131	748.03	205.01	442.11
酒、饮料和精制茶制造业	357	10151.73	1121.49	2064.26
酒的制造	197	9542.38	1031.42	1886.82
饮料制造	84	424.44	68.71	146.18
精制茶加工	76	184.91	21.37	31.26
烟草制品业	85	10742.90	1287.14	3578.97
烟叶复烤	22	470.69	84.41	217.52
卷烟制造	39	10083.69	1156.83	3265.40
其他烟草制品制造	24	188.53	45.90	96.04
纺织业	153	1091.78	319.43	654.42
棉纺织及印染精加工	82	830.13	251.63	531.63
毛纺织及染整精加工	8	55.78	10.71	22.16
麻纺织及染整精加工	9	21.78	6.40	9.90
丝绢纺织及印染精加工	7	37.02	0.98	2.63
家用纺织制成品制造	8	13.35	2.35	3.51
产业用纺织制成品制造	34	123.21	43.21	76.87
纺织服装、服饰业	239	427.66	98.38	211.26
机织服装制造	179	308.13	67.90	146.62
针织或钩针编织服装制造	31	71.66	18.39	38.00
服饰制造	29	47.87	12.09	26.65
皮革、毛皮、羽毛及其制品和制鞋业	23	99.85	13.44	23.24
皮革制品制造	5	3.30	0.94	1.83
制鞋业	15	83.89	10.87	19.07
木材加工和木、竹、藤、棕、草制品业	82	319.94	104.31	176.24
木材加工	19	67.62	16.23	26.23

单位：亿元

固定资产累计折旧	流动资产合计	应收账款	存货	产成品	负债合计	流动负债合计
491.22	1080.25	210.14	195.75	91.43	1109.84	902.72
14.67	48.32	12.26	4.11	1.83	40.60	33.37
1.66	20.59	0.71	1.61	0.51	15.92	15.83
24.74	77.39	31.31	8.24	4.45	127.44	97.38
148.07	359.72	91.64	45.15	20.69	349.45	299.74
28.79	63.42	10.38	34.22	22.77	50.87	45.28
42.74	193.82	19.33	40.22	13.86	154.04	120.06
230.55	316.99	44.51	62.20	27.31	371.52	291.05
923.75	6445.10	430.87	1827.77	378.94	3678.93	3257.56
842.03	6034.65	392.58	1733.91	329.99	3312.85	2989.68
72.92	283.24	19.94	47.71	34.51	240.36	193.78
8.80	127.20	18.34	46.15	14.45	125.72	74.09
2287.91	7463.52	405.57	4264.19	238.15	2114.93	2084.59
133.07	344.61	28.02	79.98	69.90	106.08	103.47
2104.69	6992.32	333.67	4154.88	151.69	1960.27	1933.52
50.15	126.59	43.88	29.33	16.56	48.57	47.59
318.29	468.74	65.92	130.84	78.66	565.23	421.07
264.53	356.62	45.72	98.92	58.70	456.26	352.35
11.45	26.90	4.36	9.30	6.07	14.46	6.55
3.47	10.33	0.62	3.83	2.53	15.49	11.60
1.36	7.59	0.47	4.45	3.14	7.40	4.39
1.15	8.74	2.48	2.12	1.16	6.52	6.49
32.74	53.31	10.74	11.37	6.57	59.80	35.35
111.10	275.73	29.98	44.09	24.01	176.65	157.33
77.59	200.54	21.37	32.29	16.56	125.22	114.03
19.09	44.32	7.37	10.87	7.21	34.56	30.32
14.41	30.87	1.24	0.92	0.24	16.88	12.98
9.80	58.62	14.43	10.82	7.08	33.04	27.95
0.89	2.18	0.46	0.03	0.02	1.68	1.67
8.20	46.66	13.68	10.37	6.81	26.31	22.37
67.17	150.20	26.99	32.88	14.71	194.19	145.08
9.94	20.65	2.11	1.06	0.63	16.51	11.78

1-A-7 续表 2

行业	企业单位数（个）	资产总计	固定资产净额	固定资产原价
人造板制造	40	230.06	83.80	142.38
木质制品制造	16	15.74	2.29	4.62
竹、藤、棕、草等制品制造	7	6.52	1.98	3.01
家具制造业	23	243.75	12.02	30.83
木质家具制造	14	36.36	5.91	9.38
金属家具制造	5	200.20	3.71	15.85
造纸和纸制品业	110	1631.12	422.34	920.14
纸浆制造	7	251.98	82.73	141.10
造纸	54	1272.11	310.28	719.80
纸制品制造	49	107.03	29.33	59.23
印刷和记录媒介复制业	294	1110.08	230.16	721.15
印刷	282	1074.92	224.72	702.54
装订及印刷相关服务	7	28.27	4.81	15.32
记录媒介复制	5	6.89	0.62	3.30
文教、工美、体育和娱乐用品制造业	67	352.51	27.63	56.85
文教办公用品制造	7	13.35	2.04	3.48
乐器制造	8	39.84	9.77	17.00
工艺美术及礼仪用品制造	41	284.24	12.46	29.74
体育用品制造	5	6.16	1.59	3.64
游艺器材及娱乐用品制造	4	8.16	1.73	2.94
石油、煤炭及其他燃料加工业	259	21953.65	7941.28	19370.65
精炼石油产品制造	147	17369.64	6135.38	16306.33
煤炭加工	97	3605.22	1631.85	2645.53
生物质燃料加工	8	56.35	22.97	31.27
化学原料和化学制品制造业	1372	28955.42	11811.82	22295.13
基础化学原料制造	451	11923.94	4945.49	9590.61
肥料制造	174	4416.74	1483.13	3177.38
农药制造	43	886.08	233.02	400.00
涂料、油墨、颜料及类似产品制造	65	453.05	147.64	267.77
合成材料制造	189	8566.96	4378.93	7640.55
专用化学产品制造	271	1365.55	344.96	665.61
炸药、火工及焰火产品制造	135	1085.23	255.05	501.88
日用化学产品制造	44	257.88	23.61	51.32

单位：亿元

固定资产累计折旧	流动资产合计	应收账款	存货	产成品	负债合计	流动负债合计
54.06	113.23	20.27	25.54	11.54	162.57	119.76
2.25	12.90	3.42	5.72	2.24	11.96	10.67
0.93	3.42	1.20	0.55	0.30	3.14	2.88
18.67	188.04	60.32	12.17	3.30	189.50	180.10
3.37	23.61	7.27	6.99	2.29	25.35	21.55
12.10	160.42	51.62	4.16	0.61	159.87	154.38
479.30	739.75	76.79	158.04	47.71	1042.91	845.55
55.38	104.22	11.28	11.88	2.25	158.60	123.37
394.44	571.83	50.84	132.66	38.86	821.21	677.82
29.48	63.70	14.67	13.50	6.60	63.09	44.36
487.21	651.27	110.63	108.59	38.58	342.10	288.27
474.14	626.78	106.23	106.29	37.84	330.30	278.41
10.51	20.12	3.99	1.89	0.65	10.98	9.14
2.56	4.37	0.41	0.40	0.09	0.83	0.72
27.71	291.49	20.90	148.28	41.02	192.71	175.11
1.41	9.20	1.45	1.82	0.70	2.62	2.24
7.23	23.51	1.55	12.90	6.20	12.83	9.21
16.80	249.69	16.02	131.29	33.48	169.41	155.86
1.05	2.85	0.59	1.00	0.48	1.72	1.67
1.21	5.52	1.02	1.12	0.10	5.61	5.60
10472.65	7964.24	875.90	2927.26	647.43	12473.50	8548.08
9311.54	6318.79	691.84	2527.62	569.87	9165.28	6368.24
916.62	1065.64	146.67	216.81	69.53	2669.94	1852.75
8.30	22.69	7.97	6.88	2.94	42.95	27.01
9579.71	9347.43	1324.40	1644.75	711.00	17024.32	11734.63
4223.77	3415.00	334.85	578.95	234.02	6906.49	4523.32
1569.69	1884.48	168.68	286.48	90.20	2846.22	2176.75
161.67	324.64	59.59	63.27	34.93	309.94	239.27
89.95	182.07	37.30	45.83	24.02	247.03	215.79
2993.74	2129.54	390.78	433.72	207.74	5386.63	3509.01
287.93	722.87	205.35	144.95	79.31	743.51	626.86
225.87	485.24	100.53	66.04	24.59	498.26	364.32
27.08	203.59	27.31	25.50	16.18	86.24	79.31

1-A-7 续表 3

行　　业	企业单位数(个)	资产总计	固定资产净　额	固定资产原　价
医药制造业	544	7430.16	1140.61	2162.40
化学药品原料药制造	75	693.22	210.65	442.56
化学药品制剂制造	126	2181.32	277.98	561.28
中药饮片加工	89	498.30	76.53	127.12
中成药生产	149	1933.13	243.20	449.86
兽用药品制造	30	170.60	55.34	93.59
生物药品制品制造	52	1806.52	245.22	434.95
卫生材料及医药用品制造	15	46.37	3.43	8.85
药用辅料及包装材料	8	100.70	28.27	44.20
化学纤维制造业	77	2275.03	660.46	1340.70
纤维素纤维原料及纤维制造	24	849.33	252.27	474.40
合成纤维制造	42	1341.60	370.73	815.71
生物基材料制造	11	84.11	37.46	50.59
橡胶和塑料制品业	316	2293.32	545.35	1050.01
橡胶制品业	84	1075.08	312.46	568.43
塑料制品业	232	1218.24	232.89	481.58
非金属矿物制品业	2587	17527.26	4745.44	8453.29
水泥、石灰和石膏制造	682	7214.62	2579.92	5219.10
石膏、水泥制品及类似制品制造	1191	4657.35	627.22	983.78
砖瓦、石材等建筑材料制造	263	1472.54	194.99	271.37
玻璃制造	48	776.85	274.59	371.58
玻璃制品制造	50	327.46	117.11	189.45
玻璃纤维和玻璃纤维增强塑料制品制造	55	1183.26	548.37	739.68
陶瓷制品制造	32	126.46	28.22	55.09
耐火材料制品制造	43	293.31	38.50	85.02
石墨及其他非金属矿物制品制造	223	1475.42	336.53	538.23
黑色金属冶炼和压延加工业	295	29690.08	11430.78	24227.01
炼铁	9	421.27	155.63	247.38
炼钢	11	2832.93	650.13	1243.07
钢压延加工	248	26188.24	10557.92	22589.08
铁合金冶炼	27	247.64	67.09	147.48
有色金属冶炼和压延加工业	619	18614.14	4559.43	9453.44
常用有色金属冶炼	176	11099.43	3023.53	6528.87

单位：亿元

固定资产累计折旧	流动资产合计	应收账款	存货	产成品	负债合计	流动负债合计
994.53	3843.91	703.23	730.15	284.56	2590.70	2168.30
227.26	220.07	48.00	70.22	39.45	300.54	239.94
276.58	1065.55	131.21	134.17	63.65	786.16	662.46
40.63	340.22	151.32	107.42	50.41	245.97	201.54
203.70	1132.91	165.99	264.28	80.74	715.85	613.96
38.05	89.13	26.65	18.90	10.93	53.03	47.27
187.30	913.48	166.31	121.54	29.55	447.02	367.05
5.28	23.89	3.61	2.72	1.16	15.72	11.13
15.74	58.65	10.14	10.89	8.68	26.42	24.96
610.11	833.25	85.16	218.29	97.41	1331.15	935.41
212.04	303.34	16.23	118.58	37.15	525.16	361.30
385.36	505.25	66.31	90.87	55.29	767.38	548.94
12.70	24.66	2.62	8.84	4.96	38.61	25.16
486.75	1135.86	268.23	220.48	127.08	1096.50	882.57
250.86	567.30	123.81	127.06	85.04	608.84	514.90
235.89	568.56	144.41	93.43	42.04	487.66	367.67
3504.79	8676.69	2737.19	1108.18	434.13	9666.22	7828.21
2480.94	2770.19	318.35	277.76	117.72	3170.15	2792.02
344.42	3334.43	1845.70	219.94	110.50	3357.37	2891.97
72.19	823.22	130.72	262.53	23.53	922.74	561.93
92.01	257.18	62.94	43.16	26.16	461.21	293.47
68.40	150.26	43.77	28.93	18.19	177.64	146.38
190.01	444.79	100.99	85.93	55.08	617.94	392.34
22.61	60.02	16.46	13.64	8.33	54.45	40.02
44.08	141.56	38.93	30.08	19.36	142.21	122.86
190.14	695.05	179.34	146.22	55.26	762.53	587.21
12384.51	9381.79	1177.80	2617.54	603.63	17543.96	13664.70
89.27	216.69	86.57	45.50	2.74	317.59	287.82
577.42	1106.03	114.34	275.02	63.62	1750.10	1344.68
11660.85	7957.91	963.29	2264.10	523.59	15288.86	11892.59
56.97	101.17	13.59	32.91	13.68	187.40	139.60
4204.82	8599.65	1183.24	2873.68	537.13	10381.96	7402.24
2959.53	4827.30	584.21	1744.22	176.60	6030.00	4480.88

1-A-7 续表 4

行业	企业单位数(个)	资产总计	固定资产净额	固定资产原价
贵金属冶炼	74	2231.87	239.04	566.33
稀有稀土金属冶炼	57	913.47	83.96	141.44
有色金属合金制造	82	940.54	195.40	369.55
有色金属压延加工	230	3428.83	1017.50	1847.25
金属制品业	741	6502.36	1093.64	2272.89
结构性金属制品制造	288	2206.53	328.77	527.48
金属工具制造	29	139.82	43.01	101.12
集装箱及金属包装容器制造	77	506.32	116.66	211.97
金属丝绳及其制品制造	38	191.93	33.29	80.82
建筑、安全用金属制品制造	20	97.45	5.55	9.43
金属表面处理及热处理加工	34	257.18	38.92	95.74
金属制日用品制造	9	7.04	0.92	2.33
铸造及其他金属制品制造	246	3096.09	526.53	1243.99
通用设备制造业	901	13992.61	1604.78	3298.68
锅炉及原动设备制造	144	4554.68	387.59	1003.20
金属加工机械制造	107	974.26	140.47	323.14
物料搬运设备制造	115	3088.87	211.20	415.67
泵、阀门、压缩机及类似机械制造	144	1515.22	148.29	341.48
轴承、齿轮和传动部件制造	82	662.26	124.02	321.22
烘炉、风机、包装等设备制造	99	956.96	95.84	176.57
文化、办公用机械制造	16	224.00	11.27	23.55
通用零部件制造	122	1324.41	435.53	609.39
其他通用设备制造业	72	691.96	50.56	84.46
专用设备制造业	924	11967.13	1278.99	2523.06
采矿、冶金、建筑专用设备制造	399	6506.16	745.05	1498.17
化工、木材、非金属加工专用设备制造	89	1064.69	181.75	340.37
食品、饮料、烟草及饲料生产专用设备制造	25	206.04	21.56	58.14
印刷、制药、日化及日用品生产专用设备制造	17	140.47	19.06	39.95
纺织、服装和皮革加工专用设备制造	26	239.39	23.65	75.43
电子和电工机械专用设备制造	69	916.89	58.10	85.21
农、林、牧、渔专用机械制造	34	424.54	59.67	138.76
医疗仪器设备及器械制造	37	236.46	32.56	49.38
环保、邮政、社会公共服务及其他专用设备制造	228	2232.50	137.58	237.64

单位：亿元

固定资产累计折旧	流动资产合计	应收账款	存货	产成品	负债合计	流动负债合计
320.81	877.26	35.14	275.67	57.44	1296.91	644.71
56.14	589.23	64.03	268.27	85.96	420.09	308.61
161.47	487.39	137.59	106.34	43.02	538.35	348.27
706.87	1818.47	362.26	479.17	174.11	2096.61	1619.77
1111.86	4130.63	1192.67	934.01	323.56	4111.94	3466.76
193.94	1541.02	599.08	330.93	115.82	1575.87	1357.29
56.81	64.74	13.73	23.83	14.29	67.81	55.57
90.42	349.10	97.91	93.20	31.16	274.22	238.33
40.80	118.60	41.98	22.19	10.53	104.07	92.37
3.70	80.58	41.57	13.07	5.27	73.97	66.83
56.69	136.82	46.68	21.66	11.61	149.61	136.97
1.41	5.64	1.87	1.19	0.24	2.97	2.85
668.09	1834.15	349.85	427.94	134.64	1863.41	1516.54
1597.50	9381.95	2404.08	1915.10	565.39	8727.53	7516.36
577.93	3291.33	549.75	621.53	77.44	2786.57	2495.56
174.70	610.06	128.98	157.77	38.44	525.73	435.73
202.03	2108.87	742.37	332.61	176.31	2033.07	1739.08
190.19	1148.75	303.70	252.27	101.10	903.44	817.27
162.80	417.95	124.45	112.37	45.13	432.65	357.75
75.39	623.56	181.20	147.44	45.26	593.17	510.49
11.77	111.69	21.52	34.54	19.69	107.87	97.68
170.20	572.50	175.10	123.43	42.88	914.93	692.19
32.50	497.23	177.01	133.14	19.14	430.10	370.60
1176.08	8212.98	2502.55	2137.35	762.43	7668.87	6543.00
708.03	4523.02	1535.03	1184.68	461.03	4367.28	3644.26
153.76	698.77	184.91	186.55	33.14	691.64	614.69
36.57	170.19	27.53	83.73	11.81	92.53	91.45
16.65	88.44	20.09	26.92	3.96	82.84	76.36
42.15	165.49	35.44	32.96	13.74	140.90	107.71
26.82	734.64	163.41	271.58	113.04	573.05	499.02
76.75	274.95	30.34	74.76	46.33	309.16	275.31
16.75	121.79	17.07	29.11	9.09	104.77	97.45
98.60	1435.71	488.73	247.07	70.29	1306.71	1136.74

1-A-7 续表 5

行业	企业单位数（个）	资产总计	固定资产净额	固定资产原价
汽车制造业	936	39269.76	4900.84	13217.14
汽车整车制造	169	30570.06	3434.58	9823.31
汽车用发动机制造	39	1249.43	304.78	799.16
改装汽车制造	93	736.32	111.23	227.67
汽车车身、挂车制造	17	124.94	45.02	78.37
汽车零部件及配件制造	617	6581.87	1004.62	2287.97
铁路、船舶、航空航天和其他运输设备制造业	686	24847.77	3377.85	6683.44
铁路运输设备制造	177	5090.66	616.25	1286.06
城市轨道交通设备制造	56	849.52	120.48	195.98
船舶及相关装置制造	142	7260.72	1017.99	2047.89
航空、航天器及设备制造	281	11517.40	1598.92	3094.95
摩托车制造	19	102.59	21.09	51.69
自行车和残疾人座车制造	4	10.00	1.54	2.91
潜水救捞及其他未列明运输设备制造	6	14.55	1.45	3.49
电气机械和器材制造业	776	11176.00	1205.45	2208.25
电机制造	173	3440.02	231.77	479.91
输配电及控制设备制造	301	3522.04	393.47	721.62
电线、电缆、光缆及电工器材制造	128	1455.13	189.29	390.57
电池制造	91	1866.38	298.90	432.91
家用电力器具制造	29	511.65	50.32	100.25
非电力家用器具制造	4	8.63	0.04	0.32
照明器具制造	27	188.97	25.48	61.36
其他电气机械及器材制造	23	183.20	16.19	21.31
计算机、通信和其他电子设备制造业	1014	33164.89	7557.32	13291.71
计算机制造	112	1998.78	97.39	174.07
通信设备制造	146	5051.53	333.53	603.89
广播电视设备制造	17	389.63	180.57	289.81
雷达及配套设备制造	43	1047.89	118.36	223.56
非专业视听设备制造	29	2320.53	221.97	372.11
智能消费设备制造	28	349.88	29.95	45.00
电子器件制造	286	16744.12	5616.49	10029.63

单位：亿元

固定资产累计折旧	流动资产合计	应收账款	存货	产成品	负债合计	流动负债合计
7766.92	22996.27	6692.49	2597.32	1358.02	23853.43	20814.87
5894.31	17391.13	4783.11	1624.38	865.35	18708.62	16208.98
483.14	761.61	272.42	142.54	71.74	676.62	620.07
112.73	511.08	186.02	107.49	43.56	504.29	435.38
32.57	76.60	20.23	15.23	5.72	76.03	63.84
1244.10	4250.81	1430.48	707.68	371.66	3886.88	3485.62
3205.44	17394.24	3914.91	4719.88	609.49	16285.16	14361.05
638.51	3481.31	1381.67	671.62	158.58	2829.09	2581.97
75.49	566.92	197.24	99.91	28.22	594.81	547.73
988.27	5273.03	416.81	1116.22	69.41	5350.71	4522.82
1469.07	7994.92	1900.72	2815.85	346.04	7441.56	6650.45
30.34	58.51	11.41	11.18	5.95	53.30	43.56
1.37	8.10	2.54	2.26	0.80	4.80	4.53
2.04	9.29	3.01	2.38	0.49	9.69	8.80
966.46	7519.57	2963.43	1294.08	512.06	7317.51	6352.74
238.57	2512.00	896.33	415.14	77.35	2574.33	2230.89
320.36	2448.64	1039.66	440.74	219.91	2172.70	1997.69
196.52	987.39	381.23	152.44	86.16	896.26	717.79
120.02	1007.40	456.62	176.45	78.16	1128.48	899.00
49.14	283.90	67.54	36.92	24.27	296.02	268.03
0.27	5.39	1.63	1.96	0.49	7.59	6.96
35.68	136.29	64.36	37.00	24.56	136.87	129.25
5.91	138.56	56.05	33.44	1.15	105.26	103.14
5501.42	17459.49	4697.68	3602.67	1116.69	17477.04	11888.51
77.43	1458.13	471.85	399.16	114.83	1186.50	923.44
269.05	3753.30	860.79	909.98	250.34	2959.68	2258.95
108.28	152.25	39.26	22.99	2.66	195.38	141.59
104.80	782.12	203.30	239.30	19.89	673.50	573.99
147.64	1648.69	394.68	334.89	129.47	1581.96	1338.63
15.05	248.81	106.89	50.31	21.48	215.95	185.99
4197.66	6359.96	1750.97	1022.95	356.10	8370.81	4658.94

1-A-7 续表 6

行　　业	企业单位数（个）	资产总计	固定资产净额	固定资产原价
电子元件及电子专用材料制造	300	4391.53	882.04	1436.60
其他电子设备制造	53	871.00	77.03	117.04
仪器仪表制造业	286	2736.89	268.12	470.27
通用仪器仪表制造	163	2012.69	169.81	277.74
专用仪器仪表制造	69	377.10	41.26	79.45
光学仪器制造	32	271.05	47.51	95.73
衡器制造	4	14.24	2.42	3.86
其他仪器仪表制造业	16	56.72	6.92	12.88
其他制造业	**78**	**2587.84**	**433.12**	**846.89**
废弃资源综合利用业	256	1150.74	294.28	490.20
金属废料和碎屑加工处理	155	798.58	161.59	269.34
非金属废料和碎屑加工处理	101	352.17	132.68	220.86
金属制品、机械和设备修理业	199	3699.96	412.14	870.64
金属制品修理	6	3.75	0.24	1.15
通用设备修理	18	66.50	6.69	15.32
专用设备修理	47	704.00	52.35	119.19
铁路、船舶、航空航天等运输设备修理	83	2532.03	316.75	662.95
电气设备修理	24	253.31	12.65	19.84
其他机械和设备修理业	20	140.09	23.45	52.09
电力、热力、燃气及水生产和供应业	**11001**	**238731.69**	**119390.34**	**229259.65**
电力、热力生产和供应业	7497	201950.26	107251.49	209404.79
电力生产	6181	100636.97	61392.89	107982.67
电力供应	358	92383.30	42556.66	95687.98
热力生产和供应	958	8929.99	3301.93	5734.14
燃气生产和供应业	1104	10002.19	3602.38	5719.51
燃气生产和供应业	1099	9976.80	3594.93	5709.34
生物质燃气生产和供应业	5	25.39	7.45	10.18
水的生产和供应业	2400	26779.25	8536.47	14135.35
自来水生产和供应	1671	20081.20	6684.75	11199.30
污水处理及其再生利用	708	6563.81	1787.38	2839.19
海水淡化处理	5	32.87	12.00	19.73
其他水的处理、利用与分配	16	101.36	52.34	77.13

单位：亿元

固定资产累计折旧	流动资产合计	应收账款	存货	产成品	负债合计	流动负债合计
541.73	2475.88	747.07	439.83	166.02	1827.64	1436.71
39.79	580.34	122.87	183.25	55.91	465.61	370.27
202.86	1811.46	558.55	290.73	79.42	1404.85	1258.79
108.53	1336.18	414.48	197.43	53.40	1064.62	976.84
38.39	263.84	82.52	54.07	14.97	188.13	150.44
48.13	161.12	43.60	26.26	6.93	115.22	102.92
1.44	10.65	3.53	3.59	0.59	6.79	5.06
5.97	34.99	13.56	7.58	2.26	28.92	22.43
407.21	**1237.35**	**239.49**	**269.78**	**49.07**	**1923.34**	**904.28**
191.13	728.67	192.17	112.29	53.31	728.33	593.58
103.87	562.90	142.03	74.22	49.55	540.30	447.95
87.26	165.77	50.14	38.07	3.76	188.03	145.62
432.45	1552.13	339.43	354.57	36.02	1800.06	1194.81
0.90	3.17	0.67	0.36	0.09	1.96	1.79
8.62	40.19	17.76	4.09	1.44	40.07	35.54
63.52	269.53	72.84	15.31	3.82	251.90	213.16
323.53	1061.88	213.66	307.62	22.82	1402.57	866.40
7.19	83.39	16.64	3.45	0.26	33.94	28.57
28.59	93.69	17.76	23.74	7.60	69.30	49.06
106222.73	**47454.48**	**14126.40**	**2207.96**	**162.56**	**142318.18**	**69134.89**
98734.25	36140.08	12331.47	1732.57	51.84	120468.03	58027.09
43260.25	19146.52	8083.49	1431.02	29.86	67128.37	27347.95
53073.36	13383.17	3798.86	164.80	16.31	46745.95	26938.21
2400.64	3610.40	449.12	136.75	5.66	6593.71	3740.93
2029.32	3430.12	478.88	197.71	71.44	5915.71	3913.04
2026.59	3417.44	477.63	196.84	71.23	5903.75	3907.34
2.72	12.68	1.25	0.88	0.21	11.97	5.70
5459.17	7884.28	1316.05	277.67	39.28	15934.44	7194.75
4396.72	5810.59	589.63	243.07	36.11	12015.98	5418.22
1029.93	2039.53	719.07	34.27	2.97	3824.66	1738.11
7.73	7.83	2.91	0.13	0.05	25.14	17.33
24.79	26.32	4.44	0.20	0.14	68.65	21.10

1-A-7 续表 7

行业	应付账款	所有者权益合计	实收资本	国家资本
总计	**71972.33**	**275427.63**	**147538.96**	**66230.76**
采矿业	**7500.57**	**42947.21**	**15719.27**	**6754.72**
煤炭开采和洗选业	4601.19	20962.17	7011.24	2541.21
烟煤和无烟煤开采洗选	4482.02	19966.87	6492.24	2428.71
褐煤开采洗选	117.04	988.64	518.19	111.88
其他煤炭采选	2.13	6.66	0.82	0.62
石油和天然气开采业	1336.93	11837.46	3874.89	2522.95
石油开采	965.30	7917.78	2324.64	1226.74
天然气开采	371.63	3919.68	1550.25	1296.21
黑色金属矿采选业	329.70	4009.65	1479.70	476.51
铁矿采选	326.78	3944.96	1471.01	473.50
锰矿、铬矿采选	2.07	69.34	6.19	1.11
有色金属矿采选业	188.87	1753.70	553.52	241.95
常用有色金属矿采选	79.53	1014.02	320.41	120.25
贵金属矿采选	74.43	465.68	116.86	52.97
稀有稀土金属矿采选	34.91	274.00	116.25	68.73
非金属矿采选业	180.18	2887.53	639.28	366.21
土砂石开采	126.37	2062.72	386.75	230.50
化学矿开采	29.09	205.41	83.99	43.25
采盐	22.00	567.89	137.61	83.71
石棉及其他非金属矿采选	2.73	51.51	30.92	8.74
开采专业及辅助性活动	861.54	1492.99	2156.30	601.56
煤炭开采和洗选专业及辅助性活动	11.91	-27.05	11.11	9.99
石油和天然气开采专业及辅助性活动	847.87	1519.14	2144.89	591.27
制造业	**48055.67**	**136125.22**	**61772.50**	**22012.28**
农副食品加工业	218.65	903.65	729.03	296.84
谷物磨制	16.38	143.79	106.88	50.64
饲料加工	21.17	120.16	37.07	12.69
植物油加工	72.96	134.93	106.68	74.78
制糖业	34.74	114.08	75.27	33.49
屠宰及肉类加工	30.74	159.82	116.63	55.12
水产品加工	7.60	30.63	26.70	14.94
蔬菜、菌类、水果和坚果加工	12.40	115.17	36.49	20.56
其他农副食品加工	22.66	85.07	223.30	34.62

单位：亿元

集体资本	法人资本	个人资本	港澳台资本	外商资本	营业收入
1059.36	**73905.95**	**2957.19**	**666.12**	**2262.28**	**384563.90**
92.22	**8518.90**	**306.17**	**2.54**	**44.71**	**36979.08**
68.82	4109.66	249.97		41.57	20777.31
68.82	3732.76	220.37		41.57	19974.60
	376.71	29.60			795.65
	0.20				7.07
0.50	1358.82	4.86		-12.24	9250.53
	1097.91				6693.16
0.50	260.92	4.86		-12.24	2557.36
4.99	991.75	5.51		0.94	1867.24
1.38	989.72	5.48		0.94	1845.45
3.04	2.04	0.01			17.89
5.45	258.21	35.20		12.72	1521.34
2.76	174.33	20.84		2.22	800.99
2.22	39.19	11.98		10.49	405.55
0.47	44.68	2.38			314.80
12.18	250.72	10.13		0.05	1020.19
11.03	137.29	7.94			640.59
	39.35	1.39			194.94
0.35	53.25	0.31			161.78
0.80	20.83	0.50		0.05	22.88
0.28	1549.74	0.50	2.54	1.68	2536.16
0.27	0.85				35.79
0.01	1548.89	0.50	2.54	1.68	2493.22
679.31	**34661.42**	**2291.38**	**341.21**	**1782.24**	**246370.23**
5.21	382.54	33.37	0.99	10.07	3961.99
0.67	41.76	8.42	0.86	4.54	478.21
0.30	21.51	2.50		0.07	377.66
0.59	28.51	1.67		1.13	1498.20
1.13	39.84	0.11		0.70	372.30
0.74	44.87	15.78	0.13		705.78
	10.86	0.26		0.64	69.70
0.47	11.24	4.22			111.73
1.31	183.95	0.42		3.00	348.42

1-A-7 续表 8

行 业	应付账款	所有者权益合计	实收资本	国家资本
食品制造业	250.74	1070.39	509.49	179.23
焙烤食品制造	10.68	40.03	20.28	5.82
糖果、巧克力及蜜饯制造	4.51	13.17	9.06	0.10
方便食品制造	21.52	18.36	42.23	21.08
乳制品制造	123.59	372.58	180.34	45.92
罐头食品制造	7.20	37.53	35.90	13.91
调味品、发酵制品制造	18.86	212.21	63.70	24.33
其他食品制造	64.39	376.51	157.98	68.07
酒、饮料和精制茶制造业	544.13	6472.80	663.04	226.98
酒的制造	494.95	6229.52	533.71	171.81
饮料制造	36.47	184.08	91.51	32.49
精制茶加工	12.71	59.19	37.82	22.68
烟草制品业	852.64	8627.98	1035.81	587.94
烟叶复烤	63.00	364.61	235.98	114.90
卷烟制造	762.23	8123.41	759.61	466.99
其他烟草制品制造	27.40	139.96	40.22	6.05
纺织业	71.00	526.55	257.05	108.91
棉纺织及印染精加工	57.66	373.87	207.92	89.60
毛纺织及染整精加工	2.55	41.32	8.66	1.90
麻纺织及染整精加工	1.33	6.29	8.25	4.09
丝绢纺织及印染精加工	0.57	29.62	2.01	1.66
家用纺织制成品制造	2.71	6.83	1.71	0.18
产业用纺织制成品制造	5.78	63.41	27.28	10.71
纺织服装、服饰业	37.31	251.01	81.03	48.07
机织服装制造	28.14	182.92	58.26	31.07
针织或钩针编织服装制造	8.02	37.11	17.83	14.91
服饰制造	1.15	30.98	4.94	2.08
皮革、毛皮、羽毛及其制品和制鞋业	12.67	66.81	17.87	13.07
皮革制品制造	0.42	1.62	0.73	0.58
制鞋业	11.57	57.58	15.23	10.99
木材加工和木、竹、藤、棕、草制品业	23.66	125.76	79.98	39.50
木材加工	2.66	51.11	19.24	10.12

单位：亿元

集体资本	法人资本	个人资本	港澳台资本	外商资本	营业收入
13.59	267.57	38.31	1.56	9.23	1670.84
0.10	8.36	4.23	0.15	1.63	61.93
0.80	8.16				12.65
	16.43		1.08	3.64	105.82
8.62	114.82	8.15		2.83	688.42
0.10	21.67	0.08	0.08	0.05	79.54
1.87	27.08	10.42			236.98
2.10	71.05	15.43	0.25	1.08	485.51
19.60	345.93	46.40	11.16	12.96	5371.43
15.98	282.31	41.53	10.99	11.08	5019.70
2.45	50.27	4.26	0.17	1.88	282.48
1.17	13.36	0.62			69.25
	445.14	2.05		0.69	13216.22
	121.08				213.69
	291.78	0.16		0.69	12901.44
	32.28	1.89			101.10
0.93	122.06	23.24		1.90	642.67
0.78	94.03	21.94		1.57	454.36
	6.22	0.54			76.13
	4.16				8.21
0.16	0.09	0.11			10.44
	1.53				16.27
	15.72	0.53		0.34	71.05
0.36	29.53	2.88		0.20	238.46
0.21	24.15	2.66		0.17	169.72
0.05	2.63	0.21		0.03	49.76
0.11	2.75				18.98
	4.76	0.04			72.05
	0.15				4.77
	4.21	0.04			64.23
1.29	31.33	7.04	0.70	0.11	167.37
	7.14	1.87		0.11	27.76

1-A-7 续表 9

行业	应付账款	所有者权益合计	实收资本	国家资本
人造板制造	17.91	67.49	51.63	25.03
木质制品制造	2.38	3.78	6.63	4.14
竹、藤、棕、草等制品制造	0.70	3.39	2.48	0.21
家具制造业	63.17	54.25	12.68	3.98
木质家具制造	6.63	11.00	6.07	3.39
金属家具制造	55.40	40.32	5.34	0.59
造纸和纸制品业	124.01	588.21	379.76	139.09
纸浆制造	16.32	93.38	79.58	15.22
造纸	97.57	450.90	273.43	116.16
纸制品制造	10.12	43.94	26.75	7.71
印刷和记录媒介复制业	102.23	767.98	346.33	136.86
印刷	99.06	744.62	336.14	134.67
装订及印刷相关服务	2.98	17.29	4.88	1.59
记录媒介复制	0.20	6.06	5.31	0.60
文教、工美、体育和娱乐用品制造业	38.84	159.79	61.92	19.04
文教办公用品制造	0.49	10.73	3.18	1.97
乐器制造	2.20	27.01	21.93	3.64
工艺美术及礼仪用品制造	34.17	114.83	32.13	11.35
体育用品制造	0.70	4.44	2.64	2.08
游艺器材及娱乐用品制造	0.93	2.55	1.84	
石油、煤炭及其他燃料加工业	2313.13	9480.15	4657.68	1983.02
精炼石油产品制造	1748.75	8204.36	3442.40	1485.18
煤炭加工	494.53	935.28	1023.25	468.44
生物质燃料加工	1.55	13.39	17.50	0.40
化学原料和化学制品制造业	2441.69	11929.29	7376.49	2725.82
基础化学原料制造	933.33	5016.15	3187.56	1163.51
肥料制造	330.51	1570.52	1067.20	427.73
农药制造	58.88	576.14	123.93	57.20
涂料、油墨、颜料及类似产品制造	66.37	206.02	148.97	41.64
合成材料制造	769.00	3180.33	2290.20	823.45
专用化学产品制造	166.70	621.51	320.97	128.27
炸药、火工及焰火产品制造	86.64	586.98	195.47	66.23
日用化学产品制造	30.27	171.64	42.17	17.78

单位：亿元

集体资本	法人资本	个人资本	港澳台资本	外商资本	营业收入
1.24	21.19	3.46	0.70		119.48
0.05	2.40	0.04			16.63
	0.60	1.67			3.49
	7.70	0.74		0.25	197.67
	1.98	0.51		0.19	20.10
	4.72	0.04			170.49
1.43	181.44	36.69	0.03	21.09	778.75
	57.22			7.13	94.23
1.19	106.06	36.50		13.52	604.68
0.24	18.15	0.18	0.03	0.43	79.84
6.70	189.99	7.87	1.13	3.78	618.89
6.70	183.28	6.58	1.13	3.78	601.40
	2.00	1.29			15.05
	4.71				2.44
0.39	39.43	1.13		1.93	1012.92
	1.05			0.16	6.49
0.18	18.09	0.02			13.59
0.21	18.30	0.58		1.69	982.70
	0.44	0.04		0.08	5.97
	1.36	0.48			2.54
17.11	2497.36	72.14	58.98	24.53	37797.86
4.91	1832.79	36.00	58.98	24.53	34410.12
12.20	502.11	35.95			3082.04
	16.91	0.19			37.42
75.10	3875.11	304.66	63.44	330.22	18930.64
31.79	1528.38	192.04	60.99	210.85	8031.30
11.55	568.88	48.91	0.30	9.83	2714.44
1.50	51.63	11.30	0.78	1.53	447.25
2.38	99.47	4.01		1.47	243.23
13.38	1329.76	18.86	0.72	104.03	5685.67
13.29	162.93	13.35	0.65	2.48	1156.15
1.21	114.58	12.75			474.50
	19.47	3.44		0.02	178.09

1-A-7 续表 10

行 业	应付账款	所有者权益合计	实收资本	国家资本
医药制造业	394.16	4839.46	1126.73	432.54
化学药品原料药制造	45.26	392.68	148.97	38.00
化学药品制剂制造	99.65	1395.16	321.94	98.15
中药饮片加工	85.34	252.33	66.81	32.42
中成药生产	106.89	1217.28	286.10	84.19
兽用药品制造	13.45	117.57	32.18	10.80
生物药品制品制造	31.08	1359.51	242.59	163.44
卫生材料及医药用品制造	2.14	30.65	18.03	1.34
药用辅料及包装材料	10.36	74.27	10.12	4.21
化学纤维制造业	225.49	943.89	490.57	286.28
纤维素纤维原料及纤维制造	90.09	324.16	216.75	139.43
合成纤维制造	125.91	574.22	241.26	141.60
生物基材料制造	9.49	45.50	32.56	5.25
橡胶和塑料制品业	272.80	1196.82	771.71	271.03
橡胶制品业	162.42	466.24	251.39	150.30
塑料制品业	110.39	730.58	520.32	120.73
非金属矿物制品业	2390.67	7861.04	3671.95	1731.55
水泥、石灰和石膏制造	597.86	4044.47	1652.67	857.70
石膏、水泥制品及类似制品制造	1229.87	1299.98	730.91	365.54
砖瓦、石材等建筑材料制造	106.47	549.80	191.69	98.94
玻璃制造	88.05	315.64	215.71	88.45
玻璃制品制造	41.85	149.83	88.69	41.33
玻璃纤维和玻璃纤维增强塑料制品制造	82.55	565.33	234.96	48.31
陶瓷制品制造	11.71	72.01	52.32	13.06
耐火材料制品制造	44.29	151.10	62.50	28.83
石墨及其他非金属矿物制品制造	188.01	712.89	442.49	189.41
黑色金属冶炼和压延加工业	4182.99	12144.06	6029.41	2013.10
炼铁	98.32	103.68	59.01	1.54
炼钢	335.25	1082.83	483.08	64.95
钢压延加工	3705.78	10897.32	5398.82	1884.75
铁合金冶炼	43.64	60.23	88.49	61.86
有色金属冶炼和压延加工业	1906.54	8227.74	4161.82	1654.88
常用有色金属冶炼	1302.53	5070.38	2577.36	1032.74

单位：亿元

集体资本	法人资本	个人资本	港澳台资本	外商资本	营业收入
19.34	541.06	110.38	12.23	11.17	2821.22
5.59	82.63	14.00	2.85	5.90	288.14
0.88	171.12	48.01	1.55	2.23	831.77
	29.88	2.03		2.48	259.35
0.76	160.56	34.57	5.95	0.08	836.32
	21.22	0.10		0.07	86.96
11.03	58.10	9.76		0.26	451.63
	15.90	0.73	0.02	0.02	17.90
1.09	1.65	1.18	1.85	0.14	49.15
3.01	174.51	11.86	0.35	14.56	1529.89
1.77	60.37	1.92		13.26	730.76
1.04	87.40	9.58	0.35	1.29	762.44
0.20	26.74	0.35		0.02	36.69
6.17	436.34	48.59	3.52	6.13	1350.97
2.71	78.17	16.60	3.00	0.60	683.99
3.45	358.17	31.99	0.52	5.53	666.99
62.18	1728.21	119.85	11.87	17.56	7311.80
23.10	714.45	40.54	7.34	8.81	2925.30
11.61	328.08	22.58	1.48	1.62	2134.31
0.49	80.31	11.08	0.58	0.31	404.76
2.23	109.74	8.66	2.34	4.29	377.73
1.40	33.92	11.75	0.05	0.25	192.11
0.93	184.35	1.00		0.37	450.82
1.50	37.39	0.38			52.87
7.56	22.89	3.09		0.14	157.68
13.37	217.07	20.79	0.08	1.77	616.20
5.98	3800.17	272.57	33.59	102.32	28832.02
0.40	57.07				406.39
	417.63	0.50			2888.96
5.54	3303.98	266.96	33.59	102.32	25336.86
0.04	21.49	5.10			199.81
90.01	2172.14	109.01	20.37	24.83	25891.21
69.82	1320.07	59.83	11.04	19.33	14226.70

1-A-7 续表 11

行业	应付账款	所有者权益合计	实收资本	国家资本
贵金属冶炼	120.08	934.96	200.11	57.10
稀有稀土金属冶炼	66.24	493.38	180.25	86.88
有色金属合金制造	108.91	401.38	217.29	119.41
有色金属压延加工	308.79	1327.64	986.80	358.75
金属制品业	1187.50	2390.40	1341.47	539.20
结构性金属制品制造	560.02	630.65	459.86	236.13
金属工具制造	14.32	72.00	50.45	38.27
集装箱及金属包装容器制造	93.97	232.10	152.70	17.03
金属丝绳及其制品制造	21.30	87.87	53.83	23.42
建筑、安全用金属制品制造	13.29	23.47	11.78	2.24
金属表面处理及热处理加工	29.04	107.57	52.89	8.35
金属制日用品制造	0.95	4.07	1.56	0.34
铸造及其他金属制品制造	454.62	1232.68	558.39	213.43
通用设备制造业	2631.77	5255.41	2104.04	781.68
锅炉及原动设备制造	818.92	1748.99	702.91	290.28
金属加工机械制造	134.52	448.52	244.86	68.17
物料搬运设备制造	590.34	1055.80	335.44	133.28
泵、阀门、压缩机及类似机械制造	322.06	611.78	262.00	75.16
轴承、齿轮和传动部件制造	150.54	239.06	154.14	59.14
烘炉、风机、包装等设备制造	168.87	363.78	135.55	54.11
文化、办公用机械制造	27.90	116.14	45.79	3.08
通用零部件制造	250.39	409.48	141.65	77.19
其他通用设备制造业	168.24	261.86	81.71	21.26
专用设备制造业	2294.40	4296.27	2270.24	852.45
采矿、冶金、建筑专用设备制造	1229.68	2137.65	1325.62	475.93
化工、木材、非金属加工专用设备制造	170.26	373.04	251.37	117.51
食品、饮料、烟草及饲料生产专用设备制造	53.43	113.51	38.46	9.81
印刷、制药、日化及日用品生产专用设备制造	19.70	57.62	36.92	8.44
纺织、服装和皮革加工专用设备制造	57.21	98.49	67.25	21.80
电子和电工机械专用设备制造	194.26	343.08	96.06	50.38
农、林、牧、渔专用机械制造	91.86	115.39	78.90	24.56
医疗仪器设备及器械制造	24.44	131.69	39.87	9.55
环保、邮政、社会公共服务及其他专用设备制造	453.56	925.80	335.79	134.47

单位：亿元

					营业收入
集体资本	法人资本	个人资本	港澳台资本	外商资本	
5.75	114.45	15.53	7.28		3178.01
0.42	88.66	3.54	0.15	0.60	998.09
0.09	89.81	5.07	0.29	2.56	921.61
13.93	559.15	25.05	1.59	2.33	6566.81
12.52	713.77	54.27	3.63	14.97	4221.70
5.90	206.71	10.08	0.68	0.06	1359.31
0.17	11.00	0.61		0.40	80.80
3.12	128.63	1.84		2.08	458.32
0.15	25.23	2.39	1.89	0.74	174.30
0.23	7.36	1.95			124.64
0.01	38.31	0.86		5.37	219.05
	0.99	0.09		0.14	9.80
2.94	295.54	36.45	1.06	6.17	1795.47
35.01	973.88	198.40	49.06	57.24	6849.71
19.18	284.99	44.50	19.66	31.68	2141.19
3.56	155.50	16.15	0.69	0.78	448.72
0.58	107.97	68.04	19.52	6.04	1461.06
3.10	142.85	22.76	5.32	12.04	856.56
1.30	84.79	5.20	0.16	3.55	374.93
4.49	53.17	18.09	3.50	2.18	490.07
	26.51	15.56	0.17	0.48	80.35
1.84	56.37	5.82	0.01	0.43	680.63
0.96	61.72	2.28	0.02	0.07	316.21
20.53	1227.84	155.89	3.73	9.73	5737.63
15.13	741.45	87.29	2.56	3.26	3088.63
1.43	124.35	4.92	0.58	2.58	522.68
0.15	28.41	0.09			131.69
	28.47				69.66
0.46	42.53	2.26	0.18	0.02	137.08
	34.29	10.52	0.01	0.84	416.84
0.86	51.95	1.52		0.01	364.26
1.20	18.46	10.30	0.36		96.42
1.31	157.93	38.98	0.02	3.02	910.36

1-A-7 续表 12

行　业	应付账款	所有者权益合计	实收资本	国家资本
汽车制造业	10486.26	15416.33	6280.42	1759.67
汽车整车制造	8314.42	11861.44	4537.39	1222.27
汽车用发动机制造	301.41	572.81	383.06	94.20
改装汽车制造	155.25	232.03	149.36	40.73
汽车车身、挂车制造	25.51	48.90	20.69	7.98
汽车零部件及配件制造	1688.91	2694.99	1186.02	394.49
铁路、船舶、航空航天和其他运输设备制造业	5993.13	8656.26	4364.17	1704.14
铁路运输设备制造	1682.76	2274.10	963.36	358.19
城市轨道交通设备制造	380.79	254.71	200.13	96.80
船舶及相关装置制造	1199.13	1910.01	1565.73	641.26
航空、航天器及设备制造	2703.94	4156.97	1599.10	598.11
摩托车制造	20.04	49.29	32.41	8.03
自行车和残疾人座车制造	2.47	5.20	0.84	0.74
潜水救捞及其他未列明运输设备制造	2.81	4.86	1.76	1.00
电气机械和器材制造业	2926.26	3858.49	2033.74	671.77
电机制造	1069.75	865.69	486.42	204.24
输配电及控制设备制造	981.04	1349.34	678.08	258.99
电线、电缆、光缆及电工器材制造	195.64	558.87	253.31	82.08
电池制造	485.82	737.90	480.02	90.31
家用电力器具制造	70.39	215.63	69.96	21.94
非电力家用器具制造	2.14	1.04	1.38	
照明器具制造	74.45	52.09	23.36	9.10
其他电气机械及器材制造	47.04	77.94	41.21	5.11
计算机、通信和其他电子设备制造业	4471.02	15686.42	9205.35	2354.21
计算机制造	427.13	812.28	232.12	67.24
通信设备制造	888.67	2091.85	753.29	155.85
广播电视设备制造	43.60	194.25	168.19	152.90
雷达及配套设备制造	241.42	374.39	138.50	81.68
非专业视听设备制造	463.43	738.57	182.92	25.84
智能消费设备制造	98.30	133.93	31.70	13.22
电子器件制造	1664.87	8371.31	6860.31	1548.61

单位：亿元

集体资本	法人资本	个人资本	港澳台资本	外商资本	营业收入
109.52	3355.60	140.62	8.02	906.09	35101.95
68.19	2430.76	100.47		715.71	27161.49
19.70	185.38	4.38		79.40	1243.01
1.27	101.77	4.56	0.26	1.29	604.84
	12.49		0.21		80.36
20.36	621.30	31.21	7.55	109.69	6003.67
41.74	2312.02	109.10	9.71	92.11	12448.61
8.79	569.95	35.03	8.36	13.42	2657.35
	97.34	1.85	0.75	2.89	442.35
0.03	855.78	11.32		57.34	3197.77
32.92	772.78	59.37	0.61	10.07	6030.01
	14.87	1.38		8.13	98.68
	0.10				11.68
	0.60	0.15			7.90
31.39	1204.33	81.38	5.11	25.38	7636.61
3.61	254.15	9.60	0.27	0.16	1910.69
12.68	358.42	36.55	0.97	10.48	2320.25
12.08	128.70	24.45	3.86	2.14	1416.50
1.73	380.87	1.45		5.66	1116.77
0.25	33.68	8.50		5.60	518.44
	1.37	0.01			2.17
	12.76	0.20	0.01	1.29	254.34
1.04	34.38	0.61		0.06	97.44
66.74	6476.23	222.04	37.75	62.41	16191.43
3.76	119.07	37.28	3.27	1.49	1829.36
2.92	559.19	33.34	0.46	1.53	3394.02
	11.18	1.66	0.03	2.42	166.53
	53.35	2.76		0.40	360.99
0.50	155.36	0.51	0.67	0.05	2227.54
0.35	15.10	2.89		0.13	299.35
33.71	5143.72	65.05	18.03	51.08	5070.31

1-A-7 续表 13

行　　业	应付账款	所有者权益合计	实收资本	国家资本
电子元件及电子专用材料制造	496.90	2564.45	752.71	267.95
其他电子设备制造	146.70	405.39	85.62	40.91
仪器仪表制造业	552.18	1332.02	405.28	122.47
通用仪器仪表制造	425.40	948.05	271.70	59.28
专用仪器仪表制造	67.00	188.97	73.86	32.87
光学仪器制造	48.01	155.83	47.12	24.06
衡器制造	1.64	7.45	2.46	2.11
其他仪器仪表制造业	9.83	27.81	7.87	3.68
其他制造业	**403.33**	**673.70**	**217.16**	**102.81**
废弃资源综合利用业	157.96	422.41	258.99	99.59
金属废料和碎屑加工处理	98.88	258.28	152.69	47.86
非金属废料和碎屑加工处理	59.08	164.14	106.31	51.74
金属制品、机械和设备修理业	485.35	1899.89	831.30	126.55
金属制品修理	1.05	1.79	1.13	0.61
通用设备修理	14.13	26.43	11.38	6.17
专用设备修理	83.02	452.10	177.68	23.60
铁路、船舶、航空航天等运输设备修理	348.68	1129.46	582.36	87.96
电气设备修理	14.41	219.37	44.55	2.20
其他机械和设备修理业	23.77	70.79	14.06	5.87
电力、热力、燃气及水生产和供应业	**16416.09**	**96355.20**	**70047.20**	**37463.77**
电力、热力生产和供应业	14231.08	81423.93	62885.09	33508.27
电力生产	5214.10	33462.35	25897.51	9693.41
电力供应	8168.71	45627.81	35636.26	23105.65
热力生产和供应	848.28	2333.76	1351.32	709.22
燃气生产和供应业	854.19	4086.48	2316.03	870.41
燃气生产和供应业	852.73	4073.05	2303.88	869.15
生物质燃气生产和供应业	1.46	13.42	12.15	1.26
水的生产和供应业	1330.82	10844.80	4846.08	3085.09
自来水生产和供应	924.67	8065.22	3344.25	2219.22
污水处理及其再生利用	389.76	2739.15	1463.37	846.81
海水淡化处理	10.81	7.73	14.35	4.79
其他水的处理、利用与分配	5.58	32.71	24.11	14.26

单位：亿元

集体资本	法人资本	个人资本	港澳台资本	外商资本	营业收入
24.20	382.85	71.88	15.29	4.96	2459.77
1.30	36.40	6.66		0.35	383.58
4.03	220.62	53.27	0.54	3.23	1287.38
3.61	161.44	44.24	0.54	2.25	956.86
0.03	37.57	2.61			164.88
0.26	16.39	5.52		0.90	127.91
	0.03	0.24		0.08	8.47
0.13	3.40	0.66			25.04
2.20	**101.35**	**15.19**	**0.06**	**0.22**	**830.40**
21.27	126.51	8.77	1.75	1.09	2283.41
20.72	77.07	6.78	0.12	0.14	1928.64
0.55	49.45	1.99	1.63	0.95	354.77
5.97	676.96	3.65	1.95	16.23	1366.51
	0.52				9.25
0.49	4.71	0.01			53.99
	151.37	2.65	0.05		307.32
1.34	475.06	0.05	1.89	16.06	866.32
4.14	37.39	0.69		0.12	68.43
	7.90	0.25		0.05	60.55
287.83	**30725.62**	**359.64**	**322.37**	**435.32**	**101214.58**
215.56	27881.34	279.45	210.12	338.74	86672.38
198.47	15205.69	256.24	207.70	325.45	28395.46
10.99	12058.24	8.66	1.19	10.49	55997.04
6.09	617.41	14.54	1.23	2.80	2279.88
34.91	1234.09	38.25	83.72	53.61	10907.15
34.91	1223.31	38.13	83.72	53.61	10895.69
	10.78	0.12			11.46
37.35	1610.19	41.94	28.53	42.97	3635.05
24.32	1018.59	25.17	25.29	31.67	2649.93
13.03	573.45	16.77	2.00	11.30	957.63
	9.56				4.47
	8.60		1.25		23.02

1-A-7 续表 14

行　业	营业成本	销售费用	管理费用	财务费用
总　计	**320636.11**	**4490.84**	**17517.42**	**4458.04**
采矿业	**23173.89**	**217.05**	**3021.80**	**771.45**
煤炭开采和洗选业	12548.35	155.61	1683.24	508.16
烟煤和无烟煤开采洗选	12115.24	146.66	1604.36	488.65
褐煤开采洗选	427.57	8.84	78.29	19.46
其他煤炭采选	5.53	0.11	0.60	0.05
石油和天然气开采业	5358.98	32.39	853.67	110.01
石油开采	3947.57	26.04	629.58	94.75
天然气开采	1411.41	6.35	224.09	15.26
黑色金属矿采选业	1322.76	5.78	139.39	86.82
铁矿采选	1308.88	5.61	136.37	86.48
锰矿、铬矿采选	10.99	0.15	2.54	0.33
有色金属矿采选业	859.46	3.49	150.19	30.43
常用有色金属矿采选	492.58	2.38	66.40	13.77
贵金属矿采选	227.11	0.47	55.23	11.50
稀有稀土金属矿采选	139.77	0.63	28.57	5.15
非金属矿采选业	697.44	18.13	82.86	34.21
土砂石开采	452.64	10.51	51.96	30.10
化学矿开采	113.05	1.90	11.99	2.66
采盐	119.11	5.23	17.19	1.06
石棉及其他非金属矿采选	12.64	0.50	1.72	0.39
开采专业及辅助性活动	2381.20	1.63	111.46	1.75
煤炭开采和洗选专业及辅助性活动	30.56		4.73	2.31
石油和天然气开采专业及辅助性活动	2344.04	1.63	106.54	-0.60
制造业	**205455.45**	**3908.13**	**12265.53**	**935.99**
农副食品加工业	3728.05	53.71	87.11	27.16
谷物磨制	448.64	7.87	12.84	5.28
饲料加工	344.30	7.72	9.14	1.37
植物油加工	1459.11	6.82	15.92	5.09
制糖业	319.34	4.47	14.76	4.75
屠宰及肉类加工	676.66	14.16	16.06	4.10
水产品加工	64.29	1.24	4.24	2.35
蔬菜、菌类、水果和坚果加工	90.32	5.81	4.61	0.18
其他农副食品加工	325.39	5.62	9.54	4.04

单位：亿元

利息费用	投资收益(损失以“–”号记)	营业利润	利润总额	亏损企业亏损额	平均用工人数(万人)
5654.28	**4946.83**	**24013.95**	**23855.94**	**5806.24**	**1371.26**
1004.67	**947.45**	**7764.24**	**7488.01**	**621.59**	**295.67**
686.20	713.86	5125.56	4987.87	358.27	194.12
667.99	683.98	4927.98	4808.57	310.54	188.20
18.16	29.88	196.86	178.52	47.73	5.84
0.05		0.72	0.78		0.08
149.23	43.83	1690.80	1563.01	201.39	49.73
124.20	30.99	973.32	873.07	181.34	44.73
25.03	12.84	717.48	689.94	20.05	5.00
92.60	140.31	374.71	353.30	6.44	10.10
92.08	137.01	367.81	346.57	5.70	9.83
0.51	3.30	6.49	6.32	0.74	0.19
32.88	24.59	425.94	417.65	20.87	11.66
14.72	20.56	208.81	203.42	12.78	4.73
13.46	2.42	100.23	98.65	4.87	4.99
4.70	1.61	116.90	115.58	3.21	1.94
32.18	3.27	140.66	140.51	20.37	5.98
26.56	1.64	72.64	69.47	19.72	2.97
3.31	0.86	45.30	45.16	0.23	1.02
1.69	0.71	16.26	19.48	0.24	1.75
0.63	0.06	6.46	6.40	0.18	0.23
11.53	21.60	8.04	27.61	12.12	24.05
2.34	0.02	-2.61	-2.69	2.83	0.77
9.18	21.57	10.35	30.00	9.29	23.23
1892.89	**2776.39**	**11419.18**	**11442.38**	**3736.14**	**783.94**
27.62	-0.39	60.27	64.66	47.58	13.00
3.89	0.06	4.54	6.41	7.03	1.38
0.84	2.16	15.54	15.76	1.80	1.09
4.83	-5.20	6.04	6.50	12.71	1.57
8.37	0.26	26.93	27.29	2.03	2.80
4.04	1.65	-4.00	-3.32	13.80	3.36
0.94	-0.72	-3.35	-3.12	4.80	0.70
0.58	1.19	12.14	12.31	1.43	0.96
4.13	0.21	2.44	2.83	3.99	1.15

1-A-7 续表 15

行业	营业成本	销售费用	管理费用	财务费用
食品制造业	1379.82	93.74	91.27	7.06
焙烤食品制造	47.88	4.31	4.85	0.12
糖果、巧克力及蜜饯制造	9.13	0.55	1.26	-0.17
方便食品制造	92.51	3.18	10.00	1.90
乳制品制造	592.12	50.43	21.66	1.04
罐头食品制造	61.14	2.80	2.84	0.58
调味品、发酵制品制造	192.65	11.79	15.67	-0.37
其他食品制造	384.40	20.68	34.98	3.95
酒、饮料和精制茶制造业	2645.51	338.25	302.49	-34.88
酒的制造	2385.48	303.77	283.02	-35.00
饮料制造	209.11	29.54	13.41	-0.92
精制茶加工	50.92	4.94	6.06	1.04
烟草制品业	3849.57	150.46	661.55	-88.69
烟叶复烤	170.49	4.68	22.91	-6.86
卷烟制造	3614.14	143.89	622.44	-80.99
其他烟草制品制造	64.94	1.89	16.20	-0.83
纺织业	593.06	7.86	29.02	12.92
棉纺织及印染精加工	432.38	4.58	17.52	11.92
毛纺织及染整精加工	63.75	1.48	2.20	0.03
麻纺织及染整精加工	7.32	0.09	0.89	0.28
丝绢纺织及印染精加工	9.43	0.08	0.57	0.19
家用纺织制成品制造	13.54	0.15	1.26	0.05
产业用纺织制成品制造	61.38	1.45	5.64	0.34
纺织服装、服饰业	174.11	3.66	61.45	-1.66
机织服装制造	120.78	2.65	45.63	-1.28
针织或钩针编织服装制造	42.33	0.92	7.39	-0.01
服饰制造	11.00	0.08	8.42	-0.37
皮革、毛皮、羽毛及其制品和制鞋业	57.26	1.04	10.02	0.06
皮革制品制造	2.66		2.50	-0.02
制鞋业	51.60	1.01	7.31	0.06
木材加工和木、竹、藤、棕、草制品业	149.25	2.38	10.42	3.57
木材加工	23.99	0.14	1.06	-0.02

单位：亿元

利息费用	投资收益(损失以"–"号记)	营业利润	利润总额	亏损企业亏损额	平均用工人数(万人)
13.77	63.68	158.29	158.31	19.41	12.14
0.36	0.27	4.68	5.11	0.28	0.94
0.04	1.05	2.99	3.01	0.10	0.08
2.16	0.36	-2.06	-1.96	4.45	1.66
1.98	45.82	70.05	70.38	8.29	3.71
0.91	0.05	10.79	10.97	0.19	0.67
2.79	4.80	22.56	21.96	0.45	1.41
5.54	11.32	49.29	48.84	5.65	3.67
19.13	486.54	1931.15	1933.89	47.36	25.13
17.13	484.81	1891.48	1893.35	45.01	22.58
1.08	1.01	32.66	33.01	1.52	1.87
0.92	0.72	7.01	7.53	0.83	0.67
1.43	96.30	1525.92	1511.64	2.37	14.34
0.01	0.32	19.79	19.04	2.32	1.43
1.27	95.97	1489.65	1476.18		12.36
0.15		16.48	16.42	0.05	0.55
13.92	4.24	5.31	5.74	18.06	7.16
12.33	4.26	-6.73	-5.80	14.76	4.99
0.20	0.06	9.01	8.95		0.48
0.39	-0.03	-0.04	-0.09	0.41	0.22
0.17		0.14	0.15	0.31	0.16
0.06		1.33	1.36	0.04	0.18
0.67	-0.04	1.80	1.33	2.07	0.74
0.84	0.26	1.52	5.50	7.57	5.83
0.59	0.06	1.93	4.07	5.50	4.38
0.23	0.19	-0.29	1.10	1.32	0.99
0.02	0.01	-0.12	0.33	0.75	0.46
0.10	0.26	3.99	4.08	0.21	1.17
		0.06	0.07		0.12
0.09	0.26	4.09	4.15	0.04	1.01
3.50	0.77	2.43	2.86	7.79	1.87
0.17	0.07	2.99	3.28	0.44	0.27

1-A-7 续表 16

行　　业	营业成本	销售费用	管理费用	财务费用
人造板制造	106.90	1.92	8.00	3.52
木质制品制造	15.52	0.23	0.89	
竹、藤、棕、草等制品制造	2.84	0.09	0.47	0.07
家具制造业	162.94	2.64	23.70	-0.17
木质家具制造	16.30	1.10	1.37	0.36
金属家具制造	141.63	0.34	21.67	-0.55
造纸和纸制品业	710.95	10.84	54.13	12.49
纸浆制造	83.67	1.41	5.52	2.97
造纸	559.11	8.25	40.70	9.04
纸制品制造	68.17	1.18	7.91	0.48
印刷和记录媒介复制业	486.70	10.21	85.18	-6.27
印刷	473.01	9.64	82.11	-6.29
装订及印刷相关服务	11.81	0.48	2.62	0.05
记录媒介复制	1.88	0.09	0.45	-0.03
文教、工美、体育和娱乐用品制造业	955.29	9.96	11.82	1.41
文教办公用品制造	5.34	0.16	1.00	-0.09
乐器制造	10.79	0.65	2.22	-0.21
工艺美术及礼仪用品制造	931.42	8.41	7.12	1.54
体育用品制造	4.23	0.70	0.84	0.08
游艺器材及娱乐用品制造	2.07	0.03	0.50	0.09
石油、煤炭及其他燃料加工业	31146.58	92.65	638.01	160.03
精炼石油产品制造	27909.60	84.26	529.82	112.24
煤炭加工	3009.71	8.23	91.41	46.83
生物质燃料加工	34.42	0.08	1.12	1.36
化学原料和化学制品制造业	16516.77	220.81	965.71	251.87
基础化学原料制造	7183.29	61.78	367.94	94.09
肥料制造	2216.01	29.91	133.87	48.80
农药制造	363.35	8.98	32.15	0.46
涂料、油墨、颜料及类似产品制造	206.08	6.12	24.57	2.37
合成材料制造	5117.61	48.13	244.57	94.78
专用化学产品制造	997.89	17.20	80.14	7.76
炸药、火工及焰火产品制造	338.46	10.61	71.11	4.49
日用化学产品制造	94.07	38.08	11.37	-0.87

单位：亿元

利息费用	投资收益(损失以"–"号记)	营业利润	利润总额	亏损企业亏损额	平均用工人数(万人)
3.10	0.70	0.18	0.28	6.30	1.00
0.14		-0.78	-0.74	0.91	0.18
0.08		0.04	0.04	0.13	0.42
0.54	12.95	22.49	22.51	0.74	0.69
0.36	0.01	1.16	1.17	0.63	0.28
0.15	12.94	21.16	21.17		0.33
16.14	7.44	3.89	4.43	18.65	4.76
3.27	-0.05	1.83	1.83	3.22	0.39
12.35	7.27	0.14	0.61	13.60	3.50
0.53	0.22	1.92	1.98	1.82	0.87
1.95	4.44	42.89	43.76	8.43	7.09
1.81	4.18	42.52	43.39	7.69	6.84
0.14	0.20	0.24	0.23	0.69	0.21
	0.05	0.13	0.14	0.06	0.04
2.89	9.41	44.18	44.75	1.07	1.26
	3.82	3.91	3.95	0.03	0.10
0.05	0.02	-0.02	-0.01	0.22	0.30
2.72	5.56	40.29	40.73	0.40	0.64
0.01	0.01	0.08	0.15	0.26	0.11
0.11		-0.13	-0.12	0.15	0.07
203.06	111.52	565.20	527.32	319.55	39.81
147.03	77.72	587.56	550.38	178.85	31.18
51.54	32.29	-89.61	-90.14	138.98	7.44
1.58		0.29	0.20	1.72	0.09
313.96	210.20	856.52	846.07	597.54	64.20
119.44	61.01	279.20	270.60	286.05	23.57
63.26	51.54	277.87	275.39	41.14	10.09
3.49	9.53	54.76	54.84	3.63	2.18
2.83	9.88	14.87	14.94	5.63	1.71
109.15	48.05	62.40	58.96	241.02	14.39
9.16	7.24	57.70	58.71	16.30	5.07
6.28	22.60	74.35	77.09	2.96	6.14
0.36	0.35	35.37	35.55	0.80	1.03

1-A-7 续表 17

行　业	营业成本	销售费用	管理费用	财务费用
医药制造业	1451.08	552.59	344.66	-1.25
化学药品原料药制造	205.46	20.49	40.01	4.23
化学药品制剂制造	441.21	167.53	99.33	-0.03
中药饮片加工	181.17	31.37	18.89	2.63
中成药生产	385.73	210.88	84.94	-1.55
兽用药品制造	52.34	10.95	12.29	0.07
生物药品制品制造	139.98	105.79	83.10	-6.41
卫生材料及医药用品制造	11.57	2.35	2.78	0.03
药用辅料及包装材料	33.61	3.25	3.32	-0.21
化学纤维制造业	1395.34	11.60	67.96	22.93
纤维素纤维原料及纤维制造	658.83	3.68	25.88	12.68
合成纤维制造	702.19	7.47	39.99	9.44
生物基材料制造	34.32	0.45	2.09	0.81
橡胶和塑料制品业	1140.49	37.80	100.93	5.12
橡胶制品业	574.71	22.80	47.89	2.31
塑料制品业	565.78	15.00	53.04	2.81
非金属矿物制品业	6208.46	118.50	519.68	73.63
水泥、石灰和石膏制造	2486.44	52.72	229.01	9.80
石膏、水泥制品及类似制品制造	1807.72	33.75	130.67	35.78
砖瓦、石材等建筑材料制造	331.95	7.88	23.33	6.88
玻璃制造	341.94	3.17	21.77	6.73
玻璃制品制造	170.17	2.43	13.36	1.78
玻璃纤维和玻璃纤维增强塑料制品制造	365.36	5.87	36.13	4.91
陶瓷制品制造	41.57	1.66	7.87	0.49
耐火材料制品制造	135.16	4.02	12.06	0.91
石墨及其他非金属矿物制品制造	528.14	6.99	45.48	6.33
黑色金属冶炼和压延加工业	27644.80	106.74	792.82	226.17
炼铁	397.14	0.05	9.72	2.42
炼钢	2752.26	7.65	75.48	29.26
钢压延加工	24301.62	97.07	698.90	191.19
铁合金冶炼	193.78	1.98	8.72	3.30
有色金属冶炼和压延加工业	24039.00	47.63	542.22	138.64
常用有色金属冶炼	13059.26	19.39	275.34	86.71

单位：亿元

利息费用	投资收益(损失以"−"号记)	营业利润	利润总额	亏损企业亏损额	平均用工人数(万人)
27.87	105.11	548.28	542.68	29.93	23.63
5.48	6.24	21.79	21.23	5.90	3.24
9.19	44.33	170.30	166.14	5.32	7.02
2.80	2.91	26.64	26.83	2.63	1.37
7.16	29.29	174.76	174.01	6.77	7.15
0.37	0.27	10.39	10.48	2.15	0.84
2.73	21.86	134.39	133.76	6.92	3.16
0.06	0.03	1.30	1.35	0.18	0.23
0.08	0.19	8.71	8.87	0.06	0.63
27.99	13.41	36.97	39.49	39.07	7.05
12.45	1.78	29.43	29.82	16.38	2.52
14.75	11.55	8.78	10.75	20.96	4.29
0.79	0.08	-1.24	-1.07	1.74	0.25
13.05	9.27	66.74	70.15	11.62	11.11
7.36	1.79	34.53	34.22	4.42	6.17
5.69	7.48	32.21	35.93	7.20	4.94
111.64	68.84	414.15	421.30	178.01	42.61
40.07	12.96	130.97	135.81	98.08	16.48
35.23	38.50	143.37	144.43	33.46	10.22
6.41	1.08	31.98	31.36	7.01	2.13
5.84	1.84	10.25	10.57	10.20	2.00
2.14	1.34	5.33	5.42	2.62	1.52
9.71	6.05	56.98	56.91	1.12	4.10
0.79	0.60	1.83	2.00	2.04	0.76
1.61	1.20	4.74	5.30	0.84	1.45
9.82	5.28	28.70	29.51	22.63	3.95
277.71	225.27	93.32	74.18	430.08	57.11
2.74	-0.09	-5.05	-5.45	11.80	0.91
30.23	14.06	35.69	30.37	25.50	4.31
241.80	209.27	69.93	56.08	381.01	51.02
2.94	2.03	-7.24	-6.82	11.77	0.87
183.14	355.01	1268.32	1270.20	126.94	44.93
108.83	78.50	738.58	736.65	75.53	26.86

1-A-7 续表 18

行　业	营业成本	销售费用	管理费用	财务费用
贵金属冶炼	2999.04	3.64	77.19	14.07
稀有稀土金属冶炼	920.27	1.41	28.32	1.99
有色金属合金制造	839.71	7.73	43.26	6.60
有色金属压延加工	6220.73	15.45	118.11	29.27
金属制品业	3772.57	43.96	292.30	23.64
结构性金属制品制造	1227.71	10.76	82.48	13.77
金属工具制造	64.80	2.69	8.84	0.67
集装箱及金属包装容器制造	399.35	5.88	30.45	0.37
金属丝绳及其制品制造	155.39	3.32	10.07	0.82
建筑、安全用金属制品制造	112.87	0.65	5.43	1.89
金属表面处理及热处理加工	199.23	1.28	10.44	0.72
金属制日用品制造	8.53	0.21	0.79	-0.04
铸造及其他金属制品制造	1604.69	19.18	143.79	5.45
通用设备制造业	5753.52	187.64	614.31	-1.13
锅炉及原动设备制造	1765.81	51.42	200.26	-11.41
金属加工机械制造	378.23	12.74	54.07	0.22
物料搬运设备制造	1253.75	43.49	108.06	-2.57
泵、阀门、压缩机及类似机械制造	698.76	24.95	77.44	-1.12
轴承、齿轮和传动部件制造	315.98	9.12	37.71	3.78
烘炉、风机、包装等设备制造	412.31	16.27	45.44	3.94
文化、办公用机械制造	66.21	3.95	8.94	0.32
通用零部件制造	615.54	9.96	47.56	4.59
其他通用设备制造业	246.94	15.75	34.83	1.13
专用设备制造业	4762.74	174.87	526.12	47.93
采矿、冶金、建筑专用设备制造	2583.84	99.15	249.12	33.00
化工、木材、非金属加工专用设备制造	459.51	7.34	45.48	8.15
食品、饮料、烟草及饲料生产专用设备制造	92.19	3.16	19.25	-0.27
印刷、制药、日化及日用品生产专用设备制造	56.91	2.87	7.03	0.34
纺织、服装和皮革加工专用设备制造	114.67	4.28	14.07	0.59
电子和电工机械专用设备制造	332.87	9.31	64.18	-0.36
农、林、牧、渔专用机械制造	312.54	10.20	25.98	-0.66
医疗仪器设备及器械制造	59.95	12.39	16.41	-0.47
环保、邮政、社会公共服务及其他专用设备制造	750.25	26.18	84.61	7.61

单位：亿元

利息费用	投资收益(损失以"–"号记)	营业利润	利润总额	亏损企业亏损额	平均用工人数(万人)
26.38	271.59	336.55	335.07	8.84	3.36
8.47	7.45	46.05	44.10	2.50	1.58
7.03	7.01	29.85	31.85	5.78	2.89
32.43	-9.55	117.29	122.54	34.29	10.24
34.29	35.63	149.03	154.46	55.79	25.62
13.63	10.80	27.29	27.55	15.52	6.59
0.79	0.09	4.73	5.12	1.10	1.13
2.16	2.24	23.85	24.88	3.55	3.02
0.94	0.15	4.45	4.50	1.89	1.17
1.53	-0.01	3.45	3.52	0.31	0.20
1.01	0.46	6.14	6.01	1.30	0.53
0.03	0.02	0.36	0.35	0.01	0.10
14.19	21.89	78.76	82.53	32.13	12.90
48.77	72.37	359.38	375.89	75.42	39.09
6.39	18.24	150.27	151.31	13.25	9.02
4.35	13.68	18.94	28.66	4.58	5.33
14.07	4.60	60.10	62.12	7.63	5.63
5.84	9.27	69.28	69.50	7.47	5.46
4.14	1.97	10.52	10.01	11.23	3.67
5.62	12.82	22.95	23.07	7.72	2.89
1.05	4.20	4.66	4.72	1.85	0.69
4.94	1.34	-1.31	2.03	17.44	4.37
2.37	6.25	23.96	24.49	4.26	2.04
83.63	34.75	205.93	217.94	130.38	35.35
52.71	13.47	94.01	101.98	60.75	18.37
8.84	0.69	4.65	4.63	20.66	3.35
0.13	1.08	17.93	17.93	0.04	0.89
0.69		2.54	2.56	1.30	0.68
1.43	0.50	2.92	4.60	3.52	1.20
3.94	2.94	12.33	13.32	22.07	2.08
2.10	3.66	20.25	20.79	2.72	2.54
0.58	2.20	10.55	10.51	2.46	1.17
13.21	10.22	40.76	41.63	16.87	5.05

1-A-7 续表 19

行　业	营业成本	销售费用	管理费用	财务费用
汽车制造业	30772.01	698.13	1710.77	-64.66
汽车整车制造	23781.31	563.18	1227.33	-65.83
汽车用发动机制造	1097.03	18.36	67.32	-0.55
改装汽车制造	522.52	21.46	39.36	3.44
汽车车身、挂车制造	66.77	1.91	8.95	0.10
汽车零部件及配件制造	5295.81	93.21	367.81	-1.78
铁路、船舶、航空航天和其他运输设备制造业	10759.35	173.39	1064.29	-28.28
铁路运输设备制造	2126.64	76.22	264.64	-2.21
城市轨道交通设备制造	388.80	9.06	31.53	-0.18
船舶及相关装置制造	2909.08	16.66	241.11	-19.08
航空、航天器及设备制造	5229.10	69.32	515.96	-6.58
摩托车制造	86.70	1.85	9.11	-0.23
自行车和残疾人座车制造	10.05	0.10	0.63	-0.03
潜水救捞及其他未列明运输设备制造	6.38	0.16	1.13	0.03
电气机械和器材制造业	6658.45	207.57	483.71	29.18
电机制造	1720.19	71.82	115.89	4.74
输配电及控制设备制造	1964.11	64.59	155.75	8.42
电线、电缆、光缆及电工器材制造	1236.25	30.17	83.78	11.59
电池制造	995.41	15.58	75.90	3.02
家用电力器具制造	437.34	18.66	25.10	0.76
非电力家用器具制造	1.92	0.12	0.29	0.07
照明器具制造	223.06	4.24	18.55	0.70
其他电气机械及器材制造	80.16	2.37	8.47	-0.13
计算机、通信和其他电子设备制造业	13471.56	473.50	1771.19	94.03
计算机制造	1629.63	45.02	115.82	1.54
通信设备制造	2449.12	200.98	555.19	-11.28
广播电视设备制造	140.12	3.52	13.87	2.00
雷达及配套设备制造	294.83	5.90	53.44	2.65
非专业视听设备制造	1995.88	67.41	105.09	9.90
智能消费设备制造	244.10	5.22	32.64	0.60
电子器件制造	4428.37	84.05	616.18	81.10

单位：亿元

利息费用	投资收益(损失以"-"号记)	营业利润	利润总额	亏损企业亏损额	平均用工人数(万人)
90.01	584.50	1664.72	1691.42	664.97	83.02
61.69	499.70	1276.68	1297.69	585.34	49.28
3.17	0.20	58.44	58.82	24.88	3.11
5.08	0.38	16.11	17.54	11.48	3.28
0.50	0.13	2.60	2.71	1.76	0.79
19.57	84.09	310.85	314.63	41.51	26.55
71.05	54.36	505.17	512.58	125.13	71.25
11.46	16.33	205.74	208.23	4.77	16.55
1.00	1.29	12.32	12.69	4.43	1.89
31.61	6.05	50.51	54.27	43.91	16.19
26.64	29.84	233.77	234.44	70.12	35.37
0.32	0.84	1.63	1.74	1.76	0.99
0.01	0.01	0.93	0.94	0.11	0.12
0.01	-0.01	0.21	0.21	0.04	0.14
42.91	25.57	246.40	246.81	104.68	29.91
10.19	7.56	-2.18	-0.34	54.57	6.22
11.80	5.09	126.32	127.41	13.04	9.43
13.11	2.76	49.22	48.27	5.48	4.45
4.34	-1.02	13.15	13.11	29.30	5.36
2.24	10.59	46.67	45.14	0.49	2.88
0.05	-0.01	-0.24	-0.24	0.26	0.02
0.96	0.59	8.00	7.99	1.45	1.18
0.22	0.01	5.46	5.48	0.09	0.37
215.51	75.81	329.03	333.02	632.07	80.95
8.88	13.24	49.38	49.47	8.81	4.88
41.12	6.44	196.55	197.82	27.00	16.55
4.85	5.90	10.78	10.90	3.66	0.77
6.21	0.99	2.12	2.40	16.99	3.30
17.30	19.30	50.43	44.52	9.73	6.53
0.80	-2.78	14.35	14.56	4.52	1.70
112.54	11.86	-229.61	-225.98	518.39	29.22

1-A-7 续表 20

行业	营业成本	销售费用	管理费用	财务费用
电子元件及电子专用材料制造	2020.57	43.70	216.46	7.33
其他电子设备制造	268.95	17.71	62.51	0.19
仪器仪表制造业	1016.05	55.05	143.85	4.24
通用仪器仪表制造	760.62	42.51	89.10	3.88
专用仪器仪表制造	122.82	7.57	27.86	0.57
光学仪器制造	104.71	3.16	20.22	-0.27
衡器制造	6.31	0.47	1.33	0.03
其他仪器仪表制造业	19.06	0.68	4.70	0.04
其他制造业	**709.15**	**4.00**	**94.52**	**-2.48**
废弃资源综合利用业	2167.49	8.73	35.64	9.30
金属废料和碎屑加工处理	1850.00	6.14	20.20	6.37
非金属废料和碎屑加工处理	317.49	2.59	15.44	2.94
金属制品、机械和设备修理业	1177.53	8.23	128.67	14.11
金属制品修理	8.39	0.04	0.35	
通用设备修理	48.58	0.13	3.39	0.09
专用设备修理	274.52	0.78	18.82	2.34
铁路、船舶、航空航天等运输设备修理	737.15	6.54	93.17	11.77
电气设备修理	58.40	0.64	6.01	-0.07
其他机械和设备修理业	49.91	0.10	6.86	-0.03
电力、热力、燃气及水生产和供应业	**92006.77**	**365.65**	**2230.10**	**2750.60**
电力、热力生产和供应业	79056.04	44.37	1681.67	2496.74
电力生产	22661.82	16.35	649.42	1718.20
电力供应	54115.77	14.11	905.41	698.45
热力生产和供应	2278.45	13.91	126.83	80.09
燃气生产和供应业	10171.06	140.51	194.16	60.91
燃气生产和供应业	10160.74	139.66	193.55	61.00
生物质燃气生产和供应业	10.32	0.86	0.61	-0.09
水的生产和供应业	2779.67	180.77	354.27	192.96
自来水生产和供应	2060.97	178.92	293.35	114.86
污水处理及其再生利用	698.98	1.73	58.01	75.95
海水淡化处理	3.25	0.11	0.50	0.35
其他水的处理、利用与分配	16.46	0.01	2.41	1.80

单位：亿元

利息费用	投资收益（损失以"–"号记）	营业利润	利润总额	亏损企业亏损额	平均用工人数（万人）
20.94	15.29	188.48	192.51	39.96	15.34
2.90	5.56	46.56	46.82	3.01	2.65
10.74	51.05	118.42	119.93	13.69	8.99
8.84	47.65	107.94	108.91	5.85	4.85
1.18	1.86	9.21	9.48	3.15	1.84
0.58	1.44	-0.58	-0.44	4.23	1.85
0.04		0.33	0.37		0.11
0.10	0.09	0.99	1.06	0.46	0.30
3.26	**3.60**	**41.90**	**45.47**	**7.15**	**7.37**
9.69	2.71	51.12	53.82	11.55	3.29
6.45	1.44	37.02	40.30	5.97	2.33
3.24	1.27	14.10	13.52	5.57	0.97
22.79	51.53	96.25	97.52	3.33	14.22
0.01		0.44	0.45		0.06
0.20	0.53	2.07	2.14	0.30	1.76
3.09	18.69	28.13	28.27	0.42	2.16
18.85	30.26	57.49	58.40	2.38	7.96
0.29	1.98	4.52	4.64	0.24	1.27
0.35	0.07	3.60	3.62		0.99
2756.72	**1222.98**	**4830.53**	**4925.55**	**1448.51**	**291.65**
2469.92	1114.20	4229.84	4281.16	1204.72	228.97
1658.41	466.88	3438.88	3435.56	859.21	69.96
732.77	615.07	830.41	840.35	212.06	141.84
78.74	32.24	-39.45	5.25	133.45	17.18
80.21	47.13	407.18	411.90	101.74	16.37
80.14	47.13	406.98	411.69	101.74	16.32
0.07		0.20	0.21		0.05
206.58	61.65	193.50	232.49	142.05	46.31
123.86	50.15	60.88	96.26	119.35	39.78
80.74	11.50	130.32	133.92	21.51	6.36
0.45		0.28	0.28	0.29	0.02
1.53		2.02	2.03	0.90	0.15

1-A-8 私营工业企业主要

行业	企业单位数（个）	资产总计	固定资产净额	固定资产原价
总计	**368946**	**492856.07**	**98784.13**	**185034.09**
采矿业	**8341**	**17251.63**	**3352.39**	**6465.69**
煤炭开采和洗选业	3240	9153.99	1580.66	2960.22
烟煤和无烟煤开采洗选	3164	9030.04	1564.52	2918.05
褐煤开采洗选	37	108.00	12.14	35.07
其他煤炭采选	39	15.95	4.00	7.09
石油和天然气开采业	21	120.03	29.41	107.26
石油开采	15	70.60	11.17	70.35
天然气开采	6	49.43	18.24	36.91
黑色金属矿采选业	1169	2607.30	640.63	1286.17
铁矿采选	1121	2554.93	635.30	1275.29
锰矿、铬矿采选	35	47.68	4.13	8.28
其他黑色金属矿采选	13	4.69	1.20	2.60
有色金属矿采选业	789	1644.58	345.59	699.81
常用有色金属矿采选	589	1238.16	247.13	483.17
贵金属矿采选	91	220.13	55.45	136.44
稀有稀土金属矿采选	109	186.30	43.00	80.20
非金属矿采选业	2828	3333.64	673.33	1213.40
土砂石开采	2384	2601.15	505.68	902.85
化学矿开采	154	367.57	78.83	142.71
采盐	27	100.73	19.85	44.11
石棉及其他非金属矿采选	263	264.20	68.97	123.74
开采专业及辅助性活动	286	380.46	79.37	191.68
煤炭开采和洗选专业及辅助性活动	5	7.39	0.97	1.93
石油和天然气开采专业及辅助性活动	269	366.79	77.81	188.33
其他开采专业及辅助性活动	12	6.28	0.59	1.41
其他采矿业	8	11.62	3.41	7.15
制造业	**356355**	**459742.79**	**88848.24**	**167048.32**
农副食品加工业	19942	19057.58	4151.09	7642.55
谷物磨制	5165	3293.34	905.20	1608.76
饲料加工	3337	4399.03	686.26	1492.77
植物油加工	1298	2251.96	338.13	610.01
制糖业	138	668.86	98.88	230.30
屠宰及肉类加工	3609	3438.64	894.46	1501.79

注：“私营工业企业”包括《关于市场主体统计分类的划分规定》(国统字〔2023〕14号)中的“私营有限责任公司”“私营股份有限公司”“个人独资公司”“合伙企业”。

经济指标(大、中类行业)

单位：亿元

固定资产累计折旧	流动资产合计	应收账款	存货	产成品	负债合计	流动负债合计
82374.43	**305916.54**	**93273.86**	**64496.47**	**28553.26**	**288903.60**	**243842.46**
2984.74	**9309.09**	**1891.69**	**1139.08**	**661.60**	**10483.60**	**8940.39**
1345.10	5481.10	1028.14	589.69	351.44	5481.40	4784.54
1319.66	5421.38	1013.19	584.22	347.06	5385.94	4694.04
22.38	49.33	11.90	4.00	3.30	83.80	79.19
3.06	10.39	3.05	1.47	1.08	11.66	11.31
61.18	63.32	12.09	1.70	0.44	43.57	18.01
43.46	32.57	9.75	1.42	0.32	33.39	10.84
17.73	30.75	2.34	0.28	0.13	10.18	7.17
620.10	1308.85	252.84	209.56	125.22	1793.47	1545.79
614.87	1283.89	244.44	204.23	121.90	1772.37	1525.01
4.04	21.63	7.67	4.77	3.11	18.63	18.39
1.19	3.33	0.73	0.55	0.22	2.47	2.40
333.67	787.73	149.24	131.90	66.64	991.36	834.85
222.56	631.25	132.66	106.03	54.71	777.82	666.35
74.34	59.22	7.75	10.44	3.21	121.48	94.53
36.77	97.25	8.83	15.43	8.73	92.06	73.97
514.04	1417.60	331.14	182.43	114.26	1929.28	1540.68
379.09	1084.53	262.57	120.10	77.97	1557.08	1264.58
58.95	164.06	24.93	23.38	13.09	179.88	110.59
24.25	41.51	6.33	10.51	9.40	46.05	41.45
51.75	127.50	37.31	28.44	13.80	146.27	124.06
106.93	246.82	117.30	23.66	3.49	235.47	209.62
0.90	5.88	1.00	0.01	0.01	3.26	3.26
105.22	235.77	113.88	22.57	2.68	227.57	202.26
0.82	5.17	2.43	1.08	0.81	4.64	4.10
3.72	3.68	0.94	0.13	0.09	9.04	6.89
74777.39	**290549.75**	**89836.90**	**63089.14**	**27839.91**	**267544.87**	**228590.46**
3222.49	11825.63	2238.86	3598.40	1537.53	11464.14	9793.07
659.30	1904.79	392.81	741.99	216.93	1628.43	1333.60
691.47	2764.30	427.49	576.23	169.05	2610.31	2243.55
259.56	1698.84	260.19	431.51	182.55	1633.35	1496.11
128.58	476.53	30.06	65.92	43.16	521.73	482.09
575.12	1969.30	394.75	622.92	354.39	2127.35	1784.02

1-A-8 续表 1

行业	企业单位数(个)	资产总计	固定资产净额	固定资产原价
水产品加工	1478	1436.00	259.17	533.07
蔬菜、菌类、水果和坚果加工	2804	1841.63	453.67	771.30
其他农副食品加工	2113	1728.12	515.33	894.56
食品制造业	7141	7834.15	1986.37	3529.29
焙烤食品制造	1373	961.85	278.25	478.89
糖果、巧克力及蜜饯制造	520	380.86	87.02	161.65
方便食品制造	1326	1182.38	276.25	456.32
乳制品制造	311	862.47	252.06	467.29
罐头食品制造	523	463.76	96.83	181.33
调味品、发酵制品制造	1044	1289.02	368.63	715.87
其他食品制造	2044	2693.80	627.35	1067.96
酒、饮料和精制茶制造业	4104	5611.22	1286.49	2295.80
酒的制造	1103	3112.67	627.14	1102.43
饮料制造	1027	1294.20	362.42	662.16
精制茶加工	1974	1204.36	296.93	531.22
烟草制品业	88	160.40	14.74	25.37
卷烟制造	76	147.98	11.20	19.87
其他烟草制品制造	12	12.42	3.54	5.50
纺织业	18237	14599.94	3959.80	7908.21
棉纺织及印染精加工	7777	7054.25	2053.83	4201.69
毛纺织及染整精加工	772	721.84	141.70	302.27
麻纺织及染整精加工	227	148.71	37.42	73.81
丝绢纺织及印染精加工	421	355.60	72.61	139.49
化纤织造及印染精加工	2356	2107.34	601.57	1146.38
针织或钩针编织物及其制品制造	2214	1340.91	348.98	725.88
家用纺织制成品制造	1860	1087.50	234.58	431.18
产业用纺织制成品制造	2610	1783.79	469.12	887.52
纺织服装、服饰业	10735	5593.15	1009.44	1923.13
机织服装制造	5025	3330.52	546.49	1062.84
针织或钩针编织服装制造	3936	1625.23	301.25	573.12
服饰制造	1774	637.40	161.70	287.17
皮革、毛皮、羽毛及其制品和制鞋业	7357	3463.42	723.84	1361.02
皮革鞣制加工	602	439.90	92.92	169.24
皮革制品制造	1900	782.35	160.87	275.56
毛皮鞣制及制品加工	250	137.32	39.41	72.61
羽毛(绒)加工及制品制造	457	331.15	46.44	81.26
制鞋业	4148	1772.70	384.20	762.35

单位：亿元

固定资产累计折旧	流动资产合计	应收账款	存货	产成品	负债合计	流动负债合计
264.82	1020.73	261.32	448.68	254.69	898.01	789.98
292.27	1086.70	279.19	392.88	169.25	1049.58	868.27
351.37	904.44	193.05	318.27	147.52	995.39	795.44
1479.93	4315.06	641.98	1182.50	461.42	4018.85	3377.50
193.61	501.50	109.87	135.86	31.37	538.43	459.61
70.43	205.48	49.18	65.76	22.01	196.90	148.89
169.29	583.98	117.55	161.79	64.66	618.37	511.46
214.07	456.10	100.43	84.97	32.33	428.75	357.20
80.30	291.85	55.31	136.90	83.57	261.67	229.83
325.05	699.73	135.09	197.19	64.28	542.97	420.58
427.18	1576.44	74.55	400.03	163.20	1431.76	1249.93
944.81	3159.54	434.90	1242.93	510.36	2863.69	2334.51
445.80	1821.43	146.31	797.01	280.21	1558.20	1269.52
285.84	637.97	119.82	155.61	70.29	746.14	616.84
213.17	700.14	168.77	290.30	159.87	559.35	448.15
10.35	138.82	32.01	24.71	11.53	99.63	95.13
8.48	131.72	28.41	23.85	11.04	91.71	87.77
1.87	7.10	3.60	0.86	0.49	7.92	7.36
3809.79	8493.74	2250.00	2629.61	1387.35	9343.39	8168.30
2084.05	3887.17	918.36	1235.86	668.50	4684.69	3997.78
158.15	506.22	149.41	178.78	99.79	476.98	445.60
35.66	93.87	19.72	46.31	22.61	94.04	84.72
62.00	225.25	53.28	99.38	48.86	253.57	220.17
518.89	1228.74	314.14	370.47	208.24	1377.09	1253.46
367.04	817.71	230.81	273.03	136.99	856.86	757.24
182.10	690.71	225.11	188.30	90.06	680.16	609.67
401.91	1044.07	339.16	237.47	112.30	920.00	799.66
859.65	3622.11	974.68	1036.78	530.73	3172.15	2801.88
475.83	2090.38	514.06	570.60	327.50	1730.17	1512.38
265.99	1125.75	329.24	343.41	147.59	1039.65	933.15
117.84	405.99	131.38	122.77	55.64	402.34	356.36
605.58	2306.64	740.68	644.07	282.43	2080.16	1807.80
71.20	291.02	98.69	103.59	37.87	233.82	201.66
106.30	511.09	164.91	139.29	54.81	471.84	412.62
32.09	68.67	16.00	27.96	10.10	72.42	63.82
33.02	252.68	87.87	87.43	39.85	219.39	198.58
362.98	1183.19	373.21	285.80	139.81	1082.69	931.11

1-A-8 续表 2

行 业	企业单位数(个)	资产总计	固定资产净额	固定资产原价
木材加工和木、竹、藤、棕、草制品业	12141	4921.40	1343.33	2343.10
木材加工	2619	660.95	166.59	279.85
人造板制造	6709	2858.48	823.39	1442.26
木质制品制造	2115	1171.61	284.78	498.18
竹、藤、棕、草等制品制造	698	230.35	68.56	122.81
家具制造业	6280	4295.29	882.69	1508.30
木质家具制造	3859	2829.29	580.67	987.24
竹、藤家具制造	105	45.31	12.85	27.24
金属家具制造	1229	766.70	154.22	271.44
塑料家具制造	121	64.21	19.51	34.73
其他家具制造	966	589.77	115.44	187.65
造纸和纸制品业	6406	5762.52	1562.64	2991.84
纸浆制造	50	45.77	17.04	37.59
造纸	2064	2817.73	814.88	1634.75
纸制品制造	4292	2899.01	730.71	1319.50
印刷和记录媒介复制业	5390	3752.52	1015.52	2024.18
印刷	5290	3693.20	996.60	1984.71
装订及印刷相关服务	99	58.73	18.67	38.37
文教、工美、体育和娱乐用品制造业	8483	5360.09	1126.76	1990.82
文教办公用品制造	708	645.22	133.63	231.39
乐器制造	142	88.23	23.44	41.44
工艺美术及礼仪用品制造	4576	2968.87	583.64	1021.45
体育用品制造	1061	707.20	174.19	283.58
玩具制造	1589	671.93	162.73	311.35
游艺器材及娱乐用品制造	407	278.64	49.12	101.61
石油、煤炭及其他燃料加工业	1601	8724.55	1851.96	3513.20
精炼石油产品制造	712	4141.98	714.99	1408.94
煤炭加工	488	4345.31	1069.51	1998.11
生物质燃料加工	400	237.12	67.44	106.13
化学原料和化学制品制造业	17734	31976.00	7543.38	13606.05
基础化学原料制造	3399	9265.37	2639.54	4743.25
肥料制造	1435	2587.56	837.08	1464.91
农药制造	574	1834.76	391.38	710.35
涂料、油墨、颜料及类似产品制造	2891	3815.10	641.11	1185.15
合成材料制造	2316	5600.93	1267.11	2213.51

单位：亿元

固定资产累计折旧	流动资产合计	应收账款	存货	产成品	负债合计	流动负债合计
934.31	2974.28	1112.87	776.69	405.18	2976.73	2521.64
104.92	437.46	167.89	126.43	64.98	416.39	343.91
577.32	1690.30	643.22	426.39	234.85	1745.53	1469.16
201.23	724.81	259.97	187.74	85.75	701.93	615.07
50.84	121.70	41.78	36.13	19.59	112.88	93.50
599.41	2668.36	697.76	617.70	265.61	2540.35	2207.61
390.02	1719.18	425.85	414.41	180.31	1666.90	1437.58
14.02	25.57	6.33	8.74	3.96	26.70	22.36
113.27	502.67	146.06	105.72	43.75	452.09	407.47
14.05	34.90	11.08	10.12	3.58	35.13	32.68
68.04	386.04	108.44	78.71	34.00	359.53	307.52
1384.23	3177.36	903.13	839.52	367.07	3516.36	2948.20
20.07	22.49	4.15	8.07	2.67	31.72	28.65
795.97	1438.63	355.19	423.38	210.21	1736.20	1443.57
568.18	1716.24	543.79	408.08	154.19	1748.44	1475.99
973.98	2134.42	724.41	449.65	167.01	2076.16	1770.86
953.53	2107.19	713.57	442.71	164.41	2048.77	1747.07
19.60	26.94	10.82	6.68	2.48	27.12	23.53
827.87	3470.59	876.45	1127.45	526.28	3135.24	2823.11
96.59	395.91	104.34	75.13	35.79	333.24	304.24
17.00	53.61	7.94	16.20	6.89	43.23	37.30
416.01	2003.00	500.13	765.88	376.89	1802.26	1621.45
105.77	435.09	105.30	101.23	42.90	383.59	348.11
141.46	406.31	110.56	118.14	46.78	414.82	365.03
51.05	176.68	48.17	50.87	17.02	158.11	146.96
1626.15	5355.00	749.67	1522.19	583.48	6887.92	5938.39
686.85	3049.34	382.63	1135.96	392.52	3545.20	3111.74
903.81	2168.90	329.43	345.39	167.25	3191.64	2701.80
35.48	136.60	37.58	40.80	23.71	150.93	124.70
5800.81	17496.15	4322.98	3418.94	1596.07	16671.77	13913.94
2041.57	4765.19	810.37	964.50	425.16	5129.61	4159.11
565.19	1256.88	162.24	347.23	150.60	1533.98	1319.03
282.87	1049.07	248.17	284.22	151.75	938.34	826.13
522.17	2157.35	715.89	347.72	157.67	2152.45	1785.87
922.51	3066.16	736.61	509.68	227.62	3006.52	2483.36

1－A－8　续表 3

行　　业	企业单位数（个）	资产总计	固定资产净　额	固定资产原　价
专用化学产品制造	4873	6553.50	1343.25	2474.21
炸药、火工及焰火产品制造	769	641.53	133.18	263.94
日用化学产品制造	1477	1677.24	290.73	550.73
医药制造业	6112	16483.66	3085.41	5595.82
化学药品原料药制造	918	3422.31	893.72	1620.71
化学药品制剂制造	580	3994.62	585.37	1129.20
中药饮片加工	1296	1692.55	249.02	440.51
中成药生产	932	3021.23	494.99	959.25
兽用药品制造	349	740.15	176.45	310.30
生物药品制品制造	591	2043.09	325.72	556.72
卫生材料及医药用品制造	1217	1311.99	292.71	463.02
药用辅料及包装材料	229	257.72	67.43	116.11
化学纤维制造业	1893	4444.00	1139.58	2402.25
纤维素纤维原料及纤维制造	125	332.55	81.12	160.32
合成纤维制造	1629	3913.72	1001.84	2134.45
生物基材料制造	139	197.73	56.62	107.47
橡胶和塑料制品业	21438	16823.99	3841.37	7237.79
橡胶制品业	2947	3537.86	799.78	1601.62
塑料制品业	18491	13286.13	3041.59	5636.17
非金属矿物制品业	40059	41046.84	8669.31	17020.32
水泥、石灰和石膏制造	2621	5100.66	1352.98	3216.42
石膏、水泥制品及类似制品制造	15720	15286.60	2197.28	4682.05
砖瓦、石材等建筑材料制造	8294	5309.20	1374.94	2335.44
玻璃制造	1422	1673.19	469.19	843.90
玻璃制品制造	2031	1866.76	519.48	940.21
玻璃纤维和玻璃纤维增强塑料制品制造	991	937.06	222.33	377.93
陶瓷制品制造	2803	3488.03	943.17	1898.23
耐火材料制品制造	1948	1987.23	320.42	645.26
石墨及其他非金属矿物制品制造	4229	5398.09	1269.51	2080.90
黑色金属冶炼和压延加工业	5040	25174.02	6239.43	12729.40
炼铁	99	467.75	130.36	275.25
炼钢	66	2663.66	975.72	1925.49
钢压延加工	4213	19103.98	4721.40	9745.05
铁合金冶炼	662	2938.64	411.95	783.60
有色金属冶炼和压延加工业	7820	14584.18	3043.72	5633.96
常用有色金属冶炼	846	4224.10	1035.42	1837.85

单位：亿元

固定资产累计折旧	流动资产合计	应收账款	存货		负债合计	流动负债合计
				产成品		
1097.86	3898.13	1212.16	725.02	365.00	3036.04	2610.62
115.45	241.28	74.07	40.80	24.71	197.26	151.57
253.19	1062.11	363.49	199.78	93.56	677.57	578.24
2409.06	9475.96	2330.82	1919.88	936.05	6782.14	5621.73
714.30	1810.13	412.21	441.53	252.11	1382.38	1123.02
533.14	2275.53	437.23	326.29	154.06	1420.43	1202.54
165.10	1250.68	546.70	342.50	181.46	949.44	833.14
443.29	1779.88	399.56	398.04	146.35	1369.57	1129.06
131.30	304.18	70.56	54.38	25.09	311.94	220.92
210.90	1149.47	261.15	190.51	90.48	716.05	579.29
164.02	764.35	165.38	137.10	70.09	508.13	432.87
47.00	141.75	38.03	29.53	16.40	124.21	100.90
1212.02	2303.78	355.17	609.90	376.07	2833.00	2315.39
77.76	207.07	48.75	46.07	24.97	233.90	222.75
1092.84	2002.93	285.54	541.20	340.65	2478.26	1994.13
41.43	93.78	20.88	22.62	10.44	120.85	98.51
3271.85	10374.65	3653.06	2201.37	1023.99	9373.86	8149.82
790.28	2237.66	755.05	460.91	238.17	1919.90	1696.89
2481.57	8136.99	2898.01	1740.46	785.82	7453.96	6452.93
8007.86	26260.93	12104.89	4248.82	1997.37	25371.10	22186.54
1799.65	2727.49	539.08	368.43	132.09	3172.96	2736.39
2391.89	11887.94	7605.38	1015.89	358.60	10760.91	9815.41
884.73	3030.23	1355.79	602.30	311.91	2929.39	2448.67
365.21	869.43	225.38	193.46	77.39	1047.29	878.63
399.54	1050.93	317.07	298.34	171.30	1125.68	911.07
149.03	550.61	229.89	98.93	53.29	482.56	410.21
912.22	1586.64	347.35	607.44	439.40	1786.76	1485.74
314.81	1384.36	549.56	274.65	157.99	1030.66	941.09
790.79	3173.28	935.37	789.37	295.40	3034.90	2559.33
6181.62	12993.20	1887.17	3249.31	1593.81	16985.47	14022.05
139.02	320.64	133.43	50.15	19.18	368.79	335.35
751.35	1065.52	130.97	243.42	98.88	1840.53	1573.34
4931.81	10487.21	1481.68	2566.50	1214.25	12413.79	10317.69
359.44	1119.82	141.10	389.24	261.50	2362.36	1795.66
2415.99	9482.78	2179.52	2596.30	1027.03	9533.62	8089.01
777.71	2402.99	405.14	853.97	256.02	2639.58	2176.61

1-A-8 续表 4

行 业	企业单位数(个)	资产总计	固定资产净额	固定资产原价
贵金属冶炼	112	442.94	111.27	195.60
稀有稀土金属冶炼	193	346.94	66.04	109.05
有色金属合金制造	1132	1440.06	293.08	501.66
有色金属压延加工	5537	8130.15	1537.91	2989.80
金属制品业	29974	24088.59	4559.09	8773.19
结构性金属制品制造	10544	8165.78	1355.45	2503.99
金属工具制造	1575	1306.07	310.76	574.94
集装箱及金属包装容器制造	1403	1859.96	276.54	620.99
金属丝绳及其制品制造	1377	1485.44	249.99	471.27
建筑、安全用金属制品制造	3224	2103.80	396.55	755.27
金属表面处理及热处理加工	2264	1890.54	375.60	727.73
搪瓷制品制造	95	52.79	9.01	22.52
金属制日用品制造	2002	1282.97	276.78	509.59
铸造及其他金属制品制造	7490	5941.23	1308.40	2586.87
通用设备制造业	27522	27568.51	4680.11	8963.35
锅炉及原动设备制造	1148	1934.75	355.44	711.55
金属加工机械制造	3781	3758.51	655.54	1191.89
物料搬运设备制造	2245	3471.73	436.23	819.33
泵、阀门、压缩机及类似机械制造	5313	5071.62	864.95	1672.21
轴承、齿轮和传动部件制造	2467	2642.00	621.24	1251.17
烘炉、风机、包装等设备制造	3798	4121.73	584.88	1065.14
文化、办公用机械制造	417	526.35	68.18	122.74
通用零部件制造	6497	4008.14	864.10	1755.21
其他通用设备制造业	1856	2033.68	229.56	374.11
专用设备制造业	20445	25928.23	3394.54	6443.29
采矿、冶金、建筑专用设备制造	3762	4667.52	712.70	1481.18
化工、木材、非金属加工专用设备制造	3869	3710.24	619.39	1323.64
食品、饮料、烟草及饲料生产专用设备制造	761	588.94	95.89	185.05
印刷、制药、日化及日用品生产专用设备制造	947	1086.78	143.95	272.47
纺织、服装和皮革加工专用设备制造	942	812.88	160.14	289.06
电子和电工机械专用设备制造	1975	3732.42	311.35	488.95
农、林、牧、渔专用机械制造	1107	1010.40	186.69	345.83
医疗仪器设备及器械制造	2443	3790.84	496.34	853.91
环保、邮政、社会公共服务及其他专用设备制造	4639	6528.22	668.11	1203.20
汽车制造业	12497	21148.71	4191.96	7806.00

单位：亿元

固定资产累计折旧	流动资产合　计	应收账款	存货	产成品	负债合计	流动负债合　计
84.16	245.89	19.41	76.72	35.50	326.07	265.50
40.10	232.84	44.82	87.36	33.87	185.52	160.65
187.31	886.13	280.81	235.92	96.68	884.35	745.57
1326.71	5714.93	1429.33	1342.33	604.96	5498.10	4740.68
3999.58	16363.27	5987.26	3502.85	1536.78	14635.76	12618.24
1082.53	5686.12	2314.17	1194.79	528.69	5223.27	4553.09
259.13	811.62	242.45	183.95	79.33	622.60	555.12
305.24	1396.34	501.33	295.38	92.38	1252.64	792.95
214.26	1092.46	311.59	186.24	86.49	910.02	840.79
341.22	1456.00	526.20	320.09	143.26	1223.79	1081.66
346.92	1307.62	403.31	274.01	108.85	1253.06	1153.71
13.13	36.20	10.66	8.23	4.13	31.35	28.88
223.99	786.21	242.21	190.85	84.93	768.74	675.28
1213.16	3790.70	1435.34	849.31	408.72	3350.30	2936.77
4116.18	18753.90	6659.49	4223.59	1698.98	14840.85	13327.11
340.74	1243.68	432.37	296.87	122.17	1063.58	927.88
502.25	2512.57	755.67	653.34	253.92	2106.96	1881.41
365.13	2430.80	833.42	516.80	207.06	1830.48	1678.58
780.20	3566.60	1420.98	759.68	314.98	2558.51	2298.63
612.03	1574.02	566.71	349.40	168.13	1320.65	1164.06
468.82	2885.91	916.64	689.18	268.15	2254.20	2039.93
53.60	395.44	117.36	90.39	39.54	279.65	256.32
852.53	2646.06	1097.05	484.87	214.70	2275.67	2039.72
140.88	1498.82	519.29	383.06	110.33	1151.16	1040.59
2955.66	18082.82	5767.78	4267.25	1613.89	13716.85	12290.54
750.04	3236.63	1307.39	704.13	273.01	2488.83	2222.91
682.73	2523.90	830.70	649.05	253.61	2088.89	1869.21
86.74	399.27	108.99	109.34	33.76	311.59	282.84
124.69	691.13	210.23	178.44	57.84	624.21	528.28
127.14	562.04	173.43	149.65	61.66	480.73	447.21
170.35	3015.06	802.18	919.81	339.41	2282.82	2102.37
154.61	660.56	215.32	171.59	68.40	542.47	478.55
345.92	2428.78	490.57	443.21	176.38	1442.51	1245.84
513.44	4565.45	1628.97	942.02	349.82	3454.81	3113.33
3455.09	13664.65	5015.21	2469.76	1177.94	13368.84	11888.44

1-A-8 续表 5

行　　业	企业单位数（个）	资产总计	固定资产净　额	固定资产原　价
汽车整车制造	77	3333.81	343.99	657.69
汽车用发动机制造	50	141.57	32.98	62.36
改装汽车制造	382	701.58	87.78	179.91
低速汽车制造	7	113.57	11.09	21.88
电车制造	27	21.46	4.29	8.45
汽车车身、挂车制造	404	440.04	95.04	171.88
汽车零部件及配件制造	11550	16396.68	3616.80	6703.83
铁路、船舶、航空航天和其他运输设备制造业	4370	5903.81	1030.45	1854.60
铁路运输设备制造	726	1207.73	152.95	281.43
城市轨道交通设备制造	74	106.90	11.56	22.14
船舶及相关装置制造	786	1227.94	243.94	453.76
航空、航天器及设备制造	334	884.59	150.57	242.91
摩托车制造	1151	1342.00	271.73	527.76
自行车和残疾人座车制造	313	185.95	34.74	64.60
助动车制造	695	703.03	132.08	203.50
非公路休闲车及零配件制造	185	192.42	25.00	43.72
潜水救捞及其他未列明运输设备制造	106	53.24	7.87	14.77
电气机械和器材制造业	26207	52996.66	7231.65	13396.42
电机制造	2563	4078.68	564.24	1056.72
输配电及控制设备制造	9618	17132.30	2280.68	3865.92
电线、电缆、光缆及电工器材制造	5304	8894.52	1126.38	2176.73
电池制造	1627	11993.92	1698.82	2614.04
家用电力器具制造	3135	7517.29	1054.83	2734.91
非电力家用器具制造	448	601.27	87.25	165.09
照明器具制造	2918	2142.20	341.43	607.29
其他电气机械及器材制造	594	636.46	78.01	175.71
计算机、通信和其他电子设备制造业	17624	50071.35	7180.43	12966.52
计算机制造	1863	3692.27	355.73	609.93
通信设备制造	1534	16690.09	1320.48	2851.72
广播电视设备制造	445	731.23	96.50	178.53
雷达及配套设备制造	81	124.05	12.00	22.80
非专业视听设备制造	760	1025.00	94.89	175.04
智能消费设备制造	1212	2595.54	423.51	644.93
电子器件制造	3910	9711.10	1875.89	3623.44
电子元件及电子专用材料制造	6732	13806.98	2829.79	4556.89
其他电子设备制造	1087	1695.09	171.65	303.23

单位：亿元

固定资产累计折旧	流动资产合计	应收账款	存货	产成品	负债合计	流动负债合计
293.82	2535.61	726.15	169.09	66.45	2755.70	2504.23
29.26	88.78	32.51	15.19	7.66	87.89	80.52
84.73	473.40	129.01	111.37	47.32	463.22	414.23
10.79	75.57	6.08	15.67	0.28	51.91	45.50
4.16	13.89	2.23	4.62	0.73	19.40	18.27
73.83	270.16	72.56	66.33	28.63	271.72	240.48
2958.50	10207.24	4046.67	2087.49	1026.86	9719.00	8585.21
808.07	3967.20	1280.23	828.41	313.23	3331.75	3015.18
126.62	891.54	375.33	142.86	64.38	589.95	540.26
10.20	83.23	40.99	19.12	6.23	62.65	58.68
205.64	797.54	185.13	232.28	63.81	803.20	750.44
87.57	560.98	176.90	121.45	43.59	351.51	276.80
253.72	844.16	242.44	156.88	72.55	759.11	666.78
29.44	132.69	45.50	32.91	12.51	118.96	113.36
69.91	468.72	153.20	85.70	35.77	488.47	457.20
18.24	150.05	48.08	28.67	11.76	124.90	119.85
6.73	38.28	12.66	8.55	2.61	33.00	31.80
5921.36	36676.82	13154.29	5943.39	2900.16	31355.68	26710.52
476.04	2868.51	1040.05	533.04	208.54	2335.33	2054.45
1493.63	11706.47	4849.22	1900.16	878.70	9953.80	8715.69
999.49	6301.09	2885.60	1120.97	614.83	4695.77	4144.97
856.32	8195.91	2327.07	1042.29	466.38	8081.93	6291.72
1669.47	5325.62	1227.37	904.07	540.40	4522.71	3923.35
75.89	375.54	142.52	68.08	33.58	304.04	276.25
253.73	1464.34	504.08	289.00	121.33	1152.78	1026.90
96.79	439.35	178.38	85.79	36.41	309.32	277.20
5550.45	32800.89	10143.58	6016.87	2257.88	28091.00	22328.79
238.34	2707.56	912.67	585.70	208.36	1869.74	1665.58
1501.25	11371.35	2486.41	1873.51	574.53	10633.08	7538.50
80.50	520.86	157.95	114.68	36.14	369.98	329.68
10.74	95.07	37.21	21.81	8.89	53.66	48.46
74.21	788.83	336.54	147.31	51.99	631.64	586.09
210.17	1775.85	733.69	350.06	152.12	1622.02	1432.95
1643.18	5833.42	1931.43	1244.98	498.80	4744.97	3790.27
1667.47	8436.58	2966.23	1455.19	641.34	7227.65	6091.84
124.59	1271.38	581.46	223.62	85.72	938.26	845.41

1-A-8 续表 6

行业	企业单位数(个)	资产总计	固定资产净额	固定资产原价
仪器仪表制造业	4983	7085.83	832.50	1470.36
通用仪器仪表制造	3299	4971.38	575.99	1013.13
专用仪器仪表制造	816	1242.72	124.34	224.17
钟表与计时仪器制造	151	80.63	17.15	30.70
光学仪器制造	394	396.72	77.93	132.11
衡器制造	130	140.79	19.00	30.70
其他仪器仪表制造业	193	253.60	18.08	39.55
其他制造业	1673	1008.26	186.83	329.90
日用杂品制造	1213	604.15	131.94	234.78
废弃资源综合利用业	2623	3730.00	990.86	1575.21
金属废料和碎屑加工处理	1436	2709.60	665.93	1060.37
非金属废料和碎屑加工处理	1187	1020.40	324.92	514.84
金属制品、机械和设备修理业	436	543.91	92.91	187.08
金属制品修理	9	5.12	0.78	1.71
通用设备修理	63	25.32	2.48	5.14
专用设备修理	113	85.23	9.98	17.89
铁路、船舶、航空航天等运输设备修理	168	337.10	58.74	106.79
电气设备修理	27	28.58	5.80	8.39
仪器仪表修理	6	5.07	0.30	0.90
其他机械和设备修理业	50	57.48	14.84	46.26
电力、热力、燃气及水生产和供应业	**4250**	**15861.65**	**6583.50**	**11520.08**
电力、热力生产和供应业	2467	12302.07	5407.75	9551.58
电力生产	1461	8932.52	4267.61	7208.31
电力供应	91	894.66	271.96	603.00
热力生产和供应	915	2474.89	868.18	1740.28
燃气生产和供应业	1225	2330.78	811.98	1334.04
燃气生产和供应业	1215	2309.96	806.25	1327.01
生物质燃气生产和供应业	10	20.82	5.73	7.03
水的生产和供应业	558	1228.79	363.77	634.46
自来水生产和供应	158	470.75	180.38	321.25
污水处理及其再生利用	390	736.23	171.12	292.04
其他水的处理、利用与分配	7	11.29	4.04	5.09

单位：亿元

固定资产累计折旧	流动资产合计	应收账款	存货	产成品	负债合计	流动负债合计
615.76	5090.11	1659.87	1077.43	407.22	3275.38	2884.75
418.73	3597.66	1190.60	779.61	293.92	2314.72	2075.22
98.14	900.04	287.96	176.65	69.46	550.58	461.67
13.32	51.43	12.75	19.37	6.02	52.31	40.86
53.49	266.17	77.59	55.02	22.87	176.79	152.87
10.88	78.27	27.01	11.85	3.68	63.99	52.89
21.20	196.54	63.95	34.92	11.26	116.99	101.23
135.46	621.90	186.60	147.23	65.09	589.22	523.04
98.73	372.15	111.07	93.00	40.60	343.63	312.63
548.21	2164.92	643.69	615.03	269.60	2333.31	1872.83
368.29	1614.21	462.92	496.22	202.13	1751.20	1410.79
179.92	550.71	180.77	118.82	67.47	582.11	462.04
93.80	334.29	127.92	60.61	12.76	280.48	244.54
0.94	3.65	1.26	1.19	0.35	2.63	2.47
2.61	21.64	10.75	2.17	0.39	15.32	15.11
7.85	62.95	30.54	7.76	1.57	51.74	50.16
47.86	179.87	58.59	37.85	5.69	165.52	141.34
2.59	20.09	8.60	2.02	0.21	16.84	12.35
0.60	4.28	1.21	0.54	0.05	2.33	2.08
31.36	41.81	16.96	9.07	4.50	26.10	21.03
4612.30	**6057.69**	**1545.27**	**268.25**	**51.75**	**10875.14**	**6311.61**
3887.63	4573.39	1235.80	177.52	16.18	8658.85	4773.42
2706.06	3079.35	1058.75	100.83	8.90	5902.02	2808.41
330.95	335.04	20.17	10.90	1.29	765.27	552.42
850.62	1159.00	156.88	65.79	6.00	1991.57	1412.59
463.50	999.48	177.01	68.88	29.96	1480.06	1106.34
462.20	988.35	170.05	67.42	28.58	1459.68	1086.49
1.30	11.13	6.96	1.45	1.38	20.38	19.85
261.17	484.83	132.46	21.86	5.61	736.23	431.84
136.64	185.54	21.44	7.77	1.22	296.30	159.52
115.62	292.34	109.09	12.24	4.21	424.53	266.79
1.06	5.71	1.40	1.73	0.18	5.96	3.16

1-A-8 续表 7

行业	应付账款	所有者权益合计	实收资本	国家资本
总　计	**75880.31**	**203962.25**	**80900.41**	**1137.08**
采矿业	**2119.66**	**6768.14**	**2053.41**	**42.49**
煤炭开采和洗选业	1164.61	3672.62	874.84	28.96
烟煤和无烟煤开采洗选	1142.61	3644.13	862.79	28.94
褐煤开采洗选	17.20	24.20	8.89	0.03
其他煤炭采选	4.80	4.29	3.16	
石油和天然气开采业	5.08	76.46	41.66	2.78
石油开采	3.42	37.21	38.61	2.78
天然气开采	1.66	39.25	3.05	
黑色金属矿采选业	377.43	813.83	322.81	1.23
铁矿采选	370.52	782.56	317.18	1.23
锰矿、铬矿采选	6.09	29.05	4.11	
其他黑色金属矿采选	0.83	2.22	1.52	
有色金属矿采选业	183.56	653.23	281.40	4.10
常用有色金属矿采选	155.81	460.34	204.17	2.74
贵金属矿采选	17.38	98.65	48.02	1.24
稀有稀土金属矿采选	10.36	94.24	29.20	0.12
非金属矿采选业	297.95	1404.44	463.68	5.32
土砂石开采	233.32	1044.15	356.73	2.65
化学矿开采	25.80	187.69	54.94	2.17
采盐	4.81	54.68	12.45	0.51
石棉及其他非金属矿采选	34.02	117.92	39.57	
开采专业及辅助性活动	90.71	144.99	66.42	0.10
煤炭开采和洗选专业及辅助性活动	1.71	4.14	0.71	
石油和天然气开采专业及辅助性活动	86.67	139.21	64.43	
其他开采专业及辅助性活动	2.33	1.64	1.28	0.10
其他采矿业	0.32	2.59	2.61	
制造业	**72366.25**	**192210.06**	**75761.39**	**760.06**
农副食品加工业	2100.14	7592.86	3136.17	24.68
谷物磨制	214.46	1665.23	594.59	2.35
饲料加工	481.69	1788.72	622.00	1.71
植物油加工	290.37	617.44	307.36	2.96
制糖业	90.76	147.14	86.69	12.27
屠宰及肉类加工	386.68	1311.60	631.18	3.05

单位：亿元

集体资本	法人资本	个人资本	港澳台资本	外商资本	营业收入
1222.12	**38882.69**	**39410.00**	**123.42**	**79.26**	**494375.93**
45.28	**889.64**	**1069.22**	**6.44**	**0.18**	**14483.12**
15.38	379.52	450.51	0.29	0.17	9098.06
14.88	374.68	443.82	0.29	0.17	8979.82
0.50	4.46	3.90			85.57
	0.37	2.79			32.67
0.30	36.17	2.41			46.80
0.30	33.82	1.71			27.63
	2.35	0.70			19.17
8.83	141.86	170.77	0.09		2013.21
8.83	139.15	167.85	0.09		1979.73
	1.69	2.43			27.50
	1.03	0.49			5.99
9.03	133.10	130.61	4.55		1109.07
3.53	108.80	89.10			849.15
0.04	16.03	26.16	4.55		83.50
5.46	8.27	15.35			176.42
8.74	173.05	275.02	1.50		1943.55
8.14	114.94	229.45	1.50		1477.61
0.35	37.72	14.70			210.92
0.15	4.81	6.97			27.06
0.10	15.57	23.90			227.96
2.99	23.71	39.53			260.09
	0.49	0.22			6.42
2.99	22.52	38.84			234.12
	0.70	0.48			19.55
	2.23	0.38			12.32
1113.62	**36078.26**	**37585.83**	**108.00**	**71.90**	**473295.43**
77.27	1379.68	1629.50	13.32	11.05	28823.95
2.90	220.21	357.40	7.90	3.34	5378.06
18.08	300.06	301.39	0.62		6985.41
16.31	137.54	150.55			3204.49
1.35	39.67	26.58		6.83	518.44
12.09	312.03	300.45	3.48	0.09	6471.28

1-A-8 续表 8

行业	应付账款	所有者权益合计	实收资本	国家资本
水产品加工	230.44	537.99	236.20	0.16
蔬菜、菌类、水果和坚果加工	211.99	792.05	356.87	1.37
其他农副食品加工	193.76	732.69	301.27	0.83
食品制造业	811.55	3815.29	1620.40	9.21
焙烤食品制造	97.36	423.42	203.80	0.05
糖果、巧克力及蜜饯制造	39.64	183.97	70.06	
方便食品制造	108.09	564.01	221.27	1.10
乳制品制造	109.50	433.71	217.28	2.61
罐头食品制造	59.95	202.09	89.54	0.31
调味品、发酵制品制造	124.58	746.05	281.95	2.20
其他食品制造	272.44	1262.04	536.50	2.94
酒、饮料和精制茶制造业	552.60	2747.53	841.31	7.46
酒的制造	258.46	1554.47	386.14	6.47
饮料制造	158.31	548.06	260.00	0.53
精制茶加工	135.82	645.00	195.16	0.46
烟草制品业	37.70	60.77	7.55	0.81
卷烟制造	35.14	56.26	5.88	0.81
其他烟草制品制造	2.56	4.50	1.67	
纺织业	1683.34	5256.00	2423.28	15.64
棉纺织及印染精加工	774.04	2369.15	1152.98	14.96
毛纺织及染整精加工	113.64	244.86	125.93	
麻纺织及染整精加工	16.15	54.66	26.55	0.07
丝绢纺织及印染精加工	42.06	102.03	49.08	0.01
化纤织造及印染精加工	198.36	730.25	343.72	0.04
针织或钩针编织物及其制品制造	122.34	483.99	213.54	0.05
家用纺织制成品制造	203.67	407.33	192.80	0.12
产业用纺织制成品制造	213.08	863.72	318.68	0.38
纺织服装、服饰业	788.04	2420.76	990.76	1.58
机织服装制造	424.05	1600.26	639.23	1.43
针织或钩针编织服装制造	260.49	585.44	233.98	0.12
服饰制造	103.50	235.06	117.55	0.03
皮革、毛皮、羽毛及其制品和制鞋业	526.43	1383.25	571.14	1.87
皮革鞣制加工	67.11	206.08	96.85	0.36
皮革制品制造	137.42	310.52	119.02	0.13
毛皮鞣制及制品加工	11.19	64.90	20.56	
羽毛(绒)加工及制品制造	47.92	111.75	53.84	
制鞋业	262.79	690.01	280.87	1.38

单位：亿元

					营业收入
集体资本	法人资本	个人资本	港澳台资本	外商资本	
21.38	83.01	130.68	0.32	0.60	1815.80
1.78	146.28	206.45	0.81	0.19	2160.81
3.38	140.87	155.99	0.19		2289.66
23.58	777.87	804.10	4.94	0.69	8280.75
3.41	98.87	101.46	0.01		1247.36
0.99	22.12	46.92	0.03		529.26
1.86	128.55	88.69	0.78	0.29	1245.82
5.73	154.14	54.79	0.01		889.57
1.25	41.94	46.04			577.68
4.79	141.79	132.64	0.52		1405.10
5.54	190.46	333.56	3.59	0.41	2385.97
9.80	409.14	413.33	0.57	0.77	3972.91
1.62	204.26	173.49		0.32	1582.21
5.89	136.31	116.55	0.03	0.44	1170.78
2.29	68.57	123.29	0.54	0.01	1219.91
0.04	2.47	4.23			214.04
	1.53	3.55			200.52
0.04	0.94	0.69			13.53
16.06	868.76	1518.89	2.72	1.20	16489.12
9.94	418.45	708.41	0.42	0.80	8270.20
0.22	42.92	82.79			701.22
0.44	11.78	14.26			190.11
0.15	17.07	31.85			422.60
0.55	126.50	216.49	0.09	0.04	2103.30
0.41	53.67	159.01	0.40		1720.70
0.97	81.55	109.79	0.01	0.36	1242.22
3.40	116.82	196.28	1.80		1838.76
7.96	330.72	646.24	0.95	3.30	7450.80
5.91	201.36	426.91	0.41	3.19	3905.57
1.86	83.20	148.27	0.42	0.12	2681.93
0.18	46.16	71.06	0.12		863.30
2.66	210.79	355.03	0.73		5486.50
0.51	34.45	61.52	0.01		500.40
0.24	44.07	74.51	0.02		1142.15
	7.86	12.70			111.26
0.70	21.92	31.22	0.01		382.24
1.22	102.49	175.09	0.69		3350.45

1-A-8 续表 9

行业	应付账款	所有者权益合计	实收资本	国家资本
木材加工和木、竹、藤、棕、草制品业	764.48	1951.33	808.36	0.60
木材加工	104.92	244.55	111.36	
人造板制造	444.35	1112.85	447.05	0.54
木质制品制造	183.69	476.46	203.24	0.06
竹、藤、棕、草等制品制造	31.52	117.48	46.70	
家具制造业	550.04	1755.66	772.75	0.94
木质家具制造	315.46	1162.39	528.04	0.08
竹、藤家具制造	5.58	18.61	6.23	0.13
金属家具制造	122.94	315.33	130.15	0.01
塑料家具制造	8.67	29.08	10.95	
其他家具制造	97.38	230.24	97.38	0.72
造纸和纸制品业	714.91	2247.78	944.36	0.85
纸浆制造	7.94	14.06	14.48	
造纸	336.91	1081.53	457.63	0.63
纸制品制造	370.07	1152.19	472.25	0.21
印刷和记录媒介复制业	493.51	1676.39	692.45	2.13
印刷	487.13	1644.46	681.07	2.13
装订及印刷相关服务	6.33	31.61	11.26	
文教、工美、体育和娱乐用品制造业	707.90	2224.17	779.34	1.83
文教办公用品制造	81.19	311.98	86.81	
乐器制造	11.45	45.00	23.00	
工艺美术及礼仪用品制造	381.31	1166.25	416.05	1.82
体育用品制造	95.48	323.61	94.50	0.01
玩具制造	103.09	257.11	105.39	
游艺器材及娱乐用品制造	35.37	120.22	53.58	
石油、煤炭及其他燃料加工业	1872.55	1836.63	1078.16	32.43
精炼石油产品制造	962.55	596.77	399.59	2.27
煤炭加工	875.02	1153.67	632.86	30.15
生物质燃料加工	34.92	86.19	45.70	
化学原料和化学制品制造业	3445.56	15303.55	5904.58	89.62
基础化学原料制造	1104.13	4135.76	1894.09	40.78
肥料制造	244.94	1052.96	396.20	4.13
农药制造	212.01	896.42	300.30	22.85
涂料、油墨、颜料及类似产品制造	478.30	1662.62	582.28	4.16
合成材料制造	434.96	2594.40	972.82	8.61

单位：亿元

					营业收入
集体资本	法人资本	个人资本	港澳台资本	外商资本	
10.39	313.44	483.69	0.23	0.02	7962.97
1.62	35.09	74.63	0.03		1091.47
7.31	162.67	276.38	0.15	0.02	5016.36
1.43	95.60	106.15	0.01		1393.56
0.04	20.08	26.53	0.04		461.57
2.86	298.24	470.18	0.53		4495.02
1.70	207.92	318.34			2752.80
	1.60	4.50			69.70
0.53	41.66	87.70	0.24		890.79
0.10	2.07	8.78			72.98
0.53	44.98	50.87	0.29		708.74
5.19	380.39	550.69	7.07	0.12	6903.68
0.14	8.84	5.50			81.54
1.21	192.99	255.78	6.91	0.12	3235.75
3.84	178.56	289.41	0.16		3586.38
13.87	255.63	419.44	1.29		4027.68
13.87	250.39	413.29	1.29		3909.55
	5.11	6.15			117.61
4.21	292.20	479.37	1.54	0.06	7294.22
0.84	34.34	51.60	0.01		656.40
	8.90	14.06	0.04		84.36
3.02	149.25	261.64	0.27	0.06	4667.87
0.15	39.49	53.68	1.16		718.79
0.06	34.51	70.76	0.07		921.90
0.14	25.71	27.63			244.90
6.62	489.31	545.51	4.29		11413.82
2.84	174.19	220.29			7007.79
3.68	288.86	306.01	4.16		4077.13
0.11	26.26	19.21	0.13		328.49
100.84	3176.38	2531.02	3.07	3.61	30049.91
38.16	1130.18	682.00	1.34	1.61	8599.10
4.78	221.65	165.15	0.06	0.43	2375.00
18.31	156.46	102.68			1320.51
16.36	254.55	306.88	0.20		2976.37
7.60	624.12	331.67	0.74	0.08	5594.31

1-A-8 续表 10

行业	应付账款	所有者权益合计	实收资本	国家资本
专用化学产品制造	749.69	3517.13	1357.56	4.94
炸药、火工及焰火产品制造	46.49	444.27	180.92	2.09
日用化学产品制造	175.03	999.98	220.42	2.06
医药制造业	1624.11	9701.53	3968.06	152.45
化学药品原料药制造	314.63	2039.93	1635.24	12.03
化学药品制剂制造	319.20	2574.19	709.53	2.63
中药饮片加工	390.83	743.11	373.79	129.19
中成药生产	281.99	1651.67	481.17	3.42
兽用药品制造	56.18	428.21	161.13	0.13
生物药品制品制造	118.31	1327.04	343.50	4.40
卫生材料及医药用品制造	116.72	803.86	211.91	0.57
药用辅料及包装材料	26.25	133.50	51.79	0.09
化学纤维制造业	321.28	1611.00	873.67	8.76
纤维素纤维原料及纤维制造	52.53	98.66	57.17	
合成纤维制造	244.95	1435.46	764.68	1.75
生物基材料制造	23.80	76.88	51.82	7.01
橡胶和塑料制品业	2273.34	7449.89	3232.43	10.49
橡胶制品业	520.29	1617.97	721.11	6.27
塑料制品业	1753.05	5831.92	2511.33	4.23
非金属矿物制品业	8944.38	15677.84	7286.27	84.57
水泥、石灰和石膏制造	754.98	1928.88	825.66	41.68
石膏、水泥制品及类似制品制造	5203.73	4525.66	2669.57	24.61
砖瓦、石材等建筑材料制造	788.84	2378.94	1138.23	4.62
玻璃制造	210.83	625.90	310.77	0.09
玻璃制品制造	261.16	741.09	301.96	0.54
玻璃纤维和玻璃纤维增强塑料制品制造	146.93	454.51	201.21	5.26
陶瓷制品制造	340.98	1703.81	581.16	3.74
耐火材料制品制造	364.55	956.69	352.23	1.80
石墨及其他非金属矿物制品制造	872.38	2362.37	905.47	2.23
黑色金属冶炼和压延加工业	4129.61	8193.37	3604.71	23.93
炼铁	162.78	98.96	48.62	
炼钢	588.80	823.13	314.91	
钢压延加工	2803.39	6695.00	2165.69	24.25
铁合金冶炼	574.64	576.28	1075.50	-0.31
有色金属冶炼和压延加工业	1993.12	5050.60	2357.58	31.00
常用有色金属冶炼	674.94	1584.57	765.87	0.48

单位：亿元

集体资本	法人资本	个人资本	港澳台资本	外商资本	营业收入
13.28	636.81	700.76	0.38	1.49	6813.48
1.13	56.74	120.96			910.41
1.24	95.86	120.91	0.34		1460.72
60.76	1645.16	2108.71	0.44	0.34	9410.30
19.19	321.61	1282.36		0.05	1986.62
4.98	521.34	180.59			2122.86
4.13	105.05	134.94	0.28		1500.47
25.19	256.02	196.15	0.11	0.28	1613.46
1.54	106.53	52.93			376.93
3.65	212.32	123.07	0.06		757.74
1.36	98.47	111.52			873.75
0.73	23.83	27.15			178.47
5.29	475.99	381.71	1.66	0.26	4997.48
0.01	35.79	21.19		0.18	307.02
2.74	417.42	341.12	1.57	0.08	4515.52
2.54	22.77	19.40	0.09		174.94
29.42	1259.24	1927.03	1.87	4.30	17903.13
4.64	239.63	469.91	0.50	0.15	3223.05
24.78	1019.61	1457.11	1.37	4.15	14680.08
84.95	2939.89	4125.01	12.07	7.52	34600.62
13.33	404.92	363.07	0.32	2.50	3252.54
26.21	967.99	1618.39	1.33	0.22	12086.59
8.19	410.52	714.44	0.29	0.19	5235.17
5.08	156.41	144.17	4.84	0.19	1315.51
4.16	133.90	163.06	0.14	0.16	1748.43
0.66	94.16	100.82		0.30	752.91
5.55	188.91	376.20	2.84	3.92	4206.34
3.61	104.75	241.00	0.90		1614.61
18.16	478.32	403.89	1.41	0.05	4388.52
44.30	2031.06	1502.06	1.39	1.97	34375.10
0.84	12.42	35.36			731.34
4.00	142.12	168.78			3922.46
13.40	988.92	1135.74	1.40	1.98	27721.26
26.06	887.60	162.18	-0.02	-0.01	2000.05
123.20	1224.41	974.17	4.31	0.43	30245.44
109.19	474.39	181.73			6443.52

1-A-8 续表 11

行业	应付账款	所有者权益合计	实收资本	国家资本
贵金属冶炼	41.44	116.87	72.00	0.48
稀有稀土金属冶炼	43.06	161.41	61.57	3.95
有色金属合金制造	167.65	555.71	256.25	1.08
有色金属压延加工	1066.03	2632.04	1201.88	25.01
金属制品业	3437.31	9451.55	4293.19	19.96
结构性金属制品制造	1271.78	2942.49	1515.52	9.05
金属工具制造	181.30	682.85	216.85	0.01
集装箱及金属包装容器制造	195.89	607.32	295.30	0.36
金属丝绳及其制品制造	142.58	575.05	306.71	2.33
建筑、安全用金属制品制造	286.18	880.01	380.92	0.10
金属表面处理及热处理加工	248.67	637.49	301.00	2.66
搪瓷制品制造	9.85	21.44	10.30	
金属制日用品制造	181.24	514.27	191.97	0.23
铸造及其他金属制品制造	919.81	2590.61	1074.63	5.22
通用设备制造业	4528.54	12726.73	4730.03	21.70
锅炉及原动设备制造	330.94	871.17	343.49	1.34
金属加工机械制造	630.16	1651.51	517.30	2.12
物料搬运设备制造	523.33	1641.25	659.80	3.47
泵、阀门、压缩机及类似机械制造	867.46	2512.48	936.98	2.66
轴承、齿轮和传动部件制造	411.02	1321.35	400.37	0.90
烘炉、风机、包装等设备制造	640.91	1867.53	624.75	7.70
文化、办公用机械制造	96.50	246.70	85.89	0.10
通用零部件制造	678.09	1732.46	621.97	1.77
其他通用设备制造业	350.12	882.29	539.47	1.64
专用设备制造业	3905.97	12211.42	3869.66	32.68
采矿、冶金、建筑专用设备制造	734.93	2178.69	824.36	3.28
化工、木材、非金属加工专用设备制造	581.59	1621.21	521.72	2.29
食品、饮料、烟草及饲料生产专用设备制造	70.83	277.35	98.84	0.04
印刷、制药、日化及日用品生产专用设备制造	140.23	462.56	153.34	0.68
纺织、服装和皮革加工专用设备制造	140.19	332.15	116.44	0.07
电子和电工机械专用设备制造	741.87	1449.60	372.33	3.16
农、林、牧、渔专用机械制造	158.20	468.21	172.25	0.39
医疗仪器设备及器械制造	345.50	2348.33	559.29	2.97
环保、邮政、社会公共服务及其他专用设备制造	992.62	3073.33	1051.08	19.79
汽车制造业	4523.13	7779.73	3295.09	39.59

单位：亿元

集体资本	法人资本	个人资本	港澳台资本	外商资本	营业收入
0.46	49.09	21.97			907.23
0.92	24.22	32.49			657.71
0.16	116.74	135.41	2.84	0.02	2518.79
12.47	559.97	602.58	1.48	0.41	19718.19
57.74	1722.75	2485.13	4.30	3.44	29095.97
14.74	572.48	917.60	1.19	0.43	9352.29
1.79	98.21	116.52	0.31		1432.67
4.72	123.76	164.39	0.01	2.06	1389.58
4.51	144.24	154.41	1.23		2626.32
1.00	144.89	234.16	0.45	0.31	2777.23
2.37	138.35	157.55	0.23		2776.28
	2.20	8.10			99.31
3.81	78.23	109.50	0.12	0.08	1485.97
24.79	420.40	622.90	0.76	0.56	7156.33
80.39	2085.27	2534.34	4.91	2.88	23321.24
11.18	167.48	162.92	0.01	0.18	1269.24
6.26	208.98	299.61	0.10	0.24	3100.42
33.93	266.83	355.03	0.37		2709.61
6.22	349.06	577.10	0.91	1.03	4497.23
7.51	174.17	217.72	0.03	0.04	2012.40
7.51	251.89	353.95	2.86	0.84	3535.51
0.18	41.05	44.49	0.07		448.88
3.44	232.92	383.43	0.31	0.10	4199.60
4.17	392.89	140.09	0.23	0.45	1548.34
74.88	1642.00	2113.46	2.60	2.48	18083.31
10.21	314.36	494.68	1.35	0.38	3482.65
27.01	192.76	298.21	0.49	0.90	3030.97
0.72	33.44	64.61		0.03	554.07
2.43	85.88	63.86		0.50	831.56
1.10	40.26	75.02			716.02
7.19	203.67	157.93	0.03	0.29	2229.23
2.02	88.44	81.28	0.12		925.61
11.09	277.48	266.54	0.17	0.05	2238.27
13.12	405.70	611.34	0.44	0.34	4074.94
26.69	2069.57	1140.55	1.26	16.42	18537.64

1-A-8 续表 12

行 业	应付账款	所有者权益合计	实收资本	国家资本
汽车整车制造	814.47	578.11	517.10	0.44
汽车用发动机制造	27.63	53.68	21.80	
改装汽车制造	135.17	238.36	137.22	7.69
低速汽车制造	0.53	61.66	2.25	
电车制造	7.93	2.06	5.04	
汽车车身、挂车制造	77.95	168.20	82.73	1.44
汽车零部件及配件制造	3459.44	6677.67	2528.96	30.02
铁路、船舶、航空航天和其他运输设备制造业	1007.81	2572.06	946.05	10.26
铁路运输设备制造	266.80	617.77	195.18	8.16
城市轨道交通设备制造	27.82	44.25	15.92	
船舶及相关装置制造	168.38	424.75	244.32	0.10
航空、航天器及设备制造	106.81	533.08	151.89	1.02
摩托车制造	214.43	582.89	173.23	0.25
自行车和残疾人座车制造	41.48	67.00	29.26	0.74
助动车制造	143.92	214.56	103.23	
非公路休闲车及零配件制造	27.17	67.52	21.55	
潜水救捞及其他未列明运输设备制造	11.02	20.24	11.48	
电气机械和器材制造业	10309.25	21641.80	7594.15	38.43
电机制造	867.64	1743.35	548.41	9.81
输配电及控制设备制造	3524.92	7178.84	3093.46	14.40
电线、电缆、光缆及电工器材制造	1189.37	4198.75	1887.81	7.53
电池制造	2701.98	3911.99	1052.73	0.86
家用电力器具制造	1429.44	2995.08	465.11	0.29
非电力家用器具制造	94.31	297.23	99.03	0.11
照明器具制造	395.37	989.41	321.14	5.41
其他电气机械及器材制造	106.22	327.14	126.48	0.02
计算机、通信和其他电子设备制造业	8461.07	21980.81	7060.89	78.74
计算机制造	782.63	1822.53	446.69	11.46
通信设备制造	1830.36	6057.02	1246.44	1.74
广播电视设备制造	123.95	361.25	101.77	
雷达及配套设备制造	22.62	70.39	15.65	0.23
非专业视听设备制造	267.54	393.36	128.08	0.04
智能消费设备制造	672.26	973.51	384.06	6.80
电子器件制造	1767.50	4966.12	1952.92	40.32
电子元件及电子专用材料制造	2508.04	6579.79	2048.06	16.50
其他电子设备制造	486.18	756.83	737.23	1.66

单位：亿元

集体资本	法人资本	个人资本	港澳台资本	外商资本	营业收入
0.28	508.88	7.51			2573.87
0.52	10.90	10.38			135.69
2.45	56.62	70.46			507.89
1.20	0.58	0.47			41.81
	3.97	1.07			21.18
0.28	25.06	40.95		15.00	406.97
21.96	1463.56	1009.72	1.26	1.42	14850.23
14.54	449.86	466.89	2.67	1.82	5016.10
2.58	73.92	109.74	0.77		650.97
1.09	7.10	7.73			68.56
4.02	133.29	105.29	1.60		1046.33
3.32	89.18	56.55	0.03	1.78	348.61
1.22	82.58	89.15	0.01	0.03	1545.96
	14.11	14.41	0.01		201.64
2.31	35.62	65.04	0.26		948.94
	10.24	11.31			144.53
	3.80	7.68			60.56
122.79	4067.55	3348.97	8.37	3.52	52514.09
19.79	235.97	278.21	3.13	1.50	3402.39
60.52	1634.35	1380.99	2.75	0.46	16269.01
12.36	862.68	1003.96	0.89	0.39	11925.06
17.46	851.55	176.08	1.26	1.02	8793.50
5.60	259.73	199.36	0.11		8882.33
3.00	48.15	47.73		0.03	496.31
3.46	123.49	188.48	0.23	0.06	2194.92
0.62	51.64	74.15		0.06	550.57
80.20	4348.40	2527.85	19.20	5.00	39032.54
3.74	253.89	176.37	1.04	0.13	3441.92
3.52	983.19	256.43	0.02	0.21	11440.00
1.96	31.97	67.85			690.29
1.63	6.72	7.06			59.09
3.07	80.54	44.42	0.01		1273.38
3.26	232.86	140.60	0.23	0.30	2522.87
32.65	1375.23	499.85	1.59	3.28	6209.80
27.44	1290.35	696.85	15.80	1.02	11935.69
2.92	93.65	638.43	0.50	0.06	1459.50

1-A-8 续表 13

行 业	应付账款	所有者权益合计	实收资本	国家资本
仪器仪表制造业	1082.93	3810.45	1112.01	7.62
通用仪器仪表制造	781.99	2656.65	808.59	5.46
专用仪器仪表制造	175.33	692.13	181.81	1.74
钟表与计时仪器制造	10.97	28.32	11.83	
光学仪器制造	58.94	219.93	55.50	0.41
衡器制造	16.59	76.80	22.71	
其他仪器仪表制造业	39.10	136.61	31.58	0.01
其他制造业	150.16	419.04	254.22	0.03
日用杂品制造	93.30	260.52	108.32	
废弃资源综合利用业	520.30	1396.84	610.58	6.86
金属废料和碎屑加工处理	394.68	958.56	415.88	5.88
非金属废料和碎屑加工处理	125.62	438.28	194.70	0.97
金属制品、机械和设备修理业	105.20	263.43	102.18	3.35
金属制品修理	0.57	2.49	1.61	
通用设备修理	7.55	10.00	5.37	
专用设备修理	24.51	33.49	16.81	0.25
铁路、船舶、航空航天等运输设备修理	58.47	171.59	61.56	3.00
电气设备修理	4.78	11.74	6.83	0.10
仪器仪表修理	0.84	2.74	1.01	
其他机械和设备修理业	8.48	31.38	8.99	
电力、热力、燃气及水生产和供应业	**1394.40**	**4984.05**	**3085.60**	**334.53**
电力、热力生产和供应业	1033.93	3640.77	2441.67	289.35
电力生产	639.40	3030.51	1893.49	272.27
电力供应	85.90	127.06	184.52	0.11
热力生产和供应	308.64	483.20	363.66	16.97
燃气生产和供应业	257.56	850.72	418.82	17.89
燃气生产和供应业	256.10	850.28	417.59	17.89
生物质燃气生产和供应业	1.46	0.44	1.24	
水的生产和供应业	102.91	492.56	225.11	27.29
自来水生产和供应	28.32	174.45	62.07	10.32
污水处理及其再生利用	73.27	311.70	154.05	16.97
其他水的处理、利用与分配	0.75	5.34	2.16	

单位：亿元

					营业收入
集体资本	法人资本	个人资本	港澳台资本	外商资本	
13.65	553.79	534.12	1.56	0.57	4739.02
10.20	425.48	366.53	0.23		3367.11
0.99	74.63	104.16	0.20	0.08	729.47
	3.47	8.36			92.69
0.19	24.10	29.20	1.13	0.46	268.45
2.26	13.60	6.85			89.22
	12.51	19.03		0.02	192.08
3.43	64.78	185.69	0.10	0.08	1307.91
0.76	37.08	70.42	0.05		893.30
5.61	256.14	341.86	0.05	0.06	6827.90
1.93	165.34	242.68	0.05		5603.17
3.68	90.80	99.18		0.06	1224.73
4.41	57.37	37.05			422.26
	0.86	0.75			4.23
	1.73	3.64			31.31
1.78	3.82	10.97			69.38
0.19	43.47	14.90			209.85
1.03	3.34	2.36			26.59
	0.05	0.96			5.11
1.42	4.09	3.48			75.78
63.22	**1914.79**	**754.95**	**8.97**	**7.19**	**6597.38**
41.69	1549.59	544.53	8.14	6.45	3820.03
32.39	1231.72	341.32	8.14	6.35	2409.91
0.30	141.55	42.55			484.63
9.00	176.32	160.66		0.10	925.49
15.00	236.53	147.80	0.83	0.73	2433.50
15.00	235.47	147.63	0.83	0.73	2427.31
	1.06	0.18			6.19
6.53	128.67	62.62			343.84
4.94	24.51	22.30			108.37
1.59	95.93	39.55			229.27
	1.40	0.77			3.21

1-A-8 续表 14

行　　业	营业成本	销售费用	管理费用	财务费用
总　计	**418535.58**	**13460.48**	**31721.60**	**3111.65**
采矿业	**11204.73**	**362.08**	**701.45**	**119.28**
煤炭开采和洗选业	7027.91	212.23	331.27	44.63
烟煤和无烟煤开采洗选	6933.32	209.02	324.45	44.39
褐煤开采洗选	64.86	2.70	5.79	0.18
其他煤炭采选	29.73	0.51	1.04	0.06
石油和天然气开采业	30.57	0.14	1.97	0.59
石油开采	15.05	0.13	1.08	0.43
天然气开采	15.52	0.01	0.88	0.16
黑色金属矿采选业	1636.90	30.44	106.62	33.21
铁矿采选	1608.48	29.59	104.94	32.85
锰矿、铬矿采选	23.37	0.66	1.45	0.29
其他黑色金属矿采选	5.05	0.19	0.23	0.07
有色金属矿采选业	854.34	11.11	77.17	13.50
常用有色金属矿采选	670.74	9.17	53.99	11.26
贵金属矿采选	56.02	0.90	10.61	1.18
稀有稀土金属矿采选	127.58	1.04	12.58	1.05
非金属矿采选业	1422.80	103.93	161.98	24.14
土砂石开采	1094.04	84.32	127.05	19.72
化学矿开采	132.46	5.71	15.51	2.46
采盐	19.85	1.09	3.35	0.22
石棉及其他非金属矿采选	176.45	12.82	16.07	1.74
开采专业及辅助性活动	224.96	3.06	20.02	3.21
煤炭开采和洗选专业及辅助性活动	5.33	0.06	0.19	0.02
石油和天然气开采专业及辅助性活动	200.77	2.83	19.52	3.13
其他开采专业及辅助性活动	18.87	0.16	0.31	0.05
其他采矿业	7.25	1.16	2.42	
制造业	**401815.21**	**13028.42**	**30729.60**	**2765.27**
农副食品加工业	26110.94	536.30	973.64	177.70
谷物磨制	4860.55	92.47	159.72	31.80
饲料加工	6423.58	112.42	218.36	31.27
植物油加工	2961.36	45.82	73.73	19.15
制糖业	456.78	4.69	17.27	10.76
屠宰及肉类加工	5975.09	109.06	196.80	31.31

单位：亿元

利息费用	投资收益(损失以“-”号记)	营业利润	利润总额	亏损企业亏损额	平均用工人数(万人)
3087.89	**2200.61**	**25984.29**	**26744.30**	**4268.30**	**3725.07**
89.50	**39.94**	**1685.62**	**1619.31**	**219.26**	**78.53**
39.44	43.51	1217.28	1174.29	129.82	39.59
39.20	43.49	1208.13	1165.64	128.30	38.92
0.19	0.02	8.23	7.75	1.18	0.46
0.05		0.92	0.89	0.34	0.22
0.56		9.07	8.63	1.22	0.26
0.45		7.52	7.13	0.17	0.23
0.10		1.55	1.50	1.05	0.04
17.94	-11.31	139.86	124.88	39.86	10.92
17.71	-11.31	138.08	122.99	39.30	10.64
0.19		1.32	1.35	0.45	0.24
0.04		0.46	0.54	0.11	0.03
11.40	4.63	128.26	125.68	18.73	8.09
9.40	4.04	87.21	84.74	15.81	5.85
0.94	0.26	12.55	12.78	2.48	1.33
1.05	0.33	28.51	28.15	0.44	0.92
18.44	2.55	182.00	176.02	26.17	15.96
15.49	1.79	116.10	110.69	22.56	12.31
1.38	0.58	46.68	46.15	0.80	1.33
0.25	0.12	1.75	1.54	0.54	0.59
1.32	0.07	17.46	17.64	2.26	1.72
1.72	0.52	8.32	8.98	3.33	3.64
0.01		0.80	0.80	0.02	0.02
1.67	0.52	7.37	8.03	3.21	3.57
0.04		0.14	0.15	0.10	0.06
	0.04	0.84	0.84	0.12	0.07
2798.16	**2095.86**	**23739.80**	**24521.63**	**3902.68**	**3617.87**
147.52	33.60	968.36	980.15	148.58	162.21
22.20	-6.58	211.09	199.23	13.56	19.93
33.19	25.82	205.33	206.93	24.54	23.66
19.32	0.77	92.01	95.74	17.40	7.81
9.82	-2.48	18.49	19.73	4.60	2.82
26.02	4.74	147.80	151.63	55.18	49.21

1-A-8 续表 15

行　业	营业成本	销售费用	管理费用	财务费用
水产品加工	1610.81	38.82	70.75	14.71
蔬菜、菌类、水果和坚果加工	1869.97	59.86	108.61	17.36
其他农副食品加工	1952.80	73.16	128.40	21.34
食品制造业	6725.49	400.75	536.04	52.55
焙烤食品制造	996.71	76.08	89.49	6.22
糖果、巧克力及蜜饯制造	430.33	28.26	31.32	3.22
方便食品制造	1035.18	61.05	77.61	10.05
乳制品制造	744.69	45.31	41.34	5.08
罐头食品制造	483.41	20.61	33.58	4.13
调味品、发酵制品制造	1122.92	64.39	82.25	4.91
其他食品制造	1912.24	105.07	180.44	18.95
酒、饮料和精制茶制造业	2863.71	237.21	271.81	36.44
酒的制造	999.37	107.54	117.58	18.91
饮料制造	897.25	81.56	69.41	6.43
精制茶加工	967.08	48.11	84.81	11.10
烟草制品业	153.02	9.07	25.16	-0.51
卷烟制造	143.45	8.66	23.49	-0.55
其他烟草制品制造	9.57	0.42	1.67	0.05
纺织业	14474.82	266.51	918.64	160.01
棉纺织及印染精加工	7296.52	112.15	436.35	90.30
毛纺织及染整精加工	630.79	7.10	35.17	7.75
麻纺织及染整精加工	168.62	2.08	10.20	1.84
丝绢纺织及印染精加工	382.07	2.50	17.43	5.17
化纤织造及印染精加工	1873.21	23.58	111.56	20.79
针织或钩针编织物及其制品制造	1510.10	24.95	90.40	14.68
家用纺织制成品制造	1048.27	47.52	81.59	8.50
产业用纺织制成品制造	1565.23	46.63	135.95	10.98
纺织服装、服饰业	6299.92	268.87	491.55	37.49
机织服装制造	3226.32	176.65	269.12	18.46
针织或钩针编织服装制造	2341.27	67.50	158.67	13.70
服饰制造	732.34	24.71	63.76	5.33
皮革、毛皮、羽毛及其制品和制鞋业	4728.00	113.86	338.46	28.38
皮革鞣制加工	443.53	6.87	21.43	2.90
皮革制品制造	969.89	29.88	79.35	6.58
毛皮鞣制及制品加工	97.05	2.04	6.46	0.92
羽毛(绒)加工及制品制造	343.53	4.74	14.75	3.27
制鞋业	2874.00	70.32	216.48	14.71

单位：亿元

利息费用	投资收益（损失以"–"号记）	营业利润	利润总额	亏损企业亏损额	平均用工人数（万人）
12.03	10.36	92.27	93.71	11.97	19.46
12.42	0.47	96.48	103.01	9.36	19.83
12.53	0.51	104.88	110.17	11.97	19.50
47.51	31.65	565.71	591.42	53.16	87.02
5.07	3.80	76.92	78.75	9.06	18.70
1.87	0.17	32.97	33.47	1.97	5.76
7.42	6.80	64.94	68.76	9.41	15.68
6.15	1.53	54.68	58.88	6.75	6.78
3.19	-0.11	33.31	34.95	2.03	6.55
5.46	4.02	127.47	131.02	5.15	11.18
18.35	15.44	175.42	185.59	18.80	22.38
25.15	24.08	409.42	414.56	29.35	36.11
14.40	8.26	183.50	183.92	17.40	14.26
3.56	15.01	123.64	125.65	6.93	10.18
7.19	0.81	102.27	104.99	5.01	11.67
0.59	0.24	23.29	23.62	2.37	2.83
0.52	0.21	21.47	21.81	2.29	2.70
0.07	0.02	1.82	1.81	0.07	0.13
127.39	28.01	627.44	673.88	108.20	184.03
71.57	16.20	312.34	335.85	59.97	93.19
6.27	3.26	21.01	27.40	6.93	7.67
1.31	0.25	7.01	7.87	0.99	2.57
4.26	0.21	14.76	15.73	2.05	5.15
16.09	1.27	66.69	70.31	10.35	22.29
11.71	0.50	76.01	79.63	7.35	14.83
5.95	1.34	51.85	53.25	6.51	16.75
10.22	4.98	77.77	83.83	14.05	21.59
30.97	32.33	346.20	360.68	38.17	136.42
17.14	27.38	218.40	225.57	22.15	72.27
10.20	5.66	95.69	100.14	11.51	46.46
3.63	-0.72	32.10	34.97	4.51	17.69
20.06	3.89	253.99	263.18	17.06	91.60
2.48	0.30	22.79	24.78	2.77	3.74
4.82	0.45	50.97	53.36	3.99	18.35
0.63	0.09	4.21	4.69	0.36	1.21
2.41	0.08	14.72	15.29	0.65	2.77
9.72	2.97	161.30	165.06	9.29	65.53

1-A-8 续表 16

行 业	营业成本	销售费用	管理费用	财务费用
木材加工和木、竹、藤、棕、草制品业	7054.92	115.33	295.60	41.44
木材加工	975.51	16.54	35.79	4.58
人造板制造	4514.56	48.46	154.08	21.78
木质制品制造	1170.62	38.43	78.31	12.52
竹、藤、棕、草等制品制造	394.23	11.89	27.41	2.55
家具制造业	3706.81	185.34	352.17	29.05
木质家具制造	2261.10	119.06	208.62	17.83
竹、藤家具制造	59.61	1.61	4.11	0.52
金属家具制造	743.16	30.70	74.32	5.34
塑料家具制造	58.95	2.95	6.47	0.64
其他家具制造	583.99	31.01	58.65	4.72
造纸和纸制品业	6040.24	167.64	386.83	56.11
纸浆制造	77.34	0.56	2.45	0.54
造纸	2884.48	63.65	168.17	29.40
纸制品制造	3078.42	103.43	216.21	26.17
印刷和记录媒介复制业	3361.52	110.30	317.06	34.97
印刷	3259.90	107.56	310.10	34.32
装订及印刷相关服务	101.16	2.72	6.94	0.63
文教、工美、体育和娱乐用品制造业	6205.22	197.65	458.22	43.70
文教办公用品制造	537.36	26.40	53.36	2.93
乐器制造	68.98	2.34	7.31	0.38
工艺美术及礼仪用品制造	4090.40	102.90	212.92	27.24
体育用品制造	547.73	26.86	78.14	4.81
玩具制造	767.50	30.60	78.70	5.50
游艺器材及娱乐用品制造	193.25	8.55	27.80	2.84
石油、煤炭及其他燃料加工业	10212.56	103.85	262.23	64.14
精炼石油产品制造	6069.96	35.72	122.24	26.77
煤炭加工	3849.91	61.12	125.64	33.87
生物质燃料加工	292.30	7.01	14.34	3.49
化学原料和化学制品制造业	25456.78	746.08	1889.74	196.36
基础化学原料制造	7458.07	150.26	486.14	59.55
肥料制造	2058.13	50.85	128.92	18.66
农药制造	1106.71	28.95	114.27	8.63
涂料、油墨、颜料及类似产品制造	2440.86	103.87	234.76	17.65
合成材料制造	4941.74	82.76	270.79	41.94

单位：亿元

利息费用	投资收益(损失以"–"号记)	营业利润	利润总额	亏损企业亏损额	平均用工人数(万人)
26.51	-6.19	403.33	409.97	23.77	84.87
2.46	-1.50	50.81	51.60	5.13	12.07
14.94	-2.55	251.08	258.22	12.58	52.19
7.69	-2.81	77.78	79.12	5.23	15.33
1.42	0.67	23.67	21.04	0.83	5.28
24.71	16.41	215.44	224.29	31.78	66.59
15.01	11.20	141.03	146.24	22.16	40.72
0.37		3.63	3.82	0.20	1.07
4.80	0.22	34.86	37.11	4.40	13.16
0.56	0.06	3.71	3.96	0.32	1.33
3.96	4.93	32.21	33.17	4.69	10.31
47.15	10.50	243.56	274.66	52.51	57.20
0.42	-0.05	0.04	0.02	1.07	0.53
25.82	7.84	91.19	110.08	30.84	22.48
20.91	2.71	152.33	164.55	20.60	34.19
27.08	2.43	191.91	209.45	24.01	48.08
26.65	2.31	186.05	203.46	23.54	47.16
0.42	0.13	5.86	5.99	0.48	0.91
31.46	9.50	366.22	382.27	28.18	89.26
3.87	6.46	40.43	42.17	1.82	8.50
0.45	0.20	5.05	5.85	0.91	1.72
18.73	0.76	217.63	225.72	12.59	43.46
3.56	1.09	58.67	61.32	3.50	11.08
3.40	0.96	35.28	37.60	4.96	20.67
1.45	0.03	9.18	9.61	4.40	3.83
70.61	29.97	77.12	43.70	192.16	21.10
33.97	2.74	80.97	74.22	43.40	6.42
34.29	27.29	-15.07	-44.40	145.74	13.08
2.35	-0.06	11.23	13.89	3.02	1.60
218.61	109.01	1640.36	1650.22	395.66	163.38
69.70	18.33	388.24	371.58	184.28	37.65
26.38	18.86	116.65	120.24	37.49	12.93
9.42	3.85	61.33	62.30	24.76	8.40
25.00	27.63	180.89	179.67	32.26	20.61
44.33	21.72	259.60	266.74	49.38	19.82

1-A-8 续表 17

行　　业	营业成本	销售费用	管理费用	财务费用
专用化学产品制造	5711.04	189.32	447.88	35.89
炸药、火工及焰火产品制造	669.31	35.09	60.79	8.45
日用化学产品制造	1070.92	104.97	146.20	5.59
医药制造业	5914.06	1230.62	1160.09	47.80
化学药品原料药制造	1456.66	60.84	202.88	11.55
化学药品制剂制造	910.21	518.89	351.40	-1.70
中药饮片加工	1244.49	52.07	91.75	10.13
中成药生产	839.67	385.45	189.01	19.10
兽用药品制造	276.67	28.35	40.65	3.32
生物药品制品制造	413.05	115.12	156.01	0.71
卫生材料及医药用品制造	636.47	61.59	109.57	2.52
药用辅料及包装材料	136.83	8.31	18.82	2.15
化学纤维制造业	4527.74	37.41	194.02	46.86
纤维素纤维原料及纤维制造	276.63	4.87	15.01	3.41
合成纤维制造	4106.83	28.14	165.42	41.46
生物基材料制造	144.28	4.40	13.58	1.99
橡胶和塑料制品业	15093.28	432.91	1276.14	125.02
橡胶制品业	2656.62	88.48	237.85	16.58
塑料制品业	12436.66	344.42	1038.29	108.44
非金属矿物制品业	28897.23	1272.83	2153.97	316.60
水泥、石灰和石膏制造	2816.99	100.87	181.95	30.03
石膏、水泥制品及类似制品制造	10175.99	539.14	705.67	122.52
砖瓦、石材等建筑材料制造	4305.31	195.64	329.12	48.90
玻璃制造	1108.90	27.02	94.63	13.97
玻璃制品制造	1435.36	46.94	131.83	15.26
玻璃纤维和玻璃纤维增强塑料制品制造	603.65	22.24	64.18	6.34
陶瓷制品制造	3478.83	125.22	250.36	32.95
耐火材料制品制造	1322.65	80.69	119.60	11.34
石墨及其他非金属矿物制品制造	3649.55	135.08	276.64	35.29
黑色金属冶炼和压延加工业	32062.52	240.44	1023.43	145.21
炼铁	705.11	2.31	14.24	4.37
炼钢	3684.35	18.01	134.16	18.27
钢压延加工	25797.20	189.65	797.42	96.31
铁合金冶炼	1875.86	30.47	77.61	26.26
有色金属冶炼和压延加工业	27943.94	163.81	717.88	128.11
常用有色金属冶炼	5890.02	34.31	132.77	37.44

单位：亿元

利息费用	投资收益（损失以“–”号记）	营业利润	利润总额	亏损企业亏损额	平均用工人数（万人）
35.64	12.26	399.62	412.09	58.98	33.71
2.11	2.70	105.17	105.39	0.17	14.77
6.04	3.68	128.86	132.20	8.34	15.50
76.40	75.95	1083.38	1088.89	170.29	88.43
19.98	5.85	234.42	237.50	37.67	15.80
13.90	28.90	371.73	364.90	19.64	17.97
7.62	0.34	94.86	96.52	6.66	10.45
14.99	11.73	180.38	183.66	25.39	17.75
3.90	3.37	28.28	28.23	9.15	4.31
8.40	15.85	80.61	81.11	52.21	8.32
5.69	9.86	81.56	84.59	17.42	11.67
1.92	0.06	11.54	12.39	2.14	2.16
45.37	12.64	184.38	195.30	29.59	22.93
3.85	0.03	5.97	7.00	1.77	1.83
39.64	12.75	168.88	178.33	24.62	19.81
1.88	-0.14	9.54	9.96	3.20	1.28
109.60	68.07	964.21	1020.94	101.93	178.82
21.33	12.10	221.02	230.05	16.40	36.64
88.27	55.97	743.19	790.88	85.52	142.18
237.10	18.60	1747.79	1798.55	344.47	298.96
34.66	4.25	107.52	120.63	82.62	20.98
81.32	5.25	477.01	476.44	92.66	83.24
28.05	2.33	315.57	331.52	37.60	47.80
13.15	-0.16	66.33	69.08	15.29	12.87
12.81	0.53	104.78	109.10	20.55	24.47
5.24	-0.58	48.23	50.54	8.84	8.51
21.66	-4.61	281.55	285.25	20.60	57.26
8.77	2.28	73.21	79.56	10.26	14.86
31.43	9.32	273.59	276.43	56.06	28.97
178.51	-71.77	643.42	529.60	304.18	84.73
3.13	0.18	3.36	-1.57	11.82	2.14
18.25	-14.81	24.36	16.42	69.13	9.15
129.41	-59.94	637.28	533.21	151.07	64.23
27.72	2.80	-21.58	-18.45	72.16	9.21
132.61	37.33	1084.74	1137.60	119.87	74.83
44.17	39.02	367.83	377.31	48.81	14.89

1-A-8 续表 18

行　业	营业成本	销售费用	管理费用	财务费用
贵金属冶炼	792.76	1.46	20.75	3.09
稀有稀土金属冶炼	598.01	2.73	24.55	2.79
有色金属合金制造	2306.93	21.96	89.66	13.62
有色金属压延加工	18356.22	103.34	450.15	71.17
金属制品业	25151.98	546.49	1781.10	197.61
结构性金属制品制造	8072.90	187.91	569.04	76.78
金属工具制造	1148.51	36.89	113.62	6.93
集装箱及金属包装容器制造	1150.88	38.04	104.48	10.39
金属丝绳及其制品制造	2393.68	26.65	79.71	11.79
建筑、安全用金属制品制造	2376.85	63.04	184.03	18.40
金属表面处理及热处理加工	2471.80	33.68	137.84	13.05
搪瓷制品制造	81.15	2.93	6.98	0.66
金属制日用品制造	1241.69	45.03	122.32	10.58
铸造及其他金属制品制造	6214.52	112.32	463.07	49.04
通用设备制造业	18620.59	796.11	2219.66	153.21
锅炉及原动设备制造	1029.53	32.95	114.94	13.08
金属加工机械制造	2466.74	115.79	307.04	22.99
物料搬运设备制造	2156.76	116.26	230.78	13.63
泵、阀门、压缩机及类似机械制造	3563.71	156.51	422.47	25.65
轴承、齿轮和传动部件制造	1624.27	45.63	189.57	17.89
烘炉、风机、包装等设备制造	2778.98	149.87	342.41	17.35
文化、办公用机械制造	362.10	17.52	45.79	0.68
通用零部件制造	3466.18	87.09	363.33	32.75
其他通用设备制造业	1172.31	74.49	203.34	9.18
专用设备制造业	13778.10	836.27	2004.73	101.09
采矿、冶金、建筑专用设备制造	2769.64	138.25	314.51	23.32
化工、木材、非金属加工专用设备制造	2391.03	85.22	316.19	24.13
食品、饮料、烟草及饲料生产专用设备制造	422.13	24.42	58.27	3.70
印刷、制药、日化及日用品生产专用设备制造	651.22	35.25	85.43	5.06
纺织、服装和皮革加工专用设备制造	567.54	25.42	71.16	4.54
电子和电工机械专用设备制造	1689.57	83.55	277.26	6.89
农、林、牧、渔专用机械制造	757.05	31.47	72.80	4.43
医疗仪器设备及器械制造	1407.13	246.85	360.63	-5.48
环保、邮政、社会公共服务及其他专用设备制造	3122.80	165.85	448.49	34.50
汽车制造业	15725.54	417.85	1378.35	132.17

单位：亿元

利息费用	投资收益（损失以“-”号记）	营业利润	利润总额	亏损企业亏损额	平均用工人数（万人）
2.49	-0.85	73.77	74.98	2.92	2.21
2.65	-0.17	23.64	25.11	4.40	1.68
10.78	-1.97	78.98	81.12	12.69	8.41
72.52	1.29	540.52	579.08	51.05	47.64
163.09	-32.77	1247.76	1301.68	146.40	255.84
58.23	-24.78	373.40	383.64	46.86	75.52
6.04	2.14	121.94	126.65	3.41	17.32
9.96	2.48	81.81	85.14	7.11	13.82
9.43	-18.07	92.04	95.66	9.12	8.95
13.53	1.07	124.10	128.73	12.74	28.67
12.75	-0.51	107.79	111.96	13.36	21.87
0.34	0.08	7.12	7.39	0.22	1.16
8.93	1.17	59.36	64.28	8.90	22.20
43.88	3.64	280.19	298.22	44.68	66.33
148.10	67.98	1467.21	1557.36	152.68	253.65
13.28	0.72	69.20	72.62	12.46	13.71
22.01	19.55	193.65	205.37	25.91	32.13
15.79	6.74	178.41	185.71	14.83	24.19
24.46	6.16	316.78	337.65	13.62	49.53
17.77	6.69	131.99	143.65	14.49	26.30
18.77	19.23	240.08	254.22	16.64	36.38
1.79	0.69	20.32	21.32	11.24	5.53
24.76	3.70	231.06	243.68	16.80	50.01
9.45	4.49	85.73	93.15	26.69	15.89
118.42	98.61	1370.86	1450.08	172.09	195.38
22.95	8.91	223.40	236.77	23.90	31.91
21.87	6.90	207.90	219.02	15.37	37.37
3.24	0.11	42.56	44.84	2.84	6.68
4.65	43.21	93.48	98.71	3.53	8.22
4.16	0.94	45.85	52.91	3.12	8.37
8.80	4.25	164.62	173.37	30.16	23.27
4.76	-0.24	55.76	59.16	4.96	9.89
14.13	16.60	244.93	257.62	51.01	33.23
33.85	17.95	292.37	307.68	37.20	36.44
123.55	39.64	782.91	836.40	264.25	168.54

1-A-8 续表 19

行　业	营业成本	销售费用	管理费用	财务费用
汽车整车制造	2412.94	58.85	112.12	12.26
汽车用发动机制造	114.71	1.73	7.99	0.82
改装汽车制造	428.61	12.54	36.61	4.04
低速汽车制造	34.55	0.90	3.37	-0.04
电车制造	17.87	0.75	2.05	0.14
汽车车身、挂车制造	350.69	8.52	30.43	3.99
汽车零部件及配件制造	12366.18	334.57	1185.79	110.96
铁路、船舶、航空航天和其他运输设备制造业	4160.89	109.13	432.84	28.41
铁路运输设备制造	504.77	21.90	73.71	5.93
城市轨道交通设备制造	53.43	2.49	8.56	0.55
船舶及相关装置制造	888.63	13.81	81.22	8.69
航空、航天器及设备制造	234.10	8.04	58.79	3.89
摩托车制造	1311.94	28.52	107.84	6.36
自行车和残疾人座车制造	173.81	4.33	18.09	1.06
助动车制造	831.73	23.05	63.23	1.15
非公路休闲车及零配件制造	114.19	5.30	15.92	0.47
潜水救捞及其他未列明运输设备制造	48.28	1.71	5.47	0.31
电气机械和器材制造业	44018.84	1816.49	3376.51	137.52
电机制造	2862.15	84.78	261.29	13.66
输配电及控制设备制造	13751.40	445.93	1133.89	46.01
电线、电缆、光缆及电工器材制造	10572.06	219.97	529.63	67.95
电池制造	7372.82	349.64	503.76	-25.98
家用电力器具制造	6888.93	564.98	632.81	20.81
非电力家用器具制造	387.87	31.37	42.42	2.22
照明器具制造	1748.82	97.77	216.90	10.29
其他电气机械及器材制造	434.78	22.06	55.81	2.55
计算机、通信和其他电子设备制造业	31287.30	1292.77	4553.93	181.29
计算机制造	2896.96	100.58	305.14	0.96
通信设备制造	8161.13	651.33	2157.51	83.01
广播电视设备制造	532.55	36.79	70.02	0.91
雷达及配套设备制造	38.82	2.86	13.14	0.37
非专业视听设备制造	1091.99	31.71	85.57	2.92
智能消费设备制造	2067.24	102.23	237.91	8.24
电子器件制造	5160.03	127.15	639.88	29.92
电子元件及电子专用材料制造	10175.76	183.69	899.47	47.61
其他电子设备制造	1162.80	56.44	145.28	7.34

单位：亿元

利息费用	投资收益（损失以“-”号记）	营业利润	利润总额	亏损企业亏损额	平均用工人数（万人）
19.99	6.90	-89.92	-82.53	129.22	5.42
0.77	-0.25	8.93	9.06	2.05	0.98
3.58	2.03	21.50	22.88	11.15	3.50
1.27	0.47	3.23	3.37	0.05	0.47
0.15	0.01	0.31	0.37	0.93	0.24
3.03	0.59	12.61	13.32	4.84	4.04
94.76	29.90	826.26	869.93	116.03	153.88
31.99	21.30	280.79	296.55	41.50	53.98
5.80	8.99	49.99	52.42	8.02	7.92
0.29	0.31	3.05	3.22	2.15	0.77
7.76	-1.66	44.96	46.71	11.41	10.49
4.17	0.71	43.85	46.68	6.50	4.77
8.34	11.25	92.69	98.79	3.17	16.84
0.97	0.71	4.09	4.52	2.02	3.07
2.86	1.05	29.74	30.93	6.69	7.72
1.47	-0.07	7.62	8.38	1.34	1.68
0.32	0.01	4.79	4.90	0.19	0.74
239.41	215.02	3049.11	3147.56	354.09	320.51
18.80	37.56	205.07	213.97	20.54	33.13
76.26	73.54	809.25	844.90	150.86	100.53
60.96	33.83	531.26	553.55	18.00	43.05
49.83	32.50	554.35	554.11	116.08	40.10
18.41	27.11	768.35	789.26	23.22	63.17
2.64	3.74	34.18	35.53	2.90	5.47
10.10	6.21	115.40	122.98	17.16	29.34
2.41	0.53	31.24	33.27	5.34	5.73
285.59	1196.99	2848.69	2914.56	457.54	296.76
14.52	12.69	142.96	154.11	31.68	27.26
143.13	941.43	1358.03	1351.33	51.38	49.72
2.74	1.11	51.40	53.35	2.78	7.41
0.34	0.13	3.68	4.22	2.94	0.94
3.37	6.31	63.52	66.30	14.23	10.66
12.14	7.07	103.88	112.29	35.71	22.83
39.17	16.57	245.74	263.53	167.96	57.65
63.72	206.78	800.22	825.53	136.87	104.60
6.46	4.91	79.25	83.90	13.99	15.69

1-A-8 续表 20

行　　业	营业成本	销售费用	管理费用	财务费用
仪器仪表制造业	3428.87	273.21	624.05	19.92
通用仪器仪表制造	2446.55	188.53	429.51	13.26
专用仪器仪表制造	495.26	58.63	114.76	3.12
钟表与计时仪器制造	73.48	3.12	9.30	0.87
光学仪器制造	203.10	7.16	37.12	1.50
衡器制造	68.06	5.01	10.94	0.65
其他仪器仪表制造业	142.42	10.75	22.43	0.52
其他制造业	1097.52	39.52	100.02	8.66
日用杂品制造	750.96	27.13	66.55	4.93
废弃资源综合利用业	6373.95	52.60	173.02	35.53
金属废料和碎屑加工处理	5290.38	29.68	111.13	26.38
非金属废料和碎屑加工处理	1083.57	22.92	61.89	9.14
金属制品、机械和设备修理业	338.91	11.21	42.72	2.45
金属制品修理	3.39	0.15	0.32	0.07
通用设备修理	25.51	0.85	3.36	0.13
专用设备修理	59.21	1.64	7.40	0.42
铁路、船舶、航空航天等运输设备修理	168.53	3.97	20.79	1.18
电气设备修理	22.16	0.54	1.86	0.19
仪器仪表修理	4.09	0.16	0.62	0.02
其他机械和设备修理业	56.02	3.91	8.36	0.44
电力、热力、燃气及水生产和供应业	**5515.64**	**69.98**	**290.55**	**227.10**
电力、热力生产和供应业	3109.39	17.50	174.18	192.86
电力生产	1798.42	5.23	95.94	149.11
电力供应	457.27	2.72	17.57	16.74
热力生产和供应	853.70	9.55	60.67	27.02
燃气生产和供应业	2162.05	44.88	82.27	21.02
燃气生产和供应业	2156.76	44.53	81.88	20.72
生物质燃气生产和供应业	5.29	0.35	0.39	0.30
水的生产和供应业	244.19	7.60	34.10	13.22
自来水生产和供应	77.21	5.55	11.96	2.69
污水处理及其再生利用	162.03	1.89	21.57	10.11
其他水的处理、利用与分配	2.48	0.16	0.40	0.11

单位：亿元

利息费用	投资收益(损失以"−"号记)	营业利润	利润总额	亏损企业亏损额	平均用工人数(万人)
26.04	34.18	413.98	446.27	45.34	53.57
17.00	21.79	299.49	321.99	32.37	34.57
4.96	7.70	64.98	71.49	7.60	8.97
0.74	0.22	5.74	6.08	0.52	2.16
1.83	1.51	20.86	22.35	3.92	4.73
0.88	1.19	5.36	5.78	0.40	1.32
0.64	1.78	17.56	18.59	0.54	1.81
7.93	3.35	60.73	63.82	6.48	17.97
4.16	0.96	42.26	44.36	3.34	14.49
26.34	-14.86	153.78	209.37	43.49	15.47
19.48	-14.00	108.63	149.22	31.61	9.04
6.86	-0.86	45.14	60.15	11.88	6.43
2.80	0.16	23.70	25.03	3.51	6.76
0.06		0.27	0.30	0.01	0.06
0.08	-0.22	1.12	1.02	0.08	0.70
0.37	0.31	0.59	0.79	1.46	1.29
1.59	0.02	14.46	15.52	1.62	3.20
0.26		1.71	1.76	0.07	0.51
0.02		0.21	0.22		0.15
0.43	0.06	5.35	5.42	0.28	0.85
200.23	**64.80**	**558.88**	**603.36**	**146.36**	**28.68**
171.27	57.11	395.94	436.46	121.09	18.11
130.68	57.59	395.55	396.99	59.42	9.55
18.74	-3.86	22.89	21.79	12.80	1.08
21.85	3.38	-22.50	17.68	48.88	7.48
17.94	5.46	118.48	119.36	19.30	6.84
17.62	5.46	118.52	119.30	19.03	6.78
0.32		-0.04	0.06	0.27	0.06
11.02	2.23	44.46	47.55	5.96	3.73
2.38	0.23	10.57	12.18	1.92	1.62
8.40	2.00	33.83	35.03	3.97	2.06
0.08		0.05	0.06	0.06	0.03

1－A－9 外商投资和港澳台投资

行 业	企业单位数（个）	资产总计	固定资产净额	固定资产原价
总 计	**41488**	**299136.00**	**64931.10**	**149796.31**
采矿业	**142**	**7756.24**	**3084.90**	**7940.65**
煤炭开采和洗选业	32	3500.81	408.55	824.17
烟煤和无烟煤开采洗选	29	3396.27	403.36	809.69
石油和天然气开采业	10	3420.68	2471.20	6717.16
石油开采	6	3119.71	2432.48	6649.15
天然气开采	4	300.97	38.73	68.01
黑色金属矿采选业	19	264.61	85.10	159.93
铁矿采选	18	251.23	77.13	145.41
有色金属矿采选业	29	270.43	89.69	164.05
常用有色金属矿采选	23	165.52	72.57	117.48
贵金属矿采选	6	104.91	17.12	46.57
非金属矿采选业	46	161.17	22.86	56.61
土砂石开采	29	98.92	11.87	24.51
化学矿开采	5	13.17	3.84	10.40
石棉及其他非金属矿采选	9	21.81	3.93	9.99
开采专业及辅助性活动	6	138.56	7.50	18.72
石油和天然气开采专业及辅助性活动	6	138.56	7.50	18.72
制造业	**39447**	**268628.86**	**51705.49**	**123040.16**
农副食品加工业	1247	6873.12	1354.93	2603.96
谷物磨制	92	656.32	171.57	277.62
饲料加工	324	1442.19	167.48	343.47
植物油加工	111	2045.62	354.74	701.84
制糖业	17	147.84	45.17	98.20
屠宰及肉类加工	177	1429.56	339.01	578.57
水产品加工	183	284.96	42.96	107.92
蔬菜、菌类、水果和坚果加工	224	364.96	66.99	136.07
其他农副食品加工	119	501.66	167.02	360.27
食品制造业	1094	6330.85	1174.99	2673.87
焙烤食品制造	203	790.47	155.16	351.92
糖果、巧克力及蜜饯制造	92	536.18	111.71	312.25
方便食品制造	202	739.03	210.44	462.07

工业企业主要经济指标(大、中类行业)

单位：亿元

固定资产累计折旧	流动资产合计	应收账款	存货	产成品	负债合计	流动负债合计
82296.18	**176773.48**	**53731.93**	**31348.62**	**11508.16**	**157683.11**	**129066.50**
4832.56	**1892.85**	**394.59**	**101.17**	**36.75**	**5935.23**	**4019.20**
409.96	1181.82	69.49	24.61	13.04	2166.18	1322.40
400.68	1172.23	68.09	24.29	12.84	2084.69	1311.69
4244.95	360.01	239.79	36.09	9.38	3327.82	2387.17
4215.67	319.36	233.89	33.35	9.35	3086.22	2198.18
29.28	40.65	5.90	2.74	0.04	241.61	188.99
72.56	117.83	32.78	16.66	6.21	133.57	107.59
66.00	112.48	32.77	14.25	5.38	127.21	101.24
60.33	93.83	4.22	11.18	3.08	149.47	107.21
41.84	42.65	2.85	7.57	1.98	76.20	57.71
18.49	51.18	1.37	3.61	1.10	73.27	49.50
33.54	69.05	11.81	9.50	4.82	88.68	63.73
12.61	43.72	8.52	6.56	3.62	47.66	27.27
6.39	5.25	0.37	0.75	0.35	4.37	4.33
6.05	10.88	2.27	1.87	0.68	6.69	6.14
11.22	70.31	36.50	3.13	0.22	69.51	31.11
11.22	70.31	36.50	3.13	0.22	69.51	31.11
68950.97	**168472.04**	**51410.07**	**30789.08**	**11399.88**	**139175.87**	**118520.44**
1206.41	4508.53	719.52	1289.72	508.37	4073.59	3614.55
98.91	407.58	50.31	192.13	47.35	387.11	336.31
161.02	1068.52	252.70	111.61	29.79	858.96	764.78
341.66	1566.53	144.91	562.27	238.67	1356.68	1264.74
51.77	82.93	11.48	24.84	20.84	85.73	80.38
237.08	653.52	122.64	126.67	51.50	759.01	646.09
64.30	218.99	45.77	100.81	50.87	150.92	115.48
68.91	248.32	43.80	74.06	28.73	187.68	156.93
182.76	262.13	47.90	97.33	40.62	287.50	249.84
1452.07	3795.41	820.22	541.93	247.72	3190.39	2658.85
195.68	526.70	119.17	56.02	30.60	414.01	312.73
196.49	363.32	53.88	58.12	25.61	265.16	233.41
250.56	392.16	158.70	66.70	26.40	411.27	352.78

1-A-9 续表 1

行　业	企业单位数(个)	资产总计	固定资产净额	固定资产原价
乳制品制造	84	1991.46	198.29	430.28
罐头食品制造	64	163.06	28.10	72.21
调味品、发酵制品制造	143	739.42	208.70	468.20
其他食品制造	306	1371.22	262.59	576.93
酒、饮料和精制茶制造业	606	3553.10	966.04	2421.34
酒的制造	142	1504.19	377.41	879.29
饮料制造	424	2011.10	581.92	1530.45
精制茶加工	40	37.81	6.71	11.59
烟草制品业	5	19.23	5.89	11.99
其他烟草制品制造	4	16.44	5.23	11.16
纺织业	1456	3762.67	837.24	2140.21
棉纺织及印染精加工	526	1913.49	394.00	1065.73
毛纺织及染整精加工	80	202.73	27.34	80.01
麻纺织及染整精加工	24	52.03	7.09	22.82
丝绢纺织及印染精加工	23	48.79	8.49	22.72
化纤织造及印染精加工	173	431.99	111.52	276.08
针织或钩针编织物及其制品制造	151	200.31	56.92	118.13
家用纺织制成品制造	186	338.16	81.86	168.93
产业用纺织制成品制造	293	575.17	150.01	385.78
纺织服装、服饰业	1591	3155.92	412.68	975.81
机织服装制造	853	1870.19	235.35	549.46
针织或钩针编织服装制造	558	1108.82	142.81	343.38
服饰制造	180	176.91	34.52	82.98
皮革、毛皮、羽毛及其制品和制鞋业	829	1665.29	239.14	528.29
皮革鞣制加工	47	108.25	24.99	52.96
皮革制品制造	279	265.56	46.20	91.54
毛皮鞣制及制品加工	12	11.41	2.67	7.16
羽毛(绒)加工及制品制造	21	31.44	3.90	8.35
制鞋业	470	1248.63	161.38	368.29
木材加工和木、竹、藤、棕、草制品业	198	381.90	81.02	144.16
木材加工	17	31.49	7.21	14.04
人造板制造	63	206.13	47.71	74.44
木质制品制造	91	131.24	22.94	49.83
竹、藤、棕、草等制品制造	27	13.04	3.16	5.84

单位：亿元

固定资产累计折旧	流动资产合计	应收账款	存货	产成品	负债合计	流动负债合计
212.07	1069.57	147.41	82.08	32.75	1062.53	881.22
42.29	102.72	19.69	24.35	12.85	76.46	73.81
255.11	429.95	137.90	97.44	41.17	304.74	271.14
299.86	911.00	183.47	157.22	78.35	656.22	533.76
1425.24	2020.47	460.34	465.10	147.40	1583.16	1425.74
486.57	871.75	137.52	274.03	46.23	644.07	572.14
933.89	1123.87	318.19	180.28	95.45	913.13	838.46
4.78	24.85	4.64	10.79	5.72	25.96	15.14
6.10	11.58	3.56	3.23	1.12	8.70	8.16
5.92	9.80	3.13	2.81	1.08	7.68	7.45
1280.98	2292.71	580.14	588.24	265.01	1697.55	1412.17
661.49	1183.12	271.56	279.82	126.22	838.00	673.08
52.67	155.40	35.74	58.11	28.11	116.14	107.90
15.64	38.24	9.07	16.83	7.44	28.12	27.41
14.13	36.71	12.48	12.66	5.92	27.10	22.94
160.05	234.00	48.27	73.98	39.26	217.49	194.04
58.59	114.56	35.23	27.69	10.81	102.46	78.23
85.87	208.32	67.65	41.86	16.48	144.02	122.42
232.55	322.35	100.13	77.29	30.78	224.21	186.15
547.13	2014.80	592.67	447.41	209.36	1571.90	1265.68
303.40	1156.30	331.84	260.26	140.89	1021.53	781.52
196.55	739.11	223.38	151.67	56.44	475.92	416.94
47.18	119.39	37.44	35.48	12.03	74.45	67.23
283.32	1230.30	340.93	240.31	99.19	891.55	809.51
27.88	69.66	17.43	25.42	10.39	70.06	64.37
44.28	203.30	78.45	53.06	14.74	150.95	143.50
4.49	7.50	2.25	3.63	1.73	6.56	6.42
4.45	24.64	6.36	8.03	2.04	19.42	17.10
202.22	925.19	236.44	150.16	70.30	644.56	578.12
62.96	212.28	55.99	63.17	29.54	179.69	148.01
6.81	22.24	8.86	4.73	2.53	10.44	9.85
26.68	85.62	12.79	24.28	12.95	95.47	69.59
26.79	96.22	31.84	31.48	12.81	67.21	62.76
2.68	8.19	2.51	2.68	1.25	6.57	5.81

1-A-9 续表 2

行业	企业单位数(个)	资产总计	固定资产净额	固定资产原价
家具制造业	545	1318.09	204.53	412.62
木质家具制造	251	626.02	92.63	175.47
竹、藤家具制造	7	8.64	1.69	4.51
金属家具制造	129	312.23	53.37	121.77
塑料家具制造	13	34.70	11.41	21.44
其他家具制造	145	336.50	45.42	89.43
造纸和纸制品业	654	6439.95	1912.71	4210.05
纸浆制造	10	273.59	41.54	86.62
造纸	160	4569.82	1446.38	3156.67
纸制品制造	484	1596.53	424.79	966.76
印刷和记录媒介复制业	494	1504.43	240.95	663.29
印刷	472	1469.29	233.56	637.04
装订及印刷相关服务	16	28.17	6.23	18.23
记录媒介复制	6	6.97	1.16	8.02
文教、工美、体育和娱乐用品制造业	1424	2582.94	394.10	904.01
文教办公用品制造	119	105.72	26.24	65.69
乐器制造	45	72.11	14.14	41.05
工艺美术及礼仪用品制造	477	1268.58	131.45	299.84
体育用品制造	290	350.37	63.58	153.29
玩具制造	449	670.12	128.01	284.76
游艺器材及娱乐用品制造	44	116.04	30.68	59.37
石油、煤炭及其他燃料加工业	112	2779.65	1272.64	2581.15
精炼石油产品制造	88	2273.65	1026.04	2179.43
煤炭加工	22	475.38	241.59	394.46
化学原料和化学制品制造业	2490	20275.08	5976.32	12964.88
基础化学原料制造	529	6907.32	2451.41	5394.51
肥料制造	61	647.20	240.88	498.28
农药制造	45	618.51	167.97	283.14
涂料、油墨、颜料及类似产品制造	477	1643.57	291.09	626.68
合成材料制造	400	6005.94	1829.56	3877.89
专用化学产品制造	631	2781.70	724.20	1660.09
炸药、火工及焰火产品制造	4	2.82	1.19	1.79
日用化学产品制造	343	1668.02	270.00	622.50

单位：亿元

固定资产累计折旧	流动资产合计	应收账款	存货	产成品	负债合计	流动负债合计
206.82	886.25	237.55	163.40	71.24	702.27	601.94
84.08	433.85	98.14	87.14	39.98	386.29	330.09
2.82	4.73	1.32	2.25	0.84	5.06	3.22
67.13	218.95	65.83	33.77	14.13	143.40	131.39
10.03	21.98	8.01	5.85	2.75	11.53	5.82
42.77	206.75	64.26	34.40	13.53	155.98	131.43
2236.04	3260.85	862.27	503.11	176.55	3410.75	2576.77
44.41	184.74	73.97	12.40	3.67	174.96	161.47
1660.23	2125.49	458.93	309.95	112.28	2444.87	1784.26
531.39	950.62	329.37	180.75	60.60	790.93	631.03
415.12	913.75	237.75	115.42	43.29	494.42	434.64
396.72	887.70	230.17	110.84	41.94	481.14	422.00
12.00	20.92	6.01	4.07	1.11	9.91	9.27
6.40	5.12	1.57	0.52	0.24	3.38	3.38
504.68	1896.61	453.23	827.41	557.63	1429.36	1325.94
38.81	67.49	19.69	18.63	7.42	46.49	41.89
26.89	49.25	11.32	20.50	6.09	21.94	17.74
165.80	1003.79	142.78	583.35	469.46	828.10	800.05
88.63	256.24	101.00	66.20	22.64	127.63	115.66
156.17	450.62	150.07	117.04	44.06	348.45	303.07
28.38	69.21	28.38	21.70	7.97	56.75	47.52
1283.10	1089.14	244.42	448.01	86.81	1616.63	1141.99
1133.28	881.45	206.95	406.02	73.95	1256.16	908.31
147.58	196.51	34.89	36.90	10.41	354.47	231.98
6797.31	9675.12	2299.72	1777.30	784.76	9320.78	7073.03
2866.79	2979.71	468.11	458.02	198.51	3175.44	2262.32
256.10	276.37	29.07	61.33	21.46	325.61	233.45
114.75	346.88	121.10	78.37	33.98	293.13	243.41
332.64	1140.08	373.59	198.78	106.58	737.66	677.87
1980.55	2259.41	508.77	495.51	200.75	2990.32	2085.67
899.77	1593.67	465.72	328.23	145.19	994.98	845.69
0.54	0.75	0.16	0.24	0.10	0.56	0.50
346.18	1078.24	333.20	156.83	78.21	803.07	724.12

1-A-9 续表 3

行 业	企业单位数（个）	资产总计		
			固定资产净额	固定资产原价
医药制造业	758	11174.00	1550.55	2979.74
化学药品原料药制造	106	1636.62	313.92	661.10
化学药品制剂制造	192	3660.84	436.90	927.28
中药饮片加工	16	122.85	25.71	34.41
中成药生产	93	1208.85	208.95	374.94
兽用药品制造	27	208.38	50.79	79.62
生物药品制品制造	158	3594.05	367.62	644.99
卫生材料及医药用品制造	125	503.77	121.26	202.86
药用辅料及包装材料	41	238.64	25.40	54.53
化学纤维制造业	185	1990.50	854.84	1651.31
纤维素纤维原料及纤维制造	37	381.12	149.69	382.30
合成纤维制造	136	1448.64	634.10	1188.09
生物基材料制造	12	160.74	71.05	80.92
橡胶和塑料制品业	2748	7298.60	1652.05	4312.91
橡胶制品业	472	2489.56	718.09	1984.68
塑料制品业	2276	4809.04	933.96	2328.22
非金属矿物制品业	1427	8510.59	2066.98	4349.12
水泥、石灰和石膏制造	126	1770.65	517.92	1222.31
石膏、水泥制品及类似制品制造	302	901.41	109.15	240.38
砖瓦、石材等建筑材料制造	183	432.10	76.20	149.71
玻璃制造	102	1692.56	505.28	971.57
玻璃制品制造	153	822.83	251.77	488.97
玻璃纤维和玻璃纤维增强塑料制品制造	88	302.01	85.18	229.71
陶瓷制品制造	168	560.28	127.45	307.12
耐火材料制品制造	96	242.09	45.30	113.11
石墨及其他非金属矿物制品制造	209	1786.65	348.74	626.24
黑色金属冶炼和压延加工业	300	8260.21	3000.53	7240.34
炼钢	9	907.28	221.12	637.36
钢压延加工	269	6905.18	2744.44	6510.00
铁合金冶炼	19	387.49	34.29	79.54
有色金属冶炼和压延加工业	453	7266.94	1048.54	3326.58
常用有色金属冶炼	40	2337.15	539.89	1444.02

单位：亿元

固定资产累计折旧	流动资产合计	应收账款	存货	产成品	负债合计	流动负债合计
1383.31	6920.04	1373.01	1416.54	698.28	4038.23	3293.11
334.43	841.51	202.49	190.82	104.19	624.39	504.53
477.14	2513.26	534.14	683.56	381.53	1572.48	1375.50
8.69	73.31	32.87	16.79	5.87	50.63	31.87
155.79	763.95	104.90	144.42	45.33	449.68	384.00
28.81	114.15	30.60	21.77	11.35	89.00	56.01
270.47	2130.22	332.87	300.73	125.56	996.38	718.96
79.77	325.02	111.00	42.40	17.57	193.67	170.04
28.20	158.63	24.14	16.05	6.86	62.00	52.20
778.45	911.18	122.13	263.09	138.84	1267.65	954.21
232.62	189.99	20.05	55.21	17.62	193.93	124.44
535.99	659.43	97.95	188.08	112.54	947.12	763.92
9.84	61.76	4.12	19.79	8.67	126.61	65.85
2635.53	4359.85	1431.00	860.85	376.21	2876.21	2496.00
1259.24	1387.59	488.26	253.53	124.45	908.93	801.27
1376.29	2972.26	942.74	607.32	251.76	1967.28	1694.73
2190.42	4548.11	997.75	588.03	274.81	3421.79	2766.93
689.72	725.74	89.30	52.03	17.32	583.91	465.01
129.86	618.04	281.05	35.93	16.85	535.79	453.76
70.38	213.30	62.34	47.94	17.32	230.68	202.41
446.60	984.19	184.83	109.94	53.09	767.01	578.30
233.48	490.58	118.56	88.52	39.22	345.90	274.13
135.57	160.19	49.18	34.66	18.59	118.95	98.52
166.03	311.39	82.53	83.89	53.97	265.07	210.43
67.22	165.42	51.97	38.45	19.02	92.02	83.89
251.57	879.26	78.00	96.68	39.44	482.46	400.48
4150.64	3897.84	408.75	921.06	210.78	5150.61	4185.91
415.20	583.14	63.70	123.44	14.14	612.28	552.45
3683.74	2944.67	325.59	774.28	184.55	4266.22	3438.73
42.93	323.44	12.43	19.43	9.89	226.16	150.35
1638.98	3959.85	641.65	995.39	189.59	3977.44	2812.44
578.44	1190.36	69.30	535.27	54.12	1088.56	883.09

1-A-9 续表 4

行　　业	企业单位数(个)	资产总计	固定资产净　额	固定资产原　价
贵金属冶炼	6	103.58	18.03	61.92
稀有稀土金属冶炼	20	1429.57	8.11	500.19
有色金属合金制造	100	310.94	64.59	150.27
有色金属压延加工	287	3085.69	417.93	1170.18
金属制品业	2428	6184.02	1187.21	2932.29
结构性金属制品制造	416	1007.64	132.33	298.85
金属工具制造	244	473.76	92.81	280.62
集装箱及金属包装容器制造	203	1010.82	209.70	409.77
金属丝绳及其制品制造	133	494.46	108.05	326.94
建筑、安全用金属制品制造	332	626.98	109.10	249.67
金属表面处理及热处理加工	218	415.56	86.57	244.40
搪瓷制品制造	15	45.40	16.24	30.98
金属制日用品制造	281	453.21	85.19	199.21
铸造及其他金属制品制造	586	1656.19	347.23	891.84
通用设备制造业	3382	14065.84	2050.89	4968.73
锅炉及原动设备制造	133	1635.98	186.53	479.52
金属加工机械制造	390	1044.77	158.74	339.71
物料搬运设备制造	276	2897.68	233.66	514.15
泵、阀门、压缩机及类似机械制造	726	2690.80	456.78	1069.83
轴承、齿轮和传动部件制造	347	1240.00	343.09	930.73
烘炉、风机、包装等设备制造	598	2203.22	287.35	652.11
文化、办公用机械制造	156	653.45	89.00	323.94
通用零部件制造	576	1011.37	229.24	538.85
其他通用设备制造业	180	688.56	66.52	119.90
专用设备制造业	2596	12431.08	1392.29	3064.85
采矿、冶金、建筑专用设备制造	277	2394.78	268.65	673.83
化工、木材、非金属加工专用设备制造	613	1823.23	252.62	622.79
食品、饮料、烟草及饲料生产专用设备制造	61	138.91	16.81	37.85
印刷、制药、日化及日用品生产专用设备制造	146	489.67	65.58	158.73
纺织、服装和皮革加工专用设备制造	139	814.28	66.35	145.28
电子和电工机械专用设备制造	302	1278.58	104.53	202.62
农、林、牧、渔专用机械制造	97	493.86	50.40	135.83
医疗仪器设备及器械制造	599	3827.85	474.32	902.99
环保、邮政、社会公共服务及其他专用设备制造	362	1169.91	93.02	184.92

单位：亿元

固定资产累计折旧	流动资产合计	应收账款	存货	产成品	负债合计	流动负债合计
43.77	61.76	1.60	21.82	2.00	35.80	34.37
191.00	538.87	21.31	162.02	36.39	746.49	114.88
80.32	203.24	67.06	56.78	22.06	147.19	125.61
745.45	1965.62	482.39	219.50	75.02	1959.40	1654.48
1692.68	4164.79	1400.82	862.92	339.75	2904.37	2576.84
164.39	786.27	324.44	148.46	54.27	624.02	578.06
182.87	307.88	109.98	73.34	29.50	198.00	180.93
197.19	635.86	149.12	136.68	57.14	451.38	396.62
210.35	324.11	131.89	59.50	26.01	230.87	207.77
138.95	434.97	158.00	104.88	40.97	269.48	242.92
151.21	283.31	78.86	52.08	17.47	221.74	191.64
14.75	21.52	7.19	5.35	2.16	16.33	14.00
112.71	297.45	90.06	70.12	27.86	193.75	170.31
520.26	1073.41	351.29	212.53	84.37	698.81	594.59
2868.45	10356.81	3188.48	2529.89	805.25	7175.41	6457.49
289.74	1137.86	243.44	245.24	58.76	925.55	839.25
178.44	774.81	167.71	234.52	71.64	436.16	397.07
279.19	2292.19	807.48	608.86	196.50	2039.18	1808.25
604.77	1971.17	574.23	499.07	190.53	1221.11	1110.86
563.14	778.87	263.76	186.70	57.09	475.63	429.22
360.99	1696.10	553.23	316.98	97.63	1118.01	1032.69
234.03	504.55	199.75	117.08	29.69	260.19	218.59
306.29	656.66	229.32	161.10	77.35	358.84	305.11
51.86	544.61	149.57	160.34	26.05	340.74	316.46
1637.00	8765.37	2426.42	1807.29	595.66	5450.09	4585.07
391.57	1912.12	600.38	383.06	147.86	1213.24	1048.64
367.53	1286.83	370.94	275.56	85.97	793.09	703.16
20.65	112.64	35.75	29.51	7.03	82.84	81.40
91.79	341.50	81.35	83.33	17.52	290.37	271.27
78.19	568.91	91.70	82.02	27.52	478.21	257.29
94.40	969.41	257.83	291.99	73.13	515.62	438.72
79.68	370.47	130.58	96.45	46.09	284.64	249.34
422.09	2298.68	566.11	370.02	123.52	1142.29	945.90
91.09	904.82	291.78	195.35	67.02	649.78	589.36

1-A-9 续表 5

行业	企业单位数(个)	资产总计	固定资产净额	固定资产原价
汽车制造业	3068	42421.87	7023.37	19125.92
汽车整车制造	87	23250.88	3423.34	9732.03
汽车用发动机制造	29	1122.51	219.18	768.62
改装汽车制造	23	164.90	14.34	38.40
汽车车身、挂车制造	34	112.97	26.67	60.54
汽车零部件及配件制造	2894	17769.60	3339.76	8526.22
铁路、船舶、航空航天和其他运输设备制造业	536	3338.99	463.11	1126.29
铁路运输设备制造	70	515.65	25.29	93.74
城市轨道交通设备制造	14	173.30	8.43	20.39
船舶及相关装置制造	120	1623.35	244.17	568.86
航空、航天器及设备制造	51	213.19	65.17	134.52
摩托车制造	92	372.16	50.11	153.66
自行车和残疾人座车制造	120	235.56	38.15	90.79
助动车制造	22	65.78	10.93	17.78
非公路休闲车及零配件制造	32	122.24	15.23	35.49
潜水救捞及其他未列明运输设备制造	15	17.76	5.62	11.06
电气机械和器材制造业	3047	19740.33	2828.08	6139.47
电机制造	396	3727.18	427.78	951.36
输配电及控制设备制造	945	5162.19	643.13	1296.39
电线、电缆、光缆及电工器材制造	505	1538.48	233.01	602.76
电池制造	214	5090.52	984.01	1875.84
家用电力器具制造	484	3045.14	369.60	996.61
非电力家用器具制造	49	182.43	21.56	51.28
照明器具制造	382	867.09	135.36	329.17
其他电气机械及器材制造	72	127.31	13.62	36.06
计算机、通信和其他电子设备制造业	4518	60998.79	10813.87	27010.17
计算机制造	532	8136.20	691.66	2105.00
通信设备制造	274	12555.26	781.15	1864.80
广播电视设备制造	88	492.59	85.60	223.63
雷达及配套设备制造	5	8.30	0.61	1.93
非专业视听设备制造	225	2271.34	173.62	437.95
智能消费设备制造	186	2364.00	298.84	804.27

单位：亿元

固定资产累计折旧	流动资产合计	应收账款	存货	产成品	负债合计	流动负债合计
11621.46	28693.48	10258.11	3579.74	1498.91	27191.95	24757.88
5969.10	15938.80	5474.27	1681.24	728.16	17784.81	16319.07
534.15	702.33	215.82	74.37	27.12	461.86	429.81
20.55	136.97	62.75	21.44	10.67	122.72	96.60
32.78	72.22	23.19	13.64	6.63	69.49	60.66
5064.82	11842.29	4481.90	1788.84	726.20	8752.64	7851.30
604.94	2385.10	542.03	433.08	108.15	1797.03	1554.82
62.36	403.04	159.02	83.09	23.04	250.00	203.30
11.95	152.80	53.65	28.52	5.56	106.47	98.55
277.81	1126.79	172.74	172.46	23.13	1034.06	925.03
65.53	116.81	29.72	40.01	8.46	94.16	61.63
102.87	282.64	39.21	38.64	17.37	122.15	111.76
52.04	166.06	43.55	47.74	21.38	101.44	90.79
6.85	43.39	11.46	8.26	3.67	34.32	27.03
20.08	82.30	28.64	10.95	4.00	47.59	32.66
5.44	11.26	4.05	3.41	1.53	6.84	4.06
3231.86	13274.63	4526.84	2083.66	768.02	10703.28	9478.74
509.21	2685.27	892.73	437.94	133.78	2169.18	1980.29
639.92	3661.34	1407.99	548.51	176.05	2944.25	2530.45
365.53	1082.69	500.25	194.62	92.06	799.79	681.19
864.00	2836.22	848.41	433.88	164.48	2657.52	2307.13
612.28	2221.61	622.54	315.07	143.45	1613.72	1500.54
29.08	142.85	36.10	17.81	7.41	86.52	82.83
189.63	541.26	178.02	115.70	45.21	376.78	342.77
22.21	103.39	40.81	20.12	5.58	55.51	53.54
15947.63	39362.90	15312.41	6232.89	1947.33	31168.72	26487.08
1407.23	6977.95	3614.96	967.09	262.35	5541.45	5375.12
1076.86	9900.42	4588.64	1464.08	529.12	7220.25	6657.02
137.63	281.74	129.24	63.72	21.97	139.10	119.00
1.32	6.79	2.10	0.93	0.20	3.02	2.65
259.35	1723.21	731.51	270.40	99.49	1544.81	1368.80
503.48	1616.78	661.56	262.82	98.26	1286.71	1148.60

1-A-9 续表 6

行　　业	企业单位数(个)	资产总计	固定资产净　额	固定资产原　价
电子器件制造	1041	22355.10	6150.13	15473.79
电子元件及电子专用材料制造	1952	12088.27	2562.31	5919.78
其他电子设备制造	215	727.75	69.96	179.03
仪器仪表制造业	800	2689.64	363.51	843.72
通用仪器仪表制造	415	1505.38	168.39	375.74
专用仪器仪表制造	139	535.32	75.46	174.61
钟表与计时仪器制造	118	158.57	23.78	57.11
光学仪器制造	80	411.51	88.32	215.02
衡器制造	20	29.94	3.57	9.30
其他仪器仪表制造业	28	48.90	3.99	11.94
其他制造业	264	610.90	84.32	232.74
日用杂品制造	192	515.40	65.60	189.57
废弃资源综合利用业	101	327.06	85.81	160.85
金属废料和碎屑加工处理	47	125.86	28.10	60.51
非金属废料和碎屑加工处理	54	201.21	57.71	100.34
金属制品、机械和设备修理业	91	677.31	166.37	339.53
金属制品修理	5	3.53	0.49	1.24
通用设备修理	5	5.78	1.10	2.70
专用设备修理	22	35.36	5.41	10.01
铁路、船舶、航空航天等运输设备修理	47	611.25	152.53	312.36
其他机械和设备修理业	11	20.18	6.77	13.02
电力、热力、燃气及水生产和供应业	**1899**	**22750.90**	**10140.71**	**18815.50**
电力、热力生产和供应业	971	13898.77	7446.28	14481.05
电力生产	898	13491.37	7316.37	14239.37
电力供应	14	121.94	12.65	31.26
热力生产和供应	59	285.46	117.26	210.41
燃气生产和供应业	604	6016.70	2094.53	3212.86
燃气生产和供应业	602	5985.90	2093.13	3210.62
水的生产和供应业	324	2835.43	599.90	1121.59
自来水生产和供应	119	1076.60	415.76	782.52
污水处理及其再生利用	201	1650.93	175.54	313.09
其他水的处理、利用与分配	4	107.90	8.59	25.98

单位：亿元

固定资产累计折旧	流动资产合计	应收账款	存货	产成品	负债合计	流动负债合计
9153.42	11214.45	2698.78	1817.45	452.78	9795.61	7194.80
3299.50	7144.73	2667.54	1293.31	455.12	5270.41	4291.25
108.83	496.84	218.09	93.09	28.05	367.37	329.84
476.34	2014.96	603.89	517.12	168.79	1123.87	1030.35
205.11	1152.60	324.87	288.06	78.13	639.29	598.26
98.72	413.47	147.90	118.89	49.10	248.57	218.23
32.69	117.42	38.30	35.99	13.07	68.34	61.84
126.16	264.26	75.25	57.46	24.19	148.13	133.01
5.73	24.58	7.38	5.60	1.26	6.14	6.07
7.92	42.62	10.18	11.12	3.04	13.40	12.93
146.69	462.62	103.72	72.95	24.57	246.33	211.70
123.10	394.73	87.80	54.68	18.67	214.63	182.98
67.29	160.56	23.66	16.02	9.68	142.21	89.01
25.36	67.01	7.33	8.06	5.20	50.79	38.40
41.93	93.56	16.34	7.96	4.47	91.43	50.61
172.04	426.18	141.06	134.80	17.26	369.94	285.88
0.60	2.61	1.13	0.28	0.06	2.49	2.22
1.60	4.59	2.08	0.34	0.04	1.88	1.88
4.60	28.09	6.26	7.15	1.71	15.98	15.16
158.85	377.62	127.66	125.08	15.12	340.17	261.68
6.25	12.14	3.73	1.58	0.30	9.36	4.86
8512.65	**6408.59**	**1927.27**	**458.36**	**71.53**	**12572.00**	**6526.86**
6911.77	3437.49	1270.73	286.51	14.89	7771.65	3241.15
6800.05	3223.47	1211.81	267.97	5.60	7500.86	3072.88
18.59	96.16	33.12	11.77	7.83	76.86	71.23
93.13	117.86	25.80	6.77	1.46	193.93	97.04
1081.77	2058.64	396.75	142.15	43.28	3240.17	2492.83
1080.93	2032.40	396.51	142.07	43.21	3236.28	2491.40
519.11	912.46	259.79	29.70	13.36	1560.18	792.87
366.16	301.66	50.37	19.53	12.81	560.00	325.02
135.63	518.82	204.02	9.82	0.55	915.45	387.35
17.32	91.99	5.40	0.35		84.72	80.50

1-A-9 续表 7

行业	应付账款	所有者权益合计	实收资本	国家资本
总 计	**49077.60**	**141444.06**	**63446.45**	**3531.39**
采矿业	**611.54**	**1821.01**	**423.82**	**28.86**
煤炭开采和洗选业	160.53	1334.62	252.05	15.30
烟煤和无烟煤开采洗选	159.54	1311.58	230.53	15.30
石油和天然气开采业	385.73	92.85	4.19	
石油开采	355.36	33.49	2.14	
天然气开采	30.37	59.36	2.05	
黑色金属矿采选业	30.65	131.04	41.33	2.05
铁矿采选	26.07	124.03	40.19	2.05
有色金属矿采选业	11.31	120.95	52.28	2.46
常用有色金属矿采选	8.12	89.32	36.58	2.46
贵金属矿采选	3.19	31.64	15.70	
非金属矿采选业	14.22	72.49	40.51	8.87
土砂石开采	8.10	51.25	26.96	6.00
化学矿开采	1.59	8.80	4.78	2.00
石棉及其他非金属矿采选	1.38	15.13	3.28	0.87
开采专业及辅助性活动	9.11	69.05	33.47	0.18
石油和天然气开采专业及辅助性活动	9.11	69.05	33.47	0.18
制造业	**47091.62**	**129444.15**	**57189.15**	**1983.07**
农副食品加工业	750.52	2800.47	1505.34	85.73
谷物磨制	31.97	269.21	156.46	9.85
饲料加工	189.00	583.24	286.34	2.11
植物油加工	227.52	689.88	320.95	57.41
制糖业	12.01	62.11	30.07	3.57
屠宰及肉类加工	162.14	670.55	355.98	5.06
水产品加工	29.25	134.03	64.20	1.60
蔬菜、菌类、水果和坚果加工	51.18	177.28	82.03	0.33
其他农副食品加工	47.46	214.16	209.31	5.81
食品制造业	716.88	3140.46	1297.30	22.16
焙烤食品制造	118.05	376.46	165.49	1.86
糖果、巧克力及蜜饯制造	48.41	271.02	99.66	
方便食品制造	136.56	327.77	235.49	7.29

单位：亿元

					营业收入
集体资本	法人资本	个人资本	港澳台资本	外商资本	
481.52	**17242.58**	**2073.64**	**16108.97**	**24170.74**	**268510.02**
2.01	**176.26**	**16.08**	**81.94**	**118.67**	**3847.12**
1.90	113.48	9.30	28.02	84.04	1140.62
1.90	113.21	7.11	10.72	82.29	1127.42
			2.05	2.14	2320.46
				2.14	2236.95
			2.05		83.51
0.08	24.45	2.90	3.77	8.08	194.34
0.08	24.45	2.06	3.77	7.78	130.90
	17.76	2.77	17.71	11.58	92.37
	10.53	1.16	13.40	9.03	69.54
	7.23	1.61	4.31	2.55	22.83
0.03	9.62	1.11	11.80	9.08	62.90
	6.23	1.05	8.77	4.91	37.98
	2.69		0.09		5.33
0.03	0.70	0.05	0.52	1.10	15.99
	10.95		18.58	3.75	36.43
	10.95		18.58	3.75	36.43
406.66	**15226.42**	**2006.62**	**14504.59**	**23236.69**	**254854.23**
1.74	403.87	75.43	374.91	563.65	9774.69
	19.28	0.79	55.31	71.24	1026.57
0.54	128.32	27.44	34.02	93.91	1770.68
0.02	84.39	4.85	61.16	113.12	3948.67
	17.43	0.96	1.77	6.34	154.71
0.45	96.20	13.31	155.84	85.12	1560.22
0.20	12.22	17.67	11.59	20.91	315.73
0.07	21.49	7.92	17.30	34.92	371.25
0.46	24.54	2.48	37.93	138.09	626.87
16.56	160.89	28.42	405.34	663.44	6243.26
0.53	7.64	1.56	86.49	67.42	648.63
0.25	15.27	3.11	29.53	51.49	629.37
3.37	36.34	5.30	107.67	75.52	915.10

1-A-9 续表 8

行 业	应付账款	所有者权益合计	实收资本	国家资本
乳制品制造	176.81	928.94	253.77	6.04
罐头食品制造	10.31	86.60	44.99	0.23
调味品、发酵制品制造	83.19	434.68	187.67	2.16
其他食品制造	143.56	715.00	310.24	4.58
酒、饮料和精制茶制造业	432.95	1969.94	1058.41	50.32
酒的制造	167.60	860.12	396.53	30.82
饮料制造	259.90	1097.97	652.60	19.50
精制茶加工	5.45	11.85	9.28	
烟草制品业	3.04	10.53	6.69	2.24
其他烟草制品制造	2.94	8.76	5.29	2.24
纺织业	365.45	2064.49	1121.28	15.27
棉纺织及印染精加工	186.53	1074.86	536.95	10.96
毛纺织及染整精加工	23.97	86.60	54.09	0.67
麻纺织及染整精加工	6.46	23.91	18.23	
丝绢纺织及印染精加工	8.28	21.68	16.38	
化纤织造及印染精加工	26.24	214.50	129.55	
针织或钩针编织物及其制品制造	15.03	97.85	65.03	
家用纺织制成品制造	47.67	194.14	98.59	
产业用纺织制成品制造	51.28	350.96	202.46	3.64
纺织服装、服饰业	465.16	1584.02	681.94	0.89
机织服装制造	280.44	848.67	380.72	0.37
针织或钩针编织服装制造	161.95	632.90	243.20	0.52
服饰制造	22.77	102.46	58.01	
皮革、毛皮、羽毛及其制品和制鞋业	227.19	773.63	369.83	1.80
皮革鞣制加工	12.62	38.18	34.12	
皮革制品制造	50.54	114.61	63.85	0.21
毛皮鞣制及制品加工	0.34	4.85	4.86	
羽毛(绒)加工及制品制造	5.97	12.02	7.05	
制鞋业	157.72	603.96	259.95	1.59
木材加工和木、竹、藤、棕、草制品业	41.59	202.21	130.98	1.50
木材加工	5.06	21.04	11.53	
人造板制造	12.49	110.66	77.52	1.50
木质制品制造	21.34	64.03	37.57	
竹、藤、棕、草等制品制造	2.70	6.47	4.36	

单位：亿元

集体资本	法人资本	个人资本	港澳台资本	外商资本	营业收入
10.96	39.33	2.40	51.64	142.88	1694.74
0.05	4.34	3.70	14.06	22.62	158.17
0.62	17.96	3.87	50.10	112.95	798.91
0.77	40.01	8.49	65.85	190.55	1398.34
13.54	273.55	27.48	236.37	454.39	3787.79
2.34	88.36	10.15	44.39	220.47	1101.08
11.16	182.06	16.85	187.78	232.49	2647.36
0.04	3.13	0.48	4.20	1.43	39.35
	2.96		0.20	1.29	13.88
	2.24		0.20	0.60	11.16
18.80	205.23	43.63	505.82	332.53	3085.74
10.04	100.72	19.28	285.62	110.34	1394.44
7.29	9.37	1.10	21.89	13.77	189.54
	3.64	0.46	13.10	1.03	56.32
	2.71	1.32	5.21	7.14	39.61
0.50	35.69	3.60	55.19	34.58	446.13
0.10	11.48	2.32	36.88	14.25	196.25
0.24	14.85	9.16	32.71	41.63	291.19
0.64	26.77	6.39	55.24	109.78	472.26
5.63	195.26	27.16	299.53	149.29	2926.98
4.10	126.00	15.10	161.47	73.68	1583.67
1.16	56.74	9.67	115.29	55.66	1150.42
0.37	12.53	2.39	22.77	19.95	192.89
0.31	92.16	22.41	138.55	114.61	1960.93
	7.22	5.87	10.62	10.41	73.29
0.03	17.36	2.73	23.75	19.78	350.76
	0.02	1.10	2.39	1.35	6.87
	1.88	1.41	1.55	2.21	31.26
0.28	65.68	11.31	100.24	80.85	1498.76
11.54	47.01	7.09	26.25	37.59	239.62
	0.83	0.66	0.11	9.94	17.96
11.46	39.41	2.44	15.66	7.06	101.22
	4.40	3.34	9.63	20.20	98.76
0.08	2.38	0.65	0.85	0.40	21.68

1-A-9 续表 9

行业	应付账款	所有者权益合计	实收资本	国家资本
家具制造业	181.86	615.82	284.32	0.28
木质家具制造	70.49	239.73	138.99	
竹、藤家具制造	1.64	3.58	3.05	
金属家具制造	60.26	168.83	73.69	0.28
塑料家具制造	3.22	23.17	11.29	
其他家具制造	46.24	180.52	57.30	
造纸和纸制品业	625.83	3029.51	2048.93	21.14
纸浆制造	55.77	98.64	69.31	
造纸	324.49	2124.95	1506.55	20.20
纸制品制造	245.57	805.92	473.08	0.94
印刷和记录媒介复制业	158.54	1010.01	420.98	5.60
印刷	151.92	988.15	405.88	5.51
装订及印刷相关服务	3.96	18.25	10.79	
记录媒介复制	2.67	3.60	4.31	0.09
文教、工美、体育和娱乐用品制造业	309.99	1153.67	607.44	0.36
文教办公用品制造	14.90	59.22	38.60	0.11
乐器制造	10.43	50.17	25.53	0.25
工艺美术及礼仪用品制造	89.89	440.57	206.53	
体育用品制造	55.77	222.73	109.40	
玩具制造	113.54	321.67	185.99	
游艺器材及娱乐用品制造	25.45	59.29	41.39	
石油、煤炭及其他燃料加工业	412.68	1163.01	695.45	61.80
精炼石油产品制造	343.23	1017.49	575.64	58.93
煤炭加工	68.72	120.90	118.55	2.83
化学原料和化学制品制造业	2102.68	10954.30	5932.53	255.34
基础化学原料制造	629.32	3731.88	2181.31	179.49
肥料制造	60.89	321.59	120.58	26.39
农药制造	61.67	325.37	75.70	
涂料、油墨、颜料及类似产品制造	280.57	905.91	374.27	4.41
合成材料制造	520.19	3015.62	1864.22	37.92
专用化学产品制造	306.30	1786.71	913.80	6.25
炸药、火工及焰火产品制造	0.15	2.26	0.76	
日用化学产品制造	243.57	864.95	401.90	0.88

单位：亿元

集体资本	法人资本	个人资本	港澳台资本	外商资本	营业收入
0.88	59.28	10.30	119.64	93.94	1022.85
0.88	30.72	6.61	62.47	38.31	407.11
		0.62	0.60	1.83	7.58
	7.80	1.46	36.64	27.50	290.23
	5.17	0.33	2.21	3.59	31.05
	15.58	1.28	17.74	22.70	286.87
4.99	753.78	34.27	621.98	611.89	4147.22
	35.04		27.14	7.13	105.19
4.71	613.55	18.85	364.98	483.50	2544.02
0.28	105.19	15.42	229.86	121.26	1498.01
3.52	81.07	31.95	158.58	140.27	953.67
3.50	77.63	31.95	148.84	138.45	923.02
0.01	1.71		7.40	1.67	27.63
	1.73		2.34	0.15	3.01
2.92	61.68	28.89	335.46	178.13	2920.12
	6.00	0.69	12.10	19.70	99.80
	2.09	1.93	3.39	17.87	71.08
1.70	25.85	17.15	129.67	32.15	1586.66
0.01	7.80	1.96	54.52	45.10	362.41
0.75	18.47	5.94	123.33	37.51	679.10
0.45	1.46	1.22	12.46	25.80	121.08
5.12	308.71	41.43	125.66	152.73	4467.88
1.92	262.06	18.70	85.70	148.33	3983.14
3.20	46.05	22.43	39.65	4.40	455.80
14.78	1290.63	128.34	1376.52	2866.92	17274.20
2.23	471.91	29.83	475.14	1022.69	5243.80
0.15	33.56	0.88	14.91	44.69	594.64
0.73	19.08	7.54	6.15	42.19	449.79
5.71	53.26	13.49	149.53	147.88	1527.37
4.43	521.99	25.95	347.11	926.83	5220.47
1.47	143.84	38.98	241.70	481.56	2669.46
	0.70	0.05	0.01		4.14
0.06	46.29	11.63	141.97	201.07	1564.53

1-A-9 续表 10

行业	应付账款	所有者权益合计	实收资本	国家资本
医药制造业	776.25	7135.77	1833.23	48.67
化学药品原料药制造	115.33	1012.23	313.83	8.84
化学药品制剂制造	326.89	2088.36	522.65	6.15
中药饮片加工	9.51	72.22	17.80	3.31
中成药生产	63.55	759.16	199.31	27.26
兽用药品制造	11.24	119.38	34.77	1.74
生物药品制品制造	188.90	2597.67	606.72	1.34
卫生材料及医药用品制造	52.50	310.10	109.24	0.02
药用辅料及包装材料	8.33	176.64	28.91	
化学纤维制造业	195.53	722.84	653.87	16.57
纤维素纤维原料及纤维制造	45.11	187.19	142.19	10.20
合成纤维制造	131.31	501.52	483.19	6.37
生物基材料制造	19.12	34.14	28.49	
橡胶和塑料制品业	849.05	4422.39	2121.98	34.63
橡胶制品业	266.16	1580.63	812.81	24.92
塑料制品业	582.89	2841.75	1309.17	9.70
非金属矿物制品业	704.11	5089.04	2167.97	127.92
水泥、石灰和石膏制造	76.58	1186.74	510.90	100.75
石膏、水泥制品及类似制品制造	188.54	365.86	173.95	2.76
砖瓦、石材等建筑材料制造	38.44	201.42	119.92	4.75
玻璃制造	120.17	925.55	439.53	14.48
玻璃制品制造	91.75	476.93	246.21	1.82
玻璃纤维和玻璃纤维增强塑料制品制造	29.48	183.06	112.96	
陶瓷制品制造	48.17	295.21	170.93	0.03
耐火材料制品制造	38.15	150.08	72.27	0.43
石墨及其他非金属矿物制品制造	72.83	1304.19	321.30	2.92
黑色金属冶炼和压延加工业	1041.70	3109.60	1252.07	139.22
炼钢	95.10	295.00	94.75	
钢压延加工	920.17	2638.96	1041.26	139.22
铁合金冶炼	17.60	161.33	114.40	
有色金属冶炼和压延加工业	636.01	3289.50	854.49	74.56
常用有色金属冶炼	281.83	1248.59	193.43	21.00

单位：亿元

					营业收入
集体资本	法人资本	个人资本	港澳台资本	外商资本	
7.78	430.82	168.74	619.90	557.33	6440.74
0.61	75.77	39.21	98.02	91.39	765.74
3.45	96.40	22.53	157.75	236.37	2933.62
	2.19	0.68	1.78	9.84	34.80
1.00	48.41	6.36	93.12	23.16	930.27
	4.25	6.55	9.10	13.13	100.26
2.72	177.53	82.74	214.07	128.32	1247.34
	20.19	7.31	43.25	38.47	345.14
	6.07	3.37	2.82	16.66	83.58
3.56	216.19	52.06	173.96	191.52	2097.45
0.44	26.48	8.17	19.79	77.10	449.34
3.12	185.26	43.75	135.06	109.62	1571.03
	4.44	0.15	19.10	4.80	77.08
17.29	311.00	59.03	730.24	969.78	5674.43
11.19	124.35	16.21	193.64	442.49	1911.42
6.10	186.65	42.82	536.60	527.29	3763.02
22.57	387.63	117.97	678.29	833.36	4542.38
12.82	26.53	1.94	265.19	103.68	610.95
0.43	51.61	17.29	55.45	46.19	500.18
0.81	24.67	8.24	30.22	51.24	295.34
0.27	84.26	15.00	136.34	189.19	1057.55
2.33	33.01	35.00	67.23	106.81	624.11
0.01	31.76	1.70	52.69	26.81	174.15
1.62	50.50	15.59	31.23	71.96	389.75
1.20	21.90	4.38	8.29	36.07	197.20
3.08	63.40	18.83	31.67	201.41	693.15
2.90	655.17	147.57	123.41	378.64	10043.19
1.51	59.49	1.94	0.67	31.14	1323.09
0.57	586.28	54.96	122.14	333.63	8538.88
0.82	8.40	90.18	0.43	13.87	125.84
1.79	213.89	13.53	304.30	243.41	6790.20
0.88	72.02	1.40	53.57	44.56	3090.50

1-A-9 续表 11

行业	应付账款	所有者权益合计	实收资本	国家资本
贵金属冶炼	4.72	67.78	16.09	13.50
稀有稀土金属冶炼	14.99	683.08	14.26	1.58
有色金属合金制造	35.34	163.75	87.00	8.12
有色金属压延加工	299.13	1126.29	543.71	30.35
金属制品业	912.04	3279.97	1686.04	20.24
结构性金属制品制造	263.13	383.62	215.79	5.53
金属工具制造	46.43	275.75	122.91	0.50
集装箱及金属包装容器制造	126.40	559.44	253.80	1.33
金属丝绳及其制品制造	49.67	263.58	193.85	3.03
建筑、安全用金属制品制造	97.77	357.50	166.85	
金属表面处理及热处理加工	59.40	193.82	140.99	0.16
搪瓷制品制造	5.41	29.08	8.20	
金属制日用品制造	52.82	259.79	129.13	0.33
铸造及其他金属制品制造	211.01	957.38	454.52	9.37
通用设备制造业	2496.22	6890.42	2720.96	70.57
锅炉及原动设备制造	284.87	710.43	244.87	32.95
金属加工机械制造	144.96	608.61	238.69	1.99
物料搬运设备制造	454.34	858.50	354.82	3.14
泵、阀门、压缩机及类似机械制造	517.71	1469.69	582.10	18.41
轴承、齿轮和传动部件制造	217.92	764.37	418.24	7.30
烘炉、风机、包装等设备制造	483.64	1085.21	368.53	4.94
文化、办公用机械制造	121.29	393.26	152.59	0.75
通用零部件制造	142.65	652.53	284.91	0.56
其他通用设备制造业	128.84	347.82	76.21	0.51
专用设备制造业	1661.57	6980.99	2381.58	59.89
采矿、冶金、建筑专用设备制造	374.67	1181.55	499.78	28.02
化工、木材、非金属加工专用设备制造	284.97	1030.14	432.39	3.37
食品、饮料、烟草及饲料生产专用设备制造	22.45	56.07	32.00	1.39
印刷、制药、日化及日用品生产专用设备制造	83.48	199.29	87.80	
纺织、服装和皮革加工专用设备制造	64.98	336.07	107.75	4.81
电子和电工机械专用设备制造	168.42	762.96	201.86	3.51
农、林、牧、渔专用机械制造	89.76	209.22	168.61	8.77
医疗仪器设备及器械制造	362.76	2685.55	658.71	1.00
环保、邮政、社会公共服务及其他专用设备制造	210.07	520.13	192.67	9.02

单位：亿元

集体资本	法人资本	个人资本	港澳台资本	外商资本	营业收入
			2.59		97.09
0.12	3.67		3.31	5.58	587.98
	13.40	3.03	18.15	41.30	308.52
0.80	124.80	9.10	226.69	151.97	2706.12
32.95	353.13	48.88	561.54	669.22	5804.82
2.22	40.31	7.29	81.50	78.94	867.66
0.18	22.62	5.91	32.60	61.09	498.40
	74.06	3.91	111.34	63.17	863.48
0.58	57.06	2.84	74.82	55.52	424.59
0.42	28.74	4.96	40.86	91.87	664.39
2.61	32.87	3.63	25.74	75.91	478.83
	0.83	0.81	2.88	3.67	42.53
1.72	16.96	3.76	52.02	54.34	467.35
25.21	79.69	15.78	139.77	184.70	1497.58
11.66	470.08	99.27	435.87	1632.51	12450.54
0.52	63.27	5.72	26.32	116.08	1028.12
0.15	43.30	9.72	44.28	139.23	794.48
0.37	81.93	34.32	43.50	191.56	2301.99
1.13	93.71	15.16	81.13	372.55	2514.19
0.21	46.90	7.43	26.68	329.71	1179.02
4.88	70.35	6.03	90.62	191.69	2305.94
0.05	12.71	2.25	29.50	107.33	817.54
	37.96	14.99	67.72	162.69	873.61
4.34	19.95	3.65	26.11	21.66	635.65
53.95	500.76	114.14	623.66	1029.12	7808.90
19.05	96.20	15.15	69.37	271.99	1731.52
0.36	100.23	8.45	178.36	141.56	1182.69
	1.29	0.67	5.34	23.31	126.99
1.17	11.13	1.83	22.97	50.70	434.65
	20.30	3.16	33.74	45.74	417.17
2.66	56.15	9.30	76.47	53.77	695.39
0.08	38.98	1.75	28.22	90.80	374.98
30.61	133.20	50.99	177.85	265.06	2115.75
0.02	43.27	22.83	31.34	86.20	729.75

1-A-9 续表 12

行业	应付账款	所有者权益合计	实收资本	国家资本
汽车制造业	12326.64	15228.66	6445.33	501.19
汽车整车制造	8192.94	5466.08	2593.41	347.13
汽车用发动机制造	209.82	660.65	379.83	43.00
改装汽车制造	36.90	42.18	37.38	0.71
汽车车身、挂车制造	30.70	43.49	30.86	0.43
汽车零部件及配件制造	3856.22	9015.70	3403.82	109.92
铁路、船舶、航空航天和其他运输设备制造业	458.58	1541.96	839.24	65.31
铁路运输设备制造	81.43	265.65	63.93	4.67
城市轨道交通设备制造	53.23	66.82	20.50	5.37
船舶及相关装置制造	196.33	589.29	410.30	47.96
航空、航天器及设备制造	21.65	119.03	118.03	2.43
摩托车制造	46.88	250.01	106.63	4.88
自行车和残疾人座车制造	36.27	134.12	68.77	
助动车制造	9.28	31.46	10.96	
非公路休闲车及零配件制造	11.42	74.65	32.52	
潜水救捞及其他未列明运输设备制造	2.08	10.92	7.59	
电气机械和器材制造业	3878.96	9037.06	3444.58	57.98
电机制造	847.44	1558.00	512.17	1.67
输配电及控制设备制造	1122.42	2217.94	985.33	18.91
电线、电缆、光缆及电工器材制造	264.73	738.68	369.40	11.94
电池制造	767.94	2433.00	862.02	16.77
家用电力器具制造	669.99	1431.42	458.71	5.18
非电力家用器具制造	27.47	95.91	34.34	0.34
照明器具制造	150.15	490.31	199.92	3.03
其他电气机械及器材制造	28.82	71.80	22.68	0.14
计算机、通信和其他电子设备制造业	13696.58	29821.33	13767.93	215.33
计算机制造	3509.09	2594.75	1021.29	3.95
通信设备制造	4379.05	5326.28	1512.91	0.25
广播电视设备制造	76.95	353.49	175.26	2.97
雷达及配套设备制造	0.73	5.28	1.33	0.40
非专业视听设备制造	714.41	726.53	344.74	9.03
智能消费设备制造	531.48	1077.29	572.88	1.34

单位：亿元

集体资本	法人资本	个人资本	港澳台资本	外商资本	营业收入
70.56	2087.88	103.33	576.37	3098.75	50206.38
55.45	1272.31	22.15	110.75	785.61	30420.00
1.37	88.12		0.26	247.08	1138.54
0.21	16.66	0.61	0.21	18.98	140.75
	10.82	0.40	1.50	17.72	114.21
13.53	699.96	80.15	463.65	2029.35	18392.49
2.21	269.02	24.82	161.36	316.51	2404.31
0.55	20.18	9.56	8.29	20.69	277.73
	7.49	0.07	0.81	6.76	83.90
1.56	169.34	4.91	24.71	161.82	1010.54
	28.78	0.10	48.50	38.22	165.12
	28.85	2.28	27.54	43.07	458.32
0.01	8.92	7.01	23.20	29.63	251.42
0.08	1.50	0.19	4.99	4.20	62.69
0.01	3.05	0.39	19.87	9.20	82.23
	0.91	0.31	3.44	2.93	12.36
5.65	890.85	209.65	766.45	1514.02	18145.27
1.41	108.07	55.32	99.81	245.88	2855.79
0.86	358.05	59.45	205.92	342.13	5072.11
1.04	106.15	8.45	95.61	146.22	1809.39
1.79	141.13	41.87	164.29	496.17	3756.81
0.19	140.56	16.64	133.98	162.17	3630.19
	10.65	1.20	8.23	13.92	153.13
0.35	22.66	23.12	53.74	97.02	738.44
	3.58	3.60	4.86	10.50	129.41
66.49	4312.68	304.73	3798.60	5070.10	59621.01
8.07	136.51	7.86	459.95	404.95	14369.65
3.92	729.45	13.88	470.62	294.79	17320.93
	8.26	69.84	42.54	51.65	367.18
	0.03	0.02	0.47	0.41	4.39
0.57	88.47	2.10	152.82	91.74	2739.68
0.04	85.39	28.54	250.05	207.51	2575.12

1-A-9 续表 13

行业	应付账款	所有者权益合计	实收资本	国家资本
电子器件制造	2214.33	12559.49	7195.80	165.55
电子元件及电子专用材料制造	2084.70	6817.86	2794.54	31.83
其他电子设备制造	185.84	360.38	149.17	
仪器仪表制造业	489.52	1565.77	438.26	10.02
通用仪器仪表制造	279.41	866.09	246.56	7.44
专用仪器仪表制造	106.65	286.75	66.47	0.84
钟表与计时仪器制造	31.26	90.23	42.00	0.30
光学仪器制造	60.24	263.38	69.23	1.36
衡器制造	3.68	23.80	7.47	0.08
其他仪器仪表制造业	8.28	35.51	6.53	
其他制造业	54.73	364.57	123.07	0.31
日用杂品制造	42.44	300.77	94.81	0.25
废弃资源综合利用业	20.92	184.85	107.38	4.65
金属废料和碎屑加工处理	7.97	75.07	48.49	1.36
非金属废料和碎屑加工处理	12.95	109.78	58.90	3.30
金属制品、机械和设备修理业	98.87	307.37	189.73	11.59
金属制品修理	0.82	1.04	0.51	
通用设备修理	1.10	3.90	1.66	1.24
专用设备修理	8.30	19.38	12.23	
铁路、船舶、航空航天等运输设备修理	86.99	271.08	172.10	10.35
其他机械和设备修理业	1.66	10.82	2.95	
电力、热力、燃气及水生产和供应业	**1374.44**	**10178.89**	**5833.48**	**1519.46**
电力、热力生产和供应业	684.18	6127.12	4115.77	1245.14
电力生产	625.51	5990.51	4023.24	1217.54
电力供应	32.50	45.08	24.73	10.80
热力生产和供应	26.16	91.53	67.81	16.80
燃气生产和供应业	535.71	2776.52	1080.65	160.76
燃气生产和供应业	535.91	2749.62	1061.36	160.76
水的生产和供应业	154.55	1275.25	637.06	113.56
自来水生产和供应	48.50	516.59	297.94	83.33
污水处理及其再生利用	104.10	735.48	326.93	30.23
其他水的处理、利用与分配	1.95	23.18	12.19	

单位：亿元

					营业收入
集体资本	法人资本	个人资本	港澳台资本	外商资本	
44.19	2728.30	92.29	1334.00	2831.46	11437.78
9.44	493.76	88.76	1047.88	1122.87	10156.77
0.25	42.50	1.43	40.27	64.73	649.50
5.08	64.24	27.08	111.51	220.33	2538.70
4.29	42.67	18.52	50.67	122.97	1458.74
0.44	6.25	7.36	8.39	43.19	477.54
	3.82	0.25	30.40	7.23	160.66
0.35	9.89	0.82	17.53	39.28	335.28
	1.28		0.64	5.47	35.12
	0.32	0.13	3.88	2.19	71.36
	23.32	2.08	44.82	52.54	470.29
	14.79	1.47	32.13	46.18	358.62
0.92	43.60	6.72	27.64	23.86	283.70
0.32	18.80	1.89	14.22	11.89	97.94
0.60	24.80	4.82	13.41	11.97	185.75
1.00	60.09	0.21	41.83	75.02	713.09
			0.12	0.38	3.72
	0.10		0.06	0.25	7.03
	1.66		5.32	5.24	20.72
1.00	58.08		35.83	66.84	664.36
	0.24	0.21	0.21	2.30	16.79
72.85	**1839.90**	**50.94**	**1522.44**	**815.38**	**9808.66**
47.49	1270.36	22.51	1087.65	430.86	4780.77
47.49	1239.28	21.86	1072.65	412.65	4593.04
	5.54		2.19	6.19	69.45
	25.54	0.65	12.80	12.02	118.28
21.35	304.69	14.83	307.50	270.78	4478.31
21.35	304.69	14.83	288.21	270.78	4474.31
4.02	264.86	13.60	127.29	113.74	549.58
1.96	96.78	5.63	54.13	56.10	275.36
2.06	164.33	7.97	66.21	56.14	253.74
	3.74		6.95	1.50	20.48

1-A-9 续表 14

行　业	营业成本	销售费用	管理费用	财务费用
总　计	**226023.37**	**8002.67**	**14982.93**	**556.12**
采矿业	**1841.54**	**24.61**	**131.51**	**45.65**
煤炭开采和洗选业	707.85	15.08	72.61	18.28
烟煤和无烟煤开采洗选	702.20	14.94	71.63	18.28
石油和天然气开采业	853.54	3.83	33.22	22.56
石油开采	816.86	3.36	29.10	21.58
天然气开采	36.68	0.47	4.12	0.97
黑色金属矿采选业	160.16	1.44	8.41	2.40
铁矿采选	94.26	1.44	8.32	2.12
有色金属矿采选业	52.44	0.41	9.01	1.15
常用有色金属矿采选	41.41	0.40	6.98	1.15
贵金属矿采选	11.03	0.01	2.03	
非金属矿采选业	39.55	3.51	5.70	0.66
土砂石开采	23.49	1.83	3.12	0.41
化学矿开采	4.51	0.31	0.38	0.03
石棉及其他非金属矿采选	9.27	1.12	1.72	0.10
开采专业及辅助性活动	28.00	0.34	2.56	0.61
石油和天然气开采专业及辅助性活动	28.00	0.34	2.56	0.61
制造业	**215942.51**	**7840.66**	**14527.48**	**274.83**
农副食品加工业	9134.20	179.29	212.44	28.80
谷物磨制	972.21	14.86	15.02	2.49
饲料加工	1565.71	56.02	60.79	7.63
植物油加工	3845.53	28.43	36.97	1.65
制糖业	131.31	2.90	5.00	1.05
屠宰及肉类加工	1447.20	37.01	39.97	9.45
水产品加工	283.52	6.53	14.71	2.00
蔬菜、菌类、水果和坚果加工	316.10	18.75	19.11	0.26
其他农副食品加工	572.61	14.79	20.86	4.27
食品制造业	4510.71	844.58	370.18	-9.27
焙烤食品制造	470.22	92.98	42.10	-0.86
糖果、巧克力及蜜饯制造	410.80	107.58	44.73	-2.17
方便食品制造	750.23	80.43	41.42	2.57

单位：亿元

利息费用	投资收益（损失以"−"号记）	营业利润	利润总额	亏损企业亏损额	平均用工人数（万人）
1751.98	**2031.85**	**18167.72**	**18437.03**	**2841.67**	**1435.03**
50.02	**171.65**	**1760.55**	**1758.80**	**12.08**	**11.25**
42.27	166.25	436.18	432.06	5.50	7.67
42.27	166.25	431.18	427.32	5.10	7.55
3.42	1.20	1259.62	1261.01	1.24	1.59
3.32		1217.34	1218.72	1.17	1.42
0.11	1.20	42.28	42.29	0.07	0.17
1.13	2.65	21.57	21.64	3.52	0.67
1.13	2.65	24.53	23.52	1.63	0.62
1.88	0.18	26.11	27.31	0.92	0.65
1.49	-0.12	16.96	16.85	0.89	0.49
0.39	0.30	9.15	10.46	0.03	0.16
0.81	1.12	12.68	12.38	0.91	0.52
0.53	0.33	8.48	8.27	0.86	0.26
0.03		0.07	0.07	0.05	0.05
0.12	0.01	3.12	3.05		0.16
0.52	0.25	4.38	4.40		0.15
0.52	0.25	4.38	4.40		0.15
1451.08	**1708.62**	**15414.55**	**15666.66**	**2689.88**	**1396.76**
54.50	52.84	418.74	424.71	94.17	29.86
4.66	1.07	23.70	23.92	5.77	1.81
10.58	-19.36	237.39	235.05	9.52	4.55
15.99	5.73	28.06	28.21	26.98	3.11
1.50	2.42	15.86	16.11	1.17	0.80
13.08	54.51	75.86	81.72	30.36	10.35
2.24	0.10	5.78	6.33	5.61	3.51
1.86	8.22	24.45	25.06	1.39	3.14
4.60	0.14	7.65	8.32	13.36	2.58
29.00	70.16	570.27	582.31	47.25	37.02
1.71	24.17	64.47	65.93	5.16	7.10
1.20	2.09	64.56	65.97	1.00	4.05
4.10	3.73	43.56	46.65	6.02	8.66

1-A-9 续表 15

行　业	营业成本	销售费用	管理费用	财务费用
乳制品制造	1298.53	222.75	69.01	-13.61
罐头食品制造	123.20	13.12	6.10	-0.55
调味品、发酵制品制造	606.30	49.76	45.34	2.46
其他食品制造	851.43	277.95	121.49	2.90
酒、饮料和精制茶制造业	2695.45	466.21	147.92	-4.54
酒的制造	693.93	92.27	61.00	-1.49
饮料制造	1971.39	371.50	84.16	-3.36
精制茶加工	30.13	2.44	2.76	0.32
烟草制品业	10.76	0.20	1.70	0.06
其他烟草制品制造	8.83	0.18	1.36	0.06
纺织业	2639.99	71.55	205.76	15.17
棉纺织及印染精加工	1206.94	22.62	95.92	5.67
毛纺织及染整精加工	164.93	3.26	9.12	0.97
麻纺织及染整精加工	49.52	0.84	2.36	0.52
丝绢纺织及印染精加工	34.88	0.77	2.77	0.27
化纤织造及印染精加工	388.64	8.32	24.25	4.16
针织或钩针编织物及其制品制造	166.63	3.27	14.00	1.53
家用纺织制成品制造	241.56	13.79	20.55	0.40
产业用纺织制成品制造	386.90	18.69	36.78	1.65
纺织服装、服饰业	2440.00	123.26	214.94	2.66
机织服装制造	1271.75	91.61	114.06	5.49
针织或钩针编织服装制造	1009.71	23.54	83.49	-3.95
服饰制造	158.55	8.11	17.39	1.12
皮革、毛皮、羽毛及其制品和制鞋业	1621.74	60.58	145.78	2.04
皮革鞣制加工	63.17	1.18	5.73	0.71
皮革制品制造	298.44	8.54	29.98	0.77
毛皮鞣制及制品加工	5.99	0.11	0.74	0.22
羽毛(绒)加工及制品制造	28.30	0.65	1.68	0.22
制鞋业	1225.84	50.11	107.66	0.12
木材加工和木、竹、藤、棕、草制品业	205.40	9.39	16.84	2.37
木材加工	15.04	0.62	1.25	0.05
人造板制造	90.87	2.11	6.35	1.61
木质制品制造	81.79	5.92	7.67	0.59
竹、藤、棕、草等制品制造	17.70	0.74	1.57	0.12

单位：亿元

利息费用	投资收益（损失以“–”号记）	营业利润	利润总额	亏损企业亏损额	平均用工人数（万人）
9.38	34.66	135.12	138.33	19.01	4.35
0.51	0.09	15.49	14.47	2.19	1.88
5.64	0.48	107.14	106.13	5.32	4.23
6.45	4.95	139.92	144.84	8.55	6.75
8.47	51.51	424.53	433.07	8.55	21.71
4.01	39.11	193.13	199.37	3.72	5.02
4.26	12.42	227.84	230.01	4.80	16.22
0.20	-0.02	3.57	3.69	0.03	0.46
0.10		1.00	1.02		0.23
0.09		0.66	0.68		0.20
21.61	8.02	143.65	154.86	38.74	36.61
9.19	9.35	64.87	70.74	14.59	17.42
1.62	-2.38	8.67	8.96	1.08	1.45
0.44	0.32	3.15	3.39	0.46	0.68
0.31	0.07	0.76	1.01	0.60	0.39
4.37	0.11	18.26	19.70	2.90	4.27
1.53	0.07	9.83	11.23	2.43	2.79
1.53	0.54	12.56	13.26	7.97	3.77
2.63	-0.05	25.56	26.57	8.71	5.85
9.92	45.36	171.96	181.18	29.52	50.29
5.84	9.59	97.59	100.52	17.78	25.16
3.50	35.76	67.22	73.07	8.63	20.44
0.58	0.02	7.15	7.59	3.10	4.69
7.20	54.01	178.09	181.03	11.75	39.35
0.66	0.08	2.43	2.47	2.23	1.14
1.28	0.16	11.08	12.60	3.22	7.19
0.18	0.01	-0.18	-0.17	0.29	0.14
0.20	0.01	0.24	0.49	0.32	0.26
4.87	53.74	164.52	165.63	5.69	30.62
2.21	1.67	5.37	6.78	4.88	2.81
0.05	0.02	0.89	1.10	0.16	0.16
1.32	1.45	1.54	2.19	2.99	0.83
0.81	0.21	1.46	1.97	1.68	1.55
0.04		1.47	1.52	0.04	0.27

1-A-9 续表 16

行业	营业成本	销售费用	管理费用	财务费用
家具制造业	830.60	39.53	87.91	4.13
木质家具制造	328.63	17.31	36.29	2.69
竹、藤家具制造	6.45	0.29	0.59	0.10
金属家具制造	235.27	7.46	25.39	-0.28
塑料家具制造	26.01	0.90	1.86	-0.03
其他家具制造	234.24	13.58	23.79	1.66
造纸和纸制品业	3551.67	147.72	242.35	55.82
纸浆制造	87.73	2.15	4.81	0.11
造纸	2244.61	51.21	139.87	48.54
纸制品制造	1219.33	94.35	97.67	7.18
印刷和记录媒介复制业	766.08	33.91	93.95	-2.04
印刷	742.96	32.65	90.52	-1.96
装订及印刷相关服务	20.58	1.17	3.04	-0.06
记录媒介复制	2.55	0.09	0.39	-0.02
文教、工美、体育和娱乐用品制造业	2491.88	71.55	223.68	6.63
文教办公用品制造	79.85	5.48	11.02	0.20
乐器制造	61.11	1.40	5.56	-0.03
工艺美术及礼仪用品制造	1389.89	36.51	94.14	3.12
体育用品制造	300.38	7.88	34.38	-1.10
玩具制造	557.76	17.77	70.61	3.72
游艺器材及娱乐用品制造	102.89	2.51	7.97	0.71
石油、煤炭及其他燃料加工业	3831.27	21.25	89.82	20.56
精炼石油产品制造	3373.18	18.00	67.72	12.66
煤炭加工	430.45	2.98	20.63	7.68
化学原料和化学制品制造业	14599.97	669.11	884.37	82.82
基础化学原料制造	4620.38	94.52	195.16	30.09
肥料制造	511.11	11.88	26.64	5.88
农药制造	372.95	14.05	27.86	2.38
涂料、油墨、颜料及类似产品制造	1168.05	105.59	127.84	2.22
合成材料制造	4772.73	82.45	180.20	30.19
专用化学产品制造	2194.48	94.23	156.49	8.86
炸药、火工及焰火产品制造	3.15	0.15	0.40	0.01
日用化学产品制造	957.11	266.24	169.79	3.19

单位：亿元

利息费用	投资收益(损失以"−"号记)	营业利润	利润总额	亏损企业亏损额	平均用工人数(万人)
6.31	36.61	91.46	94.72	9.50	14.47
3.70	13.03	32.30	32.78	4.78	5.84
0.04		0.12	0.29	0.02	0.17
0.55	4.92	25.33	26.20	1.45	3.81
0.25		2.13	2.19	0.37	0.35
1.78	18.65	31.59	33.25	2.87	4.29
66.95	40.64	187.64	195.75	38.70	18.91
1.64		12.00	11.99		0.45
56.34	35.77	101.42	108.69	19.99	8.27
8.96	4.86	74.22	75.08	18.70	10.18
5.02	13.93	69.42	71.03	9.55	13.26
4.99	14.13	66.93	68.55	9.19	12.78
0.02	-0.12	2.65	2.65	0.03	0.45
0.01	-0.08	-0.16	-0.17	0.34	0.03
11.24	9.52	121.76	128.55	18.79	46.15
0.66	-0.23	2.18	2.59	1.69	2.06
0.09	-0.03	2.57	2.69	0.67	1.43
5.63	8.34	67.78	71.75	4.34	10.68
1.10	0.23	18.73	20.22	3.84	8.95
3.14	0.69	24.57	25.16	7.75	21.79
0.62	0.51	5.92	6.16	0.50	1.24
23.95	-3.12	-19.38	-18.53	67.65	3.65
16.23	-2.02	-4.12	-3.76	38.11	2.31
7.55	-3.28	-17.87	-17.37	29.54	1.30
130.84	98.42	971.98	975.07	287.02	46.08
49.97	4.91	270.91	268.53	94.58	9.06
6.54	3.36	42.78	42.67	4.24	1.77
4.04	0.13	33.76	34.76	2.76	1.74
6.32	3.64	114.56	117.26	15.84	6.97
43.98	63.44	120.01	119.23	130.62	9.76
13.84	8.10	212.15	214.23	25.93	7.90
0.01		0.31	0.31		0.05
6.14	14.84	177.51	178.09	13.05	8.84

1-A-9 续表 17

行 业	营业成本	销售费用	管理费用	财务费用
医药制造业	3543.38	1188.62	850.89	-5.99
化学药品原料药制造	537.11	30.66	79.16	4.45
化学药品制剂制造	1475.11	720.32	330.17	1.19
中药饮片加工	21.90	3.94	4.92	1.00
中成药生产	598.67	111.89	54.14	0.78
兽用药品制造	60.17	12.06	13.60	1.07
生物药品制品制造	564.60	273.83	316.38	-12.85
卫生材料及医药用品制造	224.94	31.54	41.67	-0.53
药用辅料及包装材料	60.88	4.38	10.85	-1.10
化学纤维制造业	1903.20	19.85	74.93	22.11
纤维素纤维原料及纤维制造	356.84	5.23	25.08	3.84
合成纤维制造	1481.31	12.24	45.14	15.60
生物基材料制造	65.05	2.38	4.71	2.67
橡胶和塑料制品业	4516.73	223.24	481.20	7.34
橡胶制品业	1471.61	95.09	152.18	1.88
塑料制品业	3045.11	128.15	329.02	5.46
非金属矿物制品业	3602.65	130.72	293.74	5.73
水泥、石灰和石膏制造	531.20	10.73	40.30	-2.23
石膏、水泥制品及类似制品制造	415.67	20.54	33.58	1.05
砖瓦、石材等建筑材料制造	234.18	14.21	19.56	1.97
玻璃制造	855.56	20.06	55.69	0.21
玻璃制品制造	468.25	13.96	38.79	2.80
玻璃纤维和玻璃纤维增强塑料制品制造	139.86	6.90	15.49	1.16
陶瓷制品制造	305.89	24.58	30.50	2.33
耐火材料制品制造	154.19	8.03	15.43	0.78
石墨及其他非金属矿物制品制造	497.85	11.71	44.40	-2.33
黑色金属冶炼和压延加工业	9619.35	41.92	252.10	42.50
炼钢	1290.51	1.66	33.79	5.00
钢压延加工	8150.24	39.20	213.91	34.10
铁合金冶炼	123.42	1.03	4.02	2.51
有色金属冶炼和压延加工业	6012.40	33.67	189.47	48.43
常用有色金属冶炼	2811.99	6.07	50.26	10.37

单位：亿元

利息费用	投资收益(损失以"-"号记)	营业利润	利润总额	亏损企业亏损额	平均用工人数(万人)
43.05	101.66	915.10	920.56	178.99	36.93
10.37	4.95	113.16	104.54	15.47	6.11
14.01	48.33	446.57	448.18	39.96	13.29
1.08	2.46	5.14	5.03	0.32	0.30
4.10	7.51	166.87	180.24	1.77	4.30
0.95	1.29	14.27	14.28	1.07	0.74
10.42	26.05	108.01	106.20	111.51	7.27
1.35	4.28	46.32	47.14	7.10	4.25
0.78	6.78	14.76	14.95	1.78	0.68
21.32	1.60	76.36	81.01	26.79	7.51
4.13	0.51	56.94	56.89	5.54	1.22
15.31	1.08	17.52	20.50	20.15	5.83
1.88	0.01	1.89	3.61	1.10	0.47
29.35	39.30	458.84	464.16	51.85	64.49
9.72	32.04	209.50	209.97	8.45	17.53
19.63	7.25	249.34	254.19	43.40	46.96
35.83	55.39	536.88	540.46	71.67	33.09
7.29	10.83	36.46	35.90	16.94	3.66
6.32	-0.46	26.69	27.08	9.27	3.42
1.93	-0.11	23.01	23.06	4.16	2.22
5.72	23.44	149.48	152.84	6.77	5.64
3.75	1.47	99.87	98.32	12.26	5.65
2.01	0.46	10.93	12.36	4.35	1.83
2.63	1.14	25.60	26.59	5.26	5.78
0.79	-1.39	15.79	16.38	1.17	1.65
5.38	20.00	149.05	147.93	11.49	3.26
62.68	1.88	3.58	-4.00	136.89	19.81
6.97	0.28	-15.48	-15.12	18.66	1.99
52.45	0.59	25.10	17.30	109.29	17.11
3.11	0.99	-4.82	-4.89	7.39	0.58
78.93	20.78	407.94	407.46	35.38	14.33
22.60	-11.05	134.12	134.68	10.19	4.18

1-A-9 续表 18

行　　业	营业成本	销售费用	管理费用	财务费用
贵金属冶炼	77.52	0.10	6.42	0.65
稀有稀土金属冶炼	385.91	3.46	26.52	17.75
有色金属合金制造	277.43	4.14	15.52	1.63
有色金属压延加工	2459.54	19.90	90.76	18.03
金属制品业	4906.10	139.17	395.02	12.95
结构性金属制品制造	748.07	20.16	58.48	2.28
金属工具制造	402.90	16.51	34.86	2.50
集装箱及金属包装容器制造	743.21	15.82	43.72	-2.77
金属丝绳及其制品制造	356.73	12.05	27.44	3.83
建筑、安全用金属制品制造	554.94	17.13	52.32	1.89
金属表面处理及热处理加工	412.63	8.56	30.43	2.13
搪瓷制品制造	36.04	0.94	2.79	-0.14
金属制日用品制造	381.70	14.78	37.64	0.02
铸造及其他金属制品制造	1269.88	33.23	107.34	3.21
通用设备制造业	9876.89	445.34	1008.24	1.76
锅炉及原动设备制造	844.01	35.98	90.32	-2.36
金属加工机械制造	598.41	39.39	73.38	-0.29
物料搬运设备制造	1850.47	86.37	180.23	3.13
泵、阀门、压缩机及类似机械制造	1917.01	88.48	209.38	-0.08
轴承、齿轮和传动部件制造	942.00	25.40	88.33	1.23
烘炉、风机、包装等设备制造	1833.63	91.62	179.49	-1.49
文化、办公用机械制造	708.40	15.33	49.72	-0.53
通用零部件制造	687.88	30.55	79.42	2.03
其他通用设备制造业	495.07	32.21	57.98	0.12
专用设备制造业	5892.13	412.94	777.96	-10.89
采矿、冶金、建筑专用设备制造	1420.75	57.09	108.40	-3.48
化工、木材、非金属加工专用设备制造	930.01	45.94	115.13	-0.98
食品、饮料、烟草及饲料生产专用设备制造	93.76	6.00	11.55	-0.06
印刷、制药、日化及日用品生产专用设备制造	335.07	22.21	35.73	0.06
纺织、服装和皮革加工专用设备制造	338.36	17.30	31.06	2.68
电子和电工机械专用设备制造	530.11	25.04	81.87	1.19
农、林、牧、渔专用机械制造	312.39	15.74	33.04	1.17
医疗仪器设备及器械制造	1367.04	186.70	286.68	-16.74
环保、邮政、社会公共服务及其他专用设备制造	564.64	36.92	74.51	5.27

单位：亿元

利息费用	投资收益(损失以"–"号记)	营业利润	利润总额	亏损企业亏损额	平均用工人数(万人)
0.68	0.35	10.54	10.15	0.44	0.37
26.53	26.18	157.96	157.07	1.76	0.78
1.80	1.73	10.94	11.50	2.81	1.42
27.32	3.57	94.39	94.06	20.19	7.58
30.26	33.51	358.71	369.75	35.89	53.15
3.92	3.42	38.90	39.56	7.72	6.43
3.18	0.65	39.75	41.80	2.21	5.12
3.56	2.18	58.64	60.58	2.58	5.73
4.52	0.88	22.86	24.36	4.59	2.65
3.02	4.05	40.11	42.13	4.89	8.02
1.87	1.12	24.98	25.30	2.80	2.94
0.12	0.01	2.72	2.80	0.05	0.49
1.88	18.99	49.75	50.76	2.08	6.85
8.19	2.21	80.99	82.47	8.97	14.92
45.70	53.90	1089.75	1121.57	58.03	83.41
3.75	7.29	57.94	59.02	3.70	4.67
2.65	4.89	83.72	87.49	6.83	5.83
13.37	20.21	166.88	175.51	6.11	14.02
5.55	5.56	295.61	303.58	7.14	15.39
4.15	0.93	119.10	120.71	7.04	8.50
8.71	11.95	205.10	209.54	9.55	14.07
1.81	-0.23	38.70	39.60	5.01	8.10
3.69	2.77	72.17	74.67	6.29	9.29
2.02	0.52	50.53	51.46	6.35	3.55
40.39	137.64	818.58	833.63	158.94	61.55
8.30	24.96	141.91	143.78	30.57	7.77
6.42	34.87	122.69	126.79	13.36	12.17
0.45	0.52	15.61	15.66	0.45	0.93
1.13	1.89	40.03	40.59	2.83	2.83
4.01	-3.07	22.68	23.86	14.06	2.60
3.60	9.63	66.63	69.52	15.54	5.59
2.78	-2.26	6.81	7.21	10.72	2.03
7.89	64.60	348.91	352.00	59.22	22.48
5.82	6.51	53.30	54.22	12.20	5.15

1-A-9 续表 19

行　业	营业成本	销售费用	管理费用	财务费用
汽车制造业	42614.79	938.56	2660.88	-33.10
汽车整车制造	26214.79	575.95	1188.84	-55.33
汽车用发动机制造	944.65	10.84	61.75	-3.06
改装汽车制造	120.67	6.26	7.97	0.93
汽车车身、挂车制造	95.89	2.59	9.43	0.28
汽车零部件及配件制造	15238.41	342.83	1392.43	24.11
铁路、船舶、航空航天和其他运输设备制造业	1964.69	48.98	167.64	-4.49
铁路运输设备制造	200.98	12.46	19.67	1.72
城市轨道交通设备制造	60.15	5.27	7.94	-0.88
船舶及相关装置制造	854.88	6.26	59.31	-1.36
航空、航天器及设备制造	134.35	2.11	13.41	2.29
摩托车制造	380.81	10.62	35.82	-4.29
自行车和残疾人座车制造	205.07	7.98	18.27	-1.03
助动车制造	54.09	1.60	5.10	0.21
非公路休闲车及零配件制造	64.59	2.13	7.06	-1.15
潜水救捞及其他未列明运输设备制造	9.78	0.56	1.05	
电气机械和器材制造业	15207.81	505.64	1158.18	18.17
电机制造	2416.12	64.00	185.12	-5.91
输配电及控制设备制造	4216.69	129.71	315.99	14.04
电线、电缆、光缆及电工器材制造	1516.77	55.52	122.55	7.99
电池制造	3230.83	53.34	201.48	10.49
家用电力器具制造	3011.08	163.72	234.69	-10.20
非电力家用器具制造	114.26	14.06	12.29	0.09
照明器具制造	598.24	21.13	74.80	1.83
其他电气机械及器材制造	103.81	4.16	11.25	-0.16
计算机、通信和其他电子设备制造业	53828.16	834.93	2933.69	-36.57
计算机制造	13606.97	149.98	390.20	-47.37
通信设备制造	15979.35	277.04	621.44	-29.90
广播电视设备制造	305.14	7.78	29.41	-1.34
雷达及配套设备制造	2.54	0.57	1.97	-0.02
非专业视听设备制造	2519.97	54.18	124.87	0.33
智能消费设备制造	2202.09	76.91	218.32	0.23

单位：亿元

利息费用	投资收益（损失以"–"号记）	营业利润	利润总额	亏损企业亏损额	平均用工人数（万人）
106.05	420.76	3232.97	3274.80	629.20	151.96
40.24	175.69	1581.95	1601.66	484.71	47.23
2.33	5.59	113.65	114.80	7.57	3.03
1.17	-0.11	5.83	6.24	2.78	0.97
0.40	-0.03	5.81	6.38	0.78	0.90
61.89	239.62	1526.23	1546.22	132.86	99.81
10.84	5.36	233.18	238.77	13.93	17.33
2.76	3.02	45.16	46.05	0.70	2.08
0.08	-0.03	10.94	11.10	0.41	0.43
3.82	2.01	103.12	106.17	4.29	5.32
2.39	-0.26	10.87	11.60	2.08	1.16
0.43	0.34	32.26	31.99	2.93	3.36
0.89	0.20	19.51	20.08	1.30	3.50
0.33	0.05	1.68	1.91	1.05	0.45
0.10	0.01	8.74	8.99	1.06	0.78
0.03	0.02	0.90	0.88	0.10	0.26
75.67	70.79	1253.44	1260.22	132.08	117.69
10.26	15.11	206.31	209.80	17.11	17.20
17.08	14.71	394.15	393.62	32.14	28.10
12.32	-0.06	92.33	95.61	13.18	13.40
25.28	-0.55	239.01	237.00	49.58	17.65
6.29	38.29	259.43	260.22	10.28	28.70
0.61	0.66	12.53	12.91	0.76	1.27
3.53	2.30	39.63	40.68	8.65	9.94
0.29	0.33	10.07	10.40	0.40	1.42
477.51	260.69	2290.03	2332.14	472.63	342.25
45.17	13.85	301.87	307.74	27.90	55.55
182.74	100.21	562.76	554.65	34.58	73.51
0.86	6.36	30.62	31.23	2.70	3.45
0.02		-0.71	-0.69	1.39	0.06
25.46	16.73	47.39	45.86	18.98	14.75
20.99	7.90	82.08	85.05	67.34	13.16

1-A-9 续表 20

行　　业	营业成本	销售费用	管理费用	财务费用
电子器件制造	9956.64	104.70	835.13	15.45
电子元件及电子专用材料制造	8715.01	150.43	655.41	27.26
其他电子设备制造	540.45	13.33	56.94	-1.22
仪器仪表制造业	1902.75	115.54	237.10	-2.35
通用仪器仪表制造	1078.47	76.19	125.95	-0.13
专用仪器仪表制造	350.35	22.32	52.24	-0.40
钟表与计时仪器制造	127.50	7.41	17.59	0.02
光学仪器制造	266.58	6.74	34.55	-1.60
衡器制造	23.82	1.35	3.31	-0.14
其他仪器仪表制造业	56.04	1.52	3.45	-0.10
其他制造业	370.95	15.76	49.04	-2.48
日用杂品制造	282.53	13.15	40.21	-2.66
废弃资源综合利用业	252.93	2.43	13.61	2.87
金属废料和碎屑加工处理	90.06	0.80	5.40	0.91
非金属废料和碎屑加工处理	162.88	1.63	8.21	1.97
金属制品、机械和设备修理业	597.88	5.23	46.11	3.62
金属制品修理	2.92	0.07	0.69	-0.05
通用设备修理	5.81		0.57	-0.03
专用设备修理	14.64	1.66	2.22	0.07
铁路、船舶、航空航天等运输设备修理	562.42	3.04	39.82	3.52
其他机械和设备修理业	11.82	0.44	2.77	0.12
电力、热力、燃气及水生产和供应业	**8239.31**	**137.40**	**323.94**	**235.64**
电力、热力生产和供应业	3927.82	5.10	125.49	192.44
电力生产	3765.09	3.15	116.28	187.71
电力供应	61.43	0.59	2.54	0.40
热力生产和供应	101.29	1.35	6.67	4.34
燃气生产和供应业	3973.06	116.94	151.22	19.59
燃气生产和供应业	3969.75	116.88	151.07	19.41
水的生产和供应业	338.43	15.37	47.24	23.61
自来水生产和供应	169.04	15.23	25.71	8.47
污水处理及其再生利用	152.70	0.13	18.81	16.93
其他水的处理、利用与分配	16.68	0.01	2.72	-1.79

单位：亿元

利息费用	投资收益(损失以"–"号记)	营业利润	利润总额	亏损企业亏损额	平均用工人数(万人)
134.58	60.40	589.25	617.48	220.33	75.54
65.57	50.73	633.33	645.20	96.60	100.70
2.12	4.51	43.42	45.62	2.82	5.54
6.92	20.96	294.37	303.51	11.64	21.20
4.10	16.16	187.47	192.26	5.02	8.78
1.76	0.45	49.97	51.30	3.39	3.39
0.46	-0.71	6.65	8.44	1.50	4.56
0.46	4.70	33.29	34.27	1.38	3.79
0.06	0.11	6.68	6.89	0.01	0.35
0.07	0.26	10.31	10.35	0.34	0.34
1.56	-0.46	33.62	34.37	2.19	6.28
1.38	-1.04	22.13	22.74	1.80	5.10
2.64	3.80	14.53	16.32	6.60	1.03
1.00	0.03	0.81	2.51	2.68	0.35
1.64	3.77	13.72	13.81	3.91	0.68
5.05	1.49	60.18	60.39	1.12	4.34
0.02		0.08	0.09	0.01	0.07
		0.62	0.61		0.12
0.09	0.10	2.09	2.16	0.29	0.23
4.70	1.32	55.47	55.62	0.73	3.71
0.24	0.07	1.77	1.77	0.09	0.20
250.87	**151.58**	**992.61**	**1011.57**	**139.71**	**27.02**
186.65	62.76	565.73	574.78	102.37	11.00
182.45	62.55	552.76	559.90	99.45	10.37
0.40	0.02	4.29	4.54	0.02	0.06
3.80	0.19	8.68	10.34	2.90	0.57
35.36	76.89	295.10	300.57	35.38	12.09
35.21	76.89	294.77	300.12	34.99	12.07
28.87	11.93	131.77	136.23	1.96	3.94
10.08	6.87	62.75	66.82	0.91	2.43
17.91	5.04	66.31	66.67	1.04	1.35
0.88	0.02	2.72	2.74		0.16

1−A−10 大中型工业企业主要

行业	企业单位数（个）	资产总计	固定资产净额	固定资产原价
总计	**44032**	**1157457.65**	**295962.29**	**611523.58**
采矿业	**2123**	**111282.47**	**34091.83**	**82707.58**
煤炭开采和洗选业	1523	67328.79	16110.02	30929.98
烟煤和无烟煤开采洗选	1483	65226.39	15606.62	29936.55
褐煤开采洗选	36	2066.08	481.09	966.97
其他煤炭采选	4	36.32	22.31	26.46
石油和天然气开采业	52	23440.28	13618.30	43010.57
石油开采	32	18205.18	10818.37	35615.77
天然气开采	20	5235.10	2799.94	7394.79
黑色金属矿采选业	182	9934.96	1754.14	3062.96
铁矿采选	177	9896.17	1738.02	3033.57
有色金属矿采选业	207	4876.41	1432.68	2565.70
常用有色金属矿采选	111	2911.05	752.59	1428.86
贵金属矿采选	62	1465.51	524.07	862.67
稀有稀土金属矿采选	34	499.84	156.03	274.17
非金属矿采选业	94	2156.42	329.73	573.27
土砂石开采	41	1006.43	96.45	144.76
化学矿开采	22	376.64	116.14	218.21
采盐	23	728.86	106.07	190.46
石棉及其他非金属矿采选	8	44.49	11.07	19.86
开采专业及辅助性活动	65	3545.62	846.96	2565.10
石油和天然气开采专业及辅助性活动	61	3495.65	837.06	2547.76
制造业	**40241**	**881595.71**	**183801.85**	**362729.44**
农副食品加工业	1580	14707.09	2978.46	5658.64
谷物磨制	65	689.83	151.38	250.91
饲料加工	169	3607.71	455.30	964.94
植物油加工	67	1887.09	310.38	696.57
制糖业	122	1031.32	189.68	505.55
屠宰及肉类加工	662	4231.82	991.76	1694.77
水产品加工	209	809.74	146.56	265.68
蔬菜、菌类、水果和坚果加工	133	863.70	186.37	310.65
其他农副食品加工	153	1585.89	547.04	969.56
食品制造业	1190	13493.33	2713.80	5452.27

经济指标(大、中类行业)

单位：亿元

固定资产累计折旧	流动资产合计	应收账款	存货	产成品	负债合计	流动负债合计
303622.31	**569299.34**	**138677.14**	**104239.52**	**36321.38**	**646808.48**	**490658.31**
46493.63	**39255.58**	**5359.55**	**1442.72**	**622.63**	**63625.38**	**43461.03**
14089.02	28922.15	3725.02	835.00	357.91	40330.99	29141.01
13618.81	28365.12	3647.30	818.47	353.28	39263.90	28478.44
466.06	550.63	77.18	16.15	4.28	1052.64	648.54
4.15	6.39	0.54	0.38	0.35	14.44	14.04
28448.40	3498.72	664.27	173.07	93.46	12415.58	6689.33
23886.94	2536.38	347.95	152.89	87.79	10511.56	5610.81
4561.46	962.34	316.32	20.18	5.67	1904.03	1078.51
1260.20	2850.11	473.42	135.61	73.50	5312.71	3315.41
1246.93	2840.01	472.86	131.32	71.73	5281.41	3284.60
959.02	1348.82	130.51	153.26	47.21	2682.36	1809.76
529.12	813.28	79.16	72.16	23.44	1477.42	884.54
324.83	392.24	34.40	51.00	8.56	977.54	772.17
105.07	143.30	16.96	30.09	15.22	227.40	153.04
240.43	812.01	82.65	58.91	33.45	894.76	654.39
48.16	336.26	24.49	16.68	10.87	493.86	349.10
99.23	164.24	38.69	19.70	7.81	179.98	116.24
84.27	292.58	14.94	18.66	12.51	198.46	168.21
8.76	18.94	4.54	3.86	2.26	22.47	20.83
1496.57	1823.77	283.68	86.88	17.10	1988.97	1851.13
1489.34	1792.68	266.77	86.31	16.99	1912.63	1780.54
171232.54	**499711.21**	**125997.26**	**101042.35**	**35623.22**	**490011.83**	**396853.78**
2483.57	8783.42	1231.87	2250.38	1036.99	8776.57	7480.89
96.99	418.36	127.98	154.85	39.08	375.67	308.07
383.78	2190.96	140.24	279.79	83.65	1976.45	1658.96
382.16	1435.58	187.01	477.73	197.94	1245.17	1165.96
303.35	696.33	48.59	123.96	91.80	733.22	642.31
682.85	2247.13	348.70	579.11	335.78	2560.58	2161.75
116.78	528.08	115.16	246.30	136.75	463.14	372.22
116.26	531.00	99.82	133.54	45.97	401.12	338.52
401.39	735.98	164.36	255.11	106.01	1021.21	833.12
2669.98	7292.99	1269.78	1159.45	470.38	6877.69	5645.34

1-A-10 续表 1

行业	企业单位数(个)	资产总计	固定资产净额	固定资产原价
焙烤食品制造	254	1272.77	318.82	646.64
糖果、巧克力及蜜饯制造	70	580.57	109.86	296.11
方便食品制造	227	1583.92	384.51	693.44
乳制品制造	183	4605.37	628.47	1210.78
罐头食品制造	85	320.84	52.31	121.17
调味品、发酵制品制造	132	2012.12	528.85	1124.53
其他食品制造	239	3117.74	690.98	1359.59
酒、饮料和精制茶制造业	522	16369.42	2447.45	4766.61
酒的制造	257	13724.37	1811.06	3229.34
饮料制造	219	2366.15	581.65	1407.96
精制茶加工	46	278.90	54.74	129.32
烟草制品业	90	10639.46	1237.47	3463.67
烟叶复烤	13	388.96	62.33	166.38
卷烟制造	71	10213.10	1164.31	3275.60
其他烟草制品制造	6	37.40	10.83	21.69
纺织业	1669	10884.85	2706.45	5952.96
棉纺织及印染精加工	982	6739.28	1752.86	3845.16
毛纺织及染整精加工	78	773.17	135.94	316.21
麻纺织及染整精加工	38	139.00	28.69	68.63
丝绢纺织及印染精加工	49	204.67	38.21	78.08
化纤织造及印染精加工	171	1106.53	298.95	645.86
针织或钩针编织物及其制品制造	87	369.09	99.06	222.17
家用纺织制成品制造	119	777.74	159.67	347.69
产业用纺织制成品制造	145	775.37	193.07	429.15
纺织服装、服饰业	1365	5621.91	798.63	1684.81
机织服装制造	792	3607.37	514.59	1064.39
针织或钩针编织服装制造	440	1694.83	221.55	494.85
服饰制造	133	319.72	62.50	125.57
皮革、毛皮、羽毛及其制品和制鞋业	850	3130.35	455.92	927.47
皮革鞣制加工	22	177.74	24.71	52.25
皮革制品制造	130	585.53	57.63	108.82
毛皮鞣制及制品加工	4	106.98	22.43	42.84
羽毛(绒)加工及制品制造	17	46.52	3.73	6.59
制鞋业	677	2213.58	347.42	716.97

单位：亿元

固定资产累计折旧	流动资产合计	应收账款	存货	产成品	负债合计	流动负债合计
325.69	751.56	155.17	93.87	40.26	659.30	517.94
181.35	391.24	58.48	64.99	29.88	290.17	254.08
305.67	787.59	235.54	127.35	48.52	847.52	704.34
563.12	2253.92	303.38	199.43	84.18	2486.34	2028.70
65.86	211.39	28.01	76.25	44.33	161.66	147.12
579.44	1133.50	230.33	259.54	86.96	820.17	673.09
648.84	1763.79	258.87	338.01	136.25	1612.53	1320.07
2269.60	10182.05	790.19	3318.72	729.19	6709.89	5941.31
1393.70	8628.77	533.17	3000.50	586.45	5341.11	4697.12
808.10	1366.79	241.76	217.55	109.35	1267.27	1163.04
67.79	186.48	15.26	100.67	33.39	101.50	81.16
2222.27	7421.91	388.82	4261.59	234.52	2149.14	2116.44
104.03	293.10	25.54	78.06	68.51	100.54	98.17
2107.38	7108.83	356.31	4178.69	164.23	2037.32	2007.19
10.86	19.98	6.97	4.83	1.78	11.28	11.08
3139.71	5879.09	1171.48	1588.17	842.43	5783.04	4671.83
2035.33	3523.24	610.31	905.70	480.26	3713.07	2992.08
179.90	514.01	133.52	191.40	112.19	361.80	255.60
39.76	84.33	15.07	42.14	20.45	74.05	69.21
39.05	98.27	17.90	40.81	19.17	118.11	94.13
315.51	578.39	102.98	151.61	84.29	649.63	546.16
122.92	194.63	49.55	54.61	25.07	183.28	150.94
176.26	454.33	130.67	97.92	50.06	372.39	313.90
230.97	431.90	111.48	103.97	50.94	310.71	249.81
857.14	3629.09	952.54	874.53	504.94	2604.66	2243.56
529.53	2334.57	589.75	576.66	377.00	1669.72	1410.06
267.24	1089.66	303.03	244.30	102.89	764.13	676.56
60.37	204.86	59.76	53.58	25.05	170.81	156.95
458.76	2178.55	585.71	458.46	207.52	1539.36	1349.73
27.55	94.73	16.55	39.93	11.20	74.70	57.85
48.49	477.16	103.80	91.41	35.18	231.81	207.99
20.18	62.18	7.19	37.31	9.47	58.73	28.24
2.84	37.49	11.25	11.07	2.27	31.62	29.76
359.70	1506.98	446.91	278.74	149.40	1142.50	1025.89

1-A-10 续表 2

行　业	企业单位数(个)	资产总计	固定资产净　额	固定资产原　价
木材加工和木、竹、藤、棕、草制品业	197	1160.24	295.99	534.44
木材加工	7	34.86	2.91	6.82
人造板制造	102	662.76	197.04	357.46
木质制品制造	72	424.36	85.77	153.58
竹、藤、棕、草等制品制造	16	38.26	10.27	16.59
家具制造业	534	3907.35	708.89	1180.83
木质家具制造	275	2242.56	439.34	705.29
竹、藤家具制造	7	10.92	3.50	6.49
金属家具制造	128	892.44	126.65	244.43
塑料家具制造	11	43.93	14.89	27.90
其他家具制造	113	717.50	124.51	196.72
造纸和纸制品业	534	11668.65	3780.69	7397.96
纸浆制造	24	582.29	174.94	332.65
造纸	260	8955.74	3025.83	5926.76
纸制品制造	250	2130.62	579.92	1138.55
印刷和记录媒介复制业	441	2866.64	589.43	1464.88
印刷	426	2643.02	564.81	1410.67
装订及印刷相关服务	15	223.62	24.62	54.21
文教、工美、体育和娱乐用品制造业	842	4332.22	678.29	1350.16
文教办公用品制造	60	487.45	84.19	151.35
乐器制造	26	128.65	30.02	70.10
工艺美术及礼仪用品制造	280	2174.12	234.20	468.25
体育用品制造	132	617.01	135.66	241.00
玩具制造	315	751.11	159.91	354.63
游艺器材及娱乐用品制造	29	173.88	34.32	64.84
石油、煤炭及其他燃料加工业	456	37876.83	12954.61	27548.66
精炼石油产品制造	152	25645.10	8618.17	20285.48
煤炭加工	292	11182.23	4146.07	6822.80
生物质燃料加工	6	132.79	41.24	56.71
化学原料和化学制品制造业	2232	72224.62	25114.43	44245.60
基础化学原料制造	695	30281.50	11467.86	19348.85
肥料制造	217	7752.77	2970.25	5907.34
农药制造	156	3274.80	810.86	1395.96
涂料、油墨、颜料及类似产品制造	207	3569.81	653.09	1243.25

单位：亿元

固定资产累计折旧	流动资产合计	应收账款	存货	产成品	负债合计	流动负债合计
229.50	590.63	146.94	137.00	60.59	601.07	493.36
3.55	5.53	1.59	2.38	0.89	8.20	7.24
152.30	302.05	60.11	66.28	31.96	351.95	281.38
67.33	264.70	80.22	63.62	24.89	224.48	189.20
6.32	18.35	5.02	4.72	2.86	16.44	15.54
465.35	2390.53	590.21	369.85	147.88	2238.10	1948.72
265.42	1354.95	300.28	221.03	86.93	1331.33	1154.54
2.98	6.62	1.41	2.99	1.23	7.93	6.29
117.11	594.13	182.24	78.86	28.01	513.98	475.29
12.05	23.69	7.55	7.99	3.35	19.49	14.29
67.77	411.14	98.74	58.99	28.35	365.36	298.31
3534.01	5345.29	1101.93	955.54	372.07	6473.56	4834.59
154.36	303.07	79.91	38.14	7.96	363.15	309.07
2836.35	3895.19	698.20	697.14	281.19	5003.29	3653.16
543.29	1147.02	323.82	220.26	82.92	1107.12	872.36
860.47	1649.20	451.15	270.04	98.46	1159.79	980.73
830.88	1511.69	415.59	260.72	95.78	1046.60	879.71
29.59	137.51	35.56	9.32	2.68	113.19	101.02
662.47	3096.49	595.67	1354.06	801.21	2362.78	2189.13
67.10	316.07	69.45	57.54	35.74	250.40	236.79
39.54	80.75	11.68	36.55	12.93	40.05	33.81
230.73	1700.52	206.30	1009.16	660.96	1330.06	1263.00
101.59	402.54	125.68	84.89	31.14	256.56	230.34
193.30	483.32	148.90	135.06	51.85	395.94	345.01
30.22	113.28	33.67	30.85	8.58	89.77	80.17
13517.13	16528.32	1774.97	5612.80	1517.01	25235.01	18825.47
10760.75	11561.60	1172.70	4675.00	1212.14	16612.90	12354.94
2506.60	4345.39	557.55	740.21	288.19	7955.16	6122.27
15.48	64.70	15.31	21.90	11.81	74.31	49.72
18009.33	27896.24	4468.91	5401.10	2191.77	39523.97	28267.03
7402.24	10795.41	1037.12	2341.12	799.46	17278.99	11577.49
2740.01	3059.66	262.17	524.34	177.56	4611.98	3525.80
548.40	1588.44	398.65	347.36	206.61	1555.43	1312.72
545.34	1877.62	455.18	292.21	146.52	1984.12	1633.91

1-A-10 续表 3

行 业	企业单位数（个）	资产总计	固定资产净额	固定资产原价
合成材料制造	321	18392.42	7347.41	12759.32
专用化学产品制造	299	5429.92	1275.65	2370.63
炸药、火工及焰火产品制造	151	1189.49	253.72	522.77
日用化学产品制造	186	2333.91	335.60	697.49
医药制造业	1534	35467.88	5469.48	9986.75
化学药品原料药制造	316	6497.63	1517.55	2821.45
化学药品制剂制造	413	11155.28	1391.56	2736.83
中药饮片加工	49	781.12	106.63	209.99
中成药生产	330	6668.45	896.41	1641.23
兽用药品制造	52	791.39	178.08	310.95
生物药品制品制造	209	7866.63	1000.16	1657.01
卫生材料及医药用品制造	135	1336.47	283.45	443.11
药用辅料及包装材料	30	370.91	95.63	166.19
化学纤维制造业	258	9338.56	2690.10	5136.13
纤维素纤维原料及纤维制造	36	1136.04	389.24	755.19
合成纤维制造	197	7718.61	2096.75	4102.35
生物基材料制造	25	483.91	204.11	278.59
橡胶和塑料制品业	1503	15221.94	3525.05	7350.15
橡胶制品业	405	6546.40	1799.94	3930.30
塑料制品业	1098	8675.55	1725.11	3419.85
非金属矿物制品业	2245	33627.67	9191.15	16813.31
水泥、石灰和石膏制造	392	9244.91	2243.30	5345.73
石膏、水泥制品及类似制品制造	203	2495.80	292.22	528.94
砖瓦、石材等建筑材料制造	100	712.75	120.88	209.62
玻璃制造	185	3860.38	1184.52	2060.27
玻璃制品制造	281	2513.41	813.93	1371.00
玻璃纤维和玻璃纤维增强塑料制品制造	86	1829.98	781.32	1159.29
陶瓷制品制造	605	3338.76	955.72	2035.14
耐火材料制品制造	102	980.52	144.05	287.21
石墨及其他非金属矿物制品制造	291	8651.16	2655.21	3816.10
黑色金属冶炼和压延加工业	784	67039.76	21639.09	45197.63
炼铁	47	1093.07	390.63	701.04
炼钢	66	7592.32	2167.33	4339.11
钢压延加工	577	55016.33	18622.13	39259.56
铁合金冶炼	94	3338.04	459.01	897.93

单位：亿元

固定资产累计折旧	流动资产合计	应收账款	存货	产成品	负债合计	流动负债合计
5117.21	5817.20	1070.84	1147.83	499.46	10373.52	7232.50
1055.05	2769.86	684.66	494.71	237.18	2284.30	1806.41
243.31	507.18	107.43	72.64	26.58	526.25	377.41
357.77	1480.86	452.86	180.89	98.41	909.38	800.78
4384.15	20121.72	3904.25	3554.94	1646.58	12646.52	10322.37
1281.20	3288.38	701.40	735.40	403.72	2493.34	1984.36
1317.64	6774.32	1194.20	1178.98	618.09	4210.19	3620.68
78.57	552.93	199.11	130.64	67.09	361.02	302.95
723.77	3871.56	679.73	690.69	238.01	2344.53	1993.00
132.49	360.01	91.90	58.88	31.04	313.80	219.72
642.01	4292.46	814.47	626.81	222.86	2324.37	1726.07
147.30	795.57	184.99	99.52	46.11	471.75	378.50
61.17	186.49	38.45	34.01	19.66	127.52	97.08
2338.24	3561.02	397.27	849.07	460.02	5825.09	4407.39
356.49	438.75	36.60	161.57	50.05	760.15	534.53
1916.63	2941.08	345.35	641.91	394.71	4738.79	3657.90
65.12	181.19	15.32	45.59	15.26	326.15	214.96
3771.93	8139.22	2287.99	1526.08	763.70	6949.11	5761.75
2117.26	3531.02	997.53	726.49	422.13	3107.23	2677.01
1654.67	4608.20	1290.45	799.59	341.57	3841.88	3084.74
7302.28	16515.84	3436.59	2551.92	1235.21	16127.36	12966.95
2962.03	4387.08	410.74	314.96	118.43	3825.66	3212.63
233.19	1668.48	824.76	95.79	52.96	1557.13	1352.31
83.56	392.66	150.17	66.19	36.11	366.94	308.91
836.06	1878.35	322.77	261.92	112.59	2059.75	1549.02
544.11	1354.46	355.62	265.08	149.47	1370.72	1103.94
367.77	749.77	196.21	137.74	83.80	918.49	609.47
1043.42	1440.14	343.59	485.61	347.59	1643.42	1332.68
142.65	619.88	204.28	127.77	74.25	441.43	396.65
1089.48	4025.02	628.45	796.87	260.01	3943.81	3101.33
22738.83	27739.94	3101.39	6535.66	2269.48	42144.85	33388.43
306.08	582.59	179.98	113.64	30.79	860.85	768.22
1962.63	3337.07	343.93	790.23	247.90	4862.18	3754.63
20067.32	22452.08	2450.01	5255.69	1734.91	33847.33	26999.66
402.80	1368.21	127.47	376.10	255.89	2574.49	1865.92

1-A-10 续表 4

行　业	企业单位数（个）	资产总计	固定资产净额	固定资产原价
有色金属冶炼和压延加工业	961	38805.28	9262.25	18614.48
常用有色金属冶炼	347	20356.16	5426.25	11211.99
贵金属冶炼	56	2565.67	324.70	728.23
稀有稀土金属冶炼	27	2291.22	89.36	623.70
有色金属合金制造	92	1522.12	374.81	621.78
有色金属压延加工	439	12070.11	3047.15	5428.77
金属制品业	1978	18865.50	3597.59	7354.29
结构性金属制品制造	456	4805.15	779.58	1428.65
金属工具制造	180	1158.53	244.56	555.75
集装箱及金属包装容器制造	154	1893.42	331.14	605.29
金属丝绳及其制品制造	77	919.96	231.15	536.28
建筑、安全用金属制品制造	207	1190.92	206.18	430.20
金属表面处理及热处理加工	151	1180.06	259.81	556.42
搪瓷制品制造	15	66.16	19.07	38.10
金属制日用品制造	205	949.73	194.69	365.71
铸造及其他金属制品制造	533	6701.58	1331.41	2837.90
通用设备制造业	2419	37328.66	5011.28	10433.55
锅炉及原动设备制造	207	6398.77	711.47	1686.23
金属加工机械制造	254	3283.45	457.20	923.56
物料搬运设备制造	260	7711.38	607.04	1188.93
泵、阀门、压缩机及类似机械制造	459	5260.73	772.31	1659.95
轴承、齿轮和传动部件制造	284	3471.77	801.47	1796.52
烘炉、风机、包装等设备制造	383	5223.94	630.65	1216.43
文化、办公用机械制造	111	1068.22	133.69	388.33
通用零部件制造	325	2958.78	740.71	1314.37
其他通用设备制造业	136	1951.62	156.74	259.24
专用设备制造业	2073	33927.79	3798.20	7161.86
采矿、冶金、建筑专用设备制造	398	10690.57	1164.85	2401.18
化工、木材、非金属加工专用设备制造	365	3720.02	582.48	1188.43
食品、饮料、烟草及饲料生产专用设备制造	45	430.88	51.03	124.52
印刷、制药、日化及日用品生产专用设备制造	73	1087.55	123.00	232.38
纺织、服装和皮革加工专用设备制造	86	987.48	144.49	282.48
电子和电工机械专用设备制造	252	5087.68	457.78	636.75

单位：亿元

固定资产累计折旧	流动资产合计	应收账款	存货	产成品	负债合计	流动负债合计
8305.40	19649.79	3424.49	5618.55	1135.15	21650.50	16015.08
5173.25	9754.28	1418.48	3415.84	457.04	10958.37	8620.24
398.65	1037.06	43.04	351.17	50.47	1467.51	714.08
232.21	1063.64	74.09	380.61	101.24	1144.10	371.20
235.99	784.33	208.09	222.84	74.90	865.71	590.70
2265.31	7010.48	1680.79	1248.09	451.50	7214.81	5718.85
3627.99	11837.54	3310.08	2662.74	1083.40	10337.29	8795.70
630.93	3225.47	1060.14	735.30	300.66	2985.83	2566.13
305.51	683.22	184.38	156.55	73.01	458.91	411.05
270.06	1268.58	281.81	346.03	139.30	970.82	870.53
292.93	547.03	177.71	103.15	51.20	456.87	389.76
217.66	795.72	254.50	172.10	74.99	572.18	493.58
294.65	797.49	144.93	153.16	61.46	783.84	689.34
18.86	33.54	12.32	8.52	3.31	23.64	20.42
168.77	559.71	174.76	116.72	55.53	464.17	406.21
1428.62	3926.79	1019.53	871.21	323.94	3621.04	2948.69
5255.35	25197.70	7334.09	5573.64	1912.23	20122.92	17511.49
925.42	4343.33	798.17	842.43	174.81	3624.85	3203.92
447.21	2208.62	466.32	609.50	213.52	1649.21	1433.73
577.59	5565.50	1956.28	1132.76	417.09	4935.42	4342.33
881.07	3762.33	1235.85	921.97	401.44	2528.26	2269.91
940.38	2030.12	622.92	441.82	192.62	1540.13	1241.37
582.37	3503.57	1043.54	700.41	246.90	2707.39	2418.50
248.08	735.34	248.81	166.71	60.73	453.99	371.07
552.11	1595.29	506.36	341.42	140.91	1619.72	1268.02
101.12	1453.59	455.83	416.61	64.21	1063.94	962.63
3254.72	23297.11	6436.82	5792.02	2179.72	17580.13	15042.56
1184.96	7438.87	2496.90	1662.34	649.95	6372.46	5191.11
597.50	2506.80	686.22	654.95	220.08	1951.51	1697.53
73.06	330.38	67.62	133.63	29.24	207.70	197.74
106.37	640.55	166.10	168.22	46.32	557.38	509.37
127.79	670.53	175.93	143.85	63.46	486.77	429.20
169.66	3945.37	905.77	1483.66	587.00	2984.27	2703.69

1-A-10 续表 5

行业	企业单位数（个）	资产总计	固定资产净额	固定资产原价
农、林、牧、渔专用机械制造	94	1265.73	157.68	346.02
医疗仪器设备及器械制造	500	6292.47	786.91	1368.21
环保、邮政、社会公共服务及其他专用设备制造	260	4365.41	329.97	581.90
汽车制造业	3022	86905.54	12900.47	29735.30
汽车整车制造	236	48446.12	5620.20	14421.29
汽车用发动机制造	52	2094.24	474.25	1287.05
改装汽车制造	64	1073.97	152.18	295.73
汽车车身、挂车制造	50	468.63	125.03	250.88
汽车零部件及配件制造	2616	34625.85	6502.49	13413.40
铁路、船舶、航空航天和其他运输设备制造业	904	29775.75	4138.96	8182.56
铁路运输设备制造	149	5489.32	649.63	1359.57
城市轨道交通设备制造	28	837.59	106.64	178.30
船舶及相关装置制造	169	8782.99	1213.35	2502.24
航空、航天器及设备制造	251	12107.41	1741.17	3333.52
摩托车制造	159	1382.41	250.88	499.06
自行车和残疾人座车制造	48	251.36	41.11	89.63
助动车制造	70	649.94	101.15	152.15
非公路休闲车及零配件制造	19	198.27	25.48	50.77
潜水救捞及其他未列明运输设备制造	11	76.44	9.54	17.32
电气机械和器材制造业	3784	90813.19	12756.58	21942.37
电机制造	480	10162.28	1076.83	2063.88
输配电及控制设备制造	1210	27595.26	3975.64	5997.66
电线、电缆、光缆及电工器材制造	431	7169.73	780.84	1666.37
电池制造	582	28172.66	4899.72	7324.23
家用电力器具制造	683	14602.02	1580.58	4013.34
非电力家用器具制造	55	609.07	82.71	158.44
照明器具制造	293	2062.00	315.05	629.54
其他电气机械及器材制造	50	440.18	45.20	88.92
计算机、通信和其他电子设备制造业	5105	157315.75	29944.57	58541.85
计算机制造	561	12886.27	1101.76	2720.66
通信设备制造	477	43660.42	2818.61	6020.77
广播电视设备制造	97	1448.29	355.97	650.19
雷达及配套设备制造	32	910.32	114.41	218.47
非专业视听设备制造	203	4735.56	437.00	864.55

单位：亿元

固定资产累计折旧	流动资产合计	应收账款	存货	产成品	负债合计	流动负债合计
180.65	895.33	229.87	245.51	132.45	737.52	645.00
568.45	3801.23	815.26	585.14	201.29	1898.08	1561.46
246.28	3068.05	893.14	714.72	249.94	2384.45	2107.47
16041.72	54651.54	17900.24	6563.58	3028.48	54743.90	48538.98
8215.90	30180.15	8737.30	2755.74	1309.63	32702.86	29011.68
792.46	1249.59	402.59	195.89	90.21	1079.18	980.11
142.22	750.90	244.92	150.41	66.40	724.33	619.42
124.59	284.11	81.60	61.24	25.48	279.01	237.23
6725.92	22049.60	8422.66	3368.99	1535.92	19865.27	17605.19
3888.36	20778.10	4802.33	5189.69	804.68	18895.73	16644.27
673.71	3781.16	1491.79	712.56	179.54	2979.60	2718.79
71.66	577.07	192.93	112.39	27.80	602.01	551.44
1209.18	6381.11	599.89	1229.78	95.65	6226.96	5301.65
1555.44	8310.75	2027.19	2876.19	370.61	7725.01	6818.45
246.72	895.28	215.84	131.40	71.63	677.86	600.58
48.42	174.95	49.80	50.45	22.57	119.65	112.23
50.64	435.99	138.65	43.83	21.78	448.52	429.49
24.82	162.40	60.84	21.68	9.15	75.55	72.90
7.77	59.38	25.39	11.39	5.96	40.58	38.72
8824.90	58356.67	19100.89	8571.94	4109.07	55250.49	46313.38
963.13	7019.03	2267.63	1138.55	328.28	6500.00	5705.86
1893.21	17553.41	6640.92	2666.13	1264.04	16596.24	13968.42
847.67	4816.59	1962.47	922.10	560.12	3679.64	3074.04
2298.22	16503.09	5259.24	2122.93	920.42	17973.68	14353.06
2397.83	10433.42	2253.08	1341.95	873.39	9053.44	7901.47
74.96	391.56	125.64	54.59	31.07	271.34	245.48
306.43	1329.75	478.14	243.36	110.83	952.55	860.67
43.45	309.81	113.77	82.32	20.92	223.60	204.39
27946.04	96162.77	32207.40	15728.08	5100.60	86452.26	67281.70
1599.47	10249.35	4664.94	1701.27	492.16	8031.14	7437.81
3152.06	33671.97	10981.21	4877.12	1476.69	28275.30	23122.91
293.39	894.22	283.20	170.33	48.93	682.64	537.84
103.65	654.92	167.83	212.85	24.52	556.80	461.92
419.76	3501.75	1261.71	646.48	235.21	3094.31	2748.46

1-A-10 续表 6

行业	企业单位数（个）	资产总计	固定资产净额	固定资产原价
智能消费设备制造	304	5485.01	793.71	1558.68
电子器件制造	1181	52437.45	16288.04	32455.05
电子元件及电子专用材料制造	2010	33173.32	7752.04	13543.52
其他电子设备制造	240	2579.12	283.03	509.95
仪器仪表制造业	699	8976.06	947.78	1742.64
通用仪器仪表制造	402	6152.96	561.62	970.41
专用仪器仪表制造	116	1585.83	155.37	302.62
钟表与计时仪器制造	66	151.06	24.23	56.91
光学仪器制造	85	881.27	184.53	371.72
衡器制造	16	70.12	7.48	14.54
其他仪器仪表制造业	14	134.82	14.56	26.43
其他制造业	192	3459.44	547.90	1127.19
日用杂品制造	124	725.72	99.65	248.12
废弃资源综合利用业	95	1688.50	391.95	656.00
金属废料和碎屑加工处理	65	1340.48	299.02	506.58
非金属废料和碎屑加工处理	30	348.02	92.93	149.42
金属制品、机械和设备修理业	183	4155.47	528.95	1124.43
通用设备修理	19	67.16	6.49	16.33
专用设备修理	30	704.71	54.69	121.78
铁路、船舶、航空航天等运输设备修理	87	2938.95	418.72	869.43
电气设备修理	21	261.92	12.87	20.82
其他机械和设备修理业	23	175.96	35.99	94.40
电力、热力、燃气及水生产和供应业	**1668**	**164579.47**	**78068.61**	**166086.56**
电力、热力生产和供应业	1090	143370.61	70422.68	153149.04
电力生产	772	46335.73	26256.59	54578.39
电力供应	130	92339.86	42310.03	95128.97
热力生产和供应	188	4695.02	1856.07	3441.68
燃气生产和供应业	205	7047.32	2798.17	4431.51
燃气生产和供应业	203	7014.14	2781.15	4409.39
水的生产和供应业	373	14161.54	4847.75	8506.01
自来水生产和供应	330	11141.11	3935.85	7074.00
污水处理及其再生利用	41	2920.90	906.76	1417.12

单位：亿元

固定资产累计折旧	流动资产合计	应收账款	存货	产成品	负债合计	流动负债合计
757.82	3826.70	1670.64	662.09	290.99	3289.90	2974.53
15751.01	23269.71	6331.61	3939.92	1201.57	25235.46	16292.27
5645.73	18368.77	6289.64	3141.96	1209.02	16032.38	12644.60
223.14	1725.37	556.63	376.06	121.53	1254.33	1061.35
787.35	6224.24	1799.83	1283.11	460.99	3989.78	3520.61
403.72	4314.16	1244.43	886.41	306.24	2821.37	2550.88
146.64	1115.01	330.55	238.27	95.35	680.09	539.87
31.91	107.71	35.33	35.54	13.94	66.26	59.61
186.29	543.62	140.62	95.03	39.54	337.00	294.43
6.93	49.22	14.93	8.85	2.45	25.71	24.70
11.87	94.52	33.97	19.01	3.48	59.35	51.11
571.57	1830.95	357.69	356.86	83.80	2305.64	1240.44
147.83	520.33	107.06	73.13	29.43	313.75	271.95
245.96	947.06	241.42	259.94	95.60	953.50	759.48
190.65	748.23	180.26	234.07	82.90	770.20	623.31
55.32	198.83	61.15	25.87	12.70	183.30	136.16
568.48	1836.21	434.34	412.82	39.53	2002.14	1355.08
9.85	50.56	21.49	4.98	1.62	38.36	34.68
63.77	267.36	68.63	13.60	2.94	243.32	204.85
427.52	1299.66	294.87	362.19	24.51	1593.25	1016.60
7.82	92.39	18.04	2.40	0.09	42.28	38.15
58.37	120.47	27.22	29.42	10.37	80.28	56.31
85896.14	**30332.55**	**7320.34**	**1754.45**	**75.53**	**93171.27**	**50343.50**
80706.07	24514.34	6377.15	1465.96	25.96	80473.68	43472.92
26343.45	9153.04	2188.86	1184.80	18.06	30128.43	14030.52
52783.54	13565.10	3951.66	212.17	6.80	46994.73	27341.85
1579.09	1796.20	236.63	68.98	1.10	3350.51	2100.55
1581.12	2102.33	341.90	141.65	28.97	4145.59	2843.61
1576.02	2088.85	340.75	139.93	28.91	4130.72	2831.84
3608.94	3715.89	601.28	146.84	20.61	8552.01	4026.97
3089.14	2924.90	323.55	132.98	19.31	6760.91	3184.06
510.12	703.41	275.02	13.61	1.29	1709.12	764.69

1-A-10 续表 7

行业	应付账款	所有者权益合计	实收资本	国家资本
总计	**159487.72**	**510736.46**	**212702.57**	**54631.21**
采矿业	**8446.19**	**47657.09**	**16063.77**	**6097.48**
煤炭开采和洗选业	5198.56	26997.80	7807.56	2431.95
烟煤和无烟煤开采洗选	5098.62	25962.49	7337.89	2323.95
褐煤开采洗选	98.19	1013.43	462.40	108.01
其他煤炭采选	1.76	21.88	7.26	
石油和天然气开采业	1568.00	11024.69	3543.62	2320.75
石油开采	1311.23	7693.62	2263.37	1174.48
天然气开采	256.76	3331.07	1280.26	1146.27
黑色金属矿采选业	482.11	4622.24	1574.93	420.78
铁矿采选	475.94	4614.77	1568.71	418.88
有色金属矿采选业	228.55	2194.05	687.58	195.42
常用有色金属矿采选	131.62	1433.63	461.03	110.78
贵金属矿采选	71.05	487.97	120.40	34.19
稀有稀土金属矿采选	25.87	272.44	106.14	50.45
非金属矿采选业	75.07	1261.65	280.32	127.50
土砂石开采	22.10	512.57	58.74	12.46
化学矿开采	30.53	196.67	84.32	34.13
采盐	19.67	530.40	132.16	78.96
石棉及其他非金属矿采选	2.77	22.01	5.10	1.95
开采专业及辅助性活动	893.91	1556.65	2169.76	601.09
石油和天然气开采专业及辅助性活动	882.21	1583.02	2158.46	591.10
制造业	**138580.24**	**391683.44**	**145202.47**	**19019.97**
农副食品加工业	1650.59	5930.83	2369.58	182.22
谷物磨制	36.91	314.16	63.54	1.75
饲料加工	299.01	1631.25	435.49	7.55
植物油加工	222.78	641.92	236.40	52.31
制糖业	128.29	298.10	151.93	33.71
屠宰及肉类加工	524.18	1671.54	841.57	36.13
水产品加工	104.76	346.60	139.43	12.08
蔬菜、菌类、水果和坚果加工	103.25	462.58	121.88	10.30
其他农副食品加工	231.41	564.68	379.33	28.39
食品制造业	1464.70	6615.64	2137.14	117.28

单位：亿元

集体资本	法人资本	个人资本	港澳台资本	外商资本	营业收入
2370.44	**109930.04**	**18380.29**	**10872.50**	**16053.00**	**882586.90**
160.91	**8934.95**	**742.34**	**20.02**	**108.06**	**44997.15**
108.39	4672.35	502.57	8.80	83.49	25990.27
108.39	4336.30	478.72	8.80	81.73	25180.32
	329.99	22.65		1.75	805.35
	6.06	1.20			4.60
0.30	1221.81	0.76			10995.48
0.30	1088.59				8745.96
	133.23	0.76			2249.52
8.07	1080.42	62.53	2.77	0.36	2779.55
5.49	1079.89	61.63	2.77	0.06	2706.57
39.59	295.21	130.43	8.44	18.48	1984.20
39.02	199.08	101.05	5.66	5.44	1204.30
0.57	44.27	25.54	2.79	13.04	473.53
	51.86	3.83			306.37
1.48	114.81	32.67		3.86	661.39
1.48	19.70	25.10			223.94
	48.05	2.13			257.19
	46.52	3.62		3.06	152.66
	0.54	1.81		0.80	27.60
3.08	1550.34	13.38		1.87	2586.27
2.89	1549.16	13.44		1.87	2547.71
2090.91	**80860.89**	**17149.76**	**10408.54**	**15652.33**	**754415.17**
79.64	1150.56	449.75	202.23	301.07	19574.21
2.60	20.22	18.84	10.37	9.76	1063.52
12.09	266.05	116.16	18.21	15.44	2866.06
12.12	83.69	11.10	14.39	62.79	3578.02
1.53	80.14	23.11	0.26	13.17	861.75
18.22	448.55	138.08	125.91	70.59	7383.50
25.17	42.64	50.53	1.18	7.81	940.79
4.54	56.65	37.87	2.16	10.37	777.85
3.36	152.61	54.08	29.74	111.14	2102.73
31.98	979.06	419.84	238.89	350.10	13361.75

1-A-10 续表 8

行业	应付账款	所有者权益合计	实收资本	国家资本
焙烤食品制造	169.61	613.47	248.81	2.24
糖果、巧克力及蜜饯制造	56.70	290.39	91.12	
方便食品制造	206.16	736.39	314.87	13.50
乳制品制造	537.55	2119.03	594.87	24.28
罐头食品制造	32.17	159.19	75.13	1.70
调味品、发酵制品制造	184.41	1191.95	362.59	30.50
其他食品制造	278.10	1505.21	449.75	45.05
酒、饮料和精制茶制造业	1133.96	9659.54	1314.26	152.21
酒的制造	791.84	8383.26	828.76	122.98
饮料制造	324.66	1098.87	456.13	28.15
精制茶加工	17.45	177.40	29.38	1.09
烟草制品业	862.16	8490.32	949.03	548.10
烟叶复烤	60.51	288.42	177.99	80.30
卷烟制造	796.60	8175.78	763.90	466.80
其他烟草制品制造	5.06	26.12	7.14	1.00
纺织业	985.77	5101.82	2019.67	99.01
棉纺织及印染精加工	605.36	3026.21	1308.83	94.72
毛纺织及染整精加工	65.11	411.37	102.76	1.90
麻纺织及染整精加工	13.59	64.95	33.86	0.07
丝绢纺织及印染精加工	21.76	86.56	31.83	0.51
化纤织造及印染精加工	61.34	456.91	205.90	
针织或钩针编织物及其制品制造	28.83	185.81	60.34	
家用纺织制成品制造	117.11	405.35	144.23	0.10
产业用纺织制成品制造	72.67	464.66	131.92	1.72
纺织服装、服饰业	765.97	3017.25	1019.35	20.05
机织服装制造	482.09	1937.64	682.21	9.02
针织或钩针编织服装制造	240.02	930.70	257.78	8.75
服饰制造	43.87	148.91	79.36	2.29
皮革、毛皮、羽毛及其制品和制鞋业	391.29	1590.99	489.04	11.49
皮革鞣制加工	12.45	103.04	25.08	
皮革制品制造	64.13	353.72	58.54	0.51
毛皮鞣制及制品加工	1.88	48.24	15.25	
羽毛(绒)加工及制品制造	8.89	14.90	8.24	
制鞋业	303.94	1071.08	381.93	10.98

单位：亿元

集体资本	法人资本	个人资本	港澳台资本	外商资本	营业收入
0.81	98.80	42.20	52.55	52.22	1335.11
1.21	24.16	13.08	16.80	35.86	704.14
8.72	136.86	27.57	72.61	55.60	1708.12
14.43	361.14	93.26	20.66	81.10	4671.70
0.10	44.75	10.36	6.97	11.25	383.85
3.46	140.44	108.23	33.79	46.17	1983.31
3.25	172.90	125.15	35.51	67.90	2575.52
22.27	620.32	195.51	77.28	241.75	10516.20
17.10	419.16	125.99	15.62	125.76	7232.54
5.17	187.89	57.71	58.47	115.99	3059.44
	13.28	11.81	3.20		224.22
0.28	396.17	4.28	0.20		13318.91
	97.68				198.01
	292.82	4.28			13096.35
0.28	5.66		0.20		24.55
36.51	895.73	548.41	289.83	150.17	9927.38
29.68	596.19	327.95	200.42	59.88	5894.87
3.36	56.46	28.86	3.64	8.53	854.15
2.62	14.19	5.93	10.60	0.44	151.82
0.26	12.56	14.74		3.77	226.08
0.01	102.14	57.30	23.40	23.04	1003.14
	12.59	28.40	15.15	4.20	417.87
0.54	51.82	51.60	13.06	27.11	661.14
0.05	49.78	33.62	23.55	23.20	718.31
16.58	383.52	323.32	185.94	85.78	5323.36
14.25	256.72	261.98	98.55	41.70	3260.37
2.24	90.91	45.97	74.08	31.68	1720.22
0.10	35.89	15.37	13.30	12.40	342.76
1.10	193.33	106.62	98.63	77.86	3657.46
	8.80	8.79	5.46	2.03	102.68
0.31	29.15	8.28	9.45	10.85	437.55
	11.00	3.77	0.48		28.86
	4.60	3.46		0.18	49.87
0.80	139.79	82.32	83.24	64.81	3038.51

1-A-10 续表 9

行　业	应付账款	所有者权益合计	实收资本	国家资本
木材加工和木、竹、藤、棕、草制品业	112.13	565.95	202.38	10.35
木材加工	2.87	26.66	9.17	
人造板制造	45.56	310.81	123.10	8.43
木质制品制造	56.25	206.66	65.72	1.77
竹、藤、棕、草等制品制造	7.45	21.82	4.39	0.15
家具制造业	523.29	1669.25	519.66	1.78
木质家具制造	256.70	911.23	293.66	1.49
竹、藤家具制造	2.66	2.99	3.14	
金属家具制造	169.07	378.46	113.36	0.28
塑料家具制造	4.02	24.44	11.50	
其他家具制造	90.84	352.13	98.01	
造纸和纸制品业	1032.44	5196.77	2986.75	157.83
纸浆制造	88.42	219.14	161.85	15.23
造纸	682.46	3952.45	2380.06	138.04
纸制品制造	261.56	1025.18	444.84	4.57
印刷和记录媒介复制业	321.47	1706.85	623.53	83.37
印刷	301.44	1596.42	604.59	82.57
装订及印刷相关服务	20.03	110.43	18.94	0.80
文教、工美、体育和娱乐用品制造业	466.05	1969.38	658.29	3.52
文教办公用品制造	83.54	237.06	46.34	0.46
乐器制造	11.84	88.60	44.54	
工艺美术及礼仪用品制造	147.45	844.00	250.29	3.06
体育用品制造	73.32	360.44	98.80	
玩具制造	119.39	355.16	177.58	
游艺器材及娱乐用品制造	30.49	84.11	40.74	
石油、煤炭及其他燃料加工业	5528.24	12641.82	6396.49	1829.77
精炼石油产品制造	3602.29	9032.20	4089.58	1317.95
煤炭加工	1850.64	3227.08	2114.27	482.82
生物质燃料加工	7.65	58.48	20.42	
化学原料和化学制品制造业	6850.45	32700.65	14509.95	2527.37
基础化学原料制造	2970.68	13002.51	6197.58	1013.08
肥料制造	667.04	3140.78	1574.96	420.63
农药制造	345.34	1719.38	407.14	60.86
涂料、油墨、颜料及类似产品制造	435.75	1585.69	546.07	27.14

单位：亿元

集体资本	法人资本	个人资本	港澳台资本	外商资本	营业收入
4.39	110.06	60.76	5.91	10.92	930.98
	8.93	0.25			24.12
4.28	71.28	36.42	1.70	0.99	519.26
0.11	27.10	22.60	4.22	9.92	331.75
	2.75	1.48			55.84
1.75	262.99	130.30	77.65	45.19	3131.60
0.05	157.20	74.45	42.58	17.89	1682.29
	1.10	0.21		1.83	10.98
0.03	40.70	38.22	24.35	9.77	815.90
	3.75	3.45	1.65	2.65	38.89
1.67	60.24	13.97	9.07	13.05	583.55
25.09	1506.53	258.05	525.65	513.59	7716.49
3.35	105.47	3.88	26.78	7.13	233.93
14.01	1228.54	191.45	359.86	448.15	5449.08
7.73	172.52	62.72	139.01	58.31	2033.47
16.25	274.24	118.20	73.18	58.29	2272.80
16.25	267.73	108.26	71.49	58.29	2132.33
	6.52	9.94	1.69		140.47
5.02	167.57	135.48	243.69	103.02	5394.23
	20.93	12.50	3.76	8.69	502.41
	14.88	11.13	5.36	13.18	95.18
4.47	77.05	68.89	89.35	7.48	3303.27
	22.72	14.40	37.20	24.49	502.04
0.55	25.09	24.61	100.91	26.42	837.60
	6.91	3.95	7.12	22.76	153.74
31.46	3856.90	476.07	103.11	99.18	57299.72
10.34	2459.62	141.89	60.60	99.18	47085.79
21.13	1235.85	332.28	42.19		9784.81
	18.20	1.90	0.32		163.04
209.89	8229.34	1322.12	830.13	1384.90	52179.69
92.73	3685.15	565.94	300.56	534.61	21285.41
21.83	974.53	111.99	7.85	38.12	5408.70
21.44	227.68	67.76	0.78	28.63	1824.98
14.73	274.85	125.46	59.50	44.38	2337.36

1-A-10 续表 10

行 业	应付账款	所有者权益合计	实收资本	国家资本
合成材料制造	1543.27	8018.90	4333.68	878.20
专用化学产品制造	514.50	3145.62	905.17	69.62
炸药、火工及焰火产品制造	91.42	663.24	226.33	42.96
日用化学产品制造	282.44	1424.53	319.02	14.88
医药制造业	2443.94	22821.36	5137.40	498.72
化学药品原料药制造	543.08	4004.29	1077.43	28.51
化学药品制剂制造	811.71	6945.08	1445.07	83.56
中药饮片加工	105.94	420.10	175.36	135.48
中成药生产	434.86	4323.93	799.03	81.09
兽用药品制造	64.67	477.59	120.69	5.22
生物药品制品制造	344.11	5542.26	1289.47	161.19
卫生材料及医药用品制造	99.61	864.71	177.09	0.31
药用辅料及包装材料	39.97	243.39	53.25	3.35
化学纤维制造业	789.62	3513.47	1942.31	253.51
纤维素纤维原料及纤维制造	147.44	375.90	297.18	127.61
合成纤维制造	591.26	2979.82	1535.32	117.17
生物基材料制造	50.92	157.76	109.80	8.73
橡胶和塑料制品业	1683.96	8272.83	3081.93	223.71
橡胶制品业	801.22	3439.17	1326.35	144.97
塑料制品业	882.74	4833.66	1755.58	78.75
非金属矿物制品业	3410.55	17500.31	6048.03	859.73
水泥、石灰和石膏制造	594.26	5419.24	1575.48	504.86
石膏、水泥制品及类似制品制造	581.53	938.67	271.06	67.28
砖瓦、石材等建筑材料制造	101.25	345.81	109.23	10.25
玻璃制造	365.65	1800.63	876.68	62.18
玻璃制品制造	362.55	1142.69	473.74	37.28
玻璃纤维和玻璃纤维增强塑料制品制造	158.04	911.49	387.53	43.06
陶瓷制品制造	289.65	1695.34	512.36	8.49
耐火材料制品制造	140.66	539.09	149.08	16.53
石墨及其他非金属矿物制品制造	816.96	4707.36	1692.88	109.81
黑色金属冶炼和压延加工业	10026.45	24899.60	11397.46	1948.44
炼铁	276.33	232.22	186.25	0.64
炼钢	1187.13	2730.14	1024.49	49.55
钢压延加工	7968.37	21173.69	8989.20	1837.29
铁合金冶炼	594.62	763.56	1197.52	60.95

单位：亿元

					营业收入
集体资本	法人资本	个人资本	港澳台资本	外商资本	
43.13	2439.62	186.17	256.31	530.25	14275.71
15.31	425.10	168.23	103.01	123.90	4488.09
0.17	119.17	63.31			622.66
0.54	83.23	33.24	102.12	85.00	1936.79
89.77	2534.06	986.16	624.58	404.10	16894.30
28.89	615.40	256.34	88.76	59.51	2981.98
9.52	817.36	247.20	105.61	181.81	6298.41
0.50	28.73	5.53		5.13	357.97
19.52	393.57	202.39	82.58	19.87	3436.71
4.96	98.32	6.82	1.03	4.35	356.68
24.59	491.19	195.23	306.82	110.45	2530.80
0.70	65.97	51.55	37.93	20.63	727.69
1.09	23.52	21.11	1.85	2.34	204.05
16.68	1056.02	331.89	134.80	149.40	8334.44
0.44	73.78	14.70	7.93	72.72	1067.44
16.24	905.84	313.31	110.39	72.38	7022.05
	76.40	3.89	16.48	4.30	244.95
36.28	1232.02	621.10	432.49	536.32	11593.04
17.52	423.88	212.08	162.70	365.20	5007.46
18.76	808.14	409.02	269.79	171.13	6585.59
94.37	3205.13	874.63	501.99	515.54	19203.84
39.32	607.59	138.31	225.85	62.91	3531.33
5.25	144.40	40.16	10.59	3.38	1416.13
0.19	47.30	36.16	8.63	6.70	556.17
5.19	406.36	111.52	129.09	162.35	2155.55
4.58	208.43	103.57	51.38	68.50	1826.97
0.92	268.26	21.54	39.86	13.88	802.82
7.92	210.11	204.94	18.64	62.27	3287.65
6.06	52.46	63.25	1.33	9.45	642.72
24.94	1260.21	155.18	16.63	126.10	4984.51
59.50	7151.54	2042.69	96.42	294.41	73388.09
0.35	152.73	32.37	0.17		1431.57
5.51	753.95	184.19	0.67	30.61	9799.87
24.41	5328.78	1643.48	95.59	255.19	60331.60
29.23	916.08	182.65		8.60	1825.05

1-A-10 续表 11

行业	应付账款	所有者权益合计	实收资本	国家资本
有色金属冶炼和压延加工业	3962.61	17155.74	7031.82	1468.56
常用有色金属冶炼	2247.53	9398.75	4268.57	1030.31
贵金属冶炼	130.69	1098.16	210.17	60.40
稀有稀土金属冶炼	68.97	1147.12	170.03	59.23
有色金属合金制造	157.90	656.41	281.35	81.39
有色金属压延加工	1357.53	4855.30	2101.70	237.23
金属制品业	2595.50	8528.21	3172.90	330.35
结构性金属制品制造	786.45	1819.32	734.50	101.56
金属工具制造	104.32	699.63	212.82	23.68
集装箱及金属包装容器制造	236.19	922.59	340.03	10.33
金属丝绳及其制品制造	85.57	463.09	251.97	6.42
建筑、安全用金属制品制造	159.16	618.74	157.38	0.08
金属表面处理及热处理加工	136.99	396.22	192.63	2.29
搪瓷制品制造	7.13	42.52	12.09	
金属制日用品制造	131.06	485.56	135.44	
铸造及其他金属制品制造	948.62	3080.54	1136.05	185.98
通用设备制造业	6255.16	17196.07	4993.47	632.45
锅炉及原动设备制造	1027.62	2754.81	924.17	279.27
金属加工机械制造	456.17	1634.24	459.79	47.87
物料搬运设备制造	1417.01	2775.95	737.27	103.26
泵、阀门、压缩机及类似机械制造	981.91	2732.46	792.00	45.27
轴承、齿轮和传动部件制造	496.10	1941.09	620.46	44.50
烘炉、风机、包装等设备制造	864.57	2516.55	681.06	37.97
文化、办公用机械制造	177.96	614.23	195.69	0.16
通用零部件制造	468.81	1339.06	386.26	61.18
其他通用设备制造业	365.02	887.69	196.76	12.98
专用设备制造业	5045.40	16347.66	4976.21	646.90
采矿、冶金、建筑专用设备制造	1667.66	4318.10	1923.71	408.57
化工、木材、非金属加工专用设备制造	559.84	1768.51	631.28	102.11
食品、饮料、烟草及饲料生产专用设备制造	70.79	223.19	74.44	4.23
印刷、制药、日化及日用品生产专用设备制造	137.57	530.17	148.09	1.72
纺织、服装和皮革加工专用设备制造	161.92	500.71	162.61	23.56
电子和电工机械专用设备制造	973.39	2103.41	446.55	41.67

单位：亿元

集体资本	法人资本	个人资本	港澳台资本	外商资本	营业收入
210.36	4332.34	538.62	258.58	132.81	44867.95
172.98	2680.19	235.53	42.88	42.15	25088.20
6.93	110.98	23.34	8.52		2713.25
4.87	84.92	18.40	2.29	0.31	1355.59
	144.45	37.57	12.53	5.41	1605.71
25.59	1311.81	223.78	192.36	84.94	14105.21
100.54	1518.53	663.01	287.12	270.07	17471.47
20.71	369.55	187.18	31.14	24.35	5131.12
0.58	95.79	49.26	17.89	25.61	1100.04
17.40	173.69	50.65	59.62	28.34	1542.33
2.09	140.02	36.96	40.23	26.25	920.11
3.72	51.68	47.86	21.46	32.58	1342.71
1.44	134.39	24.50	5.55	24.45	1656.04
	5.87	2.10	1.26	2.86	60.76
6.11	43.60	30.38	25.14	30.22	997.16
48.49	503.94	234.11	84.83	75.41	4721.20
72.34	2091.25	949.16	260.28	979.21	25156.68
21.16	390.14	111.71	34.78	74.51	3165.16
4.94	235.05	98.44	10.59	62.90	2000.12
17.82	243.18	194.76	39.76	138.50	5028.39
4.96	320.69	151.69	41.17	227.46	4274.68
6.13	247.09	101.40	8.18	213.17	2326.74
7.50	317.80	153.37	61.25	103.19	4074.01
0.01	56.34	29.61	16.08	93.50	1011.71
2.60	156.80	79.16	33.35	53.17	1973.28
7.25	124.16	29.03	15.12	12.80	1302.60
111.76	2379.19	886.27	371.34	578.72	18794.10
37.32	971.68	290.82	52.55	162.77	5656.64
23.81	257.17	94.46	103.05	50.68	2306.18
0.30	37.29	17.71	0.59	14.32	313.29
3.29	86.17	16.07	8.72	32.12	705.94
0.17	84.42	17.82	17.69	18.96	637.98
7.63	249.32	94.69	35.92	17.32	2558.08

1-A-10 续表 12

行业	应付账款	所有者权益合计	实收资本	国家资本
农、林、牧、渔专用机械制造	234.43	528.22	265.66	12.40
医疗仪器设备及器械制造	516.93	4394.39	840.52	2.32
环保、邮政、社会公共服务及其他专用设备制造	722.86	1980.96	483.35	50.33
汽车制造业	22602.30	32161.63	11812.59	1792.36
汽车整车制造	13624.53	15743.26	6120.94	1327.98
汽车用发动机制造	468.12	1015.06	623.06	120.92
改装汽车制造	243.80	349.64	154.25	17.12
汽车车身、挂车制造	89.88	189.62	56.94	4.92
汽车零部件及配件制造	8152.16	14760.58	4852.47	320.28
铁路、船舶、航空航天和其他运输设备制造业	6688.66	10974.39	4839.27	1567.65
铁路运输设备制造	1728.72	2522.26	942.42	325.81
城市轨道交通设备制造	340.98	235.58	141.17	71.43
船舶及相关装置制造	1374.04	2556.04	1768.98	591.22
航空、航天器及设备制造	2736.73	4464.25	1650.56	572.37
摩托车制造	249.13	704.55	195.36	5.23
自行车和残疾人座车制造	52.19	131.71	50.12	0.74
助动车制造	170.62	201.41	66.40	0.50
非公路休闲车及零配件制造	18.33	122.73	15.00	
潜水救捞及其他未列明运输设备制造	17.91	35.86	9.26	0.35
电气机械和器材制造业	18741.14	35562.70	11164.00	510.98
电机制造	2449.44	3662.28	1168.44	165.83
输配电及控制设备制造	5955.53	10999.02	4152.77	185.18
电线、电缆、光缆及电工器材制造	931.08	3490.09	1135.06	49.31
电池制造	5881.09	10198.98	3321.19	84.65
家用电力器具制造	2951.58	5548.58	967.27	18.75
非电力家用器具制造	88.82	337.73	83.56	0.34
照明器具制造	403.54	1109.45	272.53	4.92
其他电气机械及器材制造	80.08	216.58	63.17	2.00
计算机、通信和其他电子设备制造业	29573.14	70854.83	30752.65	2242.37
计算机制造	4528.07	4855.13	1420.53	53.47
通信设备制造	10217.17	15376.58	3080.70	117.71
广播电视设备制造	213.65	765.65	320.03	147.43
雷达及配套设备制造	219.00	353.52	112.57	77.26
非专业视听设备制造	1228.11	1641.25	534.70	25.48

单位：亿元

集体资本	法人资本	个人资本	港澳台资本	外商资本	营业收入
3.45	138.42	27.07	21.39	62.93	1033.94
33.27	324.61	159.95	122.29	198.09	3294.29
2.54	230.11	167.68	9.12	21.53	2287.76
128.70	6389.08	643.27	454.89	2394.61	83296.40
56.27	3651.47	113.84	101.85	869.54	47782.83
20.20	225.60	14.62		241.72	2023.80
1.23	112.64	19.47	1.12	2.67	890.16
2.12	33.50	7.06		9.33	432.48
47.88	2363.21	488.16	351.92	1271.35	32048.40
49.75	2508.69	283.92	112.54	236.43	16694.54
6.57	539.86	71.68	13.91	14.96	2815.71
	63.17	2.40		4.18	424.57
3.78	972.91	45.29	17.02	138.76	4258.36
34.14	775.06	87.92	43.28	27.13	6189.90
3.95	101.85	37.68	23.83	22.82	1594.78
	12.70	5.69	12.60	18.39	293.20
1.31	37.36	22.59	1.35	3.28	905.18
	4.25	4.72		6.03	129.67
	1.52	5.95	0.56	0.89	83.18
220.41	7300.90	1484.21	507.61	1121.00	77712.84
21.24	512.77	195.39	88.09	170.72	6463.92
99.99	3003.73	504.62	115.94	243.32	26069.32
24.87	691.26	278.85	28.24	62.54	8009.27
38.81	2373.52	234.19	142.51	443.00	18966.08
29.04	525.89	163.97	93.52	136.09	15447.35
3.62	55.81	9.98	5.87	7.96	465.40
2.84	119.55	62.78	30.48	51.98	1941.10
	18.39	34.43	2.96	5.39	350.41
364.42	18553.06	1873.21	3294.64	4438.93	125396.12
12.63	454.10	109.68	384.29	406.37	18809.25
20.61	2089.23	193.14	424.16	235.32	41379.93
0.50	69.27	29.63	34.65	38.54	1144.75
1.20	29.59	4.22			325.93
5.53	283.16	30.50	115.90	74.13	5378.25

1-A-10 续表 13

行　　业	应付账款	所有者权益合计	实收资本	国家资本
智能消费设备制造	1606.14	2195.11	906.94	1.03
电子器件制造	5697.60	27201.99	18063.38	1508.99
电子元件及电子专用材料制造	5346.81	17140.82	5965.99	282.07
其他电子设备制造	516.60	1324.79	347.81	28.94
仪器仪表制造业	1442.33	4986.27	1139.92	67.69
通用仪器仪表制造	1028.96	3331.57	764.00	34.30
专用仪器仪表制造	229.50	905.74	199.22	15.97
钟表与计时仪器制造	29.98	84.79	34.78	0.30
光学仪器制造	120.54	544.27	116.70	14.11
衡器制造	10.62	44.41	13.62	1.21
其他仪器仪表制造业	22.73	75.48	11.59	1.79
其他制造业	502.21	1163.00	357.76	117.19
日用杂品制造	75.84	411.97	104.61	
废弃资源综合利用业	196.02	735.00	274.18	6.72
金属废料和碎屑加工处理	155.33	570.28	229.49	6.72
非金属废料和碎屑加工处理	40.68	164.72	44.68	
金属制品、机械和设备修理业	532.72	2153.32	885.47	108.29
通用设备修理	21.82	28.80	9.03	2.37
专用设备修理	77.21	461.39	173.83	20.65
铁路、船舶、航空航天等运输设备修理	389.20	1345.70	643.23	77.64
电气设备修理	15.22	219.64	41.02	2.33
其他机械和设备修理业	28.07	95.67	17.05	5.31
电力、热力、燃气及水生产和供应业	**12461.29**	**71395.93**	**51436.34**	**29513.75**
电力、热力生产和供应业	11187.01	62884.66	47692.58	27462.17
电力生产	2461.40	16204.57	11856.28	4225.27
电力供应	8255.72	45335.59	35206.74	22960.61
热力生产和供应	469.89	1344.51	629.57	276.30
燃气生产和供应业	560.24	2901.74	1170.67	301.87
燃气生产和供应业	557.94	2883.42	1160.67	301.87
水的生产和供应业	714.04	5609.53	2573.09	1749.70
自来水生产和供应	550.15	4380.20	2008.12	1326.70
污水处理及其再生利用	162.39	1211.78	556.77	423.00

单位：亿元

					营业收入
集体资本	法人资本	个人资本	港澳台资本	外商资本	
1.35	430.45	115.42	180.99	177.69	6580.72
176.47	11716.90	731.70	1251.00	2678.33	24119.23
142.08	3336.18	560.97	878.51	780.99	25785.30
4.04	144.19	97.95	25.13	47.56	1872.76
28.69	593.07	267.62	67.78	110.35	5349.72
23.83	440.69	182.46	30.18	52.20	3663.62
2.47	88.98	56.99	3.84	26.59	852.76
0.18	5.15	2.43	20.48	6.24	159.39
0.03	43.76	21.49	12.78	24.53	542.06
2.17	8.81	0.65		0.77	57.82
	5.67	3.60	0.50	0.02	74.07
2.61	153.62	35.41	18.32	35.28	1615.53
0.37	39.48	15.94	14.33	34.49	634.04
15.35	138.64	111.11	1.48	0.87	2259.16
15.23	101.52	105.18	0.24	0.60	1800.98
0.12	37.13	5.93	1.24	0.27	458.18
7.15	697.41	8.78	31.36	32.47	1782.19
	6.26	0.14		0.25	75.93
1.51	147.56	4.12			243.11
0.53	500.28	2.91	31.28	30.61	1248.47
4.35	33.49	0.72		0.12	82.19
0.76	9.10	0.40		1.49	118.96
118.63	**20134.19**	**488.19**	**443.94**	**292.62**	**83174.59**
76.78	18873.12	406.74	228.86	199.89	76742.59
70.84	6778.30	360.31	227.30	190.26	19546.45
5.91	11776.00	19.68		3.50	56037.24
0.03	318.82	26.74	1.56	6.12	1158.90
23.59	557.45	48.65	183.59	55.52	4230.03
23.59	547.45	48.65	183.59	55.52	4209.61
18.26	703.62	32.80	31.49	37.21	2201.97
16.16	588.99	17.92	24.55	33.81	1757.40
2.10	113.38	14.88		3.40	429.96

1-A-10 续表 14

行　业	营业成本	销售费用	管理费用	财务费用
总　计	**738222.44**	**20284.28**	**46584.61**	**4878.67**
采矿业	**27139.64**	**291.38**	**3428.68**	**824.03**
煤炭开采和洗选业	15314.83	212.67	2024.48	541.88
烟煤和无烟煤开采洗选	14864.93	207.03	1943.54	525.65
褐煤开采洗选	446.16	5.63	79.80	16.02
其他煤炭采选	3.73	0.01	1.14	0.22
石油和天然气开采业	5886.44	31.65	844.43	123.83
石油开采	4688.00	27.12	640.82	116.23
天然气开采	1198.44	4.53	203.62	7.60
黑色金属矿采选业	1974.95	16.58	207.79	110.08
铁矿采选	1901.29	16.56	206.61	109.65
有色金属矿采选业	1106.09	6.20	174.70	36.96
常用有色金属矿采选	692.19	4.72	90.10	20.77
贵金属矿采选	268.12	1.08	54.95	10.83
稀有稀土金属矿采选	145.78	0.40	29.66	5.37
非金属矿采选业	438.38	21.25	57.94	9.08
土砂石开采	149.59	11.04	20.56	5.35
化学矿开采	155.18	2.99	17.97	2.52
采盐	114.07	5.42	17.07	1.02
石棉及其他非金属矿采选	19.55	1.79	2.35	0.20
开采专业及辅助性活动	2418.95	3.02	119.33	2.20
石油和天然气开采专业及辅助性活动	2386.96	3.02	114.46	-0.10
制造业	**633657.81**	**19690.24**	**41403.53**	**2396.53**
农副食品加工业	17960.21	375.03	521.06	108.35
谷物磨制	991.96	21.17	21.37	3.00
饲料加工	2549.16	60.72	107.01	14.74
植物油加工	3414.31	35.56	38.94	8.53
制糖业	742.26	10.43	30.16	15.30
屠宰及肉类加工	6881.09	132.28	175.94	32.72
水产品加工	823.12	23.29	35.19	9.89
蔬菜、菌类、水果和坚果加工	659.88	32.89	34.72	2.96
其他农副食品加工	1898.44	58.68	77.73	21.21
食品制造业	10215.33	1377.96	664.18	10.07

单位：亿元

利息费用	投资收益（损失以“–”号记）	营业利润	利润总额	亏损企业亏损额	平均用工人数（万人）
8215.55	**10074.85**	**59843.00**	**59696.20**	**9261.97**	**4318.31**
1040.66	**1180.89**	**11009.95**	**10677.63**	**652.72**	**355.11**
735.23	933.83	6992.83	6796.23	410.50	241.79
719.21	903.96	6796.58	6613.17	366.95	235.25
15.81	29.87	196.91	183.81	42.29	6.28
0.20		-0.67	-0.75	1.26	0.26
140.87	43.50	2777.94	2657.53	196.06	50.50
127.20	30.46	2125.50	2032.04	180.22	45.95
13.67	13.04	652.45	625.48	15.84	4.55
103.47	144.91	514.86	485.70	10.50	16.03
103.35	144.91	517.72	487.55	8.14	15.75
40.51	34.85	607.24	598.96	20.74	14.94
22.26	30.85	377.02	370.20	16.84	7.64
12.92	3.11	126.12	126.15	3.76	5.34
5.33	0.88	104.10	102.61	0.13	1.96
8.01	2.25	106.74	109.36	2.04	5.85
3.11	0.96	31.78	31.17	1.17	1.88
2.89	0.34	58.84	58.65	0.11	1.62
1.77	0.94	12.86	16.13	0.28	1.94
0.23	0.01	3.26	3.41	0.47	0.42
12.57	21.56	10.34	29.85	12.88	25.99
10.23	21.54	11.74	31.35	10.05	25.22
5440.84	**7687.28**	**45789.96**	**45900.74**	**7716.17**	**3719.42**
134.43	98.39	829.61	835.35	152.51	109.75
6.14	1.04	25.66	25.66	3.43	3.25
26.30	4.77	314.38	311.84	9.95	11.86
16.80	3.61	72.72	72.40	15.29	4.14
18.36	2.97	56.06	57.54	5.55	5.63
37.77	62.30	201.78	204.38	81.11	54.76
7.69	10.09	61.88	62.16	11.28	11.56
4.66	11.75	56.97	59.30	2.05	7.47
16.71	1.87	40.16	42.05	23.85	11.08
85.54	182.28	1235.18	1255.82	46.70	90.80

1-A-10 续表 15

行　业	营业成本	销售费用	管理费用	财务费用
焙烤食品制造	1007.70	144.24	78.90	1.52
糖果、巧克力及蜜饯制造	464.20	116.79	49.95	-1.15
方便食品制造	1394.20	126.97	80.42	6.92
乳制品制造	3684.72	560.84	144.10	-12.67
罐头食品制造	315.41	22.31	17.60	0.89
调味品、发酵制品制造	1534.65	100.25	103.93	0.80
其他食品制造	1814.45	306.56	189.29	13.76
酒、饮料和精制茶制造业	5911.66	980.30	556.13	-24.84
酒的制造	3516.48	530.07	436.09	-21.32
饮料制造	2239.78	438.41	102.84	-5.72
精制茶加工	155.40	11.82	17.21	2.20
烟草制品业	3928.84	156.99	662.60	-87.23
烟叶复烤	161.39	3.80	18.24	-5.73
卷烟制造	3749.98	152.96	641.03	-81.38
其他烟草制品制造	17.48	0.23	3.32	-0.12
纺织业	8632.84	191.81	538.47	88.43
棉纺织及印染精加工	5165.24	97.47	332.58	62.08
毛纺织及染整精加工	765.75	8.68	25.02	5.91
麻纺织及染整精加工	133.09	1.53	7.78	1.66
丝绢纺织及印染精加工	202.74	1.53	9.73	1.95
化纤织造及印染精加工	878.61	14.43	48.75	9.38
针织或钩针编织物及其制品制造	355.27	8.30	23.36	2.30
家用纺织制成品制造	532.74	40.55	42.67	3.55
产业用纺织制成品制造	599.39	19.32	48.58	1.58
纺织服装、服饰业	4279.88	299.42	391.48	10.26
机织服装制造	2535.93	222.93	239.09	9.95
针织或钩针编织服装制造	1465.20	61.11	125.01	-2.14
服饰制造	278.75	15.39	27.38	2.44
皮革、毛皮、羽毛及其制品和制鞋业	3039.18	93.86	264.74	6.13
皮革鞣制加工	88.25	1.44	6.61	0.86
皮革制品制造	373.54	11.43	35.71	-0.68
毛皮鞣制及制品加工	23.11	0.73	2.49	0.75
羽毛(绒)加工及制品制造	42.96	2.00	2.95	0.44
制鞋业	2511.32	78.26	216.98	4.76

单位：亿元

利息费用	投资收益（损失以“–”号记）	营业利润	利润总额	亏损企业亏损额	平均用工人数（万人）
4.78	28.10	124.39	127.32	4.36	17.58
1.64	3.29	71.43	72.79	0.81	4.98
9.84	11.21	109.97	114.76	3.86	17.62
33.87	101.44	373.30	377.19	16.34	16.53
1.98	-0.33	26.37	27.28	0.33	4.54
11.00	11.58	264.11	264.64	1.83	11.43
22.41	26.99	265.60	271.83	19.17	18.11
39.44	576.66	2718.91	2728.13	49.74	60.75
34.61	537.55	2367.65	2374.81	44.75	38.36
3.52	38.62	314.78	316.47	3.93	20.07
1.32	0.49	36.48	36.84	1.05	2.32
1.75	96.36	1541.75	1528.11	1.99	16.63
0.01	0.32	18.12	17.41	1.68	1.23
1.73	96.03	1520.22	1507.34	0.32	15.06
0.01	0.01	3.42	3.36		0.34
92.64	41.74	478.41	509.98	77.40	115.99
63.29	33.03	248.86	270.47	59.65	71.75
6.94	1.94	48.60	51.60	1.24	5.50
1.43	0.59	8.14	8.88	0.32	2.10
1.64	0.61	10.20	10.26	1.07	2.92
10.28	0.29	47.54	49.79	4.04	11.06
2.43	0.22	26.84	28.71	2.03	4.84
3.23	4.48	41.07	42.83	7.00	8.66
3.38	0.57	47.15	47.44	2.06	9.17
25.28	74.37	377.36	388.71	31.87	97.16
16.86	33.60	258.81	262.87	20.68	57.15
6.41	41.00	101.79	107.54	8.13	31.59
2.01	-0.23	16.76	18.29	3.07	8.43
15.69	54.40	292.65	299.14	8.59	72.70
1.63	1.03	5.54	6.42	0.85	1.29
2.26	0.40	16.89	18.42	1.56	7.52
1.26	-0.01	0.86	0.82		0.59
0.40	0.06	1.03	1.53	0.09	0.80
10.13	52.92	268.33	271.96	6.09	62.49

1-A-10 续表16

行　业	营业成本	销售费用	管理费用	财务费用
木材加工和木、竹、藤、棕、草制品业	776.48	30.59	54.86	6.51
木材加工	18.45	0.86	2.41	0.03
人造板制造	444.88	11.59	27.92	4.37
木质制品制造	266.81	16.47	20.53	1.93
竹、藤、棕、草等制品制造	46.34	1.67	4.00	0.18
家具制造业	2490.41	154.63	258.54	12.38
木质家具制造	1319.32	103.01	134.79	8.18
竹、藤家具制造	9.32	0.30	0.72	0.18
金属家具制造	666.87	19.16	73.01	1.51
塑料家具制造	31.72	1.13	2.46	0.20
其他家具制造	463.19	31.03	47.57	2.30
造纸和纸制品业	6688.86	215.27	424.33	107.86
纸浆制造	197.56	3.69	12.35	3.45
造纸	4834.54	90.72	290.48	94.37
纸制品制造	1656.77	120.86	121.50	10.04
印刷和记录媒介复制业	1829.94	65.76	206.47	2.26
印刷	1716.29	61.83	194.60	1.53
装订及印刷相关服务	113.64	3.93	11.87	0.73
文教、工美、体育和娱乐用品制造业	4599.65	141.57	318.22	15.93
文教办公用品制造	406.60	26.98	31.88	0.29
乐器制造	79.68	1.80	8.19	-0.08
工艺美术及礼仪用品制造	2918.03	69.78	135.42	11.20
体育用品制造	381.95	15.37	51.31	-0.98
玩具制造	687.41	22.85	77.71	4.61
游艺器材及娱乐用品制造	125.98	4.79	13.71	0.90
石油、煤炭及其他燃料加工业	48442.71	206.99	1056.53	334.93
精炼石油产品制造	38795.60	109.77	727.13	210.02
煤炭加工	9305.74	94.62	310.77	122.83
生物质燃料加工	150.02	2.52	3.39	2.50
化学原料和化学制品制造业	44752.82	989.01	2581.42	530.95
基础化学原料制造	18535.64	183.11	949.98	256.76
肥料制造	4477.82	66.62	276.35	73.47
农药制造	1507.22	38.48	149.96	8.21
涂料、油墨、颜料及类似产品制造	1893.17	110.56	173.36	6.01

单位：亿元

利息费用	投资收益（损失以“–”号记）	营业利润	利润总额	亏损企业亏损额	平均用工人数（万人）
9.10	2.68	58.72	60.84	4.70	10.28
0.06	0.54	2.89	2.95		0.35
4.96	0.54	29.28	30.97	3.31	4.67
3.83	0.31	21.77	22.06	1.39	4.22
0.25	1.29	4.78	4.87		1.05
19.25	69.09	266.64	268.69	16.89	41.53
10.94	26.88	129.92	130.27	12.48	22.62
0.04		0.33	0.40	0.02	0.38
3.76	19.39	73.09	73.78	0.96	9.46
0.49		3.20	3.33	0.04	0.68
4.02	22.83	60.09	60.91	3.39	8.39
125.24	53.22	340.92	364.82	74.56	39.10
5.78	-0.11	19.31	19.55	4.41	1.24
106.21	44.37	196.88	217.24	55.08	22.60
13.24	8.96	124.74	128.03	15.07	15.27
11.79	35.00	195.70	199.97	9.34	26.53
10.39	14.08	163.92	168.25	9.09	25.29
1.40	20.92	31.78	31.72	0.25	1.24
25.24	28.73	327.85	335.85	13.64	61.97
2.44	9.69	44.88	45.87	0.44	4.64
0.39	-0.32	4.61	4.86	0.59	1.98
15.51	15.81	178.71	182.04	3.35	18.14
2.02	1.06	52.78	55.26	1.54	9.78
4.06	1.98	40.07	40.66	6.54	25.42
0.83	0.51	6.79	7.16	1.18	2.01
374.99	181.59	648.50	554.53	677.10	66.02
241.85	80.90	635.61	567.81	324.99	37.78
127.99	97.08	-61.70	-87.86	352.11	26.88
2.23	2.10	7.91	7.95		0.27
690.37	719.52	3183.73	3164.34	919.88	170.40
313.67	126.95	1010.69	988.64	435.78	56.15
101.24	68.83	495.94	490.26	70.35	21.69
17.26	12.41	133.19	134.09	26.00	10.32
23.45	46.02	182.23	184.52	19.07	11.90

1-A-10 续表 17

行 业	营业成本	销售费用	管理费用	财务费用
合成材料制造	12962.58	146.60	502.32	159.46
专用化学产品制造	3755.45	105.64	253.54	18.58
炸药、火工及焰火产品制造	446.33	20.63	80.06	7.12
日用化学产品制造	1174.61	317.37	195.85	1.35
医药制造业	8679.59	3351.32	2236.22	-18.18
化学药品原料药制造	2084.49	105.62	314.41	11.56
化学药品制剂制造	2865.07	1639.36	820.91	-12.39
中药饮片加工	243.48	46.50	26.93	2.60
中成药生产	1654.66	832.22	328.64	2.36
兽用药品制造	241.73	36.82	37.55	1.85
生物药品制品制造	952.92	613.59	597.96	-19.83
卫生材料及医药用品制造	485.50	68.03	89.49	-4.39
药用辅料及包装材料	151.75	9.18	20.32	0.04
化学纤维制造业	7726.97	48.39	267.68	93.89
纤维素纤维原料及纤维制造	971.62	8.23	42.46	18.76
合成纤维制造	6541.66	34.35	209.61	69.32
生物基材料制造	213.68	5.81	15.61	5.80
橡胶和塑料制品业	9460.65	346.76	805.14	39.80
橡胶制品业	4057.84	179.30	325.30	15.35
塑料制品业	5402.81	167.46	479.85	24.46
非金属矿物制品业	15636.85	414.81	1171.71	112.15
水泥、石灰和石膏制造	2926.23	74.73	252.26	8.44
石膏、水泥制品及类似制品制造	1191.53	47.01	84.99	10.09
砖瓦、石材等建筑材料制造	445.02	26.68	37.14	4.43
玻璃制造	1792.17	32.99	126.54	15.72
玻璃制品制造	1445.25	39.56	115.43	14.63
玻璃纤维和玻璃纤维增强塑料制品制造	655.05	15.88	61.41	8.59
陶瓷制品制造	2703.82	101.55	195.00	21.64
耐火材料制品制造	520.12	27.01	47.65	2.29
石墨及其他非金属矿物制品制造	3957.67	49.39	251.30	26.32
黑色金属冶炼和压延加工业	69304.68	375.24	2247.73	420.70
炼铁	1400.20	4.14	34.35	8.45
炼钢	9273.58	43.97	321.41	60.41
钢压延加工	56920.40	302.60	1815.45	321.25
铁合金冶炼	1710.51	24.53	76.52	30.59

单位：亿元

利息费用	投资收益（损失以“-”号记）	营业利润	利润总额	亏损企业亏损额	平均用工人数（万人）
189.21	388.84	662.25	658.64	327.07	31.09
31.90	27.77	346.82	351.54	32.75	17.13
6.80	31.30	94.58	98.27	1.87	9.50
6.84	17.41	258.03	258.40	7.00	12.61
141.62	356.87	2889.10	2857.93	289.02	129.32
37.82	42.79	477.21	466.65	41.09	24.05
43.49	144.18	1111.70	1092.85	63.49	41.10
3.05	2.92	40.77	41.10	1.50	2.67
25.82	68.64	659.33	671.88	12.86	28.59
3.23	4.48	39.70	39.73	6.92	3.25
22.07	78.75	427.19	411.75	154.85	17.17
4.73	14.54	110.16	110.27	7.90	9.98
1.41	0.57	23.05	23.69	0.40	2.50
105.13	22.65	193.24	199.40	86.16	29.83
18.15	0.52	22.71	22.99	24.53	3.83
81.99	22.23	168.98	172.90	52.63	24.36
4.99	-0.10	1.56	3.51	9.00	1.64
83.12	117.81	1010.24	1021.79	53.64	107.57
38.88	52.30	451.69	453.13	16.42	41.46
44.24	65.51	558.55	568.66	37.22	66.11
197.76	147.55	1875.54	1894.77	236.34	144.50
54.27	29.25	258.30	268.53	82.37	19.86
15.90	38.69	111.53	113.08	11.18	10.03
4.59	1.42	39.34	40.67	3.35	5.28
20.23	21.64	212.78	216.99	24.75	14.12
15.23	5.13	203.11	204.56	19.44	18.60
14.49	7.01	79.85	81.29	9.05	7.84
20.54	-1.87	236.83	241.21	12.51	40.71
5.29	0.74	40.85	42.16	3.25	5.81
47.22	45.55	692.94	686.29	70.45	22.24
565.71	332.77	886.14	750.90	810.21	158.05
7.15	0.04	-19.18	-24.17	39.41	4.12
66.95	-1.73	56.02	45.21	124.24	18.30
460.47	329.97	876.52	755.51	574.34	128.21
31.15	4.49	-27.22	-25.66	72.21	7.42

1-A-10 续表 18

行 业	营业成本	销售费用	管理费用	财务费用
有色金属冶炼和压延加工业	40644.25	176.47	1127.56	287.55
常用有色金属冶炼	22813.09	64.67	509.74	164.89
贵金属冶炼	2468.33	3.31	81.37	16.71
稀有稀土金属冶炼	1095.05	4.48	49.67	19.24
有色金属合金制造	1444.24	13.49	70.62	10.71
有色金属压延加工	12823.54	90.51	416.16	76.01
金属制品业	15012.60	311.25	1036.08	73.21
结构性金属制品制造	4524.65	78.26	248.81	29.91
金属工具制造	860.17	30.53	74.33	3.79
集装箱及金属包装容器制造	1298.14	29.08	90.30	-0.32
金属丝绳及其制品制造	786.47	17.24	45.87	5.06
建筑、安全用金属制品制造	1117.09	33.27	85.19	6.03
金属表面处理及热处理加工	1488.03	16.13	68.31	4.85
搪瓷制品制造	50.30	1.92	4.68	-0.07
金属制日用品制造	798.87	35.79	77.52	2.50
铸造及其他金属制品制造	4088.89	69.02	341.07	21.46
通用设备制造业	20165.41	898.52	2039.06	26.49
锅炉及原动设备制造	2599.63	80.90	292.63	-5.87
金属加工机械制造	1549.93	97.87	186.87	4.43
物料搬运设备制造	4076.83	202.40	366.57	-1.01
泵、阀门、压缩机及类似机械制造	3339.52	151.42	337.43	0.80
轴承、齿轮和传动部件制造	1863.64	49.34	185.41	11.76
烘炉、风机、包装等设备制造	3227.81	174.09	310.08	5.17
文化、办公用机械制造	857.48	26.41	70.11	-0.55
通用零部件制造	1656.44	44.41	151.84	9.94
其他通用设备制造业	994.12	71.68	138.12	1.81
专用设备制造业	14355.62	929.50	1776.29	23.67
采矿、冶金、建筑专用设备制造	4641.57	210.15	425.46	27.65
化工、木材、非金属加工专用设备制造	1832.25	70.00	203.75	12.79
食品、饮料、烟草及饲料生产专用设备制造	222.09	16.17	34.71	0.57
印刷、制药、日化及日用品生产专用设备制造	543.20	36.20	58.59	0.85
纺织、服装和皮革加工专用设备制造	508.12	27.05	52.16	1.16
电子和电工机械专用设备制造	1957.41	84.67	273.13	1.50

单位：亿元

利息费用	投资收益（损失以"–"号记）	营业利润	利润总额	亏损企业亏损额	平均用工人数（万人）
375.00	550.91	2741.89	2745.51	213.03	98.51
197.20	203.90	1539.27	1541.98	113.85	48.61
30.19	272.04	389.87	388.12	5.57	4.61
34.93	35.35	190.91	190.61	7.88	2.13
10.83	5.32	67.15	67.87	7.13	6.05
101.85	34.30	554.68	556.92	78.60	37.11
113.44	60.93	1075.52	1100.66	86.38	137.90
33.01	7.66	231.30	237.50	15.32	30.37
6.16	5.21	130.79	132.72	2.67	10.54
9.88	9.06	126.51	129.54	3.43	11.49
6.42	-18.35	43.36	44.78	4.55	5.78
6.31	4.64	100.25	101.12	2.78	14.37
7.94	9.34	89.90	92.52	3.13	8.53
0.21	0.08	3.61	3.75	0.05	0.78
5.64	18.67	95.42	97.76	4.03	13.98
37.87	24.63	254.37	260.98	50.41	42.06
147.27	218.34	2122.11	2178.00	118.92	184.75
17.13	25.78	217.13	221.03	16.23	18.29
14.05	35.98	190.43	201.99	12.47	18.81
31.99	36.07	371.82	381.09	12.38	28.74
16.79	26.71	461.75	472.28	9.71	31.13
20.44	10.79	222.53	229.12	5.21	20.33
23.72	66.26	396.07	402.41	16.25	28.06
3.33	5.90	57.06	57.37	10.87	10.61
12.50	5.82	108.24	114.93	18.04	19.36
7.32	5.03	97.06	97.78	17.77	9.42
149.61	249.65	1837.44	1868.68	256.11	153.22
68.30	49.91	328.53	340.54	86.23	32.65
21.68	25.13	210.07	213.04	28.84	23.12
1.61	0.84	39.68	40.22	0.78	2.58
3.27	45.38	108.18	110.88	1.13	4.91
4.11	6.13	58.16	60.83	4.16	5.02
12.20	16.99	243.75	246.65	54.76	22.30

1-A-10 续表 19

行　业	营业成本	销售费用	管理费用	财务费用
农、林、牧、渔专用机械制造	862.05	38.44	74.46	-1.20
医疗仪器设备及器械制造	2017.26	344.02	450.77	-31.53
环保、邮政、社会公共服务及其他专用设备制造	1771.66	102.80	203.27	11.88
汽车制造业	71956.84	1576.55	4503.40	-7.43
汽车整车制造	42026.91	920.27	2004.98	-74.88
汽车用发动机制造	1689.60	23.38	127.72	-0.19
改装汽车制造	764.58	30.46	53.40	3.13
汽车车身、挂车制造	373.15	9.47	33.07	2.74
汽车零部件及配件制造	26999.02	591.37	2275.44	62.50
铁路、船舶、航空航天和其他运输设备制造业	14217.45	264.87	1349.80	-33.00
铁路运输设备制造	2236.03	86.24	282.27	-1.52
城市轨道交通设备制造	362.15	12.19	30.87	-0.29
船舶及相关装置制造	3780.66	23.24	294.32	-20.78
航空、航天器及设备制造	5316.98	73.82	541.68	-2.97
摩托车制造	1334.69	30.23	111.50	-3.26
自行车和残疾人座车制造	241.03	9.41	19.63	-0.99
助动车制造	790.04	22.12	54.16	-1.61
非公路休闲车及零配件制造	90.20	3.74	11.64	-1.49
潜水救捞及其他未列明运输设备制造	65.66	3.90	3.72	-0.09
电气机械和器材制造业	65501.21	2726.86	4239.32	37.21
电机制造	5563.61	186.31	418.93	2.52
输配电及控制设备制造	22531.99	596.06	1307.93	26.08
电线、电缆、光缆及电工器材制造	6954.31	191.84	369.02	46.21
电池制造	16244.20	590.86	1004.23	1.22
家用电力器具制造	12011.52	1034.48	921.22	-41.58
非电力家用器具制造	348.16	39.64	35.13	0.45
照明器具制造	1560.94	73.94	154.58	1.43
其他电气机械及器材制造	286.48	13.72	28.27	0.89
计算机、通信和其他电子设备制造业	108574.94	2639.36	9146.85	191.36
计算机制造	17486.64	250.17	678.32	-48.75
通信设备制造	34519.54	1420.27	3873.29	3.39
广播电视设备制造	919.53	45.97	94.21	-0.96
雷达及配套设备制造	265.23	6.42	50.63	2.04
非专业视听设备制造	4814.19	137.74	262.47	5.88

单位：亿元

利息费用	投资收益(损失以“–”号记)	营业利润	利润总额	亏损企业亏损额	平均用工人数(万人)
5.11	3.25	60.74	62.13	8.92	8.05
14.13	85.42	597.89	601.91	55.17	37.72
19.18	16.61	190.43	192.48	16.11	16.86
257.38	947.01	4732.45	4792.58	1058.65	314.77
113.76	590.65	2134.27	2157.97	793.44	92.68
7.44	5.90	173.80	175.18	24.73	6.31
4.60	3.77	37.97	39.64	7.61	5.18
3.38	0.73	13.88	15.02	3.19	3.78
126.89	345.43	2366.93	2399.05	229.32	205.65
91.58	99.76	938.86	954.01	130.22	108.27
12.81	29.13	237.62	240.88	4.30	19.69
0.92	1.95	19.43	19.86	4.48	2.89
37.04	6.47	174.99	181.14	38.66	25.15
31.91	30.26	269.31	271.11	76.80	37.80
5.57	12.80	120.04	121.59	3.39	12.32
1.01	0.31	22.67	23.25	0.50	3.85
1.39	18.67	60.60	61.75	1.09	4.78
0.77	0.17	24.74	24.62	1.01	1.23
0.16		9.46	9.80		0.55
364.18	482.48	5261.94	5278.69	593.20	369.82
35.56	60.08	332.35	339.63	76.34	40.14
103.35	222.93	1625.00	1620.84	213.49	101.75
54.38	46.84	456.52	463.85	10.23	29.69
114.63	56.06	1090.70	1078.23	261.71	85.69
45.94	81.51	1547.42	1561.67	18.52	84.71
1.86	4.31	44.92	45.35	2.31	4.28
6.95	10.55	148.55	152.08	7.14	20.07
1.52	0.20	16.47	17.03	3.45	3.50
1123.21	1723.99	6762.96	6779.44	1649.37	708.76
65.41	37.34	485.89	483.01	38.45	82.60
428.73	1239.72	3372.00	3340.20	83.11	165.72
8.29	8.73	92.92	94.00	3.18	8.68
4.11	1.27	0.02	0.29	17.48	3.33
35.80	36.39	166.64	160.47	27.95	27.44

1-A-10 续表 20

行　业	营业成本	销售费用	管理费用	财务费用
智能消费设备制造	5726.58	163.83	446.54	2.70
电子器件制造	21198.51	266.90	2007.91	149.21
电子元件及电子专用材料制造	22186.34	282.27	1531.77	80.53
其他电子设备制造	1458.37	65.79	201.71	-2.68
仪器仪表制造业	3961.21	298.74	564.20	-0.19
通用仪器仪表制造	2716.82	216.62	352.17	0.64
专用仪器仪表制造	585.28	58.27	116.60	-0.10
钟表与计时仪器制造	126.60	6.68	15.79	0.39
光学仪器制造	431.80	12.01	65.50	-1.21
衡器制造	41.76	2.41	6.03	-0.15
其他仪器仪表制造业	58.94	2.75	8.11	0.23
其他制造业	1338.21	29.06	167.33	-3.83
日用杂品制造	503.80	22.81	63.56	-1.65
废弃资源综合利用业	2074.34	7.72	61.46	15.13
金属废料和碎屑加工处理	1669.01	4.08	44.77	12.46
非金属废料和碎屑加工处理	405.33	3.64	16.69	2.67
金属制品、机械和设备修理业	1498.20	15.65	164.70	16.02
通用设备修理	67.90	0.21	4.56	-0.03
专用设备修理	207.99	0.85	20.68	2.16
铁路、船舶、航空航天等运输设备修理	1048.82	10.69	117.85	13.81
电气设备修理	71.97	0.16	5.81	-0.10
其他机械和设备修理业	89.73	3.71	14.27	0.19
电力、热力、燃气及水生产和供应业	**77424.99**	**302.66**	**1752.40**	**1658.12**
电力、热力生产和供应业	71969.93	34.35	1388.01	1515.17
电力生产	16600.69	17.22	424.41	760.70
电力供应	54201.27	10.56	887.34	713.07
热力生产和供应	1167.97	6.56	76.25	41.40
燃气生产和供应业	3758.97	126.11	159.61	46.15
燃气生产和供应业	3741.99	125.14	158.57	46.31
水的生产和供应业	1696.09	142.20	204.79	96.80
自来水生产和供应	1365.61	140.95	173.35	68.61
污水处理及其再生利用	318.14	1.24	28.89	30.02

单位：亿元

利息费用	投资收益（损失以"–"号记）	营业利润	利润总额	亏损企业亏损额	平均用工人数（万人）
32.37	17.05	243.03	247.13	82.73	38.57
360.25	80.32	354.03	387.89	1085.00	157.11
179.96	288.04	1889.92	1903.60	297.08	205.04
8.28	15.14	158.51	162.84	14.39	20.27
27.56	96.13	618.46	628.74	28.91	49.03
18.61	78.14	454.47	460.56	17.91	27.19
5.51	10.27	103.97	105.03	2.59	8.41
0.70	-0.53	8.66	10.53	1.02	4.67
2.10	7.31	38.61	39.55	7.38	7.26
0.17	0.58	8.13	8.39		0.78
0.48	0.37	4.62	4.68	0.01	0.73
7.01	6.15	101.69	106.03	8.04	18.60
2.90	1.87	44.54	45.56	1.73	9.84
14.62	8.24	103.37	105.15	10.55	5.94
11.72	5.72	71.02	71.34	9.50	4.31
2.90	2.52	32.35	33.81	1.05	1.62
25.91	52.01	143.09	144.19	2.52	20.96
0.09	-0.03	2.87	2.92	0.19	2.21
3.00	18.58	28.35	28.56	0.17	2.91
21.88	31.39	97.05	97.75	2.02	11.74
0.25	1.97	5.34	5.35	0.12	2.24
0.68	0.10	9.43	9.48	0.02	1.55
1734.04	**1206.69**	**3043.09**	**3117.83**	**893.08**	**243.78**
1557.14	1089.77	2708.25	2755.11	761.60	201.74
771.36	425.11	1887.11	1884.52	502.40	49.40
744.47	660.12	837.89	861.20	203.96	140.32
41.31	4.54	-16.76	9.39	55.23	12.02
61.82	68.36	214.08	219.43	56.99	14.73
61.80	68.36	212.14	217.47	56.99	14.63
115.08	48.55	120.76	143.29	74.49	27.31
80.86	42.37	63.36	85.48	70.84	24.05
33.37	6.16	55.96	56.35	3.65	3.12

B.地区部分

1-B-1 按地区分组的规模以上

地区	企业单位数（个）	资产总计	固定资产净额	固定资产原价	固定资产累计折旧
全国	**493161**	**1720755.79**	**443852.21**	**872004.54**	**410110.10**
北京	3145	72993.95	9557.23	20086.93	10369.94
天津	5850	26841.86	8091.29	18337.48	9924.28
河北	18114	65216.62	19051.33	36979.62	17091.39
山西	8126	61369.22	17052.28	32155.59	14682.92
内蒙古	3797	48561.97	16706.59	31098.81	13517.59
辽宁	9271	47229.63	12270.12	27916.53	15030.07
吉林	3234	20275.34	4959.26	10868.04	5551.69
黑龙江	4613	20964.63	6246.78	15666.06	9002.06
上海	9327	58723.75	9202.21	24415.11	14902.87
江苏	66571	190299.01	44412.41	90761.73	44771.61
浙江	56845	137869.17	30737.17	55731.74	24681.19
安徽	22521	62936.04	16145.35	28365.67	11883.38
福建	21177	54246.48	14591.93	27615.71	12704.28
江西	18178	37901.46	9991.22	18160.31	7483.63
山东	39472	130627.91	33482.72	66276.15	31850.26
河南	25618	59760.47	16012.85	31676.98	14598.48
湖北	19219	60439.87	18506.56	36151.44	16441.88
湖南	21491	40265.29	11933.47	22030.88	9487.74
广东	71973	211484.21	38315.11	79455.88	40308.30
广西	9361	28770.64	9380.77	15645.32	6060.56
海南	715	5110.36	1808.57	3181.52	1309.75
重庆	7725	29091.56	8251.19	16323.01	7598.25
四川	18557	74351.86	23619.63	43320.38	18403.92
贵州	5040	20819.78	6415.82	11719.41	4929.12
云南	5257	29640.67	10697.97	19033.00	7456.00
西藏	191	2477.79	1260.88	2051.88	588.54
陕西	8066	49576.06	16356.94	31883.80	14940.94
甘肃	2858	17681.14	6233.57	12291.44	5778.84
青海	638	8490.84	3270.05	6013.98	2363.17
宁夏	1500	13972.03	5567.92	9833.34	3928.53
新疆	4711	32766.16	13723.01	26956.79	12468.95

工业企业主要经济指标

单位：亿元

流动资产合计	应收账款	存货		负债合计	流动负债合计
			产成品		
884380.21	**244492.57**	**166199.96**	**62372.91**	**986918.05**	**750858.65**
30386.26	7083.05	4011.98	1408.74	32590.10	23546.34
13671.10	3893.70	2747.87	949.17	15306.98	11818.00
32231.58	8473.02	5641.75	2012.76	41383.13	32281.57
28811.64	6508.92	3071.86	1287.28	41518.97	31454.79
17882.42	3679.02	2614.97	951.12	27764.62	18952.15
24561.18	5704.60	5654.18	1749.17	28571.72	22470.25
9480.66	2088.71	1713.59	540.03	11500.03	9084.44
10290.73	1996.68	1942.83	633.08	12985.65	9182.68
34087.58	9920.78	6725.68	2043.22	28549.26	23128.16
114687.68	39290.79	22338.75	9542.39	104210.66	85974.69
77306.73	23111.22	15437.53	6335.28	76755.27	62386.74
33563.07	10800.45	5815.63	2314.58	36168.08	28525.28
28582.12	6962.90	5761.10	2353.20	30014.95	21233.50
20448.64	5970.06	4200.63	1547.96	22437.23	17146.80
69215.40	16804.51	14035.97	5581.69	80091.86	64261.07
30037.09	8893.29	5668.10	1946.12	36406.76	27714.06
27681.32	7491.56	5621.58	2045.10	32674.74	22973.71
19251.78	5796.19	3888.88	1368.14	21286.78	15463.66
126344.46	35063.37	22865.84	8650.79	124245.14	96708.21
13911.44	4260.63	2952.77	1226.27	19000.53	13777.37
1946.39	481.38	402.97	124.59	3134.92	2151.61
15568.12	4781.84	2486.39	1020.17	16462.51	12731.35
34100.93	8828.77	6977.34	2258.65	41696.84	28111.30
9447.49	2113.98	2347.93	511.53	13162.82	9533.43
11554.09	2378.58	3077.61	974.92	16225.24	10560.03
525.85	97.80	58.41	19.17	1280.99	620.30
22829.34	5460.59	3707.55	1272.53	27500.98	20631.83
6428.61	1679.44	1407.75	453.49	10675.86	6364.04
3086.56	747.92	354.84	123.16	5260.93	3531.41
4577.94	1191.03	836.20	402.31	9364.84	5847.20
11882.02	2937.79	1831.49	726.29	18689.65	12692.66

1-B-1 续表 1

地区	应付账款	所有者权益合计	实收资本	国家资本
全国	**239308.12**	**733874.23**	**345124.28**	**69892.00**
北京	7427.58	40403.86	26398.99	19673.84
天津	3581.85	11535.16	6686.55	1240.70
河北	9605.24	23822.87	12795.39	1832.81
山西	8179.29	19850.10	10246.10	2387.53
内蒙古	4770.51	20789.07	10138.02	1920.10
辽宁	6669.92	18661.78	10403.86	1489.93
吉林	3136.08	8776.88	4496.02	566.52
黑龙江	2633.80	7959.04	4566.26	743.34
上海	9054.56	30170.58	12087.31	3114.49
江苏	31335.74	86078.61	40431.67	3270.95
浙江	18678.63	61122.73	24354.23	2320.40
安徽	10460.88	26766.65	11961.05	1565.11
福建	6623.52	24228.36	11055.29	1154.69
江西	5774.11	15464.25	6796.72	892.57
山东	18364.92	50536.36	26924.71	2329.52
河南	8785.80	23350.98	11556.36	3231.39
湖北	7765.91	27764.59	11732.50	1641.63
湖南	5288.46	18975.25	8625.18	1467.05
广东	31934.92	87246.87	33044.81	3819.96
广西	4874.24	9766.49	5397.65	1156.46
海南	510.29	1975.44	1103.61	163.91
重庆	4764.92	12660.15	5277.15	1147.47
四川	8923.26	32653.12	13594.51	2502.65
贵州	2405.28	7657.63	3886.51	984.64
云南	2902.11	13415.42	5736.72	1785.52
西藏	146.30	1196.80	291.08	119.71
陕西	6778.20	22155.35	8715.85	2850.43
甘肃	1954.26	7006.22	4012.48	1206.57
青海	829.96	3229.91	1877.13	484.28
宁夏	1644.22	4580.16	3404.81	633.91
新疆	3503.34	14073.57	7525.79	2193.93

单位：亿元

集体资本	法人资本	个人资本	港澳台资本	外商资本	营业收入
4308.94	**171184.35**	**57403.54**	**16839.61**	**24909.02**	**1360317.11**
56.74	4580.29	787.73	289.21	1011.18	28950.63
28.22	2858.12	976.98	325.48	1254.95	24354.35
117.89	7580.38	2548.97	273.97	424.89	52787.15
107.53	5744.73	1812.55	71.75	121.98	35862.08
177.06	6684.76	1093.97	163.95	83.68	29741.62
86.65	5821.59	1439.50	471.32	845.91	37335.05
67.63	3036.13	428.05	53.95	332.51	14025.38
71.87	2915.14	590.66	62.68	168.40	12711.01
75.98	4374.71	1114.86	961.22	2445.24	45961.25
431.67	18676.66	7166.10	3567.97	7310.50	171068.50
245.01	12394.17	6289.78	1490.44	1613.29	111422.32
260.85	7175.41	2158.12	377.30	414.90	51322.09
114.38	5666.40	2094.95	1018.92	1002.94	56668.80
110.37	3885.64	1383.77	271.79	252.37	42012.35
516.09	12086.99	9279.71	1154.63	1549.40	115671.99
190.52	4966.95	2600.88	393.34	172.81	49278.56
205.16	7047.57	2005.07	319.58	513.55	46973.75
141.00	4757.15	1872.48	272.59	126.93	39813.98
395.80	16429.93	4732.70	4226.99	3429.65	185496.87
73.24	3016.53	703.90	242.24	168.74	23495.32
15.54	686.72	62.71	44.59	130.13	3539.28
40.39	2899.91	637.70	237.86	329.12	27534.94
128.69	8093.08	2179.16	277.74	408.71	50393.25
69.89	2154.73	517.81	61.60	83.67	10623.93
155.21	3076.97	593.41	50.99	74.25	19734.24
5.95	98.18	63.86	3.24	0.15	564.00
120.41	4054.55	1014.78	56.59	495.53	31186.93
73.05	2288.00	317.92	17.80	27.21	11298.62
81.50	1182.15	116.84	7.16	5.20	4241.63
20.56	2334.83	359.45	33.52	22.54	7922.71
124.11	4615.95	459.17	39.21	88.69	18324.55

1-B-1 续表 2

地　区	营业成本	销售费用	管理费用	财务费用
全　国	**1145830.73**	**31601.30**	**76299.95**	**9530.34**
北　京	24419.07	1277.17	1826.28	209.65
天　津	20813.59	447.17	1195.78	114.73
河　北	46692.77	919.77	2327.76	526.86
山　西	29538.66	450.86	1744.11	591.51
内蒙古	23553.24	596.26	1189.08	375.06
辽　宁	32039.07	794.43	1601.43	306.70
吉　林	11933.75	259.60	825.83	124.66
黑龙江	10727.54	252.83	696.18	150.91
上　海	38038.25	1551.78	3394.18	25.57
江　苏	145263.12	3942.88	10138.93	795.17
浙　江	94640.55	2800.32	7439.11	721.87
安　徽	44117.94	1068.26	2723.21	298.83
福　建	48409.67	1255.87	2599.13	274.67
江　西	36889.29	605.80	1722.64	239.48
山　东	99695.02	2161.03	5524.56	809.80
河　南	43015.55	839.50	2207.55	482.08
湖　北	39120.82	1075.78	2739.72	364.89
湖　南	32042.01	1089.70	2866.43	287.90
广　东	154245.29	6069.90	13767.30	685.43
广　西	20827.76	355.47	848.42	232.20
海　南	2914.08	117.89	153.08	44.55
重　庆	23313.11	674.27	1446.60	101.55
四　川	40861.66	1313.69	2477.46	421.76
贵　州	7971.36	249.42	678.75	165.61
云　南	15619.84	364.02	785.77	234.56
西　藏	415.03	11.09	48.28	16.89
陕　西	24212.81	524.54	1596.05	258.69
甘　肃	9606.49	138.63	429.64	147.58
青　海	3445.43	37.60	171.83	71.62
宁　夏	6819.60	88.99	307.47	166.76
新　疆	14628.35	266.78	827.43	282.82

单位：亿元

利息费用	投资收益(损失以“–”号记)	营业利润	利润总额	亏损企业亏损额	平均用工人数(万人)
12336.92	**10834.09**	**81978.51**	**82897.03**	**15629.86**	**7734.13**
361.61	784.70	1659.34	1684.08	521.66	80.63
156.57	175.20	1468.55	1501.08	418.20	93.79
558.48	-0.63	1275.10	1280.27	776.07	259.17
747.54	524.49	3200.78	3034.31	718.36	197.22
434.91	502.82	3359.93	3284.31	671.58	103.50
345.16	228.02	1593.26	1635.35	627.26	185.30
140.08	322.42	778.48	806.65	286.63	72.29
177.48	49.59	384.04	416.53	383.71	83.49
210.94	558.82	2481.60	2546.21	644.43	172.19
1109.94	668.30	9849.92	9950.67	1537.24	953.11
1036.45	966.85	5711.37	6050.86	972.67	758.88
377.29	174.17	2489.92	2580.28	618.68	291.26
378.79	471.12	3947.69	3956.81	386.93	364.47
210.49	42.15	2292.65	2375.61	262.63	219.24
1009.15	767.26	5798.63	5874.39	905.88	589.58
661.09	285.19	2097.68	2152.74	563.21	322.88
375.77	323.86	2767.43	2831.75	595.51	279.47
243.85	42.35	2409.27	2377.61	273.71	290.38
1335.73	2078.76	11475.32	11595.24	1582.05	1308.54
282.11	81.47	812.62	822.43	289.81	141.55
43.67	8.56	188.19	189.56	41.66	12.40
162.04	-17.03	1469.45	1476.84	326.68	149.53
520.70	378.57	4571.56	4607.14	393.18	304.40
184.75	430.14	1283.92	1281.47	243.57	80.36
264.22	146.74	1654.07	1665.61	231.08	83.43
16.53	4.97	55.17	51.63	87.72	2.86
320.40	404.66	3673.68	3646.32	378.44	158.95
150.00	56.82	578.05	580.10	215.38	51.21
73.58	91.79	499.11	492.98	99.12	16.69
158.19	21.86	360.82	368.08	181.73	32.92
289.40	260.13	1790.90	1780.10	395.09	74.46

1-B-2 按地区分组的国有

地区	资产总计	固定资产净额	固定资产原价	固定资产累计折旧
全国	**650249.25**	**219733.48**	**447679.06**	**217710.58**
北京	51323.09	7667.01	16207.31	8408.33
天津	10458.14	3359.47	7610.67	4062.51
河北	23837.57	9446.83	18988.63	9067.67
山西	39070.46	11343.99	22028.55	10370.05
内蒙古	23596.00	10113.57	20239.05	9471.49
辽宁	20700.18	6410.38	16527.21	9615.29
吉林	12394.60	3026.80	7228.94	3910.58
黑龙江	13002.54	4277.96	12119.46	7501.50
上海	26115.69	4832.05	13660.07	8655.31
江苏	32412.66	11212.88	24865.61	13222.54
浙江	19004.22	7918.70	16462.74	8491.47
安徽	21683.76	7328.93	14158.15	6670.89
福建	14682.46	6594.87	11333.07	4654.95
江西	10256.99	3385.94	6904.70	3095.16
山东	44076.56	14412.93	30136.33	15276.69
河南	23241.81	7738.16	15756.78	7671.39
湖北	26642.66	7994.68	16729.35	8312.59
湖南	15984.39	5813.75	11047.24	5037.51
广东	47170.62	15420.80	29965.90	14285.91
广西	13181.62	5337.18	9177.49	3744.14
海南	2349.63	1205.73	2038.99	789.59
重庆	12369.65	4057.28	8339.92	4039.32
四川	38648.74	14391.10	26232.40	10930.18
贵州	12897.90	4567.06	8632.87	3823.72
云南	18976.37	8100.89	14449.64	5553.23
西藏	1673.05	1120.89	1672.58	486.51
陕西	31487.32	12277.38	23761.79	11049.27
甘肃	12575.74	4762.76	9917.59	4912.48
青海	6058.00	2483.89	4728.72	1886.13
宁夏	5748.68	3305.46	6423.80	2831.38
新疆	18628.15	9824.15	20333.54	9882.79

控股工业企业主要经济指标

单位：亿元

流动资产合计	应收账款	存货	产成品	负债合计	流动负债合计
242945.58	**54332.32**	**41561.27**	**10822.57**	**374844.73**	**245004.38**
16076.91	4003.47	1869.08	578.43	21690.43	14088.54
4450.17	994.95	752.93	211.61	5762.59	3827.13
8602.28	2210.89	1439.92	415.02	15225.56	11019.97
16478.48	3483.15	1170.71	387.25	27135.68	19254.04
6864.96	1611.40	953.90	228.23	13685.07	8203.00
8323.74	1513.86	1821.33	373.87	12255.66	8662.17
5235.80	943.88	746.42	186.38	6794.47	5236.14
5743.88	897.40	781.03	198.48	7951.55	5082.53
11759.71	2418.69	2348.87	504.58	13105.29	9642.69
14594.38	4253.94	2681.39	852.12	18077.01	13100.04
5907.87	1536.16	1330.72	315.59	10468.58	5792.32
8281.06	1755.18	1271.86	369.42	11192.92	7597.63
4221.76	855.51	907.31	181.41	8382.96	4061.61
4306.47	1014.34	871.85	173.52	5966.46	3939.84
17192.64	3665.14	2675.53	878.28	28548.90	20079.33
9580.83	2188.28	1818.60	520.86	15248.90	11051.87
10981.17	2188.05	2039.71	514.14	14687.16	9377.49
6878.89	1934.75	1524.58	315.43	9426.19	6424.67
16915.03	3668.04	3089.14	816.59	27303.62	15466.19
4715.27	1483.29	868.88	244.71	8738.36	5263.30
424.10	101.71	122.20	27.49	1596.89	951.13
5621.74	1229.62	791.51	279.23	6959.51	4981.71
14667.32	2860.79	2890.10	633.98	22716.49	13551.44
5291.12	965.54	1286.12	166.52	7968.96	5380.15
5675.60	951.40	1673.96	287.16	10152.89	5731.06
288.86	56.50	22.82	8.32	804.52	396.86
11995.95	2519.61	2051.79	629.25	17538.16	12408.61
3960.60	916.06	858.79	203.73	7568.29	4020.30
1882.51	423.09	163.68	45.91	3808.36	2352.02
1234.87	451.93	149.83	50.99	3799.42	2036.63
4791.59	1235.70	586.69	224.07	10283.89	6023.99

1-B-2 续表 1

地　区	应付账款	所有者权益合计	实收资本	国家资本
全　国	**71972.33**	**275427.63**	**147538.96**	**66230.76**
北　京	4424.35	29632.65	22993.97	19614.06
天　津	1014.50	4695.55	3096.91	1191.00
河　北	3247.17	8602.47	4759.17	1667.43
山　西	4507.40	11934.78	5568.29	2238.33
内蒙古	2107.77	9901.17	5552.08	1823.81
辽　宁	2299.64	8438.05	4789.32	1311.42
吉　林	2004.89	5603.00	2856.17	510.14
黑龙江	1520.91	5030.15	2913.77	703.27
上　海	3703.33	13007.69	5938.25	3077.74
江　苏	4366.73	14335.66	8360.31	2801.62
浙　江	1960.61	8535.64	4563.93	2106.76
安　徽	2361.82	10489.54	4571.14	1395.76
福　建	1345.71	6297.45	3997.12	1059.84
江　西	1213.51	4290.54	1791.79	764.73
山　东	5429.29	15527.65	7151.17	2067.35
河　南	3081.28	7992.91	5040.17	3115.42
湖　北	3021.79	11955.50	5685.35	1521.09
湖　南	2065.58	6555.49	3474.31	1390.71
广　东	4649.61	19867.00	9076.41	3371.85
广　西	2124.25	4439.64	2522.43	1059.15
海　南	190.17	752.74	446.51	93.60
重　庆	1598.77	5441.31	2693.87	1095.41
四　川	3432.58	15929.74	7171.04	2362.02
贵　州	1270.50	4929.62	2287.03	939.74
云　南	1463.50	8823.47	3836.42	1709.70
西　藏	104.13	868.53	155.71	100.87
陕　西	3785.07	14029.43	5731.06	2791.07
甘　肃	1172.20	5007.44	2853.17	1177.88
青　海	455.36	2249.65	1332.48	470.76
宁　夏	445.39	1922.23	1331.91	608.07
新　疆	1604.53	8340.95	4997.70	2090.15

单位：亿元

集体资本	法人资本	个人资本	港澳台资本	外商资本	营业收入
1059.36	**73905.95**	**2957.19**	**666.12**	**2262.28**	**384563.90**
14.52	2989.79	100.25	21.29	254.06	17108.72
2.72	1630.74	44.46	35.88	192.11	7428.78
42.99	2861.14	124.31	26.45	36.22	15545.59
56.86	3055.05	200.54	0.05	17.46	16184.29
50.17	3520.98	117.05	7.22	28.13	12489.43
23.63	3028.03	106.38	4.89	70.75	14654.99
9.16	2184.84	25.61	5.42	113.25	8674.27
7.22	2122.39	51.52	1.13	14.72	6802.87
16.06	2402.23	131.61	70.14	240.46	16904.93
43.53	5094.63	202.90	37.67	179.95	23888.54
39.79	2105.71	204.23	56.98	50.45	14182.82
103.29	2890.09	135.90	28.29	17.81	14426.64
19.62	2762.63	60.22	67.35	24.47	9964.74
41.87	927.33	24.84	14.93	18.09	8355.04
67.38	4498.06	259.55	89.99	168.84	28417.78
50.89	1764.79	85.66	1.08	21.94	14710.33
90.97	3755.05	163.21	6.54	148.48	14692.59
42.82	1848.29	111.65	64.10	28.81	10665.89
53.68	5036.11	181.56	76.56	356.66	35370.72
23.48	1368.38	30.26	3.31	36.04	9376.80
1.87	319.00	0.32		31.72	1644.59
21.38	1455.29	25.07	10.58	101.44	8000.44
37.72	4566.92	149.72	6.65	45.37	18163.37
31.29	1247.18	54.16	14.10	1.73	6083.35
64.52	1942.70	90.10	4.99	24.42	10370.60
4.04	47.88	2.93			314.67
47.51	2642.72	100.89	10.55	15.24	16221.95
15.30	1508.70	55.54		16.27	8308.35
20.61	799.81	39.65		1.65	2424.82
0.78	713.60	9.33		0.13	3238.47
13.69	2815.89	67.78	0.01	5.63	9947.52

1-B-2 续表 2

地　区	营业成本	销售费用	管理费用	财务费用
全　国	**320636.11**	**4490.84**	**17517.42**	**4458.04**
北　京	15132.00	325.05	699.81	232.97
天　津	6630.42	45.22	302.35	61.39
河　北	13622.88	135.00	634.39	246.99
山　西	12401.47	119.18	967.02	417.09
内蒙古	9788.74	64.71	467.72	242.69
辽　宁	12803.34	100.47	534.10	139.39
吉　林	7416.35	78.33	477.24	45.30
黑龙江	5565.00	56.38	404.47	85.89
上　海	14452.51	241.55	1005.81	2.02
江　苏	20357.44	345.40	998.88	148.78
浙　江	12278.77	126.70	435.63	135.51
安　徽	12389.86	170.10	654.16	105.33
福　建	8770.53	91.56	330.48	131.80
江　西	7191.54	91.32	346.34	64.85
山　东	24040.30	358.13	1302.04	308.15
河　南	12655.88	123.19	739.46	260.96
湖　北	12244.11	208.15	793.51	157.36
湖　南	8427.07	145.35	621.00	85.74
广　东	30519.91	497.10	1477.69	239.74
广　西	8201.17	93.75	303.52	106.01
海　南	1372.57	12.78	42.65	21.72
重　庆	6686.48	239.97	460.43	47.69
四　川	14272.01	336.99	912.23	241.77
贵　州	4300.40	60.01	376.74	107.15
云　南	7737.74	98.46	378.66	174.89
西　藏	275.61	4.36	29.78	9.26
陕　西	11931.19	133.03	842.08	204.39
甘　肃	6985.95	63.36	274.29	106.02
青　海	1872.94	10.42	102.92	56.22
宁　夏	2641.75	16.60	114.59	87.40
新　疆	7670.16	98.21	487.43	183.59

单位：亿元

利息费用	投资收益(损失以“–”号记)	营业利润	利润总额	亏损企业亏损额	平均用工人数(万人)
5654.28	**4946.83**	**24013.95**	**23855.94**	**5806.24**	**1371.26**
279.40	615.12	1068.88	1079.89	217.82	34.26
82.10	112.42	192.14	198.03	195.11	20.56
256.86	92.55	367.98	393.77	216.21	60.75
565.23	458.00	2095.59	2033.96	398.30	103.61
249.75	74.47	1261.60	1215.99	320.12	43.36
161.22	171.19	565.84	574.13	219.20	61.65
71.88	301.90	546.70	564.62	144.14	31.56
118.63	28.65	233.91	238.88	199.05	47.10
95.89	380.11	634.04	627.47	318.29	32.77
216.66	170.30	1305.05	1289.74	244.23	65.32
156.38	77.63	677.39	667.12	78.93	27.01
162.44	86.13	685.43	684.29	162.33	52.99
154.76	309.67	613.32	606.09	151.19	27.14
71.66	30.90	347.99	352.43	57.37	27.72
399.89	325.15	1602.58	1582.07	370.63	105.35
293.36	93.81	457.85	461.42	308.27	83.57
201.57	302.52	672.71	669.35	337.84	54.23
116.72	6.32	551.33	558.44	126.67	44.59
420.38	283.63	1621.64	1626.89	244.23	79.92
143.66	16.01	261.25	259.91	125.01	30.46
22.12	0.63	78.30	76.80	15.31	2.97
75.04	-10.77	266.19	272.32	200.69	31.09
307.39	82.74	1743.56	1741.55	166.72	75.35
129.81	408.86	1039.93	1036.86	113.29	33.47
202.49	108.21	944.05	933.28	114.11	29.71
10.32	4.22	-17.60	-20.93	81.40	1.80
246.03	224.31	2251.76	2226.16	215.25	75.77
113.16	46.59	485.38	480.71	146.89	31.96
60.07	66.82	352.57	349.39	48.66	8.97
78.26	11.24	209.55	207.39	35.90	11.88
191.14	67.47	897.04	867.92	233.09	34.36

1-B-3 按地区分组的有限责任

地　　区	资产总计	固定资产净　额	固定资产原　价	固定资产累计折旧
全　国	**1115230.69**	**324867.29**	**602427.60**	**265009.57**
北　京	48536.59	7392.53	14995.97	7532.37
天　津	14169.21	3985.00	8086.83	3916.52
河　北	48843.26	15323.17	27989.14	12197.76
山　西	52310.44	15008.30	27380.35	11993.55
内蒙古	38785.95	14605.66	26575.59	11154.61
辽　宁	31452.05	8249.44	16570.55	7987.14
吉　林	10172.51	3506.00	6855.66	3209.33
黑龙江	16943.34	5293.53	13287.39	7667.30
上　海	23591.46	4479.56	10791.53	6241.83
江　苏	108095.13	28313.89	53938.96	24723.22
浙　江	80455.41	22174.09	39127.58	16741.73
安　徽	42874.35	12215.10	20595.25	8130.12
福　建	30525.21	10892.41	19312.18	8211.09
江　西	26618.49	7873.18	13599.39	5451.76
山　东	84313.73	23077.78	42704.50	18999.95
河　南	42365.38	12802.28	24768.48	11330.78
湖　北	39247.08	13881.53	26410.51	11603.61
湖　南	28270.50	9314.17	17048.29	7203.49
广　东	111972.68	22117.30	43372.24	20766.74
广　西	22425.84	7912.57	12623.74	4542.91
海　南	3499.48	1170.51	2033.64	813.25
重　庆	19425.69	5994.83	11685.74	5410.99
四　川	58288.89	19983.82	34830.25	13724.43
贵　州	15204.85	5205.59	9636.67	4091.44
云　南	22475.59	8470.35	15373.22	6063.04
西　藏	1867.89	987.49	1651.97	484.77
陕　西	36630.66	11437.55	20103.69	8233.68
甘　肃	13127.22	5268.72	10223.72	4729.00
青　海	7004.26	3060.34	5489.23	2067.47
宁　夏	11461.32	4727.33	8273.04	3251.70
新　疆	24276.22	10143.27	17092.30	6533.99

公司工业企业主要经济指标

单位：亿元

流动资产合计	应收账款	存货	产成品	负债合计	流动负债合计
551851.65	**156915.53**	**107624.02**	**40917.86**	**687204.34**	**513374.25**
15046.15	3283.60	1930.86	559.13	20463.49	12748.49
7550.82	2112.08	1460.79	496.81	8878.85	6798.37
23824.25	6454.82	4322.84	1531.11	32287.73	25357.15
23999.50	5472.61	2444.46	1075.38	36836.71	27763.26
14612.62	3114.98	2003.47	754.35	23070.30	15529.78
16113.13	3836.19	3592.99	1092.42	19795.73	15371.04
4483.53	1193.07	1014.09	339.05	6576.37	4975.32
8291.35	1584.01	1477.22	492.23	10612.13	7356.36
14143.80	4029.50	3029.97	875.40	12335.24	9788.08
64096.72	23118.21	12770.96	5862.49	66475.09	54283.99
44483.69	14678.86	9571.17	3759.48	50413.01	40802.79
22538.83	8057.67	4106.60	1749.60	26788.69	20766.26
14277.15	3780.79	3605.70	1489.48	17737.54	12102.68
14390.33	4655.08	3166.86	1206.41	16859.49	12777.65
45663.12	11219.84	9750.02	3912.94	56031.90	45756.34
21077.51	6143.49	4256.94	1483.67	26912.85	20670.44
17539.29	5245.49	3933.40	1490.45	22575.36	15669.43
13125.65	3905.62	2822.85	1017.63	15394.53	11210.43
66220.88	18579.33	12451.68	4478.35	72306.66	54881.68
10318.94	3006.53	2393.89	1005.60	14804.30	10391.50
1317.81	299.31	251.62	79.11	2360.73	1669.29
9938.48	3194.13	1712.45	703.25	11427.17	8704.18
25486.97	6314.02	5436.19	1788.26	33930.08	22241.40
6519.24	1613.06	1562.36	424.36	10793.19	7926.52
8809.96	1919.20	2463.72	766.69	12710.08	8383.59
330.96	73.16	47.15	16.68	927.29	377.71
17602.75	4344.63	2600.40	1011.90	21740.23	16138.75
4626.72	1356.46	959.57	366.85	8348.03	4840.92
2558.39	702.62	296.43	102.71	4647.50	3092.57
3600.14	1058.79	696.56	363.68	8098.63	5007.20
9262.98	2568.38	1490.83	622.38	15065.44	9991.07

1-B-3 续表 1

地区	应付账款	所有者权益合计	实收资本	国家资本
全国	**159591.00**	**428061.68**	**241441.73**	**58946.18**
北京	3316.49	28073.10	22717.92	19507.56
天津	2037.07	5290.63	3947.04	688.75
河北	7503.02	16545.43	10500.19	1531.31
山西	7010.33	15473.58	8573.19	2128.62
内蒙古	4057.47	15707.38	8549.44	1792.34
辽宁	4533.53	11662.81	7616.46	1143.66
吉林	1414.97	3599.01	2523.29	475.89
黑龙江	2234.41	6311.27	3847.04	577.18
上海	3697.61	11253.26	6022.58	2491.72
江苏	19389.72	41618.95	21977.57	2346.80
浙江	12416.02	30051.24	14904.57	2083.61
安徽	7606.85	16084.36	9111.73	1156.64
福建	3735.18	12785.18	7202.25	922.22
江西	4542.63	9758.87	4984.98	706.44
山东	13060.41	28282.14	20139.97	1876.64
河南	6356.58	15449.80	8758.05	2469.32
湖北	5702.80	16671.18	8571.81	1155.14
湖南	3933.55	12872.71	6581.64	1159.02
广东	17305.06	39669.02	16568.23	2455.53
广西	3199.25	7616.73	4408.81	1003.28
海南	385.23	1138.75	651.89	105.13
重庆	3044.57	8020.18	3654.72	933.75
四川	6584.38	24356.91	11065.54	2252.21
贵州	2075.11	4412.33	3260.25	828.92
云南	2336.46	9765.51	4749.66	1507.71
西藏	126.26	940.60	226.39	89.52
陕西	5452.71	14971.33	6665.34	2420.41
甘肃	1642.67	4779.18	2938.70	867.35
青海	696.36	2356.76	1714.12	461.14
宁夏	1435.49	3335.66	2964.83	570.89
新疆	2758.76	9207.84	6043.53	1237.46

单位：亿元

集体资本	法人资本	个人资本	港澳台资本	外商资本	营业收入
2773.99	**135165.78**	**42709.47**	**597.11**	**598.70**	**910637.87**
23.89	2938.83	226.71	11.21	9.71	15228.77
19.84	2382.97	760.49	2.02	91.37	12650.72
86.58	6738.03	2128.61	1.71	3.26	40555.14
100.60	5298.22	1049.91	2.56	-6.75	30039.93
166.02	5712.52	854.19	11.35	2.62	23885.18
48.09	4737.48	1202.98	9.53	24.47	21641.71
27.79	1697.75	303.37	0.15	8.49	6483.15
31.24	2727.34	465.72	5.12	26.28	9563.22
33.17	2904.46	552.81	13.27	26.35	17698.53
250.14	14040.64	5187.22	92.36	59.86	105370.89
161.55	8527.31	4049.58	59.54	21.85	73544.09
139.77	6133.92	1607.39	43.82	24.98	37272.63
81.48	4540.99	1636.58	8.96	9.02	38684.93
85.30	3065.65	1111.86	6.65	8.90	33002.35
340.13	9739.49	8094.05	27.55	61.02	81283.31
121.61	3975.71	2153.03	28.64	9.31	35795.10
115.48	5777.28	1491.10	25.36	7.86	33283.76
81.71	3944.49	1381.67	15.96	6.33	32435.23
159.60	10759.03	2935.68	176.31	82.40	104032.19
53.79	2670.08	619.27	10.95	15.81	18238.18
10.22	485.18	48.05	0.11	3.19	2189.53
34.36	2165.96	508.92	12.92	14.80	18372.51
115.49	6926.43	1700.86	14.51	51.54	38226.47
58.08	1936.95	425.77	1.64	6.58	8227.29
99.71	2655.20	477.33	1.77	7.58	16193.20
3.89	75.41	57.57			391.79
88.15	3243.67	787.54	8.24	14.75	24757.05
25.38	1786.03	244.39	0.20	0.10	8180.91
75.60	1110.84	65.33	0.17	1.05	3545.28
18.25	2156.56	218.64	0.49		6530.81
117.05	4311.38	362.87	4.06	5.97	13334.01

1-B-3 续表 2

地 区	营业成本	销售费用	管理费用	财务费用
全 国	**775983.06**	**17445.65**	**48919.11**	**8127.53**
北 京	13507.51	321.52	853.60	238.92
天 津	11577.94	175.03	615.05	80.58
河 北	36336.92	572.06	1676.71	453.42
山 西	24739.69	373.68	1476.15	558.01
内蒙古	18920.91	259.61	975.86	346.39
辽 宁	19107.62	361.84	964.46	239.74
吉 林	5545.38	146.41	419.01	98.20
黑龙江	8136.27	149.37	557.08	116.82
上 海	14374.34	482.38	1370.69	8.06
江 苏	91034.59	1956.11	5774.75	634.55
浙 江	63577.00	1504.69	4585.43	626.18
安 徽	32337.45	671.65	1946.07	277.08
福 建	33639.91	650.99	1556.54	265.68
江 西	29056.30	457.69	1307.50	201.62
山 东	71029.00	1284.48	3652.85	622.35
河 南	31355.23	572.73	1646.72	389.03
湖 北	27859.56	707.76	1894.47	273.45
湖 南	26229.30	782.19	2280.69	236.36
广 东	87477.73	3128.48	8185.82	569.28
广 西	16215.24	243.66	645.09	201.88
海 南	1798.52	82.44	105.30	30.12
重 庆	15362.60	402.95	1004.56	96.16
四 川	30962.98	958.61	1854.30	377.30
贵 州	6702.22	165.21	482.09	147.90
云 南	12611.07	260.85	624.74	186.97
西 藏	334.82	5.91	33.08	13.70
陕 西	19467.80	372.02	1197.80	244.94
甘 肃	7042.17	89.16	319.46	113.72
青 海	2998.03	31.45	126.97	67.88
宁 夏	5736.78	72.07	252.60	149.85
新 疆	10908.18	202.65	533.67	261.37

单位：亿元

利息费用	投资收益(损失以“−”号记)	营业利润	利润总额	亏损企业亏损额	平均用工人数(万人)
8763.81	**4301.47**	**46994.79**	**47632.91**	**10900.58**	**5324.38**
273.32	526.45	762.60	773.97	232.74	42.57
101.98	41.01	133.09	168.71	251.02	54.19
443.48	-134.38	751.35	769.78	589.37	202.25
676.09	339.26	2547.48	2378.78	645.20	164.64
356.80	246.24	2645.21	2587.20	585.78	87.51
256.62	172.17	621.13	663.39	434.78	124.01
96.75	23.67	133.64	156.30	197.87	48.52
135.10	38.49	300.71	327.01	258.64	69.34
77.39	166.56	868.79	887.20	289.68	74.50
698.24	147.48	4926.88	4952.72	903.08	582.93
691.37	145.64	2625.17	2863.87	659.33	519.80
282.74	62.86	1527.13	1598.23	483.17	220.93
244.36	12.06	2072.65	2081.38	277.57	249.50
153.08	-22.89	1629.31	1704.22	197.70	174.64
669.76	317.06	3209.01	3257.36	701.63	408.32
414.45	122.86	1270.35	1324.19	437.66	248.17
232.68	35.47	1700.32	1755.56	446.23	209.24
172.60	33.49	1944.73	1917.63	148.78	229.15
797.42	1363.36	5841.58	5922.26	830.96	739.62
226.68	45.87	611.27	622.37	230.26	117.04
29.70	4.87	132.47	133.08	33.66	9.21
111.02	-44.25	1051.45	1049.36	217.80	109.97
418.77	82.49	3227.23	3253.39	313.87	238.47
147.49	34.06	334.57	335.03	213.01	63.46
204.22	71.55	1384.84	1380.13	185.31	68.98
12.26	0.02	2.60	2.04	72.00	2.25
271.88	219.77	2605.91	2607.01	316.88	126.01
111.82	38.89	377.84	382.43	191.54	40.46
63.90	60.59	333.98	326.93	94.78	13.21
140.10	14.67	235.90	248.16	155.49	26.07
251.74	136.09	1185.59	1203.25	304.79	59.42

1-B-4 按地区分组的股份有限

地区	资产总计	固定资产净额	固定资产原价	固定资产累计折旧
全国	**290624.65**	**50578.43**	**112479.33**	**59194.66**
北京	9415.91	584.12	1343.77	708.20
天津	3540.38	681.94	1789.68	1021.12
河北	6375.83	1385.23	3998.57	2331.95
山西	6205.25	1202.45	2959.59	1738.06
内蒙古	6087.38	1336.98	3039.21	1661.21
辽宁	5985.97	1693.37	5548.14	3618.75
吉林	6516.64	858.27	2285.51	1234.56
黑龙江	2355.94	504.75	1362.43	780.10
上海	12868.93	1143.26	3221.49	2024.52
江苏	28773.41	3644.81	7393.42	3588.63
浙江	31273.92	4044.21	7417.71	3335.08
安徽	12367.82	1900.97	3724.12	1767.37
福建	12103.92	1142.29	2044.98	860.77
江西	5003.32	897.10	1717.48	808.50
山东	23532.63	5460.70	12657.57	6977.45
河南	9850.68	2005.42	3887.72	1823.94
湖北	13332.25	2495.31	5272.10	2593.30
湖南	6931.66	1064.98	1949.76	841.89
广东	38391.65	3953.89	7789.08	3771.23
广西	2256.57	531.57	1200.12	656.40
海南	284.56	76.07	188.55	106.99
重庆	4454.23	834.17	1642.75	722.62
四川	9385.34	2117.46	4633.19	2435.18
贵州	4558.51	879.00	1502.08	613.75
云南	5531.80	1826.10	2892.63	1045.76
西藏	462.59	163.35	229.18	65.46
陕西	9505.64	3757.66	8719.23	4823.39
甘肃	3584.84	577.27	1366.68	747.95
青海	1327.16	166.87	442.64	258.64
宁夏	1167.50	379.99	954.35	531.64
新疆	7192.40	3268.86	9305.58	5700.23

公司工业企业主要经济指标

单位：亿元

流动资产合计	应收账款	存货	产成品	负债合计	流动负债合计
146922.15	**31408.65**	**25415.16**	**9281.24**	**132595.66**	**100894.21**
4890.86	1024.72	648.31	223.82	3467.51	2960.96
1657.58	312.77	310.78	106.12	1312.28	989.26
2972.54	632.40	558.27	204.40	2945.12	2209.11
3252.36	593.13	457.05	147.59	3049.27	2405.89
2001.77	241.29	426.40	136.05	2814.27	2062.63
2776.79	461.25	747.86	233.70	3327.61	2533.51
2647.25	460.41	365.19	115.06	2538.81	1973.24
1057.79	205.86	272.00	83.29	1301.06	945.76
5666.04	1418.31	761.33	242.23	4846.64	3341.30
17108.23	4606.85	3270.79	1326.85	12155.33	10237.17
17442.36	4260.12	3269.33	1506.09	13615.23	11177.16
6719.09	1222.91	1013.31	338.73	5089.48	4153.60
7229.06	1377.38	764.36	305.33	6480.20	4420.17
2586.21	484.83	462.48	164.25	2212.07	1689.32
11296.97	2436.18	2166.47	850.23	11895.67	8958.39
4581.61	1007.55	761.14	323.15	5020.58	3745.69
5936.30	1102.96	990.67	326.07	5599.46	3771.46
3970.57	1311.47	720.66	221.26	3608.39	2806.02
22479.66	4603.62	3432.82	1460.95	18720.55	14318.97
1009.09	184.81	217.23	69.98	1294.46	878.53
114.84	25.05	24.21	15.10	136.11	109.38
2471.99	409.02	264.95	121.32	2040.79	1591.72
4663.73	947.08	901.85	250.71	3860.60	2814.41
2476.86	355.61	692.33	66.45	1786.67	1232.96
1848.41	282.32	412.46	89.11	2756.20	1630.01
162.95	16.52	9.38	2.18	191.40	91.25
3415.36	794.66	681.93	165.39	4402.16	3458.07
1391.91	208.07	374.20	64.61	1762.44	1152.31
475.96	23.24	54.71	18.58	533.76	380.36
573.37	83.84	99.20	26.42	577.47	464.61
2044.66	314.42	283.48	76.21	3254.09	2390.96

1-B-4 续表 1

地区	应付账款	所有者权益合计	实收资本	国家资本
全国	**28561.87**	**158029.45**	**37918.13**	**6597.00**
北京	778.04	5948.40	1345.36	65.35
天津	247.29	2228.10	670.99	352.17
河北	631.57	3430.19	922.19	103.73
山西	684.61	3155.97	1138.52	142.30
内蒙古	487.09	3273.11	959.66	66.01
辽宁	577.28	2655.63	833.82	121.74
吉林	691.33	3976.55	1309.64	80.87
黑龙江	212.86	1054.88	409.76	133.75
上海	1275.88	8022.29	1368.83	394.67
江苏	3088.08	16618.08	3807.93	404.28
浙江	2975.33	17658.69	4334.05	83.53
安徽	1133.85	7278.34	1524.26	304.88
福建	1528.65	5623.72	916.48	141.45
江西	400.28	2791.26	659.22	102.71
山东	2482.93	11636.96	2457.22	170.63
河南	919.80	4830.10	1759.90	650.19
湖北	932.00	7732.80	1562.90	333.89
湖南	885.67	3323.28	970.81	189.96
广东	4248.33	19675.79	4330.45	484.94
广西	211.25	963.08	245.37	57.34
海南	16.77	148.45	50.01	
重庆	477.21	2413.43	491.08	76.83
四川	829.29	5524.74	1281.83	124.28
贵州	231.68	2771.84	359.59	127.82
云南	391.76	2775.60	665.52	210.29
西藏	17.91	271.20	54.12	24.74
陕西	1013.62	5102.85	1270.17	372.05
甘肃	236.76	1822.40	698.30	296.64
青海	108.24	793.40	123.42	17.59
宁夏	169.48	590.03	168.09	62.26
新疆	677.01	3938.31	1228.65	900.12

单位：亿元

					营业收入
集体资本	法人资本	个人资本	港澳台资本	外商资本	
981.27	**17939.59**	**12069.98**	**132.71**	**121.20**	**168957.76**
20.81	778.78	475.83	1.80	2.78	3089.55
1.36	130.62	184.47		2.35	2513.48
11.21	436.23	369.63	0.10	1.30	4325.23
5.29	241.21	748.60	0.03	1.08	3719.73
4.41	677.78	203.13	4.16	0.07	3558.93
6.23	529.24	173.47	0.58	2.55	6184.06
31.73	1073.95	119.53	1.62	0.53	2688.75
38.58	118.74	115.34		3.34	1956.08
24.97	539.52	397.94	10.60	1.13	5657.54
88.46	1750.72	1553.27	8.77	2.43	16131.10
59.00	2259.97	1909.00	9.25	13.29	18902.88
99.23	652.43	460.19	7.18	0.35	7368.87
29.09	401.48	333.23	6.81	4.41	6237.41
15.19	331.93	200.54	6.92	1.88	3533.18
96.86	1156.66	971.31	28.49	27.76	16286.83
39.82	673.40	392.37	3.70	0.43	5614.08
40.86	719.99	452.65	3.05	12.11	5761.56
33.80	384.21	343.16	19.40	0.28	4060.72
178.20	2156.02	1489.72	7.25	10.96	24121.88
2.22	113.74	71.90		0.17	1964.21
4.56	38.43	7.02			154.88
4.13	282.03	107.83		20.26	2753.11
8.39	741.80	406.38	0.48	0.51	5015.71
10.12	136.12	83.43	0.05	2.05	1975.83
46.20	303.34	101.12	0.21	4.35	2580.30
2.06	21.34	5.98			148.58
24.47	675.22	196.05	4.51	2.94	4291.17
39.79	231.30	63.83		0.06	2354.82
5.90	50.78	47.68		1.47	651.97
2.25	67.38	36.14		0.06	952.75
6.10	265.20	49.22	7.72	0.29	4402.61

1-B-4 续表 2

地 区	营业成本	销售费用	管理费用	财务费用
全 国	**133641.30**	**5930.91**	**11630.15**	**772.82**
北 京	2343.30	237.95	389.53	3.49
天 津	2031.14	72.00	142.90	7.99
河 北	3385.43	174.10	256.39	39.43
山 西	3012.76	51.60	207.60	16.14
内 蒙 古	2762.92	217.96	125.84	31.36
辽 宁	5105.08	64.33	243.32	46.12
吉 林	2317.28	86.33	157.11	19.51
黑 龙 江	1599.09	38.06	85.76	22.64
上 海	4861.06	220.24	436.02	33.66
江 苏	12600.17	620.30	1288.99	60.05
浙 江	15280.87	646.15	1457.04	35.76
安 徽	6008.77	206.31	453.65	7.69
福 建	4828.08	292.36	444.22	-27.82
江 西	2995.12	67.76	184.14	14.26
山 东	13231.01	437.36	1013.19	102.97
河 南	4539.05	151.34	350.55	62.07
湖 北	4542.47	183.84	469.23	65.19
湖 南	3170.77	201.96	310.93	21.39
广 东	18748.52	1235.31	1960.45	46.56
广 西	1659.97	46.29	66.02	14.70
海 南	109.91	13.84	13.03	2.32
重 庆	2196.78	132.79	188.69	-0.32
四 川	3496.16	239.29	412.35	22.25
贵 州	956.81	64.24	168.91	7.22
云 南	2235.95	61.67	106.52	43.68
西 藏	65.39	4.00	13.51	2.36
陕 西	3156.33	63.37	247.04	11.37
甘 肃	1969.40	36.61	89.63	26.01
青 海	410.47	4.15	41.51	2.83
宁 夏	755.70	11.96	34.54	7.87
新 疆	3265.54	47.40	271.53	24.05

单位：亿元

利息费用	投资收益 (损失以"–"号记)	营业利润	利润总额	亏损企业 亏损额	平均用工人数 (万人)
1734.22	**4450.55**	**16050.84**	**16052.44**	**1743.60**	**869.61**
38.47	184.43	177.18	177.21	164.08	14.57
21.25	21.86	96.53	86.45	61.90	8.94
51.81	83.16	241.10	237.07	68.81	24.62
39.06	174.95	455.34	455.51	43.42	21.70
56.83	122.34	404.02	390.67	48.87	10.37
44.41	24.96	242.75	232.65	59.98	23.50
28.95	266.22	249.96	248.68	55.46	13.51
24.41	8.86	27.52	26.58	97.36	8.04
61.27	271.39	371.71	372.43	101.17	17.84
135.49	313.37	1560.60	1573.94	102.70	91.76
175.89	414.66	1695.87	1734.39	94.36	124.43
62.08	76.25	612.35	625.13	60.69	39.73
66.93	333.31	995.22	992.22	32.65	27.11
28.12	86.13	247.23	248.15	12.97	15.37
156.55	195.28	1202.88	1203.01	78.16	81.91
77.51	81.74	403.07	401.03	93.23	40.56
108.15	293.11	679.64	683.61	55.93	36.28
37.35	27.98	266.81	264.04	32.16	25.18
228.53	388.40	2059.08	2077.11	206.11	119.04
25.71	11.75	74.61	74.97	18.67	6.97
1.79	0.17	14.14	14.06	1.83	1.21
18.51	2.04	217.97	220.30	9.40	15.28
44.99	273.34	951.10	953.30	48.16	29.37
27.30	394.36	916.74	915.73	9.49	12.09
51.34	64.54	177.57	193.14	35.01	8.67
3.34	4.94	63.12	59.88	0.98	0.50
36.32	176.47	786.85	761.91	34.57	22.13
30.57	16.55	140.05	136.55	14.73	8.48
8.47	31.20	164.03	164.55	2.32	3.24
9.40	2.63	60.31	56.94	19.14	4.67
33.44	104.16	495.49	471.22	79.28	12.56

1-B-5 按地区分组的私营

地区	资产总计	固定资产净额	固定资产原价	固定资产累计折旧
全国	**492856.07**	**98784.13**	**185034.09**	**82374.43**
北京	4299.03	264.90	528.35	260.00
天津	6316.05	1219.64	2208.62	935.67
河北	21072.36	4917.95	9597.91	4390.56
山西	11195.45	2636.41	4673.44	2002.48
内蒙古	7905.28	1923.96	3479.12	1481.37
辽宁	9224.25	1696.18	3432.78	1706.50
吉林	3470.86	720.96	1400.37	644.43
黑龙江	4009.04	832.99	1582.53	702.82
上海	10559.90	1093.90	2259.90	1150.87
江苏	81989.71	15451.36	29115.41	13120.93
浙江	55140.71	11053.32	19345.08	8160.40
安徽	15389.33	3407.20	5780.32	2288.63
福建	24825.74	4718.93	8904.53	4034.17
江西	12238.07	3144.06	5447.06	2148.00
山东	40739.90	8381.89	16189.99	7581.27
河南	15136.08	3393.01	6411.54	2827.34
湖北	17904.02	5531.60	10722.17	4672.32
湖南	14325.79	3824.54	7136.02	3004.67
广东	68973.16	8191.55	17265.25	8773.02
广西	6939.99	1460.04	2470.45	964.01
海南	689.44	82.07	156.18	72.89
重庆	12496.84	3144.26	5731.90	2391.45
四川	15204.49	3807.50	7218.59	3251.60
贵州	3452.12	734.46	1308.51	543.49
云南	6251.18	1436.56	2775.02	1310.57
西藏	95.00	24.07	35.15	10.97
陕西	9063.78	1813.99	3286.65	1372.71
甘肃	2511.08	634.68	1093.03	428.42
青海	621.73	154.95	299.97	135.37
宁夏	4696.24	1185.21	1945.12	728.54
新疆	6119.45	1901.95	3233.15	1278.95

注：“私营工业企业”包括《关于市场主体统计分类的划分规定》(国统字〔2023〕14号)中的“私营有限责任公司”“私营股份有限公司”“个人独资公司”“合伙企业”。

工业企业主要经济指标

单位：亿元

流动资产合　计	应收账款	存货	产成品	负债合计	流动负债合　计
305916.54	**93273.86**	**64496.47**	**28553.26**	**288903.60**	**243842.46**
2710.05	804.65	457.00	171.29	1870.92	1710.32
4007.48	1226.63	885.55	344.60	3595.41	3141.66
12694.98	3765.46	2501.95	988.85	13291.23	10946.73
6470.26	1640.22	1236.50	611.59	7928.63	6887.29
3947.30	799.64	697.67	343.30	4736.14	3753.45
6288.15	1816.38	1636.95	649.56	5848.18	5260.74
2070.58	530.16	525.95	182.65	2113.91	1779.28
2466.17	641.07	691.31	278.38	2474.78	2073.67
7565.62	2607.87	1460.34	611.57	4964.60	4450.53
52943.19	18042.48	10962.35	5259.76	45957.92	39619.97
35376.76	11506.71	7322.51	3177.98	32929.41	29622.58
9906.60	4000.27	2148.21	992.17	9054.83	8043.60
15524.62	3860.45	3165.94	1480.68	14009.53	11073.09
7338.60	2285.00	1729.12	788.38	7055.73	5822.85
25689.62	6733.24	5813.15	2550.66	25894.53	22884.21
8955.34	2914.89	1964.47	834.04	8473.29	6989.79
8674.71	2850.86	2077.23	934.80	8861.72	6843.88
7082.49	2221.77	1612.62	730.15	6623.63	4965.07
47432.62	13559.84	9243.86	3694.97	42025.71	34880.10
4653.64	1547.46	1132.31	627.15	4985.78	4413.20
494.40	117.61	102.56	30.17	430.80	384.01
7087.33	2337.95	1203.23	521.07	7347.64	5780.12
8554.29	2563.95	1923.79	837.29	7883.39	6226.94
2089.72	613.91	515.63	205.48	2411.83	2061.96
3723.68	854.70	1039.11	537.41	3800.31	3088.07
56.91	17.87	11.66	7.22	59.92	48.67
5474.79	1495.79	870.70	398.27	4968.47	4012.11
1363.96	446.10	315.43	147.35	1596.24	1241.31
391.61	109.20	57.99	29.81	438.98	371.01
1860.17	601.62	457.54	278.12	3461.10	2517.83
3020.89	760.10	733.86	308.53	3809.03	2948.38

1-B-5 续表 1

地　区	应付账款	所有者权益合计	实收资本	国家资本
全　国	**75880.31**	**203962.25**	**80900.41**	**1137.08**
北　京	631.89	2428.11	596.02	2.70
天　津	937.89	2720.91	1353.69	36.61
河　北	3347.63	7778.22	3786.94	50.99
山　西	2104.79	3266.67	2134.36	55.16
内蒙古	999.92	3170.61	1533.27	40.19
辽　宁	1640.45	3375.64	1602.54	26.00
吉　林	456.20	1356.96	694.01	3.91
黑龙江	562.05	1534.25	826.95	6.06
上　海	1650.88	5595.29	1617.41	37.66
江　苏	12858.62	36030.71	13714.71	115.26
浙　江	7778.01	22220.13	8686.45	39.31
安　徽	2854.13	6334.49	2917.10	32.23
福　建	3495.43	10815.78	3499.30	31.25
江　西	1893.85	5182.19	2056.15	11.46
山　东	6491.72	14845.68	7237.77	71.25
河　南	2070.03	6660.07	2950.10	13.72
湖　北	2439.55	9041.91	2872.98	65.94
湖　南	1670.26	7701.46	3146.07	19.62
广　东	11115.07	26955.14	7948.55	164.17
广　西	1502.87	1954.13	962.63	23.03
海　南	130.36	258.64	79.36	0.53
重　庆	2095.89	5149.14	1777.40	64.79
四　川	1993.26	7321.06	2523.55	31.22
贵　州	589.72	1040.28	575.92	7.40
云　南	847.54	2450.86	924.76	11.27
西　藏	12.95	35.08	15.42	0.89
陕　西	1442.17	4095.31	1481.54	25.42
甘　肃	428.67	914.84	578.72	10.23
青　海	125.02	182.75	142.46	11.32
宁　夏	834.22	1235.12	1429.01	44.17
新　疆	879.28	2310.80	1235.28	83.32

单位：亿元

					营业收入
集体资本	法人资本	个人资本	港澳台资本	外商资本	
1222.12	**38882.69**	**39410.00**	**123.42**	**79.26**	**494375.93**
1.17	131.19	459.36	0.58	1.02	1821.60
13.48	705.71	595.20	0.94	0.75	7576.51
24.89	1693.38	2016.52	1.15		22186.25
10.13	672.87	1394.63	1.37	0.20	11123.08
62.85	904.52	515.30	9.01		6030.39
9.17	666.43	880.25	4.16	16.51	7768.13
26.14	368.94	292.35	0.60	0.36	2239.63
13.01	395.44	399.71	0.05	12.35	2996.02
8.57	839.81	729.84	0.57	0.16	8034.61
159.98	7311.92	6099.64	18.13	9.73	77194.74
97.77	3816.98	4720.03	7.00	4.23	49989.29
43.32	1335.29	1493.24	7.28	1.05	16206.71
39.46	1627.59	1789.70	4.02	7.28	32380.18
33.00	987.20	1019.26	4.42	0.59	18500.55
168.36	2930.65	4051.56	12.11	2.74	45217.09
30.96	958.19	1943.86	2.83	0.52	14826.78
53.65	1272.08	1458.73	22.31	0.34	19202.77
45.22	1598.67	1469.84	11.10	1.15	21191.92
145.34	4215.10	3401.70	7.54	13.63	68727.73
11.53	352.44	542.25	2.94	0.06	7208.84
1.94	46.20	30.56		0.13	544.52
15.19	1156.84	538.72	0.41	1.46	13176.35
28.59	1186.04	1275.62	1.11	0.48	14311.06
9.01	208.82	349.63	0.49	0.31	2244.62
19.76	449.18	440.32	0.75	3.32	6227.68
1.81	5.25	7.47			51.75
28.73	689.38	736.51	0.88	0.35	8068.86
8.50	352.54	207.06	0.20	0.10	1756.20
18.07	75.48	36.98	0.17	0.44	553.82
8.55	1194.45	181.35	0.49		2847.43
83.98	734.14	332.83	0.82		4170.81

1-B-5 续表 2

地　　区	营业成本	销售费用	管理费用	财务费用
全　　国	**418535.58**	**13460.48**	**31721.60**	**3111.65**
北　　京	1347.09	144.86	243.09	6.44
天　　津	6849.64	142.53	385.68	27.72
河　　北	19944.92	356.14	900.45	163.48
山　　西	10012.28	233.06	403.22	96.71
内 蒙 古	5002.20	119.41	280.63	54.73
辽　　宁	6793.78	181.79	460.51	62.07
吉　　林	1887.70	90.58	159.13	37.11
黑 龙 江	2676.00	84.02	154.32	29.97
上　　海	6418.63	333.43	838.09	31.00
江　　苏	65296.17	1868.64	5114.58	452.10
浙　　江	42191.49	1377.71	3936.26	376.34
安　　徽	13988.79	424.34	963.98	108.12
福　　建	27511.05	797.78	1508.78	99.94
江　　西	16270.42	299.28	757.19	89.89
山　　东	39126.52	905.33	2310.66	271.53
河　　南	12854.47	390.48	741.58	93.33
湖　　北	15949.33	507.10	1177.56	127.69
湖　　南	17066.16	718.57	1678.25	161.28
广　　东	55918.48	2773.07	6516.32	360.84
广　　西	6502.37	148.75	286.54	59.22
海　　南	438.09	33.65	36.77	3.62
重　　庆	11010.10	345.97	772.16	60.47
四　　川	11492.22	515.62	829.08	99.87
贵　　州	1801.30	117.12	166.74	25.79
云　　南	5292.71	157.84	272.14	47.28
西　　藏	37.32	1.37	3.75	0.41
陕　　西	6639.07	203.75	429.40	28.54
甘　　肃	1556.59	45.82	89.93	24.05
青　　海	503.15	14.03	21.18	5.87
宁　　夏	2594.92	48.54	115.42	49.96
新　　疆	3562.64	79.89	168.19	56.30

单位：亿元

利息费用	投资收益(损失以"–"号记)	营业利润	利润总额	亏损企业亏损额	平均用工人数(万人)
3087.89	**2200.61**	**25984.29**	**26744.30**	**4268.30**	**3725.07**
16.49	28.56	99.39	104.22	40.33	13.16
34.28	38.07	184.77	199.90	78.42	36.66
151.29	-158.94	414.09	412.78	267.73	126.94
87.51	23.48	326.82	280.34	187.02	51.59
56.55	98.46	513.77	505.59	155.68	24.35
56.45	20.66	208.58	238.48	134.37	63.73
26.09	9.62	66.16	73.95	56.87	22.46
24.24	5.57	13.25	27.41	119.29	21.67
38.77	69.14	457.06	487.85	123.69	54.66
477.05	225.27	4344.27	4393.13	566.50	526.86
437.98	123.05	2065.08	2320.97	375.71	496.91
90.46	11.36	637.36	702.37	131.38	133.78
145.89	25.44	2305.94	2320.19	121.34	233.39
63.26	-5.15	995.02	1055.05	66.11	116.62
282.62	175.87	2068.86	2125.94	253.35	286.72
78.15	30.62	578.38	623.13	104.42	134.09
92.05	11.79	1310.38	1357.44	85.05	145.48
83.49	15.40	1348.91	1319.29	68.23	183.19
402.98	1181.30	4180.52	4273.56	511.81	593.21
59.89	23.73	188.61	195.12	83.48	69.10
3.09	-0.69	31.63	33.06	6.55	4.00
70.68	-29.53	761.35	756.82	173.50	90.77
81.79	15.80	1158.79	1172.22	104.65	130.49
20.41	10.87	95.73	98.81	67.87	27.76
39.22	18.09	432.00	436.22	61.23	37.84
0.26	0.03	8.21	8.38	0.93	0.28
40.36	171.23	800.65	802.67	98.65	47.36
19.65	3.29	32.01	37.82	38.14	12.42
4.91	1.92	9.41	11.33	9.96	2.46
50.30	5.23	36.05	45.12	104.29	13.21
51.75	51.09	311.24	325.13	71.76	23.92

1-B-6 按地区分组的港澳台

地　区	资产总计	固定资产净额	固定资产原价	固定资产累计折旧
全　国	**137381.98**	**29459.29**	**61977.07**	**31173.67**
北　京	5684.57	522.42	1012.83	479.91
天　津	1866.43	506.41	1082.44	571.46
河　北	4794.92	1144.49	2281.38	1117.11
山　西	1173.00	361.89	746.59	372.75
内蒙古	1084.25	514.01	899.40	375.47
辽　宁	2742.75	407.58	898.81	480.12
吉　林	479.98	136.29	272.96	134.48
黑龙江	827.98	152.04	308.69	150.07
上　海	6483.23	962.64	2635.71	1620.99
江　苏	20410.01	4675.10	9882.01	5049.58
浙　江	12116.78	2163.81	4119.60	1934.64
安　徽	4809.48	1365.47	2683.36	1302.35
福　建	7113.15	1390.88	3211.61	1772.64
江　西	3199.76	665.25	1563.65	568.33
山　东	13001.57	2684.22	5375.33	2660.27
河　南	4646.80	616.41	1674.06	720.62
湖　北	2606.06	797.27	1444.16	610.49
湖　南	3378.58	1048.74	1913.20	851.08
广　东	29984.58	6017.49	13697.68	7592.41
广　西	1143.42	374.87	672.73	280.19
海　南	800.97	360.62	592.46	224.08
重　庆	2339.59	726.26	1232.02	494.87
四　川	3387.68	677.74	1918.01	1175.24
贵　州	478.15	198.63	292.64	93.76
云　南	632.00	223.24	411.51	170.82
西　藏	9.38	3.39	5.07	1.69
陕　西	442.67	113.82	204.65	80.19
甘　肃	362.34	177.01	277.41	100.38
青　海	66.46	29.59	54.51	23.07
宁　夏	1093.24	394.12	500.91	106.67
新　疆	222.20	47.58	111.68	57.95

投资工业企业主要经济指标

单位：亿元

流动资产合计	应收账款	存货	产成品	负债合计	流动负债合计
78823.13	**23759.51**	**13264.29**	**5079.76**	**72238.15**	**57356.69**
3942.64	793.93	510.84	223.27	2839.72	2433.89
932.50	313.60	178.64	81.44	975.90	727.62
2284.17	390.98	271.40	117.07	2964.78	2180.43
696.98	290.17	72.49	7.99	765.23	614.58
394.31	138.14	81.27	24.80	604.65	351.85
1728.27	557.32	151.66	61.67	1676.22	1412.41
234.61	61.77	59.30	19.12	332.62	269.10
550.77	86.33	111.25	25.57	510.25	459.34
4006.62	1351.68	739.14	253.22	3035.84	2695.59
12474.25	4382.80	1954.07	735.18	10274.84	8431.55
7563.44	1843.34	1242.84	558.22	5787.88	4641.28
2507.53	992.20	388.05	111.79	2863.40	2421.58
4517.57	1033.87	826.91	361.98	3600.92	2885.27
1574.18	369.37	322.40	95.86	1668.62	1280.55
6288.51	1208.82	960.34	349.53	7354.66	5628.80
2707.61	1302.16	311.09	65.29	2787.34	1901.16
1343.87	340.14	184.82	63.32	1392.26	1019.56
1374.12	385.81	179.72	60.91	1480.65	823.20
18355.80	6059.55	3891.79	1574.64	15194.70	12813.70
587.40	194.91	121.92	48.79	556.46	427.22
256.01	74.19	87.73	22.63	358.75	166.92
1321.02	465.49	192.35	70.63	1353.16	1086.80
1936.55	814.41	280.97	99.60	2133.88	1647.57
173.46	63.46	17.45	5.87	219.37	121.78
259.36	75.57	38.68	12.70	357.56	221.25
5.07	5.01			4.20	0.38
244.97	58.75	38.78	13.57	256.41	183.59
136.73	40.53	8.74	2.57	204.29	139.63
26.47	15.88	0.62	0.16	34.99	17.84
297.60	25.37	20.79	5.15	575.71	293.34
100.73	23.95	18.27	7.21	72.88	58.91

1-B-6 续表 1

地　区	应付账款	所有者权益合计	实收资本	国家资本
全　国	**21227.83**	**65135.15**	**26863.27**	**1648.22**
北　京	1128.66	2844.85	560.04	78.76
天　津	224.52	890.53	484.59	25.05
河　北	682.56	1830.14	577.80	78.99
山　西	298.97	407.77	251.70	65.01
内蒙古	76.62	479.60	330.35	50.61
辽　宁	390.21	1066.52	588.92	28.55
吉　林	69.44	147.37	118.92	4.38
黑龙江	64.77	317.72	99.20	6.68
上　海	1247.24	3447.38	1315.38	22.86
江　苏	3332.08	10126.62	5295.11	166.77
浙　江	1468.89	6328.90	2453.25	57.24
安　徽	1212.75	1946.08	700.79	73.59
福　建	760.84	3511.55	1594.58	29.38
江　西	404.76	1531.14	532.90	26.11
山　东	1401.72	5646.91	1981.60	176.39
河　南	1118.47	1859.45	578.20	23.24
湖　北	324.57	1213.81	566.80	13.96
湖　南	275.13	1897.93	632.23	79.69
广　东	4974.31	14790.20	5787.85	347.22
广　西	134.77	587.20	302.13	43.57
海　南	70.43	442.22	252.47	53.85
重　庆	517.24	986.43	525.66	56.35
四　川	850.95	1253.80	469.96	49.88
贵　州	38.13	258.78	157.59	18.62
云　南	38.35	274.44	172.31	30.65
西　藏		5.18	1.54	
陕　西	62.07	186.27	95.07	18.83
甘　肃	14.06	158.05	103.86	12.06
青　海	4.20	31.47	28.75	5.55
宁　夏	17.95	517.53	209.17	
新　疆	23.19	149.31	94.53	4.37

单位：亿元

集体资本	法人资本	个人资本	港澳台资本	外商资本	营业收入
144.52	**6902.79**	**1297.38**	**14790.95**	**2056.36**	**112904.31**
0.27	158.28	53.50	262.93	6.31	4475.43
1.20	93.39	11.73	311.88	41.34	1603.69
0.94	185.61	26.60	251.90	33.77	3199.90
0.89	114.32	1.43	64.63	5.43	1130.06
	85.67	25.96	145.46	22.64	697.93
1.45	114.98	10.31	410.23	23.40	1357.99
0.07	44.58	1.49	50.25	18.15	308.27
	28.17	2.42	46.27	15.66	394.88
8.12	231.75	109.92	867.97	74.77	7402.13
27.65	1290.82	204.10	3159.97	443.54	16507.40
14.60	803.08	172.58	1262.10	143.65	8574.38
6.41	222.92	63.85	300.92	28.93	4145.24
1.18	350.89	82.80	972.81	157.51	6377.13
1.40	226.44	16.74	238.89	23.32	3251.90
40.98	452.27	86.23	1007.72	217.28	8008.04
8.30	174.19	26.16	324.94	21.38	5376.42
0.97	207.20	19.46	273.45	51.76	1952.90
0.79	277.40	38.48	230.95	4.92	1545.31
18.58	1022.81	192.61	3740.51	462.24	26674.59
1.22	42.86	4.13	192.30	17.83	935.61
0.40	90.04	5.87	42.34	59.97	910.36
0.06	235.78	5.16	183.75	44.56	3006.77
3.76	126.20	26.60	225.31	38.21	3641.79
0.01	55.68	0.31	53.57	17.62	177.11
2.14	65.01	5.12	46.87	22.51	249.29
		0.30	1.24		0.75
3.14	27.69	4.94	37.54	2.93	322.64
	70.52	0.12	17.56	3.61	198.86
	13.53		6.99	2.68	12.66
	78.66	96.77	32.34	1.40	302.18
	12.06	1.70	27.36	49.04	162.70

1-B-6 续表 2

地 区	营业成本	销售费用	管理费用	财务费用
全 国	**96113.43**	**3032.70**	**6186.34**	**284.77**
北 京	3946.45	208.68	236.64	-27.70
天 津	1411.71	36.59	75.44	8.02
河 北	2779.78	78.78	190.23	18.16
山 西	1076.65	4.41	15.13	3.91
内蒙古	585.44	10.37	27.02	8.58
辽 宁	1156.61	50.36	81.31	3.13
吉 林	263.28	9.10	19.00	9.65
黑龙江	306.87	35.69	18.15	3.17
上 海	6351.31	223.58	371.61	-23.35
江 苏	13785.43	471.33	1111.44	23.84
浙 江	7165.33	268.45	587.20	21.47
安 徽	3675.75	100.24	161.06	14.07
福 建	5356.16	182.73	352.88	19.66
江 西	2899.03	35.53	105.92	15.49
山 东	6819.03	171.21	366.65	53.68
河 南	4959.70	44.24	84.44	25.43
湖 北	1600.34	64.64	115.79	9.42
湖 南	1217.35	52.53	135.64	16.05
广 东	21859.58	838.64	1849.18	36.90
广 西	832.59	14.62	35.03	5.01
海 南	779.93	10.67	17.42	4.23
重 庆	2771.70	30.59	76.99	4.26
四 川	3378.12	39.31	84.95	8.76
贵 州	132.50	4.79	10.06	4.56
云 南	193.35	8.63	17.17	5.16
西 藏	0.28		0.07	0.07
陕 西	266.43	21.32	15.66	2.00
甘 肃	172.66	3.13	3.74	3.33
青 海	8.17	1.07	0.73	0.74
宁 夏	232.12	1.37	12.87	7.19
新 疆	129.76	10.10	6.90	-0.12

单位：亿元

利息费用	投资收益（损失以"—"号记）	营业利润	利润总额	亏损企业亏损额	平均用工人数（万人）
938.92	**953.33**	**7210.90**	**7356.95**	**1066.68**	**714.58**
13.92	45.36	120.89	120.68	49.22	5.58
11.85	5.68	67.89	71.40	22.76	6.96
32.99	40.26	103.55	99.61	64.68	12.63
16.48	0.93	29.28	30.05	12.40	4.39
9.88	1.81	50.54	50.06	30.43	2.41
8.54	3.40	60.28	63.59	29.31	6.97
9.71	-1.72	16.08	16.90	14.03	1.93
6.85	0.39	28.63	34.42	12.65	1.88
18.85	37.97	376.67	386.93	89.07	23.73
110.34	83.79	1130.88	1160.58	198.40	101.41
75.86	94.14	571.78	605.32	61.59	50.04
22.00	17.66	163.13	167.07	46.28	16.46
39.55	101.33	546.67	547.72	33.11	53.44
17.68	2.00	174.70	176.68	11.22	15.51
118.52	237.97	776.59	797.01	44.76	36.41
153.43	27.86	253.94	256.26	12.25	20.42
10.99	4.47	157.85	159.10	28.38	11.11
24.02	2.53	117.76	116.22	20.14	18.78
145.57	191.53	1984.98	2012.34	202.08	282.47
6.90	18.12	64.00	64.66	8.69	7.70
4.65	0.97	19.55	19.84	4.04	1.06
16.25	18.01	112.56	115.22	27.87	9.34
39.32	5.09	128.28	133.03	9.24	15.22
4.79	1.68	25.79	24.74	4.09	1.70
5.53	3.81	25.78	26.51	5.31	2.13
0.07		0.25	0.25		
2.73	0.84	18.33	18.60	12.23	1.89
2.73	0.97	16.58	16.36	1.85	0.48
0.85		1.72	1.70	0.76	0.09
6.91	3.39	48.77	46.92	6.45	1.55
1.16	3.10	17.20	17.19	3.39	0.89

1—B—7　按地区分组的外商

地　区	资产总计	固定资产净额	固定资产原价	固定资产累计折旧
全　国	**161754.03**	**35471.82**	**87819.24**	**51122.51**
北　京	9300.30	1052.57	2716.50	1637.30
天　津	7096.94	2901.55	7347.05	4400.10
河　北	4072.15	992.28	2249.99	1213.17
山　西	1329.78	384.94	829.15	437.76
内蒙古	2325.05	227.26	526.75	291.30
辽　宁	6616.84	1790.84	4573.50	2750.69
吉　林	3065.81	437.61	1412.53	953.11
黑龙江	672.60	228.68	575.39	341.76
上　海	15626.62	2595.21	7712.45	4983.17
江　苏	31035.37	7388.44	18700.72	10963.65
浙　江	12847.75	2240.22	4795.90	2521.74
安　徽	2753.01	628.33	1302.74	659.06
福　建	4293.49	1105.34	2864.73	1741.46
江　西	2556.06	435.39	1013.10	545.11
山　东	8306.36	1801.71	4582.58	2728.42
河　南	1957.51	408.42	914.65	490.42
湖　北	4585.84	1176.81	2745.60	1515.54
湖　南	1050.30	355.81	824.51	461.76
广　东	29875.03	6026.81	14173.39	7963.62
广　西	2813.06	536.66	1093.46	551.51
海　南	470.63	185.44	339.40	153.87
重　庆	2442.26	590.69	1581.52	895.89
四　川	2468.20	657.04	1585.66	906.72
贵　州	430.19	99.23	173.69	66.10
云　南	582.00	109.29	216.96	106.87
西　藏	23.52	2.65	10.50	6.68
陕　西	1854.90	821.27	2443.70	1621.35
甘　肃	156.81	56.67	114.87	56.41
青　海	69.21	6.75	15.73	8.65
宁　夏	237.09	61.78	92.36	30.52
新　疆	839.35	166.14	290.14	118.77

投资工业企业主要经济指标

单位：亿元

流动资产合计	应收账款	存货		负债合计	流动负债合计
			产成品		
97950.35	**29972.41**	**18084.33**	**6428.40**	**85444.96**	**71709.81**
6460.58	1968.70	916.39	400.13	5787.50	5377.68
3390.77	1119.76	755.52	257.52	4039.89	3242.14
2415.94	704.93	377.08	129.50	2417.39	1912.56
669.03	103.36	49.37	22.36	607.67	473.86
685.92	124.71	91.61	34.03	1000.29	759.05
3686.14	782.48	1110.24	346.81	3438.00	2884.53
2100.13	367.88	272.88	65.97	2020.26	1837.89
318.74	99.22	66.43	21.79	444.10	355.13
10148.04	3097.31	2161.34	665.98	8237.09	7216.11
19762.40	6722.89	4120.82	1501.77	14329.54	12212.48
7327.62	2170.86	1255.40	481.85	6128.28	5115.69
1722.01	505.73	291.22	107.25	1358.33	1129.95
2482.78	753.67	548.16	188.32	2121.26	1765.04
1590.46	388.40	183.13	69.97	1381.41	1143.10
5211.65	1727.49	1023.40	422.75	3908.77	3200.71
987.18	270.71	173.60	48.57	1015.25	810.43
2600.14	722.05	453.36	154.50	2842.91	2367.88
521.33	145.15	80.87	32.91	535.00	439.54
18588.50	5622.17	2947.38	1076.09	17367.27	14133.51
1913.92	851.86	197.80	90.42	2258.85	2008.52
227.16	78.67	31.44	4.49	258.98	198.00
1611.36	621.06	273.63	107.29	1374.46	1139.80
1493.67	654.00	236.66	88.10	1309.67	1041.40
193.68	60.61	51.69	8.13	223.65	131.09
353.42	54.03	41.19	17.44	186.07	135.88
19.26	2.05	1.22	0.23	12.66	10.20
887.06	179.00	314.26	61.96	461.44	356.48
85.14	35.27	21.41	6.65	80.89	60.86
11.96	0.33	0.16		28.99	27.38
99.34	20.39	16.78	5.92	109.42	79.70
385.03	17.69	19.88	9.69	159.68	143.20

1-B-7 续表 1

地区	应付账款	所有者权益合计	实收资本	国家资本
全国	**27849.77**	**76308.91**	**36583.18**	**1883.17**
北京	2194.96	3512.80	1767.04	20.47
天津	1050.80	3057.05	1561.28	156.61
河北	599.57	1654.76	711.18	68.69
山西	129.04	722.11	260.33	44.69
内蒙古	107.84	1324.76	289.11	10.71
辽宁	1095.71	3178.84	1274.13	131.79
吉林	953.60	1045.55	542.56	4.59
黑龙江	111.69	228.50	194.12	14.67
上海	2786.82	7388.58	3370.06	200.55
江苏	5274.77	16705.72	8996.32	152.75
浙江	1693.95	6719.47	2607.31	87.17
安徽	494.13	1394.69	611.18	25.75
福建	573.89	2172.23	1317.95	57.36
江西	349.48	1174.80	537.68	39.88
山东	1232.80	4397.59	2114.07	63.44
河南	201.53	942.26	312.17	17.14
湖北	751.38	1742.94	965.41	99.71
湖南	135.36	515.30	270.83	26.89
广东	5243.81	12507.56	6205.57	482.23
广西	1312.63	554.20	424.14	48.70
海南	35.90	211.65	136.95	2.77
重庆	658.13	1067.80	530.10	60.19
四川	557.03	1158.53	654.36	18.91
贵州	36.86	206.54	93.02	7.61
云南	48.99	395.93	106.89	17.09
西藏	0.60	10.86	3.58	
陕西	132.42	1393.46	545.82	9.71
甘肃	26.57	76.86	48.51	10.09
青海	15.11	40.22	6.93	
宁夏	19.60	127.67	60.43	0.48
新疆	24.78	679.67	64.12	2.54

单位：亿元

集体资本	法人资本	个人资本	港澳台资本	外商资本	营业收入
337.00	**10339.80**	**776.26**	**1318.02**	**22114.38**	**155605.71**
10.85	702.49	27.58	13.27	992.37	6118.05
5.21	249.85	17.65	11.59	1119.89	7515.40
16.38	205.64	7.86	20.26	386.57	3859.80
0.30	87.04	1.53	4.54	122.23	641.41
6.63	207.91	2.54	2.97	58.34	1494.61
27.17	430.73	39.31	50.97	795.48	7855.89
7.88	219.73	3.09	1.94	305.33	4528.46
1.67	40.14	3.25	11.28	123.12	688.55
7.93	697.46	51.74	69.38	2343.00	15102.31
56.59	1526.63	143.82	306.86	6804.66	31451.14
7.12	791.08	127.90	159.55	1434.50	9804.57
15.30	164.79	19.35	25.37	360.64	2433.83
2.09	361.38	34.79	30.34	832.00	4947.02
1.90	229.81	37.45	19.25	209.39	1842.20
31.16	601.72	82.58	90.82	1243.35	8430.65
9.45	90.73	17.10	36.05	141.69	1956.63
46.96	334.51	26.22	17.72	440.29	5666.86
23.88	87.05	11.38	6.22	115.41	1018.30
36.64	2437.08	70.38	302.30	2874.04	29352.74
14.74	183.57	2.49	39.00	134.94	2197.08
0.36	70.64	1.78	2.15	59.26	274.79
1.76	164.13	13.33	41.20	249.50	3133.76
0.50	270.68	8.41	37.42	318.44	2976.43
0.62	20.90	0.14	6.34	57.43	169.31
3.26	40.26	4.35	2.14	39.81	343.40
	1.43		2.00	0.15	7.07
0.50	51.20	3.44	6.30	474.67	1269.46
0.08	13.94	0.92	0.04	23.44	123.34
	4.27	2.66			17.31
0.05	30.93	7.21	0.69	21.07	95.32
	22.09	6.04	0.07	33.39	290.02

1-B-7 续表 2

地 区	营业成本	销售费用	管理费用	财务费用
全 国	**129909.94**	**4969.97**	**8796.59**	**271.36**
北 京	4589.63	506.86	342.51	-5.12
天 津	5738.65	160.19	348.55	17.32
河 北	3431.20	89.49	161.24	13.39
山 西	437.23	13.23	28.74	7.54
内蒙古	1193.40	107.63	55.44	-11.24
辽 宁	6394.66	313.16	295.40	12.91
吉 林	3791.45	17.52	228.96	-2.78
黑龙江	595.36	28.61	29.25	7.03
上 海	12364.29	624.26	1206.42	7.19
江 苏	26476.56	869.83	1864.37	72.59
浙 江	8101.74	369.62	762.62	19.13
安 徽	2012.27	86.32	155.38	-0.50
福 建	4215.90	121.86	232.10	15.55
江 西	1607.66	40.45	107.93	5.37
山 东	7183.26	240.18	425.38	23.15
河 南	1698.46	66.81	79.07	7.86
湖 北	4877.84	107.19	233.53	15.70
湖 南	841.72	24.90	74.12	6.65
广 东	25040.16	840.16	1683.75	30.07
广 西	1984.79	46.36	94.23	9.61
海 南	218.37	10.77	15.58	7.89
重 庆	2754.14	103.11	150.64	-3.58
四 川	2594.34	64.56	88.76	15.25
贵 州	115.72	13.96	10.00	3.40
云 南	262.53	23.38	14.54	-0.93
西 藏	4.24	0.95	0.53	-0.04
陕 西	987.66	62.45	86.90	0.10
甘 肃	100.69	7.75	4.55	0.81
青 海	16.34	0.14	1.90	-0.15
宁 夏	75.86	3.24	6.22	1.76
新 疆	203.80	5.04	7.98	-4.57

单位：亿元

利息费用	投资收益（损失以"－"号记）	营业利润	利润总额	亏损企业亏损额	平均用工人数（万人）
813.06	**1078.51**	**10956.81**	**11080.08**	**1774.99**	**720.45**
35.77	28.28	597.72	611.04	74.72	17.34
20.74	106.44	1170.16	1173.41	81.31	23.14
27.15	24.35	159.42	150.31	45.99	14.14
11.42	9.31	148.93	149.67	5.18	3.68
11.31	132.42	253.81	250.15	4.64	2.85
30.35	26.93	673.02	677.73	90.81	28.06
4.60	34.24	380.67	385.80	17.35	8.05
8.78	2.01	19.45	20.82	12.34	2.55
53.19	82.84	861.68	895.87	163.83	54.99
157.04	123.77	2124.06	2155.59	323.51	165.07
73.78	271.19	777.08	802.30	155.07	56.19
10.08	17.29	181.23	184.09	28.16	12.76
26.89	24.37	305.26	307.63	42.81	31.79
9.44	-23.32	217.04	220.94	39.69	10.53
55.62	16.11	524.93	530.53	74.08	51.67
12.17	51.97	147.80	148.96	14.92	9.47
22.56	-9.51	208.18	211.87	63.25	20.72
8.25	-22.12	24.60	25.84	65.17	6.35
160.52	124.40	1505.99	1499.63	336.19	154.23
21.99	5.49	53.22	50.98	31.05	7.16
7.44	2.56	21.53	22.08	1.77	0.74
12.59	5.71	72.77	76.73	68.15	12.71
15.47	17.41	222.02	224.69	18.45	16.05
4.36	0.01	15.94	15.65	4.25	1.77
2.16	5.46	47.82	46.95	1.78	1.63
0.07		1.43	1.56		0.04
5.31	3.87	131.91	129.94	5.51	4.74
1.35	0.41	8.53	8.73	2.34	0.59
0.08		-0.68	-0.70	1.19	0.03
1.70	1.17	9.87	10.01	0.60	0.56
0.87	15.44	91.42	91.31	0.88	0.86

1−B−8 按地区分组的大型

地 区	资产总计	固定资产净额	固定资产原价	固定资产累计折旧
全 国	**789559.74**	**205645.66**	**434608.39**	**221594.14**
北 京	53078.20	7844.16	16246.61	8278.47
天 津	12152.11	4973.56	11806.66	6616.66
河 北	30509.92	9456.24	19799.19	9800.81
山 西	33190.71	7633.68	15745.59	8000.88
内 蒙 古	24355.43	8139.44	15952.12	7353.40
辽 宁	25386.23	6964.12	16876.44	9533.97
吉 林	11459.68	2169.27	5318.27	2956.66
黑 龙 江	10809.35	3142.76	9976.25	6612.55
上 海	29170.72	5151.04	14703.65	9379.89
江 苏	69986.96	17996.86	39093.58	20564.83
浙 江	46562.38	11572.30	20688.89	9066.89
安 徽	28086.15	7319.66	13852.47	6427.08
福 建	25004.45	7007.65	13016.90	5933.03
江 西	13137.92	3473.42	6956.20	3097.36
山 东	56915.23	15698.62	33856.17	17746.11
河 南	27245.87	6979.68	15146.53	7632.10
湖 北	27190.35	8199.89	16688.81	8091.06
湖 南	15888.33	4563.96	8786.11	4125.72
广 东	108686.64	18736.68	41154.03	22155.17
广 西	10418.54	3654.49	6280.91	2611.32
海 南	2133.86	990.98	1713.66	720.61
重 庆	12048.13	3115.11	6488.18	3166.24
四 川	31480.23	9441.24	19572.12	9845.53
贵 州	8474.51	2449.30	4599.94	2081.15
云 南	11711.44	4068.96	7541.97	3395.35
西 藏	1077.70	638.52	1149.38	379.06
陕 西	29229.85	10566.66	21492.17	10623.06
甘 肃	8590.81	2854.48	6459.86	3516.85
青 海	4169.77	1636.12	3382.14	1463.96
宁 夏	6293.72	2406.83	4639.86	2049.53
新 疆	15114.51	6799.99	15623.76	8368.84

工业企业主要经济指标

单位：亿元

流动资产合计	应收账款	存货	产成品	负债合计	流动负债合计
370042.47	**86654.27**	**64053.48**	**20338.51**	**442649.16**	**329232.10**
17934.00	3830.70	1833.37	710.85	24014.62	16336.80
4861.66	1297.56	910.41	274.19	7095.84	5252.08
13048.37	2463.76	2233.84	679.17	18721.18	14726.81
16006.72	2752.71	1146.63	362.35	22021.30	16409.60
7807.34	854.90	1235.19	359.13	12583.52	8535.71
11787.69	2091.79	2777.12	634.90	15338.37	11635.37
5106.63	824.35	743.76	196.56	5819.30	4674.33
4887.76	580.73	628.49	138.28	6385.11	4186.15
14284.43	3423.56	2902.38	665.21	14388.70	11005.86
39254.34	12713.63	7234.38	2965.16	38139.87	30759.20
22525.42	6366.34	4369.25	1736.99	24781.36	18447.11
14004.08	3995.47	2022.39	640.17	16094.22	12459.13
12517.30	2585.23	2139.83	772.35	14204.16	9562.43
6637.71	1875.31	1372.15	332.29	7582.21	5709.91
26354.36	5124.79	5108.11	1771.39	32453.23	25104.80
13516.89	4068.79	2408.01	698.97	16791.11	13090.42
11665.86	2410.85	2369.82	591.36	14951.44	10369.79
7930.08	2361.42	1571.94	361.06	8954.21	6821.74
62085.44	14842.22	9528.41	3570.44	64608.53	48345.93
4504.70	1383.14	915.81	242.84	7033.97	4995.99
546.14	126.18	150.79	24.08	1382.37	924.40
7026.99	1998.48	917.81	375.26	7125.40	5914.65
15021.52	3327.49	3100.05	840.33	17200.94	12737.48
3950.31	667.88	1178.52	122.84	4394.92	3050.65
4257.57	665.65	1487.60	167.15	5471.00	3542.47
87.77	5.52	16.42	0.05	421.38	126.45
12122.00	2437.33	2008.68	584.50	15880.98	12407.43
2558.24	367.92	657.61	126.93	4703.93	2509.76
1414.69	184.89	149.66	38.87	2602.78	1814.37
1496.82	247.95	302.65	154.45	4143.58	2520.92
4839.63	777.72	632.38	200.40	7359.61	5254.34

1-B-8 续表 1

地区	应付账款	所有者权益合计	实收资本	国家资本
全国	**109543.09**	**347015.96**	**141230.17**	**43251.39**
北京	4751.41	29063.59	22285.31	19115.36
天津	1463.32	5056.27	2814.59	501.96
河北	4709.31	11779.20	4364.24	749.70
山西	4069.41	11169.41	3573.48	1313.89
内蒙古	2063.65	11771.91	4818.79	811.53
辽宁	3661.55	10047.85	4766.46	840.07
吉林	1979.71	5640.38	2464.75	309.55
黑龙江	1427.53	4424.24	2229.89	338.67
上海	4322.40	14782.02	6055.15	2377.51
江苏	12373.69	31847.10	13172.21	1128.10
浙江	6473.83	21787.79	7375.74	1487.15
安徽	4939.22	11991.94	4323.58	484.06
福建	3279.46	10800.28	4339.08	575.55
江西	2275.46	5555.71	1830.14	193.40
山东	6717.47	24462.00	7379.80	727.92
河南	4766.78	10454.76	4381.27	2241.29
湖北	3380.96	12238.91	5283.21	829.06
湖南	2662.29	6931.43	2616.07	659.56
广东	15305.14	44082.80	13230.06	1902.76
广西	2208.61	3385.53	1678.30	466.41
海南	169.14	751.49	368.29	5.88
重庆	2451.79	4935.25	2037.36	490.81
四川	4332.43	14285.43	5440.43	734.04
贵州	833.77	4079.59	1040.79	244.50
云南	1100.70	6240.43	1691.81	650.67
西藏	70.11	656.32	95.89	32.30
陕西	4213.15	13435.41	4372.51	1764.75
甘肃	755.29	3886.89	1408.54	518.19
青海	445.68	1566.99	818.02	216.17
宁夏	814.33	2150.15	1606.67	369.34
新疆	1525.51	7754.91	3367.76	1171.25

单位：亿元

					营业收入
集体资本	法人资本	个人资本	港澳台资本	外商资本	
1159.29	**73072.80**	**8016.68**	**6380.07**	**8951.14**	**592007.75**
6.97	2413.25	72.45	144.53	532.75	19267.39
0.35	1372.39	286.34	164.66	488.90	10179.49
19.90	2943.66	436.33	129.75	82.62	25576.70
26.37	1913.30	266.02	34.04	19.85	17049.14
57.21	3508.85	365.51	59.14	16.54	15721.94
25.70	2713.89	362.46	268.08	316.56	21249.58
15.07	1942.70	44.27	0.75	152.41	8535.76
34.27	1766.26	62.00		27.43	6552.24
6.10	2065.89	159.35	517.94	928.35	22059.10
115.02	7120.02	905.55	1299.89	2598.64	64876.65
70.95	4123.38	940.80	422.07	331.39	37062.50
128.51	3221.73	249.51	124.32	111.29	22593.34
13.85	2717.65	276.48	357.17	398.38	19440.87
23.81	1293.93	144.15	83.49	91.36	13166.69
128.34	4873.05	754.85	364.96	525.18	48365.88
51.16	1595.58	275.08	190.43	27.74	24643.61
60.20	3804.85	298.50	96.82	193.79	17269.94
4.84	1562.74	185.41	173.98	29.54	12346.41
122.22	7564.08	750.25	1634.13	1254.57	85214.21
2.23	1052.70	87.52	39.14	30.31	8945.80
0.53	292.54	3.92		65.41	1490.66
5.41	1230.02	55.10	154.72	117.27	12719.74
3.91	3856.03	566.19	92.31	187.94	24202.29
6.21	709.20	49.57	0.05	31.00	4870.67
63.03	862.19	94.74	5.47	15.71	8531.18
	15.30	48.29			213.80
48.91	1963.75	135.72	10.03	359.34	18247.98
32.54	745.29	45.99	2.00		6286.66
15.90	552.28	32.20		1.47	2197.62
2.25	1201.39	33.64		0.06	3668.61
67.55	2074.93	28.48	10.22	15.32	9461.30

1-B-8 续表 2

地区	营业成本	销售费用	管理费用	财务费用
全国	**494734.01**	**12685.39**	**29393.10**	**2874.78**
北京	16979.85	708.03	696.14	201.37
天津	8232.86	133.07	452.81	38.87
河北	22699.87	390.12	1043.79	218.65
山西	13808.92	118.56	890.90	276.03
内蒙古	12438.08	371.03	589.93	144.82
辽宁	18155.95	349.29	668.72	137.55
吉林	7264.64	94.29	487.14	24.53
黑龙江	5318.84	85.74	387.45	45.00
上海	18617.78	596.14	1300.61	-47.62
江苏	55537.42	1403.59	3029.58	139.78
浙江	31412.67	889.68	1940.22	154.89
安徽	19340.00	397.52	1010.55	72.15
福建	16078.84	507.79	890.02	71.16
江西	11550.53	125.08	512.83	52.69
山东	41224.81	843.40	2062.94	277.95
河南	21646.60	291.94	931.29	193.69
湖北	14296.35	303.43	941.98	140.04
湖南	9797.78	280.51	688.50	36.14
广东	69045.86	3182.91	6637.12	118.80
广西	7963.74	110.39	285.76	62.41
海南	1213.53	34.62	49.39	20.70
重庆	11064.02	304.79	537.67	-4.22
四川	19505.59	583.79	1004.43	62.55
贵州	3147.90	74.96	312.15	41.87
云南	6343.27	119.94	324.17	57.63
西藏	205.07	0.12	19.68	6.23
陕西	14307.10	189.44	823.44	106.39
甘肃	5218.47	51.07	211.34	49.96
青海	1829.78	8.09	92.63	20.72
宁夏	3087.95	21.24	131.85	64.49
新疆	7399.96	114.80	438.07	89.55

单位：亿元

利息费用	投资收益（损失以"–"号记）	营业利润	利润总额	亏损企业亏损额	平均用工人数（万人）
5634.47	**8109.86**	**40856.12**	**40568.71**	**5207.22**	**2418.32**
294.30	608.75	997.89	999.03	207.15	32.75
55.16	118.82	1098.50	1100.16	175.71	31.92
256.84	146.78	592.11	585.36	292.41	94.18
443.34	465.10	1872.92	1761.97	263.11	97.49
203.85	254.41	1728.03	1688.79	272.16	53.68
181.51	119.86	962.53	942.07	297.08	69.63
51.90	306.00	594.06	610.69	98.66	31.43
84.62	33.73	251.22	252.74	146.02	43.03
92.77	348.71	965.64	979.11	291.18	54.10
405.23	413.05	3939.22	3903.36	401.96	259.30
331.25	484.28	2298.77	2299.48	175.23	148.14
162.26	93.06	1212.80	1215.89	248.29	85.91
181.28	409.67	1833.18	1823.14	144.60	86.85
72.06	48.81	620.70	629.67	60.08	56.67
479.19	618.76	2939.79	2923.21	211.01	185.04
411.13	224.95	1120.60	1120.49	204.19	123.59
197.60	290.82	898.41	894.82	347.27	73.36
87.36	38.14	746.04	740.45	33.39	65.12
708.73	1760.02	7151.72	7162.06	357.22	425.14
97.18	44.78	249.78	254.79	84.07	30.97
20.30	0.58	96.64	96.85	3.46	4.07
63.28	-9.42	457.24	455.73	210.60	45.88
176.53	85.73	2331.38	2325.28	94.58	108.40
65.56	408.52	1065.86	1058.19	36.13	30.03
84.22	102.33	794.63	790.65	56.26	27.23
6.02	-0.09	-18.00	-18.70	66.22	1.29
169.58	353.03	2136.21	2101.98	155.91	74.75
60.65	49.11	415.80	406.63	52.35	24.62
25.18	68.93	234.34	228.21	44.91	9.44
55.02	6.27	204.71	200.51	63.01	14.45
110.57	216.35	1063.41	1036.07	112.96	29.89

1-B-9 按地区分组的中型工业

地区	资产总计	固定资产净额	固定资产原价	固定资产累计折旧
全　国	**367897.91**	**90316.63**	**176915.19**	**82028.17**
北　京	10896.71	846.49	1974.74	1106.81
天　津	5402.72	1289.26	2908.41	1557.80
河　北	12043.97	3119.28	6243.95	3053.75
山　西	13453.50	4359.20	8133.61	3587.41
内蒙古	9579.40	3157.43	6086.54	2778.19
辽　宁	8797.67	2176.65	4985.95	2665.50
吉　林	3209.06	1056.73	2501.68	1341.60
黑龙江	3654.59	1140.19	2413.98	1144.39
上　海	13955.43	1951.53	4506.38	2463.12
江　苏	47933.65	10108.02	20841.83	10333.50
浙　江	36926.66	7047.96	13186.22	6044.52
安　徽	12470.91	3254.01	5766.08	2437.86
福　建	11299.36	2902.43	5856.95	2882.87
江　西	7741.21	2034.02	3617.72	1503.91
山　东	30334.55	6965.80	13454.10	6283.89
河　南	13001.53	3584.25	6925.09	3237.42
湖　北	11562.90	3296.63	6679.72	3142.60
湖　南	7981.60	2107.99	4048.52	1825.67
广　东	42854.18	8566.65	17866.97	9091.90
广　西	6764.46	2140.18	3711.84	1494.60
海　南	1112.62	265.45	556.80	281.04
重　庆	7378.58	2125.95	4370.16	2132.17
四　川	15755.26	4979.80	8819.40	3136.05
贵　州	4577.95	1541.73	2827.38	1195.05
云　南	7740.49	3141.23	5537.11	1742.61
西　藏	396.83	172.15	241.91	69.57
陕　西	8383.03	2367.37	4688.27	2234.43
甘　肃	2576.03	965.86	1765.42	730.14
青　海	1298.13	308.67	598.31	267.26
宁　夏	3113.90	1109.98	2048.61	861.70
新　疆	5701.01	2233.77	3751.55	1400.85

企业主要经济指标

单位：亿元

流动资产合计	应收账款	存货	产成品	负债合计	流动负债合计
199256.87	**52022.87**	**40186.04**	**15982.87**	**204159.32**	**161426.21**
6582.30	1369.34	1067.64	291.47	4386.56	3527.75
3059.10	904.46	696.95	275.73	2834.68	2229.74
6829.74	1633.77	1293.59	525.60	7592.03	6218.55
5736.20	1373.73	755.02	335.98	8967.75	7260.97
3969.51	654.84	650.14	250.17	5672.01	4102.29
5096.72	1219.19	1186.43	464.52	5124.35	4275.87
1510.22	373.45	315.27	104.05	2028.51	1649.99
1874.91	335.19	410.82	139.79	2161.64	1616.15
8535.09	2612.26	1619.77	550.37	6638.68	5502.76
29292.84	9344.41	5883.98	2496.55	24791.87	20701.09
21777.81	5740.66	4214.41	1779.79	19244.34	15944.41
6671.69	2027.11	1301.08	551.43	6472.91	5186.91
6033.14	1446.82	1339.56	555.95	5902.43	4576.12
4376.74	1087.11	863.18	336.59	4448.54	3515.76
17379.55	3585.58	3832.12	1586.14	19183.75	16194.97
6129.65	1343.33	1277.53	469.80	7801.70	5952.56
5921.84	1661.65	1209.85	480.55	5948.16	4477.24
4005.85	1165.95	856.12	327.00	4071.06	3036.45
25447.74	7465.69	5396.36	2065.08	22831.18	18498.99
3399.17	639.57	810.73	363.33	4247.21	3252.64
537.38	114.80	107.14	43.18	642.30	493.79
3755.76	1138.58	696.39	280.30	3971.46	3010.53
7036.22	1956.98	1494.56	559.53	8721.52	5824.15
2079.76	409.91	508.64	134.92	3328.81	2532.90
2685.01	482.41	680.38	361.69	4445.48	2804.88
135.30	10.60	9.06	1.55	185.09	83.79
4424.78	982.60	719.78	279.11	4360.89	3231.52
966.66	218.08	259.93	82.96	1685.62	1108.27
553.07	86.39	103.09	36.01	639.52	451.32
1372.43	248.05	258.12	112.91	2219.50	1569.72
2080.70	390.35	368.42	140.83	3609.77	2594.11

1-B-9 续表 1

地区	应付账款	所有者权益合计	实收资本	国家资本
全国	**49944.64**	**163720.50**	**71472.40**	**11379.82**
北京	1182.23	6510.15	2063.20	353.71
天津	778.14	2568.35	1339.69	207.80
河北	1726.96	4451.95	2178.57	443.59
山西	1774.05	4485.75	1989.94	509.33
内蒙古	1105.70	3907.38	2215.58	359.90
辽宁	1073.43	3670.59	1969.69	242.29
吉林	419.79	1183.41	715.34	90.21
黑龙江	357.45	1473.84	856.19	153.49
上海	2058.95	7316.76	2545.14	390.69
江苏	7507.89	23133.23	10008.82	895.63
浙江	4833.66	17684.01	5889.29	266.77
安徽	1931.31	5998.00	2620.30	495.40
福建	1256.27	5396.88	2562.11	286.40
江西	1094.61	3292.67	1561.74	300.31
山东	4708.32	11150.80	5253.40	638.23
河南	1564.85	5199.83	2532.85	551.88
湖北	1608.09	5614.73	2049.75	313.45
湖南	975.42	3910.54	1780.94	391.05
广东	6384.99	20023.00	7712.48	812.91
广西	800.32	2517.25	1498.94	412.44
海南	99.75	470.32	272.54	77.81
重庆	1121.64	3425.76	1289.78	288.61
四川	1839.94	7027.60	3002.31	738.14
贵州	582.46	1249.14	1166.79	353.36
云南	647.87	3295.02	1643.62	550.85
西藏	18.38	211.74	50.25	32.96
陕西	985.30	4017.14	1731.06	517.02
甘肃	345.18	890.41	730.07	283.76
青海	125.03	658.61	335.74	71.91
宁夏	379.62	894.41	697.39	82.61
新疆	657.05	2091.24	1208.92	267.31

单位：亿元

集体资本	法人资本	个人资本	港澳台资本	外商资本	营业收入
1211.15	**36857.24**	**10363.61**	**4492.43**	**7101.87**	**290579.15**
34.58	1021.10	307.72	47.73	298.35	4493.33
8.07	565.52	149.20	82.55	325.56	4897.82
23.96	1089.69	408.49	46.65	162.69	10048.73
54.19	1085.46	259.14	4.37	77.44	7899.84
47.74	1382.40	359.70	48.83	16.38	6218.29
33.62	1126.47	214.22	89.91	259.06	6467.81
3.17	423.14	70.08	27.62	93.50	2294.97
6.14	473.35	95.01	33.52	82.08	2348.12
37.06	964.82	286.46	209.08	657.03	10623.45
90.41	4595.76	1369.65	1077.54	1977.07	39727.22
83.66	3375.08	1327.62	384.26	451.89	27549.60
51.40	1470.36	382.79	74.07	141.78	9772.87
33.94	1144.34	417.86	358.87	320.69	12090.38
26.21	857.19	212.86	86.43	78.75	7250.86
159.42	2921.97	780.32	334.17	419.30	29039.35
65.42	1336.30	448.54	63.49	67.22	9266.82
51.07	1116.07	344.72	74.99	149.44	10042.64
35.54	852.99	413.88	33.52	63.03	7378.26
90.43	3500.73	1097.44	1104.16	1102.74	40188.46
29.13	764.24	125.23	90.00	77.60	5577.26
0.58	146.12	25.66	21.42	0.95	893.30
22.70	695.88	148.13	50.76	83.70	6383.07
65.59	1680.80	332.13	93.77	91.18	9816.76
35.18	645.36	104.82	20.85	6.40	2308.00
43.89	911.63	103.97	6.20	27.08	5056.56
0.50	13.32	3.47			136.91
31.15	880.91	218.20	14.45	36.55	5154.96
13.19	369.89	50.47		12.76	1837.10
10.60	225.07	22.46	5.70		896.98
7.80	423.42	169.52		14.05	2080.33
14.81	797.88	113.84	7.51	7.58	2839.10

1-B-9 续表 2

地　区	营业成本	销售费用	管理费用	财务费用
全　国	**243488.43**	**7598.90**	**17191.51**	**2003.89**
北　京	3318.48	308.57	589.94	-11.60
天　津	4265.22	136.64	286.17	20.34
河　北	8938.41	192.58	453.82	76.09
山　西	5974.67	117.16	455.18	143.33
内蒙古	4967.45	85.74	275.43	76.97
辽　宁	5544.85	188.37	346.24	64.81
吉　林	1942.81	60.47	138.87	36.30
黑龙江	2023.96	81.09	111.92	30.74
上　海	8575.15	478.17	883.52	26.02
江　苏	33463.19	1010.05	2483.72	159.50
浙　江	23245.39	786.55	1894.31	114.25
安　徽	8404.28	223.11	565.95	49.25
福　建	10400.27	249.97	591.70	59.04
江　西	6305.50	137.37	344.26	45.62
山　东	25186.01	558.99	1278.22	184.55
河　南	7987.79	211.73	488.03	112.62
湖　北	8445.44	257.79	596.54	50.94
湖　南	6027.89	219.68	547.24	61.71
广　东	33481.02	1276.38	2699.24	189.20
广　西	4866.65	86.99	211.85	58.98
海　南	720.39	50.76	40.51	7.45
重　庆	5208.37	166.31	387.37	35.10
四　川	8040.40	280.21	542.86	114.33
贵　州	1955.60	70.66	152.76	48.09
云　南	4074.76	104.55	181.73	73.89
西　藏	66.05	3.35	11.63	2.60
陕　西	3667.57	144.67	308.29	43.38
甘　肃	1652.87	22.97	75.31	24.67
青　海	677.43	9.00	33.06	10.39
宁　夏	1864.16	31.01	79.76	37.26
新　疆	2196.42	48.03	136.07	58.08

单位：亿元

利息费用	投资收益（损失以“–”号记）	营业利润	利润总额	亏损企业亏损额	平均用工人数（万人）
2581.08	**1964.99**	**18986.88**	**19127.50**	**4054.75**	**1899.98**
34.49	151.74	401.56	411.16	180.57	22.05
32.71	14.43	126.90	136.17	121.59	22.95
103.32	-6.31	270.94	280.26	183.85	55.11
148.93	28.04	967.88	900.01	229.93	53.98
82.01	216.07	804.62	778.15	172.08	25.30
68.11	48.80	301.94	322.29	124.43	49.94
37.18	5.15	95.41	100.88	76.97	17.75
32.24	7.83	79.64	91.26	83.10	17.22
60.42	142.97	785.25	790.37	121.62	45.36
251.63	165.71	2593.37	2580.53	381.05	229.89
249.45	322.51	1741.25	1814.97	251.38	195.00
63.52	47.34	537.63	552.82	126.54	65.69
84.49	49.43	765.24	763.26	107.56	92.29
44.44	-17.16	554.97	565.58	78.19	49.49
232.69	108.75	1287.11	1321.93	264.31	147.57
119.08	47.94	403.49	416.59	160.67	67.05
58.00	27.63	618.47	634.93	80.25	68.75
47.15	10.62	451.85	452.44	75.26	66.19
270.10	170.45	2430.69	2434.87	450.43	344.58
75.60	4.86	227.99	232.53	72.18	35.90
7.82	5.24	39.40	39.00	13.04	3.18
39.63	23.48	532.75	535.80	39.51	40.61
119.34	275.89	1009.99	1019.74	126.47	67.08
48.92	11.01	66.27	63.49	96.02	21.89
78.58	25.37	462.19	457.69	63.78	22.36
3.43	1.25	51.01	47.74	0.96	0.43
59.04	21.10	833.81	833.68	88.75	32.37
23.25	-0.14	18.53	19.33	84.89	10.08
11.08	18.89	173.15	171.77	18.02	3.07
38.05	10.37	51.77	57.25	59.95	9.24
56.39	25.73	301.80	301.00	121.42	17.59

1-B-10 按地区分组的小型

地 区	资产总计	固定资产净额	固定资产原价	固定资产累计折旧
全 国	**563298.14**	**147889.93**	**260480.96**	**106487.78**
北 京	9019.04	866.58	1865.59	984.66
天 津	9287.03	1828.47	3622.41	1749.82
河 北	22662.73	6475.82	10936.49	4236.83
山 西	14725.02	5059.40	8276.38	3094.63
内蒙古	14627.14	5409.72	9060.15	3386.00
辽 宁	13045.73	3129.35	6054.13	2830.61
吉 林	5606.60	1733.26	3048.09	1253.43
黑龙江	6500.68	1963.83	3275.84	1245.12
上 海	15597.59	2099.64	5205.08	3059.86
江 苏	72378.40	16307.53	30826.31	13873.29
浙 江	54380.13	12116.90	21856.63	9569.79
安 徽	22378.97	5571.69	8747.13	3018.44
福 建	17942.67	4681.86	8741.86	3888.38
江 西	17022.33	4483.78	7586.39	2882.36
山 东	43378.13	10818.30	18965.88	7820.26
河 南	19513.07	5448.92	9605.36	3728.95
湖 北	21686.62	7010.04	12782.90	5208.21
湖 南	16395.36	5261.53	9196.26	3536.34
广 东	59943.39	11011.78	20434.88	9061.23
广 西	11587.63	3586.10	5652.58	1954.64
海 南	1863.88	552.14	911.07	308.09
重 庆	9664.85	3010.13	5464.67	2299.84
四 川	27116.37	9198.60	14928.86	5422.35
贵 州	7767.31	2424.78	4292.09	1652.92
云 南	10188.74	3487.78	5953.91	2318.04
西 藏	1003.27	450.21	660.60	139.91
陕 西	11963.18	3422.92	5703.36	2083.45
甘 肃	6514.30	2413.24	4066.16	1531.85
青 海	3022.94	1325.26	2033.54	631.95
宁 夏	4564.40	2051.10	3144.87	1017.29
新 疆	11950.64	4689.25	7581.48	2699.26

工业企业主要经济指标

单位：亿元

流动资产合计	应收账款	存货	产成品	负债合计	流动负债合计
315080.87	**105815.43**	**61960.44**	**26051.53**	**340109.57**	**260200.34**
5869.97	1883.00	1110.98	406.42	4188.91	3681.78
5750.34	1691.68	1140.51	399.24	5376.45	4336.18
12353.46	4375.49	2114.31	807.99	15069.91	11336.21
7068.71	2382.48	1170.20	588.95	10529.92	7784.22
6105.56	2169.28	729.64	341.82	9509.09	6314.15
7676.77	2393.62	1690.63	649.75	8108.99	6559.01
2863.82	890.91	654.57	239.42	3652.23	2760.11
3528.05	1080.76	903.52	355.01	4438.90	3380.39
11268.06	3884.96	2203.53	827.64	7521.88	6619.54
46140.50	17232.75	9220.39	4080.68	41278.92	34514.40
33003.50	11004.23	6853.86	2818.50	32729.57	27995.21
12887.29	4777.86	2492.16	1122.99	13600.95	10879.24
10031.68	2930.85	2281.71	1024.89	9908.36	7094.95
9434.18	3007.65	1965.30	879.08	10406.48	7921.13
25481.49	8094.14	5095.74	2224.16	28454.87	22961.29
10390.55	3481.17	1982.55	777.36	11813.96	8671.08
10093.62	3419.06	2041.92	973.19	11775.14	8126.68
7315.86	2268.82	1460.82	680.09	8261.51	5605.47
38811.29	12755.46	7941.07	3015.27	36805.43	29863.29
6007.56	2237.92	1226.24	620.10	7719.35	5528.75
862.88	240.39	145.04	57.33	1110.25	733.42
4785.38	1644.78	872.19	364.62	5365.65	3806.17
12043.19	3544.30	2382.73	858.79	15774.39	9549.66
3417.41	1036.20	660.77	253.78	5439.09	3949.87
4611.52	1230.53	909.63	446.08	6308.76	4212.68
302.79	81.67	32.92	17.57	674.52	410.06
6282.55	2040.66	979.09	408.92	7259.10	4992.88
2903.70	1093.44	490.20	243.59	4286.32	2746.02
1118.80	476.64	102.08	48.27	2018.63	1265.72
1708.69	695.03	275.43	134.95	3001.76	1756.56
4961.70	1769.72	830.69	385.06	7720.28	4844.21

1-B-10 续表 1

地区	应付账款	所有者权益合计	实收资本	国家资本
全国	**79820.40**	**223137.77**	**132421.71**	**15260.79**
北京	1493.94	4830.12	2050.49	204.77
天津	1340.40	3910.53	2532.26	530.94
河北	3168.98	7591.73	6252.58	639.52
山西	2335.83	4194.94	4682.68	564.31
内蒙古	1601.16	5109.78	3103.65	748.67
辽宁	1934.94	4943.33	3667.72	407.57
吉林	736.58	1953.09	1315.94	166.75
黑龙江	848.82	2060.96	1480.19	251.19
上海	2673.21	8071.81	3487.02	346.29
江苏	11454.16	31098.28	17250.64	1247.22
浙江	7371.14	21650.93	11089.20	566.48
安徽	3590.35	8776.72	5017.17	585.65
福建	2087.79	8031.20	4154.10	292.74
江西	2404.05	6615.87	3404.84	398.86
山东	6939.14	14923.56	14291.51	963.38
河南	2454.18	7696.38	4642.25	438.23
湖北	2776.86	9910.94	4399.54	499.12
湖南	1650.74	8133.29	4228.17	416.45
广东	10244.79	23141.07	12102.27	1104.28
广西	1865.31	3863.71	2220.41	277.61
海南	241.40	753.63	462.79	80.22
重庆	1191.49	4299.13	1950.01	368.04
四川	2750.89	11340.09	5151.77	1030.48
贵州	989.05	2328.90	1678.93	386.78
云南	1153.54	3879.97	2401.29	584.00
西藏	57.81	328.74	144.94	54.45
陕西	1579.75	4702.80	2612.27	568.66
甘肃	853.79	2228.92	1873.87	404.62
青海	259.26	1004.31	723.37	196.20
宁夏	450.27	1535.60	1100.74	181.97
新疆	1320.77	4227.43	2949.11	755.37

单位：亿元

集体资本	法人资本	个人资本	港澳台资本	外商资本	营业收入
1938.50	**61254.31**	**39023.25**	**5967.11**	**8856.01**	**477730.21**
15.19	1145.94	407.57	96.95	180.08	5189.91
19.81	920.21	541.44	78.27	440.49	9277.04
74.03	3547.04	1704.15	97.57	179.58	17161.72
26.96	2745.97	1287.39	33.34	24.69	10913.10
72.11	1793.51	368.75	55.98	50.76	7801.39
27.33	1981.24	862.81	113.32	270.28	9617.67
49.40	670.29	313.70	25.58	86.60	3194.65
31.46	675.54	433.65	29.15	58.90	3810.65
32.82	1344.00	669.05	234.21	859.86	13278.70
226.24	6960.88	4890.91	1190.54	2734.80	66464.63
90.39	4895.72	4021.36	684.10	830.01	46810.21
80.94	2483.32	1525.82	178.92	161.82	18955.88
66.59	1804.42	1400.61	302.88	283.87	25137.55
60.36	1734.52	1026.75	101.87	82.26	21594.79
228.33	4291.98	7744.55	455.51	604.92	38266.76
73.95	2035.07	1877.27	139.42	77.85	15368.13
93.89	2126.65	1361.84	147.77	170.32	19661.17
100.62	2341.42	1273.19	65.08	34.36	20089.31
183.15	5365.12	2885.01	1488.70	1072.34	60094.21
41.88	1199.60	491.14	113.11	60.84	8972.26
14.43	248.06	33.13	23.17	63.76	1155.31
12.28	974.01	434.47	32.38	128.16	8432.13
59.19	2556.24	1280.84	91.65	129.58	16374.20
28.49	800.17	363.42	40.70	46.27	3445.26
48.28	1303.15	394.70	39.32	31.46	6146.50
5.45	69.57	12.09	3.24	0.15	213.29
40.35	1209.89	660.86	32.11	99.63	7783.99
27.32	1172.83	221.46	15.80	14.45	3174.85
55.00	404.81	62.17	1.46	3.73	1147.04
10.51	710.02	156.29	33.52	8.42	2173.77
41.75	1743.13	316.84	21.48	65.79	6024.16

1-B-10 续表 2

地　区	营业成本	销售费用	管理费用	财务费用
全　国	**407608.29**	**11317.02**	**29715.34**	**4651.67**
北　京	4120.74	260.58	540.20	19.87
天　津	8315.52	177.46	456.80	55.51
河　北	15054.50	337.07	830.15	232.11
山　西	9755.07	215.15	398.04	172.15
内蒙古	6147.71	139.48	323.71	153.26
辽　宁	8338.27	256.77	586.48	104.33
吉　林	2726.29	104.83	199.83	63.83
黑龙江	3384.75	86.00	196.81	75.17
上　海	10845.32	477.47	1210.05	47.17
江　苏	56262.51	1529.24	4625.63	495.89
浙　江	39982.49	1124.10	3604.58	452.73
安　徽	16373.67	447.63	1146.71	177.42
福　建	21930.55	498.11	1117.40	144.47
江　西	19033.26	343.34	865.55	141.17
山　东	33284.20	758.64	2183.39	347.30
河　南	13381.16	335.83	788.23	175.78
湖　北	16379.03	514.57	1201.20	173.92
湖　南	16216.35	589.51	1630.69	190.05
广　东	51718.41	1610.61	4430.93	377.43
广　西	7997.37	158.08	350.81	110.82
海　南	980.15	32.51	63.18	16.40
重　庆	7040.73	203.17	521.56	70.67
四　川	13315.67	449.69	930.17	244.88
贵　州	2867.86	103.80	213.84	75.64
云　南	5201.81	139.53	279.86	103.04
西　藏	143.92	7.62	16.97	8.06
陕　西	6238.14	190.42	464.32	108.93
甘　肃	2735.15	64.59	142.98	72.94
青　海	938.23	20.51	46.13	40.51
宁　夏	1867.48	36.74	95.86	65.01
新　疆	5031.97	103.95	253.29	135.19

单位：亿元

利息费用	投资收益(损失以"–"号记)	营业利润	利润总额	亏损企业亏损额	平均用工人数(万人)
4121.37	**759.24**	**22135.51**	**23200.82**	**6367.89**	**3415.83**
32.82	24.21	259.89	273.88	133.94	25.83
68.70	41.94	243.16	264.75	120.89	38.92
198.32	-141.11	412.05	414.65	299.81	109.88
155.27	31.34	359.98	372.33	225.32	45.74
149.06	32.35	827.27	817.37	227.34	24.52
95.55	59.36	328.80	370.99	205.75	65.73
51.00	11.26	89.02	95.07	111.00	23.11
60.61	8.03	53.17	72.53	154.58	23.23
57.75	67.14	730.71	776.73	231.63	72.72
453.08	89.55	3317.33	3466.78	754.23	463.91
455.74	160.06	1671.35	1936.40	546.06	415.74
151.51	33.77	739.49	811.57	243.85	139.65
113.02	12.02	1349.28	1370.40	134.77	185.34
94.00	10.50	1116.98	1180.35	124.35	113.08
297.26	39.74	1571.73	1629.25	430.57	256.97
130.88	12.30	573.58	615.66	198.35	132.24
120.16	5.40	1250.54	1302.00	167.99	137.36
109.35	-6.41	1211.38	1184.72	165.06	159.07
356.91	148.29	1892.90	1998.31	774.41	538.82
109.33	31.84	334.85	335.12	133.56	74.68
15.54	2.74	52.16	53.71	25.16	5.15
59.13	-31.09	479.46	485.32	76.57	63.04
224.82	16.95	1230.19	1262.13	172.13	128.92
70.27	10.60	151.80	159.79	111.42	28.44
101.42	19.03	397.26	417.28	111.04	33.84
7.09	3.81	22.17	22.59	20.53	1.14
91.78	30.53	703.66	710.66	133.78	51.82
66.11	7.85	143.72	154.14	78.14	16.51
37.32	3.98	91.62	92.99	36.19	4.18
65.12	5.21	104.33	110.32	58.77	9.23
122.45	18.05	425.69	443.03	160.71	26.99

1-B-11 按地区分组的

地 区	资产总计	固定资产净额	固定资产原价	固定资产累计折旧
全 国	**138876.28**	**39484.32**	**92873.63**	**50999.86**
北 京	3955.70	643.90	989.64	294.41
天 津	3061.52	1863.03	5123.41	3175.02
河 北	4841.89	1051.42	3248.48	1863.92
山 西	32211.99	6567.27	12693.01	5954.28
内蒙古	15148.64	3194.60	6386.46	3082.61
辽 宁	4354.88	895.13	3287.02	2325.34
吉 林	1112.49	339.22	866.63	479.63
黑龙江	6218.58	1834.15	6587.14	4613.98
上 海	378.77	1.10	3.30	2.20
江 苏	973.36	234.88	760.98	476.77
浙 江	989.52	68.38	125.46	56.27
安 徽	4283.08	1132.71	2034.54	883.65
福 建	443.30	129.85	325.39	193.28
江 西	1426.06	256.85	433.11	158.94
山 东	8868.05	2400.18	7313.08	4716.89
河 南	6512.83	1637.90	3323.95	1554.70
湖 北	1657.56	375.52	987.99	553.08
湖 南	767.49	233.80	432.27	177.67
广 东	2407.56	1247.12	3396.49	2147.23
广 西	722.48	216.15	333.37	114.62
海 南	598.38	33.48	60.85	26.54
重 庆	838.31	374.89	849.24	468.78
四 川	6374.66	2139.85	5116.03	2880.94
贵 州	2988.57	916.45	1529.61	576.36
云 南	2245.05	553.68	997.38	410.95
西 藏	727.55	185.24	419.54	101.07
陕 西	12480.21	5046.26	11098.79	5885.02
甘 肃	2513.74	1341.80	2779.01	1430.45
青 海	980.73	135.45	332.29	178.95
宁 夏	1820.78	1088.84	2085.10	910.87
新 疆	6972.57	3345.22	8954.07	5305.45

采矿业主要经济指标

单位：亿元

流动资产合计	应收账款	存货	产成品	负债合计	流动负债合计
52101.57	**7941.98**	**3001.62**	**1473.93**	**80692.74**	**56101.07**
818.10	157.27	7.87	1.33	2513.34	1197.10
643.28	159.10	27.89	6.65	2153.25	1546.98
2081.95	319.65	124.82	71.78	3331.10	2572.01
16068.21	3020.07	671.34	350.22	21270.81	16405.97
6423.53	724.13	306.09	142.00	6983.05	4735.50
1414.89	221.80	125.58	62.81	1942.70	1299.62
245.38	50.68	30.26	16.52	838.35	631.59
2580.56	199.40	164.28	103.32	3233.11	1900.13
128.41	3.20	4.91	0.61	227.34	129.65
392.87	38.52	28.94	11.26	505.21	380.42
285.36	37.63	22.32	9.32	484.72	249.61
1092.19	92.97	71.53	45.83	2610.33	1630.19
133.89	20.79	23.21	12.15	150.07	120.53
575.79	95.65	49.92	25.31	875.90	548.83
2903.08	222.78	137.82	65.06	6220.33	3967.09
2641.15	386.08	87.56	39.41	4264.31	3160.70
652.08	95.86	76.17	54.10	1037.41	571.01
300.65	47.50	35.70	21.58	374.02	246.50
699.00	185.76	60.66	26.21	1743.74	1172.96
267.74	67.25	47.98	23.54	400.30	322.39
79.44	16.22	9.23	2.23	458.82	379.73
211.79	29.44	6.82	3.93	331.48	230.14
2046.16	452.81	242.21	70.67	2997.30	1838.52
997.35	214.93	80.97	42.16	2326.61	1854.05
1004.46	159.39	103.73	54.52	1397.18	1079.22
133.76	5.14	20.26	4.14	428.92	132.86
4763.98	557.39	169.24	63.21	5577.50	3915.40
509.19	67.93	45.92	29.59	1178.03	664.12
184.47	12.98	23.77	14.57	468.12	292.34
264.11	23.26	63.70	39.95	1136.05	582.72
1558.76	256.40	130.90	59.94	3233.35	2343.21

1-B-11 续表 1

地区	应付账款	所有者权益合计	实收资本	国家资本
全国	**11302.89**	**58183.64**	**20003.65**	**6839.76**
北京	95.31	1442.36	635.00	217.01
天津	301.83	908.27	360.19	242.08
河北	458.35	1510.78	587.56	251.22
山西	3209.18	10941.18	2938.55	803.22
内蒙古	1042.17	8165.59	2125.95	441.73
辽宁	267.61	2412.18	970.58	93.50
吉林	132.08	274.14	276.62	12.26
黑龙江	652.03	2985.47	1249.72	71.69
上海	27.99	151.44	130.10	130.10
江苏	72.52	468.15	405.77	340.05
浙江	21.77	504.80	114.83	51.56
安徽	265.09	1672.76	633.83	180.85
福建	20.12	293.24	74.67	31.88
江西	92.04	550.16	186.12	55.10
山东	550.71	2647.72	606.75	136.56
河南	543.04	2248.52	1429.17	1054.95
湖北	125.84	620.15	380.45	41.50
湖南	42.89	393.47	206.33	46.58
广东	207.36	663.82	334.21	12.64
广西	86.01	322.20	94.21	11.54
海南	51.23	139.56	48.12	21.71
重庆	31.22	506.83	171.53	47.85
四川	337.67	3377.36	1098.60	480.17
贵州	357.43	661.97	437.40	138.30
云南	169.14	847.87	374.25	122.33
西藏	33.74	298.62	96.75	28.86
陕西	928.88	6902.71	1625.84	606.59
甘肃	181.37	1335.71	311.03	61.24
青海	91.08	512.61	93.59	41.61
宁夏	108.77	684.73	281.32	103.45
新疆	798.42	3739.30	1724.64	961.63

单位：亿元

集体资本	法人资本	个人资本	港澳台资本	外商资本	营业收入
255.41	**10901.08**	**1792.52**	**89.74**	**124.98**	**62544.07**
	401.95		16.04		547.51
	115.97	1.84		0.30	1862.85
1.83	266.38	64.41	2.81	0.90	2219.31
64.47	1652.39	406.28	6.28	5.91	14463.28
33.26	1435.49	191.06	21.87	2.60	7157.24
0.36	812.27	56.57	2.80	5.05	1670.38
0.41	244.77	17.03		2.14	484.09
41.03	1098.09	35.96	2.79	0.16	2606.41
					133.37
0.15	53.98	3.48	2.76	5.35	485.95
2.42	41.87	17.55	0.11	1.32	207.17
11.07	362.83	77.17	1.03	0.88	1664.29
0.24	19.92	19.84	2.71	0.09	522.50
2.82	92.89	32.26	2.99		748.26
10.48	355.74	53.25	4.12	46.59	3352.34
6.75	280.36	82.23	1.68	3.20	2527.95
2.00	307.45	29.50			809.11
2.27	73.01	81.61	1.71	1.14	710.54
0.37	294.38	14.91	10.60	1.32	1411.28
4.42	40.70	35.06	2.19	0.30	342.69
0.03	25.09	1.18	0.10		152.02
-0.29	116.21	7.75			318.62
7.09	535.28	72.93	0.07	3.06	2729.03
17.17	171.01	80.80	0.13	30.00	1063.45
5.56	187.17	53.87	0.64	4.67	1287.13
3.63	11.42	52.84			231.88
14.81	812.94	189.03	0.50	1.93	7060.23
1.88	201.36	44.46	2.00		996.97
5.67	22.25	24.06			345.24
	169.83	8.04			803.17
15.51	698.06	37.57	3.81	8.07	3629.82

1-B-11 续表 2

地区	营业成本	销售费用	管理费用	财务费用
全国	**40500.83**	**705.95**	**4321.34**	**1003.56**
北京	493.66	0.46	30.58	51.90
天津	974.27	2.41	42.54	8.91
河北	1648.37	29.28	184.49	69.37
山西	10073.74	177.48	862.83	277.32
内蒙古	3906.41	86.38	432.94	78.44
辽宁	1191.24	19.11	140.11	27.87
吉林	347.60	4.62	52.77	15.43
黑龙江	1770.00	18.02	209.81	21.78
上海	53.14	0.38	16.39	0.16
江苏	404.16	3.79	38.60	2.26
浙江	140.72	3.88	15.45	11.19
安徽	1146.06	17.46	168.88	42.59
福建	443.86	9.84	25.26	1.50
江西	578.70	15.51	43.11	8.79
山东	2195.98	24.01	312.86	79.42
河南	2015.94	25.54	179.21	78.19
湖北	580.92	14.40	63.47	9.39
湖南	528.75	19.14	75.27	6.74
广东	653.95	19.22	54.73	13.59
广西	233.25	17.20	27.86	4.21
海南	77.50	1.85	11.61	0.76
重庆	206.82	6.53	21.82	3.95
四川	1950.51	30.97	219.83	28.14
贵州	743.32	28.92	115.80	28.80
云南	923.09	25.78	84.05	13.85
西藏	105.95	0.41	14.80	7.68
陕西	3591.38	46.27	391.08	32.39
甘肃	626.20	10.47	65.11	15.83
青海	209.15	2.05	40.28	7.29
宁夏	528.20	11.99	57.26	26.73
新疆	2157.99	32.58	322.53	29.10

单位：亿元

利息费用	投资收益 (损失以“-”号记)	营业利润	利润总额	亏损企业 亏损额	平均用工人数 (万人)
1195.44	**1231.65**	**13167.56**	**12770.19**	**987.61**	**426.60**
56.23	94.58	41.64	38.43	3.36	2.39
4.45	1.01	666.80	660.97	54.27	5.02
52.13	33.57	200.50	185.35	57.50	18.88
410.44	325.90	2693.28	2578.83	225.20	94.13
90.52	256.00	2218.51	2139.05	148.59	22.52
20.91	39.31	237.99	236.13	19.87	20.18
15.71	1.83	34.34	21.69	17.96	7.08
49.60	34.41	370.82	360.81	21.45	28.98
1.00	1.62	55.74	55.77		0.18
4.20	15.91	38.61	37.17	0.66	3.68
11.50	0.58	29.73	29.88	5.38	0.89
46.85	32.32	286.20	281.35	17.80	15.09
2.10	2.50	37.72	37.19	3.65	3.51
5.82	2.94	89.98	87.45	8.88	4.96
113.64	168.12	651.76	629.12	31.30	30.50
91.74	25.21	158.35	146.55	92.01	32.94
7.60	0.39	108.88	106.79	12.20	5.51
3.62	0.35	57.70	56.71	4.30	8.02
6.75	4.83	592.20	593.05	7.97	2.74
3.93	11.06	57.12	56.08	7.82	3.28
0.54	0.48	56.23	55.54	0.35	0.52
3.76	0.22	70.64	70.16	2.35	1.17
27.12	17.93	379.42	376.08	26.51	16.84
24.75	3.13	91.81	85.84	64.15	20.84
15.74	2.54	198.41	194.18	24.90	10.89
7.48	3.71	97.16	92.83	5.17	0.63
45.71	58.65	2451.05	2408.59	36.89	33.22
16.06	23.87	231.67	217.34	24.26	8.22
7.39	14.36	45.44	45.38	5.55	2.85
16.92	1.27	102.34	98.15	3.35	6.48
31.23	53.01	815.53	787.73	53.99	14.45

1-B-12 按地区分组的煤炭

地区	资产总计	固定资产净额	固定资产原价	固定资产累计折旧
全国	**77496.39**	**17696.53**	**33845.01**	**15340.75**
北京				
天津	6.73	0.88	1.05	0.17
河北	2306.92	245.46	724.89	365.75
山西	30649.82	6038.56	11745.51	5549.15
内蒙古	12420.75	2158.21	4116.33	1872.98
辽宁	638.37	167.99	532.34	359.96
吉林	264.88	107.09	212.52	105.39
黑龙江	1086.60	455.82	920.70	452.08
上海				
江苏	419.78	108.16	228.63	101.64
浙江	0.22	0.05	0.18	0.13
安徽	2718.84	797.25	1462.23	654.57
福建	94.67	23.47	51.44	27.88
江西	65.57	40.73	57.43	16.19
山东	4573.90	662.01	1457.41	777.75
河南	4418.79	1260.78	2239.30	948.83
湖北	10.20	5.40	7.38	1.98
湖南	98.76	40.37	78.61	34.68
广东				
广西	52.34	7.72	14.14	6.41
海南				
重庆	31.77	8.43	27.70	18.91
四川	588.49	186.06	376.27	168.44
贵州	2639.23	822.40	1387.79	532.34
云南	857.11	272.78	430.58	145.39
西藏				
陕西	8441.82	2366.86	4367.12	1853.95
甘肃	1030.60	340.62	577.29	233.02
青海	84.87	29.50	54.70	24.63
宁夏	1662.77	963.89	1823.55	774.56
新疆	2332.59	586.02	949.94	313.98

开采和洗选业主要经济指标

单位：亿元

流动资产合计	应收账款	存货	产成品	负债合计	流动负债合计
34740.92	**4996.06**	**1452.16**	**747.07**	**47118.56**	**34820.80**
5.57	4.39	0.13		2.88	2.88
1081.01	112.67	17.90	12.63	1552.72	1231.25
15555.08	2894.14	620.54	314.16	20316.18	15634.64
5823.33	634.02	230.86	107.74	5758.08	3915.59
283.13	18.04	26.04	3.62	367.61	298.74
90.41	4.51	4.78	2.66	221.07	206.82
425.00	90.20	74.99	53.67	828.20	734.93
184.11	12.17	6.02	0.81	163.78	127.18
0.17	0.10	0.04	0.04	0.10	0.10
520.95	21.29	31.57	25.86	1693.86	1090.29
38.21	3.94	1.66	0.93	33.82	26.86
16.88	1.95	1.37	0.63	38.13	34.85
1930.44	97.77	25.62	16.27	3277.60	2292.88
1976.24	270.16	43.67	19.61	3019.38	2275.30
2.62	0.76	0.22	0.11	7.97	2.97
34.17	5.44	2.89	1.88	48.92	29.24
30.86	1.42	4.72	2.98	26.42	25.35
4.73	1.75	0.74	0.35	12.36	10.70
241.08	19.58	12.67	7.12	435.66	331.65
849.74	182.44	68.32	33.09	2122.43	1690.47
305.15	48.15	26.73	18.43	588.27	486.18
3968.45	367.56	124.16	41.20	3440.23	2264.55
308.61	35.36	19.34	14.22	552.16	328.03
32.63	1.11	2.79	2.53	52.39	37.87
247.28	21.32	61.79	38.67	1075.05	560.51
785.08	145.80	42.64	27.86	1483.30	1180.98

1-B-12 续表 1

地区	应付账款	所有者权益合计	实收资本	国家资本
全国	**6578.01**	**30377.86**	**8943.43**	**2559.41**
北京				
天津		3.85		
河北	147.01	754.20	299.75	173.23
山西	3045.29	10333.64	2715.87	679.29
内蒙古	871.86	6662.67	1749.61	242.97
辽宁	40.93	270.76	118.38	9.05
吉林	18.29	43.82	31.17	10.18
黑龙江	180.53	258.40	163.92	70.35
上海				
江苏	23.01	256.01	97.04	68.89
浙江	0.02	0.12	0.01	
安徽	167.50	1024.99	332.29	103.11
福建	3.59	60.85	22.31	13.89
江西	2.53	27.44	17.04	13.07
山东	219.52	1296.29	362.11	87.31
河南	406.30	1399.42	583.97	332.79
湖北	0.49	2.22	1.10	
湖南	6.57	49.84	14.00	3.46
广东				
广西	6.63	25.93	4.15	
海南				
重庆	3.09	19.41	0.95	
四川	39.90	152.83	78.18	18.06
贵州	321.34	516.80	353.31	105.84
云南	68.38	268.84	116.74	49.63
西藏				
陕西	513.65	5001.58	911.07	377.65
甘肃	77.53	478.45	241.95	47.63
青海	5.57	32.48	13.51	10.21
宁夏	100.05	587.72	277.12	103.45
新疆	308.43	849.32	437.90	39.36

单位：亿元

					营业收入
集体资本	法人资本	个人资本	港澳台资本	外商资本	
126.55	**5201.28**	**943.39**	**28.56**	**84.24**	**35780.01**
					1.20
0.49	111.54	14.50			708.80
62.70	1594.39	358.50	4.23	16.75	13890.19
20.13	1308.87	157.79	17.30	2.60	6154.95
	103.56	5.77			193.80
0.01	19.46	1.52			65.35
0.57	72.94	19.89		0.16	556.86
	28.15				194.37
		0.01			0.22
0.30	209.98	18.90			1118.08
0.01	3.58	2.93	1.90		86.78
0.20	3.04	0.72			41.78
1.69	225.72	14.58	1.23	31.58	1355.53
5.13	207.86	34.37	0.66	3.15	1874.91
	0.39	0.70			5.31
0.02	6.98	3.54			113.70
	3.99	0.15			20.78
	0.50	0.45			24.41
0.08	46.70	13.29	0.05		252.40
15.71	131.84	69.79	0.13	30.00	890.29
2.33	34.33	30.46			567.87
10.42	374.99	147.46	0.50		5298.86
0.46	165.41	28.44			377.09
	1.57	1.74			28.81
	165.86	7.81			730.01
6.30	379.62	10.06	2.56		1227.68

1-B-12 续表 2

地　区	营业成本	销售费用	管理费用	财务费用
全　国	**22957.01**	**434.06**	**2349.86**	**599.33**
北　京				
天　津	0.52		0.20	
河　北	537.43	11.99	50.80	29.70
山　西	9694.70	171.41	817.53	266.65
内蒙古	3350.05	73.39	354.08	59.14
辽　宁	150.16	1.16	25.04	1.05
吉　林	57.09	0.56	9.73	3.56
黑龙江	450.19	7.32	62.06	6.18
上　海				
江　苏	172.21	0.62	13.70	-0.57
浙　江	0.22			
安　徽	793.18	3.71	115.21	32.33
福　建	77.36	1.16	5.68	-0.31
江　西	34.48	0.57	2.42	0.46
山　东	891.56	15.20	155.67	33.71
河　南	1509.93	21.21	115.91	57.51
湖　北	3.82	0.08	1.04	0.01
湖　南	82.79	2.51	9.18	0.74
广　东				
广　西	17.61	0.15	1.18	0.34
海　南				
重　庆	20.70	0.79	1.03	0.07
四　川	194.82	5.74	22.18	2.47
贵　州	637.27	24.79	102.91	26.98
云　南	395.31	15.45	39.88	6.53
西　藏				
陕　西	2387.94	37.69	280.23	23.29
甘　肃	256.36	6.83	25.55	7.14
青　海	14.06	0.14	4.85	1.57
宁　夏	481.67	11.43	54.03	26.28
新　疆	745.58	20.16	79.77	14.49

单位：亿元

利息费用	投资收益（损失以"–"号记）	营业利润	利润总额	亏损企业亏损额	平均用工人数（万人）
784.95	**965.79**	**8224.24**	**7990.61**	**581.27**	**267.19**
		0.46	0.47		0.03
27.28	29.81	93.43	90.21	6.44	9.97
401.18	325.75	2558.61	2449.93	211.56	90.93
69.16	251.96	1986.14	1922.71	105.83	18.56
1.80	11.59	25.26	24.66	5.63	6.13
4.10	1.09	-5.17	-5.77	7.68	1.93
6.59	0.37	23.04	22.45	19.41	13.72
0.25	14.10	19.24	18.70		2.27
		0.01	0.02		
36.63	28.16	182.92	182.60	5.11	11.52
0.35	0.88	2.76	2.63	1.84	1.26
0.40	0.02	3.55	3.31	0.35	0.91
60.90	163.54	361.11	357.27	23.14	15.28
72.24	21.82	141.44	131.95	33.90	24.47
		0.24	0.22	0.11	0.11
0.39	-0.01	10.95	10.70	0.67	2.73
0.34	0.06	1.78	1.80	0.07	0.25
0.03		1.77	1.79		0.06
2.14	0.23	17.99	17.14	3.28	5.74
22.86	2.45	62.53	57.06	61.99	19.74
6.26	-0.43	87.82	85.24	16.60	6.66
32.94	56.49	2139.83	2114.59	31.18	19.62
7.39	23.91	93.59	92.35	11.52	5.32
0.28	0.04	6.17	6.01	2.46	0.36
16.36	1.27	86.59	85.52	2.85	5.17
15.08	32.68	322.17	317.07	29.63	4.42

1-B-13 按地区分组的石油和

地区	资产总计	固定资产净额	固定资产原价	固定资产累计折旧
全国	**25966.94**	**14637.92**	**45122.49**	**29506.54**
北京	36.31	0.37	1.92	1.56
天津	2242.60	1751.05	4806.98	2982.91
河北	438.48	303.93	1556.08	1058.07
山西	845.68	348.94	621.38	268.09
内蒙古	906.13	668.21	1594.17	908.13
辽宁	428.97	339.23	1848.03	1460.41
吉林	457.21	109.21	406.10	260.71
黑龙江	3713.71	1191.91	5091.62	3870.72
上海	378.77	1.10	3.30	2.20
江苏	189.10	68.96	394.27	296.60
浙江				
安徽	4.71	3.69	4.82	1.12
福建				
江西				
山东	2021.87	1042.46	4641.09	3437.65
河南	456.28	96.82	532.86	365.09
湖北	283.14	48.20	370.13	284.39
湖南				
广东	1669.15	1070.59	3088.29	2017.70
广西	38.28	5.55	34.05	28.51
海南	449.28	2.68	7.46	3.95
重庆	492.52	319.82	741.14	420.40
四川	2836.76	1348.07	3421.24	2046.27
贵州	50.99	29.97	34.67	3.81
云南				
西藏				
陕西	2966.64	2431.81	6219.78	3782.38
甘肃	1051.16	840.81	1949.42	1106.54
青海	436.29	45.26	173.23	112.96
宁夏	126.57	104.06	232.84	128.55
新疆	3446.33	2465.23	7347.64	4657.82

天然气开采业主要经济指标

单位：亿元

流动资产合计	应收账款	存货	产成品	负债合计	流动负债合计
4215.34	**748.51**	**182.48**	**98.68**	**13528.51**	**7331.26**
21.11		0.02	0.02	7.06	0.53
265.49	124.90	20.04	3.94	1917.94	1341.94
12.04	0.79	5.98	2.42	315.95	103.60
181.14	47.81	3.55	2.33	429.53	310.23
75.53	1.04	5.79	4.81	289.11	113.39
-43.72	0.87	4.73	4.73	291.08	70.92
4.58	1.91	3.11	2.57	375.19	224.94
1334.89	1.45	32.49	30.22	1554.36	443.15
128.41	3.20	4.91	0.61	227.34	129.65
52.63	1.34	0.97	0.35	120.12	83.04
0.37		0.01		1.00	0.22
124.14	28.46	15.08	8.65	1321.60	374.50
90.07	14.28	3.96	2.39	336.80	115.78
70.37	2.37	1.26	0.24	217.86	149.63
417.73	122.85	16.86	5.19	1312.92	887.47
5.35		0.09		6.93	1.20
30.18	9.55	2.24	0.25	401.15	339.28
102.29	4.31	1.36	0.97	148.03	113.49
577.82	277.90	4.71	1.46	1156.21	537.27
7.39		0.27	0.27	23.59	6.78
258.84	84.88	12.32	8.51	1566.87	1184.45
73.71	0.10	3.74	2.61	357.49	125.58
53.90		10.86	5.36	142.13	86.74
9.51	0.29	0.46	0.31	39.12	14.91
361.56	20.21	27.67	10.49	969.11	572.59

1-B-13 续表 1

地区	应付账款	所有者权益合计	实收资本	国家资本
全国	**1741.40**	**12438.43**	**4157.37**	**2524.08**
北京	0.25	29.25	20.00	
天津	221.83	324.66		
河北	49.05	122.54		
山西	91.09	416.14	64.38	47.80
内蒙古	40.54	617.02	5.50	0.97
辽宁	36.17	137.89	1.06	
吉林	45.78	82.02	33.43	0.10
黑龙江	186.67	2159.35	477.05	
上海	27.99	151.44	130.10	130.10
江苏	10.40	68.98	248.08	248.08
浙江				
安徽	0.12	3.71	4.32	
福建				
江西				
山东	94.03	700.27	10.16	3.54
河南	30.00	119.48	681.74	681.44
湖北	15.64	65.28	226.77	
湖南				
广东	149.55	356.22	222.80	
广西		31.35		
海南	43.19	48.13	15.00	15.00
重庆	8.05	344.49	133.41	35.18
四川	84.62	1680.55	482.90	379.87
贵州	1.20	27.40	27.00	27.00
云南				
西藏				
陕西	255.25	1399.76	427.06	75.06
甘肃	48.47	693.68		
青海	62.21	294.17		
宁夏	5.72	87.45	0.91	
新疆	233.58	2477.21	945.70	879.96

单位：亿元

集体资本	法人资本	个人资本	港澳台资本	外商资本	营业收入
0.80	**1626.43**	**12.71**	**2.05**	**-8.70**	**11761.78**
	20.00				10.51
					1476.95
					204.43
	23.58	1.80	2.05	-10.84	267.10
	0.10	4.43			414.63
	1.06				358.04
	31.18	0.01		2.14	199.16
	477.05				1270.52
					133.37
					82.97
	4.32				1.67
	6.62				1010.52
0.30					140.73
	226.77				81.84
	222.80				973.90
					27.23
					107.32
	97.48	0.76			190.18
0.50	98.78	3.75			1113.12
					11.04
	350.39	1.62			1198.73
					458.21
					193.37
	0.91				55.89
	65.39	0.35			1780.35

1-B-13 续表 2

地区	营业成本	销售费用	管理费用	财务费用
全国	**6314.51**	**36.77**	**893.41**	**131.35**
北京	9.77		5.13	-0.42
天津	602.55	1.61	26.92	11.09
河北	119.26	0.33	33.95	5.19
山西	161.79	2.47	14.84	3.68
内蒙古	236.56	1.27	15.51	2.93
辽宁	214.68	1.37	48.49	7.86
吉林	122.14	2.11	26.19	7.44
黑龙江	679.99	8.79	120.95	15.40
上海	53.14	0.38	16.39	0.16
江苏	55.30	0.37	13.83	1.13
浙江				
安徽	1.27		0.55	
福建				
江西				
山东	572.84	2.99	75.00	28.76
河南	135.93	0.67	21.20	8.58
湖北	68.65	1.20	10.44	1.56
湖南				
广东	344.17	1.87	16.36	7.89
广西	7.44	0.03	0.15	0.08
海南	49.13	1.10	5.78	0.16
重庆	106.62	1.09	13.10	1.98
四川	711.73	1.42	119.85	12.19
贵州	9.81	0.01	0.56	0.14
云南				
西藏				
陕西	724.39	0.45	63.94	5.70
甘肃	266.01	0.27	23.00	3.73
青海	109.48	0.20	23.80	0.06
宁夏	31.01	0.02	2.35	0.43
新疆	920.84	6.75	195.13	5.63

单位：亿元

利息费用	投资收益 (损失以“-”号记)	营业利润	利润总额	亏损企业 亏损额	平均用工人数 (万人)
153.98	**49.44**	**3024.78**	**2898.26**	**203.93**	**51.72**
0.16	0.11	-3.64	-3.22	3.22	0.05
3.16		673.95	663.51	48.28	1.93
6.15	0.33	-16.46	-23.00	23.00	1.88
3.45	0.09	97.35	96.25	2.88	0.65
4.04		82.45	72.05	32.90	0.48
		38.48	43.34		3.35
7.33	0.04	16.53	2.61	5.37	2.57
40.99	8.69	258.10	236.18		8.17
1.00	1.62	55.74	55.77		0.18
1.92	0.12	3.96	3.88		0.53
0.01		0.02	-0.48	0.48	0.03
32.91	0.17	155.52	146.98		6.93
10.23	2.32	-44.04	-44.25	44.35	3.18
2.60		-7.07	-7.26	7.26	0.91
1.71	4.40	535.72	537.97		0.55
0.17		17.31	17.31		0.01
0.08	0.37	48.76	47.67		0.12
2.08	0.22	62.12	61.71	0.08	0.29
14.02	12.38	185.95	185.73	13.33	3.10
0.18		0.61	0.61		0.03
7.71	0.33	294.12	272.35		7.36
4.40		109.63	96.92	9.10	1.22
0.96		9.57	10.18		2.00
0.55		15.17	11.97	0.34	1.21
8.17	18.25	434.93	413.49	13.34	4.97

1-B-14 按地区分组的黑色

地 区	资产总计	固定资产净额	固定资产原价	固定资产累计折旧
全 国	**12806.64**	**2486.53**	**4493.55**	**1917.00**
北 京	3449.81	580.34	693.04	97.99
天 津	13.38	7.97	14.53	6.56
河 北	1898.89	432.20	838.77	382.28
山 西	515.04	124.24	236.42	104.60
内 蒙 古	1015.17	101.64	216.91	113.61
辽 宁	2719.08	286.27	629.42	340.62
吉 林	122.14	40.53	77.33	31.81
黑 龙 江	51.98	16.19	27.74	11.55
上 海				
江 苏	84.68	20.32	49.82	29.02
浙 江	1.96	0.40	1.18	0.78
安 徽	425.08	170.75	305.20	130.67
福 建	76.28	36.73	82.17	45.38
江 西	68.05	21.04	38.84	17.02
山 东	480.64	130.94	291.42	145.14
河 南	120.73	23.79	44.80	20.99
湖 北	126.02	47.17	96.05	47.63
湖 南	36.00	8.83	15.89	6.39
广 东	50.81	14.24	32.44	18.19
广 西	53.40	2.55	4.51	1.89
海 南	91.04	18.92	34.31	15.39
重 庆				
四 川	525.55	142.56	276.92	129.59
贵 州	16.97	7.47	11.46	3.99
云 南	238.07	63.58	123.07	58.68
西 藏	36.09	3.26	6.31	3.03
陕 西	154.09	36.37	76.26	37.44
甘 肃	100.42	37.87	65.52	27.65
青 海	74.22	23.02	35.87	12.85
宁 夏	23.32	16.98	21.24	4.26
新 疆	237.74	70.35	146.10	71.99

金属矿采选业主要经济指标

单位：亿元

流动资产合计	应收账款	存货	产成品	负债合计	流动负债合计
4191.46	**743.59**	**359.77**	**204.24**	**7317.60**	**5039.02**
600.78	85.66	2.07	1.05	2311.01	1055.35
5.35		2.41	0.83	6.36	6.36
904.42	189.61	85.02	45.92	1337.17	1137.78
247.11	57.31	38.22	28.14	322.64	297.60
285.17	48.20	29.15	13.16	574.19	396.56
874.35	116.48	48.23	30.63	923.38	607.17
46.30	19.68	3.52	3.08	57.81	53.41
13.73	1.37	1.91	1.19	38.58	21.14
47.60	14.74	9.67	5.74	62.46	52.50
1.43	0.48	0.21	0.16	1.32	1.15
138.41	18.08	15.07	9.14	192.24	168.35
16.20	2.36	3.21	1.36	24.28	21.48
23.07	5.06	2.07	1.44	46.36	44.55
214.68	25.43	26.98	14.05	334.38	290.27
70.32	29.53	3.67	0.91	56.15	51.58
52.25	16.95	7.76	5.19	89.42	57.28
12.65	1.48	1.40	0.97	18.64	12.12
29.46	6.50	7.28	1.05	29.05	23.51
8.62	1.48	1.13	0.82	16.24	14.01
30.28	1.14	0.86	0.67	27.00	22.24
185.61	42.61	19.78	11.20	270.39	228.67
5.46	1.25	1.42	1.10	14.54	13.48
146.71	27.09	14.42	8.21	159.94	137.94
13.22	0.03	0.35	0.19	8.18	6.96
59.80	8.61	6.27	3.69	114.97	96.18
18.93	5.47	4.74	3.09	61.69	49.97
39.66	1.51	1.96	1.16	42.41	39.33
6.01	1.27	1.23	0.81	18.01	3.99
93.92	14.20	19.76	9.29	158.81	128.12

1-B-14 续表 1

地区	应付账款	所有者权益合计	实收资本	国家资本
全国	**876.61**	**5489.03**	**2056.24**	**480.61**
北京	21.01	1138.80	302.51	
天津	4.58	7.02	1.14	
河北	238.50	561.71	259.34	69.48
山西	53.40	192.39	131.39	75.49
内蒙古	62.95	440.98	221.66	181.79
辽宁	100.96	1795.70	487.10	20.50
吉林	23.03	64.33	24.03	
黑龙江	4.40	13.40	11.85	
上海				
江苏	12.86	22.22	20.85	9.55
浙江	0.15	0.64	0.67	
安徽	44.86	232.84	137.79	31.85
福建	3.86	52.00	19.04	11.43
江西	4.03	21.69	16.76	
山东	87.07	146.25	98.96	3.38
河南	18.19	64.58	24.39	16.90
湖北	24.35	36.60	26.19	10.97
湖南	3.47	17.35	5.60	
广东	9.67	21.77	9.85	0.10
广西	1.51	37.16	4.22	
海南	1.01	64.03	20.44	
重庆				
四川	49.82	255.17	94.79	21.29
贵州	2.14	2.43	2.99	1.02
云南	20.78	78.14	27.12	0.01
西藏	0.46	27.91	2.56	
陕西	12.12	39.12	14.40	2.51
甘肃	19.61	38.73	12.16	3.84
青海	10.44	31.80	20.23	0.84
宁夏	2.22	5.32	0.49	
新疆	39.16	78.93	57.71	19.68

单位：亿元

					营业收入
集体资本	法人资本	个人资本	港澳台资本	外商资本	
31.92	**1318.12**	**213.54**	**3.87**	**8.14**	**4829.51**
	302.51				348.26
		0.84		0.30	63.44
0.93	140.20	46.89	1.84		1187.22
1.58	18.09	36.23			218.89
1.57	30.57	7.73			225.23
0.33	440.31	25.61	0.32		739.02
	19.63	4.41			49.08
4.02	2.49	5.34			11.69
	6.97	0.17		4.17	117.17
	0.50	0.17			0.80
6.68	77.69	20.19	0.51	0.88	262.19
0.10	2.02	5.49			169.74
0.01	14.56	2.15	0.03		64.10
3.39	75.78	12.58	1.16	2.67	373.01
	4.95	2.54			39.99
0.13	12.53	2.56			116.56
	2.01	3.58			26.08
	9.35	0.40			45.25
2.00	1.97	0.25			7.13
	20.43	0.02			19.62
1.25	59.76	12.50			340.26
0.98	0.31	0.69			5.07
	21.41	5.70			176.58
2.06	0.05	0.45			5.99
2.32	2.48	7.08			40.95
	5.19	3.12			29.58
4.47	14.50	0.43			18.37
	0.25	0.24			11.86
0.11	31.61	6.20		0.13	116.37

1-B-14 续表 2

地　区	营业成本	销售费用	管理费用	财务费用
全　国	**3690.68**	**50.55**	**316.09**	**132.70**
北　京	312.84	0.08	14.01	52.42
天　津	65.89		0.08	0.28
河　北	917.40	13.80	80.54	32.66
山　西	158.78	1.74	20.88	2.74
内蒙古	142.40	3.85	25.20	10.78
辽　宁	515.23	3.40	41.45	14.38
吉　林	42.09	0.99	3.26	0.67
黑龙江	9.63	0.20	1.22	0.38
上　海				
江　苏	105.24	1.60	5.00	0.81
浙　江	0.64		0.11	0.01
安　徽	176.86	1.65	22.76	1.73
福　建	144.63	1.93	6.81	0.72
江　西	56.86	0.57	2.30	0.15
山　东	294.07	2.02	23.02	2.81
河　南	31.64	0.19	3.06	0.92
湖　北	89.90	1.47	8.93	1.19
湖　南	21.18	0.72	1.80	0.41
广　东	35.22	0.93	1.88	0.46
广　西	5.99	0.07	0.49	0.15
海　南	11.30	0.15	3.38	0.24
重　庆				
四　川	254.70	8.33	17.51	2.09
贵　州	3.70	0.28	0.72	0.29
云　南	128.70	3.63	10.11	1.54
西　藏	3.20	0.10	1.45	-0.06
陕　西	31.03	0.67	4.06	1.35
甘　肃	23.50	0.78	2.14	1.12
青　海	13.05	0.02	2.91	0.97
宁　夏	11.11	0.13	0.41	0.02
新　疆	83.90	1.24	10.59	1.47

单位：亿元

利息费用	投资收益(损失以“-”号记)	营业利润	利润总额	亏损企业亏损额	平均用工人数(万人)
122.21	**136.43**	**621.70**	**583.88**	**62.96**	**26.22**
55.13	93.80	40.00	36.31		0.94
		-2.96	-1.88	1.88	0.05
16.91	5.36	111.32	103.40	25.60	5.62
2.06	0.05	27.87	23.63	6.83	1.44
11.86	3.04	39.29	36.09	3.80	1.37
15.22	25.85	157.78	150.83	4.85	4.72
0.58	0.53	1.61	1.52	1.53	0.41
0.38		0.03	-0.02	0.28	0.14
1.02	1.00	4.87	4.06	0.14	0.36
0.01		0.02	0.02	0.01	0.02
2.00	1.90	55.71	54.19	3.54	1.64
0.74	0.47	14.04	13.76	0.13	0.62
0.07		3.28	3.54	0.64	0.26
3.26	2.17	46.10	37.80	1.65	2.27
0.77	0.06	3.01	2.76	0.83	0.35
0.85	-1.00	9.32	8.93	0.86	0.93
0.36		1.36	1.36	0.23	0.26
0.63		6.38	6.32	0.06	0.10
0.15		-0.07	-0.11	0.59	0.09
0.13	0.10	4.07	4.06		0.25
1.33	0.09	46.34	46.15	0.69	1.49
0.28		-0.06	-0.10	0.73	0.10
3.96	0.04	29.10	28.67	0.81	0.83
0.08	3.28	4.27	4.09	0.21	0.06
1.14	0.03	2.73	2.52	0.66	0.72
0.95	-0.12	0.94	0.92	0.81	0.30
0.95	-0.30	0.12	0.05	1.27	0.15
	-0.01	0.51	0.50	0.04	0.07
1.39	0.08	14.73	14.51	4.30	0.69

1−B−15 按地区分组的有色

地区	资产总计	固定资产净额	固定资产原价	固定资产累计折旧
全国	**7643.86**	**2061.26**	**3871.10**	**1575.23**
北京				
天津				
河北	75.13	27.94	54.89	26.32
山西	122.22	32.27	51.42	17.43
内蒙古	626.62	225.86	400.57	170.29
辽宁	241.29	41.26	92.21	47.68
吉林	171.83	45.54	96.38	49.69
黑龙江	240.46	62.42	109.06	46.63
上海				
江苏	21.22	7.02	10.16	3.13
浙江	9.41	2.05	3.83	1.74
安徽	92.86	23.41	48.55	22.30
福建	102.22	21.39	95.40	73.49
江西	337.89	79.37	144.46	58.17
山东	1189.60	438.54	646.43	207.12
河南	449.01	121.61	263.67	116.54
湖北	73.43	9.44	37.64	22.43
湖南	283.16	104.20	203.23	85.93
广东	113.62	39.71	72.14	31.90
广西	168.57	47.80	82.44	34.48
海南	21.40	6.46	9.49	3.03
重庆	0.12	0.06	0.17	0.10
四川	544.52	107.35	204.49	96.12
贵州	65.59	11.68	18.10	5.76
云南	870.65	170.86	343.10	153.49
西藏	680.24	178.92	409.31	97.19
陕西	137.86	33.92	82.42	43.32
甘肃	188.44	77.25	118.32	41.05
青海	344.67	29.69	55.00	23.11
宁夏				
新疆	471.80	115.24	218.22	96.76

金属矿采选业主要经济指标

单位：亿元

流动资产合计	应收账款	存货	产成品	负债合计	流动负债合计
2476.18	**330.36**	**347.13**	**141.68**	**4499.71**	**3190.14**
28.17	2.18	5.34	3.07	44.83	42.01
50.34	5.87	5.20	3.74	100.79	74.59
182.07	23.67	27.15	7.18	271.86	227.97
153.04	37.36	22.76	14.64	173.39	158.73
64.73	8.27	7.65	2.47	100.49	65.14
74.12	1.40	5.99	1.73	99.59	39.16
10.55	0.92	5.37	1.71	9.01	7.82
3.98	0.89	0.61	0.41	8.58	8.48
43.69	15.62	5.12	3.37	67.96	55.91
15.11	2.16	2.91	1.29	38.99	31.47
155.65	24.88	20.74	12.29	179.31	138.77
318.66	25.24	43.35	6.56	838.06	670.02
170.47	28.15	24.39	11.99	273.65	242.33
30.72	2.91	2.29	1.36	31.47	14.06
86.34	11.30	19.21	11.23	128.80	85.83
35.23	3.16	9.29	4.18	70.44	59.68
75.23	11.76	20.77	8.58	103.06	87.55
8.56	2.39	4.75	0.22	8.77	7.88
-0.09	-0.14	0.01		0.25	0.18
207.81	43.74	22.61	11.94	276.74	217.59
31.85	10.18	2.80	1.62	47.39	44.08
399.37	43.68	28.73	12.99	495.36	349.96
113.48	2.26	19.04	3.90	413.64	121.94
50.25	4.26	8.48	3.42	99.01	77.89
47.63	6.00	9.23	3.52	112.02	86.34
37.13	5.58	3.43	1.42	204.16	104.07
82.06	6.66	19.90	6.84	302.08	170.69

1-B-15 续表 1

地区	应付账款	所有者权益合计	实收资本	国家资本
全国	**487.46**	**3144.15**	**1199.55**	**275.45**
北京				
天津				
河北	8.28	30.30	7.53	1.64
山西	8.09	21.42	16.09	0.60
内蒙古	42.04	354.76	127.18	13.24
辽宁	23.32	67.90	30.25	3.21
吉林	16.58	71.35	26.41	1.18
黑龙江	7.57	140.87	46.18	
上海				
江苏	1.86	12.22	9.80	0.45
浙江	1.06	0.83	2.16	0.01
安徽	5.21	24.90	25.75	2.68
福建	4.28	63.23	9.42	1.40
江西	35.76	158.58	62.21	11.25
山东	59.98	351.54	69.96	30.28
河南	30.95	175.35	65.63	12.96
湖北	1.03	41.96	6.30	
湖南	12.75	154.36	102.18	34.25
广东	4.83	43.19	9.30	0.98
广西	23.59	65.51	18.61	7.28
海南	5.36	12.63	1.78	0.60
重庆		-0.13		
四川	51.40	267.78	94.08	29.71
贵州	9.58	18.20	11.14	1.73
云南	45.89	375.30	181.56	42.09
西藏	31.34	266.61	92.23	26.90
陕西	11.64	38.85	18.77	4.00
甘肃	11.14	76.42	31.86	5.62
青海	6.68	140.51	51.39	26.94
宁夏				
新疆	27.22	169.72	81.75	16.45

单位：亿元

集体资本	法人资本	个人资本	港澳台资本	外商资本	营业收入
64.30	**572.61**	**238.14**	**22.26**	**26.78**	**3497.14**
	4.02	0.90	0.97		63.88
	10.85	4.64			53.11
10.25	83.85	15.29	4.55		301.12
0.03	8.97	14.35	0.52	3.17	110.60
0.40	17.23	7.60			74.41
34.35	8.60	0.45	2.79		157.38
	6.74	1.10	0.32	1.19	11.24
	0.11	2.04			4.76
0.30	14.73	8.06			37.84
	4.29	3.65		0.09	56.46
1.51	37.99	8.50	2.96		298.15
0.11	15.30	10.72	1.64	11.91	296.71
1.17	39.59	10.89	1.02		253.36
	5.29	1.01			43.64
1.37	33.63	31.80		1.14	249.31
	3.72	0.99	3.61		95.16
1.00	6.84	3.49			124.39
	1.02	0.15			7.67
					0.02
0.08	50.06	14.23			292.67
	7.57	1.84			32.70
3.23	122.13	8.80	0.64	4.67	357.04
1.57	11.37	52.39			222.49
1.86	8.87	3.79		0.25	61.14
	18.20	6.03	2.00		76.81
1.20	3.87	19.38			87.40
5.87	47.78	6.02	1.24	4.38	127.68

1-B-15 续表 2

地 区	营业成本	销售费用	管理费用	财务费用
全 国	**2207.87**	**19.83**	**301.48**	**60.02**
北 京				
天 津				
河 北	35.93	0.52	9.69	0.67
山 西	33.06	0.22	5.82	1.32
内蒙古	138.96	1.71	31.96	4.54
辽 宁	76.79	2.68	11.89	3.24
吉 林	38.79	0.15	7.85	2.51
黑龙江	57.99	0.24	8.10	0.69
上 海				
江 苏	8.65	0.15	1.36	0.14
浙 江	3.69	0.08	0.59	0.10
安 徽	29.63	0.11	4.24	0.51
福 建	43.37	0.41	3.94	0.41
江 西	238.53	1.18	15.20	2.17
山 东	172.54	0.45	35.88	8.88
河 南	154.02	0.37	21.82	4.87
湖 北	22.65	0.20	4.19	0.01
湖 南	186.91	4.18	26.13	2.22
广 东	66.37	1.20	7.64	0.73
广 西	89.25	0.87	9.80	1.12
海 南	5.06	0.09	0.84	0.06
重 庆		0.02	0.06	
四 川	183.12	1.32	20.43	2.27
贵 州	25.98	0.80	2.10	0.37
云 南	276.42	1.28	23.13	4.07
西 藏	100.04	0.30	13.00	7.71
陕 西	45.82	0.24	7.70	0.83
甘 肃	37.04	0.14	9.00	2.05
青 海	61.86	0.21	7.18	4.53
宁 夏				
新 疆	75.42	0.72	11.94	3.99

单位：亿元

利息费用	投资收益（损失以“–”号记）	营业利润	利润总额	亏损企业亏损额	平均用工人数（万人）
59.75	**46.87**	**815.84**	**804.31**	**55.97**	**25.10**
0.70	-1.97	11.46	11.51	0.30	0.35
1.04	0.01	9.99	9.53	1.17	0.56
4.59	0.96	103.68	101.52	4.24	1.64
2.69	1.23	13.14	13.03	3.13	1.61
2.48		21.48	22.33	2.96	0.83
1.16	8.33	89.44	90.75	0.24	0.36
0.11	0.03	1.69	1.67	0.11	0.09
0.09	-0.01	0.13	0.37	0.09	0.08
0.52	0.46	2.31	1.80	2.95	0.49
0.45	1.11	7.89	7.77	0.74	0.33
1.94	0.28	35.75	34.71	2.03	1.74
10.84	1.86	72.50	71.32	2.74	3.16
3.95	0.39	55.09	53.58	9.58	1.98
0.10		15.36	15.37	0.50	0.41
1.50	0.36	21.61	21.39	1.31	2.07
0.67	0.06	16.36	16.16	0.31	0.58
1.11	10.95	30.00	29.68	1.64	1.26
0.05		1.04	1.42	0.21	0.06
		-0.06	-0.06	0.06	
3.16	4.21	79.32	78.92	2.56	1.63
0.36	0.01	2.40	2.28	0.34	0.27
3.81	2.15	42.98	42.27	5.18	2.56
7.39	0.43	92.64	88.47	4.84	0.56
0.88	0.07	5.03	5.23	2.45	0.84
1.84	0.05	26.09	25.95	0.18	0.66
4.89	14.61	26.80	26.35	1.72	0.17
3.42	1.30	31.70	30.98	4.38	0.82

1-B-16 按地区分组的非金属矿

地区	资产总计	固定资产净额	固定资产原价	固定资产累计折旧
全国	**10895.14**	**1676.22**	**2778.67**	**1050.01**
北京				
天津	446.79	14.53	25.27	10.75
河北	122.14	41.87	73.67	31.34
山西	61.84	20.72	31.01	10.28
内蒙古	179.98	40.68	58.48	17.60
辽宁	201.92	29.91	61.12	30.78
吉林	25.16	7.83	11.93	4.07
黑龙江	99.72	15.29	24.61	9.25
上海				
江苏	257.67	30.39	77.92	46.23
浙江	977.93	65.88	120.27	53.62
安徽	1039.15	136.97	211.37	73.25
福建	170.13	48.26	96.38	46.52
江西	954.56	115.71	192.38	67.55
山东	449.89	69.09	125.44	55.66
河南	943.02	76.85	109.62	29.85
湖北	1088.46	239.42	402.98	153.34
湖南	349.52	80.38	134.50	50.65
广东	468.07	83.05	134.54	49.89
广西	409.89	152.53	198.23	43.34
海南	36.66	5.42	9.59	4.17
重庆	313.91	46.58	80.23	29.37
四川	1454.48	167.65	273.77	98.94
贵州	215.80	44.92	77.60	30.45
云南	275.33	46.39	100.50	53.32
西藏	11.21	3.07	3.91	0.85
陕西	134.71	39.59	60.44	20.34
甘肃	108.36	32.14	43.74	10.78
青海	40.68	7.98	13.49	5.41
宁夏	8.11	3.91	7.47	3.51
新疆	50.03	9.20	18.21	8.90

采选业主要经济指标

单位：亿元

流动资产合计	应收账款	存货	产成品	负债合计	流动负债合计
4331.38	**680.05**	**552.51**	**260.25**	**5913.42**	**3622.51**
189.21	2.38	2.99	1.89	82.58	69.32
56.01	14.37	10.55	7.71	80.33	57.26
22.07	6.90	3.63	1.75	43.39	33.15
57.43	17.20	13.14	9.10	89.81	81.99
106.39	32.90	20.85	9.12	90.03	71.56
10.30	3.03	2.53	1.91	16.96	15.18
45.10	18.83	9.09	5.91	50.72	38.88
97.31	8.82	6.92	2.65	149.62	109.65
279.78	36.16	21.43	8.71	474.71	239.89
387.25	37.55	19.66	7.45	653.64	313.90
64.38	12.32	15.43	8.57	52.97	40.72
380.18	63.76	25.74	10.95	612.11	330.66
248.67	27.68	24.72	18.74	307.67	200.25
269.10	24.59	8.83	4.46	454.38	351.97
465.12	67.29	62.96	46.67	636.77	300.22
167.47	29.29	12.20	7.50	177.65	119.31
153.69	35.65	25.23	15.54	301.01	173.07
147.67	52.60	21.28	11.17	247.66	194.29
10.42	3.14	1.39	1.09	21.88	10.34
104.86	23.52	4.71	2.61	170.84	105.77
664.06	59.51	174.21	38.76	706.41	395.63
102.91	21.06	8.15	6.07	118.66	99.23
151.44	40.04	33.86	14.89	148.44	100.99
7.06	2.85	0.87	0.06	7.11	3.96
54.57	12.96	5.60	3.21	83.84	55.75
39.83	11.24	6.89	5.49	71.36	53.55
21.14	4.79	4.72	4.10	27.04	24.33
1.30	0.38	0.23	0.17	3.88	3.32
26.64	9.28	4.68	4.00	31.95	28.37

1-B-16 续表 1

地　区	应付账款	所有者权益合计	实收资本	国家资本
全　国	**622.56**	**4981.79**	**1375.29**	**394.04**
北　京				
天　津	2.34	364.22	84.18	66.77
河　北	15.48	41.81	20.74	6.88
山　西	6.59	18.45	9.36	0.04
内蒙古	24.77	90.16	22.00	2.76
辽　宁	18.75	111.89	27.51	0.75
吉　林	2.49	8.19	3.72	
黑龙江	9.34	49.00	26.49	1.34
上　海				
江　苏	24.38	108.06	29.76	13.08
浙　江	20.53	503.22	111.99	51.55
安　徽	46.92	385.51	133.03	43.21
福　建	8.39	117.16	23.89	5.17
江　西	49.72	342.45	90.11	30.78
山　东	35.74	142.22	55.80	12.05
河　南	18.27	488.64	67.35	6.36
湖　北	55.07	451.70	109.89	26.20
湖　南	20.11	171.87	84.55	8.87
广　东	21.15	167.06	57.74	11.38
广　西	54.28	162.25	67.24	4.26
海　南	1.67	14.78	10.89	6.11
重　庆	20.08	143.07	37.17	12.67
四　川	59.27	748.06	137.74	31.24
贵　州	23.16	97.14	42.96	2.72
云　南	33.85	126.89	48.47	30.31
西　藏	1.94	4.11	1.96	1.96
陕　西	14.32	50.88	23.47	3.98
甘　肃	16.41	37.00	18.09	3.89
青　海	6.18	13.65	8.45	3.63
宁　夏	0.77	4.23	2.81	
新　疆	10.61	18.13	17.92	6.09

单位：亿元

					营业收入
集体资本	法人资本	个人资本	港澳台资本	外商资本	
26.48	**592.13**	**339.10**	**14.42**	**9.08**	**3768.69**
	17.41				43.49
0.32	10.57	2.07		0.90	54.57
	4.33	4.99			20.92
1.30	12.11	5.81	0.01		61.31
	12.86	10.06	1.96	1.88	101.84
	0.74	2.98			13.24
0.82	20.99	3.34			41.64
0.15	12.12	1.97	2.44		79.70
2.42	41.26	15.33	0.11	1.32	201.39
3.80	55.50	30.00	0.52		242.79
0.13	10.03	7.76	0.81		209.53
1.10	37.30	20.88			344.22
4.62	24.72	13.89	0.09	0.44	127.73
0.15	27.96	32.83		0.05	97.66
1.67	57.14	24.87			479.14
0.88	30.39	42.69	1.71		321.40
0.37	26.90	13.51	4.44	1.14	240.73
1.42	27.90	31.16	2.19	0.30	163.15
0.03	3.64	1.01	0.10		17.41
-0.29	18.24	6.54			104.01
5.18	69.38	28.85	0.02	3.06	345.19
0.49	31.28	8.48			124.36
	9.30	8.86			184.84
					3.40
0.01	8.97	10.51			64.28
1.11	8.96	4.14			31.82
	2.31	2.51			17.29
	2.81				5.41
0.79	7.02	4.03			26.26

1-B-16 续表 2

地　区	营业成本	销售费用	管理费用	财务费用
全　国	**2639.35**	**157.71**	**317.49**	**73.75**
北　京				
天　津	36.55	0.80	4.55	0.64
河　北	38.05	2.64	9.44	1.14
山　西	15.47	1.52	2.50	0.70
内蒙古	38.44	6.16	6.18	1.04
辽　宁	71.02	10.43	8.11	0.70
吉　林	9.10	0.81	2.14	0.27
黑龙江	28.36	0.87	4.14	0.28
上　海				
江　苏	62.60	1.05	4.42	0.75
浙　江	136.17	3.80	14.76	11.09
安　徽	143.58	11.97	26.02	8.00
福　建	178.50	6.34	8.83	0.67
江　西	248.83	13.19	23.20	6.00
山　东	89.08	3.10	13.23	3.82
河　南	72.63	2.75	10.76	3.70
湖　北	322.49	10.33	33.30	6.05
湖　南	237.83	11.73	38.15	3.37
广　东	164.73	15.06	25.01	4.50
广　西	112.97	16.07	16.25	2.52
海　南	12.02	0.51	1.60	0.30
重　庆	79.50	4.64	7.64	1.90
四　川	248.84	14.06	21.50	9.96
贵　州	66.57	3.04	9.50	1.02
云　南	122.18	5.33	10.89	1.69
西　藏	2.70	0.01	0.35	0.04
陕　西	45.99	4.83	5.96	1.57
甘　肃	22.54	2.31	4.06	1.39
青　海	10.70	1.47	1.53	0.18
宁　夏	4.40	0.41	0.47	
新　疆	17.52	2.46	3.00	0.46

单位：亿元

利息费用	投资收益 (损失以“－”号记)	营业利润	利润总额	亏损企业 亏损额	平均用工人数 (万人)
60.06	**10.70**	**457.19**	**449.43**	**64.85**	**27.35**
1.03	0.75	1.72	2.74		0.42
1.10	0.04	0.77	3.24	2.15	1.03
0.49		0.08	0.11	0.82	0.25
0.88	0.04	6.95	6.67	1.81	0.47
0.45	0.24	9.08	9.04	0.73	1.08
0.27		0.49	0.43	0.30	0.16
0.34	0.03	6.64	6.76	0.80	0.48
0.89	0.64	8.78	8.80	0.41	0.42
11.39	0.60	29.58	29.47	5.29	0.79
7.69	1.80	45.20	43.20	5.60	1.40
0.56	0.03	13.03	13.03	0.95	1.29
3.42	2.64	47.39	45.89	5.86	2.04
4.34	0.19	12.89	12.67	3.77	1.20
2.19	0.57	2.71	2.19	3.05	0.90
3.74	1.38	90.46	89.35	1.34	2.57
1.37		23.79	23.26	2.09	2.96
3.72	-0.06	24.38	23.22	7.60	1.34
2.16	0.06	8.11	7.39	5.51	1.67
0.28		2.37	2.39	0.14	0.09
1.65		6.81	6.72	2.21	0.81
6.13	0.17	41.76	39.92	6.65	2.81
1.08	0.68	26.33	25.99	1.09	0.71
1.70	0.78	38.34	37.84	2.30	0.82
		0.25	0.26	0.12	0.02
1.31	0.08	3.83	3.39	1.24	0.82
1.27	0.03	0.87	0.69	2.26	0.39
0.31	0.01	2.78	2.79	0.10	0.16
		0.07	0.16	0.12	0.03
0.32		1.72	1.79	0.56	0.20

1-B-17 按地区分组的开采专业

地区	资产总计	固定资产净额	固定资产原价	固定资产累计折旧
全国	**4043.42**	**920.96**	**2746.11**	**1601.27**
北京	469.58	63.19	294.67	194.86
天津	352.02	88.60	275.57	174.64
河北	0.32	0.02	0.18	0.16
山西	17.39	2.54	7.26	4.72
内蒙古				
辽宁	125.25	30.47	123.91	85.88
吉林	71.26	29.01	62.38	27.95
黑龙江	1026.10	92.51	413.42	223.76
上海				
江苏				
浙江				
安徽	1.62	0.14	1.28	1.13
福建				
江西				
山东	151.93	57.04	151.00	93.37
河南	124.99	58.05	133.71	73.39
湖北	55.46	21.74	59.08	35.50
湖南				
广东	105.91	39.52	69.08	29.55
广西				
海南				
重庆				
四川	424.70	188.06	562.99	341.30
贵州				
云南	2.96	0.07	0.13	0.06
西藏				
陕西	645.09	137.71	292.77	147.59
甘肃	34.76	13.12	24.73	11.41
青海				
宁夏				
新疆	434.08	99.18	273.95	155.99

及辅助性活动主要经济指标

单位：亿元

流动资产合计	应收账款	存货	产成品	负债合计	流动负债合计
2137.67	**442.33**	**107.14**	**21.68**	**2297.33**	**2086.59**
196.21	71.61	5.78	0.25	195.27	141.22
177.66	27.43	2.32		143.49	126.47
0.29	0.03	0.04	0.02	0.10	0.10
12.47	8.04	0.20	0.11	58.27	55.77
41.69	16.15	2.97	0.08	97.21	92.51
29.06	13.27	8.68	3.84	66.83	66.10
687.73	86.15	39.82	10.61	661.66	622.87
1.34	0.40	0.08		0.66	0.65
66.40	18.15	2.06	0.78	140.91	139.07
64.94	19.37	3.04	0.05	123.95	123.73
23.69	5.34	1.30	0.22	40.87	40.51
62.90	17.60	2.00	0.25	30.32	29.23
169.70	9.45	8.20	0.17	151.83	127.71
1.53	0.20			1.99	0.97
372.07	79.13	12.40	3.18	272.57	236.58
20.49	9.75	2.00	0.66	23.32	20.65
209.51	60.26	16.25	1.46	288.09	262.46

1-B-17 续表 1

地 区	应付账款	所有者权益合计	实收资本	国家资本
全 国	**994.38**	**1746.09**	**2264.84**	**601.84**
北 京	74.05	274.31	312.49	217.01
天 津	73.08	208.53	274.86	175.31
河 北	0.03	0.22	0.20	
山 西	4.73	-40.88	1.47	
内蒙古				
辽 宁	47.49	28.04	306.28	60.00
吉 林	25.91	4.43	157.84	0.80
黑龙江	263.52	364.44	524.22	
上 海				
江 苏				
浙 江				
安 徽	0.47	0.96	0.64	
福 建				
江 西				
山 东	54.35	11.02	9.67	
河 南	39.33	1.04	6.09	4.50
湖 北	26.89	14.59	3.60	
湖 南				
广 东	22.16	75.59	34.52	0.18
广 西				
海 南				
重 庆				
四 川	52.66	272.87	210.89	
贵 州				
云 南	0.15	0.97	0.35	0.30
西 藏				
陕 西	121.91	372.52	231.07	143.39
甘 肃	8.22	11.44	6.98	0.26
青 海				
宁 夏				
新 疆	179.43	145.99	183.66	0.10

单位：亿元

集体资本	法人资本	个人资本	港澳台资本	外商资本	营业收入
5.36	**1588.27**	**45.26**	**18.58**	**5.43**	**2888.29**
	79.45		16.04		188.73
	98.56	1.00			277.79
0.09	0.06	0.05			0.41
0.19	1.15	0.12			13.07
	245.51	0.77			167.07
	156.54	0.51			82.86
1.27	516.02	6.93			568.31
	0.61	0.03			1.38
0.68	7.61	1.39			188.63
		1.59			121.30
0.20	3.10	0.30			65.79
	31.61	0.01	2.54	0.18	56.24
	210.59	0.31			384.90
		0.05			0.59
0.20	67.23	18.56		1.68	396.28
0.30	3.59	2.74			23.47
2.44	166.64	10.91		3.57	351.47

1-B-17 续表 2

地　区	营业成本	销售费用	管理费用	财务费用
全　国	**2678.46**	**5.85**	**139.61**	**6.35**
北　京	171.05	0.39	11.44	-0.10
天　津	268.76		10.78	-3.11
河　北	0.30		0.08	
山　西	9.94	0.12	1.26	2.24
内蒙古				
辽　宁	163.37	0.07	5.13	0.64
吉　林	78.39		3.62	0.98
黑龙江	543.84	0.61	13.34	-1.15
上　海				
江　苏				
浙　江				
安　徽	1.16	0.02	0.06	
福　建				
江　西				
山　东	175.78	0.21	10.03	1.44
河　南	111.79	0.34	6.45	2.60
湖　北	61.70	0.07	2.56	0.52
湖　南				
广　东	43.45	0.16	3.84	0.01
广　西				
海　南				
重　庆				
四　川	356.87	0.08	18.35	-0.84
贵　州				
云　南	0.37		0.04	0.01
西　藏				
陕　西	356.20	2.39	29.18	-0.35
甘　肃	20.75	0.15	1.36	0.40
青　海				
宁　夏				
新　疆	314.74	1.25	22.09	3.07

单位：亿元

利息费用	投资收益（损失以"–"号记）	营业利润	利润总额	亏损企业亏损额	平均用工人数（万人）
14.44	**22.39**	**24.46**	**44.81**	**16.38**	**28.91**
0.94	0.67	5.29	5.33	0.14	1.39
0.26	0.26	-6.38	-3.86	4.11	2.58
		-0.02			0.02
2.23		-0.62	-0.62	1.94	0.30
0.75	0.41	-5.76	-4.77	5.53	3.30
0.97	0.17	-0.60	0.56	0.11	1.19
0.13	16.99	-6.45	4.69	0.71	6.12
	0.01	0.14	0.13		0.01
1.40	0.20	3.61	3.06	0.01	1.66
2.36	0.06	0.13	0.32	0.31	2.07
0.25		1.22	1.30		0.50
0.03	0.42	9.36	9.37		0.17
0.34	0.85	8.05	8.22		2.06
		0.16	0.16		0.01
1.73	1.64	5.51	10.51	1.35	3.86
0.21	0.01	0.54	0.51	0.39	0.32
2.84	0.70	10.27	9.90	1.78	3.35

1-B-18 按地区分组的其他

地区	资产总计	固定资产净额	固定资产原价	固定资产累计折旧
全国	**23.90**	**4.88**	**16.70**	**9.06**
北京				
天津				
河北				
山西				
内蒙古				
辽宁				
吉林				
黑龙江				
上海				
江苏	0.91	0.02	0.18	0.14
浙江				
安徽	0.81	0.49	1.09	0.60
福建				
江西				
山东	0.22	0.10	0.30	0.20
河南				
湖北	20.84	4.17	14.73	7.83
湖南	0.05	0.02	0.04	0.02
广东				
广西				
海南				
重庆				
四川	0.16	0.09	0.37	0.28
贵州				
云南	0.92			
西藏				
陕西				
甘肃				
青海				
宁夏				
新疆				

采矿业主要经济指标

单位：亿元

流动资产合计	应收账款	存货	产成品	负债合计	流动负债合计
8.62	**1.07**	**0.44**	**0.34**	**17.61**	**10.74**
0.68	0.53			0.24	0.24
0.18	0.02	0.01	0.01	0.97	0.88
0.09	0.05			0.10	0.10
7.31	0.24	0.40	0.31	13.05	6.34
0.02					
0.08	0.01	0.02	0.01	0.06	
0.26	0.22			3.19	3.19

1-B-18 续表 1

地区	应付账款	所有者权益合计	实收资本	国家资本
全国	**2.47**	**6.29**	**6.94**	**4.33**
北京				
天津				
河北				
山西				
内蒙古				
辽宁				
吉林				
黑龙江				
上海				
江苏		0.67	0.23	
浙江				
安徽		-0.16	0.01	
福建				
江西				
山东	0.02	0.12	0.08	
河南				
湖北	2.37	7.79	6.60	4.33
湖南		0.05	0.01	
广东				
广西				
海南				
重庆				
四川		0.10	0.01	
贵州				
云南	0.08	-2.27		
西藏				
陕西				
甘肃				
青海				
宁夏				
新疆				

单位：亿元

集体资本	法人资本	个人资本	港澳台资本	外商资本	营业收入
	2.23	**0.38**			**18.65**
		0.23			0.50
		0.01			0.35
		0.08			0.21
	2.22	0.05			16.83
	0.01				0.06
		0.01			0.49
					0.21

1-B-18 续表 2

地　区	营业成本	销售费用	管理费用	财务费用
全　国	**12.94**	**1.18**	**3.40**	**0.06**
北　京				
天　津				
河　北				
山　西				
内蒙古				
辽　宁				
吉　林				
黑龙江				
上　海				
江　苏	0.15		0.30	
浙　江				
安　徽	0.38	0.01	0.04	0.01
福　建				
江　西				
山　东	0.11	0.04	0.03	
河　南				
湖　北	11.71	1.04	2.99	0.05
湖　南	0.05		0.01	
广　东				
广　西				
海　南				
重　庆				
四　川	0.44	0.01	0.02	
贵　州				
云　南	0.11	0.08	0.01	
西　藏				
陕　西				
甘　肃				
青　海				
宁　夏				
新　疆				

单位：亿元

利息费用	投资收益 (损失以“−”号记)	营业利润	利润总额	亏损企业 亏损额	平均用工人数 (万人)
0.05	**0.04**	**-0.65**	**-1.10**	**2.25**	**0.11**
	0.04	0.07	0.06		
		-0.09	-0.09	0.12	
		0.02	0.02		
0.05		-0.66	-1.11	2.13	0.08
		0.01	0.01		0.01

1-B-19 按地区分组的

地区	资产总计	固定资产净额	固定资产原价	固定资产累计折旧
全国	**1294372.53**	**265543.15**	**517600.33**	**240773.41**
北京	34628.58	2981.08	6840.95	3756.38
天津	19803.71	4452.59	9551.21	4901.60
河北	50087.11	12285.76	22934.39	10253.70
山西	19987.15	5419.10	10210.85	4627.18
内蒙古	22004.50	7016.18	12461.85	4948.94
辽宁	36038.61	7557.04	16805.20	8794.83
吉林	15988.88	2713.43	6190.13	3248.62
黑龙江	10276.38	2180.32	4564.18	2216.95
上海	53296.88	7156.30	18855.09	11400.57
江苏	172302.01	35011.44	71221.93	34834.93
浙江	124213.54	23836.14	41506.68	17383.14
安徽	52041.77	11346.45	19436.93	7856.42
福建	46574.79	9946.77	19305.26	9073.46
江西	32156.26	7297.90	13297.29	5402.37
山东	100440.36	21991.09	42045.62	19433.84
河南	42857.70	9180.74	18396.73	8493.16
湖北	49433.70	13651.56	26323.72	11663.40
湖南	32966.45	7620.27	14134.67	6035.98
广东	179900.50	24925.48	52959.71	27331.42
广西	21219.36	5413.50	9191.92	3663.70
海南	3135.63	916.60	1660.89	730.10
重庆	24347.07	5917.73	11689.21	5350.82
四川	52022.20	11944.43	22462.80	10033.55
贵州	12402.34	2687.70	4674.52	1823.08
云南	16979.24	3633.98	6882.90	3058.86
西藏	520.57	135.46	213.99	74.71
陕西	30410.13	7683.50	14136.48	6182.69
甘肃	10723.47	2279.77	4538.17	2130.23
青海	3829.27	1272.13	2397.89	859.97
宁夏	7829.78	2123.99	3595.31	1332.25
新疆	15954.61	4964.73	9113.85	3876.56

制造业主要经济指标

单位：亿元

流动资产合计	应收账款	存货	产成品	负债合计	流动负债合计
767185.63	**217522.96**	**160178.33**	**60616.64**	**733011.60**	**608142.50**
22852.58	5752.34	3961.31	1397.74	18141.11	15983.70
11853.43	3453.76	2664.90	935.97	10542.66	8806.02
27555.04	7298.65	5419.54	1929.99	31019.32	25833.39
10289.18	2599.75	2296.70	926.16	13618.34	11453.64
8608.55	1625.84	2207.59	801.27	13150.55	10175.79
21414.84	4964.67	5401.26	1679.79	21859.77	18430.85
8487.34	1784.38	1635.15	518.82	8341.25	7062.03
6292.75	1363.12	1689.06	524.21	6527.36	5472.38
33152.47	9732.49	6674.93	2036.30	26124.41	21723.14
109902.93	37919.33	22069.73	9488.40	93757.38	80164.31
74272.03	22321.72	15191.23	6319.19	68769.12	58714.55
30941.93	10040.90	5672.81	2256.41	29645.02	24751.97
27072.46	6533.23	5558.45	2334.23	25482.57	19392.50
18898.82	5611.36	4086.37	1516.64	18767.85	15182.63
59686.24	15055.49	13524.22	5486.65	59751.47	51728.09
24783.94	7670.26	5470.87	1897.13	25120.78	20604.36
25472.01	6974.07	5489.56	1984.74	26269.83	19721.91
17885.83	5466.37	3804.47	1334.73	16732.72	13265.63
119240.23	33334.24	22446.10	8598.22	104881.26	88044.45
12399.07	3790.27	2830.21	1196.01	14144.24	11831.09
1666.24	405.08	372.26	121.63	1746.52	1308.40
14411.52	4556.77	2434.40	1013.83	13972.97	11348.46
29633.26	7855.36	6624.81	2179.55	28483.19	22357.56
7209.92	1539.70	2196.90	466.59	6701.44	5374.84
8982.93	1798.84	2935.40	915.57	8240.35	6841.00
260.14	60.24	33.96	14.92	264.34	208.70
16341.02	4391.76	3458.61	1196.21	17505.04	14401.70
4767.74	1093.66	1323.41	417.64	6440.51	4406.11
1859.54	327.51	321.01	106.46	2453.20	2125.38
3189.41	583.61	744.95	360.20	5251.71	3759.11
7802.24	1618.18	1638.15	661.45	9305.32	7668.81

1-B-19 续表 1

地区	应付账款	所有者权益合计	实收资本	国家资本
全国	**207730.55**	**561456.67**	**243299.88**	**24359.49**
北京	6085.88	16487.47	5853.99	668.35
天津	2988.85	9261.32	5199.54	776.56
河北	7986.05	19066.71	9424.25	994.02
山西	3798.19	6368.66	4043.49	639.05
内蒙古	2690.23	8854.61	5224.87	518.19
辽宁	5854.00	14188.97	7501.36	869.12
吉林	2705.42	7649.20	3371.86	417.50
黑龙江	1603.71	3730.80	2152.33	410.04
上海	8753.93	27168.57	9720.83	1124.83
江苏	30023.25	78534.88	35086.77	1905.02
浙江	17547.42	55453.26	21056.39	599.17
安徽	9534.25	22395.44	9524.20	917.14
福建	6048.61	21089.05	9113.41	754.09
江西	5229.58	13388.44	5630.52	645.78
山东	16159.54	40689.20	21802.07	1202.27
河南	7303.20	17734.19	8049.63	1152.92
湖北	7059.78	23163.32	9523.73	1019.04
湖南	4741.41	16230.47	6645.07	1018.40
广东	30092.20	75027.04	26902.57	1771.07
广西	4444.75	7071.47	4023.92	868.39
海南	367.91	1389.11	716.51	105.93
重庆	4485.37	10405.19	4151.05	836.22
四川	7799.31	23539.62	9061.14	859.33
贵州	1619.97	5701.57	2357.48	539.52
云南	2317.70	8738.88	2962.35	435.77
西藏	48.19	256.23	102.80	49.90
陕西	5226.38	12985.36	5492.12	1623.37
甘肃	1423.90	4283.90	2277.77	737.24
青海	562.18	1376.08	971.20	208.16
宁夏	1185.04	2578.06	2081.98	177.54
新疆	2044.36	6649.58	3274.67	515.56

单位：亿元

集体资本	法人资本	个人资本	港澳台资本	外商资本	营业收入
3545.05	**122155.80**	**54095.09**	**15168.25**	**23862.75**	**1176215.78**
56.65	3161.10	778.12	188.67	1001.10	19481.07
28.21	1943.38	956.10	259.86	1233.33	20528.73
73.23	5346.64	2412.80	196.18	385.58	44908.87
27.37	1890.50	1342.10	48.09	96.36	17104.94
105.38	3710.16	709.70	113.94	60.36	17820.13
71.19	4196.18	1321.04	432.25	808.21	32770.69
59.13	2148.01	379.67	35.37	322.43	12126.77
18.71	1027.41	491.33	46.17	144.51	8401.13
62.73	4046.26	1100.42	956.64	2429.16	43400.94
390.99	15167.40	7078.73	3345.54	7191.29	160900.11
225.69	10993.87	6249.26	1420.97	1566.89	103383.86
242.99	5586.56	2060.44	311.21	396.50	45910.41
94.44	4309.87	2052.34	920.03	979.63	52408.29
93.88	3091.91	1318.11	241.43	239.24	38798.05
445.74	8659.09	9102.59	980.24	1404.54	102254.10
154.27	3907.08	2399.00	287.63	148.67	41944.30
188.48	5663.99	1889.53	269.32	493.43	43060.50
119.93	3458.01	1747.77	201.33	111.65	36407.93
362.14	12783.32	4655.20	4056.39	3264.67	169447.26
63.22	2053.93	652.82	191.99	158.63	20646.31
12.63	410.48	59.46	39.44	88.57	2859.29
34.87	2146.69	612.09	234.48	302.01	25304.23
105.75	5440.55	2025.85	253.76	373.33	43363.19
39.52	1302.65	413.83	19.58	40.90	7454.59
138.71	1809.14	494.92	29.09	54.36	16002.37
2.32	37.71	10.71	2.00	0.15	189.16
89.12	2361.88	763.66	39.95	490.62	21013.26
59.66	1119.36	257.73	4.54	17.49	8535.18
70.93	593.82	88.80	7.16	2.33	3014.75
13.69	1548.24	317.89	2.50	22.13	5317.57
93.49	2240.59	353.09	32.51	34.68	11457.81

1-B-19 续表 2

地区	营业成本	销售费用	管理费用	财务费用
全国	**996286.35**	**30326.02**	**69012.84**	**5143.08**
北京	15400.78	1265.74	1662.38	-22.60
天津	17968.80	436.17	1100.59	67.45
河北	39870.05	866.88	2002.94	313.00
山西	15521.64	257.76	775.93	170.79
内蒙古	15491.90	498.69	680.60	130.82
辽宁	28205.54	753.28	1361.81	178.14
吉林	10264.47	247.83	713.39	61.03
黑龙江	7295.84	225.53	428.81	65.30
上海	35686.51	1529.54	3311.78	3.29
江苏	136174.86	3869.95	9900.31	621.95
浙江	87399.22	2762.01	7257.64	579.43
安徽	39601.44	1035.40	2474.36	180.57
福建	44647.62	1227.46	2496.76	180.49
江西	34109.22	578.65	1615.85	171.12
山东	88312.42	2096.69	4976.65	486.95
河南	36598.21	789.78	1907.50	244.60
湖北	35873.17	1044.67	2582.30	236.58
湖南	29154.19	1050.02	2690.89	185.80
广东	140466.45	5982.84	13325.65	398.25
广西	18411.28	331.76	762.11	134.78
海南	2365.59	112.91	124.25	24.27
重庆	21390.83	657.85	1369.63	60.66
四川	35499.49	1250.62	2133.83	170.74
贵州	5318.68	212.84	512.67	44.25
云南	12805.58	329.13	644.06	55.86
西藏	132.43	10.23	17.01	2.08
陕西	17901.70	463.38	1109.45	140.98
甘肃	7418.84	122.27	317.48	62.56
青海	2498.63	33.12	116.45	17.28
宁夏	4695.21	74.14	215.91	65.21
新疆	9805.76	208.87	423.82	111.44

单位：亿元

利息费用	投资收益(损失以“-”号记)	营业利润	利润总额	亏损企业亏损额	平均用工人数(万人)
7818.53	**8130.78**	**62037.13**	**63170.84**	**12879.58**	**6945.53**
123.02	257.14	1076.16	1093.67	514.59	69.28
112.05	160.75	778.85	798.40	326.35	84.56
373.62	-43.64	911.27	892.71	610.34	221.67
194.33	186.68	400.98	326.32	360.29	88.56
184.48	190.43	822.47	827.51	383.14	64.01
231.48	156.88	1273.71	1297.68	518.40	150.69
80.16	317.89	770.95	790.39	201.14	56.74
73.23	9.10	90.60	103.99	242.25	41.37
185.93	525.44	2353.15	2423.07	627.28	168.52
935.66	613.82	9239.74	9360.78	1492.15	933.63
894.04	929.90	5213.62	5562.53	926.33	745.53
262.63	117.51	1990.53	2087.82	565.04	266.90
286.61	450.15	3641.28	3651.67	365.93	349.74
155.27	27.24	2060.88	2137.59	245.62	204.75
654.34	481.70	4644.17	4742.44	737.04	528.08
425.68	242.99	1846.14	1896.68	367.32	269.10
256.43	72.09	2207.11	2280.17	554.47	262.95
156.29	24.57	2212.84	2171.25	244.41	267.95
994.69	1847.32	9913.31	10026.58	1501.50	1275.84
182.13	64.66	584.62	594.58	263.63	127.73
24.52	5.31	113.91	116.44	31.51	9.87
121.23	-28.98	1311.42	1319.34	317.86	142.10
275.35	340.78	3700.21	3733.22	321.74	266.96
72.62	417.23	1147.66	1152.67	116.54	52.00
83.09	129.66	1130.73	1151.35	161.15	63.28
2.37	1.15	27.67	28.48	4.01	1.07
194.43	332.59	1041.93	1052.94	291.80	112.89
68.50	26.85	294.99	299.31	110.55	34.60
21.82	67.55	377.71	368.92	71.92	12.01
68.19	9.49	162.87	172.10	151.40	23.21
124.34	196.51	695.65	710.26	253.85	49.92

1-B-20 按地区分组的农副

地区	资产总计	固定资产净额	固定资产原价	固定资产累计折旧
全国	**36630.67**	**7943.28**	**14539.58**	**6152.27**
北京	524.95	60.59	108.33	47.54
天津	418.27	97.55	173.50	75.68
河北	1867.62	291.82	508.11	204.76
山西	268.62	75.89	110.33	34.12
内蒙古	638.10	191.70	303.05	107.93
辽宁	1572.03	283.47	512.14	213.45
吉林	769.82	188.34	308.18	109.49
黑龙江	1496.25	350.18	564.29	203.47
上海	330.95	60.81	119.44	58.09
江苏	2316.31	545.72	1055.20	489.64
浙江	1161.08	231.69	383.68	150.95
安徽	1364.53	381.81	579.01	191.15
福建	1830.35	351.69	712.09	352.02
江西	1300.93	182.42	312.85	119.60
山东	5093.21	1036.76	1846.52	786.58
河南	2458.71	634.69	1148.58	455.33
湖北	2001.64	618.02	1416.83	638.07
湖南	1585.65	498.04	914.41	389.31
广东	2860.96	460.14	861.52	381.76
广西	1719.19	264.81	628.35	348.06
海南	231.35	37.80	64.57	25.76
重庆	620.41	165.84	295.36	124.75
四川	1342.78	306.76	558.66	242.13
贵州	295.48	53.15	78.33	21.82
云南	729.47	163.25	302.07	136.21
西藏	16.94	3.18	4.09	0.91
陕西	532.99	122.98	216.09	80.24
甘肃	377.88	86.50	136.39	47.10
青海	55.23	15.78	23.70	7.28
宁夏	142.49	37.84	59.79	21.05
新疆	706.47	144.08	234.10	88.02

食品加工业主要经济指标

单位：亿元

流动资产合计	应收账款	存货	产成品	负债合计	流动负债合计
22712.37	**4057.80**	**6665.91**	**2804.68**	**22461.49**	**19185.99**
257.19	32.55	63.06	45.49	282.81	221.04
281.46	39.07	89.41	37.00	283.11	259.62
1331.61	211.41	321.18	129.27	1379.44	1163.55
147.22	34.20	39.12	17.67	190.03	153.35
358.84	84.40	143.81	79.28	414.94	362.27
1061.79	166.73	356.07	142.84	1026.60	919.85
519.10	104.60	177.20	67.89	501.99	473.17
980.42	164.69	413.33	161.96	1013.02	922.90
217.96	46.79	54.10	20.44	173.37	158.79
1502.14	296.33	430.08	178.10	1486.13	1292.30
724.93	131.99	231.18	97.01	726.63	633.45
818.95	196.07	302.21	124.90	731.24	639.57
1168.47	271.79	354.93	179.65	1054.56	917.97
1000.33	105.59	174.23	70.05	768.73	672.94
3376.08	615.22	998.21	441.81	3439.16	3110.95
1167.64	204.76	374.53	124.21	1263.41	1010.92
897.04	195.84	315.46	157.06	924.72	672.58
724.55	119.85	189.06	73.89	698.05	489.88
1896.42	322.64	496.08	169.12	1879.24	1605.16
1249.89	164.49	262.57	117.65	1177.83	1014.41
164.85	26.07	61.76	15.68	173.90	155.77
365.39	68.66	97.20	40.92	312.24	258.69
779.42	144.69	183.74	73.74	754.84	577.67
167.22	39.89	36.78	12.39	203.37	140.52
423.50	81.10	101.70	52.82	410.12	343.25
12.89	4.04	3.99	3.23	12.00	10.70
309.91	43.36	94.01	36.63	306.87	249.81
219.12	44.46	78.41	34.09	235.07	196.53
28.38	6.82	9.19	4.26	35.42	23.58
86.90	21.51	31.46	13.62	85.01	74.81
472.78	68.18	181.84	82.02	517.63	460.02

1-B-20 续表 1

地区	应付账款	所有者权益合计	实收资本	国家资本
全国	**4200.73**	**14170.00**	**6820.19**	**378.44**
北京	27.70	242.14	124.41	30.19
天津	47.89	135.47	117.85	26.41
河北	214.47	488.17	226.12	1.49
山西	39.73	78.59	62.64	0.99
内蒙古	73.92	223.16	158.46	6.00
辽宁	186.81	545.43	256.57	20.94
吉林	92.99	267.82	167.18	0.64
黑龙江	123.72	483.23	358.50	37.39
上海	40.92	157.59	71.13	5.09
江苏	298.58	829.03	474.25	31.65
浙江	97.88	434.45	228.37	3.13
安徽	212.06	633.29	244.13	6.52
福建	237.80	775.79	318.50	3.61
江西	98.87	532.20	230.52	3.85
山东	817.88	1654.05	890.24	21.75
河南	256.04	1195.26	486.64	6.65
湖北	196.54	1076.93	298.60	8.76
湖南	114.98	887.60	367.90	6.29
广东	292.93	981.72	456.65	21.98
广西	192.04	541.19	246.42	49.55
海南	29.78	57.45	28.21	
重庆	64.52	308.17	78.32	4.53
四川	124.13	588.61	214.86	12.13
贵州	35.35	92.11	55.37	13.12
云南	77.82	319.35	123.65	7.44
西藏	4.15	4.93	2.43	
陕西	51.69	226.11	105.22	9.45
甘肃	57.44	143.76	222.93	12.26
青海	4.48	19.81	15.37	0.77
宁夏	15.53	57.47	34.47	0.99
新疆	72.09	189.13	154.26	24.88

单位：亿元

集体资本	法人资本	个人资本	港澳台资本	外商资本	营业收入
165.07	**3236.17**	**2032.12**	**398.33**	**605.28**	**54735.61**
0.11	31.60	51.99	0.01	10.51	447.26
0.06	36.70	12.87	6.74	35.08	852.99
0.49	98.44	88.56	10.94	26.20	2537.92
0.99	27.98	28.75	0.25	3.68	381.78
1.38	90.53	36.32	16.35	7.88	788.70
5.26	116.19	68.52	5.61	35.96	2703.44
4.75	64.70	36.54	0.42	60.13	977.07
3.98	131.62	113.71	20.47	51.33	1945.75
	27.02	18.82	7.02	13.19	477.99
6.97	158.14	138.93	24.23	114.34	3907.38
4.28	99.13	76.46	24.40	20.96	1331.62
3.39	120.35	89.58	11.48	12.81	1987.42
6.73	129.50	125.99	31.53	21.14	2831.96
5.10	155.63	59.35	3.08	3.51	1245.83
47.34	409.08	235.51	96.39	80.11	9571.83
10.35	287.27	127.27	32.72	22.39	3191.90
4.92	120.11	127.44	25.46	12.20	2789.39
3.49	218.85	133.22	1.93	3.74	3136.70
6.47	214.90	127.40	48.12	37.72	4770.20
10.73	113.42	44.64	17.03	10.74	2352.23
0.03	19.65	7.61	0.73	0.20	365.81
0.30	35.75	35.30	0.99	1.46	965.78
1.92	107.29	86.78	3.58	3.17	1901.14
3.92	23.55	14.16	0.30	0.33	286.81
4.85	68.59	39.65	1.43	1.69	948.52
	0.91	1.52			12.42
13.06	39.70	36.00	3.26	3.76	719.26
6.27	184.12	16.54	0.53	3.21	382.04
0.21	9.39	5.00			24.10
0.67	20.08	10.47		2.26	143.52
7.04	75.99	37.25	3.33	5.57	756.83

1-B-20 续表 2

地　　区	营业成本	销售费用	管理费用	财务费用
全　　国	**50225.91**	**989.16**	**1597.36**	**300.43**
北　　京	406.08	20.16	21.32	2.29
天　　津	813.75	16.09	14.79	3.00
河　　北	2417.04	33.31	50.20	9.18
山　　西	363.02	5.95	9.65	3.39
内 蒙 古	729.27	18.19	23.13	8.19
辽　　宁	2568.94	37.85	50.57	12.44
吉　　林	922.83	18.68	18.64	9.81
黑 龙 江	1835.00	44.01	38.49	18.42
上　　海	419.88	21.49	25.81	1.13
江　　苏	3603.61	54.60	99.80	14.04
浙　　江	1217.97	30.20	50.02	10.32
安　　徽	1826.64	41.03	58.30	10.66
福　　建	2532.19	50.46	85.38	11.38
江　　西	1120.06	18.88	37.83	8.34
山　　东	8942.89	129.67	238.15	48.24
河　　南	2923.71	54.72	84.41	11.59
湖　　北	2467.66	65.98	99.41	14.13
湖　　南	2653.78	85.56	199.27	23.08
广　　东	4459.40	73.59	119.80	16.59
广　　西	2175.77	26.00	62.60	19.16
海　　南	331.05	6.66	10.86	3.41
重　　庆	844.91	20.23	29.33	3.00
四　　川	1672.18	48.99	60.87	10.71
贵　　州	265.57	6.49	10.07	2.78
云　　南	836.33	17.19	35.62	6.58
西　　藏	11.51	0.17	0.51	0.06
陕　　西	653.73	16.04	20.18	4.22
甘　　肃	345.16	9.51	14.87	3.37
青　　海	20.42	0.93	2.21	0.69
宁　　夏	125.06	5.35	7.60	1.56
新　　疆	720.52	11.19	17.66	8.67

单位：亿元

利息费用	投资收益(损失以"–"号记)	营业利润	利润总额	亏损企业亏损额	平均用工人数(万人)
292.65	**117.35**	**1762.70**	**1790.84**	**385.46**	**263.43**
3.48	7.03	3.38	2.29	10.11	1.97
4.28	2.35	8.55	8.61	11.51	1.51
18.44	0.14	21.13	18.99	22.70	9.05
3.13	0.25	-0.37	1.73	4.54	2.27
7.52	-0.28	7.52	10.09	16.71	3.64
10.39	1.79	29.04	30.14	29.57	12.88
8.52	0.85	1.38	3.75	20.30	3.93
14.42	3.16	11.17	14.91	29.77	6.44
1.34	6.37	15.89	16.76	4.68	2.16
12.59	3.52	126.40	126.25	17.75	14.08
11.29	1.95	22.73	25.67	11.10	7.22
9.54	9.54	58.47	61.72	10.21	10.90
13.58	2.70	146.86	147.21	6.56	17.14
7.32	-20.00	215.29	217.03	3.18	5.06
45.89	11.91	215.93	218.33	45.77	50.74
11.62	47.18	157.77	157.07	20.70	18.29
9.97	1.88	133.23	139.57	7.50	14.25
11.44	2.11	154.11	134.50	8.23	20.17
22.42	12.75	101.34	107.50	33.27	15.25
26.28	19.47	77.34	78.19	18.36	9.22
1.88	-0.48	12.45	13.08	2.83	2.41
3.09	-6.04	49.88	49.67	2.98	6.15
9.51	3.40	102.13	103.98	8.61	11.46
2.31	0.13	1.72	3.34	3.07	1.67
5.68	2.25	52.22	55.24	6.11	5.82
0.07		0.16	0.20	0.03	0.04
4.14	0.89	25.20	26.92	5.52	3.76
3.08	1.90	9.76	11.86	5.28	2.23
0.61	0.02	-0.04	0.52	1.14	0.20
1.44	0.23	4.32	5.90	1.77	0.79
7.38	0.36	-2.26	-0.17	15.58	2.77

1-B-21 按地区分组的食品

地区	资产总计	固定资产净额	固定资产原价	固定资产累计折旧
全国	**21639.03**	**4889.39**	**9275.50**	**4237.20**
北京	511.01	71.56	159.95	88.00
天津	423.85	107.69	234.33	121.77
河北	1021.15	224.21	415.74	189.22
山西	190.48	56.61	100.79	41.57
内蒙古	2771.99	287.74	542.65	252.14
辽宁	325.03	93.84	194.09	96.43
吉林	305.28	95.81	168.17	72.08
黑龙江	873.33	220.60	374.22	148.41
上海	983.81	157.80	358.48	192.88
江苏	1325.12	368.34	712.17	308.69
浙江	914.13	234.97	447.34	210.48
安徽	490.02	143.28	238.46	94.73
福建	1159.79	169.02	324.71	148.31
江西	293.51	67.62	136.65	68.00
山东	2006.74	543.76	999.61	447.38
河南	970.16	262.25	441.20	174.02
湖北	786.79	246.15	466.68	210.24
湖南	836.81	210.49	425.45	205.33
广东	2226.69	407.73	872.56	453.44
广西	295.85	95.01	153.27	56.42
海南	45.26	12.96	18.92	5.96
重庆	265.64	69.66	132.78	57.61
四川	893.26	261.41	442.59	175.83
贵州	190.23	39.06	60.10	20.21
云南	372.42	94.76	178.99	82.91
西藏	12.24	3.19	5.98	1.66
陕西	258.37	81.54	148.74	66.03
甘肃	142.75	38.36	62.50	23.59
青海	21.83	7.28	12.72	5.37
宁夏	270.06	96.07	165.69	69.49
新疆	455.39	120.62	279.97	149.00

制造业主要经济指标

单位：亿元

流动资产合计	应收账款	存货	产成品	负债合计	流动负债合计
11827.71	**2076.83**	**2445.67**	**1018.19**	**11316.37**	**9357.55**
321.65	75.63	33.51	15.06	256.11	195.29
258.43	72.29	52.83	22.67	218.36	206.93
543.15	103.54	115.36	51.82	594.44	451.68
92.88	24.84	19.93	7.13	92.96	77.30
1088.63	115.04	131.09	68.65	1529.80	1237.77
184.13	38.86	46.78	19.32	151.61	132.74
166.34	27.62	36.78	11.77	184.50	155.43
566.09	61.46	94.45	37.30	512.68	467.41
606.54	153.34	96.73	49.66	530.26	445.60
715.09	174.70	143.63	63.20	632.77	547.97
516.98	118.85	122.89	47.97	475.56	408.62
280.05	75.20	67.54	28.77	299.18	251.26
711.62	139.35	135.98	51.28	534.89	378.02
156.93	34.52	40.87	18.03	127.71	106.63
1198.26	260.80	297.58	128.48	1126.94	941.66
551.90	120.16	124.58	43.57	562.61	467.82
386.26	106.16	82.03	34.29	352.93	263.92
459.39	49.82	106.99	26.55	459.74	402.02
1309.48	53.29	246.31	102.13	1032.77	887.55
158.78	35.43	46.63	17.78	183.91	164.97
23.96	4.28	3.86	1.22	18.70	14.63
131.64	22.75	32.95	11.53	122.37	88.47
471.85	84.96	118.73	35.50	390.31	319.85
125.13	22.44	21.70	8.97	106.91	87.56
206.12	29.57	45.30	19.20	170.98	145.17
5.09	0.56	0.62	0.37	6.19	4.25
134.01	22.94	40.53	18.38	131.48	106.99
72.03	17.53	17.16	8.61	89.77	68.28
10.80	1.82	2.93	0.72	9.67	8.81
113.41	-18.31	28.42	9.76	155.48	112.74
261.10	47.38	90.97	58.50	254.77	210.22

1-B-21 续表 1

地区	应付账款	所有者权益合计	实收资本	国家资本
全国	**2357.56**	**10322.65**	**4355.80**	**204.19**
北京	70.39	254.90	88.36	10.03
天津	69.81	205.50	117.27	1.59
河北	111.32	426.71	196.41	5.22
山西	16.70	97.53	39.60	0.17
内蒙古	239.53	1242.20	271.99	1.65
辽宁	38.24	173.43	126.13	9.79
吉林	26.16	120.78	94.16	0.29
黑龙江	80.70	360.65	157.54	11.55
上海	150.32	453.55	224.37	4.48
江苏	164.13	692.35	351.01	26.05
浙江	86.61	438.57	217.12	7.42
安徽	66.09	190.84	116.07	0.66
福建	94.44	624.91	252.86	1.91
江西	32.17	165.80	62.95	3.31
山东	206.58	879.79	410.62	12.61
河南	128.32	407.55	203.87	14.56
湖北	70.38	433.86	146.18	15.61
湖南	91.36	377.08	164.47	7.16
广东	256.08	1193.91	415.46	12.15
广西	34.14	111.94	67.05	3.23
海南	3.85	26.56	7.78	
重庆	28.05	143.26	34.87	1.16
四川	96.19	502.96	189.07	9.35
贵州	26.52	83.32	23.65	6.85
云南	36.95	201.44	75.81	4.60
西藏	0.64	6.04	2.35	0.55
陕西	32.05	126.89	70.31	2.61
甘肃	18.11	52.98	35.09	2.70
青海	2.92	12.16	6.76	0.20
宁夏	37.88	114.58	51.91	0.13
新疆	40.94	200.62	134.72	26.64

单位：亿元

					营业收入
集体资本	法人资本	个人资本	港澳台资本	外商资本	
66.99	**1843.69**	**1139.84**	**416.36**	**684.22**	**21142.49**
6.98	16.22	9.23	9.03	36.87	547.13
1.16	38.52	14.17	6.83	54.49	432.30
3.02	115.78	40.98	8.18	23.23	1027.48
0.50	19.31	13.25	5.74	0.63	144.23
5.93	120.63	112.92	6.36	24.51	2534.59
0.36	73.86	17.94	14.42	9.75	340.40
0.91	57.16	17.57	11.65	6.59	190.43
0.63	90.42	25.11	9.13	20.69	617.41
0.31	48.59	32.37	46.48	92.14	1001.21
9.47	124.06	55.56	35.74	100.13	1190.74
0.21	72.66	49.44	21.07	66.31	758.56
0.33	63.78	26.93	15.24	9.13	533.17
1.71	49.69	146.44	38.34	14.77	1243.15
1.08	28.95	22.00	1.18	6.44	271.29
1.60	151.89	118.44	40.79	85.30	1975.13
8.02	106.83	63.81	3.81	6.84	1004.84
0.70	63.18	54.69	2.55	9.45	796.28
2.21	89.78	50.85	7.04	7.44	1060.34
5.04	110.04	109.00	104.56	74.68	2398.02
2.29	33.96	15.52	0.26	11.79	284.61
0.51	1.59	3.94	0.55	1.19	30.21
0.32	19.33	12.05	0.85	1.15	331.98
1.02	89.52	62.48	17.88	8.82	898.43
0.64	9.61	6.56			117.92
0.86	47.95	16.55	2.19	3.65	345.68
	0.97	0.84			3.31
3.85	37.61	18.62	2.28	5.34	287.03
1.15	26.53	4.67		0.05	83.40
0.54	2.98	1.76	1.29		16.49
2.25	43.73	5.76	0.04		308.54
3.39	88.56	10.39	2.90	2.84	368.19

1-B-21 续表 2

地　区	营业成本	销售费用	管理费用	财务费用
全　国	**16520.57**	**1766.06**	**1229.36**	**65.45**
北　京	386.07	93.06	35.51	-0.34
天　津	347.25	30.76	24.57	0.58
河　北	836.89	93.60	40.92	7.18
山　西	116.47	8.13	8.44	1.31
内蒙古	1978.25	316.17	76.91	-14.29
辽　宁	253.94	42.15	18.13	0.85
吉　林	161.99	7.27	10.54	4.32
黑龙江	492.56	55.21	29.76	
上　海	700.82	151.21	84.88	0.89
江　苏	928.85	74.09	84.40	5.82
浙　江	608.91	46.67	58.55	4.60
安　徽	443.89	27.50	29.63	3.29
福　建	1014.71	70.31	67.53	3.44
江　西	218.22	12.41	18.86	1.61
山　东	1608.15	91.17	121.43	10.66
河　南	838.41	44.12	50.74	3.05
湖　北	649.82	32.73	51.27	2.44
湖　南	860.55	47.49	78.59	7.59
广　东	1645.36	345.73	174.79	4.27
广　西	224.83	16.97	16.30	2.64
海　南	19.67	3.25	3.65	-0.15
重　庆	259.97	18.76	20.47	1.28
四　川	687.36	64.09	47.17	3.86
贵　州	98.58	4.88	6.59	0.78
云　南	267.34	27.99	20.00	1.91
西　藏	2.71	0.39	0.26	0.03
陕　西	234.25	15.73	16.78	1.47
甘　肃	72.00	3.14	5.03	1.72
青　海	13.15	1.28	1.45	0.06
宁　夏	266.16	9.97	9.82	2.48
新　疆	283.43	9.85	16.39	2.09

单位：亿元

利息费用	投资收益 (损失以“-”号记)	营业利润	利润总额	亏损企业 亏损额	平均用工人数 (万人)
134.93	**213.30**	**1694.67**	**1737.34**	**151.23**	**169.34**
1.19	7.85	38.18	38.96	4.52	3.35
1.55	0.60	24.08	25.72	6.77	2.67
8.80	8.80	55.33	58.24	5.58	7.36
1.49	0.04	9.67	10.01	1.30	1.46
24.90	63.10	225.89	223.46	5.87	6.80
3.27	37.43	60.69	61.72	2.07	3.42
3.98	4.28	24.30	24.24	2.80	1.83
5.10	0.28	37.91	42.48	17.24	3.33
2.42	6.48	69.74	77.80	8.65	5.77
7.80	6.07	99.20	100.60	10.55	9.96
7.24	4.85	42.32	47.52	10.43	7.16
2.88	0.33	32.14	34.17	3.80	5.10
4.47	23.82	107.09	107.97	4.04	12.13
1.15	0.41	19.26	20.27	1.39	3.20
14.77	6.69	141.58	144.64	9.93	16.95
4.31	3.49	67.54	70.39	4.59	11.88
4.32	6.03	63.94	66.35	3.41	6.50
5.69	3.92	61.76	62.10	5.02	11.18
7.49	20.96	232.80	232.25	18.93	19.64
2.82	0.06	23.14	23.70	3.09	3.46
0.05	-0.26	3.42	2.92	1.38	0.48
1.50	1.98	30.53	31.49	1.24	3.16
4.36	2.09	92.90	94.10	4.39	9.65
0.95	0.14	6.54	7.39	1.89	1.24
2.33	1.40	29.12	29.56	2.70	3.21
0.03		0.27	0.31		0.04
1.15	0.25	18.82	19.62	1.65	3.41
1.53	0.57	2.13	2.99	2.16	0.85
0.06	0.01	0.46	0.68	0.33	0.22
3.91	-0.06	19.25	20.24	1.24	1.37
3.44	1.70	54.70	55.46	4.27	2.57

1-B-22 按地区分组的酒、饮料和

地区	资产总计	固定资产净额	固定资产原价	固定资产累计折旧
全国	**23268.98**	**4346.47**	**8400.25**	**3925.51**
北京	619.90	87.95	191.91	102.69
天津	108.97	33.88	100.00	65.06
河北	640.79	117.28	231.08	113.47
山西	587.40	70.55	126.86	56.06
内蒙古	188.40	45.56	97.28	50.17
辽宁	182.50	46.22	130.12	83.08
吉林	291.69	109.18	217.04	104.19
黑龙江	303.18	91.20	171.52	77.55
上海	186.81	29.07	84.51	54.24
江苏	1563.10	219.76	514.31	282.03
浙江	723.39	188.12	408.05	214.41
安徽	1018.74	213.89	354.79	136.96
福建	532.28	142.19	285.50	139.94
江西	256.53	69.71	144.30	70.48
山东	1051.21	205.92	377.99	168.00
河南	487.09	141.93	298.78	149.14
湖北	1216.47	307.54	586.73	273.87
湖南	475.40	143.62	284.21	127.16
广东	1246.28	266.60	667.13	386.48
广西	386.42	97.21	186.52	87.29
海南	138.84	21.13	46.57	25.00
重庆	217.33	48.04	104.79	55.64
四川	6018.89	791.43	1366.42	551.38
贵州	3351.85	492.83	732.29	232.03
云南	557.65	124.17	230.62	105.36
西藏	90.11	13.41	31.40	15.65
陕西	379.04	107.73	191.67	82.26
甘肃	160.13	40.02	82.78	41.42
青海	44.86	10.11	20.61	10.49
宁夏	58.00	18.78	33.96	15.12
新疆	185.71	51.46	100.53	48.89

精制茶制造业主要经济指标

单位：亿元

流动资产合计	应收账款	存货		负债合计	流动负债合计
			产成品		
13903.31	**1530.14**	**4644.34**	**1276.99**	**10500.81**	**9057.79**
364.55	33.71	44.64	15.77	273.12	255.36
65.15	23.49	17.26	6.34	50.60	47.54
325.05	17.61	82.32	22.95	277.33	234.02
416.96	19.51	136.25	53.14	287.99	272.53
90.47	4.87	52.17	21.25	90.12	72.56
119.41	19.42	39.18	12.97	80.98	76.54
113.56	13.58	39.73	11.14	171.57	122.91
173.54	18.57	56.66	21.80	169.31	155.52
130.15	36.45	19.55	4.78	107.88	101.36
1086.68	130.99	412.21	119.06	540.42	500.05
406.42	76.42	116.92	57.78	340.86	310.65
672.33	51.93	246.59	43.48	419.90	380.04
278.35	60.62	94.99	39.18	229.68	203.30
151.22	23.40	54.00	16.11	139.52	94.81
586.55	67.00	182.13	58.37	550.70	470.24
272.86	49.43	97.74	21.22	316.64	280.87
650.58	106.53	215.86	53.24	545.64	451.89
227.65	31.56	91.50	35.13	185.55	134.78
734.95	128.93	112.31	48.21	599.35	559.66
233.58	31.66	118.86	43.21	224.37	188.55
92.98	15.79	19.29	7.69	74.78	66.53
116.66	58.89	28.82	9.87	116.77	106.57
3389.02	141.80	870.32	271.28	2699.25	2328.17
2356.81	257.42	1114.28	131.61	1202.34	1008.73
345.06	42.23	171.01	84.92	341.23	252.24
42.81	2.66	5.70	2.36	56.67	49.75
199.19	24.58	78.30	28.18	195.26	168.64
94.35	21.64	40.42	14.09	67.50	52.74
25.26	5.03	12.86	2.07	13.80	11.86
33.26	2.96	20.08	8.04	31.58	26.68
107.87	11.49	52.39	11.75	100.08	72.66

1-B-22 续表 1

地区	应付账款	所有者权益合计	实收资本	国家资本
全国	**1888.01**	**12769.09**	**3179.35**	**291.08**
北京	33.37	346.79	112.82	7.12
天津	11.92	58.37	45.68	3.43
河北	53.32	363.46	172.70	24.15
山西	42.95	299.41	56.09	16.69
内蒙古	18.73	98.29	64.50	13.62
辽宁	21.85	101.52	57.09	5.89
吉林	24.15	120.12	92.99	11.14
黑龙江	42.80	134.76	80.70	1.31
上海	21.02	78.94	60.95	3.78
江苏	111.81	1022.68	185.50	14.41
浙江	92.49	382.53	171.12	6.88
安徽	76.03	598.84	132.40	12.39
福建	68.64	302.59	113.52	2.07
江西	24.13	117.01	51.46	5.44
山东	116.68	500.50	204.24	13.85
河南	72.04	170.45	93.78	0.34
湖北	118.20	670.83	152.03	9.23
湖南	32.97	289.85	108.06	7.84
广东	152.66	646.93	297.12	20.95
广西	41.26	162.08	78.56	8.74
海南	20.27	64.06	30.86	0.13
重庆	15.88	100.56	45.77	1.77
四川	338.99	3319.64	216.23	10.11
贵州	198.50	2149.51	291.93	67.26
云南	49.45	216.43	76.14	0.64
西藏	1.86	33.44	12.88	1.50
陕西	39.04	183.78	68.56	8.17
甘肃	14.31	92.62	28.99	1.97
青海	3.56	31.06	14.59	
宁夏	5.08	26.42	14.59	4.56
新疆	24.05	85.62	47.50	5.68

单位：亿元

集体资本	法人资本	个人资本	港澳台资本	外商资本	营业收入
95.42	**1465.97**	**612.64**	**240.32**	**468.78**	**15365.36**
0.20	71.88	10.87	9.65	13.09	260.48
	15.18	0.95	2.50	23.62	122.35
2.47	76.71	43.80	5.93	19.64	340.31
0.91	19.97	13.50	1.84	3.19	314.30
0.57	41.35	5.64	0.98	2.33	89.16
	19.00	3.21	0.73	28.25	174.12
1.04	37.47	22.06	0.87	20.41	220.51
1.46	43.11	18.30	0.11	16.40	277.00
	37.70	1.29	4.83	13.34	121.69
0.16	74.64	26.30	29.25	40.75	1058.53
2.71	73.95	30.53	12.51	44.52	619.53
0.38	62.28	31.58	12.27	13.50	684.39
1.33	59.46	36.13	4.28	10.26	593.03
1.02	29.69	8.04	1.07	6.21	187.50
32.33	87.76	28.32	18.12	23.86	707.71
10.06	36.96	30.38	11.36	4.68	516.55
9.71	51.00	35.88	23.00	23.21	792.04
1.43	60.64	33.12	2.46	2.57	630.06
6.07	107.98	20.77	57.99	80.61	1311.38
0.57	41.97	13.86	7.90	5.52	254.24
3.95	9.68	1.78	4.06	11.26	141.54
	23.59	5.03	2.84	12.55	186.56
0.77	120.33	59.66	4.87	20.52	3432.97
9.01	139.73	62.30	4.67	6.55	1320.43
5.94	31.63	28.69	3.95	5.28	429.62
1.39	7.42	0.42	2.00	0.15	19.87
0.41	34.29	17.96	0.44	7.29	307.33
0.96	16.81	3.34	0.13	5.78	103.97
	0.89	7.14	5.70	0.86	11.21
0.48	4.39	4.35	0.81		29.71
0.10	28.51	7.42	3.20	2.58	107.28

1-B-22 续表 2

地　　区	营业成本	销售费用	管理费用	财务费用
全　　国	**9664.04**	**1182.91**	**859.50**	**13.08**
北　　京	192.03	27.78	24.44	1.29
天　　津	93.80	13.12	5.76	0.15
河　　北	239.63	30.57	16.69	-0.23
山　　西	145.74	9.12	14.23	0.71
内 蒙 古	64.89	4.87	7.22	0.78
辽　　宁	124.09	15.33	6.69	0.43
吉　　林	184.01	10.00	11.78	3.32
黑 龙 江	227.07	16.75	8.27	2.33
上　　海	82.07	22.19	8.04	0.10
江　　苏	587.95	74.58	55.35	-1.41
浙　　江	472.91	42.97	30.43	0.65
安　　徽	357.98	83.36	36.65	-0.45
福　　建	460.51	33.49	33.42	1.79
江　　西	128.52	14.16	9.50	0.52
山　　东	535.40	56.34	37.53	2.44
河　　南	393.80	44.17	20.19	1.93
湖　　北	555.06	51.90	50.62	4.38
湖　　南	463.12	36.08	52.28	3.29
广　　东	960.17	162.52	55.07	-1.66
广　　西	187.43	18.64	15.52	2.15
海　　南	113.40	13.89	5.39	-0.51
重　　庆	125.00	18.47	10.39	-0.25
四　　川	1868.76	274.44	154.93	-7.18
贵　　州	385.77	23.20	131.07	-5.99
云　　南	302.48	35.79	23.63	2.99
西　　藏	13.89	2.44	1.67	0.06
陕　　西	228.65	20.76	16.56	0.57
甘　　肃	63.57	14.16	7.57	0.04
青　　海	6.37	1.51	1.57	-0.07
宁　　夏	20.74	2.39	1.98	0.29
新　　疆	79.23	7.91	5.06	0.63

单位：亿元

利息费用	投资收益（损失以"－"号记）	营业利润	利润总额	亏损企业亏损额	平均用工人数（万人）
70.99	**597.00**	**3140.22**	**3158.96**	**104.58**	**100.83**
3.49	-4.42	-12.02	-11.94	31.04	1.72
0.32	0.14	7.40	7.51	0.72	0.73
0.11	16.01	44.87	44.87	1.72	2.46
0.91	41.54	119.39	119.55	1.21	2.26
0.67	0.89	5.86	6.21	2.40	1.06
0.53	0.11	20.77	24.24	0.40	1.11
3.23	0.72	5.18	4.90	10.94	1.29
2.00	0.34	12.85	14.36	2.15	1.20
0.19	6.00	13.92	14.28	0.95	0.89
1.65	27.90	282.62	282.56	2.42	4.88
2.84	10.41	74.81	78.82	2.11	3.50
1.95	2.64	151.05	152.89	3.65	4.70
1.68	17.62	72.67	74.07	1.38	4.83
0.77	0.70	28.03	28.70	0.46	1.74
3.95	21.34	58.75	60.01	3.24	5.22
1.55	0.84	43.56	44.61	4.16	4.30
3.55	2.92	103.14	103.77	3.05	5.57
2.24	0.32	57.46	57.05	1.35	5.30
3.88	6.15	122.99	124.21	1.62	7.45
2.61	0.57	23.49	24.11	2.34	2.57
0.34	0.05	8.85	9.33	2.53	0.85
1.10	22.23	41.12	41.40	0.28	1.26
17.16	10.45	849.44	847.43	6.46	16.66
8.35	391.30	876.02	876.15	8.71	9.81
2.91	0.91	59.55	59.94	3.17	3.30
0.06		1.92	2.24	0.53	0.15
1.36	14.86	39.89	40.69	2.59	3.53
0.45	0.78	10.79	10.71	0.58	1.07
0.01	1.51	1.54	1.49	0.63	0.21
0.31	-0.01	3.47	3.52	0.50	0.26
0.83	2.22	10.85	11.27	1.30	0.94

1-B-23 按地区分组的烟草

地区	资产总计	固定资产净额	固定资产原价	固定资产累计折旧
全国	**10991.65**	**1310.84**	**3627.30**	**2312.25**
北京	47.73	6.64	28.82	22.18
天津	24.75	7.27	31.09	23.82
河北	147.50	31.56	82.91	49.49
山西	50.53	10.80	26.68	15.88
内蒙古	95.63	17.13	41.92	24.80
辽宁	52.96	12.26	37.51	25.25
吉林	118.83	28.16	79.80	51.60
黑龙江	124.30	26.30	67.78	41.48
上海	1413.34	65.61	194.33	128.72
江苏	764.21	72.63	179.07	106.44
浙江	479.84	56.12	164.86	108.74
安徽	358.51	72.27	172.70	99.16
福建	269.89	39.05	146.52	107.03
江西	166.03	36.18	86.32	50.14
山东	333.04	50.13	153.20	103.07
河南	454.91	75.08	194.10	119.00
湖北	581.31	85.41	184.51	99.09
湖南	879.84	99.26	281.00	181.45
广东	673.33	65.27	191.31	125.77
广西	207.94	40.81	105.23	64.42
海南	26.81	6.03	15.31	9.28
重庆	159.67	22.29	65.19	42.91
四川	291.34	46.03	115.62	69.59
贵州	366.16	65.75	177.82	112.07
云南	2535.82	195.06	607.20	412.14
西藏				
陕西	191.45	42.84	96.63	53.79
甘肃	118.46	20.54	62.16	41.62
青海				
宁夏	4.06	2.00	8.64	6.64
新疆	53.46	12.33	29.05	16.71

制品业主要经济指标

单位：亿元

流动资产合计	应收账款	存货	产成品	负债合计	流动负债合计
7668.55	**447.69**	**4301.56**	**256.92**	**2258.54**	**2222.67**
39.73	0.84	8.04	0.18	11.25	11.06
10.45	1.00	4.20	0.58	24.75	24.75
106.02	9.64	93.11	5.66	80.97	80.61
36.85	4.44	6.93	1.77	12.76	12.69
74.08	1.26	29.29	3.31	22.61	22.61
35.85	1.41	22.52	2.81	13.15	13.15
81.74	2.28	63.61	3.09	42.70	41.86
92.07	6.46	37.05	5.49	43.55	43.55
1017.71	21.45	267.74	12.64	134.07	134.06
647.60	28.15	268.24	17.95	74.70	74.57
357.63	26.50	285.50	16.30	41.98	40.50
250.14	5.03	184.78	11.32	112.73	111.40
202.63	15.27	145.68	3.03	67.72	66.50
121.05	0.67	84.84	2.62	19.61	19.15
215.76	14.58	172.65	5.90	93.46	89.08
340.00	9.57	244.18	9.02	115.26	113.23
403.46	80.06	229.98	15.93	156.85	152.11
671.62	18.48	345.90	7.33	101.75	100.51
525.11	45.62	228.53	17.89	192.99	188.12
134.91	5.06	100.31	1.57	59.01	53.59
19.81	0.68	2.79	0.83	8.32	8.32
122.19	12.04	82.20	4.19	24.98	24.93
217.93	29.89	133.11	3.83	129.93	128.97
266.93	9.20	174.58	4.91	107.29	107.16
1419.90	86.95	912.93	90.93	504.28	500.77
125.41	2.07	106.15	3.27	37.14	36.51
91.40	0.94	60.40	3.70	11.70	9.92
1.58		1.36	0.06	-1.79	-1.79
38.97	8.14	4.95	0.79	14.82	14.79

1-B-23 续表 1

地区	应付账款	所有者权益合计	实收资本	国家资本
全国	**906.92**	**8733.11**	**1050.59**	**588.87**
北京	1.09	36.49	9.30	9.30
天津	0.39			
河北	9.80	66.53	13.16	13.16
山西	3.61	37.77	6.13	
内蒙古	12.11	73.02	13.46	1.13
辽宁	3.20	39.81	3.50	
吉林	7.61	76.13	17.98	17.98
黑龙江	13.40	80.76	22.67	21.67
上海	11.67	1279.27	17.64	
江苏	27.68	689.51	29.83	9.69
浙江	19.48	437.86	10.32	
安徽	32.51	245.78	41.67	29.36
福建	49.12	202.17	44.63	26.13
江西	5.03	146.42	21.79	21.79
山东	19.47	239.58	75.91	75.71
河南	27.04	339.64	43.26	0.10
湖北	117.76	424.46	33.02	18.26
湖南	21.24	778.09	76.54	52.22
广东	62.75	480.33	155.19	145.64
广西	15.81	148.94	51.72	4.26
海南	1.79	18.49	4.71	4.71
重庆	15.88	134.68	26.42	16.61
四川	56.07	161.40	26.26	
贵州	31.53	258.88	88.63	
云南	310.87	2031.54	149.69	56.92
西藏				
陕西	15.72	154.31	28.06	25.32
甘肃	6.00	106.76	37.23	37.03
青海				
宁夏		5.84		
新疆	8.29	38.64	1.87	1.87

单位：亿元

					营业收入
集体资本	法人资本	个人资本	港澳台资本	外商资本	
0.32	**451.50**	**8.41**	**0.20**	**1.29**	**13519.29**
					64.10
					72.52
					315.17
	6.13				56.05
	12.33				157.59
	3.50				103.97
					206.94
		1.00			154.22
	17.64				1126.49
	19.14	1.00			991.52
	10.01	0.31			982.22
	12.31				539.18
	17.81			0.69	380.50
					269.79
	0.20				446.43
	43.16				640.21
0.04	12.85	1.27		0.60	896.06
	24.16	0.16			1097.65
	6.57	2.78	0.20		822.98
	47.45				312.08
					42.14
	9.81				248.13
	26.26				448.94
	86.74	1.89			502.19
0.28	92.49				2074.75
	2.74				295.65
	0.20				182.45
					29.44
					59.93

1-B-23 续表 2

地　区	营业成本	销售费用	管理费用	财务费用
全　国	**4059.32**	**164.36**	**695.01**	**-89.63**
北　京	15.06	0.96	3.96	-0.89
天　津	20.90	0.47	3.51	-0.14
河　北	97.05	1.94	16.19	-0.04
山　西	15.89	0.70	6.17	-0.71
内蒙古	34.92	2.09	10.57	-0.85
辽　宁	27.05	1.19	9.61	-0.28
吉　林	55.67	2.86	17.07	-0.34
黑龙江	49.69	1.41	19.82	-0.95
上　海	197.21	4.40	41.89	-25.29
江　苏	355.23	7.52	27.98	-10.15
浙　江	443.39	8.09	21.95	-1.51
安　徽	149.42	8.24	39.20	-2.12
福　建	102.81	18.95	13.63	-0.37
江　西	68.33	3.17	14.24	-1.34
山　东	123.11	7.52	34.31	-1.09
河　南	173.58	11.08	35.09	-3.06
湖　北	227.13	9.60	32.93	-4.31
湖　南	238.87	9.30	44.78	-9.46
广　东	321.13	20.50	66.10	-5.34
广　西	78.84	4.81	15.57	-0.20
海　南	13.68	0.43	4.07	-0.41
重　庆	67.67	2.93	11.94	-0.92
四　川	144.70	5.90	20.68	-2.37
贵　州	105.90	6.69	36.74	-2.45
云　南	775.36	16.80	116.35	-13.43
西　藏				
陕　西	80.17	4.78	20.03	-0.80
甘　肃	51.07	1.87	6.70	-0.33
青　海				
宁　夏	7.85		0.85	-0.01
新　疆	17.65	0.16	3.06	-0.48

单位：亿元

利息费用	投资收益(损失以"-"号记)	营业利润	利润总额	亏损企业亏损额	平均用工人数(万人)
2.11	**98.95**	**1569.95**	**1556.39**	**4.88**	**18.22**
	0.01	6.92	6.83		0.08
		8.21	8.20		0.07
		10.55	10.50		0.51
		6.36	6.34		0.09
	0.05	16.77	16.69		0.22
	0.01	3.75	3.75		0.16
	0.22	10.18	10.07		0.36
	-0.08	5.74	5.78		0.43
	32.89	268.21	267.17		0.35
0.29	2.17	139.01	138.99		0.66
0,05	4.68	92.64	92.20		0.36
0.01	0.46	28.96	27.82	1.11	0.81
0.03	0.64	25.45	25.28	0.12	0.42
	0.02	20.56	20.43	0.34	0.45
0.06	0.15	44.97	44.13	0.51	0.96
0.03	0.78	73.42	72.84		1.25
0.61	1.33	118.15	117.55		0.73
0.08	3.34	157.74	155.34	0.02	1.14
0.28	5.81	77.89	78.25	2.37	4.14
0.41	1.99	21.97	21.66	0.11	0.31
		2.39	2.39		0.05
	0.12	23.36	23.00	0.31	0.35
0.02	3.59	42.88	41.75		0.47
	0.27	40.48	39.63		0.75
0.18	39.86	274.74	271.83		2.08
0.05	0.65	18.86	18.40		0.66
		14.99	14.85		0.24
		5.86	5.84		0.04
		8.94	8.87		0.07

1-B-24 按地区分组的

地区	资产总计	固定资产净额	固定资产原价	固定资产累计折旧
全国	**22906.50**	**5894.41**	**12239.97**	**6133.71**
北京	28.80	1.52	3.55	2.02
天津	143.56	14.76	46.81	32.01
河北	544.73	114.50	216.50	100.49
山西	45.14	12.21	17.59	5.38
内蒙古	41.37	5.63	8.79	3.14
辽宁	111.56	20.86	48.94	27.84
吉林	23.57	3.74	7.12	3.38
黑龙江	50.99	8.16	17.82	9.65
上海	175.44	22.65	61.09	38.23
江苏	4807.69	1179.48	2572.18	1359.08
浙江	5446.67	1379.39	2750.24	1344.43
安徽	786.40	211.26	353.12	137.11
福建	1886.60	420.34	985.01	550.46
江西	427.42	114.19	253.09	122.63
山东	2485.99	555.48	1248.71	677.77
河南	676.39	201.38	398.96	190.20
湖北	1052.23	381.20	868.10	449.66
湖南	332.68	87.11	185.61	83.04
广东	1729.41	433.44	998.54	553.93
广西	182.05	53.31	87.93	33.40
海南	10.46	2.14	6.21	3.98
重庆	44.08	14.27	29.36	9.12
四川	484.59	168.34	263.98	93.68
贵州	55.97	8.60	23.64	4.32
云南	26.43	5.95	10.25	4.30
西藏	0.83	0.30	0.47	0.17
陕西	142.97	63.97	164.93	100.77
甘肃	19.03	3.90	7.53	3.56
青海	4.71	1.08	1.44	0.33
宁夏	146.96	35.41	56.82	17.74
新疆	991.78	369.86	545.64	171.89

纺织业主要经济指标

单位：亿元

流动资产合计	应收账款	存货	产成品	负债合计	流动负债合计
13170.40	**3285.28**	**3826.38**	**1997.83**	**13490.04**	**11445.09**
25.74	3.91	9.95	7.79	15.48	15.04
70.32	10.52	11.67	7.25	84.57	65.29
311.42	95.28	102.32	55.28	334.72	306.47
25.16	2.13	15.19	9.96	24.69	19.37
31.34	11.98	10.89	4.92	30.97	30.14
73.42	19.18	15.38	7.18	61.59	52.65
12.26	3.21	5.23	1.72	17.95	17.49
40.41	8.97	22.04	11.49	34.71	31.31
140.92	47.80	28.02	15.11	69.22	62.87
3071.04	902.53	919.78	516.84	2832.33	2485.08
3228.33	866.80	903.87	465.53	3445.81	3151.29
411.79	106.66	122.49	67.89	427.11	369.57
1094.37	206.86	277.48	135.50	1036.40	825.50
207.38	60.53	65.82	37.21	242.03	195.24
1454.34	263.29	355.49	187.48	1349.80	1086.31
332.78	82.15	94.97	49.86	414.19	288.58
439.58	103.44	141.81	74.61	462.23	359.83
171.38	51.75	49.56	29.62	205.15	162.95
1055.69	245.56	336.90	129.81	975.14	840.97
105.83	22.57	52.03	23.66	128.54	100.35
4.53	0.40	0.47	0.14	2.18	1.58
21.69	7.16	9.95	5.84	27.72	21.91
210.75	32.03	66.28	37.07	286.08	193.01
15.94	2.09	6.93	4.57	41.31	22.11
15.75	4.05	6.80	3.16	14.96	14.44
0.53	0.20	0.26	0.06	0.58	0.15
59.32	8.15	26.31	15.07	85.70	56.19
8.90	1.88	2.74	1.99	6.67	5.84
3.32	0.59	1.59	1.45	4.15	3.73
62.55	23.10	15.65	7.14	113.75	97.28
463.61	90.53	148.52	82.60	714.29	562.58

1-B-24 续表 1

地区	应付账款	所有者权益合计	实收资本	国家资本
全国	**2458.92**	**9415.30**	**4447.05**	**150.01**
北京	5.10	13.32	3.81	0.80
天津	7.68	58.99	36.60	19.61
河北	64.69	210.02	100.19	8.89
山西	4.98	20.44	13.60	0.69
内蒙古	8.34	10.40	6.34	
辽宁	11.35	50.02	24.76	
吉林	1.36	5.62	5.14	0.04
黑龙江	9.89	16.28	13.05	2.00
上海	27.72	106.22	29.25	0.45
江苏	614.69	1974.79	967.27	17.54
浙江	547.94	2000.85	986.55	4.46
安徽	85.98	359.29	151.64	4.48
福建	122.51	849.36	361.58	0.35
江西	40.86	185.39	66.33	0.52
山东	237.30	1136.18	446.32	9.11
河南	49.36	262.40	105.66	1.85
湖北	85.21	590.00	161.95	7.36
湖南	47.48	127.53	75.27	2.14
广东	194.10	754.27	358.85	3.54
广西	21.31	53.51	45.80	3.90
海南	0.27	8.28	6.56	0.08
重庆	7.41	16.36	6.16	0.47
四川	37.89	198.51	95.03	9.42
贵州	3.49	14.66	17.35	0.23
云南	3.30	11.47	5.02	
西藏	0.10	0.25	0.11	
陕西	11.01	57.27	35.56	10.10
甘肃	2.81	12.36	4.27	
青海	0.33	0.57	1.01	
宁夏	48.77	33.21	48.00	10.85
新疆	155.72	277.50	268.02	31.17

单位：亿元

集体资本	法人资本	个人资本	港澳台资本	外商资本	营业收入
61.99	**1678.64**	**1705.89**	**510.03**	**340.48**	**23059.52**
	1.54	1.17		0.30	18.56
0.57	7.18	2.92	0.08	6.24	106.05
0.11	31.25	57.16		2.77	494.60
	10.77	1.42	0.71		20.98
	3.82	2.21	0.30	0.02	34.07
	6.98	11.11		6.67	63.13
	2.35	2.71		0.04	9.73
	6.01	4.25	0.79		37.79
0.35	5.11	9.63	4.53	9.19	169.79
17.34	317.81	365.42	109.45	139.71	5286.99
5.75	345.87	458.77	103.79	67.92	4640.31
0.67	78.35	62.81	1.51	3.82	601.67
0.87	83.41	192.58	72.45	11.92	2717.48
0.03	22.36	28.81	11.97	2.63	465.71
27.97	206.31	164.76	19.18	19.00	2360.73
1.09	41.65	57.69	0.44	2.94	606.35
3.95	72.84	67.91	5.51	4.38	1345.22
1.09	53.74	18.29			481.99
1.23	61.77	77.41	154.81	60.09	2136.08
0.45	9.06	13.27	18.37	0.76	155.82
	6.48				3.84
	3.73	1.77	0.19		49.56
0.07	58.59	25.67	0.94	0.34	398.05
	10.72	6.41			26.07
0.17	3.13	1.72			23.36
		0.11			0.25
0.26	9.80	15.28		0.12	98.27
	3.96	0.32			8.28
	0.14	0.87			1.38
0.01	27.33	9.81			70.24
	186.58	43.66	5.00	1.61	627.17

1-B-24 续表 2

地　区	营业成本	销售费用	管理费用	财务费用
全　国	**20258.37**	**402.77**	**1277.39**	**211.24**
北　京	13.16	0.45	1.76	-0.03
天　津	94.68	1.21	4.22	3.65
河　北	456.28	8.14	19.32	5.13
山　西	19.02	0.35	1.72	0.53
内蒙古	31.32	0.55	0.86	0.63
辽　宁	54.28	1.97	5.65	-0.18
吉　林	8.88	0.26	0.73	0.08
黑龙江	33.98	0.36	2.08	0.12
上　海	136.64	8.06	15.72	0.05
江　苏	4703.83	77.98	266.57	37.92
浙　江	3998.06	73.32	358.30	49.79
安　徽	533.58	10.27	33.51	5.67
福　建	2389.71	33.53	107.79	24.06
江　西	407.54	10.34	23.81	4.28
山　东	2117.75	33.94	111.98	18.19
河　南	553.44	7.15	23.64	5.95
湖　北	1136.22	32.37	80.47	17.34
湖　南	398.04	18.64	36.71	5.30
广　东	1825.57	56.99	124.43	10.10
广　西	146.00	1.22	7.77	2.09
海　南	3.52	0.04	0.41	-0.01
重　庆	42.22	0.89	2.90	0.69
四　川	346.59	6.15	17.48	5.40
贵　州	24.68	0.39	1.14	0.28
云　南	20.41	0.43	1.13	0.31
西　藏	0.22	0.01	0.03	0.01
陕　西	92.60	1.98	4.25	1.57
甘　肃	7.25	0.28	0.68	0.06
青　海	1.36		0.08	0.03
宁　夏	65.21	0.93	3.47	1.30
新　疆	596.31	14.55	18.75	10.93

单位：亿元

利息费用	投资收益（损失以“－”号记）	营业利润	利润总额	亏损企业亏损额	平均用工人数（万人）
188.20	**53.57**	**870.78**	**935.85**	**196.64**	**257.51**
0.05	-0.09	3.08	3.07	0.18	0.16
3.64	0.48	2.36	2.34	0.82	0.53
4.88	2.12	7.91	7.41	3.70	6.39
0.65	0.02	-0.37	-0.36	0.64	0.37
0.59		0.62	1.03	0.48	0.30
0.47	6.41	7.16	7.47	2.15	1.16
0.09		-0.29	-0.22	0.56	0.23
0.20	-0.03	1.08	1.33	0.87	0.66
0.51	0.20	9.10	9.95	2.21	1.43
35.32	3.32	186.74	195.07	39.59	52.52
51.74	17.42	161.91	191.97	38.44	55.87
4.82	5.49	21.25	22.99	4.54	7.98
18.05	0.82	150.21	151.49	10.40	19.72
2.03	-0.44	17.73	18.53	3.52	5.44
17.45	8.18	76.04	80.28	22.30	30.82
4.42	0.12	13.93	15.03	8.10	9.23
12.17	3.18	70.87	73.48	6.47	16.28
2.84	1.06	20.02	19.44	2.50	4.55
7.40	3.75	112.43	113.79	17.98	22.42
1.93	0.08	-1.08	-0.97	4.32	3.79
0.05	0.10	-0.04	-0.03	0.04	0.05
0.49	-0.04	2.65	2.73	0.33	0.57
3.75	0.49	21.26	23.57	2.51	4.71
0.26		-0.61	-0.98	1.12	0.43
0.28	0.10	1.16	1.27	0.29	0.40
0.01		-0.03	-0.01	0.01	
1.42	0.06	-2.30	-1.35	4.35	1.96
0.13		-0.05	-0.05	0.20	0.21
		-0.09	-0.02	0.04	0.03
1.30		-0.86	-0.23	2.30	0.83
11.29	0.76	-10.99	-2.21	15.66	8.46

1-B-25 按地区分组的纺织

地区	资产总计	固定资产净额	固定资产原价	固定资产累计折旧
全国	**10815.32**	**1715.50**	**3499.02**	**1703.85**
北京	145.73	15.57	32.18	16.48
天津	13.54	2.10	4.90	2.80
河北	114.61	21.89	41.32	19.16
山西	27.08	4.60	9.61	5.01
内蒙古	240.87	18.09	39.80	20.73
辽宁	131.49	22.95	51.79	28.78
吉林	57.14	9.72	19.06	9.27
黑龙江	3.50	0.26	0.61	0.35
上海	180.79	25.51	58.16	32.43
江苏	1876.06	251.79	561.00	297.68
浙江	2707.68	450.36	834.84	382.25
安徽	279.78	62.41	119.49	54.54
福建	1054.00	148.21	299.78	123.06
江西	288.92	64.47	108.38	41.01
山东	918.79	103.36	223.65	117.53
河南	216.27	51.18	96.47	42.35
湖北	301.53	96.61	195.84	92.12
湖南	209.63	42.46	84.24	35.94
广东	1702.38	237.97	573.65	328.05
广西	42.57	6.28	15.91	8.06
海南	4.40	0.12	0.37	0.26
重庆	29.52	7.83	12.29	4.43
四川	105.17	28.59	50.59	20.34
贵州	22.62	5.32	9.75	4.22
云南	24.43	8.21	12.58	4.36
西藏	0.50	0.10	0.13	0.03
陕西	36.71	7.07	12.77	5.47
甘肃	6.35	1.69	2.64	0.95
青海	5.01	0.37	1.39	1.02
宁夏	3.31	0.69	1.14	0.45
新疆	64.95	19.74	24.69	4.72

服装、服饰业主要经济指标

单位：亿元

流动资产合计	应收账款	存货	产成品	负债合计	流动负债合计
6996.26	**1915.76**	**1804.58**	**935.74**	**5709.66**	**4880.02**
113.98	16.92	33.80	20.76	71.09	65.88
10.48	2.06	4.48	2.93	9.09	8.84
80.64	20.17	23.03	8.47	66.49	62.40
20.62	5.14	10.01	8.29	16.88	16.19
65.77	15.63	28.63	6.69	53.46	46.79
99.49	23.62	15.45	4.97	67.16	62.99
42.80	17.02	6.83	3.30	38.82	38.06
3.21	0.84	0.67	0.19	1.54	0.29
134.64	42.48	31.90	13.11	113.98	100.67
1302.07	396.81	291.77	175.24	987.12	844.55
1819.36	455.70	404.61	219.48	1585.13	1441.77
188.30	63.09	48.19	23.24	175.85	163.67
684.47	179.91	177.49	102.25	484.09	385.03
196.32	72.78	44.67	21.58	168.56	137.11
447.02	124.89	94.58	42.31	533.85	363.23
117.24	35.69	33.57	14.22	107.70	78.03
140.94	36.37	46.25	20.12	137.18	116.53
69.73	19.18	18.24	11.72	60.07	37.35
1243.40	323.81	425.66	203.34	856.16	762.85
29.18	7.72	7.24	3.46	19.58	17.17
0.92	0.06			0.46	0.41
19.56	5.48	6.75	4.09	14.91	13.22
61.35	17.30	22.77	13.20	48.22	38.70
15.66	5.81	3.73	1.13	11.14	9.18
13.52	3.24	3.38	0.67	9.40	7.30
0.38	0.01	0.02	0.01	0.23	0.23
25.93	7.22	5.70	3.42	22.25	17.25
4.26	0.96	0.68	0.40	2.64	2.42
3.64	0.03	0.11	0.06	1.28	1.22
2.57	0.87	0.43	0.17	2.24	2.14
38.79	14.92	13.95	6.93	43.10	38.55

1-B-25 续表 1

地区	应付账款	所有者权益合计	实收资本	国家资本
全国	**1501.56**	**5105.43**	**2028.79**	**55.34**
北京	11.32	74.65	28.41	4.63
天津	1.93	4.45	4.23	0.01
河北	19.84	48.12	24.10	4.18
山西	4.70	10.21	4.14	0.66
内蒙古	14.03	187.41	38.66	1.01
辽宁	15.51	64.33	31.75	0.24
吉林	14.79	18.32	17.32	2.38
黑龙江	0.08	1.96	1.72	
上海	45.89	66.81	33.25	0.05
江苏	296.08	888.94	319.23	11.72
浙江	417.63	1122.55	508.83	1.02
安徽	58.96	103.93	55.56	2.19
福建	105.47	569.70	140.53	0.16
江西	44.60	120.36	45.59	3.82
山东	114.59	384.94	163.65	1.14
河南	24.34	108.57	49.08	0.76
湖北	33.34	164.35	74.86	3.28
湖南	11.41	149.55	93.39	0.74
广东	215.03	846.21	303.96	0.53
广西	7.10	22.99	12.14	
海南	0.01	3.94	0.05	0.05
重庆	5.41	14.61	6.53	0.04
四川	13.43	56.95	25.10	6.62
贵州	2.96	11.48	7.59	1.63
云南	1.64	15.03	10.69	2.08
西藏	0.01	0.27	0.15	
陕西	3.85	14.47	11.24	1.86
甘肃	1.36	3.71	1.90	0.53
青海	0.05	3.72	2.71	1.31
宁夏	0.86	1.07	1.01	0.12
新疆	15.32	21.85	11.44	2.58

单位：亿元

					营业收入
集体资本	法人资本	个人资本	港澳台资本	外商资本	
22.19	**725.70**	**767.19**	**301.23**	**152.85**	**11977.17**
0.62	9.93	11.45	0.09	1.69	94.04
	1.13	2.51	0.16	0.42	13.11
	6.93	12.24	0.38	0.38	98.37
	1.04	2.44			17.23
	30.70	6.96			41.62
0.48	14.82	8.63	3.27	4.30	135.52
0.06	8.79	3.78		2.32	50.92
		1.72			2.82
0.05	12.78	5.86	4.09	10.41	241.68
7.19	112.98	119.06	31.41	36.87	1931.45
4.16	190.89	206.70	78.07	27.99	2240.01
0.37	16.57	26.29	3.61	2.36	298.08
0.08	43.54	56.04	33.95	6.76	2205.52
0.16	16.19	17.21	5.28	2.93	462.16
6.61	90.93	43.03	8.49	13.46	620.47
0.58	22.55	22.30	1.60	1.29	206.97
0.06	11.69	57.44	2.28	0.11	442.65
0.08	30.02	62.03	0.25	0.28	348.29
1.46	68.36	73.05	121.99	38.46	2209.83
	5.17	3.84	2.89	0.25	40.32
					0.34
	3.34	2.75	0.37	0.03	48.03
0.04	7.14	9.03	2.24	0.03	116.68
0.01	3.50	2.00	0.46		25.05
	4.21	3.41	0.35	0.65	12.34
	0.15				0.76
0.05	4.53	2.94		1.86	29.18
0.16	1.11	0.11			4.80
	0.80	0.60			1.31
	0.74	0.14			4.11
	5.20	3.66			33.54

1-B-25 续表 2

地 区	营业成本	销售费用	管理费用	财务费用
全 国	**10018.29**	**470.31**	**855.64**	**45.64**
北 京	60.15	19.76	10.76	0.33
天 津	11.32	0.45	1.37	0.07
河 北	83.54	2.82	7.75	0.54
山 西	12.25	1.52	2.17	0.17
内 蒙 古	31.39	0.70	4.99	0.86
辽 宁	113.92	3.31	13.72	0.31
吉 林	41.77	1.19	3.21	0.06
黑 龙 江	2.52	0.05	0.16	
上 海	203.79	11.54	20.64	0.85
江 苏	1638.95	46.97	126.15	8.33
浙 江	1863.17	110.53	192.65	8.55
安 徽	253.26	7.23	27.67	1.20
福 建	1918.16	55.73	92.44	4.54
江 西	397.01	13.53	27.04	1.77
山 东	527.42	16.41	42.49	2.18
河 南	169.94	6.94	18.18	1.41
湖 北	368.00	11.81	29.41	3.22
湖 南	275.91	12.51	31.13	2.70
广 东	1785.02	137.19	175.36	6.80
广 西	34.70	0.50	3.47	0.10
海 南	0.17	0.01	0.07	
重 庆	39.39	1.50	3.79	0.19
四 川	92.45	4.84	9.23	0.86
贵 州	21.31	0.35	2.87	0.03
云 南	9.44	0.17	2.03	0.13
西 藏	0.69	0.01	0.05	0.01
陕 西	24.42	1.37	2.72	0.18
甘 肃	3.36	0.09	0.73	-0.02
青 海	0.97		0.46	-0.04
宁 夏	3.25	0.29	0.37	
新 疆	30.64	1.01	2.55	0.30

单位：亿元

利息费用	投资收益（损失以"–"号记）	营业利润	利润总额	亏损企业亏损额	平均用工人数（万人）
50.94	**92.22**	**611.40**	**641.74**	**84.32**	**214.59**
0.36	0.33	2.49	2.72	2.66	1.66
0.02	-0.01	-0.19	-0.17	0.76	0.36
0.37	0.05	3.29	3.39	0.57	2.46
0.22		1.10	1.33	0.37	0.32
0.75	32.71	35.89	36.96	0.15	0.70
0.45	0.08	3.32	3.91	1.24	5.49
0.02		4.03	4.21	0.40	2.46
		0.07	0.07		0.08
0.77	1.03	4.45	5.34	1.84	2.21
10.96	17.43	118.52	125.87	12.49	29.99
19.40	16.72	68.53	80.18	18.28	35.47
1.11	0.32	7.93	8.96	3.86	10.23
3.23	6.65	128.88	129.45	2.24	24.36
1.19	0.16	20.57	21.69	1.91	10.81
2.09	13.98	42.66	43.27	3.07	15.33
0.71	-0.01	9.08	10.32	2.41	8.26
1.98	-0.21	26.33	26.77	2.67	8.06
0.82	0.05	23.25	22.86	0.36	5.26
5.28	3.09	97.26	97.41	24.68	42.50
0.14		1.43	1.83	0.28	1.44
		0.09	0.09		
0.12	-0.19	2.72	2.96	0.22	1.06
0.31	0.02	8.30	8.83	0.18	2.28
0.05	-0.04	0.35	0.39	0.55	0.92
0.06	0.01	0.54	0.58	0.41	0.46
0.01			0.01		0.01
0.35		0.42	0.65	0.93	0.83
0.01		0.62	0.55	0.04	0.15
		-0.06	-0.30	0.42	0.06
		0.23	0.28	0.01	0.18
0.16	0.03	-0.73	1.32	1.32	1.21

1-B-26 按地区分组的皮革、毛皮、

地区	资产总计	固定资产净额	固定资产原价	固定资产累计折旧
全国	**6219.72**	**1101.48**	**2149.98**	**1007.89**
北京	2.06		0.02	0.02
天津	14.48	2.40	5.47	3.08
河北	140.91	21.77	39.26	17.00
山西	0.48	0.06	0.09	0.03
内蒙古	3.72	0.53	1.03	0.50
辽宁	45.11	8.19	14.54	6.33
吉林	7.11	0.45	0.58	0.13
黑龙江	21.85	0.61	1.46	0.61
上海	307.25	11.42	26.63	15.20
江苏	254.66	60.92	114.35	51.10
浙江	1111.06	203.87	347.75	141.33
安徽	296.18	45.37	78.92	33.33
福建	1685.94	228.73	464.14	227.91
江西	220.88	58.72	99.75	38.75
山东	215.12	43.21	85.62	39.69
河南	427.14	121.30	188.37	60.83
湖北	102.74	37.97	73.11	33.27
湖南	297.07	95.23	153.42	53.95
广东	792.57	111.62	367.70	250.38
广西	45.38	8.21	15.14	6.36
海南				
重庆	31.01	6.67	12.90	6.15
四川	137.62	23.81	43.15	16.13
贵州	22.32	4.28	7.39	2.86
云南	2.47	0.29	0.52	0.22
西藏				
陕西	10.46	1.63	2.76	1.12
甘肃	18.30	2.75	3.73	0.98
青海				
宁夏	4.60	1.36	2.04	0.61
新疆	1.24	0.11	0.15	0.04

羽毛及其制品和制鞋业主要经济指标

单位：亿元

流动资产合计	应收账款	存货	产成品	负债合计	流动负债合计
4283.71	**1245.28**	**1057.74**	**465.70**	**3444.75**	**3017.94**
1.84	0.12	1.60	1.24	1.29	0.62
11.41	4.18	2.61	1.10	8.20	8.09
94.83	27.36	31.57	11.54	81.28	76.55
0.42	0.15	0.33	0.27	0.33	0.33
2.15	0.49	0.64	0.19	1.44	0.91
33.51	18.16	8.30	1.59	29.40	28.89
5.52	1.30	2.63	2.20	5.35	5.35
17.58	14.02	2.23	1.20	10.60	3.35
282.17	21.86	40.02	18.34	74.30	73.22
176.16	75.13	47.12	22.77	155.44	140.32
768.21	229.76	184.37	70.05	712.67	674.08
203.48	83.27	52.82	23.98	169.65	155.93
1220.90	290.36	239.35	125.57	913.42	798.65
145.29	64.55	34.27	14.43	126.93	111.46
143.74	40.14	47.21	25.76	145.85	137.98
222.90	59.48	75.74	29.22	212.55	154.91
49.61	18.60	13.64	7.84	50.45	37.46
144.68	50.28	41.80	14.40	110.85	69.87
595.78	200.98	179.50	64.94	484.99	418.51
34.94	14.87	12.70	8.84	31.22	28.53
0.05	0.05	0.01	0.01		
23.05	7.25	6.95	4.17	14.46	11.63
62.76	14.89	21.67	10.42	74.68	56.15
15.62	3.30	3.80	2.43	12.56	11.30
2.00	0.63	0.97	0.35	1.45	1.33
6.88	1.95	1.91	1.12	4.59	4.38
13.94	1.15	2.21	1.08	8.06	5.45
3.21	0.34	1.50	0.56	1.83	1.79
1.08	0.65	0.25	0.05	0.91	0.88

1-B-26 续表 1

地区	应付账款	所有者权益合计	实收资本	国家资本
全国	**860.82**	**2774.86**	**1077.70**	**16.83**
北京		0.77	0.20	
天津	2.90	6.28	4.66	0.09
河北	19.05	59.64	24.00	
山西	0.12	0.15	0.01	
内蒙古	0.31	2.28	1.52	0.75
辽宁	9.60	15.71	7.20	
吉林	1.38	1.76	0.81	
黑龙江	1.31	11.25	1.45	
上海	17.28	232.95	9.63	
江苏	50.90	99.12	52.74	
浙江	138.39	398.38	182.99	0.35
安徽	47.87	126.52	52.61	1.60
福建	168.47	772.52	244.60	0.03
江西	41.68	93.95	44.81	0.10
山东	44.59	69.27	46.73	0.09
河南	56.40	214.59	112.22	1.37
湖北	13.06	52.28	19.15	0.02
湖南	37.44	186.22	61.74	2.59
广东	164.87	307.57	162.74	0.01
广西	12.47	14.17	12.19	
海南				
重庆	5.17	16.55	5.99	2.01
四川	19.49	62.94	17.55	0.36
贵州	4.19	9.76	3.59	2.51
云南	0.77	1.01	0.41	
西藏				
陕西	1.48	5.87	4.62	3.45
甘肃	1.12	10.24	2.15	1.50
青海				
宁夏	0.11	2.77	1.23	
新疆	0.41	0.33	0.15	

单位：亿元

					营业收入
集体资本	法人资本	个人资本	港澳台资本	外商资本	
4.71	**394.61**	**405.96**	**139.79**	**115.75**	**8173.02**
		0.20			0.46
	1.50	2.91	0.02	0.14	16.29
0.07	9.04	13.88	0.56	0.46	108.49
		0.01			0.55
	0.77				3.63
	3.22	0.36		3.62	36.53
	0.16	0.65			7.30
	1.33	0.12			26.39
0.20	3.29	3.86	1.16	1.12	102.47
0.05	13.53	20.99	6.26	11.91	278.56
0.01	61.32	106.58	10.17	4.55	1063.25
1.16	24.59	18.76	4.07	2.45	319.91
0.43	99.09	83.04	41.28	20.74	2802.65
0.45	11.64	10.60	10.29	11.72	302.16
0.05	18.57	14.41	2.65	10.96	255.12
0.51	38.85	66.98	3.53	0.98	356.23
0.10	3.26	7.86	3.34	4.57	121.74
0.55	41.56	12.25	3.75	1.04	713.64
0.95	47.60	25.61	49.78	38.74	1396.18
0.15	2.37	4.82	2.20	2.66	57.72
					0.14
	1.72	2.26			45.24
0.03	8.60	7.88	0.58	0.11	115.47
	0.70	0.38			19.60
	0.06	0.35			5.76
	0.99	0.02	0.16		5.63
	0.13	0.52			7.03
	0.57	0.66			2.06
	0.14	0.01			2.80

1-B-26 续表 2

地区	营业成本	销售费用	管理费用	财务费用
全国	**6951.84**	**186.57**	**547.80**	**31.75**
北京	0.27	0.12	0.06	
天津	14.17	0.42	1.37	0.05
河北	97.76	1.26	4.77	0.86
山西	0.43	0.04	0.05	
内蒙古	3.42	0.01	0.33	
辽宁	30.88	0.83	2.89	0.48
吉林	6.86	0.03	0.29	0.03
黑龙江	24.45	0.21	0.24	
上海	91.03	3.31	8.51	-2.11
江苏	239.01	6.26	19.58	1.60
浙江	910.02	26.64	90.23	8.83
安徽	281.45	3.82	12.00	2.03
福建	2347.55	71.81	165.52	5.64
江西	255.20	5.49	17.13	1.49
山东	225.41	3.24	15.92	2.00
河南	302.35	7.02	15.87	2.81
湖北	104.70	2.45	7.62	0.56
湖南	590.06	19.72	57.63	2.85
广东	1200.75	28.66	111.61	2.25
广西	53.19	0.73	2.49	0.32
海南	0.13			
重庆	38.11	1.08	2.42	0.15
四川	97.26	2.08	7.64	1.67
贵州	16.89	0.48	1.89	0.04
云南	4.80	0.37	0.43	0.04
西藏				
陕西	4.84	0.24	0.53	0.03
甘肃	6.40	0.09	0.43	0.05
青海				
宁夏	1.81	0.06	0.19	0.05
新疆	2.66	0.12	0.15	

单位：亿元

利息费用	投资收益（损失以“–”号记）	营业利润	利润总额	亏损企业亏损额	平均用工人数（万人）
32.81	**58.70**	**476.20**	**491.29**	**32.06**	**144.13**
					0.02
0.08	0.01	0.21	0.34	0.20	0.36
0.62	0.37	3.24	3.67	0.87	1.89
		0.04	0.04		0.03
		-0.12	-0.13	0.13	0.16
0.40		1.35	1.44	0.61	0.58
0.01		0.08	0.09		0.14
		1.46	1.34	0.17	0.14
0.21	0.14	1.66	1.79	0.69	0.85
1.42	0.02	10.70	10.92	2.84	5.03
9.19	1.90	25.49	33.39	6.47	21.51
1.75	-0.25	19.62	20.29	1.09	3.65
6.74	53.19	253.76	254.97	4.11	41.84
1.01		21.95	22.95	0.65	7.70
1.74	0.13	7.70	7.98	2.32	3.79
1.97	0.07	25.99	27.27	0.76	5.61
0.41	-0.05	5.09	5.37	0.43	2.67
1.56	0.11	37.61	37.87	1.45	10.38
2.70	2.61	49.61	49.53	7.45	30.86
0.36	0.02	0.89	1.09	0.46	1.54
0.14	-0.19	2.89	2.95	0.01	0.92
2.29	0.62	6.79	7.35	0.84	3.11
0.02		0.22	0.40	0.21	0.78
0.04		0.11	0.14	0.02	0.16
0.03		-0.05	-0.01	0.07	0.13
0.05		0.09	0.17	0.16	0.14
0.06		-0.06	0.02	0.02	0.04
		-0.12	0.05		0.12

1-B-27 按地区分组的木材加工和木、

地区	资产总计	固定资产净额	固定资产原价	固定资产累计折旧
全国	**6583.23**	**1799.76**	**3126.41**	**1248.62**
北京	4.98	0.18	0.58	0.41
天津	11.98	2.50	4.53	2.02
河北	160.59	40.88	68.93	27.57
山西	8.75	1.14	2.39	1.24
内蒙古	5.13	0.58	1.50	0.74
辽宁	91.33	20.22	41.94	21.60
吉林	40.03	4.99	13.48	8.42
黑龙江	79.91	7.16	12.86	5.65
上海	66.47	8.28	19.46	11.09
江苏	780.89	227.39	386.16	146.29
浙江	575.12	96.48	165.18	67.73
安徽	292.15	66.62	110.29	41.19
福建	368.21	70.65	153.74	79.28
江西	173.21	44.36	78.98	33.78
山东	1014.25	316.62	547.95	218.47
河南	351.23	105.87	170.72	58.02
湖北	531.38	259.02	422.28	148.86
湖南	207.45	79.80	135.23	50.53
广东	426.32	70.97	164.35	91.49
广西	966.13	222.77	365.46	131.79
海南	10.12	2.21	4.10	1.90
重庆	89.12	54.63	88.76	33.24
四川	180.64	64.44	108.33	41.14
贵州	33.06	5.74	9.59	3.52
云南	59.69	13.72	27.75	13.76
西藏				
陕西	22.50	3.99	7.58	3.30
甘肃	4.13	1.50	2.04	0.54
青海				
宁夏	1.74	0.37	0.60	0.22
新疆	26.73	6.69	11.62	4.83

竹、藤、棕、草制品业主要经济指标

单位：亿元

流动资产合计	应收账款	存货	产成品	负债合计	流动负债合计
3828.83	**1325.31**	**984.62**	**502.96**	**3860.50**	**3199.66**
4.53	1.75	0.46	0.17	3.62	3.46
8.49	2.43	3.00	1.09	8.24	7.83
102.06	29.27	28.71	14.14	107.86	89.93
7.55	2.37	1.76	1.10	7.39	7.38
3.64	0.71	1.04	0.55	2.89	2.83
61.17	15.73	23.32	7.51	54.86	47.30
32.03	4.89	15.38	6.11	25.32	24.43
66.45	14.64	30.04	19.19	39.96	36.77
47.03	16.39	8.88	5.04	30.51	29.01
468.67	182.04	123.86	67.34	469.15	400.58
359.27	115.42	76.72	32.54	335.74	311.92
182.03	66.47	46.82	22.76	152.70	133.45
254.44	85.13	87.11	45.54	205.37	171.83
114.81	46.77	27.87	13.67	88.43	74.70
523.11	208.76	104.88	58.04	596.05	498.03
174.38	77.10	32.85	17.61	169.30	118.98
207.98	63.30	52.05	25.51	289.96	213.48
87.60	22.24	19.76	10.68	78.15	47.66
266.66	71.07	74.08	33.04	255.12	212.39
642.13	239.09	153.51	85.67	687.79	584.00
8.02	2.93	2.68	1.17	7.83	5.91
28.58	8.08	8.47	4.52	34.66	23.23
86.24	23.43	24.68	12.00	106.75	69.57
25.35	8.69	8.74	4.15	24.25	21.51
32.76	4.53	15.55	7.94	37.96	30.40
12.82	5.18	3.32	1.82	14.65	11.88
2.44	0.75	1.07	0.64	3.52	3.07
1.20	0.16	0.84	0.29	1.44	1.43
17.38	6.01	7.19	3.11	21.02	16.72

1-B-27 续表 1

地区	应付账款	所有者权益合计	实收资本	国家资本
全国	**942.40**	**2729.40**	**1244.12**	**47.14**
北京	1.57	1.36	0.95	
天津	2.03	3.74	3.28	
河北	24.84	52.73	34.30	5.19
山西	2.22	1.36	1.15	
内蒙古	0.38	2.24	0.39	
辽宁	10.83	36.47	26.21	0.05
吉林	4.07	14.71	7.57	2.12
黑龙江	11.27	39.95	12.33	1.77
上海	16.24	35.96	13.69	0.03
江苏	116.31	311.73	133.30	5.26
浙江	68.30	246.15	97.84	
安徽	33.22	139.45	49.83	0.58
福建	63.19	162.85	75.54	5.07
江西	30.44	84.78	39.57	
山东	143.94	418.20	213.23	2.34
河南	31.46	181.93	103.82	0.01
湖北	77.04	241.42	79.48	0.73
湖南	16.21	129.30	57.52	1.57
广东	59.76	171.19	72.16	10.06
广西	183.39	278.24	142.39	7.46
海南	2.20	2.29	1.25	
重庆	4.31	54.46	7.01	0.08
四川	20.07	73.88	40.83	0.20
贵州	6.34	8.81	6.06	0.47
云南	5.66	21.73	14.12	2.96
西藏				
陕西	1.72	7.86	3.97	
甘肃	0.52	0.61	0.69	
青海				
宁夏	0.18	0.30	0.35	
新疆	4.68	5.70	5.28	1.20

单位：亿元

集体资本	法人资本	个人资本	港澳台资本	外商资本	营业收入
36.82	**528.53**	**560.65**	**29.03**	**41.96**	**9040.36**
	0.79	0.16			6.95
	1.06	1.57	0.27	0.39	13.99
	8.62	19.14	0.44	0.91	200.29
	0.77	0.38			7.13
0.04	0.16	0.20			3.38
0.95	8.70	12.86		3.64	92.40
0.05	1.62	3.48		0.30	29.23
0.01	4.85	4.58	1.07	0.05	44.76
	6.98	2.58	1.99	2.11	55.74
3.98	43.33	60.68	5.57	14.48	1024.59
0.10	43.52	48.87	3.80	1.56	433.84
0.87	25.00	23.27	0.12		301.25
0.40	22.61	39.78	0.64	7.04	809.61
1.45	18.14	13.51	4.35	2.12	254.44
0.87	95.59	110.70	0.96	2.77	2056.06
3.23	56.83	43.73	0.01	0.01	357.35
1.46	47.36	29.47		0.45	545.00
	27.71	28.24			527.58
1.65	27.49	21.92	8.72	2.32	381.46
14.09	53.45	62.86	0.71	3.81	1461.76
	0.80	0.44			12.89
0.51	2.61	3.81	0.01		122.50
6.70	19.21	14.52	0.20		152.18
0.02	2.43	3.01	0.13		35.30
0.44	4.37	6.33	0.03		61.99
	1.83	2.14			19.37
	0.12	0.58			3.85
	0.03	0.32			1.38
	2.54	1.54			24.09

1-B-27 续表 2

地区	营业成本	销售费用	管理费用	财务费用
全国	**7971.18**	**146.48**	**364.92**	**54.09**
北京	6.10	0.34	0.37	0.03
天津	12.73	0.36	0.85	0.15
河北	183.61	2.63	6.10	1.75
山西	6.67	0.13	0.29	0.04
内蒙古	2.48	0.16	0.33	0.04
辽宁	81.91	2.60	4.82	0.87
吉林	25.39	0.84	1.98	0.13
黑龙江	40.25	1.24	1.81	0.15
上海	46.65	2.32	4.54	0.16
江苏	877.37	19.54	48.48	6.02
浙江	358.57	16.42	35.53	4.32
安徽	265.43	6.46	13.56	2.47
福建	709.78	10.05	22.82	2.41
江西	219.54	5.53	10.26	1.39
山东	1861.18	14.36	60.33	8.40
河南	316.02	4.86	10.06	1.78
湖北	461.21	8.73	27.46	3.28
湖南	433.01	15.84	37.38	3.21
广东	331.83	9.94	24.55	3.31
广西	1358.12	13.55	31.30	10.31
海南	11.84	0.28	0.42	0.10
重庆	99.20	3.64	7.51	0.79
四川	130.58	3.78	7.62	1.59
贵州	32.18	0.75	1.59	0.44
云南	55.43	1.26	2.65	0.41
西藏				
陕西	16.87	0.48	1.06	0.18
甘肃	3.69	0.02	0.23	0.05
青海				
宁夏	1.35	0.01	0.12	0.03
新疆	22.18	0.36	0.92	0.26

单位：亿元

利息费用	投资收益（损失以"－"号记）	营业利润	利润总额	亏损企业亏损额	平均用工人数（万人）
40.40	**-3.66**	**450.95**	**461.94**	**43.92**	**95.55**
0.03		0.10	0.10	0.03	0.02
0.12		-0.12	-0.14	0.45	0.13
1.67	-3.20	1.37	1.73	2.25	2.72
0.03		-0.01	0.07	0.05	0.08
0.05		0.34	0.39	0.04	0.09
0.73	0.07	1.13	1.20	1.54	1.20
0.35		0.02	0.17	0.99	0.52
0.25	0.01	0.67	0.90	1.57	0.60
0.19	0.12	1.55	1.83	0.25	0.34
4.35	1.17	68.17	66.23	7.16	9.58
5.01	1.60	17.79	22.07	3.07	5.51
1.77	0.63	12.49	13.77	1.64	3.09
1.41	-2.29	57.80	58.62	1.24	7.34
0.90	0.13	16.68	17.62	1.11	2.46
4.76	0.19	99.72	101.69	4.52	15.65
1.01	-0.06	23.74	24.33	1.00	4.35
1.93		40.99	41.73	0.87	4.44
0.97	0.01	32.46	28.81	0.27	5.02
3.10	0.30	11.54	13.40	2.52	4.70
9.31	0.24	45.82	46.77	9.04	22.20
0.02		0.29	0.33	0.08	0.08
0.18	-3.17	6.98	7.10	0.30	1.18
1.16	0.46	8.18	8.99	1.79	1.90
0.26		0.27	0.39	0.35	0.86
0.39	0.15	2.33	2.94	0.68	0.86
0.15		0.67	0.74	0.38	0.28
0.05		-0.17	-0.16	0.23	0.04
0.03		-0.13	-0.11	0.12	0.02
0.20		0.27	0.41	0.39	0.27

1-B-28 按地区分组的家具

地区	资产总计	固定资产净额	固定资产原价	固定资产累计折旧
全国	**7358.59**	**1399.82**	**2399.90**	**969.55**
北京	142.92	11.43	29.00	17.55
天津	86.66	24.57	48.60	24.03
河北	193.82	44.62	73.58	28.49
山西	2.33	1.05	1.27	0.22
内蒙古				
辽宁	56.31	16.91	31.64	14.49
吉林	5.27	2.40	3.17	0.77
黑龙江	34.04	6.91	17.47	10.56
上海	410.15	24.29	60.93	36.45
江苏	511.63	138.65	218.35	79.02
浙江	1483.06	262.11	448.83	181.09
安徽	265.70	52.94	78.61	24.73
福建	358.77	65.79	123.37	55.58
江西	269.41	50.77	77.39	26.08
山东	269.72	66.59	111.34	44.15
河南	198.29	55.37	87.28	31.06
湖北	199.39	67.18	103.85	32.30
湖南	114.68	36.67	60.07	22.10
广东	2306.16	325.95	589.17	254.19
广西	30.90	6.54	9.65	2.79
海南	0.07	0.01	0.01	0.01
重庆	70.75	27.60	48.67	20.53
四川	291.65	100.69	159.56	56.64
贵州	10.56	2.65	4.94	2.06
云南	10.41	0.88	1.75	0.88
西藏				
陕西	26.84	6.77	10.10	2.99
甘肃				
青海				
宁夏	0.71	0.28	0.71	0.42
新疆	8.39	0.21	0.58	0.38

制造业主要经济指标

单位：亿元

流动资产合计	应收账款	存货	产成品	负债合计	流动负债合计
4582.78	**1265.58**	**958.29**	**405.65**	**4386.80**	**3819.79**
93.67	18.62	25.79	20.63	97.45	74.26
47.04	10.22	14.37	5.08	43.40	40.59
119.65	32.15	32.54	9.65	124.40	117.71
0.75	0.27	0.26	0.11	1.94	1.90
30.02	5.27	12.74	4.64	39.92	35.75
2.08	0.33	0.98	0.26	4.72	4.30
24.66	7.63	12.92	6.74	24.36	22.92
317.00	108.94	30.24	14.99	270.61	254.27
301.90	89.93	70.23	29.63	288.38	254.59
889.53	266.92	164.46	70.37	869.93	795.90
175.22	61.00	32.34	10.54	166.71	156.25
237.83	56.88	52.95	26.28	197.39	167.57
193.96	94.09	48.90	23.24	148.68	120.73
159.65	57.54	53.66	23.21	171.51	154.96
116.91	43.86	31.99	12.77	97.50	80.31
97.10	21.79	34.04	17.89	104.44	85.99
38.68	12.08	11.63	6.92	51.37	36.37
1517.27	325.30	261.04	94.63	1429.74	1205.24
19.50	7.18	4.54	1.92	22.40	18.57
0.07	0.02	0.04	0.04	0.05	0.05
30.66	8.10	9.09	3.86	34.09	23.31
136.20	30.17	41.92	16.69	161.51	136.34
6.33	1.60	1.96	0.81	5.55	4.59
7.90	0.85	3.48	1.59	8.04	6.62
11.80	3.08	4.94	2.85	17.36	15.35
0.31	-0.08	0.24	0.04	0.19	0.18
7.09	1.82	1.00	0.27	5.16	5.16

1-B-28 续表 1

地区	应付账款	所有者权益合计	实收资本	国家资本
全国	**1008.44**	**2972.51**	**1323.77**	**6.29**
北京	16.76	45.47	25.02	1.58
天津	8.92	43.26	21.55	
河北	34.35	69.42	40.85	0.39
山西	0.18	0.39	0.36	
内蒙古				
辽宁	10.88	16.39	43.70	
吉林	0.48	0.55	0.84	
黑龙江	7.26	9.68	9.87	
上海	97.92	139.54	41.29	0.20
江苏	70.96	223.24	125.27	0.40
浙江	220.27	613.85	256.63	0.05
安徽	62.71	98.99	38.62	0.72
福建	44.71	161.38	66.85	
江西	32.07	120.73	43.25	0.72
山东	44.95	98.22	69.12	1.08
河南	23.32	100.78	61.03	0.01
湖北	19.08	94.95	40.10	1.11
湖南	10.17	63.31	28.75	0.01
广东	260.63	876.42	334.35	
广西	4.54	8.50	5.44	
海南		0.02	0.01	
重庆	5.67	36.66	9.94	
四川	27.12	130.14	49.87	
贵州	1.58	5.01	1.81	
云南	0.60	2.37	1.21	
西藏				
陕西	2.18	9.48	5.70	
甘肃				
青海				
宁夏	0.06	0.52	0.50	
新疆	1.08	3.23	1.82	

单位：亿元

					营业收入
集体资本	法人资本	个人资本	港澳台资本	外商资本	
6.12	**558.01**	**537.12**	**120.27**	**95.95**	**6755.02**
	3.53	17.85	1.07	0.99	90.94
	9.42	5.57	4.47	2.09	77.89
1.02	22.63	16.37	0.14	0.30	177.12
	0.26	0.10			1.28
	6.02	34.20	0.02	3.46	39.77
	0.15	0.69			2.31
	6.48	3.39			17.45
	14.08	15.07	3.22	8.71	347.67
0.33	66.13	33.62	4.72	20.08	422.52
2.24	120.33	93.53	17.39	23.07	1153.94
0.50	20.48	16.82		0.10	243.74
0.31	13.85	33.57	12.42	6.69	486.43
0.89	17.54	23.89		0.21	323.71
0.22	30.05	28.46	4.26	5.05	312.10
	24.96	36.06			171.45
0.02	27.85	11.05	0.06		169.39
0.15	17.00	11.57	0.02		209.77
0.41	128.70	109.27	72.48	23.49	2090.64
0.01	2.26	2.98		0.19	20.19
		0.01			0.19
	4.23	5.70		0.01	75.50
0.02	19.23	30.62			286.60
	1.07	0.74			8.93
	0.48	0.73			4.22
	0.86	3.33		1.50	17.25
		0.50			0.62
	0.44	1.39			3.40

1-B-28 续表 2

地区	营业成本	销售费用	管理费用	财务费用
全国	**5522.08**	**283.97**	**550.72**	**38.78**
北京	74.14	4.34	8.06	1.55
天津	63.55	2.61	6.72	0.62
河北	151.67	5.85	11.28	1.42
山西	1.08	0.02	0.11	0.01
内蒙古				
辽宁	34.17	1.28	3.24	0.57
吉林	2.05	0.10	0.23	0.14
黑龙江	15.23	0.64	1.68	0.20
上海	281.39	9.38	40.59	0.23
江苏	344.50	15.44	36.06	3.04
浙江	922.62	60.08	113.10	8.26
安徽	199.48	11.45	17.22	1.24
福建	411.77	14.33	25.86	1.45
江西	271.58	11.42	18.82	2.49
山东	259.54	10.41	19.02	3.88
河南	146.41	4.43	10.38	1.16
湖北	135.78	5.71	11.03	0.75
湖南	170.43	6.54	15.41	1.04
广东	1706.62	97.25	176.51	7.49
广西	16.90	1.08	1.48	0.39
海南	0.19		0.01	
重庆	59.52	4.29	6.07	0.76
四川	226.17	14.51	24.94	1.68
贵州	6.44	1.28	0.76	0.07
云南	3.61	0.14	0.28	0.11
西藏				
陕西	14.15	0.87	1.44	0.18
甘肃				
青海				
宁夏	0.42	0.10	0.13	0.01
新疆	2.66	0.40	0.28	0.07

单位：亿元

利息费用	投资收益 (损失以“-”号记)	营业利润	利润总额	亏损企业 亏损额	平均用工人数 (万人)
39.43	**70.15**	**390.91**	**404.44**	**56.49**	**95.97**
1.70	0.35	2.82	3.03	1.33	0.54
0.51	-0.02	3.93	3.93	0.74	1.45
1.18	-1.39	4.33	4.86	1.16	2.67
0.01		0.05	0.04		0.03
0.53	0.01	-0.16	0.08	0.87	0.76
0.01		-0.24	-0.23	0.28	0.09
0.17	-0.43	-0.92	-0.78	0.99	0.48
0.65	19.50	35.76	37.49	2.77	2.01
2.92	2.94	23.74	24.57	4.47	6.49
10.55	21.00	66.22	71.12	11.83	18.07
1.03	-0.04	11.08	11.63	1.63	2.53
1.21	-0.39	30.47	30.76	1.61	6.64
1.18	-0.03	18.55	19.07	0.48	4.42
2.89	1.58	15.04	16.34	3.46	4.29
0.57	0.14	8.67	8.90	1.51	3.39
0.53	-0.02	14.84	15.29	0.63	2.00
0.44		14.00	14.09	0.20	2.07
10.63	27.55	120.61	121.09	19.19	29.88
0.34		0.30	0.34	0.35	0.40
		-0.01	-0.01	0.01	
0.55	-0.79	3.57	3.72	1.04	1.04
1.45	0.18	17.36	17.81	1.47	6.09
0.05		0.39	0.43	0.07	0.11
0.10		0.07	0.28	0.03	0.07
0.14	0.06	0.57	0.62	0.27	0.39
0.01		-0.05	-0.03	0.03	0.03
0.06	-0.04	-0.06	-0.02	0.08	0.04

1-B-29　按地区分组的造纸和

地　区	资产总计	固定资产净额	固定资产原价	固定资产累计折旧
全　国	**16868.21**	**5147.97**	**10047.88**	**4763.38**
北　京	48.59	8.16	28.56	20.34
天　津	244.42	87.99	191.47	101.20
河　北	322.20	103.02	219.75	116.24
山　西	66.15	29.08	45.35	16.20
内蒙古	58.78	17.63	43.21	25.51
辽　宁	205.14	69.96	121.87	51.87
吉　林	55.01	24.15	42.31	17.93
黑龙江	97.36	35.91	70.11	34.20
上　海	284.43	52.79	141.46	84.10
江　苏	1918.60	534.78	1232.59	654.65
浙　江	2159.62	527.97	924.33	390.02
安　徽	649.12	136.25	234.56	97.72
福　建	1112.26	331.98	585.92	251.74
江　西	377.11	140.67	232.99	91.08
山　东	2568.14	673.06	1445.60	758.93
河　南	388.79	121.02	261.13	129.68
湖　北	717.03	323.37	531.39	183.26
湖　南	417.76	133.00	290.19	154.53
广　东	2637.17	704.79	1624.00	909.72
广　西	874.48	429.63	584.74	152.15
海　南	386.76	168.84	305.60	136.76
重　庆	409.19	182.42	327.86	144.60
四　川	448.63	177.10	319.19	137.70
贵　州	159.30	52.38	77.83	24.45
云　南	118.95	31.29	82.89	49.48
西　藏	1.77	0.80	1.07	0.28
陕　西	65.05	20.61	34.90	13.28
甘　肃	12.17	5.17	7.49	2.32
青　海	0.47	0.02	0.04	0.02
宁　夏	18.47	6.75	14.48	5.84
新　疆	45.27	17.38	24.99	7.60

纸制品业主要经济指标

单位：亿元

流动资产合计	应收账款	存货	产成品	负债合计	流动负债合计
8512.00	**2151.95**	**1772.93**	**705.68**	**9783.76**	**7676.97**
31.92	10.80	9.92	3.39	22.65	21.13
137.72	57.28	24.77	8.86	98.23	81.04
183.43	36.19	63.07	30.10	200.11	180.66
26.60	4.18	14.35	8.67	43.81	34.07
36.11	11.43	13.59	5.03	28.62	27.67
84.51	22.00	21.02	8.66	129.50	95.56
23.67	10.70	6.30	1.76	34.25	25.36
48.37	13.56	15.12	5.00	64.84	62.09
183.93	56.94	36.49	14.19	131.01	112.48
1004.67	290.51	175.29	79.71	1053.45	807.67
1225.64	350.63	227.62	90.93	1169.84	986.83
282.00	56.53	49.56	22.26	381.64	304.64
622.71	161.31	107.43	38.52	715.90	516.18
165.45	29.48	37.22	14.43	245.74	212.76
1154.30	211.87	217.71	100.02	1602.63	1251.45
192.06	46.11	69.16	32.09	259.69	194.89
269.55	67.46	63.11	27.12	418.23	274.12
197.07	31.81	75.60	13.75	237.65	181.69
1471.71	391.52	308.29	110.87	1487.29	1236.93
363.80	86.52	64.09	22.46	536.90	364.56
194.26	55.91	14.34	1.68	220.98	180.74
177.08	55.06	41.99	15.24	180.63	111.99
207.97	51.32	57.66	24.81	252.98	205.35
90.27	13.07	14.80	4.01	100.33	75.79
69.93	11.79	18.06	7.56	69.29	52.80
0.87	0.15	0.24	0.08	1.52	1.07
30.55	6.92	12.38	7.61	41.45	31.12
4.43	1.05	2.21	1.25	7.40	5.26
0.45	0.13	0.15	0.01	0.37	0.35
9.80	3.67	2.54	0.85	13.88	10.43
21.16	6.03	8.85	4.79	32.95	30.30

1-B-29 续表 1

地区	应付账款	所有者权益合计	实收资本	国家资本
全国	**1813.47**	**7086.38**	**4146.24**	**172.23**
北京	7.68	25.94	9.95	0.31
天津	25.49	146.20	97.33	0.02
河北	43.20	122.10	84.36	14.35
山西	13.05	22.34	14.88	
内蒙古	10.66	30.15	9.87	1.64
辽宁	19.28	75.64	62.42	0.33
吉林	5.84	20.75	20.14	15.12
黑龙江	9.89	32.52	14.71	0.26
上海	37.72	153.73	73.09	
江苏	199.00	865.14	723.98	19.45
浙江	216.15	991.46	353.52	0.84
安徽	50.97	267.48	106.19	1.15
福建	168.92	396.36	215.23	0.35
江西	36.30	131.38	86.58	0.15
山东	291.62	965.51	468.07	7.65
河南	62.92	129.11	94.91	28.45
湖北	71.02	298.80	199.25	1.50
湖南	42.70	180.06	112.27	45.81
广东	277.50	1149.88	669.07	4.87
广西	49.72	337.57	276.86	5.06
海南	16.05	165.78	125.24	0.08
重庆	45.33	228.56	137.87	2.05
四川	62.56	195.65	89.02	5.07
贵州	16.09	58.96	42.24	16.74
云南	16.15	49.66	26.82	0.62
西藏	0.43	0.25	0.38	
陕西	7.87	23.61	12.57	
甘肃	1.35	4.77	2.65	
青海	0.11	0.10	0.09	
宁夏	1.85	4.59	3.04	0.04
新疆	6.05	12.33	13.62	0.33

单位：亿元

集体资本	法人资本	个人资本	港澳台资本	外商资本	营业收入
38.87	**1942.03**	**712.72**	**652.70**	**626.73**	**14086.18**
0.01	2.26	0.83	0.31	6.24	68.75
0.42	14.07	14.24	52.43	16.15	247.61
0.73	13.12	41.75	11.34	3.08	391.74
	2.13	12.75			82.75
0.15	2.29	0.79	1.37	3.63	86.56
0.14	16.13	10.01	34.37	1.45	140.49
	2.66	2.36			39.69
0.10	8.82	5.53			59.75
0.41	21.07	17.64	9.60	24.38	275.63
1.31	223.01	65.15	95.65	319.41	1454.77
1.50	204.62	98.76	27.94	19.87	1665.36
0.30	83.17	18.79	2.13	0.65	367.50
1.56	51.92	100.30	52.94	8.17	1080.86
0.10	55.47	10.61	20.24		331.49
2.77	289.73	69.15	43.17	55.60	1962.15
7.86	25.37	32.38	0.65	0.20	440.13
1.30	134.76	18.63	37.88	5.11	592.81
0.05	42.08	23.35	0.60	0.38	474.42
10.96	280.64	93.59	192.48	85.65	2453.72
0.84	225.25	16.32	2.28	27.13	535.40
	80.89	0.31		43.96	180.41
0.04	64.66	6.55	61.93	2.64	414.34
3.68	45.04	29.51	3.29	2.43	455.12
	21.02	4.48			89.70
2.30	17.30	6.32	0.13	0.15	85.93
	0.20	0.18			0.27
0.54	6.04	5.54	0.01	0.45	47.88
0.85	0.75	1.05			11.80
	0.09				0.25
	1.06	1.94			18.65
0.98	6.43	3.91	1.97		30.26

1-B-29 续表 2

地区	营业成本	销售费用	管理费用	财务费用
全国	**12292.38**	**374.46**	**801.22**	**157.83**
北京	53.94	2.19	5.87	0.15
天津	221.40	5.67	13.65	0.90
河北	361.15	6.69	17.57	2.90
山西	77.59	1.39	3.20	0.53
内蒙古	70.35	1.84	6.45	0.10
辽宁	128.65	3.34	8.00	1.23
吉林	37.43	0.74	2.23	0.44
黑龙江	53.76	1.35	4.00	0.50
上海	220.98	22.54	20.94	0.83
江苏	1255.10	46.41	82.09	15.90
浙江	1441.21	41.20	107.91	17.18
安徽	316.20	8.95	22.55	6.28
福建	918.19	27.38	52.35	6.91
江西	297.10	5.05	14.91	4.77
山东	1747.92	37.48	101.62	28.04
河南	394.78	9.48	20.89	4.49
湖北	503.84	25.25	32.83	7.58
湖南	399.64	12.71	31.95	7.03
广东	2183.95	70.84	157.70	19.18
广西	463.74	10.01	25.71	15.21
海南	149.67	1.50	9.13	7.56
重庆	363.10	12.01	20.33	2.32
四川	382.56	13.06	21.91	4.00
贵州	77.53	3.03	5.23	0.97
云南	74.36	1.64	5.56	0.68
西藏	0.19	0.02	0.08	0.01
陕西	43.26	1.09	2.44	0.63
甘肃	10.79	0.31	0.50	0.20
青海	0.15		0.10	
宁夏	16.23	0.44	1.29	0.26
新疆	27.61	0.84	2.24	1.06

单位：亿元

利息费用	投资收益（损失以“-”号记）	营业利润	利润总额	亏损企业亏损额	平均用工人数（万人）
162.50	**56.74**	**502.19**	**550.66**	**146.63**	**94.54**
0.14		5.70	5.78	0.40	0.28
0.72	0.10	6.25	6.33	1.06	1.25
3.13	-1.06	1.98	3.44	4.92	2.83
0.44	0.18	-0.18	1.53	0.49	0.37
0.17	0.03	7.41	8.22	0.97	0.45
1.12	0.19	-0.11	0.71	3.85	1.01
0.38		-0.79	-0.25	0.78	0.34
0.38	0.52	0.79	1.23	2.43	0.53
1.08	0.71	9.92	9.63	3.70	1.89
17.19	15.68	69.35	74.21	14.05	7.71
21.65	6.76	69.11	85.01	10.81	11.08
5.83	0.61	9.44	10.57	7.97	2.50
8.57	3.08	82.88	82.38	2.33	8.09
3.90	0.25	8.80	10.12	3.67	2.08
30.39	22.88	62.84	68.40	13.18	10.15
3.50	0.14	8.81	10.56	8.11	4.54
6.62	-0.08	21.69	25.62	8.84	3.39
4.96	0.23	26.99	27.32	0.78	3.49
20.82	6.39	26.45	29.59	34.25	19.17
15.27	0.45	20.29	21.35	12.31	3.37
7.11	0.14	12.60	12.38	0.54	0.41
1.83	-1.20	14.78	15.49	2.44	2.03
2.96	0.49	31.36	32.97	3.27	4.21
1.18	0.01	3.21	3.41	1.33	1.01
1.29	0.11	3.33	3.79	1.05	0.94
0.01		-0.03	-0.04	0.04	0.01
0.46	0.12	0.37	0.84	0.66	0.73
0.19		-0.10	0.20	0.06	0.12
		-0.01			
0.24		0.63	0.94	0.20	0.21
0.97		-1.57	-1.10	2.13	0.34

1-B-30　按地区分组的印刷和

地　区	资产总计	固定资产净额	固定资产原价	固定资产累计折旧
全　国	**7379.46**	**1718.55**	**3845.05**	**2075.27**
北　京	230.86	41.96	158.72	116.30
天　津	81.63	23.92	57.56	33.53
河　北	178.56	52.12	118.49	65.98
山　西	30.67	12.31	23.06	10.27
内蒙古	7.82	1.67	4.61	2.39
辽　宁	70.15	17.95	40.92	22.72
吉　林	26.10	5.07	12.62	7.54
黑龙江	14.42	3.47	9.96	6.49
上　海	255.85	52.67	169.60	116.73
江　苏	1040.92	258.67	566.26	297.47
浙　江	883.38	217.37	427.99	208.70
安　徽	310.90	81.59	144.55	61.83
福　建	265.30	54.29	116.46	58.88
江　西	147.34	40.47	90.86	48.70
山　东	321.65	97.15	194.06	95.55
河　南	180.29	49.88	100.68	48.41
湖　北	410.97	131.18	301.77	166.52
湖　南	205.02	60.84	135.78	67.58
广　东	1621.06	265.77	610.99	336.37
广　西	55.36	13.67	27.81	14.10
海　南	15.10	3.02	7.31	4.29
重　庆	151.54	50.04	114.49	61.84
四　川	323.83	80.92	184.28	100.58
贵　州	73.40	19.27	34.27	14.89
云　南	319.82	40.19	88.81	48.23
西　藏	1.85	0.80	1.27	0.46
陕　西	113.12	27.92	71.62	43.28
甘　肃	9.77	3.27	7.00	3.73
青　海	1.27	0.73	1.62	0.88
宁　夏	21.83	6.94	13.36	6.19
新　疆	9.68	3.44	8.28	4.84

记录媒介复制业主要经济指标

单位：亿元

流动资产合计	应收账款	存货	产成品	负债合计	流动负债合计
4294.72	**1273.85**	**764.42**	**284.73**	**3424.07**	**2930.97**
150.13	22.44	27.68	9.81	78.33	65.41
44.50	16.91	10.17	2.86	41.52	36.66
102.80	20.97	21.02	5.79	85.16	72.91
14.07	4.16	2.90	0.91	18.96	13.34
2.68	0.72	0.72	0.16	5.25	4.09
44.85	11.81	7.73	2.50	25.94	23.53
15.63	4.50	2.93	1.13	14.90	13.74
9.58	3.33	1.61	0.28	8.14	7.12
168.16	49.56	32.03	10.73	105.25	90.93
648.83	236.79	106.04	44.36	531.48	481.87
476.44	171.45	81.01	28.46	470.89	429.88
186.92	51.35	42.83	16.16	155.62	139.53
139.39	41.52	27.37	11.53	123.56	105.39
81.45	19.11	19.47	6.32	64.83	52.05
188.26	54.04	45.78	16.56	182.55	161.79
102.87	29.30	20.90	6.55	95.66	83.51
211.71	78.10	45.31	20.82	196.52	161.25
97.86	29.84	22.47	9.22	90.36	65.82
978.50	298.43	145.77	51.20	737.51	615.64
28.21	7.88	4.70	2.10	24.52	20.01
10.57	0.61	1.13	0.38	6.23	5.92
67.67	27.70	14.78	5.35	68.49	55.21
185.90	53.56	35.37	13.84	135.59	104.89
43.00	11.57	9.04	4.58	33.24	28.93
206.71	11.87	17.01	6.06	57.78	38.37
0.95	-0.01	0.30	0.25	0.46	0.38
64.84	10.60	13.28	5.33	42.01	33.29
4.87	0.77	1.52	0.32	9.29	8.26
0.50	0.31	0.10	0.02	1.41	1.40
12.50	3.46	2.58	0.79	8.82	6.92
4.41	1.17	0.84	0.37	3.80	2.91

1-B-30 续表 1

地区	应付账款	所有者权益合计	实收资本	国家资本
全国	**887.71**	**3955.41**	**1673.00**	**141.55**
北京	24.43	152.53	83.64	23.92
天津	13.31	40.11	23.46	4.53
河北	22.83	93.39	55.49	4.72
山西	4.14	11.71	7.53	1.64
内蒙古	1.37	2.57	1.08	0.67
辽宁	7.58	44.21	14.38	1.02
吉林	2.53	11.20	3.59	0.39
黑龙江	2.04	6.27	3.77	2.41
上海	34.16	150.60	71.38	2.66
江苏	152.26	509.38	232.54	10.60
浙江	100.17	412.49	195.99	4.16
安徽	43.61	155.29	69.46	1.03
福建	25.51	141.74	56.68	0.60
江西	14.33	82.51	43.19	13.51
山东	48.91	139.10	74.55	9.93
河南	30.59	84.63	31.07	2.43
湖北	58.06	214.45	79.16	10.09
湖南	21.72	114.66	47.10	0.68
广东	179.74	883.64	365.07	14.45
广西	5.86	30.84	10.12	1.59
海南	2.50	8.88	4.20	3.00
重庆	16.27	83.04	24.46	1.76
四川	37.46	188.24	69.09	1.42
贵州	12.59	40.16	18.55	0.59
云南	10.99	262.05	40.25	4.89
西藏	0.11	1.38	0.29	0.11
陕西	9.81	71.11	34.26	17.16
甘肃	1.45	0.48	2.37	0.28
青海	0.64	-0.14	1.10	0.05
宁夏	1.78	13.01	7.06	0.28
新疆	0.95	5.88	2.12	0.98

单位：亿元

					营业收入
集体资本	法人资本	个人资本	港澳台资本	外商资本	
38.77	**669.03**	**519.91**	**162.18**	**141.46**	**6370.90**
1.58	40.36	11.88	3.53	2.38	143.59
	6.29	8.94	0.94	2.76	68.78
0.35	33.58	14.72		2.12	132.42
0.05	2.25	3.59			22.43
	0.25	0.16			3.46
	7.43	3.83	0.05	2.05	60.23
0.11	1.23	1.87			13.79
	0.49	0.77			10.58
0.67	42.08	12.47	7.49	6.01	200.87
7.50	79.70	67.41	28.14	39.20	940.88
1.67	55.89	95.65	8.91	29.70	699.68
2.47	31.56	30.36	2.85	1.18	257.62
2.55	18.14	28.57	6.07	0.75	390.75
5.97	10.05	10.61	2.69	0.35	168.39
1.04	26.00	25.42	7.33	4.84	313.59
1.45	13.42	13.16	0.29	0.32	163.30
1.14	33.97	30.86	1.98	1.13	443.98
3.34	24.26	16.03	2.19	0.60	318.30
7.21	128.70	86.79	84.17	43.74	1265.19
0.51	4.36	2.72		0.94	32.40
	0.10	0.50		0.60	4.79
	12.20	9.54	0.81	0.15	179.30
0.51	46.59	17.38	2.67	0.53	281.74
0.47	11.39	5.70	0.39		61.17
0.04	20.39	11.59	1.21	2.12	83.52
		0.18			0.99
0.03	11.18	5.42	0.47		80.48
0.11	1.08	0.90			5.28
	1.05				0.94
	4.03	2.74			17.96
	0.99	0.14			4.50

1-B-30 续表 2

地　区	营业成本	销售费用	管理费用	财务费用
全　国	**5258.14**	**175.46**	**554.27**	**32.09**
北　京	110.51	3.64	19.07	-0.97
天　津	58.76	2.10	6.09	0.57
河　北	110.41	2.80	11.90	1.04
山　西	18.13	0.88	2.39	0.23
内蒙古	2.83	0.07	0.57	0.05
辽　宁	49.64	1.67	4.88	0.28
吉　林	11.27	0.27	1.60	0.14
黑龙江	9.31	0.16	1.00	0.15
上　海	162.60	5.81	25.97	0.06
江　苏	771.59	30.27	77.68	6.66
浙　江	585.24	19.38	64.73	6.33
安　徽	212.36	6.37	20.35	1.88
福　建	338.60	8.04	21.18	1.19
江　西	139.53	4.60	11.58	0.83
山　东	261.52	7.92	26.22	2.53
河　南	132.80	5.58	12.91	0.80
湖　北	368.70	11.82	33.04	2.03
湖　南	258.93	9.81	27.80	2.63
广　东	1046.66	35.78	121.49	6.04
广　西	26.40	0.60	2.79	0.24
海　南	4.40	0.11	0.89	-0.15
重　庆	143.10	5.06	13.92	1.23
四　川	227.12	7.60	21.68	0.98
贵　州	49.59	1.17	4.74	0.27
云　南	66.49	1.59	8.54	-3.26
西　藏	0.77		0.20	
陕　西	67.09	1.84	7.66	-0.02
甘　肃	4.50	0.11	0.57	0.12
青　海	0.88	0.04	0.31	0.01
宁　夏	14.88	0.27	1.74	0.15
新　疆	3.55	0.10	0.79	0.07

单位：亿元

利息费用	投资收益（损失以“–”号记）	营业利润	利润总额	亏损企业亏损额	平均用工人数（万人）
39.99	**46.40**	**371.97**	**393.92**	**49.14**	**77.48**
0.57	0.46	10.92	11.25	2.90	1.53
0.66	0.61	1.63	1.65	1.93	0.92
1.35	0.15	5.40	6.01	1.75	1.91
0.22	0.01	0.76	0.79	0.12	0.44
0.05			0.03		0.07
0.35	-0.01	3.32	4.13	0.41	0.81
0.15		0.56	0.62	0.27	0.22
0.12		-0.05	0.07	0.16	0.18
1.01	0.49	6.28	7.15	2.52	2.04
6.63	1.33	52.49	58.03	7.54	10.72
6.86	5.48	27.20	34.55	4.65	8.90
1.85	1.25	17.16	17.98	1.76	3.16
1.28	1.29	22.22	22.55	1.21	3.42
1.06	-0.49	10.58	10.92	0.74	1.80
1.98	1.19	15.22	15.92	2.22	3.79
0.91	-0.03	10.52	10.61	0.92	2.00
1.61	-0.13	26.39	27.82	1.08	4.07
1.25	0.26	18.42	20.02	0.99	3.49
7.27	29.31	81.06	81.56	12.62	18.60
0.29	0.27	2.59	2.64	0.16	0.51
0.04		-0.47	-0.43	0.47	0.08
0.87	-0.95	14.17	14.47	0.36	1.60
1.73	1.01	22.94	23.55	1.53	3.68
0.30	0.04	5.10	5.13	0.62	0.88
0.61	4.15	14.12	13.12	0.70	1.03
		0.03	0.04		0.02
0.58	0.67	2.69	2.82	0.91	1.03
0.13		-0.04	-0.01	0.18	0.15
0.01		-0.29	-0.28	0.28	0.03
0.19	0.03	1.00	1.06	0.02	0.27
0.08	0.01	0.05	0.14	0.13	0.11

1-B-31 按地区分组的文教、工美、

地区	资产总计	固定资产净额	固定资产原价	固定资产累计折旧
全国	**9166.87**	**1680.99**	**3187.25**	**1458.61**
北京	61.09	7.15	13.89	6.73
天津	87.62	8.18	24.45	16.21
河北	114.16	24.61	40.06	15.17
山西	16.29	5.49	7.35	1.86
内蒙古				
辽宁	54.39	6.31	13.48	7.16
吉林	3.84	0.82	1.58	0.75
黑龙江	6.66	1.63	2.58	0.92
上海	392.36	28.30	62.76	33.94
江苏	1302.47	296.56	549.94	240.39
浙江	1615.95	333.89	586.67	250.51
安徽	204.22	45.87	68.98	22.13
福建	669.71	148.42	316.78	161.14
江西	277.50	62.71	104.75	39.35
山东	679.11	150.09	269.80	116.31
河南	263.44	32.35	64.91	29.71
湖北	275.82	109.20	215.78	104.18
湖南	195.64	57.17	95.93	34.85
广东	2649.68	292.38	622.87	324.33
广西	47.71	7.95	14.71	6.42
海南	6.18	0.22	0.25	0.04
重庆	42.90	12.65	19.27	6.48
四川	74.40	10.72	18.76	7.59
贵州	11.45	2.57	3.21	0.50
云南	76.24	25.46	51.74	25.77
西藏	5.80	1.11	1.45	0.35
陕西	18.59	4.38	6.99	2.33
甘肃	0.30	0.19	0.23	0.04
青海	7.05	1.92	3.81	1.89
宁夏	1.31	0.44	1.25	0.81
新疆	4.97	2.25	3.01	0.76

体育和娱乐用品制造业主要经济指标

单位：亿元

流动资产合计	应收账款	存货	产成品	负债合计	流动负债合计
6290.12	**1507.47**	**2349.60**	**1247.20**	**5244.34**	**4757.06**
40.57	4.93	24.99	13.37	46.32	36.68
56.59	12.32	14.63	7.10	34.96	29.12
72.23	18.95	25.54	10.08	62.16	57.42
8.92	1.84	2.26	0.97	8.94	8.15
34.88	6.28	14.88	6.46	28.94	24.75
3.10	0.93	1.71	0.77	2.29	2.04
4.76	1.22	2.38	1.68	4.88	4.73
317.20	49.87	126.51	42.41	174.66	162.17
857.77	255.06	221.02	111.48	769.09	680.42
1011.33	236.29	258.47	124.93	952.18	905.77
146.23	54.78	46.96	20.47	121.97	114.25
388.65	117.22	121.84	58.07	270.20	228.11
166.37	79.84	36.21	16.44	161.91	130.01
444.41	101.22	136.34	58.14	355.03	335.44
208.45	74.03	78.77	22.27	164.96	142.24
119.50	27.16	47.56	23.37	115.64	72.54
100.36	31.90	29.55	15.70	80.77	56.57
2107.05	391.99	1063.78	674.84	1749.00	1648.53
34.20	12.75	11.89	4.58	26.93	24.76
4.71	0.26	3.43	2.22	3.60	3.55
19.81	4.35	6.84	2.02	18.81	11.89
61.50	5.73	30.09	4.45	52.13	48.37
8.60	1.61	4.20	1.54	8.07	6.20
47.74	7.24	32.50	19.40	12.30	8.93
4.01	0.08	0.62	0.61	2.43	2.43
10.95	3.76	3.16	1.57	8.10	6.86
0.09		0.03		0.08	0.08
3.45	1.22	0.93	0.66	4.96	2.26
0.70	0.09	0.53	0.48	0.71	0.71
5.99	4.52	1.99	1.10	2.31	2.09

1-B-31 续表 1

地区	应付账款	所有者权益合计	实收资本	国家资本
全国	**1200.45**	**3921.93**	**1582.90**	**20.55**
北京	14.26	14.78	18.43	0.89
天津	4.72	52.66	11.90	
河北	14.47	51.67	27.74	2.62
山西	2.92	7.35	3.60	
内蒙古				
辽宁	2.44	25.45	10.53	0.55
吉林	0.46	1.55	0.78	
黑龙江	0.98	1.79	1.36	
上海	31.73	217.70	39.13	0.74
江苏	215.06	533.37	251.14	2.58
浙江	225.74	663.45	261.99	1.11
安徽	36.10	82.25	36.91	0.01
福建	74.53	399.45	115.38	
江西	54.75	115.74	58.71	0.09
山东	78.59	324.08	97.03	1.12
河南	64.28	98.44	48.52	0.58
湖北	23.57	160.18	56.85	0.10
湖南	26.75	114.87	46.57	
广东	290.56	900.67	455.67	8.24
广西	8.93	20.78	13.32	0.07
海南	1.00	2.58	0.97	
重庆	2.85	24.08	5.62	
四川	16.79	22.27	8.91	1.70
贵州	3.28	3.38	1.51	
云南	0.75	63.94	4.30	0.17
西藏	0.10	3.37	0.43	
陕西	3.16	10.49	2.94	
甘肃		0.22	0.20	
青海	0.69	2.09	0.76	
宁夏	0.04	0.59	0.58	
新疆	0.94	2.66	1.14	

单位：亿元

					营业收入
集体资本	法人资本	个人资本	港澳台资本	外商资本	
12.29	**479.67**	**551.22**	**340.37**	**178.67**	**12235.51**
0.01	14.24	3.19		0.11	30.11
0.04	2.83	4.64	0.83	3.55	120.61
0.01	8.53	16.39	0.04	0.16	97.15
	1.87	1.72			7.61
0.03	4.31	3.48		2.17	32.57
	0.13	0.53		0.12	2.17
	0.50	0.83		0.02	5.13
0.25	19.29	6.98	8.42	3.44	842.53
1.45	73.82	92.79	25.79	54.71	1476.22
2.93	72.41	111.73	34.69	39.12	1492.29
0.51	13.61	21.11	0.35	39.12	206.73
0.72	27.09	47.21	24.56	15.79	1332.81
1.13	19.46	13.06	19.57	5.40	268.36
2.21	28.26	37.23	16.08	12.13	733.33
0.63	19.84	26.63	0.85		272.55
0.77	17.79	24.82	12.11	1.27	477.21
	26.97	17.33	2.13	0.13	466.55
0.88	117.75	104.95	186.56	37.16	4056.29
0.05	3.92	3.33	5.25	0.70	74.08
	0.94		0.03		4.50
	0.86	2.57	2.19		50.56
0.50	1.53	4.64	0.35	0.18	94.87
	0.55	0.31	0.41	0.24	11.66
	1.23	2.41	0.17	0.32	38.07
		0.43			3.06
0.02	1.54	1.13		0.25	32.18
		0.20			0.01
		0.76			2.82
		0.58			0.56
0.16	0.38	0.21		0.39	2.91

1-B-31 续表 2

地区	营业成本	销售费用	管理费用	财务费用
全国	**10502.32**	**314.17**	**749.80**	**56.43**
北京	23.87	2.37	3.23	0.49
天津	109.57	1.94	4.34	0.06
河北	82.03	3.88	7.25	0.84
山西	6.24	0.55	0.73	0.11
内蒙古				
辽宁	26.52	1.15	2.86	0.39
吉林	1.78	0.13	0.27	0.06
黑龙江	4.42	0.17	0.34	0.03
上海	768.03	10.66	20.78	0.62
江苏	1236.05	39.35	100.22	6.99
浙江	1239.92	55.37	122.89	9.56
安徽	171.61	6.41	14.52	1.56
福建	1098.18	42.53	72.84	7.12
江西	227.75	4.67	15.37	2.57
山东	592.66	23.99	54.11	3.77
河南	246.25	8.41	9.10	0.98
湖北	399.68	13.19	27.11	2.84
湖南	375.13	13.55	40.60	4.66
广东	3631.67	75.93	234.30	12.51
广西	64.52	1.51	4.49	0.35
海南	3.33	0.20	0.25	0.05
重庆	38.54	1.05	3.65	0.17
四川	81.76	5.59	2.96	0.32
贵州	10.55	0.12	0.79	0.04
云南	27.43	0.40	4.59	0.16
西藏	1.31	0.03	0.11	0.01
陕西	27.95	0.82	1.51	0.07
甘肃			0.01	0.01
青海	2.44	0.11	0.26	0.03
宁夏	0.43	0.04	0.15	0.01
新疆	2.72	0.08	0.17	0.06

单位：亿元

利息费用	投资收益（损失以“－”号记）	营业利润	利润总额	亏损企业亏损额	平均用工人数（万人）
50.77	**33.18**	**595.94**	**620.95**	**53.05**	**147.92**
0.43	0.07	0.19	0.57	0.92	0.23
0.32	-0.21	4.38	4.42	0.28	0.96
0.73	0.49	3.07	2.87	0.89	1.85
0.11	0.02	-0.06	0.18	0.07	0.18
0.52		1.60	1.64	0.42	0.55
0.01		-0.07	-0.18	0.22	0.12
0.03		0.15	0.22	0.07	0.13
2.77	10.12	51.64	53.58	4.02	1.97
6.02	4.79	90.89	93.23	6.49	18.74
11.82	6.18	64.73	71.40	8.21	20.76
1.04	0.01	11.64	12.81	0.88	4.69
3.62	0.37	104.61	106.19	1.58	16.16
1.35	-0.06	16.59	18.89	1.66	4.37
2.83	-1.26	53.14	55.37	1.42	8.80
1.33	0.53	7.24	8.49	0.94	4.58
1.03	-0.27	31.78	31.95	0.34	3.99
1.83	0.05	28.17	29.44	0.45	4.83
13.85	11.64	103.02	105.20	23.00	48.15
0.31	-0.07	2.87	3.06	0.46	2.97
0.06	0.05	0.56	0.56		0.05
0.17	0.70	7.47	7.86	0.07	0.79
0.40	0.01	3.85	3.92	0.15	0.64
0.03		0.11	0.18	0.16	0.73
0.09	0.01	5.33	5.37	0.08	0.59
0.01	0.02	1.58	1.71		0.03
0.03		1.77	1.96	0.13	0.87
0.01		-0.02	-0.02	0.02	
0.01		-0.08	0.06	0.03	0.05
0.01		-0.07	-0.02	0.04	0.02
0.01		-0.13	0.01	0.06	0.13

1-B-32 按地区分组的石油、煤炭及

地区	资产总计	固定资产净额	固定资产原价	固定资产累计折旧
全国	**42121.67**	**13714.70**	**29131.75**	**14296.93**
北京	786.23	109.41	455.81	313.51
天津	781.19	158.46	555.43	346.50
河北	1807.17	671.77	1317.25	609.88
山西	3568.56	1072.87	1734.15	628.79
内蒙古	2093.25	923.61	1770.49	670.40
辽宁	4106.52	1093.30	2826.40	1530.92
吉林	357.22	136.66	548.71	372.75
黑龙江	703.28	235.75	877.58	566.61
上海	762.09	182.00	743.12	540.23
江苏	2370.52	1112.13	1862.29	732.87
浙江	1022.42	280.26	696.95	416.33
安徽	398.42	181.16	411.85	204.74
福建	1057.65	448.77	963.41	514.59
江西	438.10	147.24	321.45	169.98
山东	6811.55	1447.48	3200.59	1681.63
河南	1131.72	323.74	651.92	323.14
湖北	332.52	159.30	355.14	194.03
湖南	475.34	203.31	429.99	193.62
广东	2720.72	1404.35	2448.52	1035.79
广西	565.62	169.69	434.36	259.45
海南	615.72	357.25	555.24	196.18
重庆	27.30	8.26	16.61	8.36
四川	718.40	220.03	585.22	352.42
贵州	134.27	97.14	128.92	31.78
云南	445.75	193.04	387.79	164.34
西藏				
陕西	5151.02	1367.31	2184.87	755.43
甘肃	641.99	246.41	733.84	429.57
青海	22.12	13.76	34.59	20.83
宁夏	653.40	197.96	389.74	167.95
新疆	1421.64	552.25	1509.52	864.30

其他燃料加工业主要经济指标

单位：亿元

流动资产合计	应收账款	存货	产成品	负债合计	流动负债合计
19115.57	**2465.87**	**6270.94**	**1849.82**	**28188.82**	**21403.07**
434.31	21.77	156.21	15.89	516.49	316.01
337.74	54.42	107.08	32.20	379.88	332.78
878.76	108.37	290.21	84.68	1277.26	1042.36
1415.24	195.53	192.39	85.46	2676.29	2195.61
690.21	53.25	157.78	60.64	1405.44	950.34
2446.13	363.89	938.69	219.45	3218.16	2600.25
117.17	1.82	33.88	11.11	221.58	99.66
327.81	55.70	106.44	39.09	396.87	317.95
357.96	36.33	132.96	12.11	278.42	235.13
831.07	157.74	387.78	101.37	1539.67	977.79
346.76	95.08	171.20	36.08	378.23	291.19
107.30	25.39	34.87	13.13	265.31	233.64
455.93	97.09	187.09	38.07	640.61	412.53
221.98	56.24	31.47	10.13	310.28	262.35
4387.16	404.73	1642.86	582.06	5653.25	4779.30
553.67	38.40	177.81	53.84	900.84	713.03
120.43	21.44	50.36	18.44	247.43	130.42
121.07	16.04	34.07	8.75	288.09	188.54
920.92	185.76	526.08	88.53	1573.25	966.00
322.03	27.65	88.03	24.30	214.44	146.58
173.67	33.02	95.91	29.25	348.59	181.48
28.45	17.03	8.12	2.58	12.42	8.51
296.71	37.31	121.24	33.09	354.63	269.58
25.62	3.91	8.12	1.96	111.27	107.03
173.25	27.75	73.07	17.88	282.49	250.89
1834.02	194.98	194.35	100.14	3124.78	2101.53
167.21	23.47	76.15	25.09	397.29	269.56
7.76	2.55	3.22	2.51	19.59	13.15
322.11	29.22	84.23	35.91	389.67	342.22
693.08	79.99	159.28	66.07	766.26	667.67

1-B-32 续表 1

地区	应付账款	所有者权益合计	实收资本	国家资本
全国	**6275.61**	**13932.86**	**7645.86**	**2096.57**
北京	59.76	269.74	125.11	0.08
天津	84.76	401.30	314.03	276.96
河北	343.98	529.91	207.08	36.20
山西	733.88	892.28	490.51	92.27
内蒙古	275.06	687.80	646.38	35.34
辽宁	832.58	888.36	479.54	162.03
吉林	29.91	135.65	10.27	0.10
黑龙江	106.04	306.41	112.75	50.97
上海	89.72	483.67	200.58	89.27
江苏	326.35	830.85	641.70	19.14
浙江	120.65	644.19	447.76	0.44
安徽	87.92	133.11	126.33	88.91
福建	193.52	417.03	402.91	
江西	61.98	127.81	90.67	72.23
山东	1302.53	1158.29	588.02	51.25
河南	189.21	230.87	260.44	18.93
湖北	24.92	85.09	89.54	64.50
湖南	48.66	187.25	148.70	89.36
广东	420.80	1147.47	620.51	347.80
广西	56.47	351.18	108.31	95.19
海南	63.17	267.13	163.77	16.92
重庆	2.78	14.87	6.90	3.43
四川	113.19	363.77	138.98	16.43
贵州	13.50	23.00	35.70	23.00
云南	87.25	163.26	97.34	27.97
西藏				
陕西	246.43	2026.24	496.20	272.44
甘肃	107.06	244.70	94.80	40.32
青海	5.11	2.53	8.95	1.75
宁夏	93.19	263.72	143.80	60.07
新疆	155.23	655.38	348.26	43.26

单位：亿元

集体资本	法人资本	个人资本	港澳台资本	外商资本	营业收入
42.05	**4435.19**	**783.39**	**130.63**	**153.48**	**62741.93**
	123.17	1.63		0.22	700.40
	18.27	3.51	1.58	13.70	1259.06
0.30	119.78	49.96	0.09	0.75	3195.82
2.15	296.02	98.29	1.13	0.63	2847.70
5.00	489.87	79.42	36.75		1842.19
0.38	277.67	34.00	4.34	1.11	6612.10
	9.27	0.57	0.13	0.20	732.57
0.07	42.34	19.38			1398.49
	58.72	17.61	34.32	0.66	1531.64
0.03	507.58	93.08	1.95	19.92	3880.40
	418.30	5.11	20.92	2.99	1991.51
0.04	32.68	2.91		1.79	794.34
0.15	320.21	6.84	0.52	75.20	1620.27
0.05	13.25	3.74	1.40		898.32
6.78	425.11	100.79	2.83	1.26	12688.19
1.00	217.72	22.79			1429.07
	17.26	6.58		1.19	969.44
2.42	49.40	7.53			929.87
	240.86	9.32	12.88	9.66	5599.09
0.17	9.49	3.38	0.08		1220.18
	98.21	14.08	10.38	24.19	905.24
	2.17	1.30			45.54
	113.66	8.79	0.09		975.66
	11.23	1.48			102.89
13.78	46.86	8.73			1062.05
2.90	97.35	123.52			2761.67
0.35	49.75	4.38			1267.53
	7.18	0.02			9.96
	66.82	16.91			1118.65
6.49	254.98	37.74	1.25		2352.11

1-B-32 续表 2

地　区	营业成本	销售费用	管理费用	财务费用
全　国	**53398.29**	**275.91**	**1235.61**	**371.42**
北　京	604.70	2.02	22.83	2.45
天　津	1073.10	6.69	27.86	3.11
河　北	2745.80	12.32	62.44	19.47
山　西	2699.30	34.98	109.25	37.73
内 蒙 古	1680.90	22.85	69.30	21.79
辽　宁	5537.75	23.63	87.50	57.86
吉　林	613.59	1.85	11.81	2.32
黑 龙 江	1190.29	14.84	27.66	5.32
上　海	1281.85	4.56	32.81	-3.01
江　苏	3326.16	13.65	63.04	24.19
浙　江	1722.91	4.44	23.66	4.79
安　徽	685.67	1.58	18.17	3.36
福　建	1420.03	4.96	19.49	9.16
江　西	766.31	2.71	12.83	3.98
山　东	10737.27	34.69	249.04	46.35
河　南	1304.55	8.87	31.06	14.56
湖　北	836.04	3.38	15.36	3.43
湖　南	767.59	3.62	30.35	2.15
广　东	4697.80	12.00	70.07	24.04
广　西	962.50	2.57	13.39	-0.49
海　南	794.30	0.97	11.31	6.52
重　庆	36.29	1.14	2.09	0.18
四　川	831.72	6.16	20.46	0.03
贵　州	99.06	0.29	5.81	0.86
云　南	861.68	4.75	13.86	2.62
西　藏				
陕　西	2225.29	22.87	81.71	59.63
甘　肃	998.68	5.29	30.99	4.23
青　海	10.76	0.70	1.55	0.29
宁　夏	977.89	7.53	20.32	3.95
新　疆	1908.53	9.97	49.60	10.54

单位：亿元

利息费用	投资收益（损失以“－”号记）	营业利润	利润总额	亏损企业亏损额	平均用工人数（万人）
408.42	**183.01**	**682.61**	**591.40**	**801.00**	**78.27**
5.20	1.13	-6.86	-7.26	25.85	0.93
4.28	-4.74	7.95	8.71	16.50	1.10
20.27	-3.95	-1.00	-4.79	47.07	4.10
39.73	47.27	-6.74	-29.72	100.00	8.36
23.38	11.50	-68.16	-68.69	121.03	4.98
51.55	3.28	105.02	82.77	117.01	7.47
2.53	0.01	1.39	-3.06	4.11	2.39
6.56	0.05	-25.73	-28.07	47.38	3.65
4.29	-1.71	-10.52	-10.80	15.88	1.22
26.38	6.54	24.93	24.52	36.58	3.19
5.10	5.67	32.60	32.67	1.12	1.03
3.69	1.81	-5.69	-5.48	9.92	0.92
10.05	1.88	-13.76	-13.94	21.95	0.84
4.14	-2.82	10.66	10.58	3.63	1.13
58.68	7.48	182.41	156.31	58.28	9.29
13.99	1.58	-13.73	-14.09	26.96	2.33
3.72	0.22	8.36	8.23	1.91	0.92
2.11	0.86	30.28	30.47	0.10	1.90
25.45	5.05	96.71	98.21	6.56	2.46
3.37	2.94	38.21	38.17	1.83	0.56
6.65	-1.12	-7.68	-7.79	9.83	0.39
0.12	-1.44	3.03	3.08	0.09	0.20
0.99	2.39	41.63	42.41	2.22	1.50
0.84		-3.53	-3.52	4.35	0.30
2.30	0.89	31.91	31.72	3.28	1.68
63.02	56.79	84.33	81.59	43.35	6.12
4.79	7.19	28.60	23.99	9.14	3.01
0.29		-3.42	-3.43	3.43	0.07
4.40	-0.05	28.54	28.34	13.40	1.78
10.56	34.29	92.88	90.27	48.21	4.42

1-B-33 按地区分组的化学原料和

地区	资产总计	固定资产净额	固定资产原价	固定资产累计折旧
全国	**107977.74**	**34169.02**	**61570.14**	**25900.23**
北京	504.71	42.48	114.27	68.74
天津	1793.75	681.01	1245.47	548.51
河北	3280.41	1012.20	1788.59	755.44
山西	1880.92	810.59	1446.10	583.23
内蒙古	4421.75	1935.01	3439.19	1347.28
辽宁	3357.89	1195.51	2081.13	850.55
吉林	686.41	94.32	217.69	103.78
黑龙江	702.54	254.84	469.17	191.74
上海	3807.97	785.47	2191.96	1355.24
江苏	10699.54	3140.86	6698.94	3428.73
浙江	13800.00	4338.77	6511.85	2140.22
安徽	3313.04	1084.87	1808.42	709.77
福建	3466.28	1283.85	1993.02	687.96
江西	2540.22	627.97	1154.01	497.72
山东	15162.72	4446.11	7878.90	3330.40
河南	4118.78	1294.57	2306.97	969.68
湖北	4797.49	1776.15	3214.63	1342.61
湖南	1653.51	443.97	820.53	340.46
广东	7839.61	1409.47	3000.98	1570.70
广西	1273.84	430.67	622.75	187.32
海南	353.40	93.97	205.60	110.50
重庆	1297.85	455.43	924.55	444.23
四川	4200.60	1122.33	2008.34	833.33
贵州	1488.07	361.52	676.66	274.42
云南	1318.13	360.86	863.93	436.74
西藏	25.81	6.91	10.56	3.48
陕西	3028.75	1710.16	2754.34	978.26
甘肃	878.38	265.83	469.29	176.99
青海	1400.41	401.75	919.94	327.28
宁夏	1881.04	804.96	1288.40	428.68
新疆	3003.91	1496.62	2443.95	876.25

化学制品制造业主要经济指标

单位：亿元

流动资产合计	应收账款	存货		负债合计	流动负债合计
			产成品		
48101.40	**9797.29**	**9546.73**	**4152.18**	**58101.45**	**43807.19**
333.03	78.46	42.23	19.23	170.93	161.17
750.82	162.80	124.09	52.53	943.16	584.94
1601.60	358.06	337.98	134.49	1811.15	1443.03
713.30	157.28	136.17	54.90	1543.13	1375.78
1022.36	176.91	196.93	80.48	2532.03	1866.19
1476.56	203.10	373.12	182.57	2107.79	1701.85
357.38	50.96	102.11	29.29	530.87	431.23
334.62	50.16	92.52	42.77	595.22	474.31
2249.16	702.64	412.00	174.63	1523.34	1247.93
5384.00	1357.18	1040.26	526.95	4501.05	3668.68
5970.80	1113.41	1379.78	411.17	7506.35	5116.09
1526.51	379.22	287.29	137.75	1711.88	1261.77
1510.15	279.78	269.74	102.71	2060.10	1222.15
1113.48	275.73	244.42	102.50	1149.76	870.41
7096.24	1184.43	1359.68	688.98	8610.08	7134.34
1772.36	326.32	299.96	119.46	2442.03	1879.36
1683.33	366.77	389.09	160.08	2432.05	1588.39
725.89	195.93	154.98	87.26	656.30	485.20
4367.45	1124.86	698.83	300.00	4261.63	3387.41
655.94	126.14	171.46	77.66	743.70	504.63
126.35	14.31	39.37	20.10	221.17	142.40
594.31	105.49	120.34	66.04	632.39	525.27
2096.41	362.06	414.53	200.47	1941.55	1371.36
645.13	70.43	75.94	27.56	924.98	606.60
723.90	139.18	184.69	90.20	697.42	592.47
14.77	4.30	1.34	0.51	16.18	7.28
793.63	145.88	151.67	65.45	1518.23	940.29
342.03	52.82	85.40	38.59	536.49	424.08
713.89	43.87	69.89	28.13	906.00	807.96
487.59	54.38	122.04	58.74	1117.94	745.84
918.41	134.38	168.92	70.98	1756.58	1238.78

1-B-33 续表 1

地区	应付账款	所有者权益合计	实收资本	国家资本
全国	**11100.59**	**49873.79**	**23814.91**	**3003.69**
北京	55.35	333.78	117.05	3.57
天津	124.59	850.60	459.10	70.60
河北	377.54	1469.26	721.20	47.75
山西	285.71	337.79	461.69	142.02
内蒙古	425.78	1889.73	1225.93	152.44
辽宁	477.91	1250.10	736.22	25.97
吉林	64.91	155.54	146.59	2.49
黑龙江	79.07	107.32	196.45	31.16
上海	459.63	2284.63	997.24	62.52
江苏	1062.69	6198.49	2999.75	225.50
浙江	1308.65	6293.65	2626.80	86.50
安徽	380.45	1599.87	708.63	113.20
福建	246.47	1406.19	940.02	97.46
江西	251.85	1390.46	364.89	14.91
山东	1744.42	6552.69	2275.83	182.70
河南	332.77	1676.13	938.25	338.23
湖北	450.94	2365.05	803.06	31.31
湖南	145.17	997.20	428.07	73.72
广东	925.66	3578.26	1762.19	157.21
广西	140.56	530.15	301.75	19.67
海南	28.08	132.23	91.04	13.20
重庆	93.97	665.46	313.23	66.73
四川	351.01	2259.05	730.36	54.14
贵州	106.71	563.09	339.84	73.93
云南	204.10	620.71	301.13	68.70
西藏	2.40	9.63	4.53	2.76
陕西	289.88	1510.01	1070.59	448.67
甘肃	110.68	341.89	243.63	49.48
青海	149.12	494.41	339.87	62.62
宁夏	155.28	763.10	331.53	68.24
新疆	269.24	1247.33	838.44	216.29

单位：亿元

集体资本	法人资本	个人资本	港澳台资本	外商资本	营业收入
356.74	**12324.07**	**3784.91**	**1415.88**	**2921.61**	**87344.92**
0.25	71.96	22.19	0.34	18.74	309.79
1.45	191.68	27.66	20.48	147.23	1377.05
11.03	420.87	163.10	48.74	29.71	2637.82
5.04	193.49	76.19	0.76	44.19	1231.82
13.15	945.57	87.76	11.19	15.82	2165.90
5.57	455.83	119.65	67.26	61.94	3081.58
0.91	76.97	49.07	2.40	14.75	381.46
2.19	121.61	26.85	0.61	13.73	473.37
3.26	227.11	79.55	94.14	530.66	3596.55
26.79	1112.82	335.57	400.42	898.66	9384.61
5.74	1627.93	444.56	299.42	162.64	11341.61
37.81	375.39	124.45	12.08	45.70	2763.24
6.64	619.89	93.65	60.15	62.22	3205.26
8.34	168.93	97.30	45.31	30.10	2227.19
69.05	1303.24	549.73	58.34	107.26	13470.66
9.55	256.46	302.84	4.75	26.41	2839.96
13.19	531.09	158.12	19.71	49.64	3915.77
10.79	159.19	169.08	9.94	5.34	2082.42
27.80	585.96	275.07	211.13	504.86	7597.59
2.26	206.47	42.39	14.02	15.49	987.49
0.06	73.66	2.13		2.00	319.97
9.37	132.90	53.12	9.22	41.89	1130.03
8.16	413.61	212.19	9.59	32.10	3329.10
3.47	235.97	19.86		6.61	754.13
11.80	168.91	33.62	1.45	16.65	1203.33
	1.74	0.03			12.28
23.13	505.45	52.31	11.90	29.13	1634.09
0.93	159.71	33.02		0.49	572.65
30.50	211.97	33.31		1.47	744.50
8.26	187.64	63.70	1.26	2.43	1040.59
0.26	580.05	36.85	1.24	3.75	1533.08

1-B-33 续表 2

地　区	营业成本	销售费用	管理费用	财务费用
全　国	**74672.33**	**1926.98**	**4814.77**	**759.97**
北　京	235.96	25.30	32.69	-0.07
天　津	1208.45	33.66	83.76	16.48
河　北	2277.08	51.27	165.79	27.46
山　西	1098.08	23.83	78.36	34.71
内蒙古	1854.40	28.61	142.27	34.38
辽　宁	2799.95	44.18	119.54	37.38
吉　林	339.80	10.02	23.38	11.49
黑龙江	446.84	6.74	35.51	14.12
上　海	2953.32	178.27	245.98	12.15
江　苏	8049.61	216.18	532.08	38.82
浙　江	10058.62	139.75	506.04	110.60
安　徽	2367.78	62.41	176.67	21.41
福　建	2870.39	40.16	113.31	31.10
江　西	1896.70	44.28	117.12	15.12
山　东	11690.07	179.25	666.14	90.24
河　南	2404.45	54.97	178.82	41.84
湖　北	3274.65	68.83	226.89	27.01
湖　南	1609.72	71.23	169.82	15.91
广　东	6260.59	398.38	506.80	42.07
广　西	871.04	16.57	46.49	9.80
海　南	292.63	4.90	5.87	2.38
重　庆	879.25	30.18	66.32	5.40
四　川	2687.36	55.94	172.63	14.00
贵　州	649.65	7.86	36.81	13.04
云　南	986.37	40.21	56.47	6.57
西　藏	9.40	0.54	1.56	0.19
陕　西	1407.55	20.07	88.46	28.01
甘　肃	523.09	5.62	39.02	4.15
青　海	435.21	8.56	35.67	1.86
宁　夏	909.18	12.73	59.81	15.85
新　疆	1325.14	46.48	84.72	36.49

单位：亿元

利息费用	投资收益（损失以"-"号记）	营业利润	利润总额	亏损企业亏损额	平均用工人数（万人）
912.16	**796.35**	**4889.10**	**4893.02**	**1480.71**	**344.21**
0.98	5.21	19.09	19.63	9.54	1.43
20.16	5.33	33.22	31.38	32.93	3.96
30.59	18.09	122.01	117.09	59.36	13.65
35.72	26.76	14.01	13.43	58.28	7.78
37.64	51.32	126.65	126.68	86.12	10.93
38.50	4.46	20.40	24.39	74.57	9.56
9.22	0.70	-4.44	-4.23	18.93	2.07
14.17	1.94	-48.25	-56.60	73.56	2.74
19.08	19.40	218.19	215.66	64.07	10.15
61.66	22.00	533.39	542.67	123.47	30.98
146.17	76.69	366.92	380.34	92.02	23.80
27.10	5.51	126.26	131.72	48.78	12.15
33.60	3.19	131.69	125.47	60.10	9.01
13.87	23.18	176.49	180.56	16.01	12.37
122.29	112.88	780.51	774.04	122.86	41.70
45.88	34.49	174.18	176.94	71.24	14.60
35.78	19.69	232.78	238.88	32.93	18.39
6.62	6.81	173.78	175.47	8.87	20.20
45.92	32.06	378.74	384.88	100.01	34.79
9.99	1.98	39.66	40.16	16.86	5.18
2.20	4.02	16.55	16.74	7.11	0.41
8.17	-17.60	84.50	73.59	22.91	4.52
23.02	243.62	596.87	598.74	31.41	16.86
18.72	10.46	45.91	45.86	9.07	3.75
7.52	23.22	131.96	130.20	10.95	5.80
0.22	0.02	0.63	0.48	1.21	0.08
32.33	10.99	57.26	55.16	71.70	7.25
4.54	3.24	2.75	3.49	21.56	3.71
5.89	26.76	269.54	265.11	15.47	2.85
15.23	5.19	40.62	40.05	40.27	5.92
39.37	14.74	27.22	25.03	78.56	7.63

1-B-34 按地区分组的医药

地区	资产总计	固定资产净额	固定资产原价	固定资产累计折旧
全国	**49502.76**	**8279.70**	**15074.64**	**6566.63**
北京	3644.57	357.50	652.84	290.29
天津	1350.27	184.84	346.22	159.76
河北	2075.79	366.20	635.90	268.97
山西	539.51	126.45	250.26	123.66
内蒙古	545.32	202.56	319.34	115.09
辽宁	1037.85	159.14	309.30	148.55
吉林	1514.89	253.73	458.55	199.41
黑龙江	835.30	114.44	252.75	135.57
上海	2699.02	278.05	578.37	290.81
江苏	6106.74	947.96	1765.91	785.64
浙江	4613.80	801.38	1434.36	617.58
安徽	1487.75	272.97	468.26	186.57
福建	808.99	133.00	286.91	151.28
江西	1189.17	277.98	501.58	216.79
山东	4376.18	936.95	1640.30	679.65
河南	1455.57	304.99	550.48	235.18
湖北	2169.68	472.37	835.62	348.16
湖南	1011.22	212.96	362.44	140.98
广东	4466.24	566.10	1039.18	442.58
广西	414.36	77.02	137.61	57.84
海南	468.48	65.23	124.23	58.33
重庆	835.51	191.66	390.59	183.82
四川	2269.65	398.65	697.24	289.74
贵州	530.98	74.26	132.74	57.58
云南	1131.17	123.98	222.96	96.69
西藏	117.57	7.23	12.67	5.39
陕西	766.77	158.32	281.30	117.55
甘肃	504.05	92.09	149.93	55.48
青海	46.55	7.69	14.63	6.91
宁夏	260.40	38.56	87.28	42.73
新疆	229.39	75.45	134.91	58.07

制造业主要经济指标

单位：亿元

流动资产合计	应收账款	存货	产成品	负债合计	流动负债合计
28343.99	**5976.56**	**5416.98**	**2507.33**	**19692.70**	**16231.01**
2343.48	399.21	437.89	216.25	1073.03	898.75
777.09	147.23	185.07	70.10	429.95	368.65
1191.61	310.04	206.60	96.10	915.50	763.66
300.78	58.80	69.90	29.57	250.70	221.29
257.88	73.29	47.08	20.54	306.99	219.46
595.46	118.20	173.60	93.52	368.73	323.46
862.14	173.13	180.65	53.21	623.86	532.73
423.11	62.06	68.10	25.11	401.21	272.44
1469.96	287.99	254.28	115.68	903.75	786.29
4075.02	925.50	658.03	313.88	2300.40	1989.13
2303.48	459.66	481.89	254.52	1715.46	1354.01
895.96	303.61	225.46	114.38	779.06	696.10
520.76	106.64	97.60	33.71	222.20	192.11
683.57	142.62	131.15	65.55	490.07	424.98
2438.69	467.22	445.37	243.37	1802.50	1494.90
695.35	150.95	151.12	60.22	736.28	608.95
1191.26	208.12	178.06	81.90	936.85	744.33
527.02	102.55	107.39	52.00	357.00	286.34
2397.20	512.88	447.88	197.00	1891.66	1424.87
232.73	49.42	54.07	21.29	208.43	179.52
280.71	60.26	50.45	21.31	197.82	149.36
434.83	76.26	92.21	46.80	342.51	269.22
1277.73	305.37	246.20	95.00	854.50	671.90
302.13	86.59	56.13	20.45	197.64	171.80
724.62	174.83	116.35	41.91	451.62	410.13
63.54	8.24	4.24	1.13	34.68	21.12
472.84	111.20	134.42	72.73	379.19	306.61
264.35	42.34	56.06	25.35	214.38	170.33
30.07	9.49	7.21	2.13	16.96	14.25
187.52	13.45	19.34	10.33	197.87	183.85
123.09	29.40	33.17	12.30	91.85	80.47

1-B-34 续表 1

地　区	应付账款	所有者权益合计	实收资本	国家资本
全　国	**4050.78**	**29810.08**	**9317.26**	**643.39**
北　京	268.81	2571.54	389.90	37.01
天　津	127.76	920.32	219.74	23.18
河　北	245.16	1160.29	314.56	5.63
山　西	53.09	288.81	89.45	4.04
内 蒙 古	58.29	238.33	131.55	1.77
辽　宁	65.77	669.12	165.23	6.31
吉　林	92.21	891.03	225.09	10.81
黑 龙 江	55.58	434.09	175.88	16.59
上　海	176.24	1795.27	570.79	84.81
江　苏	527.68	3806.33	1068.32	23.68
浙　江	320.92	2898.34	699.49	12.97
安　徽	234.50	708.69	275.50	15.22
福　建	50.27	586.79	147.41	7.98
江　西	96.98	699.10	210.57	6.74
山　东	340.07	2573.68	1665.51	19.41
河　南	120.49	719.30	264.10	8.54
湖　北	155.63	1232.83	352.99	44.74
湖　南	67.78	654.22	174.48	6.42
广　东	290.98	2574.57	872.94	193.58
广　西	41.16	205.92	81.21	2.87
海　南	36.05	270.66	60.36	2.50
重　庆	55.54	493.00	133.59	11.95
四　川	193.79	1415.15	491.81	23.62
贵　州	34.89	333.34	104.37	3.79
云　南	110.82	679.56	127.23	10.56
西　藏	1.58	82.89	15.79	2.96
陕　西	82.91	387.58	102.74	6.77
甘　肃	34.82	289.67	102.63	44.19
青　海	7.96	29.59	12.64	1.02
宁　夏	82.66	62.53	28.49	1.00
新　疆	20.39	137.54	42.90	2.69

单位：亿元

集体资本	法人资本	个人资本	港澳台资本	外商资本	营业收入
159.84	**4258.40**	**2903.54**	**776.73**	**574.70**	**25009.12**
0.31	186.93	86.52	38.99	40.15	1575.55
0.16	130.50	39.57	0.94	25.38	710.23
1.06	186.47	80.06	16.10	25.23	1225.76
1.91	48.56	34.09	0.60	0.25	300.24
1.87	74.29	18.48	35.15		264.84
2.94	80.97	25.20	39.07	10.74	575.06
26.41	98.84	74.26	1.28	13.13	564.92
1.22	105.46	52.36	0.25		247.22
4.87	210.48	106.09	48.80	115.75	1104.76
5.17	557.68	173.78	151.95	156.06	3220.96
16.22	432.43	196.80	9.29	31.78	2012.18
5.38	146.23	102.38	5.45	0.64	917.48
5.79	65.26	31.71	30.59	6.08	486.18
2.99	125.15	69.25	2.03	4.41	783.93
9.42	353.50	1132.17	138.66	12.34	2853.04
13.09	127.12	101.45	12.39	1.50	698.24
9.48	159.84	91.24	39.21	8.48	1075.54
1.03	83.57	82.92	0.43	0.11	753.10
30.04	270.43	93.30	196.04	89.54	1937.89
0.32	39.55	28.15	1.39	8.93	193.12
5.82	32.78	15.80	1.77	1.68	261.49
5.56	70.19	45.30		0.59	547.90
0.83	351.11	103.91	2.30	9.94	1192.61
2.13	65.70	31.40	0.05	1.28	255.37
4.38	79.98	25.28	3.36	3.67	373.32
0.14	10.43	2.25			30.73
0.11	59.23	29.33	0.67	6.63	460.13
0.43	42.20	15.76		0.06	170.19
	9.38	2.24			26.96
0.50	19.18	7.81			66.47
0.25	34.96	4.67		0.33	123.74

1-B-34 续表 2

地　区	营业成本	销售费用	管理费用	财务费用
全　国	**14142.35**	**4281.42**	**3250.16**	**51.24**
北　京	789.68	405.38	244.25	-7.42
天　津	407.10	97.86	126.14	-2.80
河　北	748.09	187.83	117.84	5.36
山　西	194.62	45.27	36.52	2.23
内蒙古	167.97	21.83	23.03	3.31
辽　宁	281.85	141.72	65.11	-0.63
吉　林	225.94	101.27	75.40	9.03
黑龙江	141.98	37.01	36.33	1.80
上　海	561.44	221.50	192.60	-6.31
江　苏	1552.41	643.92	508.27	-18.34
浙　江	1198.47	313.16	297.00	0.65
安　徽	691.82	80.83	83.88	4.18
福　建	269.58	64.86	56.63	-1.93
江　西	535.65	75.08	76.40	2.46
山　东	1805.23	336.37	317.32	9.46
河　南	424.19	98.00	83.12	7.75
湖　北	632.19	138.81	129.20	9.78
湖　南	473.22	110.19	90.75	5.13
广　东	1052.00	381.40	287.84	7.53
广　西	109.08	34.03	20.25	1.00
海　南	124.81	67.74	32.95	1.31
重　庆	309.82	113.46	57.54	1.66
四　川	663.11	210.18	127.96	9.67
贵　州	103.34	92.47	22.24	1.04
云　南	190.04	95.50	45.90	-1.79
西　藏	6.78	4.12	3.85	0.55
陕　西	245.85	113.53	50.71	3.37
甘　肃	101.62	18.88	21.41	0.74
青　海	14.13	6.38	2.93	0.01
宁　夏	57.31	2.12	6.96	1.61
新　疆	63.02	20.72	9.83	0.84

单位：亿元

利息费用	投资收益（损失以“-”号记）	营业利润	利润总额	亏损企业亏损额	平均用工人数（万人）
215.05	**390.34**	**3499.93**	**3496.37**	**559.11**	**207.82**
13.77	68.12	200.54	199.71	46.90	9.50
3.69	17.49	85.81	83.18	23.35	4.35
11.56	18.15	170.09	169.22	31.85	10.94
3.27	1.00	20.00	21.08	4.43	3.32
4.47	0.33	46.28	45.34	3.86	2.32
3.49	4.00	83.47	83.31	6.70	3.70
7.97	2.86	145.66	143.57	16.78	5.88
2.73	1.09	31.06	32.68	6.19	3.01
6.66	29.43	152.40	143.36	72.42	6.69
18.36	46.96	561.79	567.11	63.67	22.41
26.13	59.93	242.81	244.67	45.24	17.46
5.29	3.58	57.81	60.94	29.66	7.68
2.27	2.03	96.59	96.07	9.30	3.92
5.10	3.12	92.77	94.45	7.20	6.57
20.89	17.33	387.93	394.86	35.10	21.73
5.68	5.09	86.17	87.36	10.76	9.62
13.54	11.64	166.67	165.50	16.91	10.27
3.97	10.42	78.52	79.00	6.40	7.11
23.73	45.98	259.01	249.90	76.79	16.89
2.60	0.40	28.71	29.00	2.54	2.75
1.84	-0.47	36.99	36.67	2.13	1.80
3.00	1.82	65.53	65.87	3.74	4.10
11.21	19.19	194.15	192.63	9.65	12.10
2.16	6.63	39.58	39.92	3.69	2.63
2.32	7.89	49.40	50.14	4.82	3.22
0.61	0.52	15.55	15.58	0.27	0.21
3.52	0.91	44.09	43.34	8.26	3.80
1.85	5.08	30.72	31.34	3.56	1.65
0.05	0.02	3.59	3.87	0.37	0.33
1.99	-0.08	-1.77	-1.29	6.01	0.72
1.32	-0.10	28.01	28.00	0.54	1.12

1-B-35 按地区分组的化学

地区	资产总计	固定资产净额	固定资产原价	固定资产累计折旧
全国	**11988.18**	**3329.30**	**6438.63**	**2956.57**
北京	13.31	2.71	4.03	1.31
天津	4.65	2.33	3.32	0.99
河北	168.34	64.00	119.73	50.63
山西	21.70	10.87	13.72	2.83
内蒙古	72.32	15.71	16.34	0.63
辽宁	27.53	11.78	18.02	6.24
吉林	293.91	118.64	209.23	89.20
黑龙江	2.55	0.57	1.68	1.10
上海	17.81	4.72	14.84	10.12
江苏	3379.57	1235.58	2203.55	909.69
浙江	4413.40	816.66	1657.16	829.38
安徽	256.72	55.68	100.54	43.77
福建	952.85	276.75	736.76	453.48
江西	136.19	60.90	137.04	73.53
山东	425.82	105.94	177.24	59.28
河南	449.33	97.91	199.73	100.00
湖北	91.32	27.23	56.42	28.96
湖南	36.37	19.64	40.93	20.61
广东	213.23	54.41	153.85	92.61
广西				
海南				
重庆	111.77	22.48	69.78	28.98
四川	498.53	124.06	202.14	75.10
贵州	0.31	0.02	0.03	0.01
云南	9.04	1.20	6.63	5.42
西藏				
陕西	20.13	7.07	19.86	11.82
甘肃	7.22	4.91	26.41	1.24
青海				
宁夏	103.25	62.03	75.19	11.77
新疆	261.01	125.51	174.49	47.84

纤维制造业主要经济指标

单位：亿元

流动资产合计	应收账款	存货		负债合计	流动负债合计
			产成品		
5062.57	**706.17**	**1269.36**	**714.55**	**7499.00**	**5849.27**
6.69	0.06	1.86	1.04	1.10	0.87
2.00	0.59	0.74	0.24	2.23	1.94
51.19	5.64	16.73	8.79	106.18	83.29
6.86	1.28	2.28	1.20	9.31	6.57
24.68	0.63	2.01	0.98	43.57	15.57
8.23	0.58	4.07	2.41	24.66	24.46
123.65	29.68	31.19	18.14	204.05	153.74
1.12	0.27	0.34	0.14	1.18	1.15
13.67	6.00	2.30	1.17	7.62	5.64
1393.28	200.56	436.69	239.55	2146.04	1550.56
1846.24	255.76	349.52	217.36	2733.87	2384.28
133.35	21.24	25.09	14.74	122.98	90.58
471.73	61.98	129.25	94.95	676.09	528.22
70.25	9.38	19.80	4.01	98.44	57.14
207.99	22.48	37.22	21.49	211.13	170.34
183.08	27.65	26.17	16.92	252.27	159.69
24.65	5.52	7.71	3.88	36.14	21.16
12.05	1.71	3.94	1.94	23.29	20.80
102.65	23.11	32.71	16.74	97.09	79.30
57.12	7.69	11.78	6.69	43.61	33.98
201.68	11.92	89.97	21.69	370.76	229.93
0.29		0.12	0.09	0.14	0.14
6.92	0.46	2.44	0.96	1.62	1.17
11.09	1.05	3.14	1.66	3.88	3.02
0.85	0.19	0.37	0.19	25.48	24.67
23.06	5.09	9.27	5.87	75.41	49.33
78.21	5.66	22.67	11.74	180.86	151.72

1-B-35 续表 1

地区	应付账款	所有者权益合计	实收资本	国家资本
全国	**1030.02**	**4489.17**	**2603.26**	**305.68**
北京	0.41	12.21	2.25	
天津	0.76	2.42	2.88	
河北	34.94	62.16	77.58	61.00
山西	2.15	12.39	10.09	0.23
内蒙古	3.60	28.75	3.27	0.26
辽宁	3.44	2.86	10.86	8.90
吉林	39.56	89.86	24.03	17.21
黑龙江	0.21	1.37	0.81	
上海	1.96	10.18	6.52	1.95
江苏	281.85	1233.53	863.44	76.00
浙江	329.21	1679.54	813.42	10.99
安徽	15.32	133.75	45.04	10.19
福建	65.94	276.76	219.99	10.15
江西	21.77	37.75	41.89	
山东	45.95	214.69	126.35	1.74
河南	50.42	197.06	66.33	20.13
湖北	5.89	55.18	22.36	
湖南	2.11	13.09	9.70	
广东	19.00	116.14	55.16	5.46
广西				
海南				
重庆	8.25	68.16	11.75	
四川	42.93	127.77	55.13	23.73
贵州	0.13	0.16	0.10	
云南	0.22	7.42	4.19	
西藏				
陕西	1.87	16.25	9.82	2.10
甘肃	2.47	-18.26	11.18	
青海				
宁夏	14.69	27.84	32.40	12.55
新疆	34.97	80.15	76.73	43.09

单位：亿元

集体资本	法人资本	个人资本	港澳台资本	外商资本	营业收入
27.04	**1353.48**	**539.10**	**175.74**	**202.23**	**11042.78**
	1.47	0.77			5.72
	2.78			0.10	2.42
	10.47	3.58	2.53		166.08
0.65	7.43	1.78			5.47
	3.00	0.01			8.83
	1.09	0.87			17.49
1.25	5.05	0.51			138.22
		0.81			0.71
	0.47	0.28	3.70	0.12	18.98
4.22	504.88	163.21	53.43	61.68	3218.37
16.35	479.89	258.55	15.21	32.43	4344.48
0.71	26.36	5.13	2.65		142.36
1.90	49.73	44.20	79.92	34.09	1272.19
	2.75	1.42	1.54	36.18	168.74
0.79	88.98	16.78	13.04	5.01	223.44
	34.73	9.53	1.19	0.74	256.70
0.52	13.59	1.70		6.55	56.06
	8.66	1.03		0.01	45.10
0.44	16.79	16.10	2.52	13.85	187.93
	10.96	0.72		0.08	102.70
	24.58	4.34		2.48	467.78
	0.04	0.06			0.87
	2.86	0.10		1.23	13.67
	6.66	0.32		0.74	26.83
0.20	10.98				2.37
	10.28	2.64		6.93	45.43
	28.99	4.64			103.84

1-B-35 续表 2

地 区	营业成本	销售费用	管理费用	财务费用
全 国	**10163.01**	**77.00**	**398.92**	**119.40**
北 京	3.45	0.12	0.61	-0.09
天 津	1.80	0.05	0.60	0.03
河 北	158.00	1.26	9.02	2.63
山 西	3.55	0.04	1.11	0.22
内 蒙 古	7.15	0.10	1.05	0.40
辽 宁	17.35	0.22	0.85	0.38
吉 林	121.46	2.44	5.43	6.15
黑 龙 江	0.57	0.02	0.20	
上 海	16.36	0.30	1.49	0.09
江 苏	2928.42	23.29	128.84	33.85
浙 江	4107.22	14.50	128.73	34.42
安 徽	123.63	2.42	9.31	-0.30
福 建	1156.26	9.39	36.16	16.33
江 西	152.97	2.60	9.05	2.28
山 东	178.49	3.61	13.85	2.68
河 南	243.03	2.02	8.22	3.94
湖 北	47.63	1.00	3.24	0.59
湖 南	38.45	0.94	3.58	0.30
广 东	158.92	2.52	12.36	0.60
广 西				
海 南				
重 庆	75.28	1.39	4.43	-0.37
四 川	444.82	4.95	10.42	10.05
贵 州	0.88	0.01	0.03	
云 南	9.62	0.04	1.07	-0.05
西 藏				
陕 西	21.72	0.17	1.15	-0.02
甘 肃	2.78	0.02	0.34	0.27
青 海				
宁 夏	40.72	2.35	2.19	2.12
新 疆	102.45	1.22	5.57	2.91

单位：亿元

利息费用	投资收益（损失以“–”号记）	营业利润	利润总额	亏损企业亏损额	平均用工人数（万人）
126.45	**28.29**	**278.76**	**297.39**	**119.88**	**44.90**
0.01		1.65	1.65		0.08
	0.05	-0.05	-0.05	0.14	0.03
2.13	0.18	-5.44	-5.43	6.22	1.02
0.22	0.05	0.62	0.69	0.17	0.09
		0.14	0.16	0.02	0.14
0.37		-1.89	-1.94	1.99	0.15
5.20	0.28	1.88	2.04	0.59	1.23
		-0.09	-0.08	0.13	0.01
0.05	0.03	0.79	0.85	0.22	0.13
34.41	5.42	102.25	108.37	43.68	15.71
44.38	8.86	67.90	75.31	19.87	12.24
0.98	2.00	9.20	10.57	0.97	0.84
11.39	-0.06	51.96	51.57	10.27	3.94
2.03		1.40	3.28	0.22	0.56
3.59	0.10	23.71	23.96	3.44	1.52
5.06	10.61	9.34	9.42	1.75	1.63
0.50	-0.01	1.89	2.05	2.55	0.54
0.17	0.05	1.78	1.78	0.80	0.41
0.59	0.63	13.84	14.16	2.80	1.34
0.40	-0.05	8.16	7.45	0.04	0.45
9.32	0.52	1.16	1.69	1.66	1.57
		-0.06	0.03		0.01
0.03		2.92	2.92		0.05
0.02		3.00	3.55	0.03	0.10
0.26		-1.30	-1.15	1.15	0.04
2.03	0.01	-3.88	-3.88	6.20	0.27
3.33	-0.37	-12.13	-11.59	14.94	0.81

1-B-36 按地区分组的橡胶和

地区	资产总计	固定资产净额	固定资产原价	固定资产累计折旧
全国	**31744.41**	**7221.02**	**14562.36**	**7151.59**
北京	55.25	6.36	20.40	13.83
天津	478.10	133.68	315.58	180.22
河北	1163.35	195.30	380.90	181.08
山西	175.04	63.80	87.63	23.75
内蒙古	60.57	19.80	26.92	7.12
辽宁	525.96	180.45	412.58	230.34
吉林	221.30	64.38	146.95	72.87
黑龙江	229.26	24.22	57.69	33.06
上海	1312.59	189.05	516.53	325.14
江苏	5442.68	1301.32	2600.92	1274.47
浙江	4290.77	1021.65	1905.48	868.40
安徽	1708.05	423.86	768.46	340.77
福建	1475.26	376.31	808.70	423.18
江西	530.11	145.33	230.89	82.28
山东	3798.68	831.50	1767.54	922.22
河南	485.36	133.73	264.33	127.26
湖北	964.18	285.77	543.36	226.97
湖南	383.58	137.36	241.00	91.73
广东	6144.30	1035.41	2298.21	1227.15
广西	182.97	58.03	91.83	31.42
海南	46.71	9.70	18.33	8.39
重庆	406.32	153.16	315.73	155.58
四川	696.66	178.88	330.85	148.15
贵州	267.33	69.02	115.37	45.83
云南	137.11	37.18	59.91	22.31
西藏	9.38	1.08	1.60	0.53
陕西	289.20	63.02	104.67	40.94
甘肃	69.31	12.98	22.74	9.52
青海	2.84	0.50	1.10	0.60
宁夏	45.97	19.75	25.73	5.95
新疆	146.23	48.45	80.41	30.52

塑料制品业主要经济指标

单位：亿元

流动资产合计	应收账款	存货	产成品	负债合计	流动负债合计
18706.70	**6190.06**	**3801.15**	**1794.06**	**16065.83**	**13765.45**
42.21	13.90	8.86	3.52	21.77	20.86
278.33	94.75	64.09	31.70	217.84	185.25
718.38	276.80	117.88	49.96	488.87	428.62
73.41	28.12	16.44	8.32	121.85	87.06
24.36	8.51	7.72	3.28	38.14	30.49
289.41	104.10	69.72	33.57	270.27	240.69
97.59	23.84	23.43	9.29	108.52	82.15
154.33	44.14	56.82	17.11	168.32	153.56
843.98	277.13	140.98	64.92	529.77	464.90
3253.59	1214.50	632.51	306.85	2622.43	2223.23
2552.14	850.84	532.71	258.21	2327.35	2134.74
935.38	357.40	184.37	94.28	832.28	732.46
854.77	231.83	202.41	90.79	676.02	569.32
308.81	108.40	64.43	30.89	288.29	230.86
2312.65	573.47	451.71	240.79	2143.75	1923.77
285.30	91.81	70.58	35.58	266.37	220.27
483.28	148.39	92.84	46.00	455.81	323.72
176.51	64.88	41.75	21.83	160.30	122.49
3789.89	1290.44	708.78	278.00	3113.82	2617.77
96.54	34.43	29.17	15.97	110.87	99.33
28.81	5.12	7.73	1.82	25.53	20.12
199.54	69.45	47.82	25.56	206.39	152.17
369.51	122.41	82.85	40.72	322.09	247.68
139.70	38.38	29.45	17.55	161.31	130.19
77.32	22.11	24.10	12.42	78.51	71.20
5.90	0.43	0.74	0.51	7.89	6.96
159.09	47.29	39.88	25.47	137.10	102.46
49.66	13.19	12.87	8.40	36.50	35.11
2.23	1.00	0.65	0.08	1.73	1.68
22.00	6.47	7.86	4.96	36.12	27.95
82.07	26.54	30.02	15.73	90.02	78.40

1-B-36 续表 1

地区	应付账款	所有者权益合计	实收资本	国家资本
全国	**4026.27**	**15678.33**	**7137.16**	**295.78**
北京	8.32	33.48	22.19	
天津	55.45	260.27	166.92	1.56
河北	130.35	674.24	329.57	22.31
山西	34.09	53.18	45.25	4.59
内蒙古	8.82	22.43	20.84	9.37
辽宁	85.79	255.69	178.08	1.76
吉林	12.05	112.78	205.31	2.75
黑龙江	24.68	60.94	18.81	0.39
上海	148.84	782.81	265.40	2.58
江苏	734.79	2820.25	1397.32	4.76
浙江	466.15	1963.42	804.03	9.37
安徽	230.53	875.76	402.07	38.35
福建	141.58	799.24	325.97	1.29
江西	71.87	241.82	100.97	3.30
山东	493.70	1654.94	687.54	46.94
河南	59.27	219.01	216.52	12.13
湖北	93.43	508.37	195.81	12.54
湖南	38.93	223.27	111.82	7.11
广东	924.18	3030.47	1058.44	11.95
广西	21.76	72.10	38.98	1.00
海南	6.14	21.17	11.91	6.21
重庆	53.63	199.93	109.79	8.04
四川	65.89	374.57	165.40	2.23
贵州	31.67	106.02	32.67	0.68
云南	12.53	58.60	40.07	0.88
西藏	0.30	1.49	0.85	
陕西	37.85	152.10	103.24	68.06
甘肃	6.13	32.81	20.93	4.02
青海	0.35	1.11	0.88	
宁夏	5.29	9.86	13.70	0.01
新疆	21.91	56.21	45.89	11.59

单位：亿元

集体资本	法人资本	个人资本	港澳台资本	外商资本	营业收入
74.61	**2711.11**	**2334.35**	**739.43**	**981.26**	**28773.82**
	13.08	5.25	0.03	3.82	49.13
7.05	33.91	39.77	48.99	35.03	397.19
0.27	149.75	142.32	9.04	5.88	802.99
0.57	28.41	11.26		0.41	85.97
	4.03	7.44			29.87
1.17	30.69	22.72	3.41	118.32	466.24
1.65	177.69	13.11	9.62	0.49	137.87
1.27	7.72	5.26		4.16	48.57
1.71	70.37	72.39	28.35	89.99	1074.46
18.02	541.31	370.86	153.00	309.31	4641.10
5.67	275.60	409.91	48.03	55.45	4017.13
1.93	209.91	95.51	15.24	41.12	1424.15
0.69	104.63	98.61	63.12	57.64	1766.12
0.35	53.66	40.08	2.12	1.46	589.74
7.37	277.43	250.69	51.18	53.91	3103.89
2.07	45.87	151.92	0.68	3.85	477.12
2.62	86.80	82.27	7.64	3.93	922.49
0.73	51.48	27.11	4.86	20.54	661.48
17.11	305.86	300.12	278.18	145.20	5987.08
0.40	23.68	13.77	0.12		138.94
0.12	5.30	0.28			50.51
0.58	55.59	24.40	1.96	19.23	479.31
0.51	74.32	75.53	11.12	1.69	705.60
0.24	11.45	18.64	1.07	0.66	160.70
0.43	19.48	14.94		4.34	148.92
	0.80	0.05			4.56
0.90	15.98	17.23	0.67	0.40	190.16
0.59	7.68	6.25		2.39	45.24
	0.69	0.19			1.76
0.01	10.67	2.77	0.24		28.37
0.56	17.25	13.69	0.77	2.02	137.17

1-B-36 续表 2

地　区	营业成本	销售费用	管理费用	财务费用
全　国	**23951.37**	**800.51**	**2137.30**	**164.47**
北　京	39.50	1.98	5.06	0.17
天　津	333.49	12.39	31.04	1.95
河　北	678.37	26.14	56.66	7.47
山　西	77.41	2.47	6.95	0.98
内蒙古	25.82	0.78	2.46	0.41
辽　宁	376.63	17.82	37.56	2.82
吉　林	127.31	2.13	8.91	1.26
黑龙江	44.61	0.90	3.58	2.63
上　海	865.31	40.79	96.55	3.60
江　苏	3818.49	124.59	352.81	25.85
浙　江	3362.96	111.46	318.18	27.22
安　徽	1180.81	45.03	100.66	6.78
福　建	1494.95	37.17	104.55	6.21
江　西	512.04	11.52	31.45	3.97
山　东	2576.18	87.57	199.28	16.71
河　南	405.54	10.54	27.64	3.97
湖　北	756.47	31.16	63.91	5.23
湖　南	536.28	19.63	53.54	4.55
广　东	5002.85	155.85	507.85	28.70
广　西	119.40	3.42	9.42	1.37
海　南	45.31	0.67	2.50	0.24
重　庆	385.23	11.03	28.95	2.83
四　川	578.30	24.73	40.62	4.66
贵　州	131.32	5.03	13.42	0.87
云　南	130.80	3.32	7.54	0.91
西　藏	4.27	0.08	0.12	0.07
陕　西	153.12	6.53	13.84	1.40
甘　肃	38.73	1.65	3.05	0.29
青　海	1.57	0.04	0.10	0.03
宁　夏	24.89	0.96	2.61	0.44
新　疆	123.40	3.13	6.52	0.91

单位：亿元

利息费用	投资收益(损失以“-”号记)	营业利润	利润总额	亏损企业亏损额	平均用工人数(万人)
184.31	**144.44**	**1734.11**	**1804.50**	**210.79**	**288.14**
0.30	0.03	2.24	2.39	0.42	0.46
2.25	2.73	19.61	19.71	3.98	3.54
8.78	7.22	36.08	37.19	9.09	9.65
1.05	0.50	-2.82	-2.23	3.91	1.26
0.39	0.40	0.43	0.76	1.22	0.33
2.68	0.29	28.44	29.41	2.55	4.30
1.15	0.38	-2.63	0.79	2.91	1.17
2.76		-3.26	-2.99	4.17	0.65
4.31	17.76	84.42	87.42	10.32	7.78
29.72	17.52	316.91	325.30	46.73	38.22
33.16	13.64	195.88	214.64	23.05	40.38
9.10	8.39	96.29	99.33	9.97	14.19
6.54	-0.59	114.91	117.98	4.47	17.98
3.22	0.29	28.88	33.46	5.14	4.64
24.84	45.08	252.70	257.27	10.26	26.44
3.11	0.41	26.47	27.97	3.02	5.39
4.29	0.63	61.96	64.74	5.64	8.00
1.99	0.10	39.75	40.66	1.25	5.03
32.11	31.56	306.22	314.83	51.57	78.49
1.31	-0.03	4.18	4.75	1.25	2.34
0.29	0.15	1.86	1.94	0.43	0.29
2.08	-2.76	39.89	39.95	1.59	3.74
3.10	0.17	51.72	53.33	1.73	7.18
1.87	0.24	9.99	9.91	0.93	1.70
0.78	0.43	6.28	6.48	1.80	1.25
0.03		0.03	0.05		0.02
1.56	-0.13	14.24	14.85	1.32	1.83
0.31		1.21	1.34	0.46	0.41
0.01		0.03	0.03	0.01	0.03
0.43	0.03	-0.36	0.06	0.53	0.33
0.79	-0.02	2.57	3.17	1.08	1.10

1-B-37 按地区分组的非金属

地区	资产总计	固定资产净额	固定资产原价	固定资产累计折旧
全国	**84383.45**	**20338.66**	**37795.19**	**16660.08**
北京	1085.47	56.25	157.67	100.46
天津	630.14	140.68	294.83	151.30
河北	2999.28	763.80	1547.58	765.11
山西	1875.82	532.46	997.19	447.09
内蒙古	2699.06	1045.74	1531.24	448.36
辽宁	2008.65	415.56	902.55	477.98
吉林	729.27	169.18	355.20	181.02
黑龙江	584.55	148.51	308.28	148.74
上海	1256.34	98.93	279.99	169.01
江苏	7489.50	1460.58	2892.99	1357.49
浙江	5526.55	1061.01	1843.35	767.45
安徽	6046.68	1185.27	2015.94	811.19
福建	2928.84	690.22	1403.38	688.92
江西	2843.90	798.23	1466.07	636.71
山东	7261.32	1554.72	2838.76	1243.80
河南	4816.30	1233.37	2210.27	936.30
湖北	3311.47	978.46	1823.64	795.46
湖南	3139.93	920.91	1661.00	660.10
广东	7350.30	1460.51	3185.70	1692.49
广西	2188.92	673.83	1164.97	466.27
海南	489.14	77.94	172.91	88.48
重庆	1772.85	511.58	950.35	419.32
四川	6116.53	1684.81	2850.70	1099.47
贵州	1158.55	383.09	744.79	331.13
云南	1355.40	467.95	856.58	367.94
西藏	225.54	94.66	139.18	44.41
陕西	1657.15	394.40	826.12	388.24
甘肃	1136.93	260.88	500.97	235.53
青海	287.31	102.42	231.22	93.39
宁夏	525.20	118.91	234.42	108.86
新疆	2886.58	853.82	1407.38	538.07

矿物制品业主要经济指标

单位：亿元

流动资产合计	应收账款	存货	产成品	负债合计	流动负债合计
48473.91	**18607.00**	**7377.87**	**3320.13**	**48452.35**	**40695.35**
753.10	357.63	66.35	30.05	637.54	597.62
429.95	225.13	71.69	28.52	376.51	356.01
1774.30	731.51	298.72	113.49	1958.12	1718.89
1066.90	436.27	225.51	111.67	1362.83	1205.43
1037.49	184.33	224.21	76.50	1532.46	1257.04
1241.18	423.12	256.29	118.90	1172.60	1061.41
433.02	152.51	60.03	24.22	494.25	411.47
326.86	144.10	62.94	22.72	377.84	347.67
1020.28	567.65	108.57	56.65	840.50	795.31
4958.75	2157.25	586.04	275.91	4366.86	3809.54
3527.02	1636.37	447.85	208.13	3445.24	2879.44
3549.57	1050.97	325.78	157.41	2695.47	2353.22
1581.34	489.62	343.79	169.76	1486.57	1178.70
1517.67	560.44	301.93	163.99	1555.08	1207.82
4493.33	1702.94	688.72	350.18	4521.26	3938.38
2771.77	906.36	479.05	213.24	2744.67	2184.00
1688.21	688.84	235.30	116.75	1710.99	1248.40
1284.17	486.05	209.16	108.98	1507.80	1108.65
4508.06	1897.15	699.32	350.13	4595.75	4038.65
1112.43	404.22	188.35	92.07	1269.76	1011.29
359.91	113.46	23.04	8.14	274.45	246.72
927.85	406.77	127.03	58.99	1018.48	824.26
3195.42	1074.21	654.88	185.14	3252.13	2369.13
581.03	249.04	92.49	41.91	809.92	693.46
674.10	239.59	110.00	48.04	830.06	723.45
100.42	37.20	13.51	4.97	118.54	97.68
1036.78	545.42	118.84	52.58	1030.61	872.52
600.44	246.29	90.60	36.96	644.33	542.43
148.31	55.21	32.85	12.33	262.30	233.63
269.25	88.99	49.93	22.95	355.20	311.11
1504.99	348.36	185.10	58.85	1204.20	1072.03

1-B-37 续表 1

地区	应付账款	所有者权益合计	实收资本	国家资本
全　国	**14585.43**	**35932.91**	**16482.04**	**2011.53**
北　京	307.62	447.93	166.94	37.59
天　津	159.59	253.62	178.72	18.75
河　北	602.09	1040.64	891.09	135.19
山　西	415.51	512.68	414.22	55.89
内蒙古	352.85	1168.08	701.11	37.13
辽　宁	370.24	836.17	403.46	22.71
吉　林	150.08	235.01	154.34	33.17
黑龙江	150.37	206.71	177.36	55.06
上　海	438.40	415.84	181.38	25.85
江　苏	1379.54	3122.63	1417.44	129.88
浙　江	1025.28	2081.31	847.20	73.25
安　徽	801.25	3351.20	845.17	158.34
福　建	355.00	1442.26	628.92	25.66
江　西	406.48	1288.79	542.30	97.46
山　东	1392.34	2740.06	1272.78	124.09
河　南	725.15	2070.01	1024.23	127.23
湖　北	554.64	1600.48	647.36	30.44
湖　南	342.46	1632.13	822.67	86.54
广　东	1479.81	2757.08	1099.07	58.58
广　西	323.59	919.39	465.61	55.62
海　南	111.69	214.69	118.41	51.75
重　庆	271.98	754.30	355.45	40.96
四　川	818.90	2864.40	1043.58	135.10
贵　州	227.42	348.63	303.66	76.19
云　南	239.85	525.34	329.21	73.72
西　藏	32.48	107.00	56.79	41.82
陕　西	420.32	626.54	429.72	50.30
甘　肃	220.42	492.59	299.74	72.84
青　海	78.53	25.01	74.54	28.43
宁　夏	91.43	170.00	99.26	7.55
新　疆	340.11	1682.38	490.33	44.45

单位：亿元

集体资本	法人资本	个人资本	港澳台资本	外商资本	营业收入
293.54	**7606.29**	**4959.42**	**713.21**	**862.47**	**56947.87**
4.31	84.38	36.77	0.05	3.85	498.19
3.96	83.16	45.02	12.45	15.37	433.58
7.67	353.92	378.18	5.40	10.74	2012.53
7.05	184.42	160.79	2.92	3.14	977.69
22.70	577.80	59.77		2.98	1779.12
7.13	216.53	120.45	17.11	18.94	1186.77
1.09	78.87	33.25	3.08	3.46	330.89
0.59	79.00	39.22	0.42	3.08	256.93
0.15	43.19	29.65	12.46	70.07	968.75
26.57	447.63	460.95	111.71	240.70	5212.45
8.24	449.21	273.81	13.84	28.33	3608.59
5.76	338.88	262.37	57.20	22.12	2936.69
7.24	237.00	261.91	33.67	63.44	3694.92
11.48	196.63	187.58	2.26	46.90	2435.86
51.08	578.41	393.69	69.44	56.07	4637.18
23.58	442.66	384.94	12.94	32.87	2715.56
9.89	301.09	247.95	4.65	53.33	2722.68
12.25	365.33	351.71	5.81	0.93	3086.82
17.63	489.02	302.00	148.17	84.67	6052.55
10.10	188.47	105.24	70.63	5.19	1316.74
1.79	34.87	9.42	20.48	0.10	292.53
0.86	207.18	86.72	8.79	10.96	1234.17
3.85	524.69	293.18	66.13	20.64	3857.04
10.70	95.14	98.30	11.92	11.41	536.65
15.55	143.55	81.52	5.06	9.80	827.79
0.69	11.03	3.25			91.59
3.09	242.37	95.41	13.11	25.28	981.08
5.14	168.89	50.50	0.20		516.31
10.50	25.28	10.16	0.17		142.81
0.37	60.30	28.25		2.79	284.29
2.54	357.40	67.47	3.16	15.32	1319.15

1-B-37 续表 2

地　区	营业成本	销售费用	管理费用	财务费用
全　国	**47284.57**	**1768.41**	**3590.03**	**517.37**
北　京	421.30	13.60	44.52	3.42
天　津	370.54	15.10	29.78	2.97
河　北	1758.13	66.64	128.15	28.29
山　西	837.54	36.27	74.68	18.37
内蒙古	1448.65	18.11	75.98	13.90
辽　宁	1007.88	47.32	83.36	12.92
吉　林	296.87	11.03	23.49	8.62
黑龙江	228.51	7.53	23.13	3.81
上　海	820.43	23.49	58.15	3.33
江　苏	4274.82	149.96	336.79	31.48
浙　江	3016.73	135.37	245.10	40.43
安　徽	2418.22	90.46	182.99	0.96
福　建	3085.65	98.82	179.84	21.73
江　西	2013.48	74.56	136.90	22.60
山　东	3911.57	127.49	296.88	47.61
河　南	2269.82	99.57	195.40	39.07
湖　北	2211.97	91.61	169.19	24.62
湖　南	2447.32	118.57	267.47	37.06
广　东	5161.07	204.23	357.57	41.17
广　西	1100.35	53.43	85.46	20.12
海　南	246.41	7.93	18.89	2.41
重　庆	1003.27	38.72	79.39	14.75
四　川	3074.05	102.85	201.41	29.94
贵　州	465.74	21.66	44.60	8.78
云　南	704.96	26.61	45.13	10.03
西　藏	73.38	2.22	7.59	1.08
陕　西	809.61	32.99	64.97	12.20
甘　肃	450.29	16.64	35.64	5.82
青　海	124.26	4.12	11.28	2.18
宁　夏	223.04	9.39	18.73	4.06
新　疆	1008.71	22.10	67.59	3.61

单位：亿元

利息费用	投资收益（损失以“-”号记）	营业利润	利润总额	亏损企业亏损额	平均用工人数（万人）
501.73	**179.31**	**3562.10**	**3633.99**	**779.20**	**442.10**
4.74	34.97	45.28	45.78	8.87	2.64
2.76	0.27	13.16	13.68	7.93	2.98
26.52	-8.79	1.45	2.75	72.44	17.96
15.57	1.37	7.94	12.30	31.39	11.33
15.19	16.27	205.19	204.44	30.22	8.36
13.24	4.69	30.72	33.65	33.20	10.63
7.88	2.03	-9.18	-8.31	22.03	2.81
3.29	0.67	-6.10	-3.57	15.52	2.28
3.79	4.16	60.46	64.18	3.66	3.70
41.10	11.12	395.77	410.78	46.72	34.70
44.31	15.62	189.62	196.19	40.24	22.55
22.24	8.94	235.43	243.00	24.35	20.01
16.14	5.94	291.16	290.86	21.25	31.29
15.08	-2.17	172.16	176.20	18.25	20.31
45.19	9.37	226.32	237.73	55.83	34.02
33.05	2.39	91.88	96.55	54.60	27.01
14.67	3.13	205.57	208.70	16.26	20.58
18.71	0.50	185.82	186.21	22.19	31.12
40.81	9.06	265.74	266.22	67.04	49.81
20.50	22.74	72.74	74.34	31.06	14.29
2.13	0.10	15.38	16.66	2.40	1.42
12.52	-3.32	79.01	77.82	16.72	9.24
31.37	10.51	438.02	432.66	24.29	28.34
8.29	0.23	-6.96	-4.80	22.46	5.47
9.70	1.64	37.02	36.85	16.43	6.34
1.31	0.60	7.16	7.52	1.63	0.42
10.00	5.68	59.04	60.22	15.18	7.92
6.03	0.62	-3.20	-2.95	25.21	4.26
2.03	0.65	0.68	1.15	8.31	1.22
3.54	2.80	29.54	30.89	6.23	1.92
10.03	17.51	225.28	226.26	17.30	7.18

1-B-38 按地区分组的黑色金属

地区	资产总计	固定资产净额	固定资产原价	固定资产累计折旧
全国	**73981.92**	**23132.00**	**48308.59**	**24249.90**
北京	59.58	21.97	71.38	49.41
天津	1593.58	524.67	1115.64	537.36
河北	15116.18	5260.24	9694.79	4277.32
山西	3925.03	1222.01	2545.73	1300.94
内蒙古	3209.11	956.38	1857.05	834.35
辽宁	4205.68	1426.30	3378.80	1896.65
吉林	856.81	348.03	636.12	205.61
黑龙江	467.22	188.73	256.44	67.69
上海	2625.65	471.29	2060.24	1584.88
江苏	9256.30	2370.57	5566.21	3111.16
浙江	1722.60	332.19	787.09	452.45
安徽	1683.66	854.16	1683.47	826.91
福建	2076.35	892.35	1531.79	614.69
江西	1390.72	300.06	698.43	396.72
山东	6079.31	1741.28	3213.11	1436.35
河南	2052.20	473.94	1108.64	627.46
湖北	1602.90	571.82	1725.86	1052.55
湖南	1311.79	500.12	1083.15	567.28
广东	2474.98	988.94	1934.46	936.42
广西	3142.93	999.29	1499.13	491.13
海南				
重庆	778.46	391.11	587.60	188.93
四川	2495.08	847.91	2385.12	1416.12
贵州	413.21	107.31	265.90	136.14
云南	1061.45	285.29	524.52	225.75
西藏				
陕西	546.80	202.32	399.70	181.83
甘肃	666.17	217.99	520.10	300.59
青海	220.49	123.62	217.08	92.51
宁夏	2242.50	258.50	420.52	158.39
新疆	705.18	253.60	540.51	282.31

冶炼和压延加工业主要经济指标

单位：亿元

流动资产合计	应收账款	存货	产成品	负债合计	流动负债合计
32399.16	**4158.01**	**7854.94**	**2916.03**	**46945.20**	**37713.53**
20.85	5.62	9.49	3.11	65.02	24.73
799.45	113.99	206.57	80.20	1142.69	855.33
6632.49	924.55	1230.41	341.24	9971.93	8050.53
1487.42	97.60	396.35	172.18	2537.47	1929.20
1144.26	209.83	401.01	167.84	1883.37	1556.67
1848.14	305.09	482.41	127.42	2469.00	2051.27
203.52	19.12	62.86	21.61	547.86	415.69
168.98	20.09	41.80	7.89	294.39	203.45
998.40	196.46	170.94	34.80	925.22	569.45
4638.96	625.17	1027.11	510.87	5602.23	4145.13
1100.00	127.25	301.72	122.03	946.92	902.44
584.43	47.29	217.13	71.42	1003.41	816.77
739.66	53.50	231.52	118.50	1510.04	1364.08
691.25	36.28	109.84	28.73	768.34	710.12
3196.54	487.16	715.63	257.03	3983.84	3534.06
1083.04	132.98	292.10	94.90	1390.28	1225.97
665.60	60.03	185.59	51.65	920.64	723.11
560.14	56.77	150.49	54.06	721.27	481.96
1157.78	163.37	354.35	126.62	1484.01	1307.67
1307.72	162.56	362.53	132.64	2021.82	1636.53
261.78	22.24	69.73	26.10	438.59	334.00
852.66	90.10	182.18	69.25	1507.34	1165.27
197.09	20.96	43.07	16.53	348.15	303.00
485.74	41.92	166.02	37.96	812.16	705.41
191.32	22.13	63.75	26.95	497.99	443.07
207.07	21.45	76.55	18.14	478.71	373.49
80.88	13.47	29.02	13.82	180.91	152.53
745.95	47.49	164.28	134.52	1892.75	1197.89
348.05	33.57	110.49	48.02	598.84	534.69

1-B-38 续表 1

地　区	应付账款	所有者权益合计	实收资本	国家资本
全　国	**11031.93**	**27051.01**	**13058.65**	**2045.92**
北　京	19.13	-5.43	27.54	26.00
天　津	201.81	450.89	612.03	19.80
河　北	2584.23	5144.25	1998.83	277.49
山　西	593.02	1387.56	423.96	84.55
内蒙古	489.66	1325.74	906.71	54.55
辽　宁	488.50	1748.32	927.58	75.66
吉　林	197.11	308.95	203.89	3.99
黑龙江	79.28	172.83	86.23	0.57
上　海	206.95	1700.43	305.67	172.43
江　苏	1140.47	3654.09	1337.72	78.19
浙　江	143.40	775.68	383.94	125.31
安　徽	286.18	680.24	216.65	38.74
福　建	282.51	564.26	331.35	75.17
江　西	187.09	622.38	159.64	3.83
山　东	966.22	2095.47	750.66	64.76
河　南	461.80	661.92	242.26	116.98
湖　北	306.46	682.26	219.04	120.55
湖　南	116.86	590.52	265.72	118.10
广　东	319.28	995.66	620.29	31.18
广　西	477.23	1121.11	681.66	317.57
海　南				
重　庆	62.36	339.87	143.77	2.50
四　川	275.97	987.74	536.41	26.48
贵　州	95.36	65.06	138.98	45.95
云　南	158.79	249.29	156.11	16.96
西　藏				
陕　西	165.27	48.81	128.84	59.57
甘　肃	137.23	187.46	134.34	76.88
青　海	31.42	39.57	48.68	
宁　夏	405.66	349.75	965.85	
新　疆	152.68	106.33	104.33	12.17

单位：亿元

					营业收入
集体资本	法人资本	个人资本	港澳台资本	外商资本	
78.58	**7872.05**	**2715.06**	**137.34**	**391.55**	**85471.79**
	1.38	0.16			121.98
2.20	250.87	329.70	1.13	8.34	2881.85
3.35	1335.78	330.49	26.16	9.77	15605.87
0.15	224.73	113.47		1.06	4121.46
28.07	676.53	146.23	0.06	1.26	2847.74
1.03	646.35	379.47	1.57	24.83	4635.06
3.66	180.91	13.77	0.50	1.07	812.19
	64.58	21.09			415.40
0.49	54.78	36.91	11.25	29.80	1668.88
4.51	855.48	279.98	31.13	88.43	12721.05
2.22	99.83	129.26	11.48	15.85	2285.50
0.09	99.33	53.34	17.90	7.25	2421.86
11.55	110.26	27.71	4.26	99.40	2517.68
0.86	108.40	46.26	0.29		1657.22
7.98	492.10	156.74	4.92	24.16	7660.33
0.92	69.65	47.42	0.27	7.03	2544.44
2.24	42.65	41.75	0.17	11.67	2230.08
0.09	138.07	9.45			2016.42
0.06	434.10	93.10	17.40	44.45	4621.68
2.50	271.99	77.64		11.26	3320.26
	105.45	30.44		5.38	1259.67
5.70	440.23	55.63	8.37		2695.54
-0.01	59.54	33.52	-0.02	-0.01	356.60
	85.32	53.32	0.50		1271.01
	50.09	19.17			740.47
0.79	11.46	45.21			622.19
0.03	46.56	2.09			154.86
0.08	847.62	117.62		0.54	597.50
	68.01	24.14			667.00

1-B-38 续表 2

地区	营业成本	销售费用	管理费用	财务费用
全国	**80587.14**	**484.66**	**2578.72**	**471.73**
北京	118.21	0.17	1.50	0.60
天津	2799.13	8.74	80.06	12.42
河北	14620.71	69.05	463.42	119.99
山西	3882.69	24.01	149.58	35.10
内蒙古	2658.95	29.76	65.20	26.21
辽宁	4602.58	24.86	89.46	18.51
吉林	810.94	5.89	20.84	9.77
黑龙江	376.62	2.79	24.51	7.80
上海	1580.61	9.20	34.37	5.82
江苏	11742.91	73.02	418.67	58.71
浙江	2148.87	13.95	86.79	-0.58
安徽	2339.60	13.95	58.04	10.68
福建	2330.07	13.45	82.96	10.98
江西	1560.57	4.53	53.56	-0.90
山东	7266.73	33.24	243.48	22.57
河南	2400.97	17.50	79.93	14.32
湖北	2113.52	8.89	65.55	5.15
湖南	1833.53	7.47	101.28	-3.51
广东	4370.92	28.64	108.54	11.96
广西	3257.14	20.29	83.34	17.09
海南				
重庆	1100.82	4.43	26.55	4.68
四川	2402.70	14.65	85.36	18.10
贵州	349.10	4.05	10.22	3.95
云南	1192.30	16.31	46.20	12.94
西藏				
陕西	753.61	2.20	15.53	8.59
甘肃	588.96	17.85	21.46	5.68
青海	150.84	1.43	8.94	6.12
宁夏	597.24	7.49	27.60	21.13
新疆	636.30	6.88	25.81	7.85

单位：亿元

利息费用	投资收益(损失以“-”号记)	营业利润	利润总额	亏损企业亏损额	平均用工人数(万人)
615.86	**253.55**	**1066.88**	**935.22**	**920.45**	**193.82**
0.59		0.71	0.65		0.10
18.42	4.84	-24.66	-20.74	40.67	5.60
145.54	-106.49	79.16	39.99	123.79	35.59
37.32	60.56	75.56	18.39	78.86	10.98
28.41	1.40	29.79	29.74	43.50	8.58
26.60	21.41	-80.13	-82.28	110.45	12.21
8.79	1.16	-26.71	-26.29	32.41	2.43
6.53	-0.08	5.76	5.78	0.28	1.58
13.53	65.64	106.53	103.22	0.66	2.00
67.86	66.21	483.44	406.98	30.87	21.44
12.37	48.76	84.90	91.61	7.60	6.18
11.49	4.71	-3.02	-2.68	25.84	5.62
14.35	-0.32	19.29	12.42	30.83	5.89
3.55	16.23	51.98	53.20	0.78	3.86
46.32	44.40	107.81	115.82	33.90	13.58
20.64	2.73	29.36	31.29	29.62	6.69
5.75	13.57	43.14	38.40	17.77	5.12
7.45	4.34	55.81	56.35	1.43	4.12
16.15	-0.06	91.64	90.44	19.84	7.97
29.11	13.92	-44.13	-33.85	61.71	7.45
4.74	-45.82	13.77	12.03	18.16	1.93
22.16	2.05	91.76	99.28	18.65	8.57
4.21	0.89	-10.28	-10.19	12.31	1.60
12.43	-0.03	1.01	21.42	36.79	3.91
8.61	0.41	-41.79	-41.45	43.62	2.65
6.01	1.46	-11.05	-9.47	12.49	2.40
6.12	27.52	1.13	-2.00	5.71	1.15
22.36	-0.13	-54.42	-53.12	58.74	2.41
8.45	4.27	-9.48	-9.74	23.14	2.22

1-B-39 按地区分组的有色金属

地区	资产总计	固定资产净额	固定资产原价	固定资产累计折旧
全国	**52313.27**	**11577.08**	**23241.02**	**10372.60**
北京	107.27	10.30	21.21	10.84
天津	967.40	265.95	346.16	80.05
河北	671.20	204.30	367.67	153.57
山西	1125.40	416.35	1032.40	603.17
内蒙古	2223.73	760.61	1425.71	637.15
辽宁	2431.13	218.83	442.50	200.91
吉林	172.72	45.21	114.79	49.46
黑龙江	140.96	55.45	94.14	25.36
上海	326.86	39.09	98.57	59.41
江苏	2938.15	573.80	1121.22	485.58
浙江	1928.54	284.06	476.40	190.89
安徽	1732.27	303.05	551.13	238.60
福建	2874.51	344.64	651.90	296.15
江西	3875.21	645.67	1594.70	597.75
山东	5623.77	1437.14	2864.60	1379.03
河南	5131.58	980.04	2656.85	1304.01
湖北	797.49	274.48	495.11	207.86
湖南	1461.48	320.38	685.94	305.77
广东	2287.21	334.77	649.52	305.81
广西	2066.41	778.94	1304.31	518.40
海南	6.95	1.54	3.94	0.99
重庆	1125.56	387.51	732.90	296.42
四川	1065.14	263.04	445.90	177.29
贵州	822.45	266.65	455.96	176.78
云南	2880.96	690.29	1230.14	499.27
西藏				
陕西	1655.89	413.36	758.75	332.76
甘肃	2622.10	403.60	806.35	396.28
青海	614.19	182.93	372.94	157.79
宁夏	245.26	73.15	216.49	119.14
新疆	2391.48	601.91	1222.81	566.12

冶炼和压延加工业主要经济指标

单位：亿元

流动资产合计	应收账款	存货	产成品	负债合计	流动负债合计
28945.35	**5685.73**	**7928.15**	**2129.38**	**31023.08**	**24276.48**
68.91	19.39	17.16	5.96	49.58	42.67
581.48	133.47	60.24	24.69	753.93	560.09
308.90	81.29	78.17	31.89	340.51	276.05
501.82	53.97	170.61	33.41	748.49	609.16
1068.51	164.94	455.28	88.84	1264.39	892.69
1592.01	566.56	140.75	55.48	1571.54	1435.32
100.04	16.30	36.87	7.94	78.36	55.12
61.40	4.43	31.37	1.79	90.53	58.85
250.32	96.97	53.38	18.10	155.02	139.30
2044.12	686.28	462.40	209.10	1829.42	1507.34
1270.21	263.35	362.23	118.20	1367.39	1164.25
1067.89	165.60	282.57	73.04	1065.34	829.08
1363.04	187.33	338.45	128.20	1667.60	843.04
2388.30	357.41	822.07	244.33	2265.40	1794.44
3330.98	780.92	935.32	153.95	3106.46	2840.06
2586.01	319.42	776.41	165.56	2960.99	1952.93
402.21	66.17	200.22	34.28	514.81	370.76
824.87	107.73	242.88	82.48	807.59	627.89
1673.81	424.75	330.45	119.00	1671.13	1548.41
1004.67	110.54	336.09	85.49	1458.99	1220.40
2.71	0.30	0.84		5.10	3.47
582.46	114.54	150.69	34.81	700.02	474.86
597.48	145.85	163.96	56.27	611.34	467.02
351.80	38.94	88.16	25.18	536.67	350.86
1075.44	131.54	366.01	96.98	1286.84	945.70
940.55	148.90	283.27	69.71	927.68	781.35
1160.00	147.96	369.96	67.36	1335.96	938.89
345.73	37.67	84.70	17.71	362.01	315.17
131.55	16.29	36.40	5.79	164.54	146.97
1268.12	296.91	251.23	73.86	1325.45	1084.35

1-B-39 续表 1

地　区	应付账款	所有者权益合计	实收资本	国家资本
全　国	**6154.82**	**21285.80**	**9708.64**	**1730.05**
北　京	16.72	57.69	14.96	7.02
天　津	151.61	213.47	86.92	5.52
河　北	60.83	330.70	261.27	42.42
山　西	153.49	376.91	264.39	43.80
内蒙古	196.26	958.53	529.03	168.76
辽　宁	333.99	859.59	665.29	16.62
吉　林	16.37	94.36	75.84	0.91
黑龙江	10.08	50.43	55.04	26.95
上　海	32.24	171.84	66.13	3.42
江　苏	380.18	1108.73	548.49	36.00
浙　江	276.94	561.15	247.40	0.69
安　徽	176.84	666.94	328.83	23.61
福　建	204.21	1206.90	346.86	50.10
江　西	412.34	1609.80	367.03	81.32
山　东	1163.78	2517.31	969.14	88.31
河　南	422.56	2170.59	753.26	162.90
湖　北	90.74	282.67	126.80	32.72
湖　南	109.76	653.89	352.68	117.61
广　东	314.03	616.08	341.45	46.92
广　西	230.78	603.80	435.53	155.16
海　南	0.49	1.85	1.53	
重　庆	101.16	425.54	180.23	10.73
四　川	142.18	453.85	232.61	19.15
贵　州	121.79	285.78	203.12	83.17
云　南	212.62	1594.11	709.00	65.88
西　藏				
陕　西	221.38	728.21	308.88	14.11
甘　肃	192.09	1286.14	524.75	309.32
青　海	88.20	252.18	224.55	102.92
宁　夏	39.65	80.73	76.06	4.55
新　疆	281.52	1066.03	411.55	9.47

单位：亿元

					营业收入
集体资本	法人资本	个人资本	港澳台资本	外商资本	
273.19	**5712.61**	**1330.16**	**319.61**	**247.28**	**76410.95**
0.01	1.01	6.36	0.15	0.41	139.01
0.12	49.55	22.15	3.13	6.46	1233.37
0.09	140.16	34.42	0.01	44.17	782.21
0.35	196.87	22.29		1.07	1210.05
20.23	254.93	77.57	5.43	0.32	3505.84
0.93	457.28	39.04	149.59	1.82	1125.80
0.62	71.77	1.83		0.71	200.45
0.34	21.92	5.83			236.83
0.20	35.12	10.39	1.55	15.44	549.57
3.05	229.68	179.13	21.15	79.47	6074.06
0.05	145.96	77.89	11.16	11.64	4113.95
67.09	180.27	50.97	3.68	3.20	3418.21
14.96	198.23	48.19	25.90	9.49	4312.64
2.30	174.97	91.35	11.83	5.25	8030.70
10.57	765.11	92.35	7.44	5.36	7684.99
0.93	463.18	99.70	25.77	0.77	6575.86
	50.30	28.72		15.06	1776.05
13.07	156.96	63.10	0.13	1.76	2519.56
3.47	156.93	78.11	32.87	20.17	4277.11
12.85	185.35	67.38	5.72	9.00	2970.93
	1.53				41.59
0.41	153.22	10.81	0.36	4.70	1362.54
4.65	161.02	38.74	7.40	1.65	1585.75
2.84	102.47	14.64			805.62
6.85	556.88	72.00	4.25	3.14	3739.24
15.75	189.54	62.63		0.85	1452.40
4.65	129.60	10.69	0.36	5.30	3221.81
19.00	97.81	4.83			1047.65
	64.31	7.13		0.06	397.15
67.80	320.68	11.89	1.72		2020.01

1-B-39 续表 2

地区	营业成本	销售费用	管理费用	财务费用
全国	**70365.47**	**315.27**	**1818.59**	**381.49**
北京	127.09	0.76	6.27	0.06
天津	1233.96	2.34	14.87	2.24
河北	728.77	3.62	27.08	6.07
山西	1119.72	8.06	37.98	12.76
内蒙古	3237.78	9.65	66.83	26.50
辽宁	1071.57	5.64	38.02	6.93
吉林	189.70	0.91	4.93	1.10
黑龙江	222.46	0.66	5.49	1.65
上海	506.66	4.67	19.05	1.34
江苏	5628.17	30.89	163.94	23.04
浙江	3971.52	12.98	87.67	22.84
安徽	3234.01	9.32	69.22	10.56
福建	3908.98	15.35	55.89	16.22
江西	7446.66	23.42	161.83	19.88
山东	7173.14	25.90	160.60	22.99
河南	5903.35	25.32	178.31	49.70
湖北	1536.43	6.02	37.80	7.76
湖南	2178.08	17.17	117.16	11.62
广东	4033.29	29.79	121.27	13.56
广西	2704.65	9.60	65.82	24.73
海南	40.51		0.89	0.14
重庆	1227.91	10.11	40.21	8.57
四川	1428.23	8.61	47.85	6.79
贵州	737.84	3.23	28.50	6.94
云南	3434.66	7.00	79.08	13.04
西藏				
陕西	1295.48	7.59	57.70	17.56
甘肃	2945.27	9.10	44.65	23.22
青海	975.99	3.05	21.44	2.98
宁夏	371.04	0.78	6.58	2.64
新疆	1752.55	23.75	51.69	18.07

单位：亿元

利息费用	投资收益（损失以"–"号记）	营业利润	利润总额	亏损企业亏损额	平均用工人数（万人）
463.32	**501.10**	**3406.96**	**3464.27**	**377.65**	**162.47**
0.44	0.74	5.27	5.28	0.10	0.27
3.45	1.14	-22.96	-22.56	27.34	1.14
6.03	1.53	11.92	13.05	4.98	2.35
12.35	8.58	33.96	35.63	19.03	3.91
29.02	8.44	156.95	154.66	12.37	5.37
7.07	2.33	-8.59	-2.53	32.65	4.08
1.38	-0.56	-0.57	0.31	3.25	0.70
1.21	-0.54	5.67	5.68	1.74	0.55
2.51	0.75	17.88	19.05	1.50	1.11
23.94	-4.29	204.79	191.86	16.52	13.05
28.87	1.20	19.14	24.64	19.81	6.82
15.64	5.56	71.06	81.00	7.00	5.08
40.35	281.66	587.76	587.61	5.87	5.68
25.09	-6.03	334.29	356.16	18.56	10.82
31.72	35.87	328.67	351.34	41.98	14.63
66.77	55.57	278.03	283.96	31.75	14.85
7.25	-23.61	62.12	63.97	9.62	3.77
7.62	3.03	146.57	138.69	11.62	8.52
19.77	-11.47	59.05	60.07	19.85	14.63
27.30	-8.42	129.06	130.35	14.48	6.18
0.07	0.08	0.05	0.05	0.29	0.02
8.45	-4.43	56.99	54.12	3.36	4.27
7.31	16.45	103.92	106.07	12.61	5.58
7.99	-0.18	26.87	28.52	11.00	2.08
16.53	34.56	219.78	218.18	7.52	8.03
17.77	57.18	122.52	123.77	15.89	5.93
24.20	3.11	191.07	190.89	7.77	5.51
4.10	0.44	41.11	41.39	7.32	2.07
2.92	1.98	18.14	18.30	2.06	1.03
16.18	40.41	206.42	204.78	9.79	4.43

1-B-40 按地区分组的金属

地区	资产总计	固定资产净额	固定资产原价	固定资产累计折旧
全国	**43617.40**	**8212.04**	**16346.35**	**7760.92**
北京	625.49	49.76	105.05	53.65
天津	875.98	185.21	389.78	202.20
河北	2758.36	399.42	898.77	451.67
山西	739.15	148.35	269.70	114.14
内蒙古	625.82	75.57	181.40	94.91
辽宁	1283.15	189.86	490.18	286.85
吉林	163.89	45.92	108.50	61.40
黑龙江	312.95	49.95	89.54	37.15
上海	1435.31	192.73	496.62	293.53
江苏	7726.92	1461.14	2906.08	1409.04
浙江	4917.13	973.48	1744.14	761.24
安徽	1962.78	370.00	585.92	206.19
福建	1255.38	248.26	541.38	290.06
江西	806.05	176.00	353.05	153.12
山东	3560.11	708.32	1372.71	627.08
河南	1048.70	203.44	413.80	179.59
湖北	1602.22	382.68	791.63	366.84
湖南	1106.65	314.27	576.86	250.72
广东	6556.37	1138.39	2378.20	1202.94
广西	297.15	68.40	108.10	39.02
海南	49.57	20.01	27.68	7.67
重庆	533.40	131.15	264.57	126.44
四川	1425.62	346.21	681.84	322.54
贵州	211.37	29.63	58.02	23.92
云南	251.00	46.00	69.62	23.49
西藏	1.30	0.13	0.18	0.05
陕西	850.78	115.14	216.01	97.86
甘肃	286.83	63.03	91.32	27.53
青海	39.89	14.72	19.63	4.75
宁夏	119.05	24.41	47.77	20.14
新疆	189.02	40.48	68.30	25.20

制品业主要经济指标

单位：亿元

流动资产合计				负债合计	
	应收账款	存货			流动负债合计
			产成品		
28979.80	**9844.88**	**6301.37**	**2639.81**	**25730.70**	**22072.82**
398.05	77.27	69.59	15.06	331.84	296.69
609.54	218.59	155.99	58.12	472.07	420.20
1916.15	654.85	357.53	150.57	1755.29	1225.79
492.08	172.22	128.07	65.09	481.92	424.22
357.20	49.13	76.71	28.61	446.96	345.59
966.02	365.79	198.49	76.94	777.29	735.03
94.97	35.27	25.28	11.76	100.48	84.82
224.61	49.34	37.03	8.07	225.29	204.63
1017.56	379.77	207.27	85.86	795.60	717.52
5358.05	1957.70	1114.12	525.40	4192.71	3736.46
3275.52	1012.92	687.13	290.52	2907.51	2597.11
1247.67	422.53	246.48	110.51	1139.16	964.62
814.20	245.36	183.70	84.34	675.55	596.10
516.39	189.19	123.29	53.19	470.09	401.39
2301.47	712.04	601.57	246.90	2254.76	2013.10
631.63	213.21	147.20	62.24	566.76	478.87
988.84	378.78	253.06	95.12	976.62	751.70
552.43	193.91	143.54	59.11	580.69	414.06
4501.24	1605.48	948.06	368.09	3909.52	3428.83
203.58	70.29	56.97	30.26	200.46	175.12
20.69	6.80	5.17	1.70	24.56	17.79
327.43	118.64	66.95	29.42	313.74	244.68
820.72	289.89	202.38	80.56	880.02	690.51
140.52	53.81	34.02	12.53	133.49	117.69
180.30	64.46	33.54	17.80	178.82	163.32
0.77	0.38	0.23	0.05	0.79	0.78
601.99	180.88	108.87	39.29	497.88	422.95
202.47	45.78	36.88	10.96	212.04	195.62
22.47	9.71	4.13	0.51	28.53	22.89
76.29	27.17	15.06	7.08	63.85	55.63
118.96	43.71	33.06	14.16	136.41	129.13

1-B-40 续表 1

地区	应付账款	所有者权益合计	实收资本	国家资本
全国	**6538.30**	**17885.72**	**13061.32**	**599.03**
北京	80.19	293.66	120.88	15.89
天津	121.81	403.91	300.16	9.83
河北	316.71	1003.07	515.46	37.82
山西	109.38	257.22	211.53	16.46
内蒙古	85.37	178.86	77.27	5.92
辽宁	287.94	505.30	653.10	9.45
吉林	24.32	63.40	55.46	1.01
黑龙江	59.14	87.66	39.31	9.76
上海	276.90	639.71	257.81	9.85
江苏	1191.98	3534.18	1658.48	85.42
浙江	623.75	2009.62	811.64	11.95
安徽	257.82	823.62	395.54	44.62
福建	159.73	579.83	269.93	1.90
江西	112.52	335.95	189.36	10.23
山东	546.02	1305.35	4766.68	34.72
河南	134.20	481.33	247.39	24.64
湖北	257.71	625.61	272.70	53.80
湖南	120.90	525.94	236.69	21.85
广东	1067.10	2647.20	1109.23	30.07
广西	56.62	96.68	69.07	5.26
海南	3.27	25.01	10.29	
重庆	93.33	219.65	86.25	7.56
四川	217.66	545.51	290.47	27.13
贵州	46.01	77.88	47.38	7.85
云南	56.97	72.18	44.14	3.31
西藏	0.60	0.52	0.39	
陕西	127.69	352.90	171.14	89.13
甘肃	41.94	74.79	44.82	5.12
青海	10.02	11.36	18.36	6.15
宁夏	15.32	55.20	33.35	1.81
新疆	35.37	52.61	57.03	10.52

单位：亿元

集体资本	法人资本	个人资本	港澳台资本	外商资本	营业收入
173.85	**4122.37**	**6915.23**	**568.21**	**679.02**	**46083.69**
14.20	39.58	41.09	1.20	8.92	246.11
1.11	180.35	75.03	16.29	17.55	1227.99
9.22	198.14	249.52	1.08	19.67	2746.06
1.53	111.95	81.32	0.11	0.16	748.41
0.20	52.53	17.57		1.05	306.02
4.12	516.64	66.15	10.72	46.02	957.08
0.05	45.31	9.09			109.06
0.59	20.06	7.34	0.37	1.33	155.17
4.74	125.27	49.42	14.17	54.36	1257.59
22.74	659.54	550.05	125.97	214.26	7906.01
14.95	330.08	346.24	50.91	57.51	4773.91
20.52	166.75	122.35	13.52	27.78	2349.17
2.39	107.92	88.51	17.83	51.38	1869.89
3.09	104.66	62.45	4.16	4.58	1225.90
22.50	297.72	4301.86	45.36	64.54	3770.99
8.83	81.97	130.11	1.39	0.42	1034.30
10.86	115.16	85.14	5.48	2.43	1548.09
2.94	135.68	72.96	2.88	0.06	1394.98
19.90	426.45	295.16	241.42	96.14	8610.65
0.78	30.33	28.26	3.36	1.09	271.97
0.35	8.26	1.68			25.51
2.03	46.63	26.66	0.48	2.89	619.76
1.61	142.59	107.66	7.20	4.26	1447.04
0.21	19.93	19.39			172.93
2.82	18.50	18.42	1.09		303.42
	0.23	0.16			0.55
0.90	51.68	24.15	0.18	2.32	450.38
0.49	23.55	12.63	3.04		281.54
	10.15	2.06			13.84
	23.65	7.60		0.29	81.50
0.19	31.11	15.20			177.88

1-B-40 续表 2

地 区	营业成本	销售费用	管理费用	财务费用
全 国	**39959.04**	**831.80**	**2839.01**	**274.73**
北 京	208.63	7.44	26.66	0.58
天 津	1125.18	19.23	53.52	4.69
河 北	2448.11	41.85	116.30	18.85
山 西	677.97	12.20	36.75	6.09
内蒙古	266.81	3.09	26.28	1.36
辽 宁	828.85	14.74	67.26	5.41
吉 林	99.26	1.59	9.77	1.63
黑龙江	135.09	1.22	15.66	-0.70
上 海	1061.86	33.26	105.91	5.89
江 苏	6748.67	140.56	495.71	44.64
浙 江	4064.62	103.98	358.97	29.98
安 徽	2114.05	27.84	103.09	14.01
福 建	1654.16	30.23	78.30	8.72
江 西	1081.76	20.76	57.20	7.36
山 东	3306.36	63.09	213.13	26.32
河 南	910.13	16.08	54.66	7.42
湖 北	1313.25	36.16	98.20	12.38
湖 南	1139.07	36.29	118.84	11.30
广 东	7434.52	155.15	580.09	38.55
广 西	245.84	4.29	15.07	2.37
海 南	21.32	0.31	2.90	0.49
重 庆	523.17	10.85	38.56	3.08
四 川	1228.78	31.07	86.14	12.46
贵 州	148.87	3.21	11.31	1.28
云 南	281.91	3.83	11.50	2.08
西 藏	0.41	0.03	0.05	
陕 西	373.56	7.35	32.64	3.66
甘 肃	270.87	1.61	8.64	1.56
青 海	12.29	0.17	1.30	0.48
宁 夏	72.75	1.49	5.65	0.92
新 疆	160.89	2.82	8.95	1.87

单位：亿元

利息费用	投资收益 (损失以“-”号记)	营业利润	利润总额	亏损企业 亏损额	平均用工人数 (万人)
271.03	**46.88**	**2061.84**	**2141.40**	**287.89**	**381.63**
2.35	7.36	7.91	7.94	9.67	1.52
4.55	3.90	26.47	27.38	6.98	5.90
17.92	-24.40	77.04	74.26	21.54	18.49
6.75	0.26	15.07	17.10	8.85	6.88
2.33	3.17	9.70	12.78	3.91	2.55
5.64	1.98	72.37	75.36	11.63	8.51
1.15	-0.32	-3.84	-3.70	5.28	1.10
0.51	0.03	4.94	5.93	3.18	1.38
6.42	4.78	56.88	60.46	8.34	8.33
45.04	-2.22	443.61	456.17	43.22	55.24
38.19	26.72	229.38	250.11	21.67	50.88
14.35	7.52	96.69	100.98	9.71	14.21
6.12	-1.12	89.28	91.33	5.17	13.98
4.72	0.72	54.17	57.64	5.38	6.62
26.14	2.17	141.85	147.57	17.72	27.97
5.62	0.69	42.76	44.75	6.58	9.36
7.84	0.53	81.29	84.00	13.31	11.66
6.96	0.19	81.83	81.38	7.82	11.99
40.93	5.96	369.70	379.24	48.84	92.96
2.38	0.03	3.58	4.29	3.20	3.01
0.34		0.20	0.36	0.82	0.21
2.80	-1.32	40.24	40.90	1.17	5.42
9.88	-2.85	64.90	67.69	9.30	13.05
1.19	-0.06	7.30	7.67	0.79	1.63
2.23	0.09	2.88	3.17	1.87	1.57
		0.05	0.05		0.01
3.78	13.45	44.75	45.16	3.26	4.31
1.50	0.19	-1.43	-1.28	3.73	0.93
0.58		-0.91	-0.83	1.01	0.12
1.25	-0.64	0.37	0.79	1.31	0.67
1.56	0.08	2.81	2.78	2.65	1.17

1-B-41 按地区分组的通用

地区	资产总计	固定资产净额	固定资产原价	固定资产累计折旧
全国	**64289.61**	**9683.93**	**19477.94**	**9445.90**
北京	1305.16	75.50	205.56	129.54
天津	1050.63	173.83	413.02	224.01
河北	2007.16	528.11	775.40	243.61
山西	419.87	62.39	118.79	50.00
内蒙古	124.02	11.93	18.57	6.60
辽宁	2645.91	345.72	866.62	481.24
吉林	135.70	16.80	31.53	14.54
黑龙江	754.27	77.73	185.29	104.91
上海	5491.91	450.40	1208.28	747.16
江苏	12557.33	2092.11	4280.53	2143.79
浙江	10238.35	1768.55	3174.83	1390.95
安徽	2266.24	445.35	766.42	315.19
福建	911.47	190.40	402.16	208.49
江西	643.99	151.43	272.37	115.64
山东	5447.83	804.06	1684.33	821.62
河南	1868.08	293.44	550.38	247.44
湖北	1432.39	310.15	679.95	309.97
湖南	3254.39	353.54	639.71	269.75
广东	6906.15	782.17	1629.36	824.78
广西	433.58	57.84	130.78	72.54
海南	2.32		0.01	
重庆	856.84	198.86	398.36	188.18
四川	2050.55	288.86	651.84	354.48
贵州	146.93	21.22	42.37	18.29
云南	106.86	21.71	40.35	18.29
西藏				
陕西	849.02	109.73	211.38	98.56
甘肃	271.02	26.37	45.01	18.51
青海	9.18	3.31	5.25	1.80
宁夏	88.01	20.48	45.32	24.15
新疆	14.46	1.91	4.17	1.87

设备制造业主要经济指标

单位：亿元

流动资产合计	应收账款	存货	产成品	负债合计	流动负债合计
44053.41	**14234.75**	**9925.36**	**3546.22**	**35368.21**	**31284.18**
988.06	216.67	236.53	88.80	575.03	536.26
732.88	256.73	199.96	55.56	559.82	513.26
1086.87	376.47	214.27	60.37	1313.84	1081.70
288.30	90.14	71.90	20.96	274.80	231.24
102.14	64.26	18.37	9.23	96.37	93.47
1862.60	513.47	517.51	143.63	1512.11	1328.32
102.99	38.98	29.08	10.90	84.89	72.13
584.42	121.87	146.33	11.08	501.99	475.52
4203.13	1204.40	1110.76	259.14	3192.00	2877.58
8796.86	3135.04	2053.37	796.86	6593.24	5924.86
6718.50	2165.24	1432.19	557.43	5295.95	4824.10
1495.61	548.26	331.20	115.35	1281.70	1084.98
585.25	180.15	143.04	53.56	421.23	353.36
391.58	136.41	89.30	42.57	369.80	314.68
3601.68	1003.64	711.81	271.87	2850.54	2603.99
1292.50	480.36	262.11	112.04	984.50	837.29
785.18	261.18	183.63	69.94	791.64	637.74
2109.39	795.19	319.38	135.21	2013.55	1656.21
5023.19	1706.07	1108.35	457.12	3913.79	3495.04
302.64	60.25	81.50	42.30	237.80	213.44
2.25	0.72	0.52	0.19	1.11	1.10
537.53	202.58	115.94	46.93	449.38	373.29
1444.94	401.85	303.72	79.75	1230.19	1046.10
110.12	28.40	37.80	14.64	83.47	72.36
66.97	14.96	24.45	10.12	73.16	66.95
617.43	159.89	127.39	56.63	444.62	386.34
145.06	39.86	39.13	19.07	174.37	141.85
4.54	1.24	0.87	0.38	6.14	5.72
60.50	24.82	13.57	4.16	34.04	28.37
10.28	5.66	1.38	0.46	7.16	6.94

1-B-41 续表 1

地 区	应付账款	所有者权益合计	实收资本	国家资本
全 国	**11195.98**	**28910.95**	**11001.76**	**858.58**
北 京	197.91	730.13	204.86	11.74
天 津	228.46	490.77	276.94	22.90
河 北	342.14	693.32	269.05	41.67
山 西	73.10	145.06	82.47	8.12
内蒙古	37.74	27.65	13.12	
辽 宁	441.18	1133.80	500.85	37.20
吉 林	26.14	50.81	26.60	5.00
黑龙江	145.91	233.16	143.57	30.88
上 海	917.20	2299.91	804.63	97.15
江 苏	2238.21	5964.09	2414.10	89.20
浙 江	1570.56	4942.40	1633.29	20.87
安 徽	467.36	984.54	401.63	29.32
福 建	117.22	490.24	209.30	9.89
江 西	96.61	274.20	205.06	-0.02
山 东	976.55	2597.29	985.58	112.01
河 南	281.01	883.58	364.94	23.38
湖 北	251.36	640.75	389.87	28.48
湖 南	637.76	1240.36	333.73	43.96
广 东	1336.59	2992.13	945.00	22.15
广 西	83.55	195.78	65.58	22.82
海 南	0.86	1.22	0.33	
重 庆	137.14	416.90	156.44	63.25
四 川	321.54	820.36	317.08	93.53
贵 州	25.26	63.45	32.05	11.78
云 南	22.60	33.70	22.60	1.55
西 藏				
陕 西	165.82	404.39	132.37	24.73
甘 肃	37.28	96.65	42.82	4.13
青 海	0.86	3.04	4.92	2.90
宁 夏	13.91	53.97	18.93	
新 疆	4.14	7.30	4.04	

单位：亿元

集体资本	法人资本	个人资本	港澳台资本	外商资本	营业收入
153.03	**4613.47**	**3215.19**	**491.42**	**1660.18**	**48433.44**
1.24	99.49	24.27	3.56	64.55	701.66
2.42	71.49	55.52	9.76	114.84	903.52
2.27	104.31	99.74	2.17	18.89	1275.21
2.65	43.76	27.39	0.10	0.45	204.69
0.74	6.73	5.65			84.55
7.92	247.08	92.39	8.34	107.93	1418.28
1.10	10.01	8.71	1.47	0.31	78.62
2.36	59.77	37.02		0.56	326.35
5.08	274.45	142.26	42.22	243.46	3996.00
40.39	890.75	667.91	154.17	571.67	10362.47
6.41	695.53	672.49	91.57	146.42	7952.16
4.53	210.56	117.66	6.03	33.53	1849.30
0.20	56.07	76.45	16.99	49.71	1103.50
1.07	160.47	35.24	2.65	5.65	624.39
5.78	407.51	315.27	30.79	113.22	3835.26
2.26	159.87	177.12	1.25	1.06	1308.18
36.95	246.57	69.53	0.93	7.40	1292.03
11.28	126.63	128.62	23.05	5.23	1870.16
11.29	432.21	261.34	90.28	127.73	6076.04
0.56	25.45	7.91		8.85	332.94
	0.28	0.05			4.21
0.29	48.77	21.44	2.19	20.48	791.48
3.00	116.42	94.27	3.89	5.96	1347.16
	11.79	8.49			72.66
0.34	11.73	8.04		0.78	87.99
1.82	68.68	31.93		4.44	391.57
1.01	14.37	23.08		0.22	72.03
	2.02				1.41
	8.38	3.71		6.83	58.47
0.06	2.30	1.68			11.15

1-B-41 续表 2

地 区	营业成本	销售费用	管理费用	财务费用
全 国	**38930.56**	**1632.49**	**4348.44**	**183.37**
北 京	520.45	38.26	75.27	0.72
天 津	728.02	29.05	82.09	2.49
河 北	1114.01	32.03	81.75	11.17
山 西	168.49	5.99	22.01	3.24
内 蒙 古	71.58	1.00	4.34	0.34
辽 宁	1141.65	47.71	141.74	6.06
吉 林	63.40	3.37	8.55	1.27
黑 龙 江	277.73	7.92	28.68	0.56
上 海	3186.00	155.97	368.89	3.68
江 苏	8258.15	315.14	939.70	42.34
浙 江	6318.84	263.64	751.85	33.56
安 徽	1530.62	44.67	148.85	11.11
福 建	898.76	31.16	84.03	4.34
江 西	526.79	13.03	44.75	4.06
山 东	3059.79	153.17	342.46	8.30
河 南	1048.48	53.30	109.07	11.08
湖 北	1064.35	37.55	97.93	7.10
湖 南	1510.01	68.42	170.42	2.84
广 东	4893.80	239.16	560.73	15.38
广 西	282.58	11.88	25.82	1.01
海 南	3.27	0.13	0.29	
重 庆	636.90	20.83	69.71	3.47
四 川	1077.33	36.91	109.12	6.07
贵 州	49.98	2.14	11.67	1.05
云 南	73.36	2.85	7.57	0.59
西 藏				
陕 西	310.06	11.54	46.53	-0.93
甘 肃	59.55	3.46	7.76	2.07
青 海	1.39	0.05	0.38	0.12
宁 夏	45.98	1.95	5.40	0.27
新 疆	9.24	0.20	1.09	0.03

单位：亿元

利息费用	投资收益 (损失以“−”号记)	营业利润	利润总额	亏损企业 亏损额	平均用工人数 (万人)
282.74	**250.32**	**3364.06**	**3522.62**	**354.53**	**430.31**
4.41	28.49	92.80	96.17	12.42	4.05
3.66	1.43	59.26	61.41	10.01	6.40
9.79	-1.14	27.74	32.12	17.48	10.97
2.64	0.29	4.59	5.75	3.64	2.70
0.34	0.05	6.63	6.92	0.71	0.51
9.69	16.63	94.51	100.29	13.59	14.45
1.08	0.30	1.78	2.07	1.91	0.94
1.55	2.38	15.95	17.22	0.97	2.34
17.48	20.82	262.69	274.97	26.87	20.69
58.28	32.05	792.40	818.73	69.93	85.65
56.01	50.98	604.32	650.38	37.24	82.41
10.98	6.58	114.70	123.33	13.72	17.45
4.05	-0.13	79.79	80.89	3.70	11.80
3.65	1.30	35.80	37.24	4.57	5.91
18.25	20.04	280.65	295.52	22.28	34.26
10.34	6.97	88.40	90.97	10.63	14.70
5.53	6.03	84.75	95.04	4.30	11.20
13.36	0.77	110.66	108.05	10.02	14.56
30.84	50.65	390.67	402.45	59.94	60.09
1.88	2.40	13.94	13.93	1.16	2.23
	0.02	0.53	0.55		0.01
3.79	1.09	58.65	59.44	8.99	6.84
8.07	-1.85	104.65	108.25	9.07	11.78
1.00	-0.10	4.99	5.38	0.92	1.26
0.58	1.72	3.91	3.74	1.16	0.83
2.75	2.16	25.42	26.61	3.51	4.63
2.31	0.08	-1.18	-0.40	4.40	0.87
0.08	0.32	-0.20	-0.19	0.21	0.04
0.33	-0.02	4.71	5.14	1.04	0.60
0.02		0.55	0.64	0.13	0.13

1-B-42 按地区分组的专用

地区	资产总计	固定资产净额	固定资产原价	固定资产累计折旧
全国	**61497.31**	**7420.95**	**14148.52**	**6497.89**
北京	3307.03	122.86	243.41	117.67
天津	1342.06	146.11	312.42	157.61
河北	2858.89	246.70	499.46	238.41
山西	1043.90	112.82	210.23	96.72
内蒙古	83.41	11.09	23.96	12.66
辽宁	1406.73	179.87	378.22	192.16
吉林	333.17	37.18	76.82	38.98
黑龙江	668.42	67.15	143.36	69.60
上海	3607.44	268.59	581.86	310.06
江苏	12180.03	1642.19	3105.67	1430.47
浙江	5318.13	799.26	1392.25	585.14
安徽	1768.00	232.47	412.05	174.39
福建	1242.86	171.48	358.39	182.46
江西	937.54	155.52	251.67	92.39
山东	5599.34	716.14	1334.03	605.90
河南	2274.62	297.93	586.88	278.94
湖北	1691.09	277.31	613.57	319.64
湖南	2183.36	361.30	620.74	249.78
广东	8251.90	825.17	1555.34	707.20
广西	710.45	52.07	106.23	45.18
海南	11.68	3.35	4.96	1.61
重庆	828.60	139.09	284.89	128.36
四川	1791.86	314.62	607.95	268.76
贵州	131.67	21.22	38.37	17.05
云南	175.80	20.78	43.68	21.51
西藏	1.51	0.71	0.94	0.23
陕西	1147.47	119.70	229.68	103.39
甘肃	338.44	39.36	70.08	29.43
青海	0.26	0.01	0.10	0.08
宁夏	149.51	14.90	25.97	11.01
新疆	112.12	24.00	35.34	11.10

设备制造业主要经济指标

单位：亿元

流动资产合计	应收账款	存货	产成品	负债合计	流动负债合计
42741.74	**12696.74**	**10165.82**	**3720.74**	**33149.44**	**28936.14**
2071.04	480.31	393.80	140.40	1620.05	1364.44
929.76	243.16	260.73	87.07	697.53	624.35
1840.28	395.51	399.05	104.35	1920.63	1784.15
785.36	304.56	222.60	78.15	722.90	608.33
65.26	15.94	20.24	9.78	47.55	41.78
939.19	312.81	196.06	64.04	818.70	651.09
234.16	64.09	85.54	23.76	206.11	192.21
427.57	141.13	108.35	24.44	442.89	331.12
2703.74	699.32	649.55	183.03	1558.98	1378.11
8954.87	3075.46	2121.77	798.59	6465.24	5661.10
3590.32	1037.71	940.73	416.84	2820.74	2538.72
1322.31	398.90	251.43	89.67	975.38	901.62
808.18	182.18	179.71	52.82	595.25	502.87
548.72	176.76	118.31	44.90	523.50	385.65
3903.88	1214.89	939.51	379.96	3053.26	2735.70
1484.47	404.69	406.42	190.16	1267.37	1081.27
1089.85	317.21	210.79	74.60	881.77	751.73
1398.73	495.63	338.89	104.32	1185.68	994.45
5950.75	1652.74	1441.58	566.11	4291.64	3852.48
445.71	141.01	65.72	35.88	419.26	338.18
5.39	3.42	0.56	0.07	6.03	4.85
516.38	143.41	97.18	41.94	378.09	309.13
1192.72	364.46	285.84	81.92	962.75	786.91
96.07	27.40	29.30	13.39	84.86	77.18
124.41	34.02	27.38	8.17	108.54	91.01
0.71	0.12	0.41	0.32	0.27	0.27
889.01	262.41	252.79	78.26	721.88	620.10
228.63	56.56	68.33	16.29	227.95	197.22
0.25	0.18	0.06		0.12	0.12
121.30	32.37	35.27	5.20	76.69	73.08
72.73	18.39	17.95	6.33	67.83	56.91

1-B-42 续表 1

地区	应付账款	所有者权益合计	实收资本	国家资本
全国	**9536.58**	**28344.47**	**10540.27**	**953.03**
北京	396.04	1686.98	421.36	33.22
天津	209.10	644.53	384.28	53.54
河北	335.98	938.26	738.81	69.36
山西	249.23	321.00	191.15	69.17
内蒙古	14.80	35.87	14.22	4.06
辽宁	197.56	586.79	299.36	55.70
吉林	50.46	125.78	50.68	4.83
黑龙江	130.16	225.53	153.97	54.48
上海	468.36	2048.47	523.23	15.55
江苏	1962.48	5714.66	2129.53	67.75
浙江	827.42	2497.39	820.28	32.40
安徽	288.70	792.61	302.16	13.14
福建	156.15	647.61	186.36	10.05
江西	118.24	414.04	219.99	35.47
山东	898.39	2546.36	948.08	74.94
河南	338.71	1007.25	412.80	42.84
湖北	257.38	809.16	321.07	31.89
湖南	380.96	997.68	346.67	19.21
广东	1355.51	3960.17	1070.92	33.33
广西	104.94	291.19	90.84	42.66
海南	1.26	5.66	1.49	
重庆	134.97	450.50	149.50	54.56
四川	277.80	829.10	390.21	37.81
贵州	31.26	46.81	33.18	16.75
云南	27.96	67.27	44.65	8.61
西藏	0.22	1.24	1.05	
陕西	221.07	424.84	186.54	38.76
甘肃	55.86	110.49	62.87	26.72
青海	0.03	0.14	0.05	
宁夏	30.14	72.82	21.58	
新疆	15.42	44.29	23.38	6.23

单位：亿元

					营业收入
集体资本	法人资本	个人资本	港澳台资本	外商资本	
184.89	**4890.28**	**2812.10**	**642.96**	**1053.29**	**37387.85**
1.45	244.86	103.70	16.08	22.05	1180.67
1.08	223.98	53.82	4.65	47.19	733.35
4.90	515.16	121.75	8.21	19.43	1153.18
0.74	61.57	57.94	0.17	1.56	456.44
0.17	4.29	5.25		0.45	62.74
23.72	79.51	98.26	29.91	12.26	715.80
0.54	33.37	11.30	0.10	0.48	179.78
0.83	35.73	47.52	0.31	15.09	286.73
2.16	207.69	98.83	30.57	168.31	2060.96
23.86	859.66	570.37	214.85	393.04	7914.71
10.98	386.21	270.61	57.94	62.13	3292.63
4.05	130.67	112.71	5.00	36.59	980.13
1.70	57.33	83.94	23.50	9.85	1113.79
0.73	117.01	59.89	5.20	1.70	670.04
34.94	383.42	291.08	67.02	95.68	3601.74
16.89	212.53	136.78	1.26	2.51	1407.83
8.44	184.73	79.37	2.26	14.04	1247.39
4.53	187.32	128.45	1.98	5.18	1636.72
32.24	450.99	287.50	167.54	97.16	5615.13
0.83	31.55	13.35	1.08	1.31	371.56
	1.47	0.02			4.16
0.59	63.44	23.37	3.82	3.72	596.39
6.07	211.27	100.78	0.52	33.76	1059.18
0.25	9.52	6.63	0.03		60.61
	28.07	7.82	0.15		116.01
	1.05				0.88
0.09	111.77	25.88	0.50	9.52	596.62
1.88	26.99	7.00	0.28		137.92
	0.02	0.03			0.18
0.09	15.93	5.57			81.06
1.12	13.17	2.58		0.28	53.53

1-B-42 续表 2

地区	营业成本	销售费用	管理费用	财务费用
全国	**28744.62**	**1703.81**	**3949.92**	**158.00**
北京	834.82	85.23	163.05	0.29
天津	570.37	31.56	80.80	3.84
河北	927.30	42.11	107.72	14.24
山西	373.96	12.08	47.25	8.73
内蒙古	48.92	2.77	6.27	-0.01
辽宁	554.21	32.27	76.15	7.49
吉林	140.25	8.58	18.64	1.16
黑龙江	249.31	7.99	26.39	5.37
上海	1500.42	120.54	283.93	-0.85
江苏	6032.05	347.96	833.30	29.48
浙江	2505.13	143.49	379.95	16.02
安徽	757.44	42.36	106.46	5.74
福建	912.44	34.89	88.67	-1.33
江西	552.57	20.94	48.91	5.86
山东	2810.94	159.30	327.75	14.78
河南	1110.44	52.73	133.99	10.65
湖北	996.75	41.25	121.23	4.59
湖南	1261.80	80.84	158.21	8.75
广东	4170.93	313.20	657.67	7.75
广西	307.42	15.06	28.03	1.65
海南	2.39	0.72	0.61	0.09
重庆	463.07	26.87	58.92	-1.53
四川	838.75	39.76	97.75	5.88
贵州	46.04	2.20	7.12	0.21
云南	93.55	3.05	11.14	1.38
西藏	0.75	0.05	0.06	
陕西	459.98	28.37	55.81	4.46
甘肃	117.44	2.79	11.02	2.60
青海	0.13	0.01	0.04	
宁夏	63.33	2.77	8.12	0.09
新疆	41.73	2.09	4.94	0.64

单位：亿元

利息费用	投资收益（损失以"－"号记）	营业利润	利润总额	亏损企业亏损额	平均用工人数（万人）
278.33	**309.11**	**2938.14**	**3060.81**	**566.20**	**348.51**
14.75	11.08	101.98	104.65	38.99	6.93
6.11	4.56	40.93	46.49	23.39	5.46
13.82	1.62	53.25	59.49	18.69	11.60
10.56	-2.65	10.28	12.18	8.87	4.95
0.33	0.25	3.98	4.40	0.75	0.50
9.74	3.01	47.61	50.78	8.15	7.07
1.51	0.50	10.20	10.95	7.87	1.85
5.54	-5.04	-7.72	-5.56	22.18	2.35
8.82	21.04	170.57	176.07	55.47	12.77
51.77	49.43	664.29	688.65	101.26	68.93
26.35	27.35	272.62	295.95	38.57	36.25
7.13	2.64	69.15	73.51	14.18	10.98
4.53	1.66	78.11	79.10	8.41	10.07
5.11	2.42	36.83	39.08	13.85	6.80
25.33	11.75	266.99	276.21	49.86	32.51
11.89	22.79	114.46	118.09	8.11	13.48
6.78	4.02	77.17	79.86	13.34	10.12
9.80	1.33	118.58	120.53	16.84	14.08
27.83	138.08	594.04	609.56	84.33	65.44
5.62	2.75	17.43	18.62	3.98	2.86
0.10		0.30	0.44		0.04
2.42	3.23	49.10	49.98	5.78	4.42
8.64	2.90	69.14	70.81	13.33	9.93
0.71	0.01	4.27	4.47	1.19	0.79
1.43	0.32	6.39	6.26	1.29	1.05
		0.02	0.02		
7.73	2.45	46.33	47.81	5.50	4.76
3.09	0.14	3.96	4.10	1.65	1.38
		0.02	0.02		0.01
0.27	0.23	7.46	7.78	0.04	0.67
0.62	1.23	10.36	10.54	0.32	0.47

1-B-43 按地区分组的汽车

地区	资产总计	固定资产净额	固定资产原价	固定资产累计折旧
全国	**107760.80**	**17045.03**	**38119.16**	**20098.57**
北京	5023.64	646.74	1543.16	864.72
天津	2299.97	584.41	1385.76	775.17
河北	3941.20	438.79	1000.56	534.75
山西	464.14	106.05	174.44	68.26
内蒙古	309.50	50.93	105.99	53.16
辽宁	3125.93	666.08	1709.76	1025.99
吉林	7411.20	715.55	1998.76	1254.31
黑龙江	245.00	43.06	121.22	73.59
上海	9819.86	1024.68	2911.93	1781.16
江苏	12119.37	2336.14	4993.19	2553.54
浙江	10898.90	1767.42	3220.61	1429.54
安徽	6171.41	896.02	1634.86	712.08
福建	1255.84	206.77	495.99	273.16
江西	1304.65	278.04	545.00	253.69
山东	5609.91	1162.36	2489.75	1292.85
河南	2435.39	527.35	989.72	441.81
湖北	8084.51	1385.22	3101.15	1607.74
湖南	2147.10	444.73	834.42	380.90
广东	10917.78	1484.12	3763.28	2132.45
广西	2151.06	283.49	665.81	377.06
海南	51.42	8.82	39.93	30.24
重庆	5617.74	932.32	2316.57	1225.12
四川	2336.07	502.08	1102.57	572.04
贵州	190.12	37.64	85.05	29.99
云南	278.83	61.91	104.60	42.55
西藏				
陕西	3469.88	442.36	753.13	299.70
甘肃	21.08	0.77	2.35	1.58
青海				
宁夏	6.00	2.09	2.79	0.70
新疆	53.28	9.06	26.81	10.71

制造业主要经济指标

单位：亿元

流动资产合计	应收账款	存货	产成品	负债合计	流动负债合计
67921.09	**23293.32**	**8998.76**	**4106.34**	**67914.34**	**60169.09**
3442.18	1820.25	415.18	209.65	3701.16	3361.77
1369.00	454.92	210.83	79.73	1176.57	1049.61
2506.04	952.14	297.14	163.99	2645.06	2315.25
287.20	120.58	38.83	15.65	329.58	280.98
201.86	74.50	16.42	8.48	325.76	283.75
1896.14	384.04	480.57	148.50	1836.71	1612.70
3775.65	626.51	461.30	151.43	3299.31	2887.10
127.12	50.74	21.57	8.13	164.37	152.78
4858.12	1897.22	654.01	261.44	5324.61	4510.16
8161.50	3544.78	1298.69	564.61	7812.59	7025.52
6630.81	2256.14	859.56	419.14	6513.89	5732.44
4052.54	1298.33	455.09	227.78	4367.26	3801.90
839.57	270.24	132.04	56.82	779.46	693.24
829.59	366.13	118.02	52.83	907.71	793.75
3767.38	1434.91	634.95	316.44	3452.11	3138.35
1517.39	722.55	208.12	99.99	1801.70	1599.66
4689.30	1127.85	584.33	288.80	4297.36	3642.51
1456.95	621.89	143.57	57.92	1763.35	1643.32
7678.42	2172.48	805.51	338.59	7133.88	6609.48
1574.19	841.39	134.62	82.59	2004.56	1893.66
30.00	13.49	9.93	1.39	31.33	28.06
3788.42	916.26	454.66	239.22	3594.88	3097.80
1510.94	597.89	246.78	118.08	1531.08	1166.37
80.18	39.54	12.79	4.54	120.04	109.56
131.95	27.21	39.99	16.69	215.35	187.00
2677.95	648.21	257.50	170.80	2723.66	2504.06
10.18	4.99	3.09	1.58	13.27	9.67
3.64	1.88	0.84	0.07	4.58	4.29
26.89	6.28	2.84	1.45	43.13	34.34

1-B-43 续表 1

地区	应付账款	所有者权益合计	实收资本	国家资本
全国	**27030.33**	**39845.20**	**16560.64**	**2027.05**
北京	2093.16	1322.48	975.72	15.75
天津	407.72	1123.40	630.06	118.55
河北	906.89	1296.14	474.58	18.96
山西	117.46	134.56	81.60	2.43
内蒙古	40.51	-16.26	38.16	
辽宁	757.89	1289.36	369.61	22.48
吉林	1404.97	4111.89	1497.68	203.95
黑龙江	72.12	80.63	35.44	0.95
上海	2472.48	4494.00	1031.96	163.09
江苏	3076.65	4306.78	2309.00	255.89
浙江	1983.66	4385.01	1557.52	18.49
安徽	1705.57	1804.16	933.58	108.43
福建	320.25	476.38	273.74	42.82
江西	401.65	396.82	312.31	150.03
山东	1345.96	2157.79	862.87	87.35
河南	718.68	633.69	321.56	11.74
湖北	1392.79	3787.14	1104.72	195.64
湖南	724.18	383.76	241.56	26.75
广东	2539.27	3783.90	1589.10	293.88
广西	1342.74	146.51	215.39	34.24
海南	12.01	20.08	23.66	5.88
重庆	1316.17	2022.85	764.09	94.41
四川	533.17	804.99	492.39	35.48
贵州	41.20	70.09	68.39	14.79
云南	100.34	63.48	60.71	14.21
西藏				
陕西	1178.82	746.22	268.83	86.35
甘肃	7.37	7.81	2.15	
青海				
宁夏	0.84	1.42	1.60	
新疆	15.81	10.15	22.64	4.50

单位：亿元

					营业收入
集体资本	法人资本	个人资本	港澳台资本	外商资本	
215.37	**8815.87**	**1598.73**	**635.05**	**3259.39**	**101678.15**
0.79	617.95	11.17	2.43	327.64	4137.13
0.61	131.68	34.79	11.27	332.16	2835.57
0.38	286.24	56.77	24.81	87.41	3105.49
0.01	67.93	8.32	0.01	2.88	415.81
0.30	36.59	1.28			131.87
2.22	134.82	29.77	14.19	166.14	4311.88
2.67	1093.73	34.52	1.67	159.73	5938.68
0.58	29.39	3.20		1.32	364.21
4.47	479.65	79.55	59.38	245.82	9612.80
15.45	869.06	279.99	125.79	755.57	11718.23
4.52	903.38	306.70	194.78	129.66	8124.03
23.97	648.60	84.96	26.96	40.66	5576.62
1.81	143.28	26.29	22.10	37.44	1411.10
1.11	107.26	23.99	0.50	29.42	1366.63
32.90	313.88	147.12	50.25	231.37	5779.93
1.33	250.24	41.52	5.64	11.08	2135.83
54.53	562.24	89.30	16.17	186.83	6215.47
21.21	122.50	27.71	4.25	39.14	2553.12
13.55	839.07	88.22	55.51	298.87	13315.83
1.96	130.26	25.85	3.00	20.08	1536.13
	15.72	0.11	1.40	0.55	44.69
6.54	494.42	67.27	10.75	91.20	5468.92
1.92	288.06	103.47	2.88	60.57	2316.47
0.20	45.32	7.82	0.12	0.13	116.88
19.70	24.81	1.99			107.23
0.48	161.42	15.69	1.17	3.72	2987.20
	1.29	0.86			3.41
	1.10	0.50			10.29
2.14	16.00				36.69

1-B-43 续表 2

地区	营业成本	销售费用	管理费用	财务费用
全国	**87752.75**	**1920.13**	**5912.45**	**129.56**
北京	3395.31	178.62	204.11	7.82
天津	2422.97	21.62	121.85	4.46
河北	2792.67	64.67	197.35	1.72
山西	392.66	5.16	20.33	1.75
内蒙古	119.19	2.11	9.27	2.03
辽宁	3214.27	181.58	158.44	-2.69
吉林	5154.22	33.71	356.37	-11.98
黑龙江	323.73	1.84	18.93	0.88
上海	8615.79	132.49	614.66	-6.61
江苏	9965.49	239.41	780.37	43.93
浙江	7010.67	134.68	585.04	45.64
安徽	4813.37	95.29	338.28	14.70
福建	1210.17	28.51	71.55	1.84
江西	1191.88	29.39	78.20	1.79
山东	5048.92	107.19	301.89	10.58
河南	1838.98	50.09	106.19	3.82
湖北	5373.15	125.08	356.23	-1.25
湖南	2165.44	48.73	156.76	3.90
广东	11617.85	154.01	739.69	-8.36
广西	1404.59	41.11	95.94	-5.50
海南	38.70	0.60	4.89	0.08
重庆	4662.36	172.30	366.48	9.21
四川	1984.72	20.01	90.98	9.40
贵州	103.02	1.66	15.18	0.65
云南	109.26	3.60	8.78	2.80
西藏				
陕西	2735.90	46.25	112.90	-1.30
甘肃	3.04	0.11	0.38	0.07
青海				
宁夏	9.80	0.10	0.23	0.08
新疆	34.65	0.22	1.17	0.10

单位：亿元

利息费用	投资收益 (损失以"–"号记)	营业利润	利润总额	亏损企业 亏损额	平均用工人数 (万人)
375.07	**970.07**	**5298.74**	**5413.88**	**1437.06**	**466.91**
14.27	18.25	239.33	240.73	137.29	6.88
6.85	92.78	284.95	286.10	29.76	10.86
16.48	46.60	52.43	60.02	73.18	16.52
2.77	-3.48	-7.98	-7.60	21.05	2.16
2.07	0.05	-0.03	0.04	7.26	0.65
9.48	12.21	579.10	582.40	17.02	13.13
11.43	301.79	564.24	577.19	39.85	16.89
1.09	0.29	12.43	12.79	0.45	0.90
22.10	195.62	374.29	389.52	97.41	22.55
53.06	38.51	609.42	627.23	151.94	63.92
69.16	214.45	522.77	542.21	138.52	53.22
20.07	8.91	265.22	273.55	52.05	28.31
4.38	3.17	94.95	95.82	11.85	8.74
4.32	0.07	51.71	53.59	23.24	8.33
25.40	23.71	295.56	304.82	56.62	34.91
5.25	2.97	111.26	113.59	19.33	13.78
21.61	22.81	302.13	313.07	58.14	34.47
5.86	-27.02	84.51	79.70	74.78	13.19
27.53	13.47	523.00	529.21	141.54	48.70
5.99	0.96	-8.00	-15.34	36.79	10.09
0.41	0.06	0.63	1.01	0.43	0.23
24.60	-5.29	127.44	136.66	180.52	29.24
11.38	1.53	169.03	169.90	24.49	12.54
0.95	1.20	-1.25	-5.19	8.80	1.01
3.07	0.50	-17.55	-17.36	17.98	0.85
5.23	5.96	70.11	71.23	15.23	14.66
0.03		-0.24	-0.23	0.28	0.05
0.08		0.06	0.06	0.03	0.05
0.17	0.01	-0.79	-0.83	1.22	0.08

1-B-44 按地区分组的铁路、船舶、航空航天和

地区	资产总计	固定资产净额	固定资产原价	固定资产累计折旧
全国	**36368.60**	**5216.80**	**10208.43**	**4805.26**
北京	1683.43	156.26	272.41	115.52
天津	863.95	147.90	263.38	113.15
河北	846.51	155.03	287.39	126.09
山西	422.49	83.35	165.42	81.50
内蒙古	141.13	13.95	29.21	15.27
辽宁	3486.92	501.36	961.74	445.97
吉林	783.21	87.93	201.09	113.06
黑龙江	711.72	74.03	189.22	113.81
上海	2507.03	257.65	544.41	285.45
江苏	5213.76	718.14	1515.80	740.57
浙江	1636.59	306.45	571.88	257.55
安徽	500.27	90.29	142.29	50.40
福建	311.50	57.93	107.91	47.99
江西	858.93	242.99	398.06	153.95
山东	2038.30	253.17	548.65	288.02
河南	1038.65	113.28	274.60	148.29
湖北	2035.50	286.81	551.93	239.89
湖南	1613.82	260.70	459.94	193.69
广东	2102.75	266.07	527.28	255.20
广西	114.36	22.80	35.83	12.96
海南	0.45	0.07	0.35	0.28
重庆	1068.47	222.52	469.06	241.74
四川	2575.44	304.93	573.25	250.62
贵州	726.13	169.67	298.79	126.82
云南	114.22	18.56	30.42	11.30
西藏				
陕西	2869.40	379.61	747.31	360.80
甘肃	95.50	24.40	39.08	14.62
青海	1.14	0.47	0.90	0.43
宁夏	0.68	0.02	0.06	0.04
新疆	6.36	0.49	0.78	0.29

其他运输设备制造业主要经济指标

单位：亿元

流动资产合计	应收账款	存货	产成品	负债合计	流动负债合计
25213.24	**6218.26**	**6225.98**	**1111.19**	**22812.15**	**20035.78**
1297.43	297.93	382.31	64.08	826.20	767.70
554.50	148.03	157.68	32.74	572.78	487.01
569.46	224.06	149.64	47.66	503.20	451.12
272.25	91.49	56.42	16.83	216.89	169.03
109.14	12.46	18.79	0.52	103.38	94.50
2553.37	368.47	611.71	82.28	2246.88	1969.43
575.48	218.92	66.02	11.77	475.47	442.57
526.69	150.19	139.96	19.27	444.41	291.14
1907.15	195.14	550.70	65.77	1945.36	1559.39
3789.68	912.05	740.74	198.00	3290.46	2959.09
1096.78	280.12	271.55	72.80	1139.91	1002.13
331.61	74.58	57.46	15.96	295.18	255.70
227.47	39.79	40.03	7.28	215.04	194.29
481.63	128.03	195.56	5.38	587.92	358.16
1401.65	402.91	252.13	49.98	1255.78	1131.79
802.43	237.39	184.91	40.14	643.85	610.17
1437.16	315.91	440.69	45.95	1273.62	1063.15
989.51	365.76	236.24	48.75	882.12	773.79
1518.44	319.97	308.26	47.68	1336.02	1214.63
61.51	19.50	15.76	4.66	76.22	56.70
0.50	0.18	0.14		0.31	0.31
638.66	216.83	103.27	45.97	600.68	505.95
2019.97	357.76	473.28	51.92	1798.29	1591.99
472.69	168.93	103.64	22.03	451.48	390.42
79.59	26.58	26.76	9.17	45.54	41.20
1435.36	615.27	629.22	103.36	1541.26	1611.52
58.42	28.55	12.59	1.09	41.29	40.91
0.54	0.03	0.21	0.06	1.21	0.61
0.64	0.33	0.04		0.19	0.19
3.54	1.08	0.27	0.14	1.22	1.19

1-B-44 续表 1

地 区	应付账款	所有者权益合计	实收资本	国家资本
全 国	**7861.19**	**13650.11**	**6417.61**	**1743.51**
北 京	325.38	857.23	232.54	72.30
天 津	180.54	291.17	166.52	36.61
河 北	232.62	343.31	178.15	37.18
山 西	99.67	205.59	95.45	15.63
内蒙古	16.58	37.75	12.86	11.02
辽 宁	757.36	1240.04	674.23	368.18
吉 林	293.47	310.62	105.45	65.53
黑龙江	232.82	267.31	118.31	36.78
上 海	447.69	560.94	408.88	31.19
江 苏	999.03	1923.30	1032.53	264.00
浙 江	240.10	496.68	339.52	2.13
安 徽	80.01	205.09	125.96	50.58
福 建	56.04	96.46	57.97	35.27
江 西	106.70	271.01	77.04	52.81
山 东	608.45	782.52	451.61	30.54
河 南	233.15	394.80	169.40	75.37
湖 北	400.12	761.88	304.19	167.01
湖 南	412.40	729.00	292.75	63.96
广 东	365.06	766.73	445.82	39.24
广 西	20.44	38.14	33.54	8.22
海 南	0.06	0.14	0.06	
重 庆	191.12	480.32	148.16	33.18
四 川	610.10	777.15	277.73	72.53
贵 州	192.59	274.65	198.83	46.86
云 南	27.57	68.69	20.37	9.98
西 藏				
陕 西	714.29	1409.80	418.39	117.10
甘 肃	16.98	54.22	26.68	
青 海	0.11	-0.07	0.51	
宁 夏	0.06	0.49	0.10	
新 疆	0.69	5.14	4.06	0.30

单位：亿元

集体资本	法人资本	个人资本	港澳台资本	外商资本	营业收入
67.51	**3323.06**	**687.35**	**173.21**	**327.47**	**21364.00**
0.95	129.40	29.44	0.15	0.30	739.41
0.01	95.57	15.65	4.24	14.43	632.12
0.06	117.04	20.84	1.12	1.92	390.96
0.05	64.05	13.86		1.86	226.14
	1.84				41.51
0.13	264.08	11.77	1.85	28.20	1613.78
4.01	23.24	4.98		1.49	333.03
1.29	71.25	5.95		3.39	575.33
0.03	357.19	7.11	2.26	11.10	1110.51
5.87	437.13	127.76	72.76	125.01	3872.96
1.56	184.98	117.16	21.89	11.80	1262.03
0.26	59.16	12.64	1.40	1.93	299.95
	5.87	8.90	3.00	4.93	277.38
5.26	11.80	7.17			628.30
6.64	344.34	29.91	7.41	32.75	1141.23
2.40	51.99	34.89	0.73	4.03	633.24
0.21	94.54	41.40		1.02	885.96
0.90	178.72	42.59	0.44	6.09	888.28
6.16	270.38	30.56	46.44	53.03	1626.75
	23.21	1.30		0.81	86.89
			0.06		1.41
1.62	84.09	41.80	8.44	8.90	1071.54
26.28	138.01	31.27	0.27	9.38	1392.33
0.31	147.03	3.23		0.93	290.11
	4.07	5.58	0.75		42.17
3.52	148.49	40.99		4.19	1262.99
	11.83				35.24
		0.51			0.04
		0.10			0.32
	3.76				2.08

1-B-44 续表 2

地　区	营业成本	销售费用	管理费用	财务费用
全　国	**18090.38**	**367.39**	**1803.73**	**-0.65**
北　京	597.50	11.11	85.39	1.09
天　津	565.15	9.00	49.61	1.98
河　北	321.64	10.04	37.29	2.18
山　西	182.33	3.53	23.41	1.08
内蒙古	37.54	0.56	3.62	-0.25
辽　宁	1448.53	12.17	109.13	-11.58
吉　林	259.55	14.16	35.19	-1.54
黑龙江	514.22	3.44	39.64	-0.09
上　海	1004.17	13.16	100.55	-4.31
江　苏	3243.92	71.17	296.23	2.19
浙　江	1049.41	24.89	118.12	7.81
安　徽	245.49	6.33	26.79	0.68
福　建	227.22	2.99	17.21	3.58
江　西	481.65	29.54	76.66	6.98
山　东	946.63	27.33	94.65	1.48
河　南	520.99	7.49	67.34	-5.63
湖　北	726.38	13.13	91.76	3.93
湖　南	705.96	22.54	95.83	2.63
广　东	1431.74	26.45	111.64	-6.98
广　西	77.10	1.17	5.55	0.41
海　南	1.26	0.02	0.05	
重　庆	909.74	15.64	74.05	1.37
四　川	1211.89	18.42	92.07	-10.35
贵　州	247.36	3.16	38.36	1.62
云　南	35.59	1.96	6.05	0.02
西　藏				
陕　西	1069.28	17.82	100.82	0.59
甘　肃	26.01	0.10	6.26	0.44
青　海	0.04	0.01	0.05	
宁　夏	0.17	0.03	0.11	
新　疆	1.93		0.30	

单位：亿元

利息费用	投资收益（损失以“–”号记）	营业利润	利润总额	亏损企业亏损额	平均用工人数（万人）
123.55	**101.87**	**1144.10**	**1176.40**	**205.76**	**155.88**
3.95	2.55	45.88	47.05	27.83	3.77
3.96	0.40	1.78	2.17	28.25	4.43
2.82	2.65	18.85	19.54	2.30	3.86
1.86	2.13	17.46	17.79	0.13	2.16
0.01	0.19	-0.12	0.01	0.70	0.33
8.20	0.94	58.19	60.12	18.83	9.49
0.95	0.09	23.89	24.45	3.38	2.23
1.51	0.58	16.50	17.08	1.95	2.49
11.57	15.08	13.46	14.50	26.98	4.59
20.65	30.72	289.58	296.09	16.59	29.22
11.45	-1.32	50.13	59.02	15.53	11.72
1.43	-0.02	19.03	20.05	1.68	2.88
4.19	0.08	25.76	26.26	0.76	2.84
2.01	1.37	25.14	24.83	5.76	3.28
6.45	5.78	71.83	72.93	6.76	9.07
1.52	2.61	44.76	45.31	1.79	4.36
9.00	2.64	41.77	42.76	2.36	7.22
4.74	5.58	63.25	63.42	5.85	7.25
6.86	4.24	64.50	66.22	13.05	11.10
0.47	0.06	2.33	2.34	1.16	0.93
		0.08	0.10		0.02
4.38	11.12	75.92	77.95	3.60	10.32
6.54	6.20	75.22	75.87	10.85	7.70
2.92	0.91	16.56	16.94	5.95	3.32
0.17	0.10	2.35	2.35	0.01	0.33
5.46	7.00	77.94	79.13	3.30	10.69
0.48	0.30	2.43	2.47	0.02	0.26
		-0.06	-0.05	0.05	
		0.01	0.01		0.01
	-0.12	-0.30	-0.30	0.34	0.02

1-B-45 按地区分组的电气机械和

地区	资产总计	固定资产净额	固定资产原价	固定资产累计折旧
全国	**123839.61**	**17630.63**	**30830.73**	**12664.90**
北京	1813.68	59.41	134.58	74.30
天津	1499.33	258.41	569.69	308.77
河北	2549.53	333.99	611.58	273.23
山西	565.06	80.09	128.50	48.15
内蒙古	480.67	74.33	96.13	20.80
辽宁	1264.54	185.97	389.39	196.64
吉林	204.12	25.42	47.30	21.73
黑龙江	467.47	42.31	102.81	60.16
上海	3610.26	284.21	666.59	379.88
江苏	25100.37	4096.50	7021.81	2785.15
浙江	16375.49	2416.87	3840.48	1381.73
安徽	7773.84	1135.79	1729.82	558.18
福建	8023.60	887.77	1558.28	640.06
江西	4260.64	939.67	1331.56	369.37
山东	4340.76	562.62	1013.30	435.24
河南	2512.13	473.72	815.05	335.22
湖北	3381.01	832.16	1334.34	475.68
湖南	2456.42	391.35	748.97	305.87
广东	24749.46	2382.19	5348.82	2914.97
广西	1078.85	260.49	325.46	59.46
海南	134.16	21.15	31.99	10.82
重庆	1890.88	231.11	428.57	163.04
四川	3766.77	921.62	1449.18	486.40
贵州	463.46	111.17	146.93	34.03
云南	421.75	97.77	123.70	25.03
西藏	7.55	1.39	2.07	0.68
陕西	2065.66	272.51	440.36	166.44
甘肃	432.38	67.59	94.60	26.36
青海	221.90	80.92	139.01	55.91
宁夏	141.29	26.76	43.69	12.85
新疆	1786.60	75.36	116.16	38.77

器材制造业主要经济指标

单位：亿元

流动资产合计	应收账款	存货	产成品	负债合计	流动负债合计
81907.43	**29130.73**	**12860.22**	**5893.59**	**74699.15**	**63726.33**
1440.13	467.11	166.66	51.00	1146.33	1070.36
1025.68	424.39	205.12	83.34	792.38	716.04
1579.38	713.85	268.03	121.61	1387.62	1223.66
347.57	145.35	86.30	39.54	400.98	343.28
340.89	173.29	58.88	24.98	406.61	329.13
910.72	340.66	205.13	64.40	771.54	684.07
151.73	78.72	21.15	9.27	120.36	109.79
346.90	86.06	45.84	11.20	292.06	268.78
2696.54	1177.96	458.58	186.71	2038.41	1867.45
16672.08	6528.88	2714.05	1379.93	14772.48	12835.40
10579.22	3863.91	1910.59	868.25	9315.47	8011.14
5255.99	2006.56	771.47	371.09	5053.33	4399.99
5726.74	1361.96	600.11	244.85	4946.89	3710.64
2562.62	869.88	359.19	153.18	2746.09	2110.92
2926.32	1181.48	461.56	224.19	2579.56	2310.63
1618.17	735.38	304.15	144.93	1550.77	1405.26
1861.45	737.64	314.80	143.55	1937.00	1562.59
1483.01	562.54	247.79	94.97	1327.52	1071.80
16807.53	4700.02	2502.82	1164.16	14774.06	12772.62
599.33	277.03	108.26	50.13	846.15	742.74
88.18	39.82	20.83	3.24	81.93	60.40
1400.33	601.23	166.67	71.62	1313.01	1118.72
2006.52	658.72	383.16	149.78	2315.36	1668.12
283.69	115.48	59.87	28.55	302.05	246.63
260.11	115.79	59.95	30.05	277.11	226.88
5.20	1.54	1.63	0.39	5.50	5.25
1428.07	580.83	208.63	117.99	1416.73	1334.39
304.37	159.04	62.02	37.39	326.44	283.17
122.23	75.21	14.95	6.92	180.77	167.24
100.86	54.31	13.00	6.61	81.55	73.63
975.86	296.07	59.03	9.75	1193.08	995.59

1-B-45 续表 1

地区	应付账款	所有者权益合计	实收资本	国家资本
全　国	**25765.18**	**49141.05**	**18691.60**	**802.79**
北　京	405.37	667.35	264.19	23.86
天　津	305.61	706.95	356.61	32.53
河　北	461.85	1161.91	869.24	47.44
山　西	130.63	164.08	134.11	26.25
内蒙古	191.02	74.06	60.80	4.56
辽　宁	236.24	493.00	255.60	6.35
吉　林	61.28	83.76	52.59	10.07
黑龙江	95.58	175.41	81.72	11.01
上　海	850.07	1571.61	552.96	24.08
江　苏	5331.28	10328.22	4364.54	114.97
浙　江	3082.11	7060.02	2459.52	38.67
安　徽	1791.55	2720.51	1138.22	2.82
福　建	1594.81	3076.71	612.66	14.45
江　西	855.92	1514.55	671.44	14.87
山　东	849.77	1761.20	781.84	68.55
河　南	617.60	961.35	534.91	80.75
湖　北	723.41	1444.01	497.42	16.67
湖　南	444.05	1128.90	474.70	95.38
广　东	4669.50	9975.89	2774.00	66.36
广　西	310.91	232.69	124.06	7.75
海　南	24.31	52.23	18.90	
重　庆	524.99	577.88	178.07	11.58
四　川	738.20	1451.40	686.22	27.87
贵　州	111.78	161.40	72.65	6.18
云　南	131.52	144.64	99.51	2.59
西　藏	2.92	2.05	1.69	
陕　西	642.16	648.93	313.37	20.99
甘　肃	157.62	105.94	61.53	14.58
青　海	59.71	41.12	36.18	0.04
宁　夏	34.82	59.74	25.70	
新　疆	328.60	593.53	136.63	11.57

单位：亿元

集体资本	法人资本	个人资本	港澳台资本	外商资本	营业收入
344.47	**10759.16**	**4437.90**	**802.54**	**1524.44**	**110663.84**
2.26	117.78	105.01	2.93	12.35	1164.08
1.05	156.48	63.32	12.55	90.69	1439.34
16.33	590.76	209.88	0.24	4.59	2381.92
0.91	79.83	26.28		0.84	334.20
3.61	44.60	8.04			383.12
4.58	104.22	62.30	20.96	57.19	904.70
	24.09	12.27	1.51	4.65	182.18
	28.04	21.25	10.02	11.40	212.70
30.68	269.17	128.35	13.95	86.73	3735.42
51.04	2399.51	910.53	225.10	663.39	23171.62
64.15	1310.15	788.79	81.48	176.29	14622.51
32.24	728.59	328.27	19.76	22.04	7949.15
11.30	425.74	83.98	60.17	17.03	5535.68
8.78	505.96	104.96	21.75	15.11	5164.62
33.62	404.44	225.71	2.98	46.55	3850.51
3.40	301.84	144.40	1.85	2.67	2048.90
4.98	331.95	104.15	1.30	38.37	3094.88
10.57	256.00	99.44	11.53	1.79	2274.58
43.82	1526.82	627.00	296.26	213.72	21702.98
0.47	82.78	26.65	3.30	3.13	783.74
	15.30	1.26		2.34	106.14
1.06	94.59	43.06	1.18	12.22	1766.80
13.74	487.86	147.54	4.69	3.24	3112.14
0.65	38.95	26.21	0.01	0.53	497.51
0.30	72.74	22.64	1.23		328.19
0.10	0.30	1.29			7.03
3.72	173.93	77.12	0.03	37.59	2453.66
0.65	37.58	8.72			344.05
	28.54	7.60			202.46
0.49	19.92	5.29			189.00
0.01	100.72	16.60	7.73		720.01

1-B-45 续表 2

地 区	营业成本	销售费用	管理费用	财务费用
全 国	**93766.81**	**3495.77**	**6624.64**	**221.98**
北 京	946.81	59.03	92.58	-0.12
天 津	1257.40	34.26	82.95	4.28
河 北	2132.38	38.63	104.87	11.61
山 西	294.55	5.40	23.75	3.38
内蒙古	349.88	7.74	18.51	0.81
辽 宁	772.94	27.33	66.37	9.37
吉 林	159.56	3.15	9.65	1.28
黑龙江	185.01	6.47	15.43	0.49
上 海	3114.33	197.06	264.17	8.80
江 苏	19918.72	579.51	1296.31	60.96
浙 江	12500.35	379.44	977.08	48.49
安 徽	6878.15	216.40	365.18	14.15
福 建	4333.70	245.95	363.87	-36.23
江 西	4621.80	53.90	193.38	15.98
山 东	3119.02	215.04	264.90	15.09
河 南	1773.56	39.46	123.07	10.81
湖 北	2581.24	78.43	198.90	12.45
湖 南	1870.28	56.16	164.23	14.24
广 东	17611.94	984.46	1569.16	9.57
广 西	694.80	11.62	27.74	2.55
海 南	91.53	2.30	5.92	0.65
重 庆	1512.27	58.23	69.24	5.84
四 川	2668.10	100.21	156.16	7.66
贵 州	432.77	7.74	21.87	2.75
云 南	295.63	6.17	16.87	1.21
西 藏	5.61	0.11	0.73	0.02
陕 西	2259.34	48.66	78.07	-8.41
甘 肃	321.05	6.49	10.77	1.50
青 海	213.61	3.43	5.91	0.33
宁 夏	171.08	1.71	4.87	0.59
新 疆	679.39	21.26	32.17	1.89

单位：亿元

利息费用	投资收益(损失以"-"号记)	营业利润	利润总额	亏损企业亏损额	平均用工人数(万人)
533.22	**551.85**	**6513.72**	**6621.43**	**936.95**	**609.75**
4.91	15.27	80.90	82.15	13.80	3.73
5.65	0.65	52.82	55.73	25.59	6.23
12.21	-11.40	71.11	71.46	19.95	10.74
2.99	0.69	7.03	7.39	2.06	2.23
1.01	0.50	-1.02	-0.95	17.99	1.41
9.16	4.96	29.03	31.48	17.45	7.41
1.09	0.01	8.22	8.45	0.86	0.66
1.69	3.53	9.60	11.00	1.44	1.36
12.97	17.20	158.14	165.54	46.56	14.66
113.38	101.30	1271.23	1289.56	190.33	103.30
96.87	110.02	784.02	805.33	102.22	94.16
32.02	19.84	440.71	448.64	71.79	34.71
30.93	21.61	610.62	611.66	14.64	23.22
13.08	18.61	261.23	259.09	36.03	17.57
18.46	13.67	230.62	235.91	35.61	20.80
11.02	5.87	86.02	87.65	13.09	13.65
14.24	0.09	211.60	217.87	22.83	17.16
11.81	-1.02	143.68	144.03	16.67	14.37
100.18	113.62	1554.92	1584.71	153.83	172.96
4.29	0.45	44.85	45.06	6.88	5.93
0.78	2.86	8.02	8.25		0.24
6.50	29.23	148.53	149.71	7.64	8.49
12.82	-0.50	158.82	159.75	42.46	17.25
2.22	0.10	27.65	28.02	6.67	2.67
1.54	0.03	2.71	3.04	9.66	1.95
0.01		0.38	0.38	0.23	0.03
3.37	4.79	56.51	56.89	19.97	7.90
1.50	0.36	4.58	4.93	6.57	1.67
0.29	-0.11	-18.37	-22.39	23.02	1.35
0.59	0.05	6.94	7.25	0.62	0.56
5.66	79.54	62.61	63.85	10.49	1.38

1-B-46 按地区分组的计算机、通信和

地区	资产总计	固定资产净额	固定资产原价	固定资产累计折旧
全国	**190719.96**	**34643.50**	**66958.49**	**31446.13**
北京	10551.28	872.62	1887.78	999.65
天津	2235.18	405.81	975.09	564.76
河北	1577.07	407.18	681.85	269.78
山西	1206.65	130.66	276.51	142.81
内蒙古	766.73	309.20	497.97	182.29
辽宁	576.37	78.63	189.62	107.32
吉林	241.80	45.84	103.36	57.63
黑龙江	92.10	10.49	24.90	11.60
上海	7673.48	1895.54	4179.09	2240.61
江苏	25926.57	5621.01	12678.43	6792.61
浙江	14203.03	2098.20	3340.15	1219.31
安徽	7571.98	2147.93	3567.62	1382.91
福建	5924.26	1419.86	2687.32	1235.37
江西	5221.25	1123.09	1853.40	688.73
山东	6054.72	1182.72	2096.55	897.30
河南	3954.17	401.98	991.14	576.28
湖北	7345.50	2605.28	4203.35	1455.97
湖南	3962.17	993.19	1525.75	517.25
广东	62221.23	6659.03	13972.21	7172.72
广西	1476.04	179.67	282.14	101.67
海南	17.13	0.30	1.39	1.09
重庆	4436.75	1155.01	2052.98	876.04
四川	8394.15	2116.63	3814.90	1683.86
贵州	1024.08	167.25	232.13	62.67
云南	1998.19	451.04	618.68	164.23
西藏	1.55	0.47	0.91	0.43
陕西	3714.68	1341.72	3079.59	1727.66
甘肃	792.52	249.84	415.16	164.92
青海	815.76	301.91	373.77	68.85
宁夏	641.07	243.44	316.74	69.77
新疆	102.49	27.93	37.98	10.05

其他电子设备制造业主要经济指标

单位：亿元

流动资产合计	应收账款	存货	产成品	负债合计	流动负债合计
118855.06	**40569.95**	**20252.29**	**6843.58**	**104362.60**	**83026.49**
6724.21	1034.69	1027.70	348.96	5521.85	4902.34
1386.75	436.01	351.78	96.18	933.55	761.36
986.91	386.42	109.39	30.46	718.55	631.13
975.89	418.47	115.28	29.03	715.62	692.92
345.65	89.00	82.18	26.74	487.53	346.20
428.87	151.48	89.98	21.02	288.60	232.95
138.54	40.86	30.00	9.81	96.76	70.85
49.92	20.13	11.05	5.55	45.11	33.71
4011.64	1069.35	775.85	231.58	3564.51	2274.80
16268.54	7308.87	2804.94	1017.40	13173.30	11250.17
8906.21	3119.67	1425.29	544.78	7219.68	5915.32
3880.01	1843.98	599.33	191.57	4244.79	3000.48
3057.94	987.47	537.76	199.37	2639.21	1943.57
3276.98	1384.98	551.69	202.37	3311.97	2831.92
3570.21	1216.46	694.93	256.89	3383.71	2707.08
3060.40	1817.63	307.21	71.76	2361.53	2229.27
3618.37	1094.87	656.08	210.66	4252.23	2617.93
2028.53	734.79	341.53	127.01	1589.43	1195.26
42400.91	11953.62	7041.29	2251.08	37169.30	29430.48
1262.13	772.10	251.05	140.57	1038.07	895.60
16.71	3.08	7.65	3.26	5.27	5.27
2570.75	1127.10	378.04	128.05	2606.09	2024.56
5263.82	2202.66	1009.60	359.75	4872.89	4009.44
581.41	195.74	114.28	34.80	516.58	419.92
1196.68	419.15	296.64	171.93	1109.33	826.46
0.99	0.06	0.06	0.03	0.07	0.07
1905.08	474.82	433.31	71.44	1349.41	981.31
298.17	60.52	78.05	28.43	341.90	226.64
300.31	60.88	45.05	12.49	412.78	334.25
274.97	127.95	63.15	13.71	320.06	165.37
67.57	17.13	22.15	6.90	72.92	69.86

1-B-46 续表 1

地区	应付账款	所有者权益合计	实收资本	国家资本
全国	**36587.06**	**86347.63**	**38818.22**	**2661.22**
北京	1392.68	5029.43	1996.09	280.52
天津	347.00	1301.63	472.54	23.26
河北	227.17	858.52	438.67	21.21
山西	428.62	491.03	732.31	3.34
内蒙古	98.03	279.21	248.93	4.51
辽宁	110.69	287.78	110.28	7.38
吉林	30.78	145.04	68.56	3.47
黑龙江	13.91	46.99	34.76	2.24
上海	993.28	4106.98	2598.63	303.38
江苏	6164.41	12745.24	6185.98	234.13
浙江	2413.66	6983.34	2498.90	114.01
安徽	1773.27	3327.19	1968.56	97.33
福建	798.07	3285.05	1968.18	323.77
江西	1423.87	1909.27	1060.01	25.73
山东	1117.70	2671.00	1268.65	43.71
河南	1609.99	1592.64	643.11	18.97
湖北	994.97	3093.27	2581.43	93.31
湖南	570.83	2372.74	974.46	73.29
广东	11025.33	25051.68	7891.16	133.45
广西	606.64	437.97	302.16	7.67
海南	1.40	11.86	1.04	1.04
重庆	1107.06	1830.66	928.39	382.46
四川	2076.38	3521.27	2009.04	182.81
贵州	173.25	508.18	169.12	14.14
云南	348.59	888.87	290.36	26.95
西藏		1.48	2.70	0.20
陕西	433.18	2365.16	853.20	203.65
甘肃	83.42	450.62	235.10	28.70
青海	116.36	402.99	158.24	
宁夏	82.22	321.01	111.15	4.79
新疆	24.32	29.57	16.53	1.80

单位：亿元

集体资本	法人资本	个人资本	港澳台资本	外商资本	营业收入
451.78	**22517.01**	**4100.33**	**3906.73**	**5193.32**	**152540.26**
21.34	1063.98	122.06	96.60	411.60	5305.44
3.67	139.43	60.82	34.51	210.85	1922.75
0.91	311.87	70.18	11.35	23.14	760.34
0.76	156.55	510.62	31.20	29.84	1447.57
0.27	222.68	21.36	0.01	0.11	521.70
1.61	41.31	20.29	2.22	37.48	733.75
6.98	13.10	12.54	0.62	31.54	147.42
	22.11	10.40	0.01		17.40
2.52	1237.49	74.26	442.56	538.43	4997.64
73.51	2561.44	627.08	1072.09	1617.74	23766.82
37.13	1594.95	387.47	117.07	248.27	9562.68
9.72	1579.93	165.26	68.71	47.60	4215.70
11.05	1131.82	130.51	126.62	244.41	4232.80
27.46	767.54	163.16	60.27	15.85	5582.36
16.88	660.20	150.95	168.79	228.11	5724.21
21.48	383.52	45.41	162.23	11.49	6795.43
5.75	2235.68	162.83	53.37	30.47	3867.50
8.95	697.95	82.25	102.95	8.97	3094.26
87.81	4766.06	902.73	1109.43	891.08	47689.96
0.10	236.01	17.93	31.60	8.53	1229.50
					6.82
4.53	330.81	33.82	116.90	59.88	5659.77
9.07	1310.63	271.55	91.38	143.00	8537.38
3.51	127.12	12.12	0.04	12.19	704.43
43.00	208.24	10.21	0.99	0.76	2053.85
	2.50				0.26
10.70	288.39	17.95	4.81	341.98	2349.88
33.06	170.05	3.29			329.90
10.00	138.73	9.51			601.91
	105.13	1.08	0.15		612.04
	11.80	2.69	0.24		68.80

1-B-46 续表 2

地　区	营业成本	销售费用	管理费用	财务费用
全　国	**131787.35**	**3246.93**	**11612.46**	**306.49**
北　京	4551.72	229.98	433.90	-38.38
天　津	1673.67	29.11	119.42	-1.30
河　北	656.84	9.35	75.38	0.48
山　西	1380.47	4.55	31.23	-4.80
内蒙古	479.22	3.59	29.88	3.41
辽　宁	632.89	8.25	55.50	-1.44
吉　林	108.96	3.72	21.15	0.57
黑龙江	12.64	0.96	4.16	0.18
上　海	4442.10	73.42	429.22	0.82
江　苏	21049.41	264.04	1399.62	66.52
浙　江	7932.44	317.37	859.83	25.57
安　徽	3827.94	52.86	290.31	26.61
福　建	3653.21	111.51	324.74	14.81
江　西	4973.19	44.14	252.50	24.11
山　东	5157.73	72.47	335.96	17.40
河　南	6457.42	28.68	157.45	-4.53
湖　北	3430.49	67.10	336.95	49.35
湖　南	2551.77	75.19	259.65	8.95
广　东	38846.36	1659.40	5274.18	79.49
广　西	1152.47	9.17	37.93	4.33
海　南	4.69	0.11	1.33	-0.07
重　庆	5189.01	32.68	208.01	-9.06
四　川	7802.45	108.21	345.83	22.04
贵　州	608.41	7.69	35.29	3.48
云　南	1774.61	8.17	53.14	5.35
西　藏	0.17	0.02	0.13	
陕　西	2030.97	20.69	177.28	1.38
甘　肃	300.09	2.24	24.45	3.34
青　海	505.65	1.21	19.81	2.14
宁　夏	538.18	0.72	15.68	5.00
新　疆	62.17	0.34	2.54	0.72

单位：亿元

利息费用	投资收益(损失以“-”号记)	营业利润	利润总额	亏损企业亏损额	平均用工人数(万人)
1266.81	**1804.67**	**7482.92**	**7599.38**	**2316.65**	**921.32**
36.64	24.16	101.52	108.09	122.52	10.82
13.10	22.83	114.23	113.75	18.27	8.69
3.55	2.63	13.28	14.97	45.82	6.79
10.74	0.41	38.02	38.84	6.25	8.61
4.54	-0.06	-0.02	1.03	25.72	2.79
1.84	0.02	34.61	34.93	5.38	4.48
1.25	1.88	14.45	15.93	1.77	1.47
0.24	0.14	0.05		1.95	0.24
36.68	23.89	96.26	109.43	157.12	21.89
158.64	49.40	947.49	963.62	362.98	151.10
78.02	140.98	570.21	599.77	171.98	64.06
42.14	6.34	-35.96	-26.13	195.59	27.12
29.19	23.58	158.04	161.71	108.53	30.32
23.82	-2.00	246.22	256.16	60.38	41.61
45.92	41.12	170.65	174.66	69.10	30.83
150.42	33.45	185.89	188.09	15.03	32.22
52.26	-8.26	-135.53	-129.47	293.74	23.84
15.58	1.87	186.85	176.32	32.94	29.94
430.98	1264.86	3618.86	3628.09	421.37	320.62
5.81	1.23	22.05	16.73	25.12	10.36
		0.75	0.75		0.07
24.36	-10.92	222.55	229.33	30.65	24.60
60.09	18.10	268.92	275.22	70.04	43.35
5.20	3.69	48.78	49.41	9.69	3.67
6.81	6.81	199.53	199.73	27.59	6.43
		-0.04	-0.04	0.05	0.01
17.21	146.38	252.97	253.79	19.67	9.71
4.62	1.82	8.19	8.36	2.46	1.67
1.66	10.41	83.04	83.87	4.12	1.72
4.94	-0.08	48.25	49.17	8.66	1.96
0.56		2.83	3.27	2.15	0.34

1-B-47 按地区分组的仪器仪表

地区	资产总计	固定资产净额	固定资产原价	固定资产累计折旧
全国	**16122.52**	**1797.50**	**3306.24**	**1476.06**
北京	785.26	36.50	74.63	37.81
天津	177.75	9.73	25.12	15.37
河北	337.45	38.43	67.73	29.04
山西	56.62	10.32	15.23	4.67
内蒙古	2.13	0.75	1.01	0.24
辽宁	230.60	29.98	62.20	31.96
吉林	50.70	6.97	12.26	6.32
黑龙江	112.39	10.57	23.40	12.81
上海	767.88	57.91	125.16	67.88
江苏	4567.52	518.49	951.65	420.58
浙江	2805.16	348.40	593.93	243.52
安徽	390.55	50.91	95.46	43.98
福建	360.30	48.21	80.72	29.92
江西	188.11	32.88	59.76	22.74
山东	667.93	83.35	135.68	51.31
河南	432.42	53.75	104.77	49.91
湖北	518.87	66.78	120.96	53.36
湖南	379.51	52.59	101.02	46.01
广东	2181.41	206.98	408.81	198.07
广西	23.68	4.95	8.64	3.68
海南				
重庆	316.47	34.85	68.47	33.03
四川	333.27	47.76	83.38	34.49
贵州	22.70	2.43	4.87	2.42
云南	75.54	8.52	14.04	5.50
西藏				
陕西	266.84	26.30	51.97	25.26
甘肃	32.29	1.63	2.59	0.96
青海	3.14	0.18	1.28	1.10
宁夏	32.91	7.22	11.19	3.97
新疆	3.15	0.16	0.32	0.15

制造业主要经济指标

单位：亿元

流动资产合计	应收账款	存货	产成品	负债合计	流动负债合计
11389.72	**3575.30**	**2402.85**	**832.29**	**7420.70**	**6560.76**
563.24	156.52	115.75	28.45	290.08	278.92
149.05	44.38	32.28	10.65	73.53	70.46
247.69	98.36	48.83	16.98	160.62	139.86
36.89	19.88	6.47	1.62	28.42	24.29
0.91	0.07	0.78	0.02	0.71	0.71
171.78	52.39	40.14	10.56	93.93	78.18
31.55	8.66	8.14	1.82	18.38	15.19
88.25	27.75	19.24	6.15	58.41	45.58
605.54	173.28	129.04	40.99	280.04	262.30
3111.73	968.80	668.69	240.17	2275.02	2032.87
1970.58	571.16	416.37	148.47	1224.98	1089.42
281.79	102.29	47.85	14.46	154.68	141.23
232.37	64.67	47.86	15.51	173.80	132.02
117.68	41.61	21.86	8.29	77.92	60.47
486.11	175.63	111.31	29.57	297.43	269.55
292.53	97.53	44.71	15.64	174.78	158.02
333.28	123.85	63.89	24.32	254.54	212.18
267.25	103.38	39.75	12.03	158.83	116.15
1605.49	485.25	369.72	156.66	1063.23	937.13
18.17	5.93	4.28	1.54	7.93	7.50
228.55	65.99	46.34	19.75	178.56	156.54
235.60	82.08	54.89	12.60	160.56	141.30
17.13	7.17	4.23	1.57	12.37	10.02
60.11	13.11	15.27	1.57	39.52	33.59
200.93	71.44	39.31	10.35	128.17	116.85
8.36	2.89	0.68	0.23	14.01	13.13
2.46	0.36	0.33	0.15	0.60	0.60
21.92	9.57	3.95	1.85	16.92	13.98
2.79	1.31	0.91	0.31	2.76	2.76

1-B-47 续表 1

地区	应付账款	所有者权益合计	实收资本	国家资本
全国	**2648.18**	**8701.80**	**2479.70**	**133.54**
北京	102.97	495.18	127.15	4.95
天津	35.19	104.22	31.44	4.25
河北	59.64	176.84	47.74	1.73
山西	8.51	28.20	13.38	1.20
内蒙古	0.21	1.42	0.60	
辽宁	31.77	136.67	39.33	0.01
吉林	4.63	32.30	7.75	1.61
黑龙江	18.98	53.98	23.64	2.43
上海	113.43	487.83	109.98	3.31
江苏	812.39	2292.50	682.56	33.37
浙江	398.21	1580.18	381.80	1.79
安徽	69.07	235.87	76.17	7.12
福建	34.91	186.49	65.23	0.62
江西	26.27	110.19	51.81	13.66
山东	106.74	370.50	120.77	7.29
河南	74.49	257.64	72.87	2.81
湖北	91.81	264.33	57.18	3.55
湖南	48.61	220.69	70.57	6.18
广东	396.79	1118.18	307.48	1.68
广西	2.51	15.76	8.47	
海南				
重庆	61.83	137.91	44.51	10.60
四川	66.49	172.71	64.55	8.95
贵州	4.67	10.33	5.20	0.30
云南	13.56	36.02	8.09	2.97
西藏				
陕西	54.35	138.67	46.41	13.15
甘肃	2.42	18.28	4.34	
青海	0.23	2.54	0.15	
宁夏	6.22	15.99	10.25	
新疆	1.28	0.40	0.29	

单位：亿元

					营业收入
集体资本	法人资本	个人资本	港澳台资本	外商资本	
40.68	**1198.70**	**765.11**	**113.66**	**223.79**	**10472.84**
0.03	65.23	50.54	1.12	5.29	393.20
0.09	14.51	8.40	2.44	1.74	146.12
3.56	21.17	18.41	0.04	2.83	214.66
0.34	8.65	3.19			26.12
	0.60				0.84
0.30	17.67	14.49	0.37	6.48	154.53
0.66	1.63	3.61	0.05	0.20	19.72
1.20	13.53	4.57		1.90	75.15
0.01	38.45	31.01	4.93	31.59	626.73
10.64	346.73	196.20	19.21	76.42	2764.10
4.19	206.15	130.20	16.41	23.05	1773.28
0.65	28.95	22.34	1.04	16.07	273.38
0.27	23.27	30.53	6.72	3.82	243.89
	31.38	6.67		0.10	139.98
3.73	54.31	45.71	1.35	8.38	444.02
0.10	40.46	27.86	0.02	1.62	254.99
0.13	32.55	19.13	1.30	0.52	346.90
5.69	32.00	17.57	12.58	0.05	263.90
4.48	137.56	82.26	44.91	35.78	1541.49
0.18	5.46	1.11	0.01		13.49
0.15	22.14	8.98	0.18	1.78	254.08
2.82	31.45	15.28	0.28	5.77	271.59
0.20	4.10	0.60			12.97
0.04	2.83	1.55	0.67	0.02	29.30
1.08	16.04	11.81		0.38	157.36
	0.32	4.11			3.37
0.15					1.28
	1.35	8.90			25.07
	0.18	0.11			1.32

1-B-47 续表 2

地　区	营业成本	销售费用	管理费用	财务费用
全　国	**7709.37**	**572.38**	**1247.87**	**25.69**
北　京	271.24	29.43	59.63	-0.27
天　津	108.39	8.87	16.44	0.30
河　北	156.82	11.89	21.18	1.33
山　西	18.22	2.04	4.24	0.42
内蒙古	0.65	0.01	0.21	0.01
辽　宁	110.38	8.50	20.05	0.27
吉　林	12.79	0.94	4.22	0.12
黑龙江	53.15	2.60	7.52	-0.09
上　海	442.01	39.45	79.00	0.07
江　苏	2095.80	129.86	285.57	11.47
浙　江	1283.09	98.80	213.15	-4.51
安　徽	199.49	14.37	38.63	0.08
福　建	189.77	10.75	27.51	1.71
江　西	111.30	5.83	11.77	0.59
山　东	304.78	32.84	60.41	1.69
河　南	191.60	12.22	33.40	0.46
湖　北	257.24	16.41	42.95	1.59
湖　南	186.93	14.08	34.18	1.81
广　东	1146.41	91.29	201.52	5.76
广　西	9.24	0.56	2.55	
海　南				
重　庆	192.36	17.66	24.13	0.65
四　川	200.30	11.92	24.64	0.59
贵　州	9.51	0.79	2.20	0.22
云　南	22.15	0.80	4.31	0.08
西　藏				
陕　西	114.29	8.33	24.83	0.85
甘　肃	2.22	0.12	0.79	0.36
青　海	0.88	0.08	0.19	
宁　夏	17.04	1.89	2.54	0.13
新　疆	1.31	0.06	0.12	

单位：亿元

利息费用	投资收益 (损失以“-”号记)	营业利润	利润总额	亏损企业 亏损额	平均用工人数 (万人)
57.75	**134.55**	**1035.12**	**1079.28**	**101.25**	**102.23**
1.26	11.92	45.00	45.20	5.33	2.67
0.41	1.66	13.08	13.22	2.91	1.23
1.60	-0.15	19.36	20.64	2.13	2.20
0.38	0.22	1.18	1.62	0.28	0.36
0.01		-0.04	-0.04	0.07	0.02
0.63	0.67	16.63	17.93	1.11	1.87
0.10	0.69	2.35	2.77	0.16	0.40
0.39	0.42	12.47	13.02	0.48	0.90
1.96	4.95	72.46	75.79	5.53	4.29
17.68	57.99	294.43	305.20	13.89	21.38
9.11	27.08	211.75	221.97	12.72	17.55
1.23	1.86	23.42	25.00	2.52	2.50
1.78	-1.68	9.26	11.53	8.21	3.27
0.46	1.67	11.81	13.54	1.51	1.62
2.64	2.96	47.81	50.43	1.47	5.02
0.87	1.58	17.98	19.42	5.39	3.73
1.80	0.59	28.97	29.92	1.50	3.14
1.72	2.84	28.14	29.21	2.76	2.31
9.57	13.36	108.82	111.59	23.54	20.33
0.07	0.02	1.04	1.12	0.15	0.43
1.20	5.38	24.58	24.97	0.82	2.18
1.04	-0.66	29.57	29.80	5.91	2.12
0.18		0.41	0.44	0.19	0.17
0.19	0.02	1.52	1.57	0.32	0.40
0.93	1.15	9.30	9.59	1.90	1.90
0.36		-0.14	-0.12	0.28	0.06
		0.12	0.15		0.04
0.17	0.01	4.00	3.97		0.14
0.01		-0.17	-0.16	0.19	0.01

1-B-48 按地区分组的其他

地区	资产总计	固定资产净额	固定资产原价	固定资产累计折旧
全国	**4503.61**	**769.32**	**1524.46**	**737.43**
北京	368.08	20.11	51.31	27.19
天津	34.16	6.47	19.45	12.82
河北	22.57	6.14	13.03	6.66
山西	272.91	57.04	110.49	52.43
内蒙古	10.92	0.79	1.17	0.38
辽宁	32.82	5.91	24.23	18.32
吉林	32.71	6.54	12.50	5.82
黑龙江	62.64	18.46	32.15	13.68
上海	64.87	13.99	47.66	33.64
江苏	138.77	46.24	91.78	44.03
浙江	420.40	80.33	143.82	62.85
安徽	89.87	10.03	17.74	7.56
福建	140.63	17.28	37.01	17.95
江西	41.37	13.57	21.92	8.00
山东	77.28	12.16	21.81	9.62
河南	217.90	55.57	114.03	57.57
湖北	85.17	14.20	28.20	12.73
湖南	181.14	55.45	88.67	30.99
广东	682.46	65.10	149.41	82.16
广西	21.32	5.00	10.63	5.60
海南				
重庆	224.40	60.33	104.97	44.60
四川	282.85	124.07	238.26	113.42
贵州	34.44	5.88	12.16	6.13
云南	4.77	1.13	1.56	0.44
西藏				
陕西	5.92	1.07	2.13	1.06
甘肃	952.88	66.42	128.31	61.80
青海				
宁夏				
新疆	0.36	0.06	0.06	0.01

制造业主要经济指标

单位：亿元

流动资产合计	应收账款	存货	产成品	负债合计	流动负债合计
2496.97	**565.52**	**526.75**	**149.06**	**2909.57**	**1776.14**
316.21	49.26	92.70	0.50	282.03	267.43
26.07	3.99	4.36	0.97	18.55	16.38
15.47	4.55	4.37	1.17	15.03	13.28
164.08	18.76	31.30	2.51	173.39	152.36
8.00	4.21	2.10	0.10	6.52	6.47
25.37	6.54	4.90	1.92	12.82	10.59
23.71	3.67	3.88	1.01	16.31	15.28
39.66	2.92	7.21	0.31	42.39	31.93
46.27	13.16	13.81	3.02	28.01	26.34
69.86	22.45	16.36	7.75	61.17	56.24
258.28	58.70	52.55	23.00	262.53	235.51
56.74	12.43	13.82	6.29	48.91	41.87
92.78	24.58	27.30	13.83	81.50	56.70
22.59	7.90	5.82	2.07	25.49	19.09
56.58	16.68	16.80	5.14	47.19	43.46
132.96	24.66	25.62	9.78	90.47	72.74
59.38	7.46	8.28	2.08	41.71	38.01
91.40	9.32	9.64	4.80	78.09	60.85
525.02	133.45	72.85	26.85	306.90	284.23
13.83	2.22	2.66	0.59	13.17	11.09
143.52	47.34	24.15	9.11	129.53	113.16
124.06	41.02	45.45	11.05	194.50	73.21
26.94	10.62	4.83	1.15	24.60	23.06
3.81	1.59	0.85	0.24	2.80	2.24
4.07	1.92	1.28	0.24	3.01	2.80
149.98	36.12	33.84	13.57	902.77	101.65
0.33	0.01	0.01		0.19	0.18

1-B-48 续表 1

地区	应付账款	所有者权益合计	实收资本	国家资本
全国	**655.99**	**1603.24**	**666.33**	**123.41**
北京	106.83	86.05	34.68	10.07
天津	4.74	15.62	4.63	0.20
河北	4.13	7.54	6.57	
山西	62.47	99.52	47.52	43.25
内蒙古	2.26	4.41	6.60	
辽宁	3.40	20.00	13.59	0.40
吉林	8.07	16.40	7.26	
黑龙江	14.26	20.25	2.86	
上海	8.37	36.86	14.32	0.24
江苏	15.79	77.60	40.16	
浙江	56.25	157.86	73.28	0.20
安徽	10.42	40.96	21.83	0.21
福建	10.94	59.13	23.74	
江西	5.35	15.88	78.29	2.05
山东	12.91	30.10	14.98	1.00
河南	29.25	127.42	18.95	7.54
湖北	10.07	43.45	17.84	10.23
湖南	10.01	103.05	64.48	38.52
广东	97.65	375.55	100.07	1.50
广西	4.49	8.15	4.26	0.78
海南				
重庆	42.72	104.07	33.90	2.62
四川	43.88	88.36	23.38	3.03
贵州	13.70	9.84	3.13	1.46
云南	0.51	1.97	0.40	0.11
西藏				
陕西	0.71	2.91	0.32	
甘肃	76.82	50.11	9.29	
青海				
宁夏				
新疆		0.17		

单位：亿元

集体资本	法人资本	个人资本	港澳台资本	外商资本	营业收入
3.58	**238.95**	**202.91**	**44.92**	**52.61**	**2885.31**
	14.31	8.89	1.35	0.07	283.59
0.01	1.38	0.64	0.06	2.34	30.93
	3.43	1.35		1.79	20.77
	4.27				161.36
	0.48	1.53			5.47
	1.86	1.19	2.69	7.44	24.19
	7.14	0.12			11.91
	0.59	1.00			29.00
	5.56	1.66	0.61	6.25	51.64
0.72	14.22	8.53	4.84	11.85	151.53
0.24	32.65	29.80	5.16	5.22	359.59
2.20	8.34	10.99		0.08	52.05
0.03	6.51	6.43	10.09	0.69	262.37
0.10	3.66	71.43	0.17	0.87	52.30
0.26	4.88	4.82		4.02	71.63
	8.34	3.08			107.24
	2.52	3.78	1.30		65.21
	20.15	10.28			248.07
0.01	36.36	32.88	17.79	11.51	611.63
	1.95	0.23	0.81	0.49	16.54
	30.73	0.55			93.62
	18.88	1.48			102.92
	1.66	1.47			12.70
		0.29			5.08
	0.14	0.13	0.05		8.68
	8.94	0.35			45.04
					0.24

1-B-48 续表 2

地　区	营业成本	销售费用	管理费用	财务费用
全　国	**2398.88**	**64.87**	**268.23**	**4.74**
北　京	263.99	0.36	11.38	-0.20
天　津	23.24	0.45	2.77	0.02
河　北	17.09	0.76	2.19	0.08
山　西	139.99	0.31	14.21	-0.64
内蒙古	4.54	0.17	0.40	0.09
辽　宁	18.98	1.16	3.04	0.06
吉　林	8.96	0.08	3.04	-0.21
黑龙江	24.59	0.42	5.52	0.21
上　海	35.98	3.51	8.35	0.23
江　苏	127.07	5.27	10.57	0.71
浙　江	298.52	11.01	31.29	4.36
安　徽	42.20	2.64	5.58	0.26
福　建	228.84	4.93	11.88	1.18
江　西	44.15	1.34	2.91	0.41
山　东	59.74	1.57	5.25	0.45
河　南	80.77	1.18	14.56	-0.51
湖　北	53.33	0.67	6.49	0.10
湖　南	210.18	4.95	17.15	0.76
广　东	482.63	21.13	68.57	-3.08
广　西	14.53	0.45	2.72	-0.02
海　南				
重　庆	79.12	0.65	16.70	-0.23
四　川	81.03	0.66	11.86	0.60
贵　州	9.55	0.26	2.53	-0.04
云　南	4.04	0.21	0.53	0.02
西　藏				
陕　西	7.25	0.72	0.49	0.06
甘　肃	38.33		8.22	0.08
青　海				
宁　夏				
新　疆	0.22		0.01	

单位：亿元

利息费用	投资收益（损失以“–”号记）	营业利润	利润总额	亏损企业亏损额	平均用工人数（万人）
13.87	**8.21**	**162.07**	**169.85**	**18.05**	**34.73**
0.08	0.71	10.33	10.50	0.88	0.40
0.14		4.32	4.32	0.44	0.28
0.09	-0.03	0.55	0.56	0.10	0.50
0.72	0.63	8.67	9.88	0.93	1.45
0.05	0.03	0.27	0.28	0.01	0.03
0.15	0.03	0.79	0.86	0.13	0.39
0.01	0.01	-0.40	-0.36	0.46	0.19
0.28	-0.09	-2.12	-1.55	3.06	0.39
0.21	0.41	3.33	3.62	0.14	0.63
0.54	0.08	7.77	8.05	0.47	1.89
4.95	3.87	16.79	18.32	2.53	5.66
0.56	1.00	3.07	3.38	0.87	0.59
0.73	0.14	15.04	15.18	0.14	2.61
0.31	0.03	3.25	3.47	0.34	0.60
0.55	0.09	4.18	4.24	0.86	0.67
0.26	0.15	10.36	11.08	0.16	2.02
0.15		4.43	4.53	0.04	0.68
0.61	0.05	13.75	13.34	0.14	2.47
1.53	-0.33	39.51	40.98	4.16	9.40
0.05	0.01	0.85	0.91	0.10	0.32
0.91	0.89	6.42	6.53	1.99	1.22
0.76	0.25	8.87	8.95		0.90
0.07	0.20	0.66	0.74	0.02	0.40
0.02		0.29	0.28	0.08	0.06
0.04		0.15	0.18	0.03	0.08
0.13	0.07	0.90	1.57		0.88
					0.01

1-B-49 按地区分组的废弃资源

地区	资产总计	固定资产净额	固定资产原价	固定资产累计折旧
全国	**6917.15**	**1790.54**	**2912.14**	**1040.78**
北京	38.01	2.84	5.29	2.45
天津	81.45	20.62	33.20	12.58
河北	365.93	99.72	159.77	53.90
山西	291.83	80.50	135.88	54.67
内蒙古	63.41	17.65	29.29	11.53
辽宁	118.49	25.85	43.66	16.38
吉林	25.80	5.80	9.84	3.89
黑龙江	32.65	4.73	10.18	3.80
上海	89.42	22.58	41.64	18.72
江苏	594.09	176.40	294.40	113.64
浙江	532.32	97.71	152.62	53.25
安徽	414.07	70.09	99.92	28.71
福建	147.07	42.75	63.48	20.01
江西	742.78	248.49	376.64	120.84
山东	240.73	77.25	109.80	31.58
河南	285.55	59.96	141.16	58.26
湖北	893.07	260.51	416.37	149.92
湖南	432.58	88.48	161.93	60.95
广东	600.80	139.15	217.03	71.78
广西	160.11	33.31	43.88	10.52
海南	4.32	1.56	2.90	1.35
重庆	73.16	27.81	57.76	29.73
四川	217.10	55.07	82.21	24.50
贵州	37.06	10.28	14.97	4.52
云南	163.84	39.45	82.71	42.63
西藏	0.33	0.01	0.01	
陕西	147.71	38.85	58.59	17.48
甘肃	28.67	11.79	18.10	6.23
青海	2.16	0.48	0.67	0.19
宁夏	18.69	3.77	5.12	1.36
新疆	73.96	27.11	43.10	15.41

综合利用业主要经济指标

单位：亿元

流动资产合计	应收账款	存货	产成品	负债合计	流动负债合计
4065.75	**1092.10**	**972.18**	**429.33**	**4368.10**	**3532.60**
26.39	8.26	2.10	0.49	10.79	10.24
48.56	15.32	10.44	6.99	49.77	43.13
206.40	51.34	35.39	15.80	277.76	220.26
194.35	40.65	68.60	46.34	243.75	210.21
39.44	16.33	6.15	2.80	28.99	24.54
70.79	17.63	16.72	10.79	62.77	55.39
14.00	3.80	3.60	0.99	14.84	13.68
24.02	11.41	2.06	1.00	24.21	20.89
49.49	15.99	4.81	2.25	43.57	34.51
333.39	73.59	93.52	48.14	374.00	283.86
373.13	70.45	73.31	28.33	339.48	277.90
272.49	90.38	41.49	18.95	229.30	185.67
91.06	27.56	23.76	12.29	100.83	83.18
447.03	129.63	108.76	47.36	515.32	417.60
127.96	32.29	43.22	19.96	160.52	139.09
159.35	82.64	23.11	7.44	158.32	126.87
383.65	114.96	119.79	30.40	491.28	383.13
274.24	79.04	34.62	18.17	260.16	221.13
359.17	85.05	111.52	37.90	401.94	304.07
110.56	32.26	32.12	24.46	113.68	93.15
1.21	0.23	0.12	0.08	1.43	1.26
38.26	5.59	4.84	2.19	37.00	24.11
134.56	28.96	23.76	14.53	138.87	117.23
17.31	5.98	1.60	0.94	20.47	15.88
98.46	19.86	39.22	8.86	100.44	89.88
0.32	0.25	0.05	0.05	0.33	0.33
87.74	13.30	16.25	7.02	93.40	77.21
13.70	3.41	4.82	2.65	17.58	13.65
1.62	0.50			2.03	2.01
10.42	5.36	1.00	0.66	10.50	5.40
56.68	10.08	25.45	11.51	44.79	37.15

1-B-49 续表 1

地区	应付账款	所有者权益合计	实收资本	国家资本
全国	**934.59**	**2549.24**	**1274.93**	**120.53**
北京	6.70	27.22	7.29	
天津	11.96	31.68	28.55	0.96
河北	54.20	88.17	76.36	3.84
山西	79.42	48.24	29.55	2.98
内蒙古	6.75	34.42	15.59	0.80
辽宁	16.03	55.72	28.17	1.80
吉林	4.61	10.97	9.29	0.51
黑龙江	3.70	8.44	8.74	0.95
上海	8.49	45.85	25.83	2.84
江苏	71.79	220.09	140.20	16.16
浙江	53.65	192.85	80.15	3.86
安徽	56.66	184.77	100.32	9.41
福建	15.68	46.24	37.51	5.49
江西	114.91	227.49	89.39	7.88
山东	44.55	80.21	48.59	6.55
河南	45.56	127.23	45.03	2.48
湖北	92.70	401.79	168.70	3.06
湖南	40.56	172.41	53.80	3.16
广东	59.19	198.86	95.69	5.80
广西	33.47	46.44	24.89	4.06
海南	0.10	2.89	1.40	0.38
重庆	6.10	36.17	14.63	1.10
四川	24.62	78.23	38.28	2.97
贵州	3.74	16.60	7.99	3.31
云南	46.58	63.39	43.78	17.11
西藏	0.28	-0.01		
陕西	15.57	54.31	33.00	8.48
甘肃	5.55	11.08	9.54	3.13
青海	1.23	0.13	0.13	
宁夏	1.26	8.19	5.11	
新疆	8.96	29.17	7.42	1.48

单位：亿元

集体资本	法人资本	个人资本	港澳台资本	外商资本	营业收入
40.86	**649.27**	**411.90**	**28.35**	**24.02**	**12112.63**
0.02	4.90	2.28		0.10	19.71
0.98	18.29	7.06		1.26	115.25
2.62	53.44	15.15	1.13	0.18	449.80
0.04	12.07	11.96	2.50		1191.10
	8.74	6.05			74.22
0.01	18.78	7.42	0.16		232.22
	4.61	3.86		0.30	43.07
	5.30	2.49			61.77
0.06	16.25	3.69	1.61	1.39	76.80
2.68	64.60	35.82	6.09	14.85	919.86
0.52	46.78	19.80	7.52	1.66	668.44
15.09	54.84	18.94	0.96	1.08	1150.86
0.10	17.11	13.14	1.67		426.93
2.50	51.18	27.69		0.14	1992.14
0.34	21.28	17.24	2.10	1.09	266.05
1.53	26.86	14.15			618.22
4.51	51.17	108.31	1.66		1298.07
0.96	29.94	19.34	0.13	0.27	605.93
3.36	58.69	24.95	1.59	1.30	790.49
0.05	12.76	8.02			249.71
	0.98	0.04			1.94
0.12	8.37	4.89	0.02	0.13	93.30
1.79	21.71	10.94	0.81	0.06	273.06
0.54	2.15	1.95		0.04	30.74
0.90	15.12	10.54	0.12		166.83
					0.36
1.38	14.17	8.56	0.27	0.15	112.87
	2.76	3.65			29.71
		0.13			0.52
0.50	3.99	0.62			52.88
0.26	2.45	3.24			99.78

1-B-49 续表 2

地 区	营业成本	销售费用	管理费用	财务费用
全 国	**11328.90**	**76.91**	**282.97**	**65.39**
北 京	15.13	0.21	3.00	-0.09
天 津	114.23	0.48	3.00	0.61
河 北	420.92	3.81	11.99	4.06
山 西	1149.64	1.91	4.23	2.73
内 蒙 古	65.05	0.93	2.34	0.47
辽 宁	225.39	1.09	3.95	0.84
吉 林	42.32	0.33	1.15	0.08
黑 龙 江	62.65	0.28	0.89	0.29
上 海	64.51	1.54	4.81	0.54
江 苏	843.36	7.65	30.99	7.10
浙 江	627.03	5.04	24.69	5.07
安 徽	1095.77	4.96	18.96	3.32
福 建	403.31	5.25	10.54	2.35
江 西	1881.67	11.72	30.05	5.87
山 东	244.47	2.52	10.18	2.02
河 南	591.66	2.55	8.71	3.01
湖 北	1195.34	4.42	26.75	7.92
湖 南	536.08	6.13	26.37	3.46
广 东	730.80	6.75	25.10	7.79
广 西	245.76	0.78	3.57	1.49
海 南	1.35	0.12	0.28	0.01
重 庆	76.46	1.67	4.79	0.73
四 川	239.99	2.48	8.88	1.06
贵 州	26.37	0.54	1.65	0.27
云 南	155.30	0.97	6.10	1.74
西 藏	0.36		0.01	
陕 西	99.03	1.32	4.85	1.01
甘 肃	26.50	0.28	2.26	0.26
青 海	0.57	0.01	0.04	
宁 夏	50.90	0.20	0.61	0.21
新 疆	96.95	0.96	2.25	1.18

单位：亿元

利息费用	投资收益（损失以“—”号记）	营业利润	利润总额	亏损企业亏损额	平均用工人数（万人）
53.53	**-10.13**	**304.15**	**347.97**	**88.92**	**25.66**
0.12	0.14	1.77	1.83		0.11
0.37	0.80	-2.51	1.03	2.35	0.23
2.55	-8.32	-2.24	1.38	7.97	1.31
2.13		25.76	10.11	3.29	1.12
0.44	0.07	5.04	6.31	0.90	0.25
0.71	0.14	0.44	4.10	2.78	0.44
0.04	0.01	-0.89	-0.56	1.03	0.17
0.32		-2.19	-1.42	1.82	0.13
0.68	-0.07	5.60	6.47	0.80	0.24
5.86	-1.34	27.28	32.07	7.65	2.41
4.58	0.33	3.75	10.60	10.34	1.59
3.56	1.30	22.47	27.49	4.10	1.51
1.70	0.09	3.33	4.54	2.93	1.02
3.84	-9.43	51.54	58.85	5.45	2.31
1.65	0.43	5.41	6.68	2.92	1.02
2.30	-0.10	10.10	15.74	4.17	1.26
6.32	3.81	63.94	68.94	5.81	2.05
3.07	2.40	35.20	35.86	2.29	1.97
6.03	-0.07	19.03	19.63	7.49	2.31
1.18	0.09	-0.22	0.87	2.63	0.65
0.01		0.22	0.23	0.04	0.02
0.74	-1.24	6.48	6.61	0.47	0.56
1.48	0.04	18.68	20.05	1.85	1.21
0.31	1.16	2.90	3.11	0.33	0.20
1.45	-0.02	2.59	3.35	4.37	0.54
		-0.01	-0.01	0.01	
0.59	-0.37	1.96	2.70	2.41	0.54
0.17		-0.05	0.28	0.93	0.21
		-0.11	-0.02	0.02	
0.18		0.94	1.02	0.01	0.08
1.14		-2.05	0.11	1.77	0.18

1-B-50 按地区分组的金属制品、

地区	资产总计	固定资产净额	固定资产原价	固定资产累计折旧
全国	**4894.31**	**622.97**	**1307.47**	**656.92**
北京	502.47	18.78	64.66	45.22
天津	84.42	9.65	18.93	9.28
河北	94.07	6.17	30.71	17.54
山西	98.64	12.33	27.10	12.53
内蒙古	19.82	4.32	7.04	2.68
辽宁	1267.90	27.79	79.30	50.85
吉林	70.38	16.50	27.82	11.30
黑龙江	45.35	6.95	13.72	6.62
上海	433.44	100.24	211.37	105.54
江苏	32.64	5.57	8.99	3.41
浙江	289.00	61.13	129.58	64.74
安徽	189.92	23.02	43.28	19.94
福建	168.05	39.82	82.72	42.37
江西	8.53	0.57	3.39	2.82
山东	307.15	85.69	153.90	67.54
河南	76.54	5.70	14.84	9.08
湖北	120.02	22.02	65.66	43.64
湖南	18.45	2.32	6.17	3.77
广东	361.61	80.53	155.73	69.70
广西	63.71	11.80	24.73	12.93
海南	8.82	1.23	2.19	0.93
重庆	13.60	1.58	3.18	1.60
四川	195.12	22.64	40.76	18.06
贵州	6.80	0.69	1.32	0.63
云南	215.62	4.09	5.89	1.80
西藏				
陕西	108.96	29.12	51.93	22.78
甘肃	76.44	19.98	27.44	7.23
青海	1.50	0.17	0.45	0.28
宁夏	2.03	0.17	0.43	0.26
新疆	13.33	2.40	4.24	1.83

机械和设备修理业主要经济指标

单位：亿元

流动资产合计	应收账款	存货	产成品	负债合计	流动负债合计
2342.01	**631.80**	**504.57**	**58.74**	**2427.09**	**1729.35**
137.55	25.83	35.50	1.63	140.78	99.65
62.74	24.10	6.75	1.56	44.89	42.95
70.27	22.29	19.43	1.65	57.85	46.86
81.49	45.59	11.98	3.72	73.35	70.08
14.59	8.41	3.08	0.90	13.69	13.57
229.85	18.30	18.05	0.94	526.02	120.70
32.20	6.58	10.85	0.36	54.63	52.49
28.22	5.23	1.61	0.08	33.09	28.95
286.17	83.86	72.91	17.02	274.55	245.58
24.96	8.56	3.38	1.38	18.59	17.39
171.93	37.24	37.46	2.58	180.96	173.64
147.33	20.56	31.48	2.88	65.30	40.74
95.71	15.28	20.73	0.48	81.38	52.35
8.16	3.01	1.11	0.25	3.68	3.32
187.94	21.86	73.71	1.84	236.83	219.08
61.55	28.70	5.11	0.68	47.52	46.44
93.26	24.28	27.97	8.55	62.50	49.27
12.10	4.46	2.81	0.24	12.20	11.28
250.30	98.63	59.48	7.93	213.34	163.82
40.39	18.11	8.53	0.70	35.93	26.15
4.42	3.81	0.18		4.85	2.41
11.33	6.79	2.63	0.46	7.45	7.22
120.91	51.06	33.82	1.14	92.06	67.48
4.20	1.71	0.53	0.11	5.59	5.47
48.37	0.64	0.01	0.01	11.24	10.40
62.46	26.13	4.76	0.88	58.69	55.06
40.98	17.10	9.18	0.13	58.05	46.20
0.46	0.19			0.45	0.36
1.85	0.69	0.08		0.68	0.68
10.35	2.81	1.46	0.63	10.94	9.76

1-B-50 续表 1

地　区	应付账款	所有者权益合计	实收资本	国家资本
全　国	**694.74**	**2467.22**	**1090.26**	**131.69**
北　京	28.86	361.69	97.97	
天　津	33.39	39.53	23.68	1.86
河　北	33.40	36.21	9.00	2.45
山　西	33.45	25.29	15.16	2.00
内蒙古	7.27	6.13	5.61	1.25
辽　宁	18.14	741.88	326.73	1.41
吉　林	12.71	15.75	16.66	0.01
黑龙江	8.48	12.26	9.04	0.53
上　海	111.10	158.89	114.10	13.83
江　苏	8.22	14.05	9.43	1.63
浙　江	75.81	108.03	59.17	5.84
安　徽	14.73	124.62	16.94	6.92
福　建	21.96	86.67	59.44	1.77
江　西	1.94	4.85	3.15	
山　东	38.40	70.32	56.88	0.01
河　南	32.81	29.02	19.42	0.21
湖　北	21.55	57.52	11.04	2.54
湖　南	4.99	6.25	2.22	0.24
广　东	79.87	148.27	97.75	48.53
广　西	10.32	27.78	10.61	3.98
海　南	1.28	3.97	2.50	
重　庆	3.52	6.14	3.44	0.08
四　川	35.42	103.06	35.69	9.97
贵　州	2.61	1.22	2.82	
云　南	0.40	204.38	35.34	3.38
西　藏				
陕　西	27.22	50.27	35.49	20.89
甘　肃	23.26	18.39	8.16	1.55
青　海	0.17	1.06	0.15	
宁　夏	0.27	1.34	0.39	
新　疆	3.20	2.38	2.28	0.83

单位：亿元

					营业收入
集体资本	法人资本	个人资本	港澳台资本	外商资本	
13.90	**780.90**	**44.72**	**41.83**	**77.22**	**2390.16**
	87.89	1.21		8.87	137.94
	15.63	2.37	0.09	3.74	102.52
0.96	3.24	2.10		0.25	60.34
	7.46	5.15	0.05	0.50	56.38
1.00	2.27	1.09			21.01
0.20	323.65	1.46		0.01	81.81
0.60	15.98	0.08			34.62
	5.39	0.48	2.60	0.03	20.76
0.05	79.20	4.86	10.97	5.19	397.52
	1.41	1.04	3.70	1.66	34.64
1.00	23.27	6.76	4.12	18.18	197.04
	9.06	0.96			55.10
	13.63	1.18	14.75	28.10	180.96
0.02	2.14	0.78	0.21		8.86
2.12	48.88	4.57	0.93	0.38	132.15
1.12	14.41	2.71		0.97	135.35
	7.59	0.92			119.11
0.11	1.69	0.18			17.87
0.60	38.28	2.90	4.16	3.28	313.43
	6.53	0.10			25.36
	2.00			0.50	6.29
	3.23	0.13			9.24
0.53	21.11	1.14	0.24	2.71	112.64
0.20	2.53	0.09			5.41
3.94	27.35	0.55		0.12	9.21
1.34	9.38	1.16		2.73	55.71
	6.60	0.01			41.80
	0.15				6.08
		0.39			1.69
0.13	0.97	0.34			9.34

1-B-50 续表 2

地区	营业成本	销售费用	管理费用	财务费用
全国	**2008.71**	**26.69**	**216.03**	**19.52**
北京	113.90	1.58	15.26	2.93
天津	90.73	0.48	6.81	0.02
河北	50.25	0.16	6.59	-0.04
山西	47.93	0.88	4.96	0.36
内蒙古	17.75	0.38	2.00	0.15
辽宁	67.89	0.42	7.72	10.78
吉林	29.67	0.29	2.89	0.72
黑龙江	17.60	0.35	1.95	0.14
上海	322.27	3.43	52.96	0.52
江苏	29.20	0.85	3.16	0.25
浙江	159.83	3.21	18.22	0.16
安徽	44.08	0.59	8.14	-1.42
福建	157.97	0.53	8.87	0.17
江西	7.72	0.12	1.02	-0.01
山东	112.42	1.56	10.39	0.99
河南	126.78	1.27	5.10	
湖北	94.97	3.23	10.57	0.62
湖南	15.00	0.14	1.76	0.04
广东	263.91	4.10	23.28	1.21
广西	22.34	0.12	3.52	0.12
海南	6.05		0.44	0.13
重庆	7.77	0.09	0.83	0.02
四川	98.36	1.87	6.60	0.56
贵州	4.87	0.02	0.39	0.02
云南	6.25		2.02	-0.29
西藏				
陕西	41.84	0.39	6.00	0.60
甘肃	36.51	0.44	3.07	0.62
青海	5.56		0.39	0.02
宁夏	1.28	0.08	0.19	
新疆	8.01	0.10	0.92	0.15

单位：亿元

利息费用	投资收益 (损失以“–”号记)	营业利润	利润总额	亏损企业 亏损额	平均用工人数 (万人)
29.63	**53.11**	**173.94**	**177.32**	**9.13**	**27.37**
2.82	15.40	19.08	18.86	0.09	1.44
0.04	0.57	4.74	4.75	0.32	1.19
0.06	-0.12	3.15	3.22	0.29	1.33
0.37	0.04	1.96	2.45	0.06	1.03
0.16		0.64	0.68	0.02	0.47
13.98	29.73	31.15	32.21	0.11	2.22
0.69		1.18	1.21		0.60
0.18		0.72	0.71	0.37	0.22
1.66	2.21	21.17	21.01	1.04	3.20
0.21	0.10	1.15	1.28	0.30	0.54
1.23	0.14	14.65	14.91	0.66	2.17
0.06	0.06	3.46	4.00	0.20	0.80
0.45	1.53	14.61	14.67	0.71	1.20
		-0.05	-0.01	0.21	0.32
1.24	0.51	4.98	5.76	0.24	1.62
0.10	-0.05	2.17	2.15	0.16	0.74
0.67	-0.01	7.66	7.91	0.21	1.87
0.02	0.01	2.10	1.93		0.53
2.75	0.37	22.32	22.39	1.06	2.80
0.14	0.03	-0.72	-0.65	1.45	0.42
0.13		-0.11	-0.11	0.17	0.21
0.01		0.48	0.50		0.26
1.06	-0.09	5.79	5.84	0.99	0.59
0.01		0.07	0.09	0.10	0.16
0.06	2.53	3.24	3.23		0.07
0.67	0.24	6.89	6.92	0.24	0.50
0.68	-0.07	1.17	1.07		0.40
		0.09	0.09		0.21
		0.14	0.14		0.02
0.16		0.08	0.11	0.11	0.22

1-B-51 按地区分组的电力、热力、燃气及

地区	资产总计	固定资产净额	固定资产原价	固定资产累计折旧
全国	**287506.98**	**138824.74**	**261530.58**	**118336.83**
北京	34409.67	5932.26	12256.34	6319.15
天津	3976.63	1775.67	3662.86	1847.66
河北	10287.63	5714.15	10796.74	4973.77
山西	9170.08	5065.91	9251.73	4101.46
内蒙古	11408.83	6495.81	12250.50	5486.04
辽宁	6836.14	3817.95	7824.31	3909.90
吉林	3173.97	1906.62	3811.27	1823.44
黑龙江	4469.67	2232.31	4514.74	2171.12
上海	5048.09	2044.82	5556.72	3500.10
江苏	17023.65	9166.09	18778.82	9459.91
浙江	12666.11	6832.65	14099.60	7241.79
安徽	6611.19	3666.19	6894.20	3143.31
福建	7228.39	4515.31	7985.07	3437.54
江西	4319.14	2436.47	4429.91	1922.32
山东	21319.51	9091.45	16917.45	7699.53
河南	10389.94	5194.21	9956.30	4550.62
湖北	9348.62	4479.48	8839.72	4225.39
湖南	6531.35	4079.40	7463.94	3274.09
广东	29176.15	12142.50	23099.68	10829.64
广西	6828.80	3751.12	6120.03	2282.24
海南	1376.35	858.49	1459.78	553.11
重庆	3906.18	1958.56	3784.56	1778.65
四川	15955.00	9535.36	15741.55	5489.43
贵州	5428.86	2811.67	5515.28	2529.68
云南	10416.39	6510.31	11152.72	3986.19
西藏	1229.68	940.18	1418.36	412.77
陕西	6685.73	3627.18	6648.54	2873.24
甘肃	4443.93	2612.01	4974.25	2218.15
青海	3680.84	1862.47	3283.81	1324.25
宁夏	4321.48	2355.09	4152.93	1685.41
新疆	9838.98	5413.06	8888.87	3286.93

水生产和供应业主要经济指标

单位：亿元

流动资产合计	应收账款	存货	产成品	负债合计	流动负债合计
65093.01	**19027.63**	**3020.01**	**282.34**	**173213.71**	**86615.07**
6715.58	1173.44	42.80	9.67	11935.64	6365.54
1174.38	280.83	55.08	6.55	2611.07	1465.00
2594.58	854.72	97.38	11.00	7032.70	3876.17
2454.25	889.10	103.82	10.89	6629.81	3595.18
2850.34	1329.06	101.29	7.86	7631.03	4040.87
1731.46	518.14	127.34	6.57	4769.24	2739.78
747.93	253.65	48.19	4.68	2320.43	1390.81
1417.42	434.17	89.49	5.55	3225.18	1810.18
806.70	185.09	45.84	6.31	2197.52	1275.38
4391.87	1332.94	240.07	42.74	9948.08	5429.96
2749.34	751.87	223.98	6.77	7501.43	3422.58
1528.95	666.58	71.30	12.34	3912.73	2143.12
1375.77	408.89	179.43	6.81	4382.31	1720.47
974.02	263.05	64.34	6.01	2793.48	1415.35
6626.08	1526.24	373.93	29.97	14120.06	8565.88
2612.01	836.95	109.67	9.58	7021.67	3949.01
1557.23	421.64	55.85	6.27	5367.50	2680.79
1065.31	282.31	48.71	11.83	4180.04	1951.53
6405.23	1543.37	359.08	26.37	17620.15	7490.81
1244.63	403.11	74.58	6.72	4455.98	1623.89
200.71	60.07	21.47	0.73	929.59	463.47
944.82	195.62	45.17	2.41	2158.06	1152.75
2421.51	520.60	110.32	8.42	10216.35	3915.22
1240.22	359.35	70.07	2.79	4134.77	2304.55
1566.70	420.36	38.47	4.83	6587.71	2639.81
131.96	32.43	4.18	0.11	587.73	278.74
1724.34	511.44	79.70	13.11	4418.44	2314.73
1151.67	517.85	38.42	6.26	3057.32	1293.81
1042.55	407.42	10.05	2.13	2339.61	1113.69
1124.43	584.16	27.54	2.15	2977.08	1505.37
2521.02	1063.20	62.44	4.90	6150.98	2680.64

1-B-51 续表 1

地区	应付账款	所有者权益合计	实收资本	国家资本
全国	**20274.69**	**114233.92**	**81820.75**	**38692.74**
北京	1246.40	22474.02	19910.00	18788.49
天津	291.17	1365.57	1126.83	222.05
河北	1160.85	3245.39	2783.58	587.57
山西	1171.93	2540.27	3264.05	945.26
内蒙古	1038.12	3768.86	2787.20	960.18
辽宁	548.31	2060.63	1931.93	527.31
吉林	298.58	853.54	847.55	136.76
黑龙江	378.06	1242.77	1164.21	261.61
上海	272.64	2850.58	2236.38	1859.56
江苏	1239.97	7075.58	4939.14	1025.89
浙江	1109.44	5164.67	3183.00	1669.67
安徽	661.54	2698.46	1803.01	467.12
福建	554.79	2846.08	1867.21	368.72
江西	452.50	1525.65	980.09	191.68
山东	1654.68	7199.44	4515.88	990.69
河南	939.56	3368.27	2077.56	1023.52
湖北	580.29	3981.12	1828.32	581.09
湖南	504.15	2351.31	1773.77	402.07
广东	1635.36	11556.00	5808.02	2036.25
广西	343.48	2372.82	1279.52	276.53
海南	91.16	446.76	338.98	36.27
重庆	248.32	1748.12	954.56	263.39
四川	786.29	5736.13	3434.77	1163.15
贵州	427.89	1294.09	1091.63	306.82
云南	415.26	3828.67	2400.12	1227.42
西藏	64.38	641.95	91.54	40.95
陕西	622.93	2267.28	1597.88	620.46
甘肃	348.98	1386.61	1423.69	408.09
青海	176.70	1341.23	812.33	234.50
宁夏	350.41	1317.37	1041.51	352.92
新疆	660.55	3684.69	2526.48	716.74

单位：亿元

					营业收入
集体资本	法人资本	个人资本	港澳台资本	外商资本	
508.48	**38127.47**	**1515.94**	**1581.62**	**921.29**	**121557.26**
0.09	1017.23	9.61	84.50	10.08	8922.04
0.01	798.77	19.05	65.63	21.32	1962.77
42.82	1967.36	71.76	74.98	38.40	5658.96
15.68	2201.85	64.17	17.38	19.71	4293.87
38.42	1539.11	193.21	28.14	20.72	4764.25
15.10	813.13	61.89	36.27	32.66	2893.98
8.10	643.34	31.35	18.58	7.94	1414.53
12.13	789.64	63.38	13.72	23.74	1703.47
13.25	328.45	14.45	4.59	16.08	2426.94
40.54	3455.28	83.90	219.67	113.86	9682.44
16.89	1358.43	22.98	69.36	15.08	7831.28
6.79	1226.02	20.51	65.06	17.52	3747.39
19.70	1336.61	22.77	96.18	23.22	3738.01
13.68	700.84	33.39	27.37	13.13	2466.04
59.86	3072.15	123.88	170.27	98.27	10065.55
29.50	779.51	119.66	104.03	20.93	4806.31
14.67	1076.13	86.04	50.26	20.12	3104.13
18.80	1226.13	43.10	69.54	14.15	2695.51
33.29	3352.23	62.59	160.00	163.66	14638.34
5.60	921.90	16.02	48.06	9.82	2506.32
2.87	251.15	2.07	5.05	41.57	527.97
5.81	637.01	17.86	3.38	27.11	1912.09
15.84	2117.25	80.38	23.91	32.32	4301.03
13.20	681.08	23.18	41.89	12.78	2105.89
10.94	1080.66	44.62	21.26	15.22	2444.74
	49.05	0.30	1.24		142.96
16.48	879.72	62.10	16.14	2.98	3113.44
11.51	967.28	15.73	11.26	9.71	1766.47
4.90	566.08	3.98		2.87	881.65
6.87	616.77	33.52	31.02	0.41	1801.97
15.12	1677.29	68.51	2.89	45.93	3236.92

1-B-51 续表 2

地　区	营业成本	销售费用	管理费用	财务费用
全　国	**109043.56**	**569.33**	**2965.77**	**3383.69**
北　京	8524.63	10.97	133.32	180.35
天　津	1870.52	8.59	52.65	38.37
河　北	5174.35	23.61	140.32	144.48
山　西	3943.28	15.63	105.36	143.41
内蒙古	4154.92	11.19	75.53	165.80
辽　宁	2642.29	22.04	99.51	100.69
吉　林	1321.69	7.15	59.67	48.20
黑龙江	1661.71	9.28	57.56	63.82
上　海	2298.60	21.86	66.01	22.11
江　苏	8684.10	69.14	200.01	170.96
浙　江	7100.61	34.42	166.01	131.24
安　徽	3370.44	15.40	79.98	75.67
福　建	3318.19	18.58	77.11	92.68
江　西	2201.37	11.64	63.69	59.57
山　东	9186.62	40.33	235.04	243.43
河　南	4401.40	24.18	120.84	159.29
湖　北	2666.74	16.72	93.94	118.92
湖　南	2359.07	20.54	100.27	95.37
广　东	13124.90	67.83	386.92	273.58
广　西	2183.23	6.51	58.45	93.21
海　南	470.98	3.13	17.22	19.52
重　庆	1715.46	9.88	55.14	36.94
四　川	3411.66	32.10	123.79	222.88
贵　州	1909.36	7.66	50.27	92.56
云　南	1891.17	9.10	57.65	164.86
西　藏	176.66	0.45	16.47	7.13
陕　西	2719.73	14.88	95.52	85.33
甘　肃	1561.45	5.89	47.05	69.19
青　海	737.65	2.43	15.09	47.04
宁　夏	1596.19	2.86	34.29	74.82
新　疆	2664.60	25.33	81.08	142.27

单位：亿元

利息费用	投资收益 (损失以"－"号记)	营业利润	利润总额	亏损企业 亏损额	平均用工人数 (万人)
3322.95	**1471.66**	**6773.82**	**6956.00**	**1762.68**	**362.00**
182.36	432.98	541.53	551.98	3.71	8.96
40.06	13.44	22.91	41.71	37.57	4.20
132.74	9.44	163.33	202.22	108.23	18.61
142.77	11.91	106.53	129.16	132.87	14.52
159.91	56.39	318.95	317.76	139.86	16.96
92.77	31.84	81.56	101.55	88.99	14.43
44.20	2.69	-26.80	-5.43	67.53	8.47
54.65	6.08	-77.38	-48.27	120.01	13.14
24.01	31.76	72.71	67.37	17.14	3.49
170.09	38.57	571.58	552.72	44.42	15.79
130.91	36.36	468.01	458.44	40.95	12.46
67.81	24.33	213.19	211.11	35.84	9.27
90.09	18.48	268.69	267.95	17.35	11.22
49.40	11.96	141.80	150.57	8.13	9.53
241.17	117.44	502.70	502.84	137.54	31.00
143.67	16.99	93.19	109.51	103.89	20.84
111.74	251.38	451.43	444.79	28.84	11.00
83.94	17.43	138.73	149.65	25.00	14.41
334.30	226.61	969.81	975.61	72.58	29.96
96.05	5.74	170.88	171.77	18.37	10.53
18.60	2.77	18.05	17.58	9.80	2.01
37.04	11.74	87.39	87.35	6.47	6.26
218.23	19.85	491.94	497.84	44.93	20.60
87.38	9.78	44.45	42.95	62.87	7.51
165.39	14.53	324.93	320.08	45.03	9.27
6.69	0.10	-69.65	-69.68	78.54	1.16
80.26	13.42	180.70	184.78	49.76	12.84
65.43	6.10	51.39	63.45	80.57	8.39
44.38	9.88	75.96	78.68	21.64	1.83
73.08	11.09	95.61	97.83	26.98	3.24
133.83	10.61	279.71	282.11	87.25	10.09

1-B-52 按地区分组的电力、

地 区	资产总计	固定资产净额	固定资产原价	固定资产累计折旧
全 国	**236717.02**	**122295.77**	**234748.72**	**108492.45**
北 京	31976.75	5003.21	10706.25	5699.73
天 津	2763.21	1394.99	3021.89	1591.96
河 北	8048.88	4937.79	9645.64	4623.28
山 西	7573.33	4656.38	8605.71	3875.60
内 蒙 古	10228.49	6028.34	11497.41	5215.64
辽 宁	5512.27	3412.04	7129.03	3623.55
吉 林	2845.33	1803.10	3606.73	1728.81
黑 龙 江	3953.49	2140.20	4306.42	2078.01
上 海	3245.22	1597.99	4665.90	3058.96
江 苏	12537.61	7794.30	16425.92	8536.58
浙 江	9142.19	5521.37	11881.51	6344.80
安 徽	5260.01	3221.61	6207.18	2904.99
福 建	6044.79	4075.84	7261.01	3168.28
江 西	3294.06	2147.83	3973.47	1761.86
山 东	17739.23	7846.88	15010.86	7063.39
河 南	8205.53	4570.57	8970.94	4224.86
湖 北	8147.38	4044.98	8145.46	3977.10
湖 南	5271.23	3583.21	6719.55	3033.71
广 东	23697.26	10403.41	20109.16	9602.65
广 西	6041.47	3407.67	5629.57	2142.02
海 南	1081.93	752.29	1283.38	484.71
重 庆	2530.73	1507.54	3071.48	1538.28
四 川	11878.71	8534.76	14207.25	4981.50
贵 州	4286.44	2610.44	5213.13	2437.79
云 南	9046.37	5959.09	10396.68	3784.96
西 藏	1194.37	938.47	1412.55	409.54
陕 西	5336.50	3109.41	5833.30	2596.73
甘 肃	4082.41	2501.75	4782.37	2137.67
青 海	3579.02	1826.22	3227.02	1303.71
宁 夏	3833.17	2193.08	3909.52	1606.20
新 疆	8339.63	4770.98	7892.43	2955.57

热力生产和供应业主要经济指标

单位：亿元

流动资产合计	应收账款	存货	产成品	负债合计	流动负债合计
48365.30	**16032.40**	**2255.73**	**79.93**	**143098.40**	**69837.93**
6111.29	997.83	35.46	9.25	10834.24	5798.64
792.85	169.58	41.73	2.26	1803.03	962.80
1759.97	655.55	58.78	1.01	5437.77	2797.11
1844.67	761.31	81.51	3.40	5553.70	2927.14
2495.41	1247.39	72.87	2.49	6843.04	3444.74
1251.62	424.61	113.08	4.05	3961.88	2207.50
648.09	235.07	38.13	0.70	2112.08	1267.64
1182.20	402.82	83.24	2.73	2889.08	1616.36
442.12	125.50	15.54	0.02	1334.57	891.32
2427.86	1172.90	156.04	3.16	7100.76	3744.71
1613.48	620.01	164.79	1.37	5285.11	2515.15
1070.17	572.06	49.65	2.65	3192.90	1751.17
1041.50	348.01	155.08	0.56	3697.76	1365.74
653.08	227.96	48.22	2.33	2157.23	999.82
5361.96	1240.69	296.19	13.76	11963.04	7197.95
1803.15	651.93	78.66	1.90	5665.60	3133.28
1130.40	335.32	38.73	1.72	4560.52	2280.24
714.33	209.39	34.58	4.10	3390.71	1527.27
4807.42	1148.46	282.69	3.71	14487.99	5728.35
1042.84	352.77	63.19	3.05	3944.47	1412.54
146.54	48.27	19.39	0.01	797.31	418.21
502.11	155.11	28.86	0.33	1482.32	825.59
1077.72	357.74	42.69	0.87	7971.29	2808.94
758.89	278.35	53.70	0.16	3416.62	1900.11
1153.59	347.45	26.11	0.32	5930.90	2274.33
105.58	32.01	3.50	0.11	563.37	276.42
1292.42	467.52	57.50	5.00	3582.90	1819.36
1033.67	501.43	33.34	4.74	2826.50	1168.18
1001.08	404.40	7.58	1.19	2286.61	1082.54
977.75	541.30	22.90	0.16	2692.08	1360.73
2121.57	999.65	52.02	2.81	5332.99	2334.04

1-B-52 续表 1

地区	应付账款	所有者权益合计	实收资本	国家资本
全国	**16765.53**	**93560.19**	**70574.59**	**34477.00**
北京	1147.07	21142.51	19251.09	18418.54
天津	196.84	960.18	847.50	158.41
河北	825.69	2601.57	1889.11	504.23
山西	1004.49	2019.63	1876.87	747.73
内蒙古	944.12	3376.51	2535.29	890.94
辽宁	470.30	1545.03	1587.91	348.87
吉林	274.85	733.25	780.63	112.35
黑龙江	345.80	1062.70	1044.10	189.02
上海	194.56	1910.64	1645.04	1425.53
江苏	1027.44	5436.85	4176.70	640.85
浙江	919.69	3857.07	2565.50	1433.82
安徽	553.82	2067.11	1534.63	366.02
福建	463.73	2347.03	1619.13	237.39
江西	383.13	1136.83	842.97	115.72
山东	1336.51	5776.19	3935.33	764.69
河南	791.66	2539.93	1713.15	870.13
湖北	476.85	3586.86	1676.99	517.29
湖南	425.98	1880.52	1538.09	273.13
广东	1213.72	9209.26	4878.04	1787.33
广西	282.66	2097.01	1185.19	228.31
海南	79.65	284.61	238.75	18.87
重庆	184.95	1048.41	714.24	190.96
四川	568.04	3904.91	2842.52	836.67
贵州	372.57	869.81	910.51	239.39
云南	340.71	3115.46	2152.84	1075.95
西藏	63.71	631.00	86.23	36.06
陕西	493.63	1753.60	1286.97	467.53
甘肃	321.48	1255.91	1347.05	364.63
青海	168.84	1292.41	796.35	227.43
宁夏	317.42	1114.07	940.36	338.66
新疆	575.62	3003.32	2135.51	650.57

单位：亿元

					营业收入
集体资本	法人资本	个人资本	港澳台资本	外商资本	
371.78	**32515.82**	**1093.76**	**1122.48**	**524.50**	**97986.07**
0.09	802.61	6.34	19.94	3.56	8232.24
0.01	658.07	7.08	18.75	5.18	1192.82
24.42	1229.67	43.13	66.50	21.10	4091.68
8.93	1038.95	50.68	14.76	15.81	3401.56
36.18	1404.22	158.67	20.21	19.79	4064.73
2.29	710.91	49.36	17.10	13.82	2539.33
4.79	621.03	23.20	15.61	2.21	1256.87
8.89	758.90	57.91	11.95	17.44	1526.01
4.93	198.14	11.82	0.91	3.71	1737.06
26.59	3237.87	62.67	160.42	48.31	7792.78
13.59	1027.43	17.28	39.50	33.27	6138.71
4.21	1099.65	10.12	48.04	6.58	3139.66
19.34	1249.42	13.41	80.99	18.59	3009.25
12.46	663.03	24.82	16.82	10.13	2028.58
52.92	2826.16	95.25	123.40	72.91	8338.06
20.70	636.76	97.33	73.78	14.46	3728.80
13.17	1022.93	63.35	44.37	15.89	2652.64
16.75	1144.08	30.65	64.36	9.12	2218.06
23.06	2776.53	37.02	120.88	133.21	10617.81
5.03	893.36	5.58	43.50	7.80	2207.63
0.32	204.73	2.07	5.05	7.71	464.93
3.91	498.43	5.08	1.61	14.24	1310.96
10.05	1927.50	44.56	14.67	7.12	3251.34
9.09	597.58	15.05	32.04	4.68	1842.07
8.17	1002.65	40.03	20.94	5.09	2207.75
	48.64	0.30	1.24		135.43
10.31	758.93	40.43	8.97	0.80	2344.31
10.56	938.87	11.92	11.26	9.71	1534.86
4.89	559.76	3.36		0.92	776.92
6.62	555.22	15.48	24.38		1616.68
9.53	1423.78	49.78	0.54	1.33	2586.54

1-B-52 续表 2

地 区	营业成本	销售费用	管理费用	财务费用
全 国	**88326.78**	**79.04**	**2067.60**	**3021.32**
北 京	7921.25	2.27	88.31	167.76
天 津	1159.71	2.37	32.26	29.20
河 北	3748.37	2.32	94.04	124.38
山 西	3111.21	4.57	72.08	128.82
内蒙古	3540.42	4.67	55.24	151.55
辽 宁	2344.15	1.90	72.33	89.80
吉 林	1181.50	0.86	50.62	45.70
黑龙江	1503.57	1.64	47.97	57.96
上 海	1663.55	0.02	42.21	17.95
江 苏	7078.99	6.94	133.62	156.84
浙 江	5556.20	2.95	116.21	105.32
安 徽	2844.33	1.54	54.34	69.88
福 建	2643.97	1.60	58.21	84.91
江 西	1841.95	0.94	43.52	52.33
山 东	7679.23	8.36	168.51	222.68
河 南	3477.27	2.19	77.88	139.59
湖 北	2261.02	1.08	73.33	111.06
湖 南	1978.13	3.44	65.30	81.98
广 东	9540.96	10.68	267.07	221.72
广 西	1920.95	0.68	46.74	82.59
海 南	423.94	0.12	13.14	18.16
重 庆	1190.03	0.45	33.05	31.38
四 川	2596.98	2.99	63.01	202.09
贵 州	1692.76	0.39	33.28	84.51
云 南	1700.13	3.68	46.26	155.81
西 藏	171.76	0.10	15.51	7.06
陕 西	2026.16	3.02	66.76	72.22
甘 肃	1350.69	1.03	39.37	67.59
青 海	647.00	0.92	12.18	47.19
宁 夏	1438.60	0.77	27.36	68.49
新 疆	2092.01	4.52	57.89	124.80

单位：亿元

利息费用	投资收益(损失以“-”号记)	营业利润	利润总额	亏损企业亏损额	平均用工人数(万人)
2926.88	**1281.64**	**5479.85**	**5601.88**	**1444.17**	**266.89**
166.00	405.17	500.62	510.90	2.17	6.56
29.71	6.80	-2.96	14.91	26.71	2.65
113.72	7.82	104.57	134.49	86.79	13.53
121.46	4.95	96.04	115.95	110.66	10.82
145.31	51.32	276.30	271.98	130.07	14.37
83.11	30.98	78.23	93.40	71.41	10.32
41.34	2.27	-27.02	-5.65	63.34	7.01
47.86	5.79	-78.53	-52.05	114.59	11.21
18.84	25.89	47.57	41.74	9.80	1.79
149.08	23.00	413.55	390.90	37.72	9.76
102.27	23.01	395.96	380.03	14.23	8.22
60.27	15.52	169.21	166.17	30.13	6.11
82.43	14.75	248.61	246.76	6.59	8.97
42.38	2.58	93.69	101.83	6.35	6.96
219.07	110.35	403.97	400.50	121.63	24.31
125.93	11.08	24.93	37.65	90.31	13.58
103.83	247.30	446.07	436.71	12.14	7.71
72.40	16.73	108.29	117.54	18.06	10.59
279.34	189.95	722.24	726.43	52.09	20.86
85.11	5.32	162.45	162.69	15.42	8.71
16.83	0.98	8.76	8.30	8.32	1.38
31.57	9.32	54.98	55.97	3.01	3.65
192.49	11.28	364.75	365.49	39.26	14.14
79.17	4.15	24.48	22.79	59.19	5.74
153.93	18.23	309.19	302.22	28.92	7.99
6.53	0.03	-70.99	-71.16	78.42	1.07
68.65	7.49	153.01	156.07	31.90	9.82
62.22	5.56	44.98	55.93	77.71	7.33
44.14	9.78	66.28	68.92	21.27	1.60
66.80	10.81	83.43	85.64	24.54	2.64
115.11	3.44	257.21	258.84	51.42	7.48

1−B−53 按地区分组的燃气

地区	资产总计	固定资产净额	固定资产原价	固定资产累计折旧
全国	**19076.56**	**6758.52**	**10539.50**	**3552.86**
北京	1064.11	336.03	513.88	176.48
天津	531.47	249.03	367.40	114.62
河北	1526.09	574.96	788.04	202.84
山西	1308.67	280.56	426.47	135.28
内蒙古	692.35	326.66	510.00	171.41
辽宁	367.20	149.39	242.41	91.47
吉林	188.17	55.87	96.19	36.59
黑龙江	121.62	43.22	84.73	40.39
上海	527.02	144.57	295.96	148.95
江苏	1277.28	430.40	679.19	210.46
浙江	1195.79	466.62	698.81	224.12
安徽	524.69	174.94	266.70	88.46
福建	348.15	146.35	256.15	100.97
江西	239.61	116.48	175.92	56.16
山东	1201.53	442.47	691.66	232.40
河南	1050.87	339.06	501.70	152.97
湖北	342.88	150.02	242.77	84.38
湖南	262.89	129.60	195.15	61.58
广东	1777.57	585.56	926.71	336.71
广西	208.54	70.06	101.13	28.21
海南	115.32	38.25	66.04	26.75
重庆	426.38	129.79	231.27	81.28
四川	936.14	261.53	467.13	194.11
贵州	209.56	62.85	87.15	24.12
云南	662.00	316.51	398.62	79.46
西藏	16.77	0.10	0.10	
陕西	765.41	286.07	481.94	177.86
甘肃	121.58	47.34	85.18	36.71
青海	49.37	17.82	28.03	10.21
宁夏	236.90	70.16	110.16	37.83
新疆	780.64	316.27	522.91	190.07

生产和供应业主要经济指标

单位：亿元

流动资产合计	应收账款	存货	产成品	负债合计	流动负债合计
7100.66	**1199.16**	**436.82**	**152.93**	**11292.52**	**8094.94**
285.30	19.54	4.98	0.33	416.17	252.37
145.62	46.70	8.45	3.84	375.48	275.55
645.20	138.85	28.82	9.33	1121.76	831.75
540.54	103.27	20.37	7.35	922.99	576.01
190.79	34.22	25.71	4.73	511.42	432.61
137.40	22.23	8.96	1.99	224.22	185.02
56.09	11.54	9.32	3.82	120.56	82.60
49.04	15.31	4.77	2.26	74.78	70.78
217.50	39.37	17.16	5.80	284.34	177.47
458.28	72.07	33.83	22.66	708.39	529.51
425.28	54.60	27.57	5.01	669.13	327.53
182.71	48.46	9.36	4.95	272.74	194.10
125.87	30.16	16.44	5.57	218.93	161.27
70.39	5.72	6.66	2.02	135.13	115.55
544.34	126.38	40.68	12.88	743.06	617.87
521.42	102.68	25.19	5.61	686.05	522.86
120.79	19.57	7.17	2.84	245.51	170.53
83.72	12.28	8.99	6.03	174.06	139.87
650.20	117.08	45.19	20.04	958.09	763.81
74.95	19.38	5.05	3.10	145.57	97.36
17.76	1.94	1.09	0.68	48.18	17.04
173.02	17.17	10.10	1.55	240.86	146.07
363.08	37.83	22.41	4.70	469.11	359.72
61.94	14.37	3.50	1.10	128.47	89.84
222.34	16.48	7.25	0.94	243.52	196.22
16.37	-0.76	0.49		15.33	1.47
300.12	25.47	17.71	7.78	448.18	326.33
56.76	2.85	4.59	1.43	80.04	65.07
25.08	1.73	1.68	0.92	21.15	19.87
105.61	23.74	4.17	1.93	132.71	104.59
233.16	18.94	9.14	1.74	456.58	244.32

1-B-53 续表 1

地区	应付账款	所有者权益合计	实收资本	国家资本
全国	**1824.07**	**7784.03**	**5378.59**	**965.07**
北京	44.23	647.93	151.29	1.22
天津	50.46	155.99	141.04	2.19
河北	256.58	404.33	761.27	46.26
山西	131.03	385.67	1305.71	149.02
内蒙古	60.59	180.94	141.56	5.11
辽宁	29.78	142.98	122.98	52.37
吉林	16.04	67.61	33.87	4.07
黑龙江	16.26	46.83	22.38	0.15
上海	54.47	242.69	144.90	52.34
江苏	102.77	568.89	214.70	27.32
浙江	65.33	526.66	260.59	46.77
安徽	68.06	251.95	104.00	15.63
福建	48.90	129.22	67.01	9.90
江西	28.22	104.47	36.97	18.12
山东	146.16	458.46	220.66	61.24
河南	79.53	364.82	144.99	24.94
湖北	47.23	97.38	51.16	6.21
湖南	24.14	88.83	42.26	9.23
广东	198.23	819.48	393.42	96.81
广西	31.38	62.97	33.21	8.87
海南	4.47	67.14	54.44	0.28
重庆	30.51	185.53	72.29	29.89
四川	60.91	467.03	182.15	64.06
贵州	13.42	81.09	53.75	24.78
云南	38.78	418.48	150.78	104.15
西藏	0.53	1.44	0.67	0.67
陕西	102.45	317.23	174.69	77.99
甘肃	7.91	41.54	21.66	8.30
青海	3.29	28.22	7.97	1.63
宁夏	15.80	104.20	50.20	5.30
新疆	46.59	324.06	216.03	10.24

单位：亿元

集体资本	法人资本	个人资本	港澳台资本	外商资本	营业收入
66.22	**3458.25**	**285.43**	**320.93**	**278.74**	**18789.88**
	86.38	0.67	62.67	0.35	522.65
0.01	89.94	6.07	36.56	6.28	639.77
18.38	647.45	23.34	8.20	17.01	1413.94
6.75	1134.78	12.59	2.22	0.35	833.12
	94.93	31.59	6.95	0.85	617.85
1.43	35.17	6.87	16.37	10.76	224.59
0.23	13.69	7.14	2.98	5.73	131.32
1.50	11.46	4.79	0.98	3.50	137.74
5.00	82.03	0.92	1.00	3.60	532.28
0.44	100.18	10.61	30.06	46.11	1491.42
0.92	173.66	3.44	28.01	7.79	1307.53
1.72	68.30	2.99	7.71	7.65	457.32
0.15	39.90	4.71	10.97	1.38	610.61
	12.50	1.82	3.51	1.02	325.87
3.68	94.28	18.82	21.02	20.87	1386.87
6.50	67.15	13.25	26.72	6.04	855.32
0.48	24.32	12.69	5.89	1.56	325.27
1.00	23.21	5.39	0.55	2.89	267.40
2.52	229.54	12.85	27.96	23.74	3166.36
0.10	14.42	5.85	2.59	1.38	226.75
	20.30			33.86	38.93
1.90	26.74	9.88	0.38	3.50	493.00
1.86	63.83	23.90	6.87	21.64	715.09
3.49	21.25	3.54	0.02	0.68	170.13
0.89	40.37	2.66	0.32	2.39	175.01
					3.97
6.07	62.09	19.76	6.60	2.18	686.75
0.07	9.81	3.47			209.01
	3.76	0.62		1.95	99.45
0.25	25.14	18.03	1.47		146.42
0.90	141.67	17.17	2.35	43.70	578.14

1-B-53 续表 2

地　区	营业成本	销售费用	管理费用	财务费用
全　国	**17171.59**	**289.48**	**447.86**	**115.11**
北　京	477.16	1.65	32.61	-0.14
天　津	611.53	3.48	9.94	4.47
河　北	1315.05	17.15	29.74	11.99
山　西	781.13	8.87	25.18	11.82
内蒙古	559.96	3.68	11.88	8.78
辽　宁	200.20	10.98	9.13	2.70
吉　林	120.97	3.63	4.67	1.71
黑龙江	125.97	5.65	4.37	0.28
上　海	503.76	11.70	14.33	1.50
江　苏	1323.53	26.27	28.88	3.16
浙　江	1215.09	14.64	20.05	5.16
安　徽	415.48	8.20	10.67	0.71
福　建	587.75	8.93	7.79	3.72
江　西	286.66	5.56	8.27	2.24
山　东	1259.10	25.74	35.47	6.77
河　南	760.72	15.60	21.15	5.32
湖　北	302.64	7.64	8.28	2.20
湖　南	234.01	7.68	10.24	2.09
广　东	2953.73	32.39	50.17	7.47
广　西	211.95	3.27	4.11	2.06
海　南	29.84	1.78	1.46	0.60
重　庆	443.24	5.35	10.28	2.31
四　川	585.69	21.67	32.94	2.83
贵　州	154.28	3.08	4.62	2.33
云　南	145.31	2.68	5.48	4.78
西　藏	3.04	0.22	0.41	-0.02
陕　西	635.07	8.69	19.70	5.21
甘　肃	191.62	4.21	4.40	0.33
青　海	87.23	1.19	1.41	-0.16
宁　夏	130.39	0.72	4.75	3.35
新　疆	519.47	17.19	15.51	9.56

单位：亿元

利息费用	投资收益（损失以"–"号记）	营业利润	利润总额	亏损企业亏损额	平均用工人数（万人）
139.48	**119.61**	**891.51**	**903.37**	**159.37**	**37.69**
3.41	25.47	34.95	34.93	0.82	1.00
4.21	0.62	10.49	10.42	7.70	0.76
12.32	1.15	49.31	54.66	17.41	2.81
18.83	6.52	15.94	16.93	14.08	2.33
9.66	5.12	37.18	37.34	3.70	1.23
2.43	0.59	2.25	2.36	6.53	1.52
1.83	0.16	0.35	0.39	2.85	0.60
0.34	0.11	1.63	1.78	1.98	0.65
2.10	4.44	18.14	18.54	0.50	0.69
5.19	4.99	113.43	113.04	1.11	1.98
5.61	7.75	63.14	63.60	5.31	1.33
1.61	6.46	28.88	29.21	1.13	1.31
2.93	1.73	10.31	10.85	7.28	0.77
1.74	1.24	22.81	22.97	0.35	0.80
6.96	6.47	65.54	67.00	5.49	2.91
5.40	3.76	55.93	56.16	6.28	2.36
2.09	0.60	5.01	5.39	7.79	1.07
1.75	0.11	12.79	12.82	1.48	0.96
9.97	22.54	144.66	145.80	4.03	2.53
2.35	0.26	5.64	5.90	0.76	0.61
1.07	1.61	6.94	6.95	0.39	0.13
1.74	1.63	24.02	21.96	2.03	1.25
7.71	5.89	74.08	75.55	1.96	2.97
2.52	2.60	7.71	7.58	1.20	0.49
4.60	-5.32	11.97	12.65	11.40	0.47
	0.07	0.41	0.10		0.02
5.52	5.82	24.26	24.96	11.84	1.69
0.70	0.40	8.42	8.43	0.55	0.46
0.06		9.62	9.66	0.09	0.12
3.38	0.22	7.34	7.41	1.83	0.27
11.44	6.60	18.37	17.72	31.49	1.58

1-B-54 按地区分组的水的

地区	资产总计	固定资产净额	固定资产原价	固定资产累计折旧
全国	**31713.39**	**9770.45**	**16242.36**	**6291.52**
北京	1368.81	593.02	1036.22	442.94
天津	681.95	131.65	273.57	141.07
河北	712.66	201.39	363.06	147.65
山西	288.08	128.96	219.55	90.59
内蒙古	487.99	140.81	243.08	98.99
辽宁	956.67	256.52	452.86	194.88
吉林	140.47	47.64	108.35	58.04
黑龙江	394.56	48.89	123.59	52.72
上海	1275.85	302.25	594.86	292.19
江苏	3208.76	941.39	1673.71	712.86
浙江	2328.13	844.66	1519.28	672.86
安徽	826.49	269.64	420.32	149.86
福建	835.44	293.12	467.90	168.30
江西	785.47	172.15	280.52	104.29
山东	2378.75	802.10	1214.94	403.74
河南	1133.54	284.59	483.66	172.79
湖北	858.36	284.47	451.48	163.92
湖南	997.23	366.59	549.25	178.80
广东	3701.32	1153.53	2063.82	890.29
广西	578.79	273.40	389.33	112.01
海南	179.11	67.95	110.36	41.65
重庆	949.06	321.23	481.81	159.09
四川	3140.15	739.07	1067.17	313.82
贵州	932.86	138.39	215.00	67.77
云南	708.02	234.71	357.42	121.77
西藏	18.54	1.61	5.71	3.23
陕西	583.82	231.70	333.30	98.64
甘肃	239.94	62.92	106.70	43.77
青海	52.44	18.42	28.75	10.33
宁夏	251.41	91.85	133.26	41.37
新疆	718.72	325.81	473.54	141.28

生产和供应业主要经济指标

单位：亿元

流动资产合计	应收账款	存货	产成品	负债合计	流动负债合计
9627.05	**1796.07**	**327.46**	**49.47**	**18822.79**	**8682.20**
318.99	156.08	2.36	0.09	685.23	314.53
235.92	64.55	4.90	0.46	432.55	226.66
189.42	60.33	9.78	0.66	473.17	247.31
69.05	24.51	1.94	0.14	153.12	92.03
164.14	47.45	2.71	0.63	276.57	163.52
342.43	71.29	5.30	0.53	583.15	347.26
43.76	7.04	0.74	0.17	87.78	40.57
186.17	16.04	1.48	0.55	261.32	123.04
147.08	20.23	13.14	0.48	578.61	206.59
1505.73	87.97	50.20	16.92	2138.93	1155.73
710.59	77.26	31.63	0.39	1547.19	579.90
276.07	46.06	12.29	4.75	447.09	197.86
208.39	30.72	7.92	0.68	465.61	193.46
250.55	29.36	9.46	1.66	501.11	299.98
719.77	159.18	37.06	3.33	1413.96	750.06
287.44	82.33	5.82	2.06	670.02	292.87
306.04	66.74	9.95	1.72	561.47	230.02
267.26	60.64	5.14	1.70	615.27	284.40
947.61	277.82	31.20	2.62	2174.06	998.65
126.84	30.96	6.35	0.57	365.95	113.99
36.40	9.86	0.99	0.04	84.09	28.23
269.69	23.34	6.21	0.53	434.88	181.08
980.72	125.03	45.21	2.86	1775.95	746.56
419.40	66.62	12.86	1.53	589.68	314.60
190.78	56.43	5.11	3.56	413.29	169.25
10.01	1.18	0.19		9.03	0.85
131.80	18.45	4.49	0.33	387.37	169.04
61.24	13.56	0.48	0.08	150.78	60.57
16.39	1.29	0.79	0.02	31.85	11.28
41.07	19.12	0.48	0.06	152.30	40.05
166.29	44.61	1.28	0.35	361.41	102.28

1-B-54 续表 1

地区	应付账款	所有者权益合计	实收资本	国家资本
全国	**1685.09**	**12889.69**	**5867.57**	**3250.67**
北京	55.10	683.58	507.63	368.73
天津	43.87	249.40	138.29	61.45
河北	78.58	239.49	133.20	37.07
山西	36.40	134.96	81.47	48.51
内蒙古	33.40	211.41	110.36	64.13
辽宁	48.23	372.62	221.04	126.08
吉林	7.69	52.69	33.05	20.34
黑龙江	16.00	133.24	97.73	72.43
上海	23.61	697.25	446.45	381.69
江苏	109.77	1069.84	547.74	357.72
浙江	124.42	780.94	356.92	189.08
安徽	39.66	379.40	164.39	85.46
福建	42.17	369.83	181.07	121.44
江西	41.14	284.36	100.14	57.84
山东	172.01	964.78	359.89	164.76
河南	68.38	463.52	219.42	128.46
湖北	56.21	296.89	100.16	57.59
湖南	54.03	381.96	193.43	119.71
广东	223.41	1527.26	536.56	152.11
广西	29.44	212.84	61.12	39.34
海南	7.04	95.02	45.79	17.12
重庆	32.86	514.18	168.04	42.54
四川	157.33	1364.20	410.11	262.41
贵州	41.90	343.19	127.37	42.66
云南	35.78	294.73	96.50	47.31
西藏	0.14	9.51	4.63	4.22
陕西	26.86	196.45	136.22	74.94
甘肃	19.59	89.16	54.97	35.16
青海	4.57	20.60	8.01	5.45
宁夏	17.18	99.11	50.95	8.97
新疆	38.34	357.31	174.94	55.93

单位：亿元

					营业收入
集体资本	法人资本	个人资本	港澳台资本	外商资本	
70.49	**2153.41**	**136.75**	**138.21**	**118.05**	**4781.31**
	128.25	2.60	1.88	6.17	167.16
	50.75	5.89	10.32	9.86	130.17
0.03	90.24	5.29	0.27	0.30	153.34
	28.11	0.90	0.40	3.55	59.19
2.24	39.97	2.96	0.98	0.08	81.66
11.38	67.05	5.65	2.80	8.07	130.07
3.08	8.62	1.01			26.34
1.74	19.29	0.67	0.79	2.80	39.72
3.32	48.29	1.70	2.67	8.77	157.59
13.51	117.23	10.62	29.19	19.45	398.24
2.38	157.34	2.26	1.84	4.01	385.03
0.87	58.07	7.39	9.31	3.29	150.41
0.21	47.29	4.66	4.22	3.25	118.16
1.22	25.31	6.75	7.04	1.98	111.59
3.26	151.71	9.81	25.85	4.49	340.63
2.31	75.60	9.08	3.53	0.44	222.19
1.03	28.87	10.00		2.67	126.22
1.05	58.83	7.06	4.63	2.13	210.05
7.71	346.16	12.72	11.16	6.71	854.17
0.46	14.13	4.58	1.98	0.64	71.95
2.55	26.12				24.10
	111.83	2.89	1.40	9.37	108.13
3.93	125.92	11.92	2.37	3.56	334.60
0.62	62.26	4.58	9.82	7.42	93.69
1.89	37.63	1.93		7.74	61.98
	0.41				3.56
0.10	58.70	1.91	0.57		82.38
0.88	18.60	0.34			22.60
0.01	2.55				5.28
	36.40		5.17	0.41	38.87
4.69	111.85	1.56		0.91	72.24

1-B-54 续表 2

地区	营业成本	销售费用	管理费用	财务费用
全国	**3545.19**	**200.81**	**450.31**	**247.26**
北京	126.21	7.05	12.40	12.74
天津	99.28	2.74	10.45	4.70
河北	110.94	4.15	16.54	8.11
山西	50.94	2.18	8.10	2.77
内蒙古	54.54	2.83	8.41	5.48
辽宁	97.94	9.17	18.06	8.19
吉林	19.21	2.65	4.39	0.79
黑龙江	32.17	1.99	5.22	5.57
上海	131.29	10.14	9.47	2.67
江苏	281.58	35.93	37.52	10.96
浙江	329.32	16.84	29.75	20.75
安徽	110.63	5.66	14.97	5.09
福建	86.47	8.05	11.11	4.05
江西	72.77	5.14	11.90	5.00
山东	248.30	6.22	31.06	13.98
河南	163.41	6.38	21.81	14.38
湖北	103.07	8.00	12.34	5.66
湖南	146.94	9.42	24.73	11.30
广东	630.21	24.76	69.68	44.39
广西	50.32	2.56	7.59	8.55
海南	17.19	1.22	2.62	0.76
重庆	82.18	4.09	11.81	3.25
四川	228.99	7.44	27.84	17.96
贵州	62.32	4.19	12.37	5.72
云南	45.73	2.74	5.92	4.26
西藏	1.85	0.14	0.55	0.10
陕西	58.50	3.17	9.06	7.90
甘肃	19.14	0.64	3.27	1.27
青海	3.42	0.32	1.50	0.02
宁夏	27.20	1.37	2.18	2.99
新疆	53.12	3.62	7.68	7.91

单位：亿元

利息费用	投资收益 (损失以“–”号记)	营业利润	利润总额	亏损企业 亏损额	平均用工人数 (万人)
256.60	**70.42**	**402.46**	**450.75**	**159.14**	**57.43**
12.94	2.34	5.96	6.15	0.72	1.40
6.14	6.02	15.38	16.37	3.17	0.78
6.71	0.47	9.46	13.06	4.04	2.27
2.48	0.44	-5.45	-3.71	8.12	1.37
4.94	-0.05	5.47	8.45	6.09	1.36
7.23	0.27	1.08	5.79	11.05	2.59
1.04	0.26	-0.12	-0.18	1.34	0.87
6.45	0.19	-0.48	1.99	3.44	1.28
3.08	1.43	7.00	7.09	6.84	1.00
15.82	10.59	44.60	48.79	5.59	4.06
23.04	5.60	8.92	14.81	21.42	2.90
5.93	2.35	15.11	15.73	4.58	1.85
4.72	2.00	9.77	10.34	3.48	1.48
5.28	8.14	25.30	25.77	1.43	1.77
15.14	0.62	33.19	35.34	10.41	3.77
12.34	2.14	12.34	15.71	7.30	4.91
5.82	3.48	0.35	2.69	8.90	2.23
9.79	0.58	17.65	19.29	5.45	2.85
44.99	14.12	102.91	103.38	16.47	6.56
8.59	0.16	2.78	3.18	2.19	1.21
0.70	0.18	2.35	2.33	1.08	0.49
3.73	0.79	8.39	9.42	1.43	1.36
18.03	2.69	53.11	56.80	3.71	3.48
5.69	3.03	12.25	12.59	2.49	1.29
6.86	1.63	3.77	5.21	4.71	0.81
0.16		0.93	1.08	0.12	0.06
6.08	0.12	3.44	3.76	6.01	1.33
2.51	0.13	-2.00	-0.90	2.31	0.60
0.18	0.10	0.06	0.09	0.28	0.11
2.90	0.06	4.84	4.79	0.62	0.33
7.28	0.57	4.13	5.55	4.33	1.03

第2篇

主要工业产品产量篇

2-1　2023年全国规模以上工业主要产品产量

产品名称	计量单位	产品产量
铁矿石原矿	万吨	97672.73
铁矿石成品矿	万吨	43204.74
#铁精矿	万吨	33031.67
锰矿石原矿	万吨	505.34
铜金属含量	万吨	144.31
铅金属含量	万吨	169.53
锌金属含量	万吨	310.76
钨精矿折合量(折三氧化钨65%)	万吨	10.82
钼精矿折合量(折纯钼45%)	万吨	24.89
砂石	万吨	52280.91
化学矿	万吨	12971.37
#硫铁矿石(折含硫35%)	万吨	1104.08
磷矿石(折含五氧化二磷30%)	万吨	10696.68
原盐	万吨	5268.58
小麦粉	万吨	8332.13
大米	万吨	7693.63
饲料	万吨	33427.96
#配合饲料	万吨	17879.03
混合饲料	万吨	3130.49
宠物食品	万吨	103.64
食用植物油	万吨	5576.05
#精制食用植物油	万吨	4685.94
成品糖	万吨	1291.49
鲜、冷藏肉	万吨	4163.95
冷冻水产品	万吨	596.02
膨化食品	万吨	127.08
焙烤松脆食品	万吨	152.99
糖果	万吨	261.95
速冻食品	万吨	614.29
#速冻米面食品	万吨	229.68
方便面	万吨	430.85
乳制品	万吨	2985.78
#液体乳	万吨	2788.82
固体及半固体乳制品	万吨	196.96
#乳粉	万吨	92.16
罐头	万吨	681.23
味精(谷氨酸钠)	万吨	348.77
酱油	万吨	744.66
食醋	万吨	168.85

2-1 续表 1

产品名称	计量单位	产品产量
营养、保健食品	万吨	139.97
冷冻饮品	万吨	205.23
食用盐	万吨	827.39
食品添加剂	万吨	1179.45
饲料添加剂	万吨	1562.41
发酵酒精(折96度，商品量)	万千升	827.44
饮料酒	万千升	4263.02
#白酒(折65度，商品量)	万千升	421.91
啤酒	万千升	3641.14
黄酒	万千升	71.93
葡萄酒	万千升	14.09
果酒及配制酒	万千升	35.38
饮料	万吨	18638.43
#碳酸饮料(汽水)	万吨	2392.52
包装饮用水	万吨	9110.09
精制茶	万吨	221.30
复烤烟叶	万吨	79.73
卷烟	亿支	24406.26
纱	万吨	2388.16
#棉纱	万吨	1364.90
棉混纺纱	万吨	409.51
化学纤维纱	万吨	613.91
布	亿米	318.94
#棉布	亿米	175.71
棉混纺布	亿米	67.05
化学纤维短纤布	亿米	76.18
印染布	亿米	592.39
#漂白布	亿米	33.54
染色布	亿米	437.20
印花布	亿米	120.85
绒线、毛纱	万吨	30.23
毛机织物(呢绒)	万米	41724.42
亚麻纱	吨	119126.79
亚麻布(含亚麻≥55%)	万米	29990.70
蚕丝	吨	40594.99
蚕丝及交织机织物(含蚕丝≥30%)	万米	27162.91
化纤长丝机织物	万米	4005728.04
涤纶长丝机织物	万米	390782.16
床褥单	万条	37197.93

2-1 续表 2

产品名称	计量单位	产品产量
蚕丝被	万条	672.24
非织造布(无纺布)	万吨	634.36
帘子布	万吨	102.92
服装	万件	2155081.86
#梭织服装	万件	886850.66
#羽绒服装	万件	11022.79
西服套装	万件	14070.63
衬衫	万件	30803.41
运动服类服装	万件	30867.54
针织服装	万件	1268749.64
手提包(袋)、背包	万个	169628.63
鞋	万双	1070503.17
#纺织面鞋	万双	176387.60
皮革鞋靴	万双	480821.54
塑料鞋	万双	255911.29
人造板	万立方米	33525.77
#胶合板	万立方米	24353.27
人造板表面装饰板	万平方米	39519.90
实木木地板	万平方米	3221.33
复合木地板	万平方米	25860.05
竹地板	万平方米	3119.99
家具	万件	107244.65
#木质家具	万件	36038.90
金属家具	万件	37750.31
纸浆(原生浆及废纸浆)	万吨	1629.93
机制纸及纸板(外购原纸加工除外)	万吨	15129.38
纸制品	万吨	6809.80
#瓦楞纸箱	万吨	2750.27
卫生用纸制品	万吨	1037.31
室内训练健身器材	万台	1770.80
硫酸(折100%)	万吨	9770.86
盐酸(氯化氢，含量31%)	万吨	1034.35
浓硝酸(折100%)	万吨	255.05
磷酸(含量85%)	万吨	887.22
烧碱(折100%)	万吨	4169.06
#离子膜法烧碱(折100%)	万吨	3643.70
纯碱(碳酸钠)	万吨	3282.81
碳化钙(电石，折300升/千克)	万吨	2961.58
乙烯	万吨	3413.64

2-1 续表 3

产品名称	计量单位	产品产量
纯苯	万吨	1362.82
甲醛	万吨	1326.98
精甲醇	万吨	6717.66
冰乙酸(冰醋酸)	万吨	933.92
硫磺	万吨	633.63
合成氨(无水氨)	万吨	5806.02
农用氮、磷、钾化学肥料(折纯)	万吨	5683.83
#氮肥(折含氮100%)	万吨	3966.29
#尿素(折含氮100%)	万吨	3025.76
磷肥(折五氧化二磷100%)	万吨	985.73
钾肥(折氧化钾100%)	万吨	731.81
化学农药原药(折有效成分100%)	万吨	372.28
#杀虫剂(杀螨剂)原药	万吨	41.06
杀菌剂原药	万吨	22.88
除草剂原药	万吨	151.14
涂料	万吨	3094.52
初级形态塑料	万吨	12857.45
#低密度聚乙烯树脂(LDPE)	万吨	561.39
高密度聚乙烯树脂(HDPE)	万吨	1113.89
线型低密度聚乙烯树脂(LLDPE)	万吨	965.63
聚丙烯树脂	万吨	3178.34
聚氯乙烯树脂	万吨	2169.78
ABS树脂	万吨	489.35
合成橡胶	万吨	952.03
合成纤维单体	万吨	6564.39
#精对苯二甲酸(PTA)	万吨	5168.50
乙二醇	万吨	1130.36
合成纤维聚合物	万吨	1891.81
#聚酯	万吨	1459.63
化学试剂	万吨	3390.15
合成洗涤剂	万吨	1224.63
#合成洗衣粉	万吨	306.85
液体洗涤剂	万吨	349.26
化学药品原药	万吨	323.24
中成药	万吨	235.18
化学纤维	万吨	7566.45
#人造纤维(纤维素纤维)	万吨	508.41
#粘胶短纤维	万吨	293.11
粘胶纤维长丝	万吨	22.98
醋酸纤维长丝	万吨	29.33

2-1 续表 4

产品名称	计量单位	产品产量
合成纤维	万吨	6838.81
#锦纶	万吨	476.97
涤纶	万吨	5496.57
腈纶	万吨	61.64
丙纶	万吨	35.53
氨纶纤维	万吨	110.59
橡胶轮胎外胎	万条	116980.06
#子午线轮胎外胎	万条	73927.53
塑料制品	万吨	10944.40
#塑料薄膜	万吨	1825.06
#农用薄膜	万吨	75.63
泡沫塑料	万吨	311.72
塑料人造革、合成革	万吨	234.81
日用塑料制品	万吨	613.57
硅酸盐水泥熟料	万吨	127208.34
#窑外分解窑水泥熟料	万吨	110412.97
水泥	万吨	201940.15
#强度等级42.5水泥(含R型)	万吨	95561.53
强度等级52.5水泥(含R型)	万吨	5648.15
商品混凝土	万立方米	287564.19
水泥混凝土压力管	千米	4856.33
水泥混凝土电杆	万根	1076.06
预应力混凝土桩	万米	46922.56
水泥混凝土预制构件	万立方米	6334.84
石膏板	万平方米	345763.55
砖	亿块	2036.84
瓦	亿片	28.91
天然大理石建筑板材	万平方米	25447.47
天然花岗石建筑板材	万平方米	66011.31
隔热、隔音人造矿物材料及其制品	万吨	1313.23
平板玻璃	万重量箱	98752.75
太阳能工业用超白玻璃	万平方米	210493.00
钢化玻璃	万平方米	54352.42
夹层玻璃	万平方米	16552.82
中空玻璃	万平方米	15975.08
日用玻璃制品	万吨	702.64
玻璃包装容器	万吨	1727.10
玻璃保温容器	万个	16415.79

2-1 续表 5

产品名称	计量单位	产品产量
玻璃纤维纱	万吨	886.27
玻璃纤维布	万米	478896.26
瓷质砖	万平方米	676570.07
陶质砖	万平方米	202455.94
卫生陶瓷制品	万件	17091.43
耐火材料制品	万吨	6679.09
生铁	万吨	87210.79
粗钢	万吨	102885.97
钢材	万吨	138378.70
#铁道用钢材	万吨	484.73
#轻轨	万吨	61.75
重轨	万吨	324.80
大型型钢	万吨	2450.30
中小型型钢	万吨	4306.30
棒材	万吨	9214.35
钢筋	万吨	22643.23
线材(盘条)	万吨	13768.71
特厚板	万吨	1118.03
厚钢板	万吨	4010.27
中板	万吨	4980.30
热轧薄板	万吨	2016.22
冷轧薄板	万吨	4366.94
中厚宽钢带	万吨	20593.65
热轧薄宽钢带	万吨	10755.39
冷轧薄宽钢带	万吨	6907.49
热轧窄钢带	万吨	4296.92
冷轧窄钢带	万吨	749.23
镀层板(带)	万吨	8118.04
涂层板(带)	万吨	1217.34
电工钢板(带)	万吨	1560.11
无缝钢管	万吨	3550.09
焊接钢管	万吨	6376.06
高温合金	万吨	17.95
铁合金	万吨	3731.28
#电炉硅铁(折合含硅75%)	万吨	545.36
锰硅合金(折合含锰硅量合计82%)	万吨	1017.24
十种有色金属	万吨	7499.07
#精炼铜(电解铜)	万吨	1325.57
铅	万吨	766.95

2-1　续表 6

产品名称	计量单位	产品产量
锌	万吨	694.66
镍	万吨	27.94
锡	万吨	30.63
氧化铝	万吨	8251.17
原铝(电解铝)	万吨	4197.97
镁	万吨	76.51
铝合金	万吨	1413.69
锌合金	万吨	105.25
铜材	万吨	2206.87
铝材	万吨	6714.24
金属切削工具	万件	516810.95
金属集装箱	万立方米	11118.97
金属丝	万吨	980.22
#钢丝	万吨	693.81
钢丝绳	万吨	511.70
钢绞线	万吨	631.39
智能门锁	万把	986.72
铸铁件	万吨	2622.01
铸钢件	万吨	849.55
有色金属铸件	万吨	275.75
锻件	万吨	1627.35
粉末冶金制品	万吨	146.60
冲压与钣金加工件	万吨	128.49
电站锅炉	蒸发量吨	322317.96
工业锅炉	蒸发量吨	291718.89
发动机	万千瓦	240064.42
#汽车用发动机	万千瓦	179482.05
#汽车用汽油发动机	万千瓦	150383.60
汽车用柴油发动机	万千瓦	25795.93
电站用汽轮机	万千瓦	6413.78
燃气轮机	万千瓦	970.21
电站水轮机	万千瓦	44.37
金属切削机床	万台	69.10
#数控金属切削机床	万台	23.42
金属成形机床	万台	18.43
#数控金属成形机床(数控锻压设备)	万台	2.34
铸造机械	万台	112.35
电焊机	万台	1123.37
机床数控装置	万套	15.02

2-1 续表 7

产品名称	计量单位	产品产量
起重机	万吨	737.01
电动车辆(电动叉车)	万台	75.11
内燃叉车	万台	43.05
连续搬运设备	万吨	138.72
#输送机械(输送机和提升机)	万吨	131.42
电梯、自动扶梯及升降机	万台	189.34
#电梯	万台	155.14
升降机	万台	29.16
泵	万台	30627.38
气体压缩机	万台	55607.72
#制冷设备用压缩机	万台	54472.58
空气动力用压缩机	万台	1135.14
阀门	万吨	925.49
液压元件	万件	42793.67
气动元件	万件	60656.20
滚动轴承	亿套	241.95
齿轮	万吨	216.73
钢铁铰接链(工业链条)	万吨	59.16
工业电炉	台	43636.00
风机	万台	5599.21
气体分离及液化设备	台	796317.00
电动手提式工具	万台	19062.14
包装专用设备	台	1518481.00
影像投影仪	万台	1040.72
照相机	万台	1726.53
#数码照相机	万台	761.03
复印和胶版印制设备	万台	259.83
金属紧固件	万吨	1296.24
矿山专用设备	万吨	821.76
石油钻探、开采专用设备	台(套)	2340750.00
挖掘机	台	261411.00
装载机	台	156214.00
混凝土机械	台	123484.00
冶金专用设备	万吨	325.80
#金属冶炼设备	万吨	68.11
金属轧制设备	万吨	42.55
炼油、化工生产专用设备	万吨	182.35
塑料加工专用设备	万台	30.61
食品制造机械	万台	123.10

2-1　续表 8

产品名称	计量单位	产品产量
大型拖拉机	万台	13.33
中型拖拉机	万台	29.11
小型拖拉机	万台	16.23
眼镜成镜	万副	107087.42
环境污染防治专用设备	台(套)	1927141.00
#大气污染防治设备	台(套)	1374780.00
自动售货机、售票机	台	79516.00
工业机器人	套	625209.00
服务机器人	套	8254738.00
汽车	万辆	3009.89
#基本型乘用车(轿车)	万辆	1181.09
#轿车(排量≤1升)	万辆	307.16
轿车(1升＜排量≤1.6升)	万辆	478.54
轿车(1.6升＜排量≤2.0升)	万辆	226.25
轿车(2.0升＜排量≤2.5升)	万辆	14.31
多功能乘用车(MPV)	万辆	116.51
运动型多用途乘用车(SUV)	万辆	1279.91
交叉型乘用车	万辆	28.32
客车	万辆	45.06
#大型客车(车长＞10米)	万辆	5.15
中型客车(7米＜车长≤10米)	万辆	3.71
轻型客车(车长≤7米)	万辆	36.20
载货汽车	万辆	350.73
#新能源汽车	万辆	945.83
改装汽车	万辆	69.03
动车组	辆	1240.00
铁路客车	辆	1250.00
铁路货车	辆	38037.00
城市轨道车辆	辆	10411.00
民用钢质船舶	万载重吨	3405.87
#钢质机动货船	万载重吨	3145.27
摩托车整车	万辆	2754.50
#两轮摩托车	万辆	2504.17
两轮脚踏自行车	万辆	3072.17
电动自行车	万辆	4539.03
发电机组(发电设备)	万千瓦	26815.85
#水轮发电机组	万千瓦	1675.96
汽轮发电机组	万千瓦	8241.41
风力发电机组	万千瓦	14431.81

2-1 续表 9

产品名称	计量单位	产品产量
电动机	万千瓦	57400.68
#交流电动机	万千瓦	36623.86
变压器	万千伏安	231341.73
电力电容器	万千乏	25965.22
充电桩	万个	573.88
通信及电子网络用电缆	万对千米	2689.31
电力电缆	万千米	7176.14
光纤	万千米	74721.42
光缆	万芯千米	29567.33
绝缘制品	万吨	209.28
蓄电池	万千瓦时	2367083.52
#铅酸蓄电池	万千瓦时	28890.87
原电池及原电池组(非扣式)	亿只	431.86
太阳能电池(光伏电池)	万千瓦	64761.64
家用电冰箱(家用冷冻冷藏箱)	万台	9942.25
家用冷柜(家用冷冻箱)	万台	2436.71
房间空气调节器	万台	25088.67
家用电风扇	万台	21706.80
家用吸排油烟机	万台	3179.90
电饭锅	万个	15488.43
家用电热烘烤器具	万个	26742.27
电冷热饮水机	万台	2324.75
微波炉	万台	10225.10
家用洗衣机	万台	10529.38
家用电热水器	万台	4495.44
家用吸尘器	万台	10444.05
家用燃气灶具	万台	4709.95
家用燃气热水器	万台	2104.67
太阳能热水器	万平方米	557.51
灯具及照明装置	万套(台、个)	671173.69
电子计算机整机	万台	35177.93
#计算机工作站	万台	36.41
微型计算机设备	万台	32855.14
#台式微型计算机	万台	1562.08
笔记本计算机	万台	17922.19
平板电脑	万台	11599.98
服务器	万台	490.19
显示器	万台	15811.98
#平板显示器	万台	6801.24

2-1 续表 10

产品名称	计量单位	产品产量
打印机	万台	6539.04
半导体存储盘	万个	34940.47
工业控制计算机及系统	万台	674.74
路由器	万台	24781.14
电话单机	万部	3566.38
移动通信基站设备	万射频模块	783.96
移动通信手持机(手机)	万台	155652.28
#智能手机	万台	114745.46
彩色电视机	万台	19807.81
#液晶电视机	万台	18474.08
#智能电视	万台	14366.25
组合音响	万台	20594.58
智能音箱	万台	10281.26
数字激光音、视盘机	万台	1202.71
电视接收机顶盒	万台	20729.79
半导体分立器件	亿只	14465.08
集成电路	亿块	3946.78
集成电路圆片	万片	6931.69
光电子器件	亿只	28513.92
#发光二极管(LED管)	亿只	10117.58
液晶显示屏	万片	757258.99
液晶显示模组	万套	436023.62
智能手环	万个	3102.07
智能手表	万个	7805.53
虚拟现实设备	万台	531.80
电子元件	亿只	68977.81
#射频元器件	亿只	143.61
印制电路板	万平方米	68837.83
工业自动调节仪表与控制系统	万台(套)	17726.92
电工仪器仪表	万台	32514.33
工业仪表	万台(个)	10582.38
分析仪器及装置	万台(套)	515.01
环境监测专用仪器仪表	万台	1523.56
汽车仪器仪表	万台	6162.88
钟表与计时仪器	万只	44620.42
衡器(秤)	万台	8937.49
船舶修理	万载重吨	38555.50
自来水生产量	亿立方米	940.25

2-2 2023年分地区规模

地区	铁矿石原矿(万吨)	铅金属含量(万吨)	锌金属含量(万吨)	硫铁矿石(折含硫35%)(万吨)	磷矿石(折含五氧化二磷30%)(万吨)
总计	**97672.73**	**169.53**	**310.76**	**1104.08**	**10696.68**
北京	1226.58				
天津					
河北	44629.50		5.69		47.19
山西	5102.51	0.61	0.67		
内蒙古	3707.14	18.40	51.96	72.84	
辽宁	14067.51	3.31	2.57	42.86	14.28
吉林	668.28	0.36	1.09		
黑龙江	266.87	0.02	1.45		
上海					
江苏	99.15	0.49	0.85	12.70	
浙江		0.27	1.45		
安徽	3613.50	0.20	0.48	211.26	
福建	1798.14	4.10	7.06	26.06	
江西	351.02	10.63	4.38	16.91	
山东	3514.73	1.48	0.08		
河南	770.86	6.76	2.83		33.73
湖北	202.61		0.36		4691.88
湖南	49.75	50.48	24.82	65.69	26.14
广东	354.20	6.16	11.32	421.26	
广西	12.26	15.35	23.00	70.55	
海南	590.63				
重庆					
四川	10673.62	7.95	12.48	2.03	1042.27
贵州	58.80	0.93	5.07		2120.89
云南	1538.49	21.13	85.88	92.16	2720.29
西藏	118.33	5.13	3.85		
陕西	441.72	2.77	10.58	69.76	
甘肃	1231.17	4.94	21.57		
青海	24.03	5.01	12.33		
宁夏					
新疆	2561.35	3.05	18.94		

以上工业主要产品产量

原盐(万吨)	精制食用植物油(万吨)	成品糖(万吨)	乳制品(万吨)	罐头(万吨)	饮料酒(万千升)	#啤酒(万千升)	饮料(万吨)
5268.58	**4685.94**	**1291.49**	**2985.78**	**681.23**	**4263.02**	**3641.14**	**18638.43**
			49.59	0.75	139.51	112.61	492.85
168.99	252.19		65.87	21.59	19.58	11.37	340.02
230.33	249.11	60.50	387.92	23.50	194.97	177.87	587.16
	0.58		66.52	0.91	50.64	17.06	120.71
121.13	10.62	51.96	473.18	3.44	67.30	63.96	136.54
121.69	182.99		63.04	20.32	168.16	166.90	308.31
	42.08		15.14	1.44	65.59	64.70	624.00
	37.78	7.91	187.82	4.65	129.80	115.86	214.85
	72.04		45.88	2.90	25.72	21.92	261.56
666.63	697.96	20.53	182.81	22.18	261.94	228.04	502.30
	84.38	1.34	63.58	54.74	333.58	277.39	1551.20
145.54	62.00		55.61	30.19	102.29	69.48	610.72
28.39	138.60	35.41	12.09	153.17	170.64	164.52	829.32
108.22	170.86		7.00	13.29	66.71	58.51	507.39
1030.56	620.76	76.37	257.04	57.32	527.50	485.37	536.91
74.62	72.61		128.93	8.09	140.15	132.45	697.37
545.93	153.89		69.33	38.45	203.34	156.36	967.58
449.50	136.86	1.18	31.46	53.02	72.72	58.28	999.11
1.44	782.81	103.40	78.05	15.62	468.93	454.46	3990.44
	285.72	622.14	39.09	8.83	120.20	117.28	566.68
	37.61	7.22	0.09		2.57	2.02	290.12
158.94	83.06		24.28	5.63	90.98	76.17	228.09
432.33	239.76	1.55	72.37	23.73	421.64	268.71	1322.88
	9.70	0.42	24.70	0.02	104.11	65.00	387.13
168.05	37.57	240.92	91.46	2.57	103.99	86.21	575.87
			1.31		13.71	12.44	28.79
74.69	130.95		93.87	3.97	77.09	65.78	505.10
	1.06	4.56	59.98	1.89	42.80	38.52	154.34
315.48	4.80		11.81		2.96	1.52	11.48
106.79	7.16		252.08		18.42	17.56	79.36
319.32	80.44	56.08	73.88	109.01	55.48	52.82	210.26

2-2 续表 1

地区	卷烟(亿支)	印染布(亿米)	机制纸及纸板(外购原纸加工除外)(万吨)	硫酸(折100%)(万吨)	盐酸(氯化氢，含量31%)(万吨)
总计	**24406.26**	**592.39**	**15129.38**	**9770.86**	**1034.35**
北京	160.29		3.07		
天津	210.66	0.19	257.73	20.38	6.68
河北	791.58	7.62	436.19	180.53	51.22
山西	154.00	1.49	177.40	68.71	1.28
内蒙古	321.64		8.72	621.53	107.93
辽宁	280.17	3.25	228.12	173.97	39.13
吉林	551.12		54.62	110.49	7.12
黑龙江	397.50		32.65	62.66	39.30
上海	928.38	0.22	24.20	5.88	23.96
江苏	1060.92	71.15	1680.04	262.52	58.20
浙江	957.78	339.00	1768.16	287.41	58.78
安徽	1227.12	1.41	483.80	659.13	14.10
福建	904.61	55.11	908.86	297.06	15.48
江西	643.23	2.66	466.65	339.93	18.97
山东	1293.08	42.14	2637.23	635.83	128.73
河南	1582.88	2.89	433.41	545.58	57.83
湖北	1352.91	5.41	703.55	1059.36	40.20
湖南	1668.41	9.20	438.96	212.00	44.61
广东	1302.28	38.87	2509.21	260.86	46.21
广西	720.98	1.22	656.87	486.18	52.04
海南	117.00		187.37		
重庆	569.07	3.08	397.61	107.06	2.93
四川	913.92	5.41	365.33	499.08	73.82
贵州	1184.16		79.25	610.20	
云南	3562.97		85.06	1563.76	26.67
西藏					
陕西	818.66	0.22	45.64	129.24	12.58
甘肃	470.00		5.11	401.07	29.69
青海				15.52	15.73
宁夏	80.00		17.42	67.21	9.56
新疆	180.95	1.85	37.15	87.71	51.61

烧碱(折100%)(万吨)	纯碱(碳酸钠)(万吨)	碳化钙(电石，折300升/千克)(万吨)	乙烯(万吨)	合成氨(无水氨)(万吨)	农用氮、磷、钾化学肥料(折纯)(万吨)	#氮肥(折含氮100%)(万吨)	磷肥(折五氧化二磷100%)(万吨)
4169.06	**3282.81**	**2961.58**	**3413.64**	**5806.02**	**5683.83**	**3966.29**	**985.73**
0.29			69.76				
93.88	79.23		147.62	28.28	60.95	60.95	
162.90	215.20			216.36	219.67	163.98	36.92
93.09		38.24		602.95	406.78	406.41	0.04
370.40	146.48	1104.57		400.72	485.90	428.44	44.87
78.33		3.29	389.18	41.61	38.13	32.71	
12.97			74.93	50.29	32.41	15.41	0.02
20.89			105.91	46.89	89.67	57.83	
73.12			145.02	1.34	0.84	0.78	
334.00	388.02		644.26	271.33	187.05	179.02	8.03
243.34	33.61		278.94	67.24	36.29	36.29	
86.00	86.06		31.14	337.38	237.21	175.26	48.67
68.06			274.82	125.65	23.15	10.75	12.40
96.03	69.79	6.29	0.49	73.78	93.73	75.65	8.78
1111.77	464.41	136.69	281.40	804.32	472.69	443.71	0.53
187.49	695.80	1.36	26.14	455.13	391.51	346.29	11.90
98.38	185.62	22.33	101.74	501.70	610.55	277.28	328.29
75.83	34.64	59.11	1.13	59.97	58.48	46.08	12.32
34.73	64.56		501.57		12.80	2.59	6.02
121.14		1.31		5.08	27.80	2.69	14.98
				83.42	65.45	65.45	
36.52	134.16	18.82		139.83	257.82	174.81	70.74
155.77	128.54	48.62		336.15	286.73	228.15	55.91
				119.30	228.77	72.45	156.32
28.79		50.94		271.50	250.72	108.34	140.93
119.66	33.85	232.76	78.00	210.44	156.45	136.50	19.37
52.77	18.66	93.08	60.79	33.38	21.00	15.20	5.81
32.84	464.14			68.96	476.80	60.36	
80.72	40.03	451.02		71.53	73.91	67.54	2.88
299.35		693.16	200.80	381.48	380.56	275.34	

2-2 续表 2

地　区	化学农药原药（折有效成分100%）（万吨）	初级形态塑料（万吨）	合成橡胶（万吨）	合成洗涤剂（万吨）	化学药品原药（万吨）
总　计	**372.28**	**12857.45**	**952.03**	**1224.63**	**323.24**
北　京		103.88	18.83	6.83	1.26
天　津	1.87	405.96	7.25	49.56	4.14
河　北	10.29	182.03	14.95	8.35	78.21
山　西	0.57	117.24	10.38	4.68	5.65
内蒙古	18.62	912.69		1.31	15.20
辽　宁	3.80	670.29	26.25	7.39	7.46
吉　林	2.90	154.79	14.77	5.99	3.33
黑龙江	1.55	199.97	12.88		2.30
上　海	1.35	322.37	25.40	64.69	4.51
江　苏	69.90	1294.73	108.19	71.61	8.63
浙　江	48.16	1779.89	121.65	134.10	31.30
安　徽	26.13	378.44	28.45	107.85	3.84
福　建	2.65	634.83	28.37	3.07	2.70
江　西	2.66	64.22	7.08	8.08	12.61
山　东	65.41	1406.70	166.67	71.49	72.27
河　南	14.25	163.77	2.35	78.51	7.57
湖　北	16.92	241.48	8.69	11.36	22.81
湖　南	12.05	43.39	68.67	30.75	9.56
广　东	3.84	946.19	92.94	390.88	3.66
广　西	8.20	101.65	3.28	0.89	2.09
海　南	1.74	107.47	7.95		
重　庆	1.48	21.33	1.99	21.01	0.99
四　川	32.98	236.35	40.94	121.88	12.68
贵　州		2.47	0.29	7.05	0.38
云　南	0.11	42.25	103.21	8.89	0.13
西　藏					
陕　西	0.26	788.40	5.63	3.24	2.87
甘　肃	9.27	159.09	18.62		0.65
青　海		76.04			0.01
宁　夏	14.75	493.41	0.12		4.53
新　疆	0.56	806.12	6.24	5.17	1.88

中成药 (万吨)	化学纤维 (万吨)	橡胶轮胎外胎 (万条)	塑料制品 (万吨)	硅酸盐 水泥熟料 (万吨)	水泥 (万吨)	平板玻璃 (万重量箱)	生铁 (万吨)
235.18	**7566.45**	**116980.06**	**10944.40**	**127208.34**	**201940.15**	**98752.75**	**87210.79**
4.71	0.39		22.87	140.02	199.96	48.48	
2.29	0.08	2430.14	85.60	55.01	483.97	2975.77	1895.29
4.73	115.27	8031.52	212.32	6393.64	10130.59	13401.62	19549.41
3.72	2.48	283.43	38.82	2796.54	4667.02	2258.40	6022.46
0.87	0.64		8.28	2901.43	3793.08	1118.72	2347.91
1.21	16.22	3193.88	106.61	2770.38	3831.44	5517.09	6960.06
15.72	58.42	555.31	27.02	1315.88	2043.04	1183.57	1359.89
3.64	3.37	452.64	16.81	1021.55	1949.54	481.79	699.71
0.55	19.98	709.36	201.23		441.65		1460.38
12.60	2327.87	11541.78	1146.39	5102.68	14368.85	3297.38	9852.89
6.52	3533.20	14835.64	1369.92	5306.47	12727.86	3854.52	873.57
11.51	51.29	4391.28	1550.38	14065.84	13356.67	5032.63	3111.24
1.41	786.47	3154.05	1296.32	4493.35	7154.44	5304.43	1486.08
10.13	111.59	153.22	215.89	5529.29	8422.85	394.12	2446.70
13.72	103.46	47776.27	517.00	7097.34	12969.65	8680.82	7293.92
9.87	69.66	778.83	287.89	4617.43	9620.95	1453.50	2819.11
17.30	45.06	1902.56	430.50	5622.41	9803.35	10655.84	2863.83
25.97	41.99	578.29	268.57	4908.33	8234.19	4286.51	2180.78
23.39	71.85	3905.52	1333.95	8801.76	14251.58	8931.64	2437.57
12.36		1237.32	74.77	7374.97	9999.99	3333.54	3401.97
0.82			5.03	996.21	1545.43	1146.84	
7.72	32.69	1666.70	1101.43	4231.36	5477.81	2122.72	651.60
20.89	62.74	7715.34	241.81	8336.62	12379.41	6546.00	1984.78
7.12	1.50	763.92	53.65	4052.95	5941.42	1345.81	388.95
6.36	4.05		76.07	5987.14	9295.82	1158.13	1472.06
0.41			1.98	641.15	1196.63		
4.93	8.25	596.49	69.20	3996.95	5803.93	2008.43	1317.34
3.12	0.06		25.62	2792.97	4178.11	776.88	814.70
0.20			0.37	938.97	1192.17	48.81	67.11
0.08	11.06	83.50	13.96	1386.42	1671.29	401.86	326.37
1.31	86.84	243.08	144.14	3533.29	4807.43	986.90	1125.10

2-2 续表 3

地区	粗钢(万吨)	钢材(万吨)	#中小型型钢(万吨)	线材(盘条)(万吨)	中厚宽钢带(万吨)
总计	**102885.97**	**138378.70**	**4306.30**	**13768.71**	**20593.65**
北京		183.23			
天津	1644.48	6001.64	101.58	159.44	332.85
河北	21050.63	29891.02	2047.21	2521.04	7791.53
山西	6292.02	6888.82	36.85	1677.81	939.01
内蒙古	3266.93	3387.94		79.37	385.16
辽宁	7344.09	7864.72	283.55	858.12	1697.28
吉林	1452.50	1483.37	59.47	150.20	341.72
黑龙江	956.35	933.09		117.66	138.04
上海	1573.33	1980.10	4.99	64.91	318.15
江苏	11859.15	16631.46	466.38	1494.92	1045.19
浙江	1445.75	3335.20	31.82	267.16	440.21
安徽	3891.46	4228.95	37.84	319.69	406.16
福建	3469.70	4270.63	142.25	537.26	754.46
江西	2659.60	3666.46	3.48	538.26	253.82
山东	7455.90	11341.77	217.72	718.53	1519.88
河南	3374.30	3528.03	28.09	327.53	382.29
湖北	3640.91	3868.36	87.19	319.38	344.85
湖南	2415.55	3080.31	7.16	270.29	536.00
广东	4448.54	6192.39	72.49	1045.29	211.14
广西	3816.57	5236.50	472.58	534.19	1389.47
海南					
重庆	889.68	2154.53	21.25	53.12	464.65
四川	2688.79	4224.90	15.88	318.30	522.53
贵州	443.55	580.87		109.86	
云南	2309.61	2475.02	121.36	377.37	
西藏					
陕西	1426.55	1628.75	9.15	301.58	105.00
甘肃	1108.86	1179.41		334.81	142.40
青海	73.84	70.63	0.90		
宁夏	596.22	582.16	15.47	91.67	
新疆	1291.10	1488.48	21.64	180.94	131.85

				铁合金（万吨）	氧化铝（万吨）	十种有色金属（万吨）
热轧薄宽钢带（万吨）	冷轧薄宽钢带（万吨）	无缝钢管（万吨）	焊接钢管（万吨）			
10755.39	**6907.49**	**3550.09**	**6376.06**	**3731.28**	**8251.17**	**7499.07**
	86.99			6.84		
91.73	127.95	229.25	2065.65	6.75		
3237.52	1702.50	67.57	1685.62	34.01		12.42
265.02	225.48	2.55	106.38	242.35	1953.75	148.50
429.11	200.53	174.07	35.34	1353.28	5.83	839.71
525.32	788.01	45.48	49.83	71.45		114.37
419.79	78.51	17.82	153.19	0.06	0.14	15.52
		80.73	55.56			29.10
78.92	368.59	70.84	50.89			0.08
1232.73	257.26	649.60	312.05	46.03	3.06	94.52
99.24	161.22	152.00	200.79	12.85	1.14	67.74
149.73	299.39	47.21	35.22	105.86	3.74	279.38
396.11	138.12	8.51	92.61	10.17		116.36
177.54	144.49	25.51	2.89	2.86	2.80	272.41
1490.01	415.25	1328.35	292.99	187.56	2949.98	912.42
94.06	17.12	183.08	70.14	44.30	854.96	494.25
258.50	175.20	143.96	5.70	21.45		126.16
237.15	87.63	186.70	1.06	137.75	4.47	236.57
508.49	628.08	24.17	149.23	25.80	0.03	73.96
328.73	616.90	7.41	86.74	218.86	1384.86	512.42
316.31	0.63	8.94	28.73	85.23	440.44	54.55
144.21	289.44	28.47	408.60	88.05	3.73	196.04
			4.52	158.11	493.07	179.08
185.95	1.25	67.72	137.92	73.00	149.17	761.25
						0.54
		0.14	188.84	125.19		211.81
7.88	61.85		17.74	90.26		504.84
				131.94		311.00
			5.14	427.96		159.14
81.32	35.10		132.72	23.31		774.94

2-2 续表 4

地区	#精炼铜(电解铜)(万吨)	原铝(电解铝)(万吨)	铜材(万吨)	电站锅炉(蒸发量吨)	发动机(万千瓦)
总计	**1325.57**	**4197.97**	**2206.87**	**322317.96**	**240064.42**
北京			0.38	1219.00	15355.10
天津			74.15		7253.20
河北			19.06		2885.24
山西	14.29	120.07	17.25	12767.00	66.12
内蒙古	80.40	633.79	0.17		4.94
辽宁	15.89	45.81	17.00		12160.07
吉林	13.00	0.55			2653.38
黑龙江	16.90		4.78	55307.46	4301.14
上海			41.12	49252.10	25368.93
江苏	29.17		332.97	43664.08	13306.77
浙江	63.55		288.26	16381.00	12639.90
安徽	125.36		175.34		16547.93
福建	87.18	8.34	11.02		1.45
江西	210.63		480.60	800.00	539.18
山东	149.87	742.14	49.03	1824.00	27030.40
河南	71.47	195.35	87.37	474.00	4148.38
湖北	77.88	2.93	84.09		18325.26
湖南	18.88		39.79	23107.62	12.35
广东	28.38		271.50		25904.58
广西	112.20	281.92	26.78		11110.74
海南					
重庆		49.17	34.91		31488.81
四川	0.03	90.23	43.14	117206.70	4659.48
贵州	0.09	148.63	0.62		31.93
云南	67.54	452.43	26.37		2541.82
西藏	0.54				
陕西	0.08	93.32	11.99		1727.32
甘肃	115.48	307.35	54.72		
青海	12.10	266.53			
宁夏		131.51	0.08		
新疆	14.66	627.90	14.38	315.00	

汽车(万辆)	#基本型乘用车(轿车)(万辆)	摩托车整车(万辆)	两轮脚踏自行车(万辆)	发电机组(发电设备)(万千瓦)	家用电冰箱(家用冷冻冷藏箱)(万台)	房间空气调节器(万台)
3009.89	**1181.09**	**2754.50**	**3072.17**	**26815.85**	**9942.25**	**25088.67**
100.27	49.59			1876.27		
89.46	23.07	12.46	1428.48	230.66		229.74
86.20	8.71	8.80	51.47	117.48		1081.18
10.66	4.34	1.81		32.20		
10.59	10.57			698.29		
94.34	48.28			155.57	179.17	96.93
155.89	79.89			461.70		
8.74	8.15			2842.75		
215.62	92.25		8.07	2816.13		169.81
195.23	72.88	1047.46	588.84	3073.28	1535.66	965.69
152.59	84.68	211.57	151.37	1258.59	461.75	2440.94
208.80	56.54		13.64		3166.93	2832.18
33.34	13.37	24.75	50.19	236.89		221.05
47.97	4.69			36.35	77.49	773.63
194.54	37.06	68.09	39.42	605.63	964.22	1448.29
78.21	27.50	96.36		85.76	61.65	1238.25
178.88	66.89	0.90		1.97	612.39	2250.38
45.41	17.59	23.80		1493.16		774.78
518.30	269.74	630.27	721.57	1685.65	2195.00	7438.47
97.52	45.69	7.76	19.12	56.67	205.88	386.36
3.02				12.70		
231.62	67.87	572.78		116.24	150.33	2182.91
97.20	47.30	30.49		4512.41	140.02	526.24
4.76	0.16	2.15			169.96	
1.82	1.15	8.64		66.29		
147.01	42.50	6.41		1972.88	21.61	31.51
				932.48		
				69.81		
				242.82		0.36
1.90	0.63			1125.22	0.18	

2-2 续表 5

地　区	家用洗衣机(万台)	程控交换机(万线)	电话单机(万部)	移动通信手持机(手机)(万台)	微型计算机设备(万台)
总　计	**10529.38**	**526.07**	**3566.38**	**155652.28**	**32855.14**
北　京		8.39	1.99	10286.76	615.83
天　津	226.00		82.80		
河　北		0.55			
山　西				2009.21	21.37
内蒙古					
辽　宁		0.03		5.09	
吉　林					
黑龙江					1.00
上　海	115.74	3.48		2398.32	1903.79
江　苏	3516.48	2.01	37.38	7996.15	2428.50
浙　江	1062.97	63.30	91.96	3052.37	151.03
安　徽	3031.35			15.82	2125.82
福　建		2.86	288.00	913.21	465.20
江　西			220.51	9418.89	2370.78
山　东	935.34		73.36	316.49	0.20
河　南	3.47	0.03		14689.89	165.62
湖　北				5455.61	1347.21
湖　南				1581.34	141.76
广　东	785.56	445.42	2759.33	65066.15	7458.10
广　西	227.63		0.05	2266.06	173.36
海　南				0.47	
重　庆	545.79			8537.59	7400.53
四　川	25.35		10.98	12155.32	5337.78
贵　州				1458.00	2.77
云　南				4195.75	743.78
西　藏					
陕　西	50.24			3583.25	0.12
甘　肃					
青　海				235.04	
宁　夏					
新　疆	3.47			15.50	0.58

#笔记本计算机(万台)	显示器(万台)	集成电路(亿块)	彩色电视机(万台)	组合音响(万台)	照相机(万台)	复印和胶版印制设备(万台)
17922.19	**15811.98**	**3946.78**	**19807.81**	**20594.58**	**1726.53**	**259.83**
28.79	213.88	219.13	360.60			
		27.36				0.07
	0.11	0.37				0.02
1.58		1.52				
			106.70			
	6.58	6.53		1209.33		
	6.44					
		3.12				
1169.09	40.38	350.12	59.15	17.53	166.45	37.88
2376.14	3011.33	1298.56	694.33	797.94	414.17	103.10
3.32		314.26	26.90	294.46	0.20	1.06
2125.73	951.45	60.64	835.68		15.31	
171.10	2509.70	19.42	1011.22	19.09	328.60	0.88
797.48	448.50	30.62	18.33	3364.38		
	159.37	40.93	2431.62			0.39
59.71	63.72	0.12	6.80	1.98		0.48
137.61	2283.88	1.04	188.68	0.01		
40.85	1002.77	27.27	4.61	163.34		0.09
1167.20	2313.63	697.80	11211.09	13584.15	792.51	109.69
21.12	47.14	16.01	573.05	795.89		3.59
7063.11	2095.38	37.50	2.53	66.13		2.57
2571.27	375.66	116.48	1918.26	65.55	9.30	
		3.11	342.41	113.30		
188.06	277.50	2.71	9.31	69.25		
	2.88	67.68	5.92	32.23		0.01
		604.09				
		0.39				
0.03	1.68		0.64			

2-3　2023年全国规模以上工业主要产品生产能力

产品名称	计量单位	2023年
天然原油	万吨	22158.22
卷烟	亿支	27771.58
原油加工能力	万吨	85064.46
焦炭	万吨	56775.14
烧碱	万吨	4539.66
碳化钙(电石，折300升/千克)	万吨	3852.53
农用氮、磷、钾化学肥料总计(折纯)	万吨	8436.65
初级形态塑料	万吨	16333.62
化学纤维	万吨	9220.93
水泥	万吨	351083.23
平板玻璃	万重量箱	118230.27
粗钢	万吨	110804.10
钢材	万吨	182129.71
原铝(电解铝)	万吨	4722.51
金属切削机床	万台	108.01
汽车	万辆	4350.31
家用电冰箱	万台	13487.37
房间空气调节器	万台	33814.00
微型计算机设备	万台	50867.07
移动通信手持机(手机)	万台	228951.72
彩色电视机	万台	27547.75
发电设备容量总计	万千瓦	220884.21
#火电设备容量	万千瓦	127284.66
水电设备容量	万千瓦	35205.68
核电设备容量	万千瓦	5675.93
风电设备容量	万千瓦	32775.48

2-4　2023年全国主要能源产品产量

产品名称	计量单位	产品产量
原煤	亿吨	47.2
原油	万吨	20902.6
天然气	亿立方米	2324.3
液化天然气	万吨	2038.5
原油加工量	万吨	74079.4
汽油	万吨	16253.9
煤油	万吨	4997.6
柴油	万吨	21918.3
燃料油	万吨	5377.9
石脑油	万吨	7837.5
液化石油气	万吨	5184.9
石油焦	万吨	3381.0
石油沥青	万吨	3827.5
焦炭	万吨	49260.0
发电量	亿千瓦时	94564.4
其中：火力发电量	亿千瓦时	62657.4
水力发电量	亿千瓦时	12858.5
核能发电量	亿千瓦时	4347.2
风力发电量	亿千瓦时	8858.7
太阳能发电量	亿千瓦时	5841.5
煤气	亿立方米	16775.8

注：调查范围为全部有能源生产的法人单位。

2–5　2023年分地区

地　　区	原煤（万吨）	原油（万吨）	天然气（亿立方米）	液化天然气（万吨）	原油加工量（万吨）
总　　计	**472270.28**	**20902.61**	**2324.30**	**2038.51**	**74079.40**
北　　京			1.22		790.40
天　　津		3769.12	41.67		1690.19
河　　北	4630.24	470.98	5.88	45.58	2673.47
山　　西	137794.00		145.92	271.09	
内 蒙 古	124160.05	159.22	305.66	554.36	455.20
辽　　宁	2861.53	982.01	8.32	1.36	9796.31
吉　　林	924.70	407.76	19.27	16.62	954.69
黑 龙 江	7031.71	2971.00	59.45	7.73	1624.86
上　　海		49.33	36.10		2442.32
江　　苏	814.00	157.03	0.75	0.12	5344.93
浙　　江					7495.06
安　　徽	11206.54		2.63		773.36
福　　建	428.98				2836.37
江　　西	243.81		0.07		766.52
山　　东	8705.82	2214.06	8.46	59.22	13564.31
河　　南	10298.66	235.33	4.38	39.09	795.69
湖　　北	85.39	53.60	1.73	40.29	1712.07
湖　　南	947.12		0.04		903.83
广　　东		1998.06	123.65	5.15	8055.74
广　　西	362.57	67.82	0.36		1639.29
海　　南		56.15	34.96		1191.36
重　　庆		1.60	95.56	70.46	
四　　川	2073.84	19.65	602.00	156.97	874.45
贵　　州	13283.80		10.50	9.64	
云　　南	7496.48		0.23	23.40	1155.17
西　　藏					
陕　　西	76190.63	2489.79	328.48	400.97	1873.14
甘　　肃	6028.29	1166.37	7.52	25.43	1466.50
青　　海	772.95	235.00	60.00	7.65	155.50
宁　　夏	9896.69	128.63	2.23	136.70	462.85
新　　疆	46032.49	3270.09	417.27	166.69	2585.81

主要能源产品产量

汽油 (万吨)	煤油 (万吨)	柴油 (万吨)	燃料油 (万吨)	石脑油 (万吨)	液化石油气 (万吨)
16253.88	**4997.61**	**21918.26**	**5377.89**	**7837.54**	**5184.88**
210.31	120.54	153.71	2.67	137.49	94.46
382.59	194.85	310.41	92.56	359.62	106.52
645.35	170.72	859.27	396.27	153.32	163.99
				19.51	
180.43	19.69	207.34	8.75	66.95	48.22
1575.82	415.56	2625.88	1143.52	952.31	322.35
227.42	41.25	299.37	43.54	105.93	14.46
471.90	55.81	416.43	56.09	65.05	128.89
553.31	315.53	620.13	92.46	165.54	120.59
921.43	363.78	938.03	375.13	327.53	178.91
1023.53	392.50	1602.87	387.20	604.20	1223.73
262.98	64.08	179.61	20.63	57.15	75.79
337.57	335.71	595.46	85.42	107.97	103.17
242.41	64.28	260.00	14.45	34.67	42.09
3327.14	223.30	5735.18	1671.46	2830.37	1215.61
251.42	71.15	209.02	60.70	40.89	66.29
427.89	160.45	501.20	44.38	139.81	71.77
320.67	96.01	265.20	13.53	12.60	85.40
1645.17	1005.10	2031.74	433.61	1212.27	538.21
501.54	121.03	578.09	66.96	13.90	105.85
270.34	131.93	322.66	85.52	160.99	115.68
183.41	123.27	184.95	65.62	3.99	13.62
358.39	145.02	384.58			75.64
711.51	107.63	758.46	156.44	86.23	100.29
452.65	109.70	541.29	9.23	6.49	25.01
55.24	0.23	70.46	3.40		3.91
289.58	21.15	263.74	18.90	147.88	94.83
423.85	127.34	1003.17	29.43	24.88	49.60

2-5 续表

地区	石油焦 (万吨)	石油沥青 (万吨)	焦炭 (万吨)	发电量 (亿千瓦时)
总计	**3381.04**	**3827.47**	**49260.00**	**94564.42**
北京	44.08	7.53		471.55
天津	110.49		169.90	837.45
河北	65.58	280.06	4315.68	4125.94
山西			9571.56	4572.79
内蒙古			5069.26	7629.94
辽宁	286.59	329.91	2065.47	2362.91
吉林	27.79		499.43	1158.73
黑龙江	18.83		889.34	1327.41
上海	142.38	34.18	526.69	1006.63
江苏	235.22	356.86	1833.37	6390.53
浙江	278.90	288.68	220.63	4580.70
安徽	27.80		1374.93	3549.45
福建	45.15	103.45	243.00	3302.52
江西	32.25	0.09	705.03	1852.60
山东	1159.99	1727.15	3067.68	6508.08
河南	23.56	50.10	2240.68	3534.64
湖北	89.39	16.81	987.32	3206.02
湖南	35.52	0.68	660.73	1797.48
广东	408.23	277.92	767.45	7010.32
广西	50.21	29.62	1300.96	2382.92
海南		47.51		478.89
重庆			333.82	1120.21
四川		47.33	977.61	5006.49
贵州			313.21	2368.80
云南	31.52	36.55	1239.94	4151.01
西藏				163.02
陕西		16.90	4565.21	3103.75
甘肃	35.26		560.32	2108.97
青海			18.03	1009.71
宁夏	20.90	18.72	1351.91	2314.28
新疆	211.40	157.40	3390.85	5130.66

#火力发电量	#水力发电量	#核能发电量	#风力发电量	#太阳能发电量	煤气（亿立方米）
62657.40	**12858.48**	**4347.25**	**8858.67**	**5841.46**	**16775.75**
447.32	8.41		4.82	11.00	
766.83	0.11		31.91	38.61	317.08
2864.76	58.29		650.16	552.73	3277.81
3717.33	38.15		542.37	274.94	1237.41
5940.06	44.74		1354.62	290.53	657.13
1354.64	65.24	500.93	331.24	110.86	1281.57
716.69	98.46		281.43	62.15	236.97
935.95	44.61		269.42	77.43	169.70
959.05			24.06	23.45	257.40
4961.45	30.99	502.76	537.47	357.87	1715.66
3201.69	210.33	762.18	110.27	296.23	157.60
3053.36	86.60		139.89	269.60	553.72
1793.46	368.51	854.33	215.74	70.47	377.38
1412.62	159.94		125.34	154.71	488.14
5124.04	37.89	192.91	526.01	627.22	1249.13
2666.65	129.50		407.21	331.27	609.08
1498.28	1312.61		168.78	226.35	494.73
1124.65	376.28		209.42	87.13	355.15
4946.11	370.16	1180.53	302.11	211.40	463.92
1408.15	400.46	248.59	245.16	80.56	742.20
306.04	21.17	105.01	4.97	41.70	
848.91	224.36		40.24	6.70	179.05
922.61	3863.44		167.44	52.26	399.22
1676.44	431.62		124.65	135.76	86.17
646.82	3078.76		288.21	137.22	319.66
3.89	132.14		1.46	25.52	
2560.73	126.58		220.16	196.28	358.81
1050.20	373.49		436.62	248.67	192.01
160.40	398.33		160.99	289.99	10.16
1721.51	17.05		293.71	282.01	173.76
3866.77	350.26		642.79	270.84	415.15

附　录

主要指标解释

资产总计　指企业过去的交易或者事项形成的、由企业拥有或者控制的、预期会给企业带来经济利益的资源。包括企业拥有的土地、办公楼、厂房、机器、运输工具、存货等实物资产和现金、存款、应收账款和预付账款等金融资产。资产一般按流动性（资产的变现或耗用时间长短）分为流动资产和非流动资产。其中流动资产可分为货币资金、交易性金融资产、应收票据、应收账款、预付款项、其他应收款、存货等；非流动资产可分为长期股权投资、固定资产、无形资产及其他非流动资产等。来源于会计“资产负债表”中“资产总计”项目的期末余额数。

流动资产合计　资产满足以下条件之一应归为流动资产：（1）预计在一个正常营业周期中变现、出售或耗用，主要包括存货、应收账款等；（2）主要为交易目的而持有；（3）预计在资产负债表日起一年内（含一年）变现；（4）自资产负债表日起一年内，交换其他资产或清偿负债的能力不受限制的现金或现金等价物。包括货币资金、应收票据、应收账款、存货等项目。来源于会计“资产负债表”中“流动资产合计”项目的期末余额数。

应收账款　指资产负债表日以摊余成本计量的，企业因销售商品、提供服务等经营活动应收取的款项。来源于会计“资产负债表”中“应收账款”项目的期末余额数。

存货　指企业在日常活动中持有以备出售的产成品或商品、处在生产过程中的在产品、在生产过程或提供劳务过程中耗用的材料或物料等，通常包括原材料、在产品、半成品、产成品、商品以及周转材料等。来源于会计“资产负债表”中“存货”项目的期末余额数。

产成品　指企业已经完成全部生产过程并验收入库，可以按照合同规定的条件送交订货单位，或者可以作为商品对外销售的产品。如果会计“资产负债表”列示“产成品”或“库存商品”项目，则根据其期末余额填报；或者，根据会计“产成品”或“库存商品”科目的期末借方余额，减去为“产成品”或“库存商品”计提的存货跌价准备等填报。

固定资产原价　指固定资产的成本，包括企业在购置、自行建造、安装、改建、扩建、技术改造某项固定资产时所发生的全部支出总额。来源于会计“固定资产”科目的期末借方余额。

固定资产累计折旧　指企业在报告期末提取的历年固定资产折旧累计数。包括房屋、建筑物和机器设备等的折旧费。来源于会计“累计折旧”科目的期末贷方余额。

固定资产净额　指固定资产原价减去累计折旧、固定资产减值准备后的金额。来源于会计“资产负债表”中“固定资产”或“固定资产净额”项目的期末余额。

负债合计　指企业过去的交易或者事项形成的，预期会导致经济利益流出企业的现时义务。包括银行贷款、借款、应付账款、应付职工工资、应付职工福利费、应交税金等企业负有偿还责任的债务。负债一般按偿还期长短分为流动负债和非流动负债。来源于会计“资产负债表”中“负债合计”项目的期末余额数。

流动负债合计　负债满足下列条件之一的应归为流动负债：（1）预计在一个正常营业周期中清偿；（2）主要为交易目的而持有；（3）自资产负债表日起一年内到期应予清偿；（4）企业无权自主地将清偿推迟至资产负债表日后一年以上。包括短期借款、应付票据、应付账款、应付职工薪酬、应交税费等项目。来源于会计“资产负债表”中“流动负债合计”项目的期末余额数。

应付账款　指企业因购买材料、商品和接受劳务供应等经营活动应支付的款项。来源于会计“资产负债表”中“应付账款”项目的期末余额数。

所有者权益合计　指企业资产扣除负债后由所有者享有的剩余权益。公司的所有者权益又称股东权益。包括实收资本、资本公积、盈余公积、未分配利润等。来源于会计“资产负债表”中“所有者权益合计”项目的期末余额数。

实收资本　指企业各投资者实际投入的资本（或股本）总额，包括货币、实物、无形资产等各种形式的投入。实收资本按投资主体可分为国家资本、集体资本、法人资本、个人资本、港澳台资本和外商资本。来源于会计“资产负债表”中“所有者权益”项下“实收资本”的期末余额数。

国家资本　指有权代表国家投资的政府部门或机构、直属事业单位对企业形成的资本金。根据会计“实收资本”科目计算填报。

集体资本　指由本企业职工等自然人集体投资或各种机构对企业进行扶持形成的集体性质的资本金。根据会计“实收资本”科目计算填报。

法人资本　指其他法人单位以其依法可支配的资产投入企业形成的资本金。根据会计“实收资本”科目计算填报。

个人资本　指自然人实际投入企业的资本金。根据会计“实收资本”科目计算填报。

港澳台资本　指我国香港、澳门和台湾地区投资者实际投入企业的资本金。根据会计“实收资本”科目计算填报。

外商资本　指外国投资者实际投入企业的资本金。根据会计“实收资本”科目计算填报。

营业收入　指企业从事销售商品、提供劳务和让渡资产使用权等生产经营活动形成的经济利益流入。包括“主营业务收入”和“其他业务收入”。来源于会计“利润表”中“营业收入”项目的本年累计数。

营业成本　指企业从事销售商品、提供劳务和让渡资产使用权等生产经营活动发生的实际成本。“营业成本”应当与“营业收入”进行配比。包括“主营业务成本”和“其他业务成本”。来源于会计“利润表”中“营业成本”项目的本年累计数。

销售费用 指企业在销售商品和材料、提供劳务的过程中发生的各种费用，包括保险费、包装费、展览费和广告费、商品维修费、预计产品质量保证损失、运输费、装卸费等以及为销售本企业商品而专设的销售机构（含销售网点、售后服务网点等）的职工薪酬、业务费、折旧费等经营费用。

管理费用 指企业为组织和管理企业生产经营所发生的费用，包括企业在筹建期间内发生的开办费、董事会和行政管理部门在企业经营管理中发生的，或者应当由企业统一负担的公司经费等。来源于会计“利润表”中“管理费用”项目的本年累计数。

财务费用 指企业为筹集生产经营所需资金等而发生的筹资费用，包括企业生产经营期间发生的利息支出（减利息收入）、汇兑损失（减汇兑收益）以及相关的手续费等。来源于会计“利润表”中“财务费用”项目的本年累计数。

利息费用 指企业为筹集生产经营所需资金等而发生的应予费用化的利息支出。包括短期借款利息、长期借款利息、应付票据利息、票据贴现利息、应付债券利息、长期应付引进国外设备款利息等。执行《企业会计准则》或《小企业会计准则》的企业，根据会计“利润表”中“利息费用”项目的本年累计数填报。执行《企业会计制度》的企业，根据会计“财务费用”科目下“利息支出”明细科目的本期发生额填报，如果企业没有单独设立“利息收入”明细科目，应填报利息支出减利息收入后的净额。

投资收益 指企业确认的投资收益或投资损失，反映企业以各种方式对外投资所取得的收益。根据会计“利润表”中“投资收益”项目的本年累计数填报，损失以“-”号记。

营业利润 指企业从事生产经营活动所取得的利润。执行《企业会计准则》或《小企业会计准则》的企业，根据会计“利润表”中“营业利润”项目的本年累计数填报；执行《企业会计制度》的企业，根据会计“损益表”中“营业利润”项目、“投资收益”项目的本年累计数之和填报。

利润总额 指企业在一定会计期间的经营成果，是生产经营过程中各种收入扣除各种耗费后的盈余，反映企业在报告期内实现的盈亏总额。来源于会计“利润表”中“利润总额”项目的本年累计数。

平均用工人数 指报告期企业平均实际拥有的、参与本企业生产经营活动的人员数。

原煤 指煤矿生产的、经过验收符合质量标准的原煤。即：从毛煤中选出规定粒度的矸石（包括黄铁矿等杂物）并且绝对干燥灰分在40%以下的原煤。绝对干燥灰分虽在40%以上，但经有关部门批准开采，并有消费需求的劣质煤，亦应计入原煤产量。原煤分为无烟煤、烟煤、褐煤，在烟煤中又分为炼焦烟煤和一般烟煤两种。原煤不包括石煤、泥煤（泥炭）和伴随原煤生产过程而采出的煤矸石。

原油 指各种碳氢化合物的复杂混合物，通常呈暗褐色或者黑色液态，少数呈黄色、淡红色、淡褐色。包括自油井开采的原油；因事故、自然灾害以及探井、未交采油单位或未具备生产条件的井中产生的落地油（产量按已销售、利用、回收的量计算）；油（气）井井口直接回收和经处理装置回收的凝析油等。

天然气 指以气态碳氢化合物为主的各种气体的混合物，由有机物质经生物化学作用分解而成，或与石油共存于岩石的裂缝和空洞中，或以溶解状态存在于地下水中；主要成分为甲烷（约占85%–95%），还有乙烷、丙烷、丁烷等，是一种优质燃料和化工原料。天然气分为常规天然气和非常规天然气，常规天然气包括气田天然气、油田天然气（分为油田气层气、油田伴生溶解气），非常规天然气包括煤层气、页岩气、致密砂岩气等。天然气产量是指进入集输管网和就地利用的全部气量。

液化天然气 指液体状态的天然气，由气态天然气在一定温度和压力条件下液化而成，无毒、无色、无味，在-161℃下的密度约为425千克/立方米。天然气在常温、常压状态为气态，占有的体积大，不利于储存，液化后体积只有气态的1/600左右。天然气的主要成分——甲烷的临界温度为-82℃，故在常温下不可能通过压缩而将其液化。而当将甲烷冷却到-161℃以下时，在常压下即转化为液体，即液化天然气（LNG）。

原油加工量 指直接进入蒸馏装置及二次加工装置加工的原油量。该指标是衡量炼化企业生产规模、能力的一项基础指标，也是炼化企业计算各项技术经济指标的重要依据。因此，原油加工量作为一个特殊的指标在产品产量中统计。

汽油 指直馏汽油和二次加工（如催化裂化、加氢裂化，催化重整和经精制的热裂化、焦化等）汽油，按不同比例调和，加入适量抗氧防胶剂及金属钝化剂，必要时加入适量的抗爆剂（如加入抗爆剂还要加入着色剂）而制成。本品为易燃、易挥发液体，具有良好的抗爆性能和燃烧性能，其蒸发性好，燃烧完全，积炭少，对发动机部件及储油容器无腐蚀性，由于加有抗氧剂，产品具有较好的安定性，不易过早氧化。包括航空汽油和车用汽油。

煤油 是一种精制的燃料，挥发度在车用汽油和轻柴油之间，不含诸如粗柴油、润滑油之类的重碳氢化合物。包括灯用煤油、航空煤油。

柴油 指直馏柴油和经过精制的二次加工（如催化裂化、加氢裂化、热裂化、加氢精制的焦化的柴油等），以不同比例调和而成的成品油。柴油分为轻柴油、重柴油。

燃料油 包括船用燃料油、重油或其他燃料油。燃料油分为商品燃料油和自用燃料油。商品燃料油指企业作为商品销售的燃料油；自用燃料油指本企业用作燃料和化肥、化工原料的自用油。

石脑油 属一部分石油轻馏分的泛称；用途不同，各种馏程亦不同。馏程自初馏点至220℃左右，主要用作重整和化工原料；70–145℃馏分，称轻石脑油，生产芳烃的重整原料；70–180℃馏分，称重石脑油，用作生产高辛烷值汽油。用作溶剂时，称作溶剂石脑油；来自煤焦油的芳香族溶剂油也称作重石脑油或溶剂石脑油。

液化石油气　亦称液化气或压缩汽油，是炼油精制过程中产生并回收的气体在常温下经加压而成的液态产品。主要成分是丙烷、丁烷、丙烯、丁烯，主要用作石油化工原料，脱硫后可直接用作燃料。

石油焦　指以原油经常减压装置蒸馏所得的渣油或以重油为原料，经焦化装置生产。产品按用途分为三个牌号，每个牌号按质量分为A、B两类，牌号有1#A、1#B、2#A、2#B、3#A、3#B石油焦等。主要用于制造石墨电极、碳素、碳化硅、碳化钙等产品的原料，也可直接用于冶炼、铸煅工艺作燃料。

石油沥青　指由原油经常减压装置蒸馏直接获得的渣油制品，也可以用减压渣油为原料经氧化，溶剂脱出的沥青再经适度氧化或调合而成。是来自原油中的最重的组分，是高度缩合的多环烃类混合物，具有良好的黏结性、绝缘性、不渗水性，并能抵抗许多化学药物的侵蚀，广泛用于道路工程、建筑工程、水利工程、防护涂料以及保持水土、改良土壤等领域。沥青按用途可分为普通沥青、道路沥青、建筑沥青、专用沥青，其中以道路沥青的用量最大。

焦炭　指将各种经过洗选的煤炭按一定比例配合后，在隔绝空气的高温炭化室内经过热解、缩聚、固化、收缩等复杂的物理化学过程形成的固体燃料，呈黑灰色块状、有光泽，燃烧时烟气少，具有不黏结、不结块、低硫、低灰、坚硬、耐磨、耐压、富于气孔性等特点，主要用于冶金、化工、铸造等工艺的燃料和原料。它包括各种生产方式生产的焦炭，即包括机械化焦炉、简易焦炉、土焦炉、煤气发生炉等装置生产的所有焦炭和半焦炭。

发电量　指电厂（发电机组）在报告期内生产的电能量。它是发电机组经过对一次能源的加工转换而生产出的有功电能数量，即发电机实际发出的有功功率（千瓦）与发电机实际运行时间的乘积。发电量包括全部电力工业企业、自备电厂的产量。新装发电设备在未正式投入生产以前所发的电量以及发电设备大修或改进后试运转期间所发的电量，凡被本厂或用户利用的，均应计入发电量中，未被利用的，则不应计入。发电量中不包括电动的交直流变换、励磁机和周波变换的电量。

火力发电　指利用煤炭、燃油、燃气、生物质等燃料燃烧时产生的热能，通过火电动力装置转换成电能的发电方式，包括燃煤发电，燃气发电，燃油发电，余热、余压、余气发电，生物质发电等。

水力发电　指利用水位落差，配合水轮发电机产生电力的一种发电方式，也就是利用水的势能转为水轮机的机械能，再以机械能推动发电机产生电能，包括抽水蓄能发电。

核能发电　指利用原子反应堆中核燃料(例如铀)缓慢裂变所释放的热能产生蒸汽驱动汽轮机再带动发电机发电的一种发电方式。

风力发电　指把风的动能转变成机械动能，再把机械能转化为电能的发电方式。

太阳能发电　指先将太阳能转化为热能，再将热能转化成电能或者直接将太阳能转换成电能的发电方式，主要包括太阳能光伏发电和太阳能光热发电。

煤气　指煤、焦炭、半焦等固体燃料与燃料油等液体燃料干馏或气化所产生的可燃气体。包括焦炉煤气、高炉煤气、转炉煤气、发生炉煤气和油煤气等。